논쟁 극장

논쟁 극장

『홍루몽』을 둘러싼
20세기 중국 지성계의 지적 모험

류멍시 지음 한혜경 옮김

글항아리

일러두기

- 이 책은 『紅樓夢與百年中國』(中央編譯出版社, 2005)을 우리말로 완역한 것이다.
- 『紅樓夢與百年中國』의 저본인 『紅學』(文化藝術出版社, 1990)과의 상호 검토 및 비교 과정을 통해 오류 혹은 누락 부분을 보정했다.
- 현재까지 살아 있는 지명과 신해혁명 이후의 인물은 현지 음으로 표기했다.
- 인물의 이름이 본명이 아닌 자나 호로 표기된 경우 본명으로 통일하거나 설명을 덧붙였다.
- 『홍루몽』 판본 설명에서 구소련의 레닌그라드 소장본은 변경된 현재의 지명에 따라 상트페테르부르크 소장본으로 표기했다.
- 『홍루몽』의 대표 학술지 『紅樓夢學刊』의 발간 횟수는 이 책의 출판 시점인 2005년을 기준으로 하되 2019년 현재까지의 총 발간 횟수도 괄호 안에 명기했다.
- "榮國府"와 "寧國府"의 한자 음이 같아 구분을 위해 '영국부'와 '영녕국부'로 표기했다.
- 甄士隱의 '甄'은 우리 음으로 '견'과 '진' 두 가지가 가능하나 작품에 운용된 해음을 고려하여 '진'으로 표기했다.
- "선생" 등 본문의 존칭은 인용문일 경우에만 살려두었다.
- "생평" "각도" "의식 형태" 등 중국식 용어는 각각 "생애(일생)" "측면(관점)" "이데올로기" 등 한국 독자에게 익숙한 용어로 바꾸었으나, 일부 서명이나 인용에서는 그대로 두었다.
- 본문에서 연결이 매끄럽지 않은 일부 대목은 주로 돌려 설명을 덧붙였다.
- 인용문의 원문은 극히 일부를 제외하고 대부분 주로 옮겨 달았다.
- 출처를 구체적으로 명시하지 않은 인용문은 주에서 원문만 기재했다.
- 처음 논문으로 발표한 글과 단행본으로 출판된 후의 결과물에 대한 표기 부호를 각각 「 」와 『 』로 구분하여 기재했다.
- 동일한 인용문이라도 저자의 취지, 즉 강조하고자 하는 점이 어디 있는가에 따라 번역에서 다소간의 변화를 주었다.
- 서명과 논문명은 풀어서 설명하되 명료성을 요하는 경우 한자 음 그대로 표기했다.
- 보충 설명을 요하는 부분은 옮긴이 주를 달아 독자들의 이해를 도모했다.

왼쪽부터 홍학의 삼대 거두인
왕궈웨이王國維, 차이위안페이蔡元培, 후스胡適

중국 문학은 진기한 물건들이 무진장하게 숨겨져 있는 거대한 보물 창고다. 중국의 고전소설 『홍루몽』은 중국 문학의 보물창고에서도 찬란한 빛을 발하는 옥구슬로 중국 문학사에서 특별한 의미를 지닌 작품이다. 내가 『홍루몽』을 "특별하다"라고 말하는 것은 이 소설이 모든 중국 문학을 집대성한 작품이라고 보기 때문이다. 맹자는 일찍이 유가학설의 창시자 공자를 사상의 집대성자로 평가한 바 있다. 그런 측면에서 송대의 성리학자인 주희도 유가 사상을 집대성한 인물로 평가할 만하다. 만약 중국 문학에서 문학의 전통을 집대성한 작품을 꼽으라고 한다면 『홍루몽』이 그에 해당한다. 비록 『홍루몽』은 소설 한 편에 지나지 않지만 중국 문학의 모든 것이 그 안에 담겨 있다고 해도 과언이 아니다.

1.

『홍루몽』에는 중국 문학에 존재하는 다양한 문체가 총망라되어 있다. 소설의 도입부인 제2회에서 냉자흥과 가우촌이 찻집에서 만나 나눈 대화에서 문학적 재능이 뛰어났던 전통시대의 풍류 인물들을 두루 언급하는 장면이 나온다. 은일시인 도연명陶淵明과 죽림칠현의 혜강嵇康에서부터 시작해 여류시인 설도薛濤와 대담하게 사랑을 쫓은 탁문군卓文君이나 홍불紅拂, 최앵앵崔鶯鶯에 이르기까지 30명이 넘는 인물이 언급된다. 더욱이 이러한 역대 문인과 예술가 모두가 『홍루몽』에 등장하는 인물들의 입을 통해 일상적으로 품평이 되고 있다. 제49회에서 향릉이 시를 배우고 사상운이 고담준론을 펼치던 대목만 보더라도 "두공부杜工部의 침울沈鬱, 위소주韋蘇州의 담아淡雅"와 "온팔차溫八叉의 기미綺靡, 이의산李義山의 은벽隱僻"과 같은 수준 높은 얘기가 오갔다. 심지어 가모의 심복인 원앙이 "할 말"이 있다며 자신을 가서에게 첩으로 보내려는 계획을 알려주려던 올케에게 단호하게 거부 의사를 밝히는 과정에서조차 예술적인 전고로 다져진 말을 쏟아내고 있다. 일개 시녀의 입에서 나온 말로는 믿기지 않을 정도다. "뭐가 하오화(굉장한 얘기好話)라는 거예요? 송 휘종의 매나 조자앙의 말처럼 몽땅 하오화(굉장한 그림好畫)라도 된다면 모를까!什麼好話? 宋徽宗的鷹·趙子昂的馬, 都是好畫啊!" 글도 모르고 문화적 소양도 갖추지 못한 시녀가 과연 수금체瘦金體[1]에 능했던 송 휘종의 매 그림과 원대 조맹부趙孟頫의 말 그림을 아는 것은 물론이고 해음諧音을 이용하여 질타를 가하고 있으니 참으로 놀라운 일이다. 이 몇 가지 사례만을 놓고 보더라도 예술과 문학이 『홍루몽』

에 등장하는 가씨 집안 사람들의 생활에 깊이 침윤되어 있으며, 내재된 그러한 소양이 마침내 일상의 언어로까지 표출되고 있음을 알 수 있다.

더욱이 시사의 결성, 시 낭송, 연구聯句 짓기, 편액 본떠 짓기, 대련 제목 달기, 등불 수수께끼 풀기, 주령 놀이, 설서說書 듣기, 연극 전편 감상, 단청회화丹靑繪畫 등 인문적인 활동에 관한 묘사가 다채롭게 펼쳐진다. 『부형청죄負荊請罪』의 희곡 제목에 대한 표현을 두고서도 보옥, 보채, 대옥 간에 손에 땀을 쥐게 하는 신경전이 일었다. 때는 바야흐로 온 천지에 꽃잎이 흩날려 사람의 이목을 끄는 계절인 양춘 3월에 남몰래 『서상기西廂記』를 본 남녀 주인공들이 절묘한 말과 연극 대사로 연애 감정에 불을 지핀다. 담을 사이에 두고 『모란정牡丹亭』을 감상하던 여주인공 임대옥은 들려오는 노랫소리에 마음이 저리고 정신이 아득해져 눈물을 흘리는데, 공감의 단계에 이른 내면 묘사가 절묘하기 그지없다. 이를 통해 볼 때 내가 『홍루몽』을 중국 문학의 전통을 집대성한 작품이라고 평가한 것이 결코 편파적이 아니며 근거가 있는 정확한 판단임을 알 수 있을 것이다.

2.

그러나 『홍루몽』에 나오는 이러한 예술적 활동은 대부분 대관원 안에서의 일들이다. 대관원은 때로는 거창하게 때로는 소박하게 허와 실이 어우러진 천상의 완벽한 원림園林으로서 『홍루몽』 속 인물들이 살았던 주요 공간이자 작가가 심혈을 기울여 만든 이상세계다. 남녀

주인공인 가보옥과 임대옥, 가씨 집안의 세 자매인 영춘·탐춘·석춘, 대옥과 비슷한 처지임에도 항구적인 거주권을 가졌던 설보채, 수시로 나타났다 감쪽같이 사라지는 사상운, 그들의 아랫사람이자 동무이기도 했던 시녀들 모두가 그 공간 속에서 자연스럽게 어우러져 살고 있었다.

산수가 어우러진 정원에 청춘의 아름다움이 더해지면서 대관원은 바야흐로 낭만적인 사랑이 싹트는 공간이 된다. 보옥과 대옥의 사랑뿐 아니라 영관과 가장의 사랑, 소홍과 가운의 사랑, 사기와 반우안의 사랑, 그 외에도 홍루 자제들의 크고 작은 사랑이 존재한다. 보옥과 대옥의 사랑에도 여러 실마리가 끼어들고 배역마다 서로 다른 취향이 반영되었다. 가보옥과 임대옥의 사랑이 주요 동선이 되는 가운데 설보채가 끼어들면서 어느새 삼각관계가 형성된다. 말 잘하고 입만 열었다 하면 "사랑스런 오라버니愛哥哥"를 외쳤던 사상운은 은연중에 대옥의 경쟁심리를 유발시키면서 세 사람 중심의 세계에서 마침내 네 사람이 어우러지는 세계로 변화된다. 갈피를 잡을 수 없는 사랑과, 결혼에 이르기까지의 험난함이 더해져 순진무구한 아이들의 사랑에 복잡다단한 사회적인 문제가 개입된다.

사랑에 관한 한 순수했던 대옥과 보옥은 사랑 이외에 다른 요소들이 존재한다는 것을 미처 깨닫지 못했다. 사랑이란 바로 생과 사를 포함한 모든 것이었다. 그러나 당사자들 이외의 가장들만은 생각을 달리했다. 그들은 혼인을 정치적으로 이용할 수 있다고 보았다. 가장들은 청춘을 불사르는 젊은이들의 사랑의 문제를 재산과 사회적인 지위를 저울질할 수 있는 세속적인 혼인관계로 변질시켰다. 바로 후자의 이유로 혼인의 승자가 되었던 설보채에게는 어떠한 변수도 생기지 않았던 것이다. 이 때문에 보옥과 대옥의 사랑은 큰 위기에 직면한다. 임대옥의 치정에 대한 감화, 격려가 되는 의미심장한 말, 시의 훈도는 일찌감치 박애주의자의 성향을 보인 보옥의 치정을 사랑과 하나 되게 했다. 그러나 그러한 합일이 성사되지 못하자 그들 중 한 사람은 죽음에 이르렀고 다른 한 사람은 출가하기에 이르렀으니 결과적으로 당사자 두 사람은 한마음을 선택한 것이다. 애정에 관한 한 그들은 최후의 승자가 되었다.

3.

대관원 밖의 세계는 또 어떠한가? 만약 대관원이 여성적인 공간이라면 대관원 밖에 위치한 가부는 남성이 주축이 되는 공간이다. 그들의 이름은 판에 박은 듯 유사했다. 큰 행사가 있을 때 가정賈政, 가사賈赦, 가경賈敬, 가진賈珍, 가련賈璉, 가용賈蓉, 가장賈薔, 가서賈瑞와 같은 이름을 늘어놓을 것 같으면 매우 혼란스럽기까지 하다. 중의적 의미를 띤 첨광詹光(沾光 덕을 보다), 곽계霍啓(火起 불이 나다), 선빙인單聘仁(善騙人 사람을 잘 속이다), 복고수卜固修(不顧羞 수치도 아랑곳하지 않다) 등의 이름도 기기묘묘하다. 대관원 밖에도 여성들이 있지만 다들 남자의 여자다. 왕부인은 가정의 여자였고 형부인은 가사의 여자였으며 우씨는 가진의 여자였고 왕희봉은 가련의 여자였을 뿐이다.

그러나 『홍루몽』의 괴이함은 남자들은 그저 바깥을 떠도는 허명만 있는 존재들이고 집안을 실질적으로 움직이는 힘은 모두 여자에게 있다는 데 있다. 가부의 실제 안주인은 왕희봉과 같은 금릉 왕씨 일족인 왕부인이었다. 이러한 남녀 모델은 집안을 관리하는 사람들에게도 그대로 적용되었다. 예를 들면 뇌대 마누라, 주서 마누라, 내승 마누라, 임지효 마누라, 장재 마누라, 왕흥 마누라, 오신등 마누라, 왕선보 마누라와 같은 인물이 그러하다. 이러한 '가家'의 배후에 놓인 남성들의 상황에 대해 저자는 별 관심이 없는 듯 보인다. 같은 여자라도 처의 지위가 첩보다 더 높았고 서출은 적손에 못 미쳤다. 이는 중국 역대의 처첩제도와 적서제도에서 비롯된 것이다. 유능하고 똑똑한 탐춘과 그녀의 생모 조이랑의 기형적인 관계는 바로 그런 데서 기인한 것이다. 탐춘은 어쩔 수 없이 생모의 지위를 종법제도의 틀 안에 두지 않을 수 없었다. 이외에도 또 다른 유형의 몇몇 여성이 있었다. 예를 들면 보채와 대옥 두 사람의 아름다움을 두루 겸비한 진가경, 온유돈후하며 여성미가 풍부한 우이저는 '음행淫行'에 물든 별종 인물들로서 자기 그릇에 담긴 밥을 먹으면서도 끊임없이 솥 안을 넘보는 이른바 양심불량의 남정네들이 욕망을 배설하는 수단으로 이용된다. 그녀들은 성 사냥의 표적이었을 뿐 애정의 대상은 아니었다. 가부의 위아래 남자들이 두루 손을 뻗쳤던 포이 마누라도 격이 떨어지는 저속함을 드러내지만 역시 그러한 유형에 속하는 여성에 불과하다. 우이저나 포이 마누라 모두 질투와 시기심으로 똘똘 뭉친 왕희봉에게 발각되어 죽음에 이르게 되었다는 점에서 아름다움과 더불어 권력을 장악한 여성이야말로 그녀들이 가장 두려워하던 적수였음을 알 수 있다.

『홍루몽』 예술의 균형추는 작자의 호불호에 따라 기울기를 달리했다. 모든 아름다움이 대관원에 귀속되고 모든 악이 영국부寧國府로 귀속된 것은 작가의 가치지향성에 따른 결과다. 진가경과 시아버지 가진의 염문은 영寧국부의 천향루天香樓에서 일어났다. 가진과 가련이 우이저를 농락한 사건도 영寧국부와 무관하지 않다. 가용과 왕희봉이 서로에게 추파를 던지는 행태 역시 동부 사람들이라면 다 알고 있는 사실이다. 그도 그럴 것이 마구간에 갇혔던 초대가 감히 "재 위를 걷는 것들은 재 위를 걷고, 시동생과 붙어먹는 것은 시동생과 붙어먹고"라는 말로 공개적으로 주사를 부리며 영寧국부에는 대문 밖의 돌사자 말고는 깨끗한 것이라곤 하나도 없다고 독설을 퍼부었을 정도니 말이다. 진가경의 판사判詞에 "죄악은 실제로 영寧국부에서부터 비롯되었다"는 말이 나오는 것만 봐도 다 이유가 있는 것이다.

4.

대관원은 시적 정취가 넘치는 청춘기 여성의 세계다. 그렇다고 대관원 밖의 세계와 전혀 관계가 없는 것은 아니다. 결국 여러 이유로 인해 대관원 안으로 들어오는 대관원 밖 사람들을 필요로 하게 된다. 보옥과 여러 아가씨를 키운 유모들과 그들을 관리하는 이들이 바로 대관원 밖 사람들이다. 규방 밖의 힘든 일을 맡은 체력이 건장한 소사들 역시 대관원을 들락거렸다. 큰 행사나 종교 활동이 있을 때면 대관원 안의 여자들에게도 이따금 대관원 밖 세상을 구경할 기회가 생기곤 했다. 예를 들면 제29회에서 청허관에 기도 드리러 갈 때 가마가 즐비한 가운데 사람과 말이 어지러이 뒤섞여 대관원 식구 전원이 출동하는 장면이 바로 그것이다. 그러나 대관원 내의 시녀들은 밖으로 나가는 것이 허용되지 않았다. 제51회에서 일개 시녀에 불과한 습인이 자신의 어머니 병문안을 가면서 마치 '첩'의 신분으로 금의환향하는 듯한 모습을 보인 것은 상전의 각별한 총애 없이는 불가능한 일이다.

또한 '잘못을 저질러' 쫓겨나는 시녀는 당사자 입장에서 봤을 때 완전히 피동적인 행위자에 불과했다. 가장 유명한 일화는 바로 금천아가 쫓겨나고 사기와 청문이 쫓겨난 일이다. 쫓아내는 행위는 강력한 제재 수단으로 대관원의 사람들을 순식간에 대관원 밖 사람으로 만들어버렸다. 쫓겨난 인물들은 모두 비극적인 종말을 맞이했다. 금천아는 우물에 몸을 던졌고 사기는 벽에 머리를 들이박았으며 청문은 병상에 누워 제대로 먹지도 못한 채 숨졌다. 소녀들이 대관원을 나설 수 있는 방도는 시집가는 길 외에는 없었다. 예를 들면 제79회에서 가사가 영춘을 손소조에게 시집보내기로 결정하자 형부인은 이내 영춘을 대관원에서 나오게 한다. 유일하게 예외가 있다면 왕희봉이다. 대관원과 대관원 밖의 검열을 그녀는 임의로 깰 수 있었다. 그녀는 원내와 원외에서 모두 합법적인 신분이었다. 그녀는 아름다웠고 해학이 넘쳤으며 남의 마음을 능수능란하게 잘 다루었다. 그래서인지 대관원 내 아가씨나 시녀들과 함께 있을 때조차 그녀를 대관원 밖 사람으로 여기는 이는 아무도 없었다. 대관원이 존재하는 특별한 의미를 희봉만은 분명히 알고 있었다. 대관원의 자매들이 시사를 결성하고 '감사어사'를 맡아줄 것을 부탁했을 때 그녀는 즉시 50냥 은자를 내놓으면서(제45회) 이렇게 말한다. "여기서 밥 얻어먹는 처지에 시사에 들어오면서 몇 푼 안 낸다고 했다간 대관원의 반역자가 되지 않겠어요?" 사실 이 말은 대관원이 가부賈府라고 하는 거창한 가문에서도 독립성을 띤 공간이며 그 특수한 위상으로 볼 때 왕희봉조차 감히 얕볼 수 없는 곳이었음을 의미한다. 상기해야 할 것은 이 대관원의 용도가 원래 친정 나들이를 위해 특별히 지어진 별장이었는데 나중에 궁으로 돌아간 원비가 여러 자매가 들어와 살 수 있도록 특별히 명을 내렸다는 사실이다. 만약 그곳을 실용적인 용도로만 보고 상징적인 문화가 담긴 부호라는 것을 홀시한다면 주객이 전도되는 것이다.

다른 한편으로 왕희봉의 탐욕과 악랄함은 그녀를 대관원 밖에서도 전권을 휘두르는 지렛대가 되게 했다. 게다가 노마님 대부인은 가족 내에 존재하는 여러 세력 간의 균형과 조화를 이루게 해준 최고의 권위를 가진 가장이었다. 권력 구도에 있어서도 여성의 지위가 남성을 능가했다. 높은 위치뿐 아니라 중간 단계에 이어 아래 단계에 이르기까지 그러한 구도가 분명하게 설정되어 있었으니 그 점은 가족 구성원 가운데 가장 높은 위치의 가장도 예외가 아니었다.

5.

독자들이 만약 『홍루몽』의 이러한 구도를 곤혹스럽게 여긴다면 그 유명한 가보옥의 언설을 떠올려보는 것도 나쁘지 않을 것이다. "여자는 물로 만들어진 골육이고 남자는 진흙으로 만들어진 골육이다. 여자를 보면 기분이 상쾌해지지만 남자를 보면 악취가 코를 찌른다."(제20회) 그의 여성에 대한 감정이 유별나다는 것은 더 말할 나위가 없다. 그러나 분명한 것은 그가 강조하고 있는 여성은 어디까지나 결혼하기 전의 여자를 말하는 것이지 모든 여성을 가리키는 것은 아니라는 점이다. 보옥은 결혼한 여자들을 부정적으로 평가했다. "시집가기 전의 여자아이는 값을 매길 수 없을 만큼 귀한 보배로운 구슬이지만 일단 시집만 갔다 하면 어찌된 일인지 헤아릴 수 없이 많은 단점이 쏟아져 나온다. 비록 구슬이기는 하되 광채를 잃어버린 그야말로 생명력을 잃은 구슬이니 생선 눈깔이나 진배없다." 값을 매길 수 없는 귀한 구슬에서 광채를 잃어버려 생명력을 상실한 구슬로 바뀌었다가 또다시 구슬이라고도 할 수 없는 생선 눈깔로 변해버린다는 여성의 '3단계 변화론'은 가히 온 세상을 깜짝 놀라게 할 만한 언설이다.

이 언설의 가치는 사회적인 풍조와 습속이 사람의 본성에 미치는 악영향이 놀랄 만하며 그로 인해 사람 본연의 성정이 완전히 길을 잃고 곧장 비인간적인 방향으로 급전직하할 수 있음을 보여준 데 있다. 제59회의 "유엽저가에서 앵아에게 화낼 걸 춘연에게 화풀이하고柳葉渚邊鶯叱燕"에서 춘연의 입을 통해 보옥의 여성에 대한 '3단계론'이 드러난다. 집안 관리에 나선 탐춘은 신경제 방안에서 대관원의 나무와 꽃들을 누군가 책임지고 관리하도록 했다. 그중 유엽저 일대를 전담하기로 한 사람이 바로 시녀 춘연의 고모였고, 춘연의 엄마와 이모 역시 모종의 일거리를 맡고 있었다. 춘연은 엄마와 이모가 점점 돈을 밝히고 자신들이 맡은 일에 과도하게 간섭한다는 생각을 하게 된다. 과연 엄마와 이모가 보채의 시녀 앵아가 버드나무 가지를 꺾어 꽃바구니를 만드는 것을 보고 왜 그렇게 춘연에게 화를 낸 것이며 심지어 그 자리에서 서로 치고받고 싸우게 된 것인가? 그렇게 된 원인은 따지고 보면 결국은 이익을 얻으려는 사리사욕에 눈이 어두워졌기 때문이다. 사실상 이때부터 대관원은 안녕하지 못하게 된다. 평아의 말처럼 말이다. "벌써 여기저기서 어른 아이 할 것 없이 소동만 일으키고 있네. 한 가지 일이 끝나기도 전에 또 다른 일이 벌어지니……" 과연 제60회에 이르면 조이랑이 방관네 여자애 몇몇과 한판 크게 붙는 장면이 나온다. 제61회에 이르면 영춘의 시녀 사기가 자기 밑의 애들을 데리고 대관원의 공용 주방에 나타나 한바탕 소란을 피운다. 시정詩情 넘치던 대관원은 이렇듯 한순간에 천상의 세계에서 세속으로 곤두박질친다.

가장 마지막에는 계략에 밝은 왕희봉이 가련이 몰래 첩으로 들어앉힌 우이저를 대관원으로 들어와 살게 한 후 점차 핍박을 가하여 죽게 만드는 대목이 나온다. 대관원 밖 사람이 죽을 장소를 찾아 제 발로 대관원 안으로 걸어 들어온 셈이니 이 시점부터 대관원과 대관원 밖의 세상은 점차 구분하기 어려워진다. 제70회에서 임대옥이 도화시사를 열지만 이미 소멸 직전에 잠시 되살아난 불꽃에 불과했다. 대옥의 「도화행桃花行」 시를 보면 봄이 다해 꽃잎이 흩날리고 사람들의 초췌해진 상황이 잘 묘사되어 있다. "눈물 어린 눈으로 꽃을 보면 눈물이 쉬 마르고, 눈물이 마르면 봄도 가고 꽃도 지리니. 시든 꽃에 가린 초췌한 그대 모습, 꽃잎 날려 나른해지니 쉬 황혼이 찾아드네." 자매들이 「유서사柳絮詞」에 전사塡詞할 때 보채가 여전히 '청운靑雲'의 생각을 간직하고 있는 것을 제외하고 탐춘·보옥·대옥·보금 등 네 사람의 전사는 모두 약속이나 한 듯이 '이산離散' 두 글자를 기탁하고 있다. 『홍루』 일서에 담겨 있는 심층적인 철리哲理는 마침내 시사 모임의 주선율이 된다. "간사하게 남을 헐뜯어 대관원을 수색惑奸抄檢大觀園"하는 국면으로 이야기가 자연스럽게 접어들면서 이미 바닥으로 추락한 대관원이 또다시 스스로를 잔인하게 죽임으로써 종국에 가서는 일말의 여지도 없이 말끔히 해체되어버렸기 때문이다. 예민한 탐춘은 수색자의 면전에 대고 이렇게 말한다. "너무 성급하게 굴 것 없어요. 언제든 당신네들도 조사받게 될 날이 있을 테니. 오늘 아침만 해도 진씨 댁 일을 두고 의논이 분분했었지요? 할 일 없이 자기네 집안끼리 조사해대더니 과연 정말로 몰수당하게 되었다고 말이죠. 꼴을 보니 우리집도 점점 그렇게 되어가고 있네요. 이렇게 큰 대갓집을 밖에서 없애려 하면 단번에야 없앨 수가 없지요. 옛말에도 이르기를 '왕지네는 죽어도 굳지 않는다'고 했으니 필시 집안에서 자멸할 원인이 생겨나야 거꾸러지겠죠." 이 말은 감히 자기 목소리를 낼 수 있었던 셋째 아가씨 탐춘이 감정이 격해져서 한 말이지만 사실은 가부의 운명을 예고한 말이라고 할 수 있다.

다만 대관원의 쇠락이 가부 몰락의 예행연습이었다면 가산 몰수 사건도 역시 대관원의 수색에서부터 시작되었다는 것을 미처 생각지 못했을 뿐이다. 그렇다. 여성이 가부의 지배 구도에서 특수한 위치를 점했다면 그러한 풍파도 필연적으로 여성에게 집중되어 나타날 수밖에 없다. 대관원은 가부의 운명에 있어서 상징적인 기호로 대관원의 흥망성쇠가 가족 자신들의 성패보다 더 심각하게 나타났다. 소설의 문학적 이미지라는 측면에서 대관원의 이미지가 전체 가부의 운명과 완전히 일치되는 순간 『홍루몽』의 사회적인 의미도 비로소 그 진실성을 담보할 수 있게 되었던 것이다.

6.

『홍루몽』의 작가는 자신의 작품이 애정과 혼인 두 측면에만 머물러 있는 것을 원치 않았다. 그는 애정과 혼인 저 너머에 도사리고 있는 가족과 사회의 문제에 대해서도 폭넓게 다루었다. 애정과 혼인에 관한 역할을 담당하며 등장했던 인물 모두가 고립적으로 존재했다기보다는 자신의 주변 친구와 후원 인물들의 강력한 경제력 및 권력을 등에 업었다.

임대옥은 가장 고독한 인물이었지만 가모의 외손녀였기 때문에 백그라운드가 취약하다고 할 수는 없다. 집안의 가장 어른이자 가장 막강한 힘을 가진 가모의 외손녀인 대옥을 누가 감히 함부로 대할 수 있겠는가? 대옥이 막 가부에 들어왔을 때 가모는 대옥을 '가장 애지중지'하며 귀한 손자 가보옥과 똑같이 대해주었다. 문제는 이런 태도가 언제까지 지속되었느냐는 건데, 만약 어느 날 그런 태도에 동요가 생긴다면 대옥의 특수한 위치에도 변화가 생길 수밖에 없다. 사씨 대감 집에서 온 사상운도 가모의 비호를 받으며 가부에서의 위치를 확립할 수 있었다. 왕부인과 그녀의 질녀 왕희봉은 금릉세가의 적손이며 현재 경영절도사 왕자등은 왕부인의 친오빠다. 보채의 모친 설부인과 왕부인은 친자매 간이다. 그래서 설반이 사람을 때려죽인 사건이 발생했을 때 왕자등이 배후에서 손을 써서 아무 잘못도 저지르지 않은 것처럼 무마시켰던 것이다. 설씨 집안의 재정적인 토대는 황상皇商이라는 신분적 지위에서 온 것이어서 아무리 막강한 힘을 지닌 집안이더라도 설씨 집안을 달리 볼 수밖에 없었다.

금쇄를 지니고 있는 설보채는 가부에 온 이후 집안과 혼인대사에 대해 관심을 기울였을지언정 사랑을 추구한 인물이었다고는 볼 수 없다. 사史, 왕王, 가賈씨 집안은 이미 혼인으로 맺어진 관계지만 설씨와 가씨 두 가문의 혼인에는 못 미쳤다. 설씨 부인은 보채가 장차 '옥玉' 자가 들어간 사람에게 시집을 간다는 것을 공개적으로 밝힌 바 있다. 그렇다면 하늘 아래 '옥'자가 들어간 이는 누구인가? 가보옥이 아니면 누구겠는가? 유일한 적수인 임대옥은 가보옥과 설보채 앞에서 머지 않아 열세에 놓이고 만다. 제28회에서 원춘이 궁중에서 선물을 보내왔을 때 유독 보옥과 보채에게만 똑같은 수량의 물건을 보낸 것은 이미 권력 구도가 어떻게 재편되고 있는지를 보여주는 증거라고 할 수 있다. 다만 가모가 아직 이에 부응하는 즉각적인 행동 변화를 내보이지 않았을 뿐이다. 그 뒤를 이어 제29회에서도 장도사가 보옥에게 중매를 서겠다고 하자 가모는 좀 더 장성해야 한다는 것과 어떤 기준을 충족시켜야 하는지에 대한 입장을 표명했으니 그 내용인즉슨 '생김새'와 '성격'이 모두 좋아야 한다는 것이었다. 생김새에 있어서만큼은 당연히 임대옥을 대적할 만한 사람이 없지만 성격으로 말하자면 아무래도 외손녀인 임대옥보다는 설보채에게 더 끌렸을 것임이 분명하다. 이 대목은 『홍루몽』에서 가모의 태도에 변화가 일기 시작했음을 암시하고 있다.

그리고 제35회에 이르러 보옥이 아버지에게 맞은 상처가 다 낫기 전에 가모와 왕부인, 설부인과 설보채가 이홍원으로 보옥을 병문안 간 자리에서 가모는 당사자에게 이런 말을 내비친다. "자매들에 대해 거론하자면 내가 설부인 앞에서 듣기 좋으라고 하는 말이 아니라 정말이지 우리 집 네 아이 중에는 보채를 따를 만한 사람이 아무도 없어." 설부인은 짐짓 겸양을 하며 그렇지 않다고 말한다. 그러나 그녀와 자매간인 왕부인은 즉각 증인을 자처하며 이렇게 말한다. "할머니께선 늘 뒤에서 우리에게 보채 칭찬을 하시곤 해요. 조금도 거짓말이 아녜요." 가모는 이때 이미 대옥에 대한 종합적인 판단을 끝낸 것으로 보인다. 설씨 집안은 도덕적으로 감제고지瞰制高地를 모두 점유했다. 대옥이 주령을 할 때 『서상기』와 『모란정』의 말을 인용하자 보채는 이것을 끝까지 물고 늘어지며 대옥이 잘못을 모두 인정할 때까지 한바탕 일장 훈계를 한다. 제54회에서 가모가 구태의연한 틀을 벗어던지고 통렬하게 재자가인소설을 비판하면서 "반반하게 잘생긴 사내만 봤다 하면 친척인지 벗인지 귀신인지 도적인지도 가리지 않고 죽기 살기로 달려든단 말야"라고 비웃듯 풍자한 것은 비록 현실을 적시한 것이 아닐지라도 보옥과 대옥을 비롯해 그 자리에 있었던 모든 사람에게 훈계로 받아들여졌을 법한 말이다.

　『홍루몽』의 독자들이 이미 느꼈을지 모르지만 이때를 전후로 설씨 네 모녀가 모든 자리에서 십분 두각을 나타내며 대관원의 어엿한 중심인물로 자리를 잡아간다. 제58회에서 설부인은 당당하게 대관원으로 옮겨온다. 좀 더 구체적으로 말하면 소상관瀟湘館으로 이사 들어와 대옥과 함께 살면서부터 보옥과 대옥 단둘이만 만날 수 있는 기회가 현저히 줄어든다. 보채는 대관원에 약간의 변고가 생기자 가차 없이 대관원 밖으로 거처를 옮긴다. 예컨대 제75회에 대관원 수색 사건이 있은 뒤 설보채는 즉시 어머니의 병환을 핑계로 대관원에서 빠져나간다. 인물의 역할로 볼 때 설보채는 당연히 대관원 안의 이방인이었다. 그래서 그가 대관원으로 들어왔을 때나 나갔을 때 어떤 사람도 그녀에 대해 주의를 크게 기울이지 않았다. 설씨 집안은 훗날 보옥과의 혼인에서 주도권을 갖게 된다. 그래서인지 여러 자매가 헤어짐의 슬픔을 느꼈던 제70회에서 이미 설보채만은 남다른 심리 상태를 드러낸다. 그녀가 전사했던 「유서사柳絮詞」가 바로 그 증거다. "벌떼인 양 나비떼인 양 어지러이 날며 언제 흐르는 물에 몸을 맡긴 적 있던가! 구태여 꽃 먼지에 몸을 맡길 필요 없으리. 천 가닥 만 가닥 그 모양 변치 않는데 모였다 흩어졌다 제멋대로 움직이네. 꽃다운 청춘인 그를 뿌리 없다 비웃지 마라. 고운 바람의 힘을 빌려 저 푸른 구름 위로 날아오르리." 오히려 자신에게 기회가 오고 있다고 판단한 그녀는 자신의 능력을 발휘해볼 때가 되었다고 생각한 듯하다. 다른 사람들의 만남과 헤어짐은 사실상 그녀와 무관하다. 보채의 사람 됨됨이는 다른 전례를 들지 않더라도 이것으로 충분히 증거가 된 셈이다.

그리고 막강한 백그라운드를 등에 업은 보채의 개입으로 대관원의 파벌 싸움은 더 극렬해진다. 이홍원의 시녀들은 원래 입은 거칠지만 악의는 없어서 입씨름을 하더라도 남에게 상처를 입히지는 않았다. 그런데 보채가 '상투적인 질문'으로 습인의 '나이와 고향'을 묻고 '유심히 관찰'하다가 마침내 습인의 '말과 생각에 경애스러움'을 느끼는 순간부터 이홍원에 파벌이 생겨나게 되었다고 해도 과언이 아니다. 습인은 이때부터 보채와 결탁됐으니 과거 구홍학舊紅學[『홍루몽』 연구를 뜻하는 홍학은 5·4운동을 기점으로 구홍학과 신홍학으로 나뉨]의 "습인을 보채의 보조 인물로 삼았다襲爲釵副"는 논리도 사실상 일리가 있다고 하겠다. 사월과 추문은 또 습인의 대리이니 확실히 같은 부류에 속하는 인물들이다. 보옥의 말을 빌리자면 이 두 사람은 모두 습인이 "도야하고 가르친 인물"이다. 청문과 방관, 나중에 등장하는 사아는 습인이나 사월, 추문이 싫어하는 인물들이다. 그래서 제77회에서 왕부인이 대로하여 청문을 쫓아내고 방관과 사아를 처리하고 난 후 그들에게 붙인 죄목은 바로 이것이었다. "너희는 또 작당하여 이 대관원을 엉망진창으로 만들려 하는구나." 왕부인의 눈에 '작당'으로 비친 그 '당'에는 유오도 포함되었다. 왕부인은 이렇게 말했다. "다행히 그 계집아이가 단명했기에 망정이지, 그렇지 않았으면 너희와 한 패거리가 되었을 게 뻔해." 이처럼 정치적으로 이홍원 내 시녀들 간의 갈등을 언급하면서 '한 패거리'니 '작당'이니 하면서 "이 대관원에 해를 끼치는" 죄를 지었을 것이라고 비난했다. 왕부인은 사소한 일을 요란법석하게 처리한 감이 없지 않다. 그러나 작가의 이 같은 작법에는 상당한 의도가 담겨 있다고 볼 수 있다. 우리는 최소한 가정 권력의 집행자가 '작당'과 '한 패거리'라는 말을 썼을 때 그간의 원한과 증오가 얼마나 극에 달했는지를 짐작해볼 수 있다. "대관원에 해를 끼친다"고 한 것은 사실상 무고하게 죄를 덮어씌우려는 제스처로 작당이니 한 패거리인 사람들에게 '범죄' 사실이 있을 뿐 아니라 범죄 의도가 있었음을 증명해 보이려는 목적이 강하다.

문제는 왕부인이 이홍원의 파벌에 대해 어떻게 이렇게 손바닥 보듯 훤하냐는 점이다. 청문 등을 손보고 나서 왕부인은 또다시 습인과 사월에게 분부를 내린다. "너희도 조심해라!" 이 말은 그녀들 역시 왕부인의 눈에는 또 다른 작당이나 패거리로 여겨질 수 있다는 일종의 훈시에 다름 아니다. 가보옥은 이 말의 숨은 뜻을 누구보다 잘 알고 있었다. 그는 혹시라도 말이 나서 왕부인의 심기를 거스를 것을 우려해 평소의 농담이나 '사적인 말'에도 각별히 유념했다. 왕부인은 다소 위압적인 톤으로 자신의 심정을 드러낸다. "내 몸이 비록 자주 와보진 못해도 내 마음과 혼은 항시 여기에 와 있단 말이다." 그렇다면 그녀의 '마음과 혼'이 되어준 사람은 누구였을까? 설보채에겐 '마음 깊이 경애심'을 느끼게 하고 왕부인에게는 생각이 깊고 세심하다는 칭찬을 들었던 화습인이야말로 그 혐의에서 결코 피해갈 수 없는 인물이 아닐까!

7.

『홍루몽』의 가賈·사史·왕王·설薛 네 가문은 피차간에 긴밀하게 연결되어 있어 망하면 함께 망하고 흥하면 함께 흥하는 형국을 보여주었다. 그러나 『홍루몽』은 영국부와 영寧국부로 대표되는 가부賈府가 스토리 중심으로 전개되는 가족 시스템으로 구성되어 있다. 가부가 다른 세 가문과 다른 점이라면 조정과 직접적인 관계를 맺고 있다는 점이다. 이러한 인연은 가정과 왕부인의 큰딸인 원춘이 황제의 봉조궁상서 겸 현덕비로 봉해진 데서 비롯된다. 그렇게 보았을 때 가부는 다른 가문과 비교할 수 없는 지체를 가지기에 충분한 집안이다. 하물며 가부의 영국공과 영寧국공이 만주족이 입관하여 청나라를 세웠을 때의 공신이고 그 가업이 이미 몇 대에 걸쳐 번성한 상황이라면 사·왕·설씨 등 세 가문은 감히 가부의 명망과 비교할 대상이 아닌 것이다.

그런데 이제 막 『홍루』 이야기를 풀어가려고 하는 순간에 이미 가부는 퇴락의 조짐을 보이기 시작한다. "밖의 형세는 아직 기울지 않았지만 안주머니는 오히려 바닥이 난 상태다." 그러나 함께 망해도 영국부와 영寧국부는 그 양상이 달랐다. 영寧국부의 쇠퇴는 황음무치해지면서 궁지에 빠져들고 도리에 맞지 않는 짓을 벌이다 망한 경우다. 영국부의 쇠퇴는 자손들이 불초하여 뒤를 이을 만한 사람이 없다는 이유에서 비롯되었다. 유일한 계승자인 가보옥은 공부하기를 싫어하고 입신양명을 추구하지 않는 '다정다감한 사람'이었다. 제5회에서 가보옥이 태허환경을 몽유했을 때 영국공과 영寧국공은 경환선고에게 다음과 같은 부탁을 한다. "우리 집안은 국조 이래로 세상에 널리 공명을 떨치고 대대로 부귀를 누려오길 모름지기 백 년이나 되었지만 이제는 기운이 다해 돌이킬 수 없는 지경에 이르렀소. 자손은 많지만 가업을 이어나갈 만한 자식이 없구려. 그중 유일한 적손으로 보옥이 있는데 성질이 방자하고 고집이 세지만 나름 총명하여 대략 가망성이 있어 보이기는 하오. 그런데 가운이 기우는 탓에 제대로 이끌어줄 사람이 없구려. 다행히 오늘 경환선녀님을 만나 뵙게 되었으니 부디 정욕과 성색으로 이 녀석을 바른길로 이끌어주시어 어리석음에서 깨우치게 해주신다면 우리 형제로서는 더 바랄 나위가 없겠소." 정말 이상한 것은 금릉십이채金陵十二釵의 판사判詞와 「홍루몽곡紅樓夢曲」을 감상한 후에 앞서 가부의 양쪽 집 조상으로부터 부탁을 받은 경환선녀가 보옥과 진가경에게 혼인의 연을 맺게 하고는 운우의 정을 나누는 방법에 대해 남몰래 가르쳐주었다는 사실이다. 그 결과 보옥과 진가경은 꿈속에서 배필이 되었고 꿈에서 깬 그 이튿날에는 꿈속에서 했던 대로 습인과 운우의 정을 나누게 된 것이다. 가부의 두 조상이 사람이 아닌 선녀에게 부탁을 하며 보옥을 '올바른 길로 이끌겠다'는 생각은 수습할 길 없이 물거품이 되고 만다.

사실, 『홍루몽』 제5회는 작품 전체에 대한 리허설에 해당한다. 그래서 도처에서 가부가 이미 몰락의 길에 접어들었다는 것을 암시적으로 경고하고 있다. 탐춘의 판사判詞에는 "재주는 뛰어나고 포부는 드높아도, 말세에 태어나 운수가 기울었더라"라는 대목이 있고 왕희봉의 판사에는 "봉황새 꼭 그렇게 말세에 태어나 자신의 놀라운 재주 자랑할 생각이었나?"라는 대목이 있다. 두 군데 다 '말세'라는 말이 반복해서 나온다. 「홍루몽곡」의 가장 마지막 곡인 '좋은 일도 언젠가는 끝나게 마련好事終'에도 집안 몰락의 상황이 표출되었다. 그 곡의 가사에서는 '패가'와 '집안 몰락'을 요약하는 말을 직접적으로 노출시켰다. 「홍루몽곡」의 맺음곡 '제 각각 숲속으로 날아드는 새飛鳥各投林'는 가부 몰락의 과정을 구체적이고도 자세하게 드러내 보여주었다. 바로 이런 상황처럼 말이다. "관직에 있던 자는 살림이 기울고, 부귀한 자는 가산을 말아먹었네. 은혜를 베푼 자는 사지에서 살아 돌아오고 매정한 자는 죗값을 치렀네. 목숨을 빚진 자는 자기 목숨으로 되갚고 눈물을 빚진 자는 눈물이 말라버렸네. 원수에 대한 앙갚음은 만만치 않고 만남과 헤어짐은 사실상 이미 전생에서 정해졌다네. 명이 길고 짧음은 전생에 물어보고 늙어서 부귀함은 참으로 요행이어라. 깨우친 자는 불문으로 들어가고 깨닫지 못한 자는 헛되이 목숨을 잃는다. 마치 먹을 것이 떨어지자 수풀로 날아드는 새처럼 남은 것이라곤 쓸쓸한 빈터뿐 자취나 흔적도 찾아볼 수 없이 싹 쓸어가버렸네." 이를 통해 가부 사람들의 말로는 몰락에 그치지 않고 "가족들이 뿔뿔이 흩어져 각자 내달리는" 처량한 이산의 아픔까지 겪어야 하는 상황으로 내몰렸음을 알 수 있다. '파하다'는 뜻의 '산散'자는 「홍루몽곡」에서 나무랄 데 없는 문장이 되었다. 진가경은 꿈속에 나타나 왕희봉에게 "성대한 연회도 언젠가는 파하게 마련이다盛筵必散"라는 경고를 했고, 시녀 홍옥조차 "아무리 잔칫상을 길게 차려놓아도 파하지 않는 잔치는 없다"는 말을 했다. 제22회의 상원절에 원춘이 낸 수수께끼는 이런 것이었다. "몸에는 비단을 감은 것 같고 소리는 우레 같아 요마의 간담마저 떨어지게 할 정도다. 한번 소리를 내면 모두 화들짝 놀라는데 돌아보면 어느새 재가 되어버렸네." 가정은 당연히 그게 무엇인지 알아맞혔지만 마음속으로는 "원춘 귀비가 낸 문제는 폭죽이렷다. 그런데 이 물건은 한번 소리를 내면 터져버리는 물건이니" 왠지 상서롭지 않게 여겨졌다. 제54회에서 희봉은 "폭죽이 터지자 웃어대더니 흩어져버렸대요"라는 이야기를 하고 난 후 "밖에서는 벌써 두 시를 쳤어요. 할머니께서도 피곤하실 테니 우리 귀머거리 폭죽 터뜨리는 식으로 그만 헤어지는 게 어떨까요"라는 말을 한다. 도처에서 이렇게 '헤어지다'라는 의미를 지닌 '산散'자를 암시하고 있다. 제31회에서는 작가가 전지적인 시점으로 등장하여 작중 인물의 심리를 꿰뚫어보면서 외로운 것을 좋아하고 모이는 것을 싫어하는 대옥의 성격에 대해 다음과 같이 분석했다. "사람이란 만날 때가 있으면 필시 헤어질 때가 있기 마련이고 또 만날 때는 반갑지만 헤어질 때는 쓸쓸하기 마련이다. 그런데 쓸쓸하다는 것은 슬픈 감정이니 차라리 처음부터 만나지 않는 게 나을 것이다." 임대옥의 철학에 비춰보면 어차피 헤어질 '만남'이라면 차라리 '만나지 않음'만 못하다. 왜냐하면 결국 언젠가는 '헤어져야' 하기 때문이다. 그래서 갑술본 『홍루몽』 제1회 「범례」 말미에 붙은 제시의 "덧없는 인생을 한평생 힘겹게 분주히 돌아다녔지만 성대한 연회도 결국은 끝나게 마련인 것을盛席華宴終散場"이란 두 구절은 『홍루몽』의 주제의식이 담긴 말임을 알 수 있다.

8.

몰락이 진행되는 과정에서 잠시나마 반짝 영화가 찾아오기도 하지만 역시 『홍루몽』 서사의 자유분방함은 강렬한 희극성에 있다고 봐야 할 것이다. 『홍루몽』에서 가장 희극성을 갖춘 대목을 꼽으라면 제17, 18회에 나오는 원비의 친정 나들이를 들 수 있겠다. 제13회에서 진가경이 희봉의 꿈에 나타나 이미 한 차례 경고한 바 있다. "지금은 눈앞에 아주 경사스러운 일이 기다리고 있기도 해요. 그야말로 달구어진 불에 기름을 붓고 비단에 화려한 수를 놓듯 왕성한 기운이 치솟고 있지요. 그러나 그 또한 한순간의 영화요 한때의 환락이라는 것을 명심해야 해요. 그러니 '아무리 성대한 연회도 언젠가는 파하게 마련이다'라는 속담을 결코 잊어서는 안 돼요." 그러나 휘황찬란한 대관원을 축성할 때 가부의 위아래가 모두 기쁨에 들떠 있었던 터라 왕희봉은 진가경의 당부를 심각하게 받아들이지 않았다. 오히려 가련의 유모 조趙씨 같은 이는 왕년에 태조 황제께서 태곳적의 순임금의 본을 받아 지방 시찰을 했던 일을 거론하며 왕희봉이 지난날의 영광에 도취되도록 한다. "정말이지 천재일우의 기회였지 뭐예요. 저는 그때 겨우 사물을 분간할까 말까 한 어린 나이였는데 이 댁에서는 고소, 양저우 일대에서 배 만드는 일과 항구에서 제방 쌓는 일을 감독하고 계셨더랬지요. 그런데 천자님을 한 번 마중하는 데만도 바닷물 쓰듯 돈을 썼답니다." "오늘날 강남의 진씨 집안이 있는데 아이구야, 그 등등한 세도라니! 그 집에만 어가가 네 차례나 들었다고 하니 제 눈으로 직접 봤기에 망정이지 안 그랬으면 아무도 믿지 않았을 거예요. 은자를 흙더미처럼 쌓아놓은 것은 말할 것도 없으려니와 세상의 진귀한 것들을 산처럼 바다처럼 쟁여놓았으니 '죄과가석罪過可惜(죄짓는 게 참으로 애석하다)' 이 네 글자를 생각할 여가나 있었겠어요?" 희봉은 이에 대해 이렇게 응수한다. "우리 조부님께서도 늘 그렇게 말씀하셨으니까 곧이듣지 않을 수 없었지만 그래도 그렇지 어쩌면 그렇게 돈이 많을 수 있었을까요?"(제16회)

일반 독자들은 이런 대화에 크게 주목하지 않을 테지만 『홍루몽』 연구자들에게는 예사롭게 받아들일 일이 아니다. 그들은 '태조 황제께서 태곳적의 순임금의 본을 받아 지방 시찰을 했던 일'에 대해 강희 황제의 남순을 가리키는 일로 받아들였다. 그리고 강남의 진씨 댁에서 네 차례나 맞이했다던 황제의 행차를 보더라도 절묘하게 조인曹寅이 어가를 맞았던 횟수와 일치한다. 진씨 댁은 작품에서 상징적인 허구로 등장하면서 가부의 일을 직접 '사필史筆'로 표현하기 곤란할 때 진씨 댁 사람들을 등장시켜 가부를 곤경에서 벗어나게 해주곤 했다. 예컨대 가부가 재산 차압을 당할 때를 건륭 시기로 간주했다면 작가는 써내려가기가 힘들었을 것이다. 이에 따라 보일 듯 말 듯한 진씨 댁의 차압 사건으로 가씨 집안을 떨게 만들고 대관원의 수색 사건으로 향후에 일어날 가산 몰수 사건의 리허설이 되도록 했다. 청대에 가산을 몰수하는 일은 반드시 죄를 지은 경우에 한했다. 이 점은 이미 진가경이 꿈에서 희봉에게 일일이 이유를 밝힌 바 있다. 진가경은 사건이 발생하기 전에 방비해야 훗날 "죄를 지어 가산을 몰수당하는 일이 생기더라도 선산에 해당하는 부동산은 압류되지 않을 것입니다. 그래야 나중에 집안이 기울더라도 자손들이 고향에 돌아와 공부도 하고 농사도 지을 기반이 될 터이니 좀 못해지더라도 제사는 언제까지고 이어갈 수 있을 거예요"라고 분명하게 못을 박았던 것이다. '죄를 지어'란 말은 사실상 장차 가산을 몰수당할 것에 대한 사전 예고였다. 청대 강희제와 옹정제의 교체기에 살았던 조씨 가족은 일찍이 역사에도 기록이 남아 있지만 옹정제 재위 6년 만에 조부의 '역참 소요 사건'을 구실로 가산을 몰수당한다.

"권세를 떨친 지 백 년 가까이 되었고" "황제의 행차를 네 차례 맞이했으며" 거기다 "가산 몰수를 당했다"는 사실은 조설근 집안의 상황과 교묘하게 맞아떨어진다. 진가경이 인용한 "나무가 넘어지면 원숭이들이 뿔뿔이 흩어진다樹倒猢猻散"는 속담은 사실상 조인이 살아 있을 때 늘 쓰던 말이다. 현재까지는 『홍루몽』의 작가 조설근이 조인의 손자로 알려져 있다. 다만 조부曹頫의 아들인지 조옹曹顒의 아들인지에 대해서는 아직 결론을 내리지 못하고 있을 뿐이다. 그렇다 하더라도 연구자가 만약 『홍루몽』의 창작에 조설근 가족의 그림자가 드리워져 있다고 주장한다면 일리 있는 가설로 받아들이지 그것을 의외로 여기는 사람은 없을 것이다. 1921년 후스胡適가 『홍루몽고증紅樓夢考證』

을 처음 발표한 이래 절대다수의 연구자가 이 설을 표준으로 받아들였다. 특히 저우루창周汝昌의 『홍루몽신증紅樓夢新證』은 후스를 계승하여 이 설을 더욱 확장·발전시켰다. 후스와 저우루창은 청나라 궁궐 내에서 발생한 사건과 같은 직접적인 역사 사료를 근거로 하고 새로이 발견된 『석두기』 필사본을 검증 자료로 삼았다. 왜냐하면 이 필사본들은 상부에 "지연재脂硯齋" 혹은 "기홀수畸笏叟"라는 비어批語가 붙어 있어 비어를 단 사람과 작가가 예사롭지 않은 관계임을 추측케 해주기 때문이다. 더구나 그들이 직접 작품의 스토리 안배에 의견을 내기도 했다는 사실이 밝혀지기도 했다. 따라서 조설근의 가세와 『홍루몽』의 판본을 중심으로 이루어지는 홍학 고증은 마침내 백 년 동안의 홍학 연구학파 중에서 가장 우위를 차지했다.

9.

그러나 '가세사'의 연구는 『홍루몽』에 관한 정밀한 의미를 밝히는 데는 한계가 있었던 것 같다. 왜냐하면 작품에 반만 사상反滿思想이 내포되어 있다는 것이 연구자들의 거의 공통된 인식이었기 때문이다. 그 일례로 제63회에 가보옥이 방관의 이름을 '야율웅노耶律雄奴'로 바꾸면서 특이한 논리를 펼친 대목을 살펴보고자 한다.

'웅노'란 말은 또 '흉노'와도 통하거니와 모두 견융족의 이름이야. 게다가 이 두 종족은 요순 이래로 중화의 근심덩어리였지. 진晉, 당唐 등 여러 왕조 때는 피해가 심각했어. 다행히 우리가 복을 받아 금상폐하의 시대에 태어났기에 망정이지. 순임금의 후예이자 우임금의 공덕과 어진 효성이 하늘에 닿았으니 천지일월과 더불어 만세에 길이 빛날 거야. 그러니 역대에 걸쳐 날뛰던 오랑캐들이 싸움 한번 하지 않고 모두 제 발로 걸어 들어와 머리를 조아리고 있는 게 아니겠어. 우리는 그자들을 찍어 눌러서 임금님의 위풍을 떨쳐드려야 한다고.

역사서에 근거하면 송대 북방에 살던 '요遼'의 황족이 가졌던 성이 바로 '야율耶律'이었다고 한다. 청대의 정치 환경에서 살고 있던 작가가 야율이나 흉노, 더 나아가 '대융명성大戎名姓'과 같은 명칭을 쓴 것은 중화민족의 화근덩어리를 질책하려는 것이었으니 작가의 이 대담함은 과연 어디에서 온 것인지 궁금하기 짝이 없다. 뒤에 "다행히 우리가 복을 받아 금상폐하의 시대에 태어났기에 망정이지. 순임금의 후예이자 우임금의 공덕과 어진 효성이 하늘에 닿았으니 천지일월과 더불어 만세에 길이 빛날 거야"라는 말을 덧붙였지만 이는 자신의 실수를 덮으려는 말이라는 게 너무도 자명하다. 청대에는 북방의 변방 부족들이 중화의 땅을 차지한 상황이었으니 어떤 관점에서 보더라도 '순임금의 후예'로 볼 수는 없다. 방관도 이 말이 말장난에 지나지 않는다는 걸 알아채고는 이렇게 말한다. "그렇다면 도련님께서도 충효를 다 하시려면 궁술과 기마술을 익히고 무예를 닦으신 후 출정하시어 모반한 자들을 잡아오셔야지요. 어찌 저희만 가지고 입방아를 찧고 신나게 장난을 치면서 공덕을 논하신데요?" "입방아를 찧고"라든가 "신나게 장난을 치면서"와 같은 말은 작가만이 할 수 있는 표현일 것이다. 방관을 '야율웅노'로 고쳐 부르게 한 대목만 보더라도 영락없이 신나

게 장난을 치는 행동이다. "역대에 걸쳐 날뛰던 오랑캐" 운운한 대목
도 공개적인 비난에 다름 아니다. 그렇다면 누구를 대상으로 욕설을
날린 것인가? 작가는 당연히 독자보다 상황 파악이 뛰어나다. "저희만
가지고 입방아를 찧고" 도리어 자칭 "공덕을 논하신데요?"라는 방관
의 말에서 사실상 보옥을 빌려 드러내려 했던 작가의 속셈이 방관에
의해 덜미가 잡힌 셈이 되었음을 알 수 있다.

그렇다면 이즈음에서 사람들은 또 한 가지 의문을 제기하지 않을
수 없을 것이다. 『홍루몽』의 작가는 명나라를 대신한 청나라에 대해
어떤 입장을 가지고 있었는가 하는 점이다. 연구자들 가운데는 작가
가 명나라에 대한 깊은 그리움을 나타내고 있다는 증거가 작품 도처
에 숨어 있다고 주장하는 이들이 있다. 최소한 제40회에서 가모가 식
구들과 함께 주령을 할 때 사상운의 입에서 튀어나온 "해와 달이 함
께 하늘과 땅을 비추도다雙懸日月照乾坤(日+月은 곧 명나라의 明을 의미)"란
말이 그 명백한 증거라는 것이다. 심지어 투모러土默熱[2] 같은 연구자는
반청反淸 영웅 진자룽陳子龍의 시집에서 "해와 달이 함께 날며 준마를
쫓아가고 반쪽짜리 강산에서 여왜의 도래를 기다린다네"와 같은 구
절을 찾아내기도 했다. 1644년 갑신지변이 있은 뒤 남명의 입장에서
쓴 것이니 당연히 '반쪽짜리 강산'을 가리키는 것임에 분명하다. 모든
사람은 이러한 상황에 처했을 때 누군가 나타나 '세상을 구원해'주기
를 바란다. 『홍루몽』 도입부에서 여왜가 오색석을 단련한 이야기는 이
러한 사회적 현실의 요구를 반영하고 있다. 진자룽의 시구를 보고 다
시 사상운의 시구를 들여다본 후 『홍루몽』의 작가가 명나라를 그리
는 마음으로 썼다고 했으니 견강부회는 아닌 것 같다.

이러한 방식으로 홍학을 연구하는 것이 색은의 방법이다. 색은의 방법을 쓴 대표적인 저작으로는 현대의 대표적 학자인 차이위안페이蔡元培가 1917년 출판한 『석두기색은石頭記索隱』을 들 수 있다. 그의 책에는 다음과 같은 말이 나온다. "『석두기』는 청 강희제 때의 정치소설이다. 작가가 견지하는 민족주의 정신이 매우 지극하다. 작품 속에 나오는 이야기는 명나라의 멸망을 애도하고 청나라의 실정을 드러내는 내용이며 특히나 한족 지식인으로서 청나라에서 벼슬했던 인물들에 대한 통석의 마음을 담고 있다." 물론 홍학 연구에서 색은의 방법을 쓴 이가 차이위안페이가 처음은 아니다. 일찍이 청말 가경嘉慶, 도광道光 연간과 좀 더 뒤인 함풍咸豊, 동치同治 연간에 이미 '명주가사설明珠家事說'이나 '청 세조清世祖와 동악비고사설董鄂妃故事說' 등과 같이 『홍루몽』의 소재가 되었던 원이야기가 무엇인지에 대한 연구가 몇몇 사람에 의해 진행된 바 있다. 차이위안페이는 그러한 색은 방법을 더욱 체계적으로 발전시키고 이론화시켰다. 그래서 후스의 『홍루몽고증』은 주로 차이위안페이를 공격 대상으로 삼았다. 후스의 글에서 가장 잊히지 않는 말은 차이위안페이가 했던 작업을 "멍청한 수수께끼 놀이猜笨謎"라고 지칭한 것이었다. 차이위안페이 선생은 이에 대해 퍼즐을 맞추는 대목이 있기는 하지만 그걸 꼭 "멍청하다"고까지 깎아내려야 하느냐고 이의를 제기하며 후스의 비판을 받아들이지 않았다. 이게 바로 홍학사에서 그 유명한 '후스와 차이위안페이 간의 공방'이다.

오늘날 현대적 의미에서의 홍학이란 응당 20세기의 '후스와 차이위안페이 간의 공방'에서 시작되었다고 보는 견해가 지배적이다. 그보다 조금 앞선 1904년 중국 현대 학문의 비조인 왕궈웨이王國維는 「홍루몽평론紅樓夢評論」을 발표하고 미학과 철학의 관점에서 『홍루몽』 텍스트를 집중 분석함으로써 바야흐로 소설 비평파 홍학을 열었다. 마침내 홍학사에 색은파, 고증파, 소설 비평파라고 하는 삼대 학파가 형성된 것이다. 홍학의 대가인 위핑보俞平伯는 일찍이 학문적 의미를 담아 다음과 같은 말을 남겼다. "별명에 지나지 않았던 홍학이 실제적인 의미를 담게 된 것은 이 책의 성격과 관련이 있다. 왕년에 유행할 때는 고작 문장 형태의 분분한 의론에 지나지 않았기 때문에 '학문'이라고 말할 계제가 못 됐다. 청말 민초에 이르러 학계의 대표격인 왕궈웨이, 차이위안페이, 후스 세 사람이 모두 『홍루몽』을 대대적으로 논하면서 줄곧 소도小道로 간주되고 겨우 봐줄 만한 글줄 정도에 불과하던 소설이 마침내 대아지당에 오른 것이다." 확실히 홍학은 20세기에 이르러 현학顯學이 되면서 최고의 인문학자들이 대거 연구에 합류하는 계기가 되었다. 텍스트에 기반한 연구가 아직 문학 밖을 벗어나지 못했다면, 고증과 색은이 마주하고 있는 작가의 가세사와 명청 사회사는 이미 단순한 문학 연구의 범주를 벗어나 명청 사학 연구 분야로 그 범위를 확장시켰다. 고증과 색은의 방법은 사실상 홍학을 전문적인 학문으로 승격시키는 데 일조했다.

홍학 삼파 가운데 가장 생명력이 왕성한 것은 소설 비평파 홍학이다. 텍스트만 있으면 무궁무진한 이야깃거리가 창출될 수 있기 때문이다. 반면에 고증과 색은은 소재와 자료의 제약에서 자유로울 수 없다. 백 년 홍학에서 가장 우위를 차지했던 것은 고증파이지만 21세기에 접어든 지금 또다시 색은파가 중흥하려는 조짐을 보이고 있다. 색은파의 저작들이 근 10여 년 사이에 대량으로 출판되면서 또다시 세인들의 이목을 끌려는 시도가 아닌가 하는 의구심을 떨쳐버릴 수 없다. 연구자들 가운데『홍루몽』은 명청 교체와 그로 인해 발생한 명문 세가의 명운과 밀접한 관계가 있다고 보는 이가 많이 생겨나는 것 같다. 얼마 전 타이완 칭화淸華대학출판사에서 나온 황이눙黃一農 교수의『이중주: 홍학과 청사의 대화二重奏: 紅學與淸史的對話』란 책은 당대의 홍학 연구가 새로이 나아가야 할 방향을 제시한 대표적인 저서로서 색은 과 고증 등 두 파에 새로운 자료를 확충해주는 계기가 되었다.

10.

이 책『논쟁 극장:『홍루몽』을 둘러싼 20세기 중국 지성계의 지적 모험』(원제 紅樓夢與百年中國)은 홍학 연구의 삼대 분파를 축으로 하여 홍학이 '홍학'으로 자리 잡는 역사적인 과정과 학술적인 의미를 탐구했다. 실제로는 홍학사론에 관한 저서라고 할 수 있겠다. 이 책은 1990년대에『홍학紅學』이라는 이름으로 처음 출판되었다. 지금의 제목 으로 책을 낸 것은 1999년에 허베이교육출판사에서 재판을 내면서부 터다. 2005년에 수정과 보완을 거쳐 중앙편역출판사에서 다시 새롭게 출판했다. 내 입장에서 보면 이미 20년이 넘은 구저작이라 하겠다. 특히 내 관심 분야가 이미 중국 문화사와 학술사상사로 옮겨온 지금 다시 이 책을 마주하니 격세지감이 들지 않을 수 없다. 뜻밖에도 책의 가치에 주목한 한혜경 교수의 노력에 힘입어 마침내 한국어판으로 출판하게 되니 감개가 무량하다. 한혜경 교수는 다년간에 걸쳐 홍학을 연구해온 학자로서 번역 과정에서 상호 간에 충분히 의견을 나누었으므로 원서가 담고 있는 의미를 더욱 풍부하게 밝혀줄 것으로 기대한다. 또한 원서의 오류를 밝혀주기도 해 나로서는 깊은 감사의 마음을 전하는 바이다.

『홍루몽』은 무수한 중국 문학 중에서도 최고의 소설로 세계인이 공유할 만한 가치를 지닌 작품이다. 부족하나마 이 책을 읽은 독자들이 『홍루몽』에 관심을 갖게 되고 직접 작품을 감상하면서 『홍루몽』의 매력에 빠져들게 된다면 내게 그보다 더 큰 기쁨은 없을 것이다.

류멍시
2019년 2월 15일 베이징 둥수東塾에서

제서題序

사람의 인생에서 만남은 가장 중요하지만 상대적으로 가장 어려운 일이기도 하다. 그래서 『문심조룡文心雕龍』「지음知音」 편에는 감개한 마음을 이렇게 표현하고 있다. "지음을 만나기가 얼마나 어려운가知音其難哉?" 학문도 그럴 수밖에 없는 것은 당대에 지음을 만나는 것이 실로 쉽지 않기 때문이다. 그런데 의외로 만날 수 있을 거란 믿음을 가졌던 천인커陳寅恪는 이렇게 말했다. "후대에라도 서로를 알아주거나 인연이 닿을 수 있으리니後世相知或有緣." 문화사적으로 본보기가 된 저작들은 특정 문화체계의 암호를 담고 있는 경우가 많다. 그런데 이 작품을 완성할 사람이 누구이며 받아들이는 집단에서 누가 당대나 혹은 후대의 진정한 "지음"이 될 수 있을 것인지에 대해서는 거기에 참여하는 개인의 역할이 워낙 미미하여 예단하기 쉽지 않다. 이는 비단 지식이나 학문, 수양에 관한 문제에 국한되지 않고 타인과 전대 사람들의 저작에 대해 정말로 "이해하고 공감하는" 태도를 갖추었느냐 여부가 특히 중요하게 작용할 것이다. 그리고 거기에 한 가지를 덧붙이자면 "인연"

이 닿아야 한다는 것이다.

  인생의 이런 오묘한 이치를 이미 터득한 바 있는『홍루몽』의 작가 조설근은 자신의 작품을 읽는 독자들에게 누구보다 회의적이었다. "종이 가득 황당한 말에 한 움큼 신산한 눈물이. 모두 작가가 미쳤다고 하나 그 속의 진미를 아는 이 누구던가?"[1]『홍루몽』이 세상에 등장한 이후 200여 년 동안 얼마나 많은 독자와 연구자가『홍루몽』의 실체를 알고자 심혈을 기울였으며 그 과정에서 망상에 빠진 또 얼마나 많은 이가 지기를 자처하면서 자신만이 '심오한 뜻을 이해'하는 사람인 양 행세했던가. 그런 의미에서『홍루몽』연구의 가장 두드러진 특색은 아무래도 '치痴' 한 글자로 압축될 수 있을 것 같다. '집착하여 무모하게 빠져들지 않고不痴' '바보같이 어수룩하지 않고서不呆'는『홍루몽』을 얘기할 수 없다. "이유 없이 근심에 빠지고 원한을 품게 되는 것이 때로는 천치 같기도 하고 때로는 미치광이 같기도 하다." 제3회에서 가보옥의「서강월西江月」을 조롱하는 대목으로『홍루몽』애호가와 홍학가들을 빗대곤 했는데 이 이상 더 잘 맞아떨어지는 표현은 없을 것 같다. 위 구절에서 "이유 없이 근심에 빠지고 원한을 품게 되는 것"이라는 구절은 여성 독자를 가리키는 말이고 아래의 "때로는 천치 같기도 하고 때로는 미치광이 같기도 하다"라는 표현은 당연히 남성 독자를 가리키는 말이다. "종잡을 수 없는 황당무계한 말을 하다痴人說夢"라는 고사성어는 원래 부정적인 의미를 담고 있지만 역대의 홍학 연구자들의 치정 상태를 개괄할 때 이보다 더 적절한 말은 없을 것이다.

  따라서 내가 연구하는『홍루몽』은 전문적인 홍학 분야에 비하면 수준 차이가 날지도 모르겠다. 그중 가장 주된 이유를 꼽으라면 아무래도 한결같은 마음으로 '정'에 몰입하지 못함으로써 '치'의 경지에 도달하지 못했다는 점을 들 수 있을 것이다. 나는 그동안 다른 분야의 학문에 관심이 있어 홍학을 한때 연구한 이후로는 더 이상 『홍루몽』 연구에 매이고 싶지 않았고 늘 마음속으로 『홍루몽』과의 작별을 준비하고 있었다. 그러나 저우루창과 펑치융馮其庸 같은 분들을 보면 홍학 연구가 이미 입신의 경지에 도달했음을 알 수 있다. 저우루창은 아흔을 바라보는 연세가 되었지만[2012년 향년 95세로 타계] 남북 전역의 신문과 잡지에 선생의 글이 도배되다시피 할 정도로 끊임없이 저술활동을 하고, 텔레비전에 출연하여 강연도 하면서 왕성한 활동을 이어가고 있다. 게다가 남보다 앞서가는 해석으로 새로운 영역을 개척하며 나날이 참신한 견해를 펼쳤고 그 결과물로 『홍루 12층紅樓十二層』과 『홍으로 눈부신 홍루紅樓奪目紅』라는 두 권의 책을 최근에 출판했다. 이미 82세가 된 펑치융[2017년 향년 93세로 타계]도 여전히 열심히 홍학을 연구하면서 계속해서 책을 내고 있다. 얼마 전엔 무려 세 권이나 되는 두꺼운 양장의 『과반루중교평비홍루몽瓜飯樓重校評批紅樓夢』을 보내왔는데 서序만 3만 자에 달하는 방대한 책이었다. 권두의 제시題詩 첫 번째 구의 도입부에는 "해마다 나이를 먹으며 『홍루몽』을 비평하다보니 어리석어지기만 했네老去批紅只是癡"라고 쓰여 있는가 하면 두 번째 시의 결미에는 "해마다 나이가 들어가니 이제야 몽완夢阮[2]이 최고봉이라는 걸 알겠네老去方知夢阮顚"라는 구절이 들어 있다. 인장 날인이 되어 있는 속표지에 전서로 '종잡을 수 없는 황당무계한 말을 하다'라는 뜻의 "치인설몽癡人說夢" 네 글자가 찍힌 게 눈에 확 들어왔다. 『홍루몽』

연구가 '치'를 '최고봉'으로 응대하니 만생 후학은 그 정상의 봉우리를 이젠 더 이상 쳐다보기도 어렵게 됐다. 게다가 그들은 홍학 연구로 인해 더 젊어지기까지 했다.

저우루창, 펑치융은 필경 정식 교육을 받은 분들이고 전공도 그러하여 학문적으로 큰 성과를 거두었으니 정말이지 존경스럽기 그지없다. 그러나 그들이 세상 사람을 가장 놀라게 한 인물은 아니었다. 그들 말고 정말 사람들을 놀라게 했던 또 다른 인물이 있다. 그는 명문가의 자제이자 고위 간부로 조설근과 『홍루몽』에 깊이 빠졌던 인물이다. 그는 이미 작고한 홍학가 우언위吳恩裕 선생의 학문을 계승하여 조설근이 가산몰수를 당한 이후 난징에서 베이징으로 돌아온 후의 활동, 예컨대 만년에 접어든 조설근의 서교西郊에서의 행방에 대해 심도 있는 연구 결과를 내놓았다. 중화서국은 이전에 그의 신서 한 권을 출판한 적이 있는데 『말로 다할 수 없는 홍루몽: 상산에서의 조설근說不盡的紅樓夢: 曹雪芹在香山』이라는 제목이었다. 최근에 그는 또 『폐예재집고廢藝齋集稿』를 고증한 새로운 자료를 발굴하여 『폐예재집고』 중의 잔여 문장 「병호무재기성瓶湖懋齋記盛」을 입증함으로써 명대 화가 상조商祚가 그린 「추규도秋葵圖」에 관한 기술이 원래 연원이 있었던 것임을 밝혀내기도 했다. 이제까지 그를 두 번 볼 기회가 있었는데 한 번은 학술토론회에서 논문을 발표할 때였고 다른 한 번은 현대문학관에서 텔레비전 특강을 할 때였다. 두 번 다 내용을 훤히 꿰뚫어보듯이 사료를 선별하고 원류를 고증하는 모습에서 학문하는 자의 진정한 풍모를 엿볼 수 있었다. 만약 『홍루몽』 연구에 매료되어 공부에 빠져들지 않았다면 절대로 그런 모습을 보일 수 없을 것이기 때문이다. 과연 그 사람은 누구일까? 그는 다름 아닌 후야오방胡耀邦의 아들 후더핑胡德平이다.

나는 저우루창, 펑치융, 후더핑 이 세 사람의 적극적인 노력이 있었기에 당대 홍학이 사람들에게 괄목할 상대가 될 수 있었다고 본다. 비록 지난날의 영화를 되찾으리라는 보장은 없지만 지난 세기 초 왕궈웨이, 차이위안페이, 후스 세 사람이 현대 홍학의 고지를 수립한 이후 뒤를 이을 사람들을 학수고대해왔다. 나는 개인적으로 저우루창과 펑치융 두 분이 보여준 호학불권好學不倦의 치학정신을 존경하기에 그들을 홍학의 순도자로 칭할 만하다고 생각한다. "사람은 도를 넓혀나갈 수 있다人能弘道"는 공자의 말이 있듯 도道 역시 사람을 확장시킬 수 있다고 본다. 아마도 중앙편역출판사中央編譯出版社는 현 상황에 대한 정확한 판단과 출판 전문가다운 예리한 안목으로 『논쟁 극장』(원제 紅樓夢與百年中國)의 신판을 내기로 결정한 것 같다. 전체 내용은 그대로 두었고 개정판에 들어갔던 후기를 "백 년간의 홍학에서 색은을 논하다百年紅學說索隱"라는 제목의 독립된 한 장으로 추가하여 모두 10장으로 구성했다. 초판의 발문을 삭제하고 원래 있던 제서題序를 후기로 돌렸다. 오류를 줄이기 위해 『남방주말南方周末』의 차이쥔젠蔡軍劍에게 교열을 부탁했다. 필자의 책을 좋아했던 차이 선생은 일찍부터 『학술사상과 인물學術思想與人物』 및 『장자莊子』를 읽고 오류를 찾아준 적이 있을 정도로 이미 서로 잘 아는 사이다. 연뿌리는 끊어져도 실은 계속 이어지듯이 그와도 손을 들어 작별하지 못하고 지금까지 도움을 받게 된 것이다. 『홍루몽』 십이지곡의 「하릴없는 근심 걱정枉凝眉」에 나오는 "서로 인연이 없었다면 구태여 이 생에서 만나게 되었을까"란 구절

이야말로 나와 『홍루몽』 그리고 홍학의 관계를 비유할 가장 적절한
표현이 아닐까 싶다.

제1장

『홍루몽』과
백 년 중국

들어가는 말

내가 말하는 백 년 중국이란 19세기 말과 20세기 초, 즉 청말 민초 이후의 중국 사회를 말하며 시간상으로 거의 정확히 100년이 넘는 세월이 흘렀다. 『홍루몽』의 가씨 집안 이야기에도 건국과 더불어 위용을 떨쳤던 한 왕조의 100년에 걸친 역사가 담겨 있다. 왕조가 건국되었다는 것은 주지하다시피 1644년 청나라 군대가 중국 영내로 쳐들어온 역사적인 사건을 가리킨다. 『홍루몽』 갑술본甲戌本의 저본은 1754년의 재평본再評本인데 조설근이 10년 동안 읽어보고 다섯 차례 첨삭 과정을 거친 뒤에 나온 것이므로 그 시기를 위로 다시 10년 거슬러 올라가면 바로 1744년(대략 조설근이 이 책을 짓기 시작한 시기)이다. 이 시기는 청나라가 건국한 1644년에서 공교롭게도 딱 100년이 되는 해다. 또한 1904년 왕궈웨이가 발표한 『홍루몽평론』을 『홍루몽』 연구의 시작으로 상정한다면 지금까지 또 100년이 넘는 세월이 흐른 셈이다.

청대 개국으로부터 조설근이 『홍루몽』을 창작한 그해까지의 100년 역사가 떠들썩하고 급박하게 전개되었다면 100년간의 홍학 역사도 요란하게 시작은 했지만 정작 완전하게 매듭을 짓지 못한 채로 막을 내렸다. 『홍루몽』의 「호료가好了歌」 주에 들어 있는 "왁자지껄하게 그대는 노래 부르고 나는 등장하니 도리어 타향이 고향이로세亂烘烘, 你方唱罷我登場, 反認他鄉是故鄉"라는 말처럼 백 년 중국의 모습이자 백 년 홍학의 모습이 바로 그와 같다고 해도 과언이 아니다. "듣자 하니, 장안의 형세가 바둑판 같다고 하던데 백 년간의 세상만사에 슬픔을 가늠 길 없네聞道長安似弈棋, 百年世事不勝悲"[1]라는 시구절을 남겼던 두보나 "바둑판의 형세가 아직 정해지지 않았으니 백 년간의 세상사는 과연 또 어떻게 될까棋枰還未定, 百年世事欲如何" "저 멀리 자욱한 안개로 가로막힌 장안이여, 백 년 세월에 찌그러진 바둑판 뒤엎을 자 그 누구던가遙望長安花霧隔, 百年誰覆爛柯棋" "지금 기꺼이 술 한 잔 올릴 수 있다면 백 년간의 세계 정세야 논할 필요도 없어라此日欣能獻一尊, 百年世局不須論"[2]라는 시구절을 남겼던 천인커가 떠오른다. 백 년의 세월 동안 중국에서 일어났던 그 수많은 일조차 분명하게 말하기 어려운 실정인데 홍학 백 년사의 일들이야 더 말할 나위가 있겠는가? 판충구이潘重規는 『홍학 50년紅學五十年』과 『홍학 60년紅學六十年』을 쓴 적이 있고, 나 역시 『홍학 30년紅學三十年』을 쓴 적이 있다. 그런데 지금 나는 다시 '백 년 홍학'에 대해 쓰려고 한다.

백 년 세월에 찌그러진
바둑판 뒤엎을 자 그 누구던가

백 년 홍학에서 기억할 만한 가치 있는 일들에는 어떤 것이 있을까? 여기서 잠시 『홍루몽』 제6회에서 작가가 작품 구성상의 어려움에 대해 토로했던 말을 인용할까 한다. "영국부 한 집안 식구들만 하더라도 아무리 적게 쳐도 위아래를 합쳐 300~400명은 족히 될 것이고 벌어지는 사건을 아무리 적게 잡더라도 하루에 최소한 10~20건은 될 것이다. 게다가 이 모든 일이 다 헝클어진 실타래 같아서 어느 인물 어느 사건부터 써내려가야 할지 뾰족하게 실마리를 찾기가 쉽지 않다."[3] 그런데 백 년 홍학이야말로 영국부의 집안 상황보다 훨씬 더 복잡하다. 그중에서 두드러지는 점 몇 가지를 예로 들어 그 개략적인 내용을 살펴보고자 한다.

첫째, 중국의 현대 학문은 『홍루몽』 연구에서 비롯되었다. 학문 대국 중국은 선진자학先秦子學, 양한경학兩漢經學, 위진현학魏晉玄學, 수당불학隋唐佛學, 송명이학宋明理學, 청대박학淸代樸學, 만청신학晚淸新學 등 시대마다 서로 다른 학문 전통이 등장하여 발전을 거듭해왔다. 그러다 청대

박학에 이르러서야 비로소 현대 학문의 맹아를 싹 틔우기 시작한다. 전통 학문과 현대 학문은 두 가지 측면에서 구분해볼 수 있다. 하나는 학문 그 자체가 목적이 될 수 있느냐 없느냐이고 다른 하나는 학술 연구 중에서 지식론의 요소가 들어 있느냐 하는 것이다. 중국의 전통 학문은 도덕전통을 중시하고 지식론을 중시하지 않았기 때문에 지성이 결여된 양상을 보여준다. 그러나 청 중엽에 이르면 전통 학문의 도덕전통이 지성전통으로 전환되려는 조짐이 나타난다. 장타이옌章太炎이 말한 청대 유학자들의 치학 방법에는 여섯 가지가 있다. 첫째, 이름과 실상을 분석한다. 둘째, 증거를 중시한다. 셋째, 함부로 연관 짓는 것을 경계한다. 넷째, 범례를 준수한다. 다섯째, 감정적인 요소를 배제한다. 여섯째, 화려한 문사를 없앤다.[4] 감정적인 요소를 배제하는 것을 경학 연구의 방법 중 하나로 삼은 것은 전통 학문에 결여되어 있는 도구적 이성이 이미 어느 정도 기능을 발휘하기 시작했음을 말해주는 것이다. 게다가 량치차오梁啓超의 논리에 의거할 때 청나라 전성기 학자들의 독보적인 점이라면 학문정신을 갖추고 있었다는 것이다.[5] 따라서 우리는 중국 학문이 청대 중엽에 이르러 이미 현대 학문의 맹아를 틔우기 시작했다는 데 대해서 이론적인 근거를 확보했다고 할 수 있다. 그러나 여전히 맹아 단계에 불과했다. 현대 학문의 진정한 시작은 역시 만청시대, 서구의 문물이 쏟아져 들어오면서 학자들에게 비로소 독립된 영역으로서의 학문에 대한 자각의식이 생겨나고 더 나아가 새로운 학문관과 방법론으로 고유의 학문에 대한 반성과 성찰을 시도하면서부터라고 할 수 있다.

이러한 변화는 대략 19세기 말과 20세기 초에 이루어졌다. 1898년

옌푸嚴復가 발표한 「학문과 일은 반드시 두 갈래로 구분하여 논해야 한다論治學治事宜分二途」, 1902년 량치차오가 발표한 「학술의 위세가 세상을 좌우하는 것에 대해 논하다論學術之勢力左右世界」와 「신사학新史學」, 1904년 왕궈웨이가 발표한 「홍루몽평론紅樓夢評論」 등은 현대 학문의 사상과 규범이 비교적 집중적으로 드러난 글이다.[6] 그중에서도 특히 왕궈웨이의 「홍루몽평론」이 학문적인 대표성을 갖추었다. 문학평론 분야에서 가장 최초로 서양의 관념과 방법으로 중국 고전문학을 연구한 사례에 속하기 때문이다. 시간상으로 「홍루몽평론」은 차이위안페이의 『석두기색은』보다 13년 앞서 나왔고 후스가 발표한 『홍루몽고증』보다 무려 17년이나 앞서 나왔다. 만약 왕궈웨이, 차이위안페이, 후스를 각각 소설 비평파 홍학, 색은파 홍학, 고증파 홍학의 학문적 기틀을 다진 인물들이라고 할 때 특히 왕궈웨이가 논문으로 발표하고 단행본으로 펴낸 『홍루몽평론』은 소설 비평파 홍학의 기틀을 다졌을 뿐 아니라 중국 현대 학술사의 초석이 된 저작이다.

둘째, 100년 동안의 홍학을 살펴보면 특이한 현상 하나가 발견된다. 그것은 바로 현대 중국의 사상과 문화 분야에서 내로라하는 최고의 인물들이 모두 홍학과 관련되어 있다는 사실이다. 자발적으로 홍학에 휘말린 인물이 있는가 하면 강제로 휘말려들어간 인물이 있고 개중에는 자기도 모르게 발을 헛디뎌 홍학에 발을 담근 사람들도 있었다. 왕궈웨이 말고도 차이위안페이·후스·천두슈陳獨秀·구제강顧頡剛·위핑보兪平伯·우미吳宓 등과 같은 인물이 모두 『홍루몽』에 관한 저서나 단편논문을 썼다. 당시 하버드대에 유학 중이던 우미, 천인커, 탕융퉁湯用彤, 위다웨이兪大維는 5·4운동 전야에 중국 학생회가 주관하는 학술 모임에 참여한 바 있다. 그때 연사로 초청된 우미는 『홍루몽』에 관한 강연을 했는데 훗날 이 강연은 「홍루몽신담紅樓夢新談」이라는 제목으로 잡지에 발표된다. 강연은 1919년 3월 2일에 열렸다. 3월 26일에 천인커는 이 강연에 대한 격려사로 칠언율시 한 수를 지었다.

모두가 세상이란 꿈속에 살고 있는 몸
꿈속에서 꿈을 논하니 신산함이 배가되네.
푸른 하늘 바다 건너 이역만리에 와 있지만
뒤를 이을 중국의 소설가는 끊이지 않으리.
설근은 세속을 벗어난 신묘한 글로 낙을 삼았건만
곡절 많은 이야기는 어느덧 연기처럼 흩어졌네.
『홍루몽』에 담긴 뜻이 무엇인가 했더니
고달픈 인생에 가슴깊이 밀려드는 슬픔이었네.
等是閻浮夢裏身, 夢中談夢倍酸辛.
靑天碧海能留命, 赤縣黃車[7]更有人.
世外文章歸自媚, 燈前啼笑已成塵.
春霄絮語知何意, 付與勞生一愴神.[8]

『홍루몽』에 대한 우미와 천인커의 견해는 모두 1921년 후스가 발표한 『홍루몽고증』보다 앞서 나왔다. 우미는 1945년 청두成都에 있을 때도 다수의 『홍루몽』 관련 논문을 썼는데, 이 글들은 모두 『유성流星』 『청두주간成都周刊』과 같은 잡지에 연재된 바 있다. 말년에 이르러서도 여전히 우미는 『홍루몽』에 관한 한 자기만의 독자적인 시각을 가졌다고 자부하곤 했다. 천인커의 저작 중에도 홍루에 대한 비유를 통해 철리적 경향성을 배가시킨 예가 적지 않다.

천두슈陳獨秀도 1920년 『소설월보』에 페이즈佩之라는 필명으로 「홍루몽신평紅樓夢新評」이라는 장편 연구논문을 발표한 바 있다. 차이위안페이의 『석두기색은』이 색은파 홍학의 전범이 된 저작이라면 후스의 『홍루몽고증』은 고증파 홍학의 전범이다. 후스와 차이위안페이의 논쟁은 1920년대의 학계에서 가장 주목을 끌었던 사건 중 하나다. 『홍루몽』과 홍학의 영향이 확대될 수 있었던 데는 사실상 그들의 논쟁이 결정적으로 지대한 영향을 미쳤다고 해도 과언이 아니다. 후스가 차이위안페이의 『석두기색은』을 겨냥해 "견강부회하는" "멍청한 수수께끼 놀이"라고 비판하자 차이위안페이는 "후스 선생이 시호를 붙여준 멍청한 수수께끼 놀이란 것이야말로 진작부터 있어왔던 중국 문인들의 오랜 습관"[9]인 데다 『홍루몽』에는 실제로 '알아맞힐 만한' 내용들이 상당히 많이 들어 있다고 대답한다. 이에 대한 반응으로 후스는 글의 결미 부분에서 자신의 분명한 입장을 밝혔다. "기왕에 친구와 진리는 우리 모두가 마음으로 소중하게 생각하는 바이지만 우리는 지금 어쩔 수 없이 친구보다는 진리를 더 소중하게 여기지 않을 수 없다."[10] 논쟁 과정에서 상당히 날카로운 언어가 오갔으며 쌍방의 관점이 팽팽했다. 그러나 예의에서 벗어나는 일 없이 시종 진지한 태도를 견지함으로써 학자의 풍모를 지켰다.

왕궈웨이, 차이위안페이, 후스는 모두 당시 학계의 중진으로서 그들이 홍학을 논한다는 것 자체만으로도 굉장한 이슈가 되었다. 위핑보가 1978년에 쓴 「색은과 자전설 한평索隱與自傳說閑評」이란 논문에는 다음과 같이 주목할 만한 대목이 들어 있다.

> 별명에 지나지 않았던 홍학이 실제적인 의미를 갖게 된 것은 이 책의 성
> 격과 관련이 있다. 왕년에 유행할 때는 고작 문장 형태의 분분한 의론에
> 지나지 않기 때문에 '학문'이라고 말할 계제가 되지 못했다. 청말 민초
> 에 이르러 학자의 신분이었던 왕궈웨이, 차이위안페이, 후스 등 세 사람
> 이 『홍루몽』을 대대적으로 논하면서 줄곧 소도小道이자 겨우 봐줄 만한
> 글줄 정도에 불과하던 소설이 마침내 대아지당의 자리에 오르게 된다.[11]

유학자 겸 교육자를 아우르는 '학자'란 의미의 '사유師儒'란 말이 가
장 명확하게 쓰인 곳은 『사기史記』「맹자순경열전孟子荀卿列傳」이다. "전변
田騈의 무리들이 이미 모두 세상을 떠났으므로 제나라 양왕 때에는
순경이 학자들 중에서는 가장 장로 격이었다"[12]는 구절에서도 알 수
있듯이 사유란 가장 관록 있는 학자 겸 스승이란 뜻이었다. 홍학이
홍학이 될 수 있었던 역사적 과정에 대한 위핑보의 분석이 매우 합당
하다는 것을 인정하지 않을 수 없다. 이를 통해 최고의 학자들이 홍
학의 논쟁에 직간접적으로 뛰어들면서 학문으로 자리 잡는 데 모종
의 본보기가 된다. 왕궈웨이, 차이위안페이, 후스의 영향 아래에서 홍
학에 주도적으로 참여하거나 혹은 뜻하지 않게 발을 담근 현대 학자
들은 생각보다 훨씬 더 많았다. 이미 신유가의 대표 인물로 자리 잡은
머우쭝싼牟宗三조차 1930년대에 『홍루몽』과 관련하여 장편의 학술 논
문을 발표한 바 있는데 「홍루몽 비극의 형성紅樓夢悲劇之演成」이라는 제
목으로 1935년과 1936년 『문철월간文哲月刊』에 기고한 글이 바로 그것

이다. 이외에 고문자 학자인 룽겅容庚, 둔황 학자 장량푸姜亮夫, 동서 교류사 전문가 팡하오方豪, 당사 연구가 탕장루唐長孺, 사회 활동가 왕쿤룬王昆侖, 문학사가 정전둬鄭振鐸·아잉阿英·리장즈李長之·류다제劉大傑 등도 『홍루몽』에 관한 논문이나 저작을 발표한 바 있다.

1950년대 이후 홍학에 몸담은 학자는 더 많아졌다. 첸보짠翦伯贊, 덩타鄧拓, 궈모뤄郭沫若, 왕리王力, 궈사오위郭紹虞, 한궈판韓國磐, 푸이링傅衣淩, 청첸판程千帆, 정차오쭝鄭朝宗 등 중국 고전소설을 전문적으로 연구하지 않는 비연구자들의 이름까지 단숨에 주루룩 딸려나왔다. 나는 어디까지나 가보옥이 제창한 "소불간친疏不間親" 즉 관계가 소원한 사람이 관계가 친밀한 사람을 이간시키지 않는다는 원칙을 지키고자 한다. 그 외에 외국에 거주하는 자오강趙岡 교수는 경제학자로서『홍루몽신탐』을 썼고 위잉스余英時 교수는 사학자이자 사상가로서『홍루몽의 두 세계紅樓夢的兩個世界』를 썼다. 류춘런柳存仁, 저우처쭝周策縱은 일찌감치 홍학 연구자로 간주되어왔지만 다른 분야에서 필생의 연구를 해온 그들인지라 핵심적인 연구 분야는 홍학이 아니었다. 판충구이潘重規는 확실히 홍학의 대가이기도 하지만 둔황학과 문자학 연구의 탁월한 업적으로 학계의 주목을 이미 받고 있던 터였다. 펑치융은 20년 가까이 실로 홍학에 매진하여 큰 성과를 거두었지만 그와 동시에 예술고고학과 족보학 연구에도 힘을 쏟았다. 최근에는 북미에 거주하는 역사학자 허빙디何炳棣도 홍학에 흥미를 갖고 3만 자에 달하는 논문을 썼는데 왕룽쭈汪榮祖의 추천으로『중국문화』제10기에 게재되었다. 그의 이 논문은 최근의『홍루몽』연구 분야에서 자못 독특한 견해를 선보임으로써 앞으로 홍학계에서 상당한 반향을 불러일으킬 것이라는 믿음을 불러일으켰다. 허빙디는 주로 중국 경제사와 인구사를 연구해 왔으나 은퇴 이후 사상과 문화로 관심을 돌린 인물이다. 일전에 홍콩의 격월간지 『21세기』에서 두웨이밍杜維明과 신유학에 대한 토론을 벌일 때 다시 등장하여 자신의 생각을 펼쳐 보였으니 홍학에 대한 심득이 적지 않다고 하겠다. 그의 글을 첸중수錢鍾書, 샤즈칭夏志淸에게 보내 읽어보게 했는데 그들도 허빙디의 글에 대해 상당히 긍정적인 평가를 내렸다.

셋째, 수많은 유명 작가가 홍학에 끼어듦으로써 백 년 홍학에 화려한 빛을 더해주었다. 물론 중국의 현대 작가들 가운데 『홍루몽』을 잘 알지 못하는 작가는 매우 드물다. 내가 말하는 끼어듦이란 『홍루몽』을 연구한 논문과 저작을 발표했다는 것을 가리킨다. 선충원沈從文, 루쉰魯迅, 바진巴金, 선옌빙沈雁氷, 빙신氷心, 장톈이張天翼, 우쭈샹吳組湘, 저우리보周立波, 돤무훙량端木蕻良 등 저명한 소설가들이 하나같이 『홍루몽』에 관한 중요한 글을 썼다. 시인 허치팡何其芳이 1950년대에 쓴 『홍루몽을 논하다論紅樓夢』는 특히 한 시대의 학문 수준을 대표하는 홍학 저술로 유명하다. 시인 쉬츠徐遲도 『홍루몽』에 관한 전문 서적을 낸 바 있다. 린위탕林語堂의 『평상심으로 고악을 논하다平心論高鶚』나 청나라 궁궐비사소설 전문 작가인 가오양高陽의 『홍루일가언紅樓一家言』도 사람들에게 널리 알려진 저작이다. 가오양은 불행히도 이미 작고했지만 『홍루몽』에 관한 그의 독창적인 발상은 자기주장을 내세우기에 여념없던 홍학계에 자극과 영감을 주기에 충분했다. 여류작가 장아이링張愛玲도 『홍루몽에 가위눌리다紅樓夢魘』란 제목의 책을 출판했다. 그 외에도 산문가, 희곡작가로는 첸중수의 부인 양장楊絳도 1963년에 조설근 서거 200주년을 기념하여 「예술이란 어려움을 극복하는 것藝術是克服困難」
이라는 제목의 『홍루몽』에 관한 중요한 논문을 발표한 바 있다. 작가
로서 중국과 서양 문학에 정통했던 양장은 연원과 비교를 테마로 체
계적인 비교문학 논문을 완성시켰다. 첸중수는 비록 『홍루몽』에 관한
전문적인 저서를 내지는 않았지만 그가 저술한 『관추편管錐編』과 『담
예록談藝錄』 두 책에 『홍루몽』을 인용한 대목이 수두룩하다. 이처럼 문
인들의 참여로 『홍루몽』의 또 다른 세계, 즉 예술적인 창조의 세계가
열림으로써 자칫 무미건조해질 수 있는 연구에 예술적인 창조와 각성
이라는 새로운 날개를 달게 되었다.

　최근 중국 대륙에서는 혜성같이 나타난 왕멍王蒙과 류신우劉心武 두
작가가 『홍루몽』 연구의 샛별로 떠올랐다. 1991년 베이징 삼련서점三
聯書店에서는 15만 자에 달하는 왕멍의 『홍루계시록紅樓啓示錄』이 출판되
었는데 1989년 하반기부터 1990년대 초반에 이르는 동안 작성한 내
용이다. 당시에 저자인 왕멍은 입원 중인 상태였다. 책이 완성되기 전
에 단편논문으로 신문 잡지에 실렸던 글들이 독자들의 열화와 같은
관심을 불러일으키면서 낙양의 지가를 올렸다. 작가 쭝푸宗璞는 『홍
루계시록』의 서에서 "찌는 듯한 무더위가 기승을 부리는 한여름 낮에
옥으로 장식된 비파에서 전해져오는 봄바람 같은 느낌"[13] 이라고 왕
멍의 글을 칭찬한 바 있다. 그녀가 "확실히 떠오르는 샛별이라고 그를
칭한 것은 그 책을 지은 이가 홍학이라는 분야에 새롭게 발을 내딛은
사람이어서라기보다는 이전의 연구자들이 미처 써내지 못한 것, 독자
들이 미처 생각지 못했던 것, 어쩌면 조설근조차 의식하지 못했던 것
을 의식함으로써 글에 새로운 의미를 담아냈기 때문"[14]이었다. 왕멍의

책을 읽은 사람이라면 이 평가가 작가들 간에 오가는 조소나 과분한 칭찬의 말이 아니라 있는 그대로의 사실임을 인정하게 될 것이다. 『홍루계시록』 초판은 1만 권을 찍었는데 곧이어 재판, 삼판에 돌입하여 지금까지 무려 5~6만 부가 출판되었다. 『홍루몽』의 인물에 남다른 이해를 지녔던 류신우는 「조이랑을 이야기하다話說趙姨娘」라는 글을 『독서』에 실었는데 상당한 가독성으로 독자들의 마음을 사로잡았다. 나중에는 홍학 고증에도 뛰어들어 『홍루몽학간』에 "진가경은 결코 한미한 집안 출신이 아니다秦可慶的出身未必寒微"라는 주장이 담긴 글을 실었는데 이에 저우루창이 호응하는 글을 올리면서 일시에 독자들에게 상당한 반향을 불러일으켰다.

넷째, 100년간의 『홍루몽』 연구를 살펴보면 홍학의 흥성과 쇠락이 사회의 급작스런 변화와 일정한 관련이 있다는 것을 보여준다. 어느 특정 시기에 『홍루몽』의 열기가 고조되었던 데는 구체적인 문화적 배경이 뒤따랐다. 1898년 무술변법운동이 실패한 후 쉬자오웨이徐兆瑋가 쓴 「유희보관잡영遊戲報館雜詠」 시에는 다음과 같은 내용이 담겨 있다. "소설은 황당함으로 잠 귀신을 몰아내기에 제격인데 『황차장록黃車掌錄』에는 소설과 관련된 것들을 잔뜩 끌어모아놓았다네. 신학문은 논하지 않고 홍학을 논하는데 누추한 방구석에 틀어박혀 많은 것을 고찰하고 연구한 이 그 누구던가說部荒唐遣睡魔, 黃車掌錄忢搜羅. 不談新學談紅學, 誰是蝸廬考索多?" 시 뒤에 붙어 있는 소주小注에는 이렇게 쓰여 있다. "도시에 사는 선비들이 『석두기』에 대해 즐겨 논했는데, 이것을 일컬어 '홍학'이라고 불렀다. 청말에 정치 및 경제 체제 개혁운동의 새로운 바람이 불자 홍학을 논하던 사람들이 경제를 논하기 시작했다. 캉유웨이와 량치차오의 유신이 실패하자 이번에는 경제를 논했던 사람들이 다시 홍학을 논하기 시작했다."[15] 이는 『홍루몽』 연구에서 자신들이 현실적으로 관심을 가진 부분이 있었다는 것을 보여준다. 1921년 후스, 위핑보, 구제강은 서면으로 『홍루몽』에 대해 토론을 벌였는데, 위핑보는 구제강에게 보낸 편지에서 "경사京師의 모든 것이 무겁게 가라앉아 있어(신화문新華門 앞에서 군경이 교직원을 때려 상처를 입히는 사건이 발생함) 더욱더 말할 거리가 없으니 『홍루몽』이나 실컷 이야기하면서 피서할 수 있는 묘책으로 삼는 게 낫겠습니다. 그래서 매번 그들이 했던 이야기들을 모아 정리하다보면 정말 신의 도움을 받기라도 한 것처럼 생생합니다."[16] 『홍루몽』이나 실컷 이야기하는 고상한 취미생활을 통해 차마 눈뜨고는 볼 수 없는 현실을 잠시 피할 수 있었던 것이다. 『홍루몽』 연구와 사회의 급작스런 변고 간에 모종의 상관관계가 성립하는지에 대해서는 아직도 단정을 내리지 못하겠다. 그러나 무릇 『홍루몽』의 인기가 올라가고 『홍루몽』에 대한 담론이 전 사회적으로 확산되면서 『홍루몽』의 운이 상승하고 『홍루몽』의 기세가 용솟음치게 될 때는 뭔가 상황이 순조롭지 못했던 것 같고 국가와 민족의 운명이 도리어 위기에 처했던 때라는 것을 이제야 어렴풋하게나마 깨달았다. 나의 이런 생각이 혹시라도 편협한 것인지는 모르겠지만 『홍루몽』의 운과 국운 양쪽이 다 원만해지기는 어려웠던 것 같다.

다섯째, 큰 사건들이 꼬리에 꼬리를 물고 계속해서 일어났고 끝없는 논쟁의 소용돌이 속에서 그야말로 굴곡으로 점철된 100년간의 홍학은 학자들 간에 가장 많은 싸움이 벌어졌던 분야로 기록될 것이다. 다년간에 걸쳐 전개되었던 홍학 논쟁과 수많은 홍학 관련 사건은 어느덧 홍학의 학문적인 특성이 되어버렸다. 나는 일찍이 열일곱 차례의 논쟁과 아홉 가지 사건에 대해 언급한 바 있지만 아직도 하나를 인용하느라 만 가지를 빠뜨리는 우를 면치 못하고 있다. 그래서 홍학의 세계를 이른바 "발 디딜 틈 하나 없는 혼잡한 세계"라고 말했던 것이다. 게다가 홍학 논쟁은 사람들의 감정을 유난히 뒤흔들어놓았다. 그러나 이제는 청말의 자료에 보이는 이른바 보채와 대옥에 대한 서로 다른 평가 때문에 '주먹 몇 대 날린' 사건과 같은 전통은 더 이상 그 맥이 이어지지 못할 것으로 보인다. 홍학에 찬조 출연했던 몇몇 학자에게는 별다른 특이 사항이 없었다. 그러나 홍학을 본업으로 삼았던 사람들이 일단 논쟁을 벌였다 하면 이는 천지가 개벽할 정도로 흥미진진했다. 게다가 홍학 논쟁은 중국 사람이 있는 곳이면 그곳이 어디든 존재했고, 어느 곳에서건 『홍루몽』을 읽었다 하면 늘 논쟁이 따라붙었다. 대륙은 말할 것도 없고 타이완·홍콩에 이어 북미 지역에 이르기까지 논쟁이 이어졌다. 아주 높은 수준까지는 오르지 못했다 하더라도 다른 논쟁들과 비교해볼 때 결코 뒤지지 않았다.

이와 같이 격렬했던 홍학 논쟁의 문제점은 일단 빠져들면 헤어나오지 못할 것을 우려한 많은 연구자가 멀리서 바라만 보다가 결국은 뒷걸음질치게 만들었다는 데 있다. 위잉스는 『홍루몽』을 만나지 말았어야 했던 작품이라고 말한 적이 있다. 리톈이李田意도 홍학을 이야기하면서 마음먹은 대로 끊을 수도 정리할 수도 없는 애물단지 같은 것으로 규정했다. 시인 사오옌샹邵燕祥은 「논하기 두려운 홍루怕談紅樓」라는 글을 발표한 바 있다. 나 자신도 여러 차례 성명을 발표한 이후 『홍루몽』에서 손을 뗐다. 내가 편집주간으로 있는 학술지 『중국문화』에는

『홍루몽』과 관련된 글을 싣지 않기로 결정했다. 그런 이유로 근년에는 홍학에서 비껴나 있게 되었다. 그런데 내 평생 최초의 타이완행이『홍루몽』과 관련된 회의에 참석하기 위한 여정이 될 줄이야 누가 알았겠는가? "팔자에 있는 재난은 피할 수 없다더니"라는 의미의 "재겁난도 在劫難逃" 네 글자가 딱 그 상황을 대변해주는 것 같다.

여섯째, 근 100년 동안의 홍학이 사람들의 관심을 끌고 학문적인 생명력을 유지할 수 있었던 것은 새로운 자료의 지속적인 발굴과 관련이 크다. 후스가 색은파 홍학과 논쟁을 벌일 수 있었던 것도 사실은 새로 발견된『홍루몽』의 초기 필사본 두 가지, 즉 갑술본甲戌本과 경진본庚辰本이 있었기 때문이다. 그들 필사본에는 지연재脂硯齋와 기홀수畸笏叟의 서명이 들어간 많은 비어가 있는데『홍루몽』창작의 배경이 된 조설근의 집안 상황이 잘 드러나 있다. 그 후 쏟아져 나온 많은 양의 청나라 궁궐 문서들로 조설근의 가세와 친척들의 상황을 더 많이 알 수 있게 되었다. 그다음으로 조설근 친구에 관한 자료 발굴을 들 수 있다. 학문적인 상황으로 볼 때 새로운 자료의 발굴은 어느 학문 분야나 반드시 전제되어야 할 조건이다. 왕궈웨이는 일찍이 이렇게 말했다. "고래로 신학문의 흥기는 모두 새로운 자료의 발견에서 비롯되었다. 공자 집 담벼락에서 책이 나오자 한대에 고문학이 생겨났다. 조씨의 송나라에서 고대 기물이 출토되자 바로 그 시대에 고대 기물과 고문자 관련 학문이 생겨났다."[17] 천인커도 "한 시대의 학문에는 반드시 새로운 자료와 새로운 문제들이 존재하게 마련이다. 이러한 자료들을 취하여 문제를 연구하는 것이 이 시대 학문의 새로운 흐름이다. 학문을 하는 선비가 이러한 흐름에서 나를 찾을 수 있다면 그것을 일컬어 시대의 흐름에 부합했다고 한다. 이러한 흐름에서 나를 찾지 못한다면 그것을 일 컬어 시대의 흐름에 부합하지 못했다고 한다. 이는 자고로 고금의 학 문 역사에서 통상적인 개념이지만 현실을 고려하지 않고 제멋대로 날 뛰는 자들이 깨달을 수 있는 바는 아니다."[18] 이처럼 『홍루몽』의 배경 자료가 계속 발견됨으로써 홍학 연구 분야에서 새로운 영역을 개척할 수 있게 된다. 그래서 지학脂學이 출현하고 조학曹學이 출현하게 된 것이 다. 사실상 후대의 홍학 연구는 전체 명청사와 문화사 연구로 확대됨 으로써 어떤 의미에서는 초학문적인 성격을 띠게 되었다. 그랬기 때문 에 홍학이라는 분야가 현대 학문사에서 이처럼 강한 생명력과 흡인력 을 갖게 된 것이다.

그러나 문제가 터질 때마다 홍학 100년사를 되돌아보느라 정작 연 구자들 자신은 『홍루몽』 텍스트 연구에 도리어 소홀해졌다. 게다가 새로운 자료의 발견이라는 것도 결국은 우연에 의한 경우가 대부분이 었다. 그러다보니 이미 확보한 자료들에 대한 분석도 일정 시간이 지 나면 한계에 직면했다. 그 결과, 늘 학문의 가장 중심에 서 있으면서 방대한 규모를 자랑하던 100년 홍학이었지만 이룩한 성과는 미미했 고 오히려 풀리지 않는 옭매듭의 문제들만 양산하고 말았다. 나는 일 찍이 홍학 연구에 세 가지 풀리지 않는 옭매듭이 있다고 말했다. 첫 째, 조설근은 누구의 아들인가? 둘째, 지연재는 누구인가? 셋째, 속서 의 작자는 누구인가?[19] 이미 있는 자료를 근거로 하면 이 세 가지 물 음에 이 정도 대답밖에 할 수 없을 것 같다. 아주 성실하고도 정직하 게 말이다. "현재로선 알 길이 없습니다." 물론 나중에 새로운 자료가 발견된다면 얘기는 달라지겠지만.

하나의 학문으로서 100년의 시간을 거쳤음에도 여전히 많은 사안에 대해 일치된 결론을 얻지 못하고 심지어 풀리지 않는 옭매듭을 양산했다는 것은 여하를 막론하고 학문의 발전을 보여주는 지표가 될 수 없다. 이른바 진리란 규명하면 할수록 더 분명해져야 하는데 어찌된 일인지 『홍루몽』에는 해당되지 않는 것 같다. 오히려 "연구하면 할수록 더 종잡을 수 없게 되어버렸다"[20]고 한 위핑보의 말이 참으로 탁월한 선견지명으로 여겨진다. 내가 『홍루몽』을 100년 동안의 중국 역사와 연계시킨 것은 100년 동안의 중국 역사도 갈피를 잡을 수 없을 정도로 혼란스러운 상황에서 수많은 풀리지 않는 미스터리를 함장하고 있기 때문이다. 『홍루몽』 연구가 적지 않은 옭매듭을 남겼다면 100년 중국사도 적지 않은 옭매듭을 남겼다. 되돌아보건대 100년의 세월 동안 홍학의 운명도 사회의 급작스런 변고와 상당한 관계가 있지 않을까 싶다. 이제와 생각하니 참 어려운 문제라는 생각이 든다. 정말이지 뭐라고 말해야 할지 모르겠다.

하편:
하룻밤 시간으로
그 누구를 탓할 수 있으랴

20세기가 눈앞에서 곧 기나긴 여정을 마치고 작별을 고하려 한다. 100년 홍학도 100년의 끝자락에 매달려 있다. 세기가 바뀌면 홍학은 장차 어떻게 나아갈 것인가? 홍학의 운명은 어떠한 모습일까? 불행하게도 내가 개인적으로 관찰한 바에 따르면 현재 홍학은 얼마간 '예를 잃고 경박함을 추구하는' 경향으로 치닫고 있다. 가령 여러 버전의 『홍루몽』 영화와 TV 연속극이 속속 세상에 선을 보이고 있는데 학문적으로 볼 때 이러한 시각적인 이미지들을 받아들이기가 쉽지 않다. 또한 중국 대륙에서는 남과 북 두 지역에서 대관원을 건축하고 있다. 홍루몽의 복장과 홍루연회 등도 크게 유행하고 있다. 홍루몽의 복장은 명청 양대를 혼합해놓았지만 청대의 특성이 더 강하다. 그런데 어찌 청대의 복장이 중국 복식 문화의 모든 것을 대표한다고 할 수 있겠는가? 나는 이에 대해 회의적이다. 아름다운 당나라와 송나라의 복장은 일본인들에게 계승되었는데 정작 우리 고국에서는 오히려 청나라를 거치면서 '머리를 밀고 복장이 바뀌는' 바람에 그 명맥이 끊어졌다. 1991년 타이완 중앙대학의 캉라이신康來新 교수가 처음으로 '홍루 여행'으로 상하이에서 간담회를 열었을 때 흔쾌히 참석한 적이 있다. 당시 역사가 오래되지 않은 '낭만여행'을 어떻게 보느냐는 질문을 받았을 때 대답하기가 참 난감했다. 이러한 창의적인 시도를 훌륭하게 본 것은 아마도 고전문학 중 명작 연구와 보급에 도움이 될 거라고 생각했기 때문일 것이다. 그렇다면 여기서 홍루 문화를 어떻게 볼 것인가 하는 문제와 마주하게 된다. 홍루 문화야 당연히 좋지만 세속화되지 말아야 한다는 생각이 있다. 왜냐하면 최근에 누군가 '응용 홍학'의 개념을 제기했기 때문이다. 응용 홍학을 만약 홍학으로 간주한다면 사상운의 이 말을 갖다 쓰면 안성맞춤일 것이다. "이 야터우(오리대가리)는 그 야터우(시녀)가 아니니 이 야터우에겐 계화기름 두 냥이 부족하네這鴨頭不是那丫頭, 缺少二兩桂花油." 다시 말하면 응용 홍학에는 학술성이 결여되어 있다는 뜻이다.

이른바 응용 홍학이 홍학이 나아가야 할 방향이 되어서는 안 된다.

물론 이러한 상황에서도 학문적 가치가 있는 진정한 의미에서의 『홍루몽』연구는 계속되고 있다. 자료의 제약으로 고증파 홍학과 색은파 홍학은 점점 앞으로 나아가기 어려워졌다. 이른바 "아무리 재주 있는 부인이라도 쌀이 없으면 밥을 지을 수 없는" 이치와 같다. 소설 비평은 텍스트에서 출발하므로 『홍루몽』만 있으면 각양각색의 밥을 지을 수 있다. 하물며 『홍루몽』 텍스트 안에는 똑똑한 선비들이 몇 세기 동안 풀어도 다 풀 수 없을 정도의 해결되지 않은 많은 미스터리가 숨어 있기도 하다. 얼마 전에 덩원샹鄧雲鄉이 에피소드 하나를 들려주었다. 내용인즉슨 몇 년 전에 상하이에서 베이징으로 위핑보를 뵈러 갔을 때 한담 끝에 임대옥은 목매달아 죽었을 것이라는 얘기를 꺼내게 되었다고 한다. 그런 생각을 하게 된 건 태허환경에 나오는 대옥의 책자 속에 "옥이 수풀 속에 걸려 있어玉帶林中掛"라는 구절이 들어 있었기 때문이다. 이 말이 나오자 위핑보는 또 진지하게 덩윈샹에게 이런 질문을 했다고 한다. "『홍루몽』 제54회의 영국부에서 원소절을 맞아 밤잔치를 여는 대목에서 보옥이 자리를 벗어나 이홍원으로 돌아갔을 때 습인이 원앙과 얘기 나누는 것을 엿듣고 차마 안으로 들어가지 못하고 정원으로 나갔다가 다시 돌아오는 장면이 있지 않소. 밖으로 나온 보옥이 축산 뒤에서 용변을 보려고 하자 따라오던 사월과 추문이 모두 걸음을 멈추고는 얼굴을 가린 채 '몸이나 좀 쪼그려 앉으시고 나서 옷을 벗으셔야죠. 괜히 찬바람 맞아서 배앓이하지 마시고요' 했지요."[21] 그러면서 위핑보는 덩윈샹에게 물었다. "보옥이 왜 쪼그려 앉은 상태로 용변을 봐야 했다고 생각하시오?"[22] 그의 질문에 베이징 민속 전문가 덩윈샹은 이렇게 답변했다고 한다. "북방 지역의 아동은 통바지를 입기 때문에 선 채로 바지를 내리면 배가 드러나 추위를 견딜 수 없지요. 그래서 그 지역의 부모들은 남자아이들에게 쪼그리고 앉아 소변을 보게 합니다."[23] 이런 것은 보기에도 아주 사소한 문제라 어떻게 다루든 간에 작품의 취지에 크게 영향을 미치지 않는다. 그러나 『홍루몽』 연구자들은 달랐다. 말하자면 이렇듯 세밀하고 깊이 있게 천착해 들어갔기 때문에 세상이 온통 홍루몽 마니아로 가득 차게 된 것이다.

결론적으로 말하면 『홍루몽』 텍스트에 근거한 홍학의 소설 비평은 앞날이 창창하다. 아무리 오랜 시간이 흘러도 사람들은 여전히 자신의 경험과 정서를 바탕으로『홍루몽』을 새롭게 해석할 수 있다. 그래서 시대마다 사람들 저마다의 가슴에는 자기만의 가보옥과 임대옥이 살아 숨 쉬고 있다. 사회가 발전하고 문화가 난숙하면서 마침내 원전 텍스트로 회귀하려는 움직임이 일고 있다. 문화의 경전으로서『홍루몽』의 매력은 영원할 것이니 그것이 홍학인지 아닌지 여부는 그다음 문제다.

물론 지금의『홍루몽』독자들이 작품에서 관심을 갖는 분야는 이전과는 많이 달라졌다. 100년 홍학의 긍정적인 성과라고 한다면 그건 바로『홍루몽』이라는 소설이 많은 사람에게 생활의 일부로 자리잡게 되었다는 점일 것이다. 홍루뿐 아니라 수호, 삼국, 서유 등 몇몇 전형성을 갖춘 고전소설도 사람들의 마음과 생활에 깊이 자리하면서 언어, 생활 심지어 가치판단의 차용 부호가 된 지 이미 오래다. 소년들이『서유기』를 좋아하고 노년층이『삼국지』를 좋아하며 농민이『수호전』을 좋아한다면 지식인들은『홍루몽』을 선호한다.『홍루몽』의 인물에 대해 지금 독자들은 서로 다른 선택을 하곤 한다. 청년들 가운데 가보옥과 임대옥을 좋아하는 사람은 점점 줄어드는 반면 왕희봉은 각별히 주목받고 있다.『홍루몽학간』에서도 근년에 왕희봉을 칭송하는 신세대의 글을 몇 차례 투고받은 바 있다. 어느 해 춘절에 나와 아내는 선전深圳에 있었는데 한 지인이 열다섯 살 된 딸을 데리고 우리를 찾아왔다.『홍루몽』에 푹 빠졌던 지인의 딸은 헤아릴 수 없을 만큼 여러 차례 작품을 읽었다고 했다. 내가 작중 인물 중 누구를 좋아하느냐고 묻자 그 아이는 왕희봉을 좋아한다고 했다. 나는 정말 의외라는 생각이 들었다. 그 아이는 게다가 주쯔칭朱自淸도 좋아해서 장래 남편감을 고를 때 주쯔칭 같은 남자를 고를 테지만 자신의 연인이 되어줄 위다푸郁達夫 같은 사람도 있어야 한다고 했다. 그 말을 듣는 순간 나와 아내는 물론이고 그 아이의 엄마까지 모두 놀라서 얼이 빠져버렸다. 그 엄마는 자신의 어린 딸이 그런 수준 높은 말을 하리라곤 상상도 하지 못했단다.

이는 사회가 발전해가는 과정에서 사람들의 가치관과 심미 취향에도 변화가 일기 시작했다는 것을 의미한다. 사실상 『홍루몽』의 인물 선택에도 변화가 생긴 것이다. 내게도 그런 경험이 있다. 십대 때인가, 그때는 『홍루몽』을 읽고 청문晴雯을 가장 좋아했다. 이십대에는 사상운을 좋아했다. 지금은 『홍루몽』에서 가장 대단한 인물로 평아를 꼽는다. 왕희봉과 같은 인물 옆에서 시녀 노릇을 한다는 것은 쉽지 않은 일이다. 그러나 평아는 그 역할을 아주 잘 수행했다. 왕희봉이 평아를 자신의 심복으로 생각한 것과 같이 이환과 같은 다른 사람들도 평아가 희봉의 유능한 조수라고 말했다. 희봉의 시녀로서 평아에게서는 한 치의 부족함도 찾아볼 수 없다. 게다가 희봉이 저질렀던 악행을 평아는 절대 저지르지 않았다. 저지르지 않았을 뿐 아니라 오히려 왕희봉의 행동에 반하는 선행을 했다. 그녀는 "상대방에게 도움을 주었을지언정" 왕희봉과 "같은 악행을 저지르지는 않았다". 따라서 "나쁜 짓을 함께 하면서 서로 도움을 준다"는 속담을 평아와 희봉의 관계에서는 절대 꺼내 쓸 수가 없다. 평아는 희봉을 든든히 지켜주었지만 희봉의 죄악에는 물들지 않았다. 가부의 위아래 사람들 가운데 어느 누구도 평아를 나쁘게 말하는 이는 없다. 혹시라도 왕희봉이 저지른 범죄 사건이 평아에게 연루된다면 필시 많은 사람이 평아가 무고하다는 것을 입증해주기 위해 증인을 자처할 것이다. 이처럼 사람 노릇을 반듯하게 했으니 사람의 됨됨이가 최고 경지에 도달했다고 할 수 있다. 사람 노릇하기가 어렵다 해도 평아보다 더 어려운 사람은 없을 텐데도 그녀는 도리어 사람 노릇을 가장 잘했다. 그래서 나는 평아라는 인물을 가장 귀하게 생각한다. 그러나 이러한 인식은 반드시 상당한 열독 과정을 거친 후에라야 얻어질 수 있는 것으로 한두 번 읽어서는 절대로 포착해낼 수 없다. 『홍루몽』에 나오는 평아 같은 인물은 반드시 "유엽저 가에서 앵아에게 화낼 걸 춘연에게 화풀이하고 강운헌에서 보옥이 시녀를 두둔하네" "장미초 대신 말리분을 건네주고 매괴로를 주고 나서 복령상을 얻어오네"[24]와 같은 분란이 있고 난 후 억울한 처지에 놓인 유오아에게 피해가 가지 않도록 지혜롭게 사건을 처리하는 수완을 발휘하면서 비로소 그 진면목이 드러난 인물이기 때문이다.

연구자가 연구 대상에서 최종적으로 찾는 것이 있다면 그건 다름 아닌 바로 자신이다. 문학 연구는 특히 더 그러하다.

그러나 『홍루몽』 연구는 하나의 학문 분야로서 홍학 연구를 직업으로 삼는다고 한다면 그 전성기는 이미 지나지 않았나 싶다. 100년 홍학은 이미 학문적으로 고조기를 지났다. 지금의 상황은 마치 『홍루몽』 속 가부처럼 외형적인 뼈대는 아직 유지하고 있지만 안주머니는 벌써 바닥이 드러나고 있다. 1991년 싱가포르에서 열린 국제한학회의에서 홍학 연구는 이미 "먹이가 다 떨어져 수풀로 되돌아오는 새食盡鳥投林"와 같은 형국이 되어버렸다고 말한 적이 있다. 실제 상황이 그러하다. 중국 내의 홍학 전문가들 중에도 계속해서 새로운 저서를 내놓는 이들이 흔치 않다. 『홍루몽』 연구가 이런 상황에 직면하자 어느새 가짜 고증학의 기풍이 틈을 비집고 들어왔다. 최근 2년간 대륙 홍학을 떠들썩하게 했던 뉴스는 누군가 『홍루몽』 후40회가 전80회보다 더 잘 썼다는 글을 발표한 것이었다. 그 목적은 5·4운동 이래 구제강, 위핑보 등 선배 홍학가들이 내놓았던 전80회와 후40회 비교 연구의 성과를 뒤집으려는 데 있었다. 그다음으로 현존하는 각종의 지연재 평본이 다 위조된 것임을 밝히는 글을 누군가 계속 발표함으로써 5·4운동 이래 신홍학의 성과를 깡그리 부정해버리고자 했던 것이다. 후40회의 공적을 부정해서는 안 된다는 주장은 맞다. 이미 많은 학자가 그런 주장을 펼친 바 있다. 우쭈샹 교수야말로 이 견해를 굳건히 견지했던 인물이다. 그러나 후40회가 전80회보다 더 잘 썼다고 한다면 문학적인 감식안을 가진 독자가 보았을 때 그건 좀 아니라는 생각이 들 것이다. 지연재 평본의 위조설에 대해서는 더더욱 뒷받침할 근거가 부족하다. 그리고 작자 문제에 있어서 최근에는 조설근이 『홍루몽』 원작자인가 하는 데 의구심을 갖는 글이 부쩍 늘었는데 대부분 의문을 제기하는 데 그쳤을 뿐 정작 내놓는 증거는 빈약하기 그지없다. 따라서 거의 '투기심리'에서 나온 이런 종류의 홍학 뉴스는 비록 대중의 반응을 들끓게 했을지는 몰라도 홍학의 학문적 발전에는 보탬이 되지 못했다. 반대로 이런 짝퉁과 거짓 고증의 유행은 학문 사조로서의 홍학이 이미 량치차오가 말한 것처럼 학문적 쇠락기에 접어들어 불가에서 말한 '상相의 상실' 현상을 드러내기 시작했음을 보여주는 것이다.[25]

만약 내게 세기가 바뀌고 난 후의 홍학의 미래를 전망하라고 한다면 이런 비유를 들 수 있을 것 같다. 기왕의 100년 홍학이 『홍루몽』 전80회에 해당한다면 향후의 홍학은 기껏 해봤자 후40회 속서에 불과하다. 이런 생각은 아마 지나치게 비관적일지도 모르겠다. 그러나 무슨 상관인가? 낙관적인 친구들은 조금도 긴장할 필요가 없다. 그 이유는 앞에서도 말했듯이 지금은 『홍루몽』 후40회가 전80회보다 더 잘 썼다는 것을 증명해 보이려는 사람도 때마침 생겨나지 않았는가? 왕궈웨이는 『홍루몽평론』을 썼던 1904년 그해에 일찍이 전체 8구로 되어 있는 「문을 나서며出門」란 시를 지은 적이 있다. "문을 나서니 막막하여 어디로 갈지를 모르겠고 환한 백주 대낮은 언제쯤이나 되어야 황혼이 될까. 책을 사들일 줄만 알았지 열심히 읽을 계획은 세우지도 못했고 오늘을 견디기도 힘든 상황에서 어찌 감히 열흘이나 보름의 시간을 고려나 했겠는가. 가슴속 회한으로 남은 100년 세월의 돌연한 종말이여, 이별의 아픔을 가진 이에게 긴 밤은 참으로 견디기 어려워라. 용을 타고 날아올라 희숙26에게 묻고자 하니 누가 진짜고 누가 가짜인지 모르겠네."27 내가 이 논문을 초안할 때의 심정과 왕궈웨이가 90년 전에 『홍루몽평론』을 집필했던 그해에 썼던 시에 나타난 심경이 사실상 서로를 방불케 하니 나도 내 주장이 '환(허망함)'에 가까울지 아니면 '진(진실)'에 더 가까울지 판단하기 어렵게 되었다.

제2장

『홍루몽』과
홍학

저명 학문으로
자리 잡은 당대 현학

최근 100년간의 중국 학계를 돌아보건대 전문 연구자들은 물론이고 일반 독자와 애호가들까지 광범위하게 사로잡은 연구 대상은 『홍루몽』이 거의 유일하다. 게다가 시간이 흘러도 열기는 잦아들지 않고 학문적으로도 논란이 이어지고 있다. 마치 『홍루몽』이라는 소설 한 편에 온 중국이 통째로 담겨 있기라도 하듯 문화적인 소양이 있는 중국인이라면 너나 할 것 없이 그 속에서 자신의 모습을 찾게 되곤 한다. 풍문을 모두 사실로 받아들일 수는 없겠지만 개중에는 개연성 있는 이야기도 적지 않다. 예를 들면 임대옥이 시고를 불사르며 마음을 정리하는 대목을 보고 크게 상심한 한 젊은 독자가 있었다고 한다. 그 모습을 본 어머니가 『홍루몽』을 불태우려 하자 그 독자는 큰 충격을 받고 실성한 나머지 "어떻게 나의 보옥을 불사르나요?"[1]라는 원망 섞인 말을 남긴 채 죽어갔다는 것이다. 문단의 일화로 전해지고 있는 이 이야기에는 다소 과장된 측면이 있어 액면 그대로 받아들이기는 뭣하지만 당시 독자들이 『홍루몽』을 얼마나 사랑했는지 엿볼 수 있다. 지금도 홍학 연구로 물아일체의 경지에 이르렀다거나 홍학 분야에서 중대한 발견을 했다고 주장하는 '열혈 팬紅迷'들이 끊이지 않고 있다. 홍학의 전반적인 상황을 종합해볼 때, 갑골학과 둔황학이 아시아를 대표하는 현학顯學의 반열에 올라 있는 지금, 홍학도 이미 그 대열에 들어섰다는 것을 더는 부정할 수 없게 되었다.

  1980년 봄, 미국 위스콘신대학에서 열린 국제『홍루몽』학술대회에서 중국, 미국, 일본, 캐나다, 영국, 싱가포르, 타이완, 홍콩 등지의 홍학가 80여 명이 참석한 가운데 50여 편의 논문이 발표되었다. 1986년 6월에는 제2차 국제『홍루몽』학술대회가 하얼빈사범대학과 위스콘신대학 공동 주최로 하얼빈에서 거행되었는데 각국에서 참석한 학자가 100명이 넘었고 발표한 논문만도 90여 편에 달했다. 그와 동시에『홍루몽』예술절과 중국 문학 강습반이 열려 다채롭고 풍부한 내용으로 이전 대회보다 성황을 이루었다. 중국 내에서 열린 전국 규모의 제1회『홍루몽』학술토론회는 1980년 하얼빈에서 열렸는데 130여 명이 참가한 가운데 70여 편의 논문이 발표되었으며 홍학을 대표하는 학술단체 '중국홍루몽학회'가 결성되기에 이른다. 그로부터 1981년 산둥성 지난濟南, 1982년 상하이, 1983년 난징, 1985년 구이양貴陽 등지에서 4회 연속으로 회의가 열렸다. 회의 때마다 150명 이상이 참석했고 회를 거듭할수록 논문의 편수도 많아져 구이양에서 열린 회의에서는 무려 90여 편에 달하는 논문이 발표되었다. 홍학 연구를 전담하는『홍루몽』연구소가 설치되지 않은 중국예술연구원 내에 전문 연구원들이 대거 초빙되었다.『홍루몽』연구 관련 학술지로는 현재 세 종이 있다. 하나는 『홍루몽학간紅樓夢學刊』인데 왕자오원王朝聞, 평치용馮其庸, 리시판李希凡이 편집을 맡아 32명의 유명 홍학가들로 편집 위원회를 구성하여 매년 네 차례 발간해오다 최근에는 여섯 차례로 발간 횟수를 늘렸다. 1979년 창간된 이래 50집(2019년 현재 189집―옮긴이)이 발간된 상태다. 다른 하나는 『홍루몽연구집간紅樓夢研究集刊』으로 중국사회과학원 문학연구소가 주관하여 부정기 학술지로 발간했으나 1989년 14집을 끝으로 정간된다.[2] 나머지 하나는 구이저우성 홍학회가 부정기적으로 간행하는 『홍학紅學』으로 국내에서는 상당한 영향력이 있다. 잡지마다 연구자들을 결집시켰고 저마다 독자층을 확보하고 있다. 『홍루몽』 연구와 관련하여 이 세 학술지에 실린 글만 하더라도 매년 200만 자가 넘는다.[3] '중국홍루몽학회'가 결성된 이후 랴오닝遼寧, 장쑤江蘇, 상하이, 구이저우, 헤이룽장 등 여러 성과 시에서 분회가 생겼다. 교류성 간행물을 찍어내는 분회에서도 간혹 괄목할 만한 좋은 글이나 가치 있는 자료들이 실리곤 했다.[4]

하나 더 덧붙이자면, 앞서 말한 홍학 전문 잡지가 세상에 선보이기 전에 이미 판충구이가 몸담고 있던 홍콩 중문대학 '홍루몽 연구팀'에서 『홍루몽연구전간紅樓夢研究專刊』이 출간된 적이 있다는 사실이다. 1967년에 창간하여 1973년 10집이 출간되기까지 자오강趙岡, 저우처쭝周策縱, 류춘런柳存仁, 팡하오方豪, 천칭하오陳慶浩, 리즈화李治華 등 많은 홍학가의 논문을 실어 중국 대륙의 홍학 열기와 더불어 상호 간에 자극과 격려가 되었다. 타이완에는 아직 『홍루몽』 연구와 관련된 전문 학술지가 없지만 신문과 잡지에 실린 각종 논문과 단행본 저서들의 수량만큼은 상당하다. 홍학이 일찌감치 해협 양안을 넘어서는 초월성을 보여준 것은 무엇보다 『홍루몽』이 중화민족 공동의 유산이고, 인위적인 지역성이 문화의 전파를 가로막는 장애가 될 수 없기 때문이다. 청말 「경도죽지사京都竹枝詞」에서 "『홍루몽』을 화제로 삼아 얘기하지 못한다면, 시서를 독파했다 하더라도 부질없다開談不說紅樓夢, 讀盡詩書是枉然"[5]라는 말이 성행했듯이, 오늘날에는 "『홍루몽』의 홍수紅水가 범람한다"는 농담이 있을 정도다. 후자의 경우 다소 풍자적이긴 하지만 사실은 홍학의 영역이 점점 확대되고 확산되는 실상을 반영한 말이기도 하다.

1987년 여름, 중앙텔레비전에서는 장장 32회에 달하는 『홍루몽』 연속극을 방영한 바 있다. 그 영향으로 홍학 열풍이 일면서 거리마다 『홍루몽』에 관한 이야기로 넘쳐났고 홍학 관련 서적들도 불티나게 팔려나갔다. 조설근이 살아 있었다면 20세기에 불어닥친 대대적인 홍학 열풍에 놀라워했을 것이다. 더구나 불우한 운명을 겪으면서 희망 없는 미래의 무기력한 정서를 소설에 담아냈던 작가의 처지를 생각하면 더더욱 아이러니가 아닐 수 없다. 저세상에 있는 조설근도 자신의 작품이 200년이 지난 지금까지 엄청난 영광을 누리고 있고 "역대에 큰 파란을 몰고 왔던" 홍학이라는 학문 분야까지 생겨나 온 세상을 떠들썩하게 할 줄은 상상도 하지 못했을 것이다.[6]

조설근은 그가 쓴 『홍루몽』 이야기가 반드시 세인들의 찬사를 받아야 한다거나 또 그들 모두가 작품을 즐겨 읽어야 한다고 생각하지 않았다. "그저 취기가 오르거나 배가 불러 누워 있을 때 혹은 세상의 근심을 피하거나 덜고 싶을 때 놀이삼아 펼쳐들고" 고단함이나 피로를 덜 수 있다면 그것으로 충분하다고 여겼다.[7] 그러나 사람들이 그저 놀이삼아 펼쳐든 결과가 홍학의 탄생을 가져오리라고 누가 생각이나 했겠는가? 처음에 '홍학'이라고 할 때에는 다소 농담의 성격이 있었지만 지금은 완전히 달라졌다. 청말 『홍루몽』에 푹 빠졌던 주창정朱昌鼎이라는 문인은 주로 경학을 논하는 당시 분위기에서 누군가 그에게 "무슨 경전을 공부하시오?"라고 물어오면 "내가 하는 경학은 삼곡三曲이 적다네"라고 답했다고 한다.(경학을 의미하는 經에서 우측 상단의 가로 획 一과 그 밑의 내 천자, 즉 삼곡을 빼면 홍루몽의 紅이 된다.―옮긴이) 물음을 던진 사람이 제대로 이해를 하지 못하면 "내가 몰두하고 있는 건 홍학이라는 걸세"라고 다시 풀어서 설명해주었다고 한다. 이 에피소드는 균요均耀의 『자죽거영묵慈竹居零墨』에 기록되어 있다.[8] 이방李放의 『팔기화록八旗畫錄』에서도 "광서光緒 초기에 경조京朝의 사대부들은 그 책을 즐겨 읽으면서 스스로 홍학을 하는 것에 대해 자긍심을 가졌다"고 되어 있다.[9] '홍학'이라는 말이 이처럼 처음에는 농담처럼 시작되었다는 것을 제1장에서도 밝힌 바 있어 이해를 도모하는 차원에서 쉬자오웨이徐兆瑋가 쓴 「유희보관잡영遊戲報館雜詠」 시의 내용을 다시 한번 인용한다. "소설은 황당함으로 잠 귀신을 몰아내기에 제격인데 『황차장록黃車掌錄』에는 소설과 관련된 것을 잔뜩 끌어모아놓았다네. 신학문은 논하지 않고 홍학을 논하는데 누추한 방구석에 틀어박혀 많은 것을 고찰하고 연구한 이 그 누구던가?" 시 뒤에 붙어 있는 소주小注에는 이렇게 쓰여 있다. "도시에 사는 선비들이 『석두기』에 대해 즐겨 논했는데, 이것을 일컬어 '홍학'이라고 불렀다. 청말에 정치 및 경제체제 개혁운동의 바람이 불자 홍학을 논하던 사람들이 경제를 논하기 시작했다. 캉유웨이와 량치차오의 유신이 실패하자 이번에는 경제를 논했던 사람들이 다시 홍학을 논하기 시작했다. 무술년의 신문과 잡지에서 이런 사실을 기술하니 한바탕 웃음거리가 되었다."[10] 물론 이것은 옛말이고 그냥 끝내버릴 이야기지만 『홍루몽』이 널리 전파되고 『홍루몽』 연구가 나날이 발전함에 따라 홍학은 이제 당당한 학문 분야로 일석의 지위를 차지하게 되었다.

소설 작품 하나가 학문 분야를 이룬 것은 세계적으로 유례가 드문 일이다. 그러한 예는 영국 작가인 셰익스피어 정도에 불과할 것이다. 영국의 셰익스피어학은 전문적인 연구 기구가 마련되어 있고 셰익스피어 관련 학술지가 있으며[11] 매년 대규모 셰익스피어 학술대회가 열린다. 셰익스피어 연구 분야에도 『홍루몽』 연구처럼 쟁점이 되는 사안들이 계속 쏟아져 나오고 있지만 근거가 뚜렷하지 않고, 심지어 저작권에 관한 사항이 해결되지 않아 지금까지도 셰익스피어 존재 자체에 의구심을 갖는 이들이 존재한다. 이는 마치 『홍루몽』 작가인 조설근의 저작권이 끊임없이 의심받는 상황과도 흡사하다. 게다가 모든 일에는 짝이 있듯이 셰익스피어가 그려낸 극중 인물도 400명이 넘어 『홍루몽』에 등장하는 인물의 숫자를 방불케 한다. 다만 셰익스피어가 그려낸 인물이 37개의 극본에 분산되어 나타난다면 『홍루몽』에는 한 작품에 400여 명의 인물이 고스란히 다 등장한다.[12] 셰익스피어 연구가 세계적인 학문이듯이 『홍루몽』 연구도 세계적인 학문이 되었다. 이러한 상황을 이해하지 못한 이들은 홍학의 발전을 공정하지 못한 것으로 간주하고 『홍루몽』 작품 하나만으로 어떻게 유독 전문 학문 영역이 되느냐고 이의를 제기할 수도 있다. 예를 들면 '수호학水滸學' '삼국학三國學' '서유학西遊學' '금병매학金甁梅學' '요재학聊齋學'은 왜 성립되지 않느냐고 하면서 말이다. 사실 이것은 되고 안 되고의 문제라기보다는 명과 실이 상부하느냐 하지 않느냐에 달린 문제로 봐야 한다. '수호학' '삼국학'은 누군가 이미 그렇게 부른 적도 있지만 실제로 그것이 현실화되기 위해서는 최종적으로 학문 분야로서의 내용이 있어야 하고, 또 그렇게 불리더라도 학문이 될 근거가 있는지 여부를 따져봐야 하기 때문에 아직은 더 두고봐야 한다. 작품 한 편으로 학문 분야가 형성되었다는 것은 결코 예사로운 일이 아니다. 중국에는 예로부터 '선학選學'의 논리가 있어왔다. 그것은 소명태자 소통蕭統의 『문선文選』이 후세에 미친 막대한 영향 때문이다. 당 이후에는 줄곧 『문선』을 유가 경전과 같은 선상에 놓고 문인 선비들이 반드시 갖추어야 할 책으로 여겼으니 이는 흡사 『홍루몽』을 "집집마다 한 권씩 구비해두는"[13] 책으로 여겼던 당시 상황과도 유사하다 하겠다. 첸중수 선생은 다음과 같이 말했다.

모든 문체의 글 중에서, 한 권의 책으로 '학문'이 된 것 중에서 경전 중의 '역학易學'이나 '시학詩學' 혹은 『설문해자說文解字』 연구가 모여서 된 '허학許學' 등에 견줄 만한 것으로는 '선학選學'과 '홍학紅學' 정도가 있을 뿐이다. 긴 세월을 함께 지나오면서 어느 누구도 탄핵하는 사람이 없었다. "천가千家가 두시杜詩에 주를 달고" "오백가五百家가 한유韓愈·유종원柳宗元·소식蘇軾의 시에 주를 달았지만" 여태까지 두학杜學이나 한학韓學의 이름은 들어보지 못했다. 고증학에는 '정학鄭學'이 있고 의리학에는 '주학朱學'의 부류가 있으나 모두 정현이나 주희의 저작 관련 학설 등이고 독립된 한 권의 책은 아니다.[14]

책 이름을 명칭으로 하는 학문에 대한 첸중수 선생의 분석은 가히 반박할 수 없을 정도로 엄정하고 치밀했다. 그는 이를 통해 신중하게 생각하고 명확하게 판별해냈을 때 비로소 학문하면서 허풍을 떨거나 허명을 좇는 일이 발생하지 않는다는 치학의 근본 이치를 일깨워주었다.

학문의
명칭이 된 소설

그렇다면 대체 어떠한 이유로 책 이름을 학문 연구의 명칭으로 삼게 되었을까?

나는 무엇보다 『홍루몽』의 고유한 특성이 결정적인 원인이 되었다고 본다. 『홍루몽』은 보통의 소설과 달리 작가가 살았던 특정 시대의 특수한 상황과 경험들을 독특한 예술적 필치로 형상화한 명작이다. 더욱이 중국 고전문학의 우수한 자양분을 골고루 받아들여 집대성함으로써 최고의 걸작 소설로 자리매김했다. 『홍루몽』은 여느 장편소설과 달리 내용과 형식 면에서 특수한 질적 규정성을 가지고 있다. 왜냐하면 『홍루몽』은 작품으로 탄생되기까지 파란만장한 창작 과정을 거쳤으며 작품 속에 진지한 시대정신과 깊이 있는 사상성, 다채로운 표현 수법을 두루 담아내고 있기 때문이다.

역사에 조예가 깊었던 조설근은 청나라의 부패한 현실을 보고 더이상 자신이 속한 계급에 희망이 남아 있지 않다고 인식했고 가씨 집안 사람들의 온갖 병폐와 자제들의 악행을 작품 속에 남김없이 표현했다. 비애감과 말세의 기운은 작품의 후반부로 갈수록 더 심화되었고 가부와 그 일가친척들은 완전히 망해 마치 "새하얗게 떨어진 잎들로 온통 세상이 말끔해져버린落了片白茫茫大地眞干淨" 지경에까지 이르고 만다. 가부와 같이 종법사회의 근간이 되었던 봉건 세습귀족 집안은 18세기 중엽의 청나라를 상징적으로 보여준다. 따라서 그러한 대가족의 몰락은 전체 봉건사회의 몰락을 예고해주는 것이기도 했다. 모호함 속에 작가의 비관, 절망, 무기력한 기운이 작품 전편에 감도는 이유다. 모순을 인식해도 모순을 해결할 수 없고 낡은 것을 부정해도 새로운 무언가를 제시하지 못했으니 마침 태허환경 내의 "그윽하고 미묘한 영기의 땅이요, 어찌할 수 없는 신비의 하늘이로다幽微靈秀地, 無可奈何天"라 쓰여 있는 대련과 「홍루몽곡」에 들어 있는 "어찌할 수 없는 이 세상, 서러운 날, 적막할 때에 나의 어리석은 마음을 달래보고자趁着這奈何天, 傷懷日, 寂廖時, 試遣愚衷" 하는 대목이 그러한 상황을 적절히 잘 대변해준다. 따라서 『홍루몽』에는 자기모순으로 고통스러워하는 조설근의 자화상이 들어 있다. 『홍루몽』이 고금을 통틀어 최고의 비극이 된 것은 결코 우연이 아니다. 이는 작가의 비극이자 시대의 비극이다. 작품에 표출된 정서와 분위기는 특정 시대의 정서와 분위기를 내포하고 있다. 그와 동시에 인성의 성장에 도움을 줄 수 있는 가정환경과 사회환경을 갈망하는 미학적, 도덕적, 정치적 이상이 작품에 담겨 있다. 대관원은 바로 현실에 존재하지 않는 그런 환경을 허구화시켜놓은 곳이다. 작가가 대관원에서의 명랑하고 환희에 넘치며 활력적인 생활을 강조하면 할수록 현실의 어두움과 침체, 절망감은 더욱 깊어졌다. 여러 회에 걸쳐 즐거운 장면이 많이 등장하지만 결과적으로는 비극성을 더욱 도드라지게 했을 뿐이다. 이러한 상황은 그야말로 당시 사회 현실의 생생한 현장 모습 그대로를 보여주는 것이다. 그런 점에서 『홍루몽』은 중국 고전소설에 대한 집대성인 동시에 수천 년간 이어져온 봉건사회에 대한 총결산이기도 하다.

『홍루몽』은 매우 풍부한 내용을 담고 있다. 그 내용을 살펴보면 대개 봉건사회의 경제와 정치에 관한 각종 제도, 이른바 토지·상업·법률·관리·종교·혼인·노비·적서 등과 관련된 제반 제도를 총망라하고 있다. 게다가 사상적으로도 봉건사회의 전체 사상체계를 거의 아우를 만큼 범위가 넓다. 조설근이 강렬한 저항정신으로 봉건적인 정통 사상을 비판하고 있는 것은 주지의 사실이다. 불·도·노장사상을 언급하고 있는 대목이 많은데 이는 작가의 복잡한 사상성을 보여준다. 『홍루몽』에 나오는 승려·도사·비구니들은 대부분 세상 사람들을 기만하는 사기꾼으로 묘사되어 있어 조설근이 세속 종교에 대해 반감이 있었음을 알 수 있다. 그러나 조설근은 종교 철학 중에서 특히 송·명 이래 광범위하게 유행하던 선학禪學에 대해서는 관심이 많았던 것 같다. 제22회에서는 가보옥이 선禪을 깨닫는 대목이 나온다. 돈민敦敏이 『근포에게 선사한 시贈芹圃』에서 "시적 영감을 찾아 헤매던 사람은 절에 가 머물고尋詩人去留僧舍"라고 한 것은 대략 불교철학에 관한 탐구를 가리키는 것이지 조설근이 반드시 종교를 독실히 믿었음을 설명하려던 것은 아니다. 그리고 개략적으로 『남화경南華經』 원문을 발췌 인용하고 내편의 「인간세人間世」에서 외편의 「거협胠篋」, 잡편의 「열어구列御寇」[15]까지 인용했을 뿐 아니라 또 그것을 접한 인물들이 자기 식으로 상황에 맞게 잘 음미한 것을 보면 조설근이 노장사상을 중시했음을 알 수 있다. 본래, 법망이 삼엄한 봉건 전제주의 시대에 스스로 죽으려고 작정하지 않은 이상 웬만하면 노장의 피세주의적인 무위사상으로 포장하고 있기만 해도 된다. 『홍루몽』에서 그럭저럭 대충 살려는 사람들이 아닌 경우 그 결말은 주로 출가 아니면 자살의 두 가지로 압축된다. 그 외의 사람들은 입으로는 "영민한 자는 영민함으로 인해 분망하고 총명한 사람은 총명이 넘쳐 앞날을 걱정하느라 근심이 많은데, 무능한 자는 추구하는 게 없어 그저 배불리 먹고 여기저기 빈둥거리는 게 마치 묶어놓지 않아 물 위에 이리저리 떠다니는 목선 같다巧者勞而智者憂, 無能者無所求, 飽食而遨游, 泛若不系之舟"[16]고 말하는 등 이러쿵저러쿵하면서도 결국은 이런저런 갈등으로 몸과 마음이 갈피를 잡지 못한 채 이러지도 못하고 저러지도 못하는 자들이다. 후자의 경우 주관적인 측면에서 볼 때 모종의 정신적인 자유를 얻었다고 볼 수 있지만 현실 세상과 연결되면 역시 또 그렇고 그런 변형된 형태의 그럭저럭 사는 인생일 뿐이다. 당연히 작품의 주류는 작가가 추구한 바대로 반봉건성을 띤 초보적인 민주주의 사상이다. 이는 주인공인 가보옥에게 가장 집중적으로 표현되었고 그 외에 핍박받는 노비들에게서도 간혹 표현되곤 했다. 그런 점에서 『홍루몽』의 사상이 매우 풍부하다고 하는 것은 결코 지나친 말이 아니다.

　『홍루몽』의 예술 형식과 표현 수법은 다양하다. 문학적 언어의 운용과 창조에 대해 살펴보면, 작품의 서사언어·묘사언어·서정언어 등 예컨대 대화·삽화·독백·의론·회상·삽입서술·도치서술·보충서술과 고어·성어·속어·언어諺語·암호어暗語·은어隱語·쌍관어雙關語·헐후어歇後語 등 없는 것이 없다. 『홍루몽』에는 은어와 암호어가 많아 해석하기 어려운 대목이 많다. 제1회 보옥과 대옥의 연기緣起에서 서방 영하 기슭의 삼생석 주변에 피어난 강주초絳珠草에 적하궁赤霞宮의 신영시자神瑛侍子가 감로수를 뿌려준다는 이야기가 나온다. 지연재脂硯齋는 방비旁批에서 "'강주' 두 글자를 자세히 생각하니 어찌 피눈물이 나지 않겠는가細思絳珠二字, 豈非血淚乎?"라고 했고, 또 "'적하'에 '홍'자와 '옥'자를 입혔다赤瑕'點'紅'字·'玉'字"라고 했다. 거기서 작가가 운용한 것은 은어다. 그리고 헤아릴 수 없을 정도로 많은 인명과 지명에도 해음諧音을 써서 원춘元春·영춘迎春·탐춘探春·석춘惜春과 같은 자매들의 이름도 '원응탄식原應嘆息'의 음과 맞췄고 가부의 문객인 첨광詹光·선빙인單聘仁·복고수卜固修도 점광沾光·선편인善騙人·불고수不顧羞의 음으로 맞췄으며 대황산大荒山 무계애無稽崖는 황당무계로, 십리가十里街는 세리勢利로, 인청항仁淸巷은 인정人情 등으로 음을 맞췄다는 것을 지평脂評이나 후대의 연구자들은 여러 번 지적한 바 있다. 이러한 대목은 여지없이 독자들의 색은 심리를 발동시켰다. 작품 속 인물의 언어가 개성적인 것은 물론 소리와 색채, 음악미도 농후해 인물이나 고사정절에서 따로 분리되어 단독으로 감상의 대상이 되곤 했다. 희봉은 평소에 악행을 많이 저질렀지만 그녀를 두려워했던 시녀들조차 그녀의 농담을 듣고 싶어했을 정도로 그녀의 언변은 찬사의 대상이 되었다. 속어, 헐후어의 운용에서 대옥과 희봉은 각각 섬세함과 거침, 우아함과 경박함, 전아함과 저속함으로 확연히 구별되기도 했다. "머저리 같은 녀석, 뒤를 떠받쳐주어도 기어 올라가지를 못하다니癩狗不扶上牆的種子"(희봉이 제68회에서 장화에게 한 욕설), "아무 상관없는 남들한테는 자기 살이라도 떼어다 붙여줄 듯이 하면서도拿着皮肉倒往那不相干的外人身上貼"(희봉이 제16회에서 가련의 유모인 조노파에게 한 말), "내 돈이라는 것도 쥐꼬리에 난 부스럼의 고름 정도만 큼밖에 되지 않아요我是耗子尾巴上長瘡多少膿血兒"(희봉이 제68회에서 우씨에게 한 말). 이런 말은 대옥의 입에서는 절대 나올 수 없다. 그 점은 보채도 마찬가지다. 제42회에 보채가 희봉과 대옥을 평하는 대목이 나온다. "세상의 말이 희봉 형님 입에만 가면 정말 끝내주는 말이 된단 말야. 다행히 희봉 형님은 글자를 모르고 크게 통달한 사람이 아니어서 그 저 속어로만 사람을 웃기는 거야. 하지만 유독 대옥 아가씨 입에 걸리 는 날엔 시정의 거친 말들도 『춘추』 필법을 이용해서는 잘 솎아내고 다듬어서 아주 그럴듯하게 만들어낸단 말야."[17] 조설근은 언어를 문 학적으로 정련할 때 이런 방법을 사용했다. 희봉의 언어도 사실은 이 런 정련과정을 거친 것이다. 인물을 형상화할 때 대비, 부각, 복선, 과 장, 정면 묘사, 측면 묘사, 반면 묘사, 동태 묘사, 정태 묘사, 초상 묘사, 심리 묘사 등 모든 기법을 두루 활용했다.

독자들 가운데는 중국 고전소설에서는 동태 묘사와 외모 묘사가 중시되기 때문에 심리 묘사는 항상 취약하다는 논리를 펼치는 이들 이 있다. 그러나 『홍루몽』을 자세히 읽어보면 심리 묘사가 아주 독창 적이라는 것을 발견할 수 있다. 전생의 숙명적인 인연으로 시작된 보 옥과 대옥의 사랑은 제3회에 서로 만났을 때 이전에 사귄 사람처럼 친숙함을 느끼게 된다. 그 후 보채의 등장으로 예기치 못한 틈이 생 겨 말다툼이 야기되고 연이어 또 다른 풍파가 일어나는 등 소소한 갈 등을 빚기도 하지만 제32회에 이르러 서로에게 진심을 털어놓으면서 두 사람의 사랑은 바야흐로 무르익어간다. 작가는 대옥의 이러한 심 리를 아주 섬세하게 잘 묘사했다.

사실 임대옥은 사상운이 보옥의 방에 가 있는 것을 알고는 보옥이 필시 기린에 대한 이야기를 꺼낼 줄 알았다. 그래서 마음속으로 생각해보니 최근 보옥이 가지고 놀던 것이 민간에 떠도는 야사였고 그게 거의 태반은 재자가인들이 원앙이나 봉황, 금은패물, 손수건이나 거울 같은 작은 노리개들을 주고받거나 짝을 맞춰보는 데서 일생의 인연이 정해진다는 그런 이야기들이었다. 대옥은 불현듯 보옥에게도 기린이 생겼다는 생각에 이르자 혹시 이 기린으로 인해 상운과도 풍류가사 같은 '섬싱'이 생겨나지 않을까 하는 걱정이 드는 것이었다. 대옥은 살금살금 이홍원으로 다가가 기회를 보아가며 두 사람의 동정을 살펴볼 요량을 했다. 그런데 이홍원에 막 발을 들여놓으려는 순간 사상운이 나라를 다스려 백성을 건진다는 내용의 이야기를 하고, 보옥이는 또 "대옥 누이가 언제 그런 시시껄렁한 소리 한 적 있어? 대옥 누이가 그런 소릴 했다면 우린 벌써 사이가 틀어졌을 거야"라는 말을 하는 것이었다. 임대옥은 그 말을 듣고 기쁘기도 하고 놀랍기도 했으며, 슬프기도 하고 또 한숨이 나오기도 했다. 기쁜 것은 자신의 사람 보는 눈이 틀리지 않았다는 점 때문이다. 평소에 그를 지기로 생각해왔는데 과연 지기임이 분명했다. 놀랍다는 것은 남의 앞에서 개인적으로 자신을 칭찬하고 그 다정함의 깊이를 볼 때 조금도 의심이 가지 않는다는 점이다. 또 한숨이 나온 것은 그대가 나를 지기로 여기는 이상 나 역시 그대를 지기로 여겨야 할 것이다. 그런데 그대와 내가 지기라면 왜 하필 금옥의 인연에 관한 이야기가 나오는 것이며 또 금옥의 인연이 있다면 그것이 우리 두 사람에게 있으면 될 것을 어찌하여 보채를 등장시킨단 말인가? 슬픈 것은 부모님이 일쩍 돌아가셔 마음에 새길 말은 있지만 나를 위해 나서줄 사람은 없다는 것이다. 하물며 요즘은 매일같이 정신이 혼미하여 병이 점점 더 깊어지고 있다. 의사는 기혈이 약해 결핵으로까지 번질 수도 있다고 하는데 그대와 내가 지기라고 하더라도 과연 얼마나 버틸 수 있을 것이며, 그대가 끝까지 나를 지기로 여긴다 하더라도 길지 않은 내 목숨은 어이할까나! 여기까지 생각이 미치자 자신도 모르게 눈물이 주루룩 흘러내렸다.[18]

작가가 이처럼 섬세하고도 깊이 있는 심리 묘사를 통해 독자들과 함께 인물의 잠재의식을 탐색해보려 했던 시도 자체는 『홍루몽』이 아닌 다른 중국 고전소설에서는 찾아볼 수 없는 것들이다. 심지어 서양의 독자, 예컨대 현대 소설 관념에 익숙한 독자들에게 『홍루몽』에 이미 심리분석적 요소가 내포되어 있다는 주장을 펼치더라도 아마 자연스럽게 받아들일 것이다.

다시 한 가지 예를 더 들어보고자 한다.

제29회에서 보옥과 대옥 간에 말다툼이 생기는데 기분이 상한 두 사람은 설부인네 집에 연극을 보러 가지 않겠다고 한다. 가모는 이 때문에 마음이 조급해져 이렇게 투덜거린다. "내 이 늙은이가 전생에 무슨 죄를 지었기에 이 두 작은 말썽쟁이 원수들을 만나 하루도 마음 편할 새가 없는 게야?"[19] 이는 사실상 보옥과 대옥의 특별한 사이를 가모가 여러 사람 앞에서 공표한 셈이 되었다. 곧이어 제30회에서 왕희봉이 두 사람의 화해를 권유하러 가는데 보옥과 대옥은 이미 서로에게 사과를 했다. 희봉은 이 모습을 보자 대옥을 다짜고짜 여러 사람 앞에 끌고 나가 이렇게 말한다. "꼭 참매가 병아리의 발목을 잡고 있는 것처럼 둘이 이렇게 착 달라붙어 있는데 누가 나서서 화해를 시킬 수 있겠어요."[20] 희봉 역시 보옥과 대옥이 특별한 사이임을 재차 공표한 셈이 되었다. 이러한 상황은 보옥과 대옥 두 사람을 몹시 난처하게 만들었다. 대옥은 한 마디도 못하고 가모 옆에 앉아 있고 보옥은 할 말을 찾지 못해 보채에게 멋쩍은 표정을 지어 보인다. 엎친 데 덮친 격으로 보옥은 또 보채를 양귀비에 빗대는 실수를 범하는 바람에 순식간에 보채의 감정을 상하게 하고는 더욱 몸 둘 바를 몰라 한다.

대옥은 보옥이 보채를 놀리는 것을 보고 마음이 흡족해져 자신도 한몫 끼어들어 보채를 놀려볼까 했는데 생각지도 않게 정아가 부채를 찾으러 오고 또 보채가 화를 내는 바람에 대옥은 얼른 말투를 바꾼다. "보채 언니, 언니가 본 연극 두 막이 어떤 거예요?" 보채는 대옥의 얼굴에서 득의한 모습을 보자 필시 보옥이 자신을 놀린 말을 들어서 마침내 마음이 통쾌해진 거로구나 하는 생각을 하며 대옥이 자신에게 질문한 것에 대해 웃으며 답해준다. "내가 본 건 이규가 송강에게 욕을 퍼부은 뒤에 다시 사과하는 장면이었어." 이 말을 듣고 보옥이 웃으며 말했다. "누나는 동서고금에 통달해 모르는 것이 없는 사람인데 어떻게 그 연극의 제목도 모른 채 장황하게 설명만 하고 있는 거야? 그건 『부형청죄負荊請罪』[21]란 작품이야." 보채가 웃으며 대답했다. "아 원래 『부형청죄』라는 거였군요. 자기들은 동서고금에 박식한 사람들이니까 '부형청죄'라는 것도 잘 아시네요. 난 뭐가 '부형청죄'인지 알지도 못하는데!" 그 말이 끝나기도 전에 보옥과 대옥은 마음에 찔리는 게 있는지라 보채의 말을 듣자마자 얼굴이 빨개졌다. 그 상황을 잘 알지 못하는 희봉은 세 사람의 눈치를 보고 그제야 무슨 뜻인지 짐작하고는 웃으며 사람들에게 물었다. "이렇게 더

운 한여름에 누가 하필 생강을 자셨을까.” 사람들은 무슨 뜻인지 알아
듣지 못하고 이렇게 말했다. “누가 생강을 먹어요?” 희봉은 일부러 자신
의 뺨을 문지르고 고개를 갸우뚱하며 말했다. “아무도 생강을 먹지 않았
다는데 왜 이렇게 얼얼한 거지?” 보옥과 대옥 두 사람만은 그 말을 듣
고 더욱 어쩔 줄 몰라 한다. 보채는 이 기회에 한마디 더 해주고 싶었지
만 보옥이 몹시 당황해하는 눈치를 보고는 상황이 바뀌었다 싶어 더 이
상 말하기가 뭣해 그냥 웃고 말았다.[22]

이는 또 집중적으로 인물의 심리를 묘사한 대목이지만 앞서 예로
들었던 필법과는 다르다. 만약 전자에서 심리분석적인 특성이 곁들여
져 서술자와 인물이 하나 되어 동시관찰의 수법을 취했다면 여기서는
언어, 거동, 정태를 통해 보옥과 대옥, 보채 사이의 미묘한 관계를 딱
틀어쥐고 세 사람 각자의 심리를 표현했으며 서술자는 인물을 아래
에 두고 후면관찰의 방법을 취했다.[23] 보옥과 대옥 두 사람이 말다툼
을 했다가 또 저절로 화해하는 이런 일들이 대중이 모인 공개적인 장
소에서 반복적으로 드러나게 한 것은 그들 두 사람의 연애 사실을 대
중 앞에 공표하는 것과 같아 보옥과 대옥은 심리적으로 일찌감치 열
세에 놓인다. 보채는 말할 필요도 없이 이미 승리자가 되어 있었으니
그녀가 지속적인 역공을 하고 있는 상황에서는 더더욱 그러했다. 게
다가 희봉이 농담하자 보옥과 대옥은 창피함을 감당하지 못하고 부
끄러운 나머지 쥐구멍에라도 들어가고 싶어한다. 작가는 ‘상황 변화’
란 의미의 “형경개변形景改變”이란 네 글자를 이용해 보옥과 대옥에게
큰 타격을 입혔다. 이 아슬아슬한 심리전을 작가는 아주 날렵하게 묘

사하고 있지만 붓 끝에 상당한 무게감이 실려 있다. 제54회에서 가모가 진부한 구투를 타파하고 재자가인소설을 통렬히 비판하면서 보옥과 대옥을 난처하게 만든 적이 있지만 오히려 지금 이 대목이야말로 『홍루몽』 전체를 통틀어 보옥과 대옥을 가장 난감하게 만든 대목이라 할 만하다. 『수호전』 『삼국지』 『서유기』 『유림외사』 『금병매』처럼 심리 묘사가 허술한 다른 중국 고전소설들과 비교하면 현격한 차이를 드러낸다. 결과적으로 여타 소설들은 대략 한 수에서 멀게는 몇 수까지 『홍루몽』에 뒤처진다. 오늘날 시적으로 형상화된 소설을 좋아하는 젊은 소설가들 가운데는 이런 종류의 외국 소설을 열심히 모방하는 이들도 있다. 그러나 『홍루몽』이 진작 중국 문학사에서 시적으로 형상화된 소설의 길을 열어놓았으니, 세심한 독자라면 작품에서 시적인 정취를 어렵지 않게 발견할 수 있을 것이다. 따라서 현대의 문예이론으로 『홍루몽』을 연구하더라도 상당한 성과를 거둘 만하다.[24]

　『홍루몽』은 세상에 나오기까지 매우 복잡한 창작 과정을 거쳤다. 조설근은 살아생전에 이 작품을 완성하지 못했다. 전80회와 후40회는 한 사람의 손에서 나온 것이 아니어서 속서의 사상성과 예술성은 조설근 원작에 못 미친다. 그렇다면 후40회는 누가 지었는가? 원래는 고악高鶚이라고 알려졌지만 나중에 사람들이 의구심을 품으면서 아직까지 정설이 확립되지 않은 상태다. 전80회에는 경진본庚辰本의 제17, 18회 두 회가 나뉘어 있지 않은 점, 제17회와 19회 사이에 단지 하나의 회목回目밖에 없는 점, 제22회 결미부에 시미詩謎가 빠져 있는 점 등 보충을 요하는 부분이 많다. 제22회 결미부에서 시미가 빠진 것에 대해서는 기홀수가 "이 회를 완성하지 못하고 조설근이 죽었다此回未成而

芹逝矣"라는 주를 달아놓았다. 제64회와 67회에도 빠진 부분이 있다. 매 회의 시작과 결미 방식도 통일되지 않아 정리되지 않은 흔적을 드러내 보이고 있다. 기홀수는 갑술본 권수에 있는 비어에서 "책을 완성하지 못한 상태에서 설근은 눈물이 다해 죽음에 이르렀다書未成, 芹爲淚盡而成"는 말을 남겼다. 뿐만 아니라 조설근은 『홍루몽』에 앞서 『풍월보감風月寶鑑』을 지었으며 후40회의 속서 중에 설근의 원고가 섞여 들어갔을 가능성이 있는 것과 마찬가지로 『홍루몽』에도 『풍월보감』의 내용이 섞여 있을 가능성을 배제할 수 없다. 창작 과정의 복잡한 양상은 풀리지 않는 의문점을 계속 낳아 연구자들을 곤혹스럽게 했지만 이는 또 연구자들의 흥미를 배가시키는 결과를 가져오기도 했다. 이처럼 홍학이 홍학이 된 데는 『홍루몽』의 복잡한 창작 과정도 직접적인 영향을 미쳤다.

『홍루몽』은 문학작품 한 편에 불과하고 범위가 제한적이지만 풍부한 내용으로 연구자들에게 폭넓은 연구 기회를 제공해주었다. 책 한 권으로 학문의 이름이 생겨난 것도 결국 작품 본연의 특수성 때문이다. 말하자면 작품 자체에 지속적으로 연구를 진행시켜나갈 만한 소재와 자료 및 논쟁거리들이 들어 있다는 것이니 이것이야말로 가장 중요한 이유가 아닐 수 없다. 이외에 다른 이유들은 이미 발붙일 근거를 잃었다.

다음으로, 고증학이 『홍루몽』 연구에 도입된 것은 홍학이 전문적인 학문 분야로 자리 잡는 중요한 계기가 된다. 고증은 중국 고대의 학문 전통으로 한대부터 있었고 당·송대에도 면면히 이어져 내려와 그 연원이 유구하다. 그러나 연구방법으로 발전하여 각종 학술 유파를 형성하게 된 것은 청대의 건가乾嘉 시기에 이르러서다. 피시루이皮錫瑞는 『경학역사經學歷史』에서 "건륭 이후 허신과 정현의 학문이 공공연해졌고 송학宋學을 하는 사람은 이미 드물었다. 경을 논하는 사람들은 실증을 주로 했고 공담의리를 하지 않았으니 이것이 전문적인 한학漢學이다."[25] 한학은 명말 청초의 실학實學을 직접적으로 계승했지만 고염무顧炎武, 왕부지王夫之, 황종희黃宗羲가 제창한 실학과는 크게 달랐다. 실학은 경세치용과 밀접한 관계가 있다. 한학에서 가장 중시한 것은 고증학이어서 실증을 중시하고 공담의리를 하지 않는 것을 주된 특징으로 한다. 당시 전문 한학에는 오파吳派와 환파皖派가 있었는데 전자는 오현의 혜동惠棟이 대표 인물이고 후자는 안휘의 대진戴震이 대표 인물이다. 혜동과 대진 외에 왕명성王鳴盛, 전대흔錢大昕, 왕중汪中, 유태공劉台拱, 강번江藩, 여소객余蕭客, 임대춘任大椿, 노문초盧文弨, 공광삼孔廣森, 단옥재段玉裁, 왕염손王念孫, 왕인지王引之, 완원阮元 등 모두가 당대의 유명한 고증학 대가들로서 서로 앞다퉈 저서를 쓰고 이론을 세워 고증의 기풍을 조성했다. 전대흔은 대진의 학문을 "성음문자에서 훈고를 구하고 훈고에서 의리를 찾아 실사구시하니 어느 한쪽에 치우침이 없다"[26]고 총괄했다. 완원도 "내가 경을 논하는 것은 고훈古訓을 밝히는 실사구시일 따름이니 감히 색다른 것을 세우려는 것이 아니다"[27]라고 말한 바 있다. 직접적으로 '실사구시' 네 글자를 표방한 것은 청대 유학자들의 일반적인 취향을 반영한 것이다. 대진은 자신의 학문적인 경험을 종합하여 경학에는 '삼난三難'이 있다고 했으니 이른바 "학식이 깊고 넓기 어려움, 식별하여 판단하기 어려움, 정밀하고 빈틈없기 어려움"[28] 등이라 만약 정확한 견해를 얻고자 한다면 반드시 "옛것에서 검증하여 조리가 있고 도에 합치되어 이론의 여지를 남기지 않게 해야 하며 대소를 반드시 궁구하고 본말을 두루 살펴야"[29] 하고 "옳은 것을 계획하면서 전해지는 풍문에 의거하거나 더 나은 것을 취사선택하면서 뭇사람의 설에서 선택한다든지, 정론을 세우면서 공담에서 나온 것을 취한다든지, 정통함을 확실히 하고자 하면서 불충분한 주장을 근거로 한다든지 하는 것"[30]에 반대했다. 기준이 매우 엄격한 것을 보니 과연 청대 유학자들이 고서古書에 대한 위조 변별이나 명물名物에 대한 훈고訓詁 분야에서 전시대를 앞질렀고 심지어 어떤 측면에서는 후대 학자들이 따라잡을 수 없는 수준에 도달했다는 것이 전혀 이상하지 않다.

고증학이 청대에 이르러 전성기를 맞은 것은 강희·옹정·건륭 시기에 대규모 문자옥이 발생한 것과 때를 같이하여 나라에서 박학홍사과博學鴻詞科를 설치하고 사고관四庫館을 열어 지식인들을 회유하던 문화정책과 깊은 관련이 있다. 학자들이 고의古義에 깊이 빠져들고 또 그러한 상황을 돌파구로 삼은 것은 학문에 도움이 된 것은 물론이고 자신을 지킬 수 있는 방편이 되기도 했다. 장타이옌이 말한 것처럼 "근세에 박학에 전념하는 것은 세 가지 좋은 점이 있다. 분명한 증거로 책임을 지니 거짓과 거리가 멀고, 앞에서는 어렵지만 나중에는 결과를 얻을 수 있으니 요행과 거리가 멀며, 힘들여 공부하고 깊이 생각하니 나태함과 거리가 멀다. 그러므로 그 학문은 시류에 순응하지 않아도 되니 성실하고 허물이 적은 선비들이 많이 숭상했다."[31] 그러나 다른 한편으로 고증을 특징으로 하는 청대 한학은 또 송명이학과 만명

심학의 말류를 직접 계승하여 나온 것이기도 하지만 모름지기 반발의 형식으로 나타났으니 이는 중국 학술사의 발전 맥락에서 볼 때 필연적인 결과로 보이기도 한다. 일찍이 명대의 가정嘉靖·만력萬曆 연간에 진제陳第는 『모시고음고毛詩古音考』에서 송대 유학의 기풍을 반대하고 '본증本證' '방증旁證'의 원칙을 제기했다.[32] 이에 앞서 양신楊愼은 『단연총록丹鉛總錄』 『승암내외집升庵內外集』을 지었는데 역시 사물을 고증하는 데 탁월함을 보여주었다. 그 후 또 진요문陳耀文의 『정양正楊』 『익양翼楊』 등의 책에서도 계속해서 변정을 가하여 고증학의 물길을 열었다.[33] 고염무에 이르면 더욱 발전하여 이른바 "정림亭林(염무)의 학문은 책임과 성실로 완성되었다亭林之學, 成于責實"(포세신包世臣의 말)는 평가를 받기에 이르며 마침내 한학의 흥기에 견실한 기초를 다지게 된다. 단지 후대로 가면서 번잡하고 지리멸렬해지는 바람에 고증으로 시작해 고증으로 끝나게 되었을 뿐이다. 그로 인해 고염무, 황종희, 왕부지가 창도한 경세치용의 전통을 내버리고 고증을 의리와 대립시킴으로써 고증은 어느덧 한학의 말류가 되어버렸다. 동시대 장학성章學誠은 이미 반대의 뜻을 표시하고 당시의 기풍이 "실증에 지나치게 중점을 두면서도 그에 상응하는 결과 제시는 태부족하여 마치 누에가 뽕잎을 먹으면서도 실을 뽑아내지 못하는 것과 같다"[34]는 점을 지적했다. 살펴보았듯이 단순한 한학만으로는 결코 학문 발전의 요구를 만족시킬 수 없다.

되돌아보면 대진과 장학성의 태도와 방법이 대체로 합당하다고 보는 것은 다음과 같은 이유에서다. 무엇보다 송대 유학의 견강부회한 폐단을 바로잡았을 뿐 아니라 고증으로 극단적인 방향으로 나아가는 것을 일체 피했으며 의리義理, 고거考據, 사장詞章 세 가지 부문을 결합시켜[35] 두루 겸하고 응용하게 함으로써 실로 중국 학문의 가장 훌륭한 전통을 수립했다는 점에서 오늘날에도 널리 칭송받을 만하다.

장빙린章炳麟은 청대 유학의 치학 원칙을 1)명실名實을 정밀하게 한다. 2)증거를 중시한다. 3)터무니없는 끌어 붙이기를 경계한다. 4)범례를 준수한다. 5)정감을 끊는다. 6)화려한 문사를 없앤다[36]의 여섯 가지로 귀납시켰다. 이 여섯 가지는 고증의 원칙이자 고증의 방법론으로 학문 연구에 있어서도 보편성을 지닌다. 넓은 의미에서 말하자면 문사文史 각 분야는 모두 고증을 벗어나지 못한다고 볼 수 있으므로 고증이 비단『홍루몽』을 연구하는 데만 필요한 것은 아니다. 그렇다면 홍학이 홍학이 된 이유가 왜 고증과 관련 있다고 보는 걸까? 문제는 『홍루몽』이 보통의 소설작품이 아니라는 데 있다. 앞에서 소개한 것처럼『홍루몽』의 여러 특수성, 그중에서도 특히 복잡다단한 창작 과정이 홍학에서 고증의 필요성을 더욱 드높였다고 할 수 있다. 연구할 때는 무엇보다 대상의 조건을 분명히 해야 한다. 만약『홍루몽』을 누가 썼고 어느 부분이 조설근의 손에서 나왔으며 어떤 부분이 후대 사람이 마음대로 개작한 것인지, 무엇이 지비脂批고 무엇이 본문이며 전80회와 후40회 간에는 어떠한 차이점과 공통점이 있는지 등이 명확하게 규명되지 않는다면 홍학은 연구 대상으로서의 안정적인 요건을 획득할 수 없을 뿐 아니라 하나의 학문 분야로 자리 잡을 수 없다. 다른 몇몇 고전소설에도 유사한 문제가 있기는 하다. 예를 들면『금병매』의 작자 문제는 아직까지도 결론이 나지 않은 상태이고『수호전』의 창작 과정 역시 상당히 복잡하다. 그러나『홍루몽』처럼 복잡하지는 않다. 이러한 문제들을 해결하기 위해서는 고증의 도움을 받지 않으면 안 된다. 후스는 『홍루몽고증』에서 다음과 같이 말했다. "우리는 반드시 믿을 만한 판본과 자료를 근거로 이 책의 저자가 누구이며 저자의 사적과 가세, 창작 연대는 물론 어떠한 종류의 서로 다른 판본이 있으며 또 그 판본은 어디에서 왔는지 등을 고증해내야 한다. 이러한 문제들은 바로 『홍루몽』 고증이 포괄하는 정당한 범위다."[37] 지금 생각해봐도 후스가 했던 이 말은 너무나 합당하다. 그가 낸 결론의 정확성 여부나 방법론상의 결점은 또 다른 차원의 문제이므로 뒷장에서 다시 세부적으로 다루기로 하겠다.

후스의 『홍루몽고증』은 1921년에 쓰였는데 시간상으로 보면 차이위안페이가 발표한 『석두기색은』보다 4~5년 늦은 시점이다.[38] 그럼에도 고증파 홍학이 색은파 홍학보다 영향력이 컸다. 만약 진정한 학문으로서의 홍학이 형성된 것이 언제인지를 따진다면 응당 후스와 차이위안페이의 논쟁으로부터 시작되었다고 해야 마땅할 것이다.[39] 그이후 홍학은 오랜 기간 고증파의 세상이 되었다. 학자들이 홍학에 매료되는가 하면 문학과 역사를 연구하는 많은 사람이 홍학에 관심을 갖게 되었는데 이 모든 것은 홍학 고증의 영향에서 비롯된 결과다. 이 말은 결국 고증이 그만큼 사람들의 학문적 흥미를 불러일으켰다는 것을 의미한다. 기타 고전문학 연구도 고증을 필요로 한다. 그러나 『홍루몽』에서처럼 이렇게 고증이 집중적으로 주목받으며 특별한 연구방법으로 운용된 사례는 없다. 고증의 언어는 일반적인 언설과는 다르다. 위핑보가 『홍루몽』을 고증한 문장이나 저우루창의 『홍루몽신증』을 읽어보면 두 사람의 글이 완전히 다른 문장, 다른 특색, 다른 생각을 담고 있음을 알 수 있다. 잘 쓰인 고증문은 그 자체만으로도 멋스러워 감상할 만한 가치를 지녔다고 할 만하다. 나는『홍루몽』연구가 하나의 전문적인 학문이 되는 데 고증이 기여한 바가 크다고 생각한다.

이쯤에서 얼마 전에 있었던 '무엇이 홍학인가'에 관한 논쟁을 독자들에게 소개하는 것도 나쁘지 않을 것 같다. 논쟁은 저우루창이 촉발시켰다. 그는『무엇이 홍학인가什麼是紅學』라는 글에서 다음과 같이 자신의 생각을 밝혔다. "홍학은 분명『홍루몽』에 관한 학문이지만 나는『홍루몽』을 연구하는 학문이 모두 홍학이라고는 말하고 싶지는 않다. 왜 그런가? 내 말은 홍학은 그 자체로 독자성을 지니고 있기 때문에 단순히 일반 소설을 연구하는 방식, 방법, 안목, 태도로『홍루몽』을 연구해서는 안 된다는 것이다. 만약『홍루몽』연구가『삼국연의』『수호전』『서유기』와『요재지이』『유림외사』등의 소설 연구와 같다면 홍학이라는 이 학문은 존재할 필요가 없다. 예를 들어 어떤 사람의 성격이 어떻고 작가는 어떻게 이 인물을 그렸으며, 언어는 어떻고 형상은 저떻고 하는 것들은 모두 일반 소설학 연구의 범주다. 물론 이것들이 필요한 부분인 것은 맞다. 그러나 내가 보기에 이것들은 홍학 연구의 범주에 절대 포함시킬 수 없다. 홍학 연구는 반드시 자체적으로 특수한 의미를 지니고 있어야 한다. 만약 이러한 내 견해가 그다지 황당한 것이 아니라면 여러분이 접한 상당 부분의『홍루몽』관련 글은 결코 홍학의 범주에 속하지 않고 일반 소설학의 범주에 해당한다"[40]고 보았으니 관점이 분명하다. 한마디로 말해『홍루몽』관련 글 가운데 작품 속 인물상이나 언어를 연구하는 것은 홍학 연구의 범주에 포함되지 않음을 주장한 것이다. 그렇다면 홍학 연구의 범위에는 어떠한 것들이 있는가? 저우루창은 1)조학曹學, 2)판본학版本學, 3)탐일학探佚學, 4)지학脂學 네 가지를 들었다. 이에 대해 잉비청應必誠은 이견을 제시하며 저우루창의 관점은 사실상 『홍루몽』 자체 연구를 "홍학에서 제외시키고 있어 논리적으로 맞지 않는다"는 점을 강조했다. 잉비청의 글은 『문예보文藝報』 1984년 제3기에 발표된 「역시 홍학이 무엇인지에 대해 논하다也談什麼是紅學」다. 이어서 저우루창은 『문예보』 제6기에 「'홍학'과 '홍루몽 연구'의 좋은 관계'紅學'與'紅樓夢'研究的良好關係」를 발표했는데 잉비청의 비평에 화답하면서도 계속해서 기존 관점을 되풀이하며 '홍학'과 『홍루몽』 연구(저우루창은 작품을 가리키는 것이라고 밝힘)는 두 개의 "이미 관련이 있으면서도 구분이 되는 명칭과 개념"이므로 양자는 분업해야 한다고 주장했다. 그로부터 얼마 지나지 않아, 같은 해에 발행된 『문예보』 제8기에 자오치핑趙齊平의 글이 실렸는데, 그는 잉비청의 관점을 지지하며 "무릇 『홍루몽』과 관련된 문제는 모두 홍학의 범주에 속한다"는 점을 명백히 했다.

논쟁을 벌이는 쌍방 간의 논리적 귀결점을 놓고 보면 저우루창의 논지는 지나치게 편파적인 데 반해 잉비청과 자오치핑의 논리는 타당성이 충분해 절대다수 홍학 연구자들의 공감을 이끌어냈다. 그렇다면 저우루창의 주장에는 주목할 만한 부분이 없는가? 나는 분명 주목해야 할 점이 있다고 본다. 그것은 바로 홍학 고증이 홍학이라는 학문 분야가 형성되는 데 결정적인 기여를 했다는 점을 저우루창이 정확히 간파했다는 사실이다. 그가 말한 조학이든 판본학이든 탐일학이든 지학이든 그 모든 것이 홍학 고증의 중요한 범주라는 것은 바로 그

각 분야에서 대두된 주장과 논쟁들이 고명한 학자들을 비롯한『홍루몽』애호가들에게 대대적인 주목을 끌게 되었기 때문이다. 만약 저우루창이 제기한 문제들을 다른 각도와 논점으로 말하자면 조설근의 가세와『홍루몽』의 판본, 조설근의 원저와 후대의 속서 및 지연재 비어에 대한 탐구가 홍학이 학술성을 갖춘 어엿한 학문으로 자리잡는 데 크게 기여했으므로 심지어 이러한 연구를 벗어난다면 근본적으로 홍학이 될 수 없다는 것이다. 그리고 이것이 바로 홍학이 형성되기까지의 역사적인 상황이니 받아들여야 한다는 주장이다. 그는 잉비청의 글에 답하면서 이렇게 말했다. "중국 고전소설 명작 중에서『홍루몽』만이 전문적인 학문 분야인 '홍학'을 탄생시켰다. 예를 들어『삼국연의』『수호전』『서유기』등을 연구하는 사람도 적지 않다. 그러나 전문적인 학문의 명칭은 없다. 혹여 전문적인 연구가 있을지언정 그에 따른 전문적인 학문의 명칭은 없다. 규모, 범위, 깊이와 넓이에 있어서 모두 홍학과 견줄 수 없을 만큼 거리가 멀다. 이는 무엇 때문인가? 이점만 두고 생각해보자. 홍학이 탄생하고 홍학이 지속적으로 발전하고 있는 것은 필시 여타 고전소설과는 다른 특수한 원인이 있기 때문이다."[41] '홍학의 탄생과 지속적인 발전'에 대한 특수한 원인을 강조하고 있는 이 말은 바로 조학, 판본학, 탐일학, 지학이 홍학의 탄생과 발전에 특별하게 작용했다고 봄으로써 홍학 형성의 역사적인 상황을 명확하게 가리키고 있다. 그렇게 보자면 내가 앞에서 설명한 관점과 약속이나 한 듯 딱 맞아떨어진다. 나는 이러한 논쟁에 목적이 존재한다는 것을 독자들에게 소개하고자 한다. 의미인즉슨 홍학 고증과 홍학은 전문적인 학문과 직접적인 관계가 있다. 그러나 저우루창의 이 말은 단지 이전 글에 대한 무의식적인 논리 수정일 뿐 논점은 바뀌지 않았으며 여전히 조학, 판본학, 탐일학, 지학 이외의 『홍루몽』 연구는 홍학으로 칠 수 없음을 주장하는 것이다. 이는 어쩌면 저우루창이 애초부터 마음속에 공고하게 품고 있었던 생각인지도 모르겠다.

마지막으로 홍학이 홍학이 될 수 있었던 것은 '5·4운동' 이래 여러 사람의 여망을 뒤에 업은 일군의 졸업생들이 『홍루몽』 연구를 업으로 삼은 학자가 되었고 그들의 노고와 성과가 사회적으로 주목을 받고 사람들의 존경을 받게 되었기 때문이기도 하다. 이렇게 말하면 마치 본말이 전도된 것 같으나 사실은 그렇지 않다. 어느 학문이나 그 형성과정에서 학자들의 노고를 떼어놓고 생각할 수 없다. 연구 대상이 비록 객관적인 가치를 지녔더라도 연구자의 발굴과 정리, 정련, 개괄의 과정을 거치지 않고서는 학문이 될 수 없다. 역사적으로 볼 때 모든 학문 분야의 출현에는 해당 학문에 전념하면서 탁월한 업적을 세운 학자들이 긴밀히 연관되어 있다. 아이슈타인이 없었다면 현대 물리학은 존재할 수 없다. 심리학이 철학에서 분리되어 하나의 독자적인 학문 분야를 형성하게 된 데는 빌헬름 분트Wilhelm Wundt(1832~1920)가 1879년 라이프치히에 세계 최초로 심리학 실험실을 열고 레스 카터Les Carter가 1888년 펜실베이니아대학에 심리학 교수로 임명된 것이 기점이 되었다.[42] 정신분석학은 오스트리아의 신경과 의사 프로이트가 만든 것이다. 갑골학의 대상은 상주시대商周時代 귀갑龜甲, 수골獸骨 위의 문자인데 허난성 안양安陽이라는 곳의 작은 둔덕에서 최초로 발견되어 학문으로 발전한 경우로 뤄전위羅振玉, 쑨이랑孫詒讓, 왕궈웨이, 상청쭤商

承祚, 룽겅容庚, 궈모뤄郭沫若, 둥쮀빈董作賓, 탕란唐蘭, 천멍자陳夢家, 후허우쉬 안胡厚宣, 추시구이裘錫圭와 같은 사학자와 고문자학자들이 오랜 시간 정밀하게 분석하여 밝혀낸 결과다. 어떤 학문이든 학문과 학자들의 이름이 역사책에 함께 보전되는 법이다. 학문이 학자들의 연구를 통해 성립되고 발전된다면 학자는 학문이 성립되고 발전되는 과정을 통해 세상에 이름을 남긴다. 차이위안페이, 후스, 구제강, 위핑보, 리셴보李玄伯, 저우루창, 우언위吳恩裕, 우스창, 펑치융과 후대의 리천둥李辰冬, 판충구이, 자오강과 같은 인물은 모두 홍학을 연구하면서 세상에 이름을 떨쳤으며 학을 전문적인 학문 분야로 우뚝 서게 한 공신들이다. 게다가 이러한 학자들이 하나같이 고증에 뛰어난 것을 볼 때 고증 방법을 『홍루몽』 연구에 도입시킨 것이 홍학이라는 학문이 형성되는 데 중요한 원인으로 작용했음을 알 수 있다. 홍학에 공헌한 학자들은 그 외에도 일일이 열거할 수 없을 정도로 많다. 특히 최근 30년간 홍학은 줄곧 쟁점 학문으로서 고전문학을 연구하는 사람들이라면 누구라도 반드시 짚고 넘어가야 할 학문 분야가 되었다. 많은 사학자, 사상가, 경제학자와 외국 문학 연구자들이 홍학에 가세하여 『홍루몽』 연구는 초학문적인 특성을 띠게 되었으며 결과적으로 홍학의 몸값을 한껏 끌어올리고 학문적인 지명도도 제고시켰다.

홍학의
초학문적 특성

ㅡ

 홍학의 학술적인 의미와 가치는 다양한 분야에 걸쳐 나타나고 있는데 명확성을 기하기 위하여 아래와 같이 학문적인 원리에 입각해 좀 더 세부적으로 보충 설명을 하고자 한다.

 앞에서 『홍루몽』의 특성을 말할 때 시대를 깊이 있게 반영하고 있다는 점을 밝힌 바 있다. 바로 이러한 인식에 기초하여 나는 『홍루몽』이 역사적인 가치를 지닌 작품이며, 그와 마찬가지로 홍학 연구도 민족의 역사를 인식하는 학문적 가치를 지니고 있다고 생각한다. 물론 『홍루몽』은 소설 장르에 속하는 문학작품이지 역사책은 아니다. 그러나 역사책이 아니라고 해서 역사적인 가치가 있다는 사실마저 부정되어서는 안 된다. 역사의식은 성숙한 문학작품이 갖추어야 할 대내적인 지표다. 오노레 드 발자크Honoré de Balzac(1799~1850), 레프 니콜라예비치 톨스토이Lev Nikolayevich Tolstoy(1828~1910), 헨리 필딩Henry Fielding(1707~1754), 빅토르 위고Victor Marie Hugo(1802~1885)도 이에 걸맞은 위대한 작가들이다. 셰익스피어의 희극이 오랜 세월에도 불구하고 사라지지 않고 영원히 남아 전문적인 학문 분야가 된 것은 셰익스피어 희곡의 역사적인 무게감과 깊은 관련이 있다. 『홍루몽』은 중국 18세기 사회를 다양한 측면에서 묘사하고 있다. 비록 가부 내 영국부와 영寧국부 두 집안에 주안점을 두고 있기는 하지만 가부에만 국한되지 않고 청 중엽의 사회상 전반을 드러내 보여주고 있다. 왕희렴王希廉은 「홍루몽총평紅樓夢總評」에서 『홍루몽』을 다음과 같이 소개했다.

한 책 안에 문장으로는 시사가부詩詞歌賦, 제예척독制藝尺牘, 원서희곡爰書戲曲과 대련편액對聯匾額, 주령등미酒令燈謎, 설서소화說書笑話 등이 총망라되어 있는데 완벽하지 않은 게 없다. 기예로는 금기서화琴棋書畫, 신복성상臣卜星相과 장작구조匠作構造, 재종화과栽種花果, 축양금어畜養禽魚, 침치팽조針黹烹調 등이 있는데 거대하고 세밀함에 남김이 없다. 인물로는 방정음사方正陰邪, 정음완선貞淫頑善, 절렬호협節烈豪俠, 강강나약剛强懦弱과 전대여장前代女將, 외양시녀外洋詩女, 선불귀괴仙佛鬼怪, 이승여도尼僧女道, 창기우령娼妓優伶, 힐노호복黠奴豪僕, 도적사마盜賊邪魔, 취한무뢰醉漢無賴 등 각양각색의 사람들이 있다. 사적으로는 번화연연繁華筵宴, 사종선음奢縱宣淫, 조수탐렴操守貪廉, 궁위의제宮闈儀制 경조성쇠慶吊盛衰, 판옥정구判獄靖寇와 풍경설단諷經設壇, 무역찬영貿易鑽營 등 모든 일을 두루 갖추고 있다. 심지어 수종요절壽終夭折, 폭병망고暴病亡故, 단장약오丹戕藥誤와 자경피살自剄被殺, 투하도정投河跳井, 현량수핍懸梁受逼, 탄금복독吞金服毒, 당계탈정撞階脫精 등 그 모든 죽음에 대해서도 두루 묘사하고 있다. 가히 삼라만상을 두루 아울러 빠짐이 없으니 어찌 다른 소설들이 어깨를 견줄 수 있겠는가?[43]

이 말이 결코 과분한 칭찬이 아닌 것은 그 모든 것을 작품에서 증명해 보여줄 수 있기 때문이다. 봉건시대 말기의 사회가 안고 있는 온갖 모순을 정도껏 잘 반영하고 있다고 볼 수 있다.『홍루몽』의 주제와 줄거리를 연구하는 사람들은 각기 서로 다른 관점을 보이고 있지만 예컨대 통치계급과 피지배계층인 노비 간의 갈등과 모순, 통치 집단 내부의 갈등과 모순, 봉건시대의 정통 사상과 반정통 사상 간의 갈등과 모순을 묘사하고 있다는 점에 대해서는 모두 일치된 견해를 가지고 있다고 생각한다. 봉건시대 가정 내부의 각종 암투와 음모, 탈취, 법을 무시한 탐욕, 사치와 방종, 형제간의 다툼, 시동생과 형수 간의 갈등, 며느리와 시어머니 간의 반목 혹은 희봉이 가련에게 자신의 공치사를 하면서 아랫것들이 하나같이 "산꼭대기에 올라앉아 범의 싸움을 구경한다든지, 남의 칼을 빌려 사람을 죽인다든지, 바람을 빌려 불을 붙인다든지, 물에 빠진 사람을 보고도 강 건너 구경하듯 한다든지, 기름병을 넘어뜨리고도 바로 세우려 하지 않는다든지 하는坐山觀虎頭, 借劍殺人, 引風吹火, 站干岸兒, 推倒油瓶不扶" 등의 "상투적인 수법全掛子的武藝"을 쓰고 있다고 비난한 것이나 흥아가 희봉을 평하면서 "입은 달콤하나 속은 쓰답니다. 칼과 같이 등이 있고 날이 있으며 얼굴엔 웃음을 띠고 있어도 발로는 안걸이를 걸고 겉으로는 불같이 뜨거우나 속으로는 칼을 품고 있는 그런 분이예요嘴甜心苦, 兩面三刀, 上頭一臉笑, 脚下使絆子, 明是一盆火, 暗是一把刀"라고 한 말들은 요약컨대 인간의 각종 속성과 사회의 온갖 폐습들로서 작품에 깊이 있게 묘사되어 있다. 조설근의 붓은 날카로운 해부용 칼처럼 표면적으로는 한 집안을 해부하고 있지만 실제로는 몰락해가는 봉건사회를 해부하고 있다고 볼 수 있다.

『홍루몽』속 가부를 보면 우리는 황실과의 특수한 관계로 인해 조정에서의 미세한 동향이 권력자들의 신경을 건드릴 수 있음을 알 수 있다. 제16회, 온 가족이 가정의 생일을 축하하고 있을 때 별안간 문지기가 달려와 육관태감 하대감이 행차했다고 하자 "놀란 가사와 가정은 무슨 일인지 알 수 없어 급히 연극을 중단시키고 술상을 물리게 하고는 책상을 배치하고 중문을 열고는 무릎을 꿇고 맞이했다." 가정이 입조하라는 명령을 듣고 "가사는 무슨 징조인지 어안이 벙벙했고" "가모를 비롯한 식구들은 불안해했으며 계속해서 하인들은 말을 타고 오가며 소식을 전했다." 그런데 가모 이 어르신을 매일 사람들에게 둘러싸여 효와 공경을 받으며 떠받들어지고 영화를 누리는 인물로만 봐서는 안 된다. 평소에는 매사 느긋하고, 심지어 눈을 감고 휴식을 취할 때도 시녀들에게 미인 주먹으로 다리 안마를 받는 호사를 누리지만 일단 조정에 무슨 일이 생겼다 하면 즉시 경각심을 발동시켜 "품위品位에 따라 의복을 갖춰 입게" 하고는 움직일 채비를 했다. 가모가 가장 충격을 받았던 강남 진부甄府의 가산 몰수 장면에서도 그녀의 이런 면모가 잘 드러났다. 이렇듯 『홍루몽』에는 아이들의 해맑은 웃음 뒤에 정치적인 색채가 짙게 드리워져 있으므로 절대 "집안일과 아녀의 감정"이라는 몇 마디 말로만 개괄될 수 있는 내용이 아니다. 조설근은 비록 역사가가 아니지만 작품을 지을 때 항상 "사필史筆을 운용하여" 『홍루몽』을 역사보다 더 역사적으로 만들었으니 이른바 이지도인二知道人이 「홍루몽으로 꿈을 말하다紅樓夢說夢」라는 글에서 말한 것처럼 "태사공太史公이 삼십 세가를 기록했다면 조설근은 단지 일 세가를 기록했다는 차이일 뿐이다." "그러나 조설근이 기록한 일 세가는 백 천 세가를 두루 아우른다."[44] 이는 아마도 『홍루몽』이 문학 연구자들의 애호를 받았을 뿐 아니라 철학, 역사, 법률, 경제를 연구하는 사람들에게도 각별한 관심을 받은 이유이기도 하다. 홍학의 초학문적인 특성이야말로 홍학이 특수한 학문적 가치를 구비하고 있음을 반증하는 것이다.

『홍루몽』과
민족문화 전통

홍학의 학문적인 가치는 『홍루몽』이라는 위대한 작품을 연구함으로써 중국 전통문화에 대한 인식을 제고시키고 깊이를 더하며 풍부하게 하는 것으로도 표현되고 있다. 『홍루몽』은 특수한 문화적 배경에서 탄생된 산물이다. 넓게 보면 청 중엽까지 지속되어온 4000여 년의 문화 전통이 『홍루몽』이 탄생된 거대한 배경이 되었다고 볼 수 있다. 오랜 기간 축적된 문화가 정채한 예술이 싹을 틔우는 데 적합한 토양을 제공해준 것이다. 당연히 명청대에도 시기마다 구체적인 문화적 배경이 따로 있었으니 이 또한 매우 중요하다. 그것은 어떤 한 작품이 이 시기에는 등장할 수 있을지라도 다른 시기에는 등장할 수 없는 결정적 요인이기도 하다. 청나라는 문화적으로 낙후된 민족에 의해 건국된 데다 명말 사회의 대혼란이라는 큰 상처를 감내해야 했다. 그러나 머지않아 경제가 살아나고 사회가 발전하면서 문화도 소생하기 시작한다. 조설근이 살았던 시대는 경제적으로 상당한 번영을 구가하고 있었고 문화적으로도 왕성하게 발전된 양상을 띠었다. 청나라 개국 초기만 하더라도 만주족의 고관대작들이 한족 문화에 대해 거리감을 느껴 황제를 알현할 때마다 환관의 도움을 받아야 했다. 그러나 강희, 옹정, 건륭제에 이르러서는 이미 만한문화滿漢文化가 서로 잘 융합되어 왕공 대신이나 종실 자제들도 전통문화의 훈도를 받아 화하문화華夏文化의 정통 계승자를 자처하게 된다. 조설근과 그의 가족은 바로 그 시기의 특수한 문화적인 환경에서 등장했다. 전통문화로 대변되는 장구한 배경, 명청 교체기의 특수한 문화 배경, 조씨 집안 사람들의 문화 환경이라는 세 가지 요소가 조설근에게 하나로 녹아든 것이다.

전통문화의 완결판이라고 할 수 있는『홍루몽』에는 그러한 요소들이 매우 깊이 스며들어 있다. 생활을 풍부하게 반영한 것으로 말하자면 봉건사회의 백과전서요, 내포하고 있는 내용물로 말하자면 중화를 총망라하고 있다고 할 수 있다. 문학, 예술, 기예의 각종 형식, 예컨대 시詩·사詞·곡曲·부賦·가歌·찬贊·뇌誄·게偈·편액扁額·대련對聯·척독尺牘·미어謎語·소화笑話·주령酒令·설서說書·백희百戲·조각·진흙소조·참선·측자測字·점복·의약·시화·문평·화론·비파론 등이『홍루몽』에 다 들어 있으니 문체를 두루 갖추었다고 할 만하다. 다방면에 걸쳐 축적된 것이 없었다면『홍루몽』과 같은 작품은 나올 수 없었을 것이다. 마찬가지로『홍루몽』을 제대로 이해하려면 그에 상응하는 지식이 있어야 한다. 이것이 바로 5대 고전소설 가운데 일반 독자들에게 쉽게 받아들여졌던『수호전』『서유기』『삼국지』에 비해『홍루몽』이 지식인들에게 더 많이 환영받았던 이유다. 소재로 보면『유림외사』에서 다루어진 것도 지식인에 관한 이야기지만『홍루몽』보다는 받아들이기가 수

월했다. 문화적으로 우수한 작품은 창작과 전파과정에서 작가와 독자 모두에게 높은 수준의 예술적 소양을 갖출 것을 요구한다. 문학사적으로 오랜 시간을 거치며 검증을 받은 작품들은 모두 예술적으로 걸출한 형식을 갖추고 있었기 때문에 거개가 문화적 상징이 되었으나, 다만 『홍루몽』의 등급이 그중에서 더 높았기 때문에 중국을 대표하는 전통문화의 보고라고 하는 것이다.

『홍루몽』에서는 많은 지면을 할애해 18세기 중엽 봉건 귀족 가문의 일상생활을 그리고 있는데 그중 대부분은 문화생활에 관한 것이다. 예를 들면 시 읊조리기, 부 짓기, 수수께끼 풀기, 주령놀이, 차 마시기, 회화, 바둑 두기, 비파 타기, 설서 강담, 연극 감상, 풀싸움, 머리에 꽂는 놀이, 야유회, 연회 등 모두가 상층부의 문화생활이다. 음식은 대략 물질적으로 향유하는 것이지만 『홍루몽』에서는 이미 예술로 승화되어 문화생활의 일부가 되었다. 제38회 상운이 보채의 도움을 받아 한턱 쏠 때 가모를 모시고 시사詩社의 일원들에게 게를 대접한 것은 정원 유람, 꽃 감상, 시 창작이 하나로 결합된 모임으로 예술적 가치가 실용적 가치를 상회한 좋은 사례다. 제40회에서 가모가 상운에게 답례하려고 할 때 보옥은 다음과 같이 제안한다. "한 사람 앞에 각자 소반을 하나씩 놓고 그 위에 자기가 즐기는 안주 한두 가지, 그 밖에 여러 과자가 담긴 찬합을 놓아두도록 하지요." 그 뒤에 또 이런 묘사 내용이 나온다. "찬합의 모양은 그것이 놓인 소반의 모양과 같았고, 매 사람 앞에는 검은 빛깔의 서양식 은제 술주전자와 법랑으로 된 잔이 하나씩 놓여 있었다."[45] 작가가 이렇게 묘사한 목적은 주로 아취 가득한 조리 방식과 예절에 있지 음식 그 자체에 있는 것이 아니다. 그렇기 때문에 어떻게 먹고 누가 무엇을 먹었는지에 대해서는 자세히 거론하지 않았다. 이어서 시끌벅적한 골패놀이가 대서특필되며 다시 오락적 분위기로 전환된다. 제71회에서 가모의 팔순잔치를 맞아 영국부와 영嘆국부에서 각기 연회를 열었는데 영嘆국부에서는 관청의 손님을 청했고 영국부에서는 집안의 손님을 청했다. 이후에 열린 각종 형태의 가연家宴은 1주일 전후로 열렸고 연극 감상이 곁들여졌다. 그러나 중요한 것은 치장과 예식이 문화적인 내용에서 절대 벗어나지 않는다는 점이다. 『홍루몽』의 레시피에 따라 조리해보고 심지어 식당을 열어 가씨 집안의 음식으로 고객을 불러모으려 한 홍학가 겸 사업가가 적지 않았지만 그중 성공한 사람은 거의 찾아볼 수 없다. 그 이유는 어디에 있을까? 아마도 『홍루몽』에 나오는 음식의 감상적인 가치가 실용적 가치를 상회하기 때문일 것이다. 조설근은 어떤 측면에서는 예술을 생활화했고 또 다른 측면에서는 생활을 예술화했다. 내 말이 못 미더우면 유노파가 칭송해 마지않던 '가지 요리'를 작품에 나와 있는 조리법에 따라 만들어보시라. 아마 어느 누가 만들어도 완벽하게 재현해내지 못할 것이다.

『홍루몽』에 내재된 전통문화 요소는 문화생활과 활동에 관한 대규모의 직접적인 묘사뿐 아니라 중국인의 문화적인 성격을 인물들을 통해 집중적으로 드러내 보여주고 있다는 데 그 핵심이 있다. 중국은 오랜 기간 종법사회로서 가족 단위의 혈연으로 결속되어 개인의 독립성을 보장받지 못했고 인간관계 속에서만 비로소 그 존재감을 드러낼 수 있었다. 『홍루몽』에 나오는 각양각색의 사람들은 가부라고 하는 봉건 대가족을 둘러싸고 종횡으로 펼쳐지는 연합과 분열, 이간과 포섭의 행태와 상호 간의 결탁으로 사건이 끊이지 않는다. 청문은 대옥의 그림자이고 습인은 보채의 그림자로 나오는데 이는 인물의 묘사 수법인 동시에 집안 내 인물들의 성격을 표현하는 방식이기도 하다. 그 무수한 여성은 각기 서로 다른 문화 층위인 신분의 높고 낮음, 귀함과 천함, 고상함과 저속함, 우아함과 경박함을 대표하는데 피차 간에 서로 구분이 된다. 가부의 네 자매 중에서는 탐춘이 문화적 소양이 가장 뛰어나고 원춘, 영춘, 석춘은 그다음이지만 교양에는 손색이 없고 각기 어느 한쪽에 편중된 면이 있을 뿐이다. 마찬가지로 주인을 모시는 시녀 습인, 자견, 평아, 원앙도 각기 서로 다른 개성이 있지만 기질이나 교양 면에서는 전통문화의 훈도를 받았다는 공통된 일면이 있다. 그녀들이 책을 읽고 글을 해독할 능력은 없었음에도 문화적으로 상당한 교양을 갖출 수 있었던 것은 순전히 환경의 영향이다. 설안, 사월, 앵아, 취루, 방관 같은 시녀들은 항상 보고 들어서 익숙해진 경우로 교양을 갖춘 "정현 집안의 시녀鄭家詩婢"[46]와 다를 바 없다. 제62회에서 소루小蝶와 방관 등 몇몇이 풀 뽑기 시합을 하면서 이쪽에서는 "난 『모란정牡丹亭』에 나오는 모란꽃을 가지고 있어" 하고 저쪽에서는 "난 『비파기琵琶記』에 나오는 비파를 가지고 있어"라고 하는 가운데 두 편의 희곡작품 이름이 튀어나온다. 제46회에서 원앙이 혼인하지 않겠다고 하면서 올케에게 강경하게 반대 입장을 표명하는데 이때 했던 말도 예사롭지 않다. "뭐가 하오화好話라는 거예요? 송 휘종의 매나 조자앙의 말처럼 몽땅 하오화好畫라도 된다면 모를까!什麼好話? 宋徽宗的鷹·趙子昻的馬, 都是好畫啊!"[47] 이 두 예에서 가부의 글 모르는 시녀들조차 상당한 문화적 소양을 갖추고 있음을 알 수 있다. 문화란 하나의 큰 개념으로 언담, 행동, 몸가짐, 사람 응대, 교제, 풍채, 복장 등에서 사람의 문화적인 풍모가 드러난다. 유노파가 평아를 희봉으로 잘못 인식한 것은 평아가 온몸에 능라와 금은으로 된 의복과 장신구를 걸치고 있어서가 아니라 평아에게서 범상치 않은 자태가 느껴졌기 때문이다. 시서詩書와 무관한 희봉조차 꾀, 서슬, 수완이 남을 압도하고, 심지어 강짜를 쓰거나 소란을 피우며 악랄한 욕을 쏟아내는 쇼맨십에 능하기까지 하다. 뿐만 아니라 남녀노소와 빈부귀천에 구애됨 없이 복잡한 인간관계를 척척 처리하는 것으로 귀족 가문의 일정한 교양을 드러냈다. 가모는 희봉을 이렇게 평했다. "나는 쟤가 저러는 게 좋아, 하물며 쟤는 위아래를 몰라보는 아이가 아니잖아."[48] 가모가 말한 '위아래高低'는 인간관계에서 반드시 습득해야 할 '법도'이자 문화 교양의 예를 상징한다. 희봉의 두드러진 특성은 책은 읽을 줄 몰라도 예에는 능하다는 점이다. 고도의 문화적 소양으로『홍루몽』의 등장인물 가운데에서도 독보적이고 청사에 길이 남을 인물은 대옥과 보채다. 이 두 사람은 고전 문화가 만들어낸 예술적인 전형 인물로 각기 시詩와 예禮로 대표되는 서로 다른 문화적 맥락을 대표한다. 전통문화의 공용성으로 보면 시와 예는 통일되는 것이지만 표현 형식으로 보면 양자는 서로 다르다.『예기禮記』「악기樂記」중에 이런 구절이 나온다. "악은 마음에서 나오고 예는 외부에서 만들어지는 것이다. 악은 마음에서 오므로 고요하고 예는 바깥에서 만들어지므로 문장이 된다樂由中出, 禮自外作. 樂由中出故靜, 禮自外作故文." 전자는 대옥의 표상이고 후자는 보채의 형상이다. 한 사람은 예술정신을 대표하고 또 한 사람은 도덕정신을 대표하는데 둘 다 중국의 전통문화를 상징한다. 가부를 "시와 예를 갖춘 선비 집안"으로 부르는 것은 대옥이나 보채처럼 표현 방식이 서로 다른 문화적 성격을 갖춘 인물들과 두루 조화를 이루고 있기 때문이다.

봉건예교의 반역자로 작품에 등장하는 가보옥의 사상, 성격, 언행이 항상 전통문화와 맞아떨어지는 것은 아니지만 그렇다고 민족 문화와 완전히 괴리되었다고도 볼 수 없다. 오히려 보옥이야말로 전통문화의 다양한 요소를 풍부하게 소화해내고 있다. 작품을 보면 대부분 13세에서 15세 사이의 이른바 풍족한 집안에서 살고 있는 한 소년의 유치한 모습이 아주 적나라하게 묘사되어 있다. 그러나 세심한 독자라면 보옥에게도 상당히 성숙한 면이 있음을 발견할 수 있을 것이다. 예를 들면 보옥은 대인관계가 매우 자연스러운데 이는 어떤 처세술 때문이 아니라 일종의 내적 수양이나 품성과 관련이 있다. 그는 매사 겸양의 태도를 보였으며 남과 다툰 적이 없다. 시를 짓고도 항상 자신이 잘 짓지 못했다고 겸손한 모습을 보였다. 남을 대할 때도 세심하게 배려하여 여자아이들뿐 아니라 형제와 조카들에게도 차별 없이 대하고 공경하면서 남다른 자신의 신분을 이용해 타인을 난감하게 하지 않았다. 제24회에서 보옥이 가사에게 문안 갔을 때 형부인은 보옥을 방에 들게 하고는 함께 방석에 앉아 손으로 보옥을 애지중지 쓰다듬어준다. 이에 기분이 나빠진 가환이 가란에게 가겠다고 하자 이 광경을 본 보옥이 자신도 벌떡 일어나 따라나서는데 그의 이러한 행동에는 남을 배려하는 의미가 담겨 있다. 제25회에서는 가환이 고의로 촛불을 쓰러뜨려 보옥의 얼굴에 화상을 입히는 사건이 발생한다. 그러자 왕부인이 벽력같이 화를 내며 조씨와 가환에게 야단을 친다. 보옥은 이에 대해서도 "좀 아프지만 지장은 없어요. 내일 할머니께서 물으시면 제가 덴 것이라고 말하면 돼요"[49]라고 응수하는데 피해를 당했으면서도 감내하려는 그의 성격이 잘 드러난다. 제66회에서 유상련이 보옥에게 우삼저의 행실에 대해 묻자 보옥은 "자네가 잘 알고 있을 텐데 또 내게 무엇을 묻겠다는 건가?"[50]라며 즉답을 피한다. 이러한 대목에서 보옥의 수양을 엿볼 수 있는데 이는 어디까지나 사람됨과 행동 방식의 중국적인 패턴으로 전통문화의 특성이 잘 체화된 모습임이 분명하다. 애정에 집착하면서도 강한 반대에 직면했을 때 무기력하게 어쩌지 못하고 장자나 선도禪道로 해탈하려는 모습에서도 민족 문화에 깃든 모종의 특성이 드러난다. 『홍루몽』에 등장하는 수많은 인물과 그들의 그림자가 200년이 지난 오늘날의 현실 속에서도 발견되는 것은 시대가 아무리 변해도 문화적 성격은 끈질기게 변하지 않고 시대를 가로질러 서로 관통하기 때문인 것으로 보인다. 중국인과 중국 문화를 이해하고 싶은가? 그렇다면 가장 빠른 지름길은 『홍루몽』을 읽는 것이다. 『홍루몽』은 성숙한 문화 형태로서의 중국 문화의 심층 구조를 반영하고 있어 작품을 연구하다보면 그 학문적 의미와 가치를 절로 깨우치게 된다.

『홍루몽』은 중국 고전문학에서 가장 전형성을 갖춘 작품이기 때문에 『홍루몽』을 이해하지 못하면 중국 고전문학을 제대로 이해하기 어렵다. 유구한 역사를 거쳐오면서 시 삼백 편, 초사, 한부, 당시, 송사, 원곡 등 시기마다 대가들이 세상에 이름을 알렸고 우수한 작품도 엄청나게 쏟아져 나와 문학적으로 큰 성과를 이뤘는데 왜 하필 『홍루몽』이 가장 전형성을 갖춘 작품인가? 당연히 어느 시대나 그 시대를 대표하는 문학이 있고 어떠한 종류의 문학 형식이든 일단 성숙기에 접어들면 모두 전형성을 갖추게 마련이어서 그러한 최정상의 작품들을 따라잡기가 여간 어려운 게 아니다. 그러나 문학은 자체적으로 역사적인 맥락이 있어 후대 작가들은 항상 전대 작가들에게서 자양분을 섭취하기 때문에 나중에 나온 작품일수록 최고봉에 도달할 수 있고, 한 나라의 문학으로 보더라도 전통을 많이 내포하고 있을수록 그 전형성은 더 도드라지게 되어 있다. 『홍루몽』은 중국 고전문학을 집대성한 작품이다. 조설근이 문학 창작에 뜻을 두었지만 시詩, 사詞, 부賦, 극劇의 형식이 아닌 소설을 선택한 것은 그의 예지를 엿볼 수 있게 해주는 대목이다. 만약 애초에 시, 사, 곡, 극을 창작하여 세상에 이름을 알리려고 했다면 아마도 문학사적으로 최고의 위치까지 가지 못했을 것이며 오늘날과 같은 빛나는 성공은 더더욱 거두지 못했을 것이다. 명청 양대는 소설의 전성기로 풍몽룡馮夢龍, 나관중羅貫中, 시내암施耐庵, 오승은吳承恩과 『금병매』를 쓴 작가가 이미 본보기를 보여주었다. 조설근은 이처럼 조건이 잘 갖추어진 문학적인 환경에서 소설 장르를 최고봉으로 끌어올릴 수 있었던 것이다.

소설은 장르 특성상 덩치가 크기 때문에 사회생활의 방대한 장면 장면을 작품에 담아 이야기로 전개시켜나갈 수 있고 시간과 장소에 구애됨 없이 동서고금을 하나로 묶어낼 수 있다. 동시에 소설 이외의 다양한 문학 형식을 인물의 움직임과 함께 작품에 담아낼 수 있다. 『홍루몽』에 시, 사, 곡, 부가 많이 나오는데, 보통 소설에서 보이는 회전시回前詩나 개장시開場詩와는 차원이 다른 알토란 같은 독립된 창작이다. 물론 일부는 작품 속 인물들을 대신 모방한 것이기도 하지만 이 역시 조설근의 시적 재능을 보여주는 대목이다. 장의천張宜泉은 조설근이 "시를 잘 지었다工詩"고 했고, 지연재 역시 "설근이 이 책을 지으면서 그 안에 시를 전하려는 뜻도 가지고 있었다고 생각한다雪芹撰此書中亦爲傳詩之意"라고 했으니 분명히 빈말은 아닐 것이다.

　요컨대『홍루몽』에서는 조설근의 다방면에 걸친 다재다능한 재능을 엿볼 수 있는데 이는 그의 선배 작가들이 결코 따라잡지 못할 부분이다. 조설근은『홍루몽』에서 시, 사, 곡을 담아낼 수 있었지만 굴원, 도연명, 두보, 구양수, 신기질 등은 자신들의 시사에 소설을 담아낼 수 없다. 문학 형식은 궁극적으로 작가의 창작세계를 더 확장시켜주는 역할을 하며 발전해나간다. 따라서 후대의 패러다임이 선대의 패러다임을 대신할 수는 없지만 후대의 패러다임 안에 선대의 패러다임 중 일부 요소가 내포되어 있다고는 볼 수 있다. 중국 고전문학의 핵심적인 예술 특징을『홍루몽』에서 찾을 수 있는 이유가 바로 그것이다.『홍루몽』의 작가는 시나 희곡, 회화의 수법으로 작품을 써내려갔다. 사람들은 희곡이나 영화를 종합예술이라고 말하곤 하는데 의외로『홍루몽』도 종합예술에 속하며, 그러한 종합적인 특성에 있어서도 어떤 희곡이나 영화보다 더 폭넓게 전통 예술과 전체 고전문학을 종합해냈다고 할 수 있다.

홍학과
중국 문예학

『홍루몽』은 중국 문학, 중국 예술과 중국 문화의 주요 특성을 집중적으로 표현하고 있기 때문에 만약 이러한 작품을 깊이 있게 이론적으로 연구한다면 중국 문예학을 발전시키고 이론적으로 정립하는 데 크게 이바지할 것이다.

중국 문예학은 내가 즐겨 쓰는 개념이다. 나는 중국 문예학이 서양의 문예학과 다르며 인도나 일본의 문예학과도 다르다고 생각한다. 물론 문학적인 원리에서는 같은 부분이 많지만 강조점이나 표현 방식에서 고유한 특색이 있다. 실용적인 이성이나 직관적인 사유는 중국적 사유에서 두드러지게 나타나는 특성이다. 그래서 예술 창작에 표현되어 예술의 사회적 효용성, 그중에서도 특히 작품에 담긴 마음과 욕망을 바르게 하고 욕망을 청정하게 하는 것을 모토로 하는 교화의 작용을 강조하기도 하며 또는 "문장이란 본디 자연스럽게 지어지게 마련인데 재주가 뛰어난 달인은 뜻밖의 영감으로 절묘한 글귀를 생각해낸다"[51]는 이른바 영감이 깃든 사유를 신봉하기도 한다. 작품의 예술적 형상을 구성하는 데 있어서 객관적인 물상을 확실히 벗어날 수 없지만 창작에서 강조하고자 하는 바는 의경이나 이미지를 부각시키는 데 더욱 치중했으니 이는 천인합일天人合一, 물아혼성物我渾成의 철학사상과 밀접한 관련이 있다. 예술에 대한 이해에 있어서 묘오妙悟를 숭상하고 마음속으로 이해하고 깨닫는 것을 강조한다.『문자文子』「도덕道德」편에는 이런 말이 나온다. "상학은 정신으로 듣고 중학은 마음으로 들으며 하학은 귀로 듣는다上學以神聽之, 中學以心聽之, 下學以耳聽之." 상학의 '정신으로 듣는다'는 말은 마음으로 이해하고 깨닫는다는 것을 의미하니 그것이 바로 '깨달음悟'이다. 예술을 표현하고 나타내는 데 있어 간략함을 추구하되 속속들이 파헤쳐 드러내는 것을 삼가므로 말은 끝나도 그 뜻은 무궁하다. 그것의 극치는 사공도司空圖가 말한 이른 바 "한 글자를 입히지 않고도 풍류를 다 표현해내는不著一字, 盡得風流" 경지다. 이는 "도는 말로 할 수 없으니 말로 한 것은 도가 아니다道不可言, 言而非也" "말이라는 것은 그 의미를 얻는 것인바 의미를 얻었으면 말은 잊는다言者所以得意, 得意而忘言"는 노장철학이나 선종의 '불립문자不立文字'와 서로 밀접한 관계가 있다. 형形은 문예학의 개념에서 대부분 기氣, 운韻, 격格, 조調, 풍風, 골骨, 신神, 미味 등과 같은 상징성과 불확정성을 담고 있다.『홍루몽』에는 이러한 특징들이 모두 표현되어 있다. 연구자들은 작품에 직간접적으로 드러나는 조설근의 예술관과 미학관에 관한 언급에 비교적 많은 관심을 갖는 데 반해 예술적인 구상이나 예술적인 묘사에서 구현되어 나오는 미학사상에 대해서는 연구가 부족하다.

여기서 제23회의 '모란정의 연가에 꽃다운 마음이 놀라네牡丹亭艷曲

^{驚芳心}'를 예로 들어 분석해보기로 한다. 이 회에서는 먼저 보옥과 여러 자매가 대관원으로 들어온 이후의 들뜬 분위기를 기술한 데 이어 심리적 변화로 생긴 고민 때문에 보옥이 명연으로 하여금 책방에서 고금의 다양한 소설과 전기^{傳奇} 각본들을 사오게 하는 내용이 기술되어 있다. 그다음 보옥과 대옥이 심방교에서 『서상기』를 함께 읽으며 분위기에 젖어 서로의 감정을 나누는 내용이 나오는데 『홍루몽』에서 가장 아름다운 대목이다. 바로 이때 습인이 다가와 가사를 찾아뵈라는 가모의 전갈을 보옥에게 전한다. 보옥이 자리를 뜨자 혼자 남겨진 대옥은 마치 무언가를 잃어버린 사람처럼 이리저리 배회하기 시작한다.

대옥이 막 발길을 돌려 방으로 돌아가려고 이향원 담장 밑을 지나는데 담장 안에서 유연한 피리 소리에 간간이 노래가 어우러져 들리는 것이었다. 대옥은 그 열두 명의 어린 배우가 연극 연습을 하는 것이라 짐작하면서도 평소 연극에 큰 관심이 없었던지라 그냥 지나쳐 앞으로 걸어갔다. 그런데 우연히 가사 두세 구절이 또렷하게 귀에 들어오는 것이었다. "자주 꽃과 붉은 꽃이 흐드러지게 피었는데 어쩌면 하나같이 무너진 담장 밑 우물가에 피었는가?" 노래를 듣다 어느새 마음이 울적해진 대옥은 가던 발걸음을 멈추고 자기도 모르게 귀기울여 듣기 시작했다. 또다시 노래가 들려왔다. "좋은 시절 아름다운 경치는 어느 하늘 밑에 있으며 마음을 기쁘게 하는 즐거운 일은 뉘 집 담장 안에 있는가?" 이 두 구절을 듣고 난 대옥도 어느새 고개를 끄덕이며 한숨을 내쉬고는 생각에 잠긴다. "연극 대본에도 이렇게 멋진 구절이 있었다니. 단지 세상 사람들은 연극을 볼 줄만 알았지 그 속에 담긴 뜻은 헤아리려 하지 않지." 생각이 여

기에 미치자 혹시라도 소리를 놓칠까 다시 귀를 기울이니 이번엔 이런 가사가 들려왔다. "그대는 꽃처럼 아름답건만 세월은 물 흐르듯 흘러만 가네……." 이 두 구절을 듣고 난 대옥은 왠지 모를 짜릿한 전율을 느꼈다. 이어서 또다시 노래가 들려왔다. "그대는 규방 속에서 홀로 애달파라." 대옥은 마치 취한 사람처럼 정신이 혼미해짐을 느끼며 옆에 있는 돌 위에 걸터앉아 여덟 글자로 된 "그대는 꽃처럼 아름답건만 세월은 물 흐르듯 흘러만 가네"라는 구절을 가만히 되뇌어보았다. 그러다가 문득 전에 보았던 고인의 시 가운데 "흐르는 물, 지는 꽃잎이 다 무정하구나" 했던 구절이 떠올랐고, 그러다가 또 "물은 흐르고 꽃은 지니 봄은 가는가, 천상으로 아니면 인간 세상으로"라는 사의 구절이 머리에 떠오르더니, 뒤이어 다시금 『서상기』에 나오는 "꽃이 져서 흐르는 물 붉게 물드니 수심은 천 갈래 만 갈래로 찢어지네" 구절이 일시에 떠오르며 한데 뒤엉키는데, 구절구절 음미해보니 어느새 마음은 쓰라리고 정신은 나간 듯 흐르는 눈물을 주체할 길 없다.[52]

우리가 『홍루몽』 작가에게 감사해야 하는 이유는 사실감 넘치는 예술작품을 감상하는 단계에서 모두 공감할 수 있는 그림의 단계로 나아갈 수 있도록 작품을 형상화해주었기 때문이다. 현상 자체에 대한 공감뿐 아니라 감상자의 예술적 깨달음과 예술적 이해의 각 층위를 포함한 감상에서 공감에 이르기까지의 전 과정을 보여주었다. 두 연극의 구절을 우연히 듣게 된 대옥은 그저 "오히려 무척 감개하다"는 느낌을 받았을 뿐이다. 왜냐하면 처음에는 무심코 듣게 된 상황이었기 때문이다. 그러다가 "좋은 시절 아름다운 경치는 어느 하늘 밑에 있으며良辰美景奈何天" 두 구에 이르러서야 비로소 '고개를 끄덕이며 스스로 탄식하고는' 연극에도 좋은 문장이 있다는 것을 알게 된다. 그러나 문득 '세상 사람'들을 떠올리면서도 자신과 연관 짓지 못한 것은 그녀가 아직 경계에 들어서지 못했다는 것을 말해준다. "그대는 꽃처럼 아름답건만 세월은 물 흐르듯 흘러만 가네如花美眷, 似水流年" 이 두 구를 듣고부터 "짜릿한 전율을 느끼고心動神搖" 점차 예술의 경계로 들어선다. 이어 한 걸음 더 나아가 마음이 움직이고 정신이 흔들리는 것에서 "취한 듯 매혹된 듯한如醉如癡" 경계에 들어서면서 자신을 가눌 수 없게 되었을 때 마침내 산자석山子石 위에 무릎을 꿇고 앉아 연극의 자미滋味를 반복해서 음미해보게 된 것이다. 여기서 대옥은 감상자로서 탕현조湯顯祖의 희곡예술에 완전히 압도당한다. 대옥은 필시 자신의 처지와 가부에 온 후 겪은 일들을 떠올리며 "그대는 꽃처럼 아름답건만 세월은 물 흐르듯 흘러만 가네"란 뜻을 담고 있는 "여화미권, 사수류년如花美眷, 似水流年" 여덟 자의 참뜻을 곱씹어본 것으로 보인다. 이 대목에 이르러 예술적인 감상은 충분히 완결될 수 있었다. 그런데 『홍루몽』의 작가는 불현듯 또 다른 발상으로 문화적 소양을 갖춘 대옥으로 하여금 풍부한 연상력을 발휘하게 하여 감상자인 대옥의 예술적 경험을 최대한 살리고 보완하게 함으로써 예술 감상의 공감대를 최고도로 끌어올렸다. 이 대목의 "문득 떠오른忽又想起" 옛사람의 시구는 당대 최도崔涂의 「여회旅懷」에 들어 있는 "흐르는 물, 지는 꽃잎이 다 무정하구나水流花謝兩無情"를 연상시키고 "그러다가 또再又" 전대 사인이 지은 사의 구절을 떠올리게 하니 그것은 바로 이욱李煜의 「상견환相見歡」 중의 "물은 흐르고 꽃은 지니 봄이 가는가, 천상으로 아니면 인간 세상으로流水落花春去也, 天上人間"이다. "뒤이어 다시금又兼方才"보옥과 함께 읽은 『서상기』에서 본 "꽃이 져서 흐르는 물 붉게 물드니 수심은 천 갈래 만 갈래로 찢어지네花落水流紅, 閑愁萬種"라는 구절이 떠오르며 한 순간에 그 모든 것이 "한데 뒤엉키는데, 구절구절 음미해보니 마음은 아프고 정신은 나간 듯 흐르는 눈물을 주체할 길 없다湊聚在一處, 仔細忖度, 不覺心痛神痴, 眼中落淚." "고개를 끄덕이며 한숨을 내쉬는點頭自嘆" 순간부터 "짜릿한 전율이 느껴지더니心動神搖" 마지막에 가서는 "마음은 쓰라리고 정신은 나간 듯心痛神癡"하다가 감정이 더욱더 침윤되어 마침내는 정경情景이 어우러지고 주객이 일체가 되며 물아物我를 동시에 잊는 예술적 깨달음에 도달한다. 주목할 것은 작가가 감상자의 정감이 점차 변화해가는 과정을 형용할 때 연속으로 "어느새不覺"란 단어를 사용했는데 이는 예술 감상에서 단계별로 깊어지는 감정의 변화는 무의식적인 것이어서 무목적성이 목적성을 대체했다는 것을 의미한다. 주로 느껴서 깨닫는 방식으로 이해가 이루어지므로 자유로운 연상이 논리적 추론을 대신했다. 문화적 소양은 예술 감상을 심화시키는 필수 조건이다. 만약 임대옥이 아니고 문화적 소양이 부족한 일반 사람이었다면 비록 『모란정』 연극을 보았다 하더라도 이렇듯 공감을 불러일으킬 수 없었을 것이며 또 공감을 불러일으켰다 하더라도 이처럼 강렬하게 높은 경계까지 도달하지는 못했을 것이다. 우리는 이 대목의 묘사에서 문예학의 전반적인 원리를 이해하고 종합해볼 수 있다.

중국 고전시사의 창작에서는 줄곧 의경意境을 추구해왔기 때문에 창작 과정에서 의경에 대한 표현이 많이 나올 뿐 아니라 이론적으로도 개괄되어 있다. 의경에 대해 이론적으로 가장 뛰어난 인물이 왕궈웨이인데, 그의 생각을 소개하면 다음과 같다. "문학이란 작업이 안으로는 자신을 펼치고 밖으로는 사람을 감동시킬 수 있는 데는 '의意'와 '경境' 두 가지뿐이다. 가장 높은 경계로 보는 것은 '의'와 '경'이 한데 어우러진 것이고 그다음으로는 사람에 따라 '경'이 우세하기도 하고 '의'가 우세하기도 한다. 만약 그중 하나라도 잃으면 문학으로 논할 수 없다."[53] 그는 원잡극의 특성에 대해서도 이렇게 설명했다. "원잡극의 가장 뛰어난 점은 사상체계에 있지 않고 문장에 있다. 그 문장의 절묘함을 한마디로 말하면 '의경에 있을 뿐이다.' 무엇을 의경이라 하는가? 답을 하자면 '감정을 묘사할 때는 마음속에 스며들어 깊은 감동을 주고 경물을 묘사할 때는 이목을 사람에게 두며 사건을 서술할 때는 마치 입에서 나오는 것처럼 한다'는 것이다."[54] 왕궈웨이는 의경에 대한 이러한 개념을 명확히 설명하면서 의와 경을 아우른 것을 문학의 상품上品으로 보고 있는데 매우 설득력 있는 견해다. 그런데 그는 소설에 대해서는 논한 적이 없다. 소설에는 과연 '의경'이 있을까? 그러고 보면 『홍루몽』에는 '의경'에 해당하는 예가 정말 많다. 제26회에서 보옥과 대옥은 『서상기』에 관해 얘기를 나누다 그만 감정에 사로잡혀 헤어나오지 못하는 상황에 처한다. 하루는 보옥이 축 늘어져서 발 가는 대로 걷다가 어떤 대문 앞에 멈추어 섰는데 봉황이 꼬리를 펼친 듯 대숲이 우거져 있고 용이 휘파람을 부는 듯 대나무 잎새들이 봄바람에 일렁이고 있다. 눈을 들어 문 위를 보니 편액에 '소상관瀟湘館' 세 글자가 쓰여 있었다. 보옥은 발이 이끄는 대로 안으로 들어가 보니 대발이 땅에 닿을 듯 드리워져 있는데 사람의 기척이라곤 전혀 없었다. 창문 앞으로 다가가자 그윽한 향내가 사창 안에서 전해오는 것이었다. 보옥이 얼굴을 창에 대고 방 안을 들여다보자 귓가에 문득 가는 장탄식과 함께 '매일같이 그리움에 젖어 정신이 피곤해지니 눈마저 자꾸 감기네'라는 소리가 들렸다. 보옥은 그 소리를 듣고 자신도 모르게 마음이 야릇해짐을 느낀다. 정신을 차리고 다시 자세히 살펴보니 대옥이 침상에 비스듬히 기대 있는 것이 보였다."[55] 이 대목은 의경이 혼연일체가 되어 경물 하나하나가 다 감정을 위해 설정되었음을 알 수 있다. 또한 그 목적은 나른한 봄날, 대옥의 그윽한 감정에 대한 의경을 묘사하기 위함이었다. 반죽斑竹으로 엮은 발이나 청죽青竹은 그러한 분위기를 연출하기 위함이고 장탄식은 그녀의 감정을 드러내기 위함이다. 제30회에서 영관이 장미울타리 아래에서 '장薔'자를 그리고 있었던 것은 그녀의 치정을 표현하고자 함이고 보옥이 꽃 더미 바깥에서 '장'자를 쓰고 있는 영관을 보고 자신이 비를 맞고 있다는 사실마저 잊어버린 것은 보옥의 치정이 영관보다 깊다는 것을 보여준다. 이러한 일련의 장면은 모두 치정의 '의경'을 묘사하기 위해 설정된 것들이다. 그에 관한 가장 대표적인 대목으로 제35회를 들 수 있다. 대옥이 꽃그늘 아래에 서 있다가 멀리서 가부의 많은 사람이 매 맞은 보옥을 보러 이홍원으로 가는 것을 보고는 불현듯 딱한 자신의 처지가 생각나 슬프게 울기 시작하는 대목이다. 이때 자견은 비관적인 생각에 빠진 대옥을 겨우겨우 달래 소상관으로 발걸음을 돌리게 한다.

집 안으로 들어서니 온통 대나무 그림자가 들쭉날쭉 뻗어 있고 땅 위에는 푸른 이끼가 짙고 옅게 뒤덮여 있었다. 대옥은 불현듯 『서상기』 중에 나오는 "깊고 외진 곳에 그 누가 지나갈까? 푸른 이끼 덮인 땅 위엔 이슬

만 차갑네幽僻處可有人行? 點蒼苔白露冷冷"라는 구절이 떠올라 속으로 이렇게
탄식한다. "아, 쌍문아, 쌍문아, 그대는 참으로 박명한 사람이구려. 그래
도 그대는 박명했지만 어머니와 동생이 있지 않았던가! 하지만 지금 이
임대옥에게는 어이하여 어머니나 동생마저 없단 말인가. 옛사람이 말하
기를 '가인박명'이라고 했건만 나는 또 가인의 축에도 끼지 못하니 어이
하여 나의 박명함은 쌍문보다 못하단 말인가!" 이런 생각에 잠겨 걷고
있는데 낭하에 있던 앵무새가 대옥이 오는 것을 보고 푸드덕 소리를 내
며 날아가버렸다. 깜짝 놀란 대옥은 "죽일 것 같으니라고! 내 머리에 또
먼지를 뿌리고 가다니"라고 소리쳤다. 그 앵무새는 다시 그네 위에 올라
앉으며 큰 소리로 "설안아, 어서 문발을 걷으렴! 아가씨 오셨단다" 하는
것이었다. 대옥은 걸음을 멈추고 손으로 그네 대를 톡톡 두드리며 앵무
새에게 물었다. "물이라도 좀 얻어먹었니?" 그러자 앵무새는 길게 한숨
을 내쉬는데 마치 대옥이 평소 슬픔에 잠겼을 때 내쉬는 한숨소리 같았
다. 앵무새는 또 이어서 이렇게 읊조리는 것이었다. "지금 꽃장례 지내는
나를 어리석다 비웃지만 나중에 내가 죽으면 그 누가 묻어줄까? 봄날이
가고 꽃잎이 질 때 그때가 바로 젊은이가 늙어서 죽는 때이리라. 언젠가
봄이 가고 젊음이 늙어지면 꽃도 지고 사람도 가고 말리니!" 대옥과 자
견은 앵무새의 흉내를 듣고 같이 웃었다. 자견이 웃으며 말했다. "이건 모
두 평소에 아가씨가 읊으시던 것들인데, 어쩜 신통하게도 다 외웠네요."
대옥은 자견에게 나무 그네를 떼어 둥근 창문 밖에 걸어두라고 이르고
자기 방으로 들어갔다. 약을 먹고 나니 창밖의 대나무 그림자가 사창으
로 비쳐들어 방 안은 온통 녹음에 잠긴 듯하고 책상과 대자리에도 서늘
함이 느껴졌다. 대옥은 무료한 나머지 사창을 사이에 두고 앵무새와 장

난을 치며 평소 즐겨 읊조리던 시사의 구절들을 가르쳐주었다.[56]

소동파는 도연명의 시구절 "동쪽 울타리 아래에서 국화를 따다 저 멀리 종남산을 바라다보네採菊東籬下, 悠然見南山"에서 "견見 하나를 입힘으로써 '의경'이 온전히 드러났다"고 보았다. 앞서 소개한 대목을 보더라도 역시 "의경이 여지없이 그대로 다 드러났다." 만약 경계를 물경物境, 의경意境, 정경情境으로 구분한다면 소상관의 대나무 그림자, 이끼의 흔적은 당연히 물경이고 『서상기』에 나오는 사 구절을 인용한 것은 정경이며 대옥이 스스로 탄식한 것은 의경이다. 그러나 여기서 물物, 정情, 의意 세 가지 경계는 모두 대옥을 위해 하나로 설정된 것이다. 앵무새의 장탄식과 시 낭송은 이미 밖으로 내보낸 의경을 다시 강조하고 중첩시킨 뒤에 더욱 심화시켜 물경을 전부 감정으로 변화시키고 인격화했으며 그런 연후에 다시 대옥이 사창을 사이에 두고 앵무새를 희롱하는 장면으로 이미 형성된 경계를 담박하게 만들었다. 그런 가운데 앵무새가 「장화음葬花吟」을 읊은 것은 시경詩境이요, 대옥이 사창을 사이에 두고 앵무새를 희롱한 것은 화경畵境이다. 이처럼 절묘한 문장은 조설근만이 쓸 수 있다. 명대의 주승작朱承爵은 "작시의 묘는 모두 의와 경이 철저하게 융합된 데 있으며 소리를 바깥으로 내는 데 비로소 진미가 있다"[57]고 했다. 지연재도 비어에서 다음과 같이 말한 바 있다. "내가 말하는 이 책의 묘체는 시사의 구절에서 나오는 것이니 모두 이러한 필묵이다."[58] 화가의 필법으로 소설을 쓰면 몇 차례의 준법皴法을 거쳐 사물의 형식보다 내용이나 정신에 치중하여 그린 사의화寫意畵나 세밀하게 그린 공필화工筆畵를 완성하게 되는데 『홍루몽』에서는 그러한 예가 더더욱 많다. 이처럼 문예학의 관점에서 『홍루몽』을 연구하면 헤아릴 수 없이 많은 좋은 주제와 만나게 된다.

　『홍루몽』의 인물 묘사는 특히 남다른 반향을 불러일으켰는데 이른바 중국 고전소설에서 집대성한 인물을 두루 아우르며 지극히 풍부한 형상으로 창조해냈다. 인물들의 개성 있는 언어로 독자들이 말하는 사람의 소리에 따라 어떤 인물인지 구분할 수 있게 해주었고, 사실적이고 생동감 넘치는 묘사로 독자들에게 깊은 인상을 남겼다. 이는 더 이상 장황하게 설명하지 않아도 될 정도다. 주목할 것은 조설근이 인물을 묘사할 때 항상 한 번의 타격으로 여러 번의 울림이 있게 하고, 한 번의 필치로 여러 번의 쓰임새가 있게 한 점이다. 예를 들면 제29회에서 가모가 가족 모두를 이끌고 청허관에 고사를 지내러 갔을 때 장도사가 보옥에게 선물을 주는 장면이 나온다. 장소는 청허관 2층으로 가모와 여러 자매가 함께 있다. 보옥은 이에 시녀에게 축하 선물 쟁반을 들게 하고 손으로 그 쟁반의 물건들을 집어 들고는 이것은 어떻고 저것은 어떻고 하며 가모에게 일일이 설명을 한다. 그러던 중 가모가 갑자기 금기린을 발견하고는 손으로 집어 들고 웃으며 다음과 같이 말한다. "어느 집 아이가 이 물건을 하고 있는 걸 본 것 같구나."[59] 가모가 그런 장신구를 달고 있었던 여자아이에 관심을 갖게 된 것은 자신의 소중한 손자 보옥이 목에 옥을 매달고 있기 때문이었겠지만 연로한 관계로 누가 보옥과 같은 장신구를 달고 있었는지는 정확히 기억해내지 못한다. 그래서 "본 것 같구나好像我看見"라고 말한 것이다. 이 대목의 사실적인 묘사는 가모의 연령이나 성격, 사상에 완전히 부합된다. 설보채는 즉각 가모의 말을 이어받아 이렇게 말한다. "사씨 댁 동생이 하나 가지고 있는데 이것보다는 작아요."[60] 이미 금쇄를 가지고 있던 보채는 당연히 남이 어떤 물건을 달고 다니는지 관심을 가지고 그것을 기억할 뿐만 아니라 크기까지 분명히 기억해냈다. 이는 그녀가 금기린에 대해 상당히 의식하고 있었다는 것을 말해준다. 그러나 이것은 절대 이상한 일이 아니다. 그녀의 금쇄에 대해서는 장차 옥의 배필을 찾는다는 이유로 제8회에서 이미 자세히 설명된 바 있다. 그래서 제8회의 제목도 '앵아가 통령보옥과 금쇄의 인연을 드러내다比通靈金鶯微露意'로 붙인 것이다. 이 장면에서 보채가 보여준 행동은 우선은 가모의 환심을 사기 위함이며 동시에 그녀의 금기린에 대한 관심을 드러낸 것이어서 복잡한 내면의 움직임을 담고 있다. 가모가 금기린에게 지나치게 관심을 보이자 혹시라도 사상운이 새로운 정적으로 자기 앞에 나타나지 않을까 하는 우려도 없지 않았을 것이다. 대옥은 필시 그 생각을 했을 것이고 보채도 대충 그러한 느낌을 받지만 그저 안으로 숨긴 채 드러내지 않았던 것뿐이다. 보채가 말을 하자 즉시 가모의 주의를 환기시킨다. "상운에게 이게 있었지雲兒有這個." 이는 가모가 분명 사상운이 금기린을 달고 있었던 것을 본 적이 있지만 순간적으로 기억이 나지 않았다는 것을 말해준다. 보옥은 보채와 가모의 말을 듣고 매우 의아해하며 말한다. "상운 누이가 우리 집에 와서 지냈는데 어떻게 본 적이 없지?"[61] 이 말은 사실이다. 그는 금옥인연에 관한 설을 몹시 싫어했기 때문에 누가 무엇을 달고 있건 관심을 두지 않았을 테니 어찌 그것을 유심히 보았겠는가? 탐춘이 이어서 말한다. "보채 언니는 세심하기 때문에 뭐든지 다 기억하지요."[62] 집안을 돌볼 때 살벌한 결단력을 보여주었던 셋째 아가씨 탐춘은 총명하기 그지없지만 보채의 기억력에 대한 판단에 있어서만은 다소 구태의연한 생각을 피력했다. 그러자 대옥은 즉각 냉소적으로 이렇게 말한다. "보채 언니는 다른 일에는 마음이 못 미치면서 오직 이분이 매단 물건에 대해서는 유독 관심을 기울이네요!"[63] 이처럼 한마디로 정곡을 찌르는 방식이 명명백백한 대옥의 말투다. 날카롭고 솔직하며 절박한 대옥의 심정이 종이 위에 생생하게 펼쳐져 있다. 보채는 대옥이 그렇게 말하는 것을 보고 고개를 돌리고는 못 들은 척하는데 그야말로 "스스로는 세태에 융합하지 않고 우직함을 지킨다고 하면서 남들은 우직한 척한다고 말하는自云守拙, 人謂裝愚" 행동과 딱 맞아떨어진다. 그러나 내심으론 매우 난감해하는 것 같다. 보옥은 이 상황에서 매우 의미 있는 행동을 보여준다. 보옥은 상운에게 이 물건이 있다는 것을 듣고 축하 선물 쟁반 위에 놓인 금기린을 집어 몰래 가슴팍에 숨긴다. 그러면서 대옥이 볼까 곁눈질을 하는데 결국 대옥은 그 장면을 목격하고 보옥에게 고개를 끄덕이는 시늉을 한다. 그 표정에 마치 암묵적인 찬탄의 의미를 담고 있기라도 한 것처럼 보인다. 보옥은 겸연쩍어하며 얼른 그 물건을 꺼내서는 대옥을 향해 웃어 보이고는 이렇게 말한다. "정말 재미있는 물건인 것 같아 누이 대신 남겨둔 건데 집에 가서 누이한테 걸어줄게."[64] 말로 재미있다고 한 것은 사실이지만 보옥의 원래 의도는 가져다가 사상운의 것과 비교해보려던 것이었다. 대옥에게 걸어봐 준다고 한 것은 그저 어물쩍 넘어가는 말에 지나지 않지만 그렇다고 대옥의 심리를 모르는 것은 아니었다. 그래서 대옥은 "나는 희한한 것 같지 않은데"[65]라고 응수한 것이다. 보옥은 여전히 그 물건을 숨기며 말한다. "누이가 만약 희한하지 않다고 하면 내가 가져갈

수밖에."[66] 이상에서 보듯 제31회의 '기린으로 백수쌍성을 감추다因麒
麟伏白首雙星'라는 대목은 보옥의 생각을 더없이 잘 반증해 보여준다.

작품에서 단 160자로 쓰인 이 내용의 핵심은 금기린이다. 사람마다
한마디씩만 했을 뿐인데 가모, 보채, 탐춘, 대옥, 보옥 다섯 사람의 성
격이 절로 다 드러났다. 일상적인 몇 마디 대화에 불과한데 오히려 사
람들에게 긴장감을 불러일으키고 극적 분위기를 고조시켰다. 동서고
금의 명작들과 견주어도 인물 묘사에서 이 같은 경지에 도달한 작품
은 흔치 않다. 그리고 『홍루몽』의 작가가 인물 묘사에서 같으면서도
다르고 다르면서도 같으며 비슷한 것 같으면서도 서로 다르고 중첩되
면서도 중복되지 않게 하는 공력을 발휘한 점도 찬사를 받기에 충분
하다.

대옥, 보채, 상운 세 사람의 가부에서의 위치와 신분은 비슷하고
받은 교육도 서로 엇비슷하지만 성격 면에서는 확연히 차이가 났다.
만약 대옥의 성격과 인생이 예술적인 성향이라면 보채는 사회화된
경향을 띠고 있고 상운은 자유분방한 경향이라고 말할 수 있다. 원
춘, 영춘, 탐춘, 석춘 네 자매는 비슷하면서도 다르고 다르면서도 비슷
한 성격적 특성을 더욱 분명하게 드러냈다. 원춘의 부귀함, 영춘의 유
약함, 탐춘의 명민함, 석춘의 괴벽함이 작품에서 반복적으로 묘사되
고 있다. 시중드는 시녀들도 하나같이 영리하고 자태가 예뻐 멀리서
보면 실제로 서로 구분하기가 어려울 정도다. 그러나 사람됨이나 일처
리, 말이나 행동과 같은 기질이나 개성은 또 천차만별이다. 날카롭고
서슬이 퍼런 청문, 겉으로는 유순하나 속으로는 음험한 습인, 너그럽
고 온화한 평아, 강직하고 외골수인 원앙, 믿음직스럽고 돈후한 자견

등 모두의 성격적 특성이 저마다 다르게 표출되었다. 청문과 소홍의 격렬한 말다툼에서도 청문은 고결해 보였지만 소홍은 경박해 보인다. 재간을 논하자면 탐춘과 희봉이 막상막하지만 한 사람은 고상하고 다른 한 사람은 격이 좀 떨어진다. 그래서 희봉은 탐춘이 자신보다 더 대단하다고 인정한 것이다. 『홍루몽』에서는 인물을 단순화시키지 않고 여러 측면, 여러 층위에서 특성을 드러내 보여주었다. 어디로 보나 틀림없는 대갓집 자제인 설반은 싸움 잘하고 행동이 제멋대로이기로 유명하지만 내면 깊은 곳에는 충직하고 온후한 면이 있다. 유상련이 그의 목숨을 구해주자 묵은 원한을 뒤로한 채 은덕에 고마워했고 출가하는 유상련을 위해 눈물을 흘리고 식음을 전폐하기까지 한다. 가진은 분명 나쁜 사람이지만 진가경이 죽은 후 '눈물범벅이 되어 통곡하는' 등 공개적으로 추태를 보임으로써 진가경을 좋아했던 마음이 어느 정도 진심이었다는 것을 느낄 수 있게 해주었다. 보채의 풍부한 내면세계는 오랜 기간 연구자나 독자들의 논쟁을 불러일으켰고 그녀에 대한 포폄 또한 제각각이라 아직까지도 결론이 나지 않고 있다. 그 원인을 파헤쳐보면, 결국은 그 인물의 내면세계와 외재적인 행동이 너무나 풍부하기 때문에 단순한 사유만으로는 절대 정확한 결론을 도출해낼 수 없는 것이다.

『홍루몽』에 등장하는 여성들은 미모가 다들 출중하지만 작가는 사물의 형식보다 내용과 정신에 치중하는 전신사의(傳神寫意)의 필법으로 항상 구상을 추상화하고 형체를 원활히 잘 돌아가게 하며 생김새로 내면의 독특한 정신적 풍모를 나타내고 환경을 이미지화함으로써 독자들에게 가까이 있는 것 같기도 하고 멀리 있는 것 같기도 한 느낌으로 상상의 여지를 남겼다.

　대옥의 생김새가 단연 뛰어나지만 작품 어디에도 대옥의 모습이 어떻게 생겼는지에 관한 구체적인 묘사는 찾아볼 수 없다. 심지어 얼굴이 긴지 둥근지, 눈은 큰지 작은지, 키는 큰지 작은지, 피부는 검은지 흰지 아무런 언급이 없다. 가부에 도착한 제3회에 보옥의 눈을 빌려 그녀가 특별하다는 것을 다섯 개의 배구排句를 써서 언급했을 뿐이다. "찌푸린 듯 만 듯 반달처럼 휘어진 눈썹에 기쁜 듯 슬픈 듯 정을 머금은 눈, 양쪽 보조개에 오목조목 들어찬 수심어린 자태에 몸에 밴 병색으로 한결 더 아름답다. 눈에 맺힌 촉촉한 이슬은 점점이 구슬처럼 반짝이고 가냘픈 자태 더욱 요염하여 가만있을 땐 물에 비친 한 떨기 꽃과 같고 움직일 땐 바람에 하늘거리는 실버들 같아라. 가슴속에는 비간[67]보다 구멍이 하나 더 있는 듯싶고 병든 몸은 서시보다 더 어여쁘다."[68] 눈에 관한 묘사에서도 그저 한 쌍의 "정을 머금은 눈含情目"이자 "기쁜 듯 슬픈 듯似喜非喜"한 모습으로 표현하면서 눈의 크기와 눈동자의 깊이에 대해서는 절대 언급하지 않았다. 눈썹은 마치 가벼운 연기 같아 거침과 세밀함, 길고 짧음에 대한 설명이 없다. 제74회에 이르러 조설근의 『홍루몽』이 거의 끝나갈 때 비로소 왕부인의 입을 빌려 청문의 "눈매가 대옥과 비슷하다眉眼又有些像你林妹妹"고 했을 뿐이다. 바꾸어 말하자면 대옥의 눈매가 청문과 닮았다는 뜻이기도 하다. 그러나 청문의 눈매는 어떠한가? 역시 작품에 언급되어 있지 않다. 당연히 청문은 예쁘게 생겼을 터인데, 희봉은 그녀의 모습에 대해 이렇게 말했을 뿐이다. "여기 있는 시녀 애들을 모두 비교해도 청문보다 예쁜 아이는 없지."[69] 가모의 표현 역시 그러했다. "내 말은 이 아이의 모습, 시원시원함, 말씨, 바느질을 아무도 따라잡을 수 없다는 거야."[70] 희봉과 가모의 이러한 평가를 보면 청문의 용모가 분명히 출중했을 것이니 시녀들 가운데 가장 으뜸으로 칠 만하다. 따라서 임대옥의 눈매가 청문과 닮았다는 것만으로도 대옥의 미모를 충분히 미루어 짐작해볼 수 있다. 작가가 이러한 기법을 쓴 것은 대상을 적나라하게 묘사하지 않고 함축적인 표현으로 여백과 상상의 공간을 남겨둠으로써 독자들과 함께 인물을 창조해내려는 데 그 목적이 있다.

사상운을 묘사한 대목에서는 생김새 자체를 아예 언급하고 있지 않은 점이 더욱 기발하다. 얼굴이나 눈썹, 눈, 입을 직접적으로 묘사하지 않았을 뿐 아니라 그녀를 거론하는 말도 한 글자 쓰지 않았다. 제21회에는 사상운이 잠자는 모습이 다음과 같이 묘사되어 있다. "상운은 칠흑 같은 머리를 베개 위에 늘어뜨린 채 비단 이불을 가슴까지만 덮고 눈같이 흰 팔뚝은 이불 위로 드러내놓고 있었는데 팔목에는 두 개의 금팔찌가 끼워져 있었다."[71] 머리와 어깨는 묘사했지만 얼굴에 대해서는 아무런 언급이 없다. 제49회에서는 상운의 눈 오는 날의 옷차림을 다음과 같이 묘사했다. "대부인이 준 담비 머리가죽에 회색 다람쥐 털로 안을 댄 두루마기를 입고, 머리에는 누런 바탕에 구름무늬를 수놓은 금박을 박아서 안을 댄 붉은빛 천으로 만든 관을 썼으며 목에는 담비 털로 된 두루마기 깃을 세워서 둘렀다."[72] 상운은 겉옷을 벗고 "안에는 속이 좁은 짧은 저고리를 입었는데 깃과 소매에 하늘빛 선을 두르고 금실과 오색실로 용을 수놓은 연두색 가죽에 족제비 털로 안을 댄 것이었다. (…) 그 위에 나비매듭과 긴 수실로 장식을 한 오색의 상등 허리띠를 둘렀으며 발에는 노루 가죽으로 만든 신을 신고 있어 원숭이처럼 동그란 두 어깨, 벌처럼 잘록한 허리, 두루미 같이 껑충한 다리가 더 도드라져 보였다."[73] 겉에서 안에 이르기까지의 옷차림을 아주 세밀하게 묘사했지만 생김새에 관한 언급은 전혀 찾아볼 수 없다. 제62회에서 상운이 술에 취해 작약무늬가 그려진 치마를 입고 바위 위에 누워 자는 모습을 묘사하고 있는데 남의 눈에 보인 모습을 이렇게 묘사하고 있다. "상운은 축산 뒤의 호젓한 돌걸상 위에 누워 단잠에 빠져 있는데 사방의 작약 꽃들이 온몸에 꽃보라를 뿌려주니 머리며 얼굴이며 옷섶에서는 붉은 꽃향기가 진동하고 손에 쥐고 있던 부채도 어느새 떨어져나가 반쯤 꽃잎에 파묻혔다. 나비들이 윙윙거리며 주변을 돌고 있는 가운데 흰 명주 수건에 싸인 작약꽃 한 묶음을 베개 삼아 베고 있는 것이었다."[74] 얼굴을 묘사하지 않았을 뿐 아니라 몸매에 대해서도 한마디 언급하지 않았다. 어지러이 흩어진 작약 꽃, 반쯤 파묻힌 부채, 윙윙거리는 벌과 나비들, 흰 명주 수건으로 두른 꽃베개 모두 상운의 신체 바깥의 물건들이다. 그 외에 작가는 그녀의 우스운 모습과 수다스러우면서 또 약간 말을 더듬는 모습 등을 묘사했을 뿐이다. 사상운의 외모에 관한 묘사는 거개가 다 이렇다. 그러나 『홍루몽』의 독자들은 상운의 모습이 특색 있다고 보았기 때문에 대옥이나 보채와 비교해보더라도 세 사람이 각기 독보적인 스타일이 있다고 여겼다. 그래서 고하를 나누기 어려운 것은 물론이고 억지로라도 누가 더 출중하다고 말하기는 더더욱 곤란하다.

　『홍루몽』에서 개괄해낼 수 있는 예술적인 경험과 규율은 실로 상당한데, 단지 인물 묘사의 탁월함에 그치지 않고 다른 면에서도 독창성을 확보하고 있으니 문예학 원리의 보고로도 손색이 없다. 이러한 측면을 깊이 있게 발굴해 들어가면 이론적 의미가 상당할 것인즉, 앞으로 그 점에서 홍학 연구가 큰 역할을 담당하게 될 것이다.

새로운
패러다임의 가치

홍학이 학문 분야로서의 가치를 갖춘 것은 『홍루몽』의 작가 조설근의 범상치 않은 삶과 깊은 관련이 있다. 루쉰은 『눌함內喊』 자서에서 다음과 같이 밝힌 바 있다. "그 누구라도 풍족한 집안에서 생활하다 갑자기 빈궁한 처지로 곤두박질치면 인정세태의 진면목을 볼 수 있게 된다고 생각한다."[75] 루쉰은 자신이 겪었던 개인적 경험들이 인생의 전환을 가져왔으며 그러한 과정을 통해 점차 인생을 이해하게 되었다고 했다. 훗날 집을 떠나 일본 유학길에 올랐던 그는 의학을 포기하고 문학을 공부하며 혁명문학 사업에 뛰어들었고 마침내 거인으로 우뚝 선다. 이 모든 것이 그가 겪었던 초년의 인생역정과 직접적인 관련이 있다. 대가가 탄생되기까지 필수적인 다른 조건 말고도 작가 본인의 파란만장한 경험은 매우 중요하다. 조설근의 기구한 인생과 삶이 루쉰보다 얼마나 더 지독했는지는 알 수 없으나 집안의 변고와 그로 인해 받은 정치적인 타격은 문학사에 이름을 올렸던 그 어떤 작가도 경험하지 못한 것들이다. 황실과 가까운 위치에 있었던 조설근의 조상들은 증조부인 조새曹璽와 조부 조인曹寅 때 가장 영화를 누렸던 것으로 알려지고 있는데 『홍루몽』에서 보이는 가씨 집안의 전성기가 바로 그 시기에 해당한다. "참으로 타는 불에 기름을 붓고 생화로 비단옷을 해 입으며 흥청거렸다眞是烈火烹油, 鮮花着錦之盛"는 말처럼 조설근은 유년과 소년기에 그처럼 최고의 영화를 누렸다. 그러나 이후 강희제와 옹정제의 정권이 교체되는 과정에서 조씨 집안은 정치적으로 연루되어 가산이 몰수되었으며 그 이후부터 조설근의 삶은 바닥까지 추락하는 신세가 되었다. 마침내 베이징의 서교에서 사는 동안 약한 몸을 절룩거리며 빈곤에 찌든 생활을 해야 했다. 풍족하고 부귀했던 집안이 한순간에 "식구들이 죽으로 연명하고 술도 외상으로 사마셔야 하는舉家食粥酒常賒" 상황으로 내몰리고, 이렇듯 강남의 "사랑이 넘치는 부귀한 고장과 미인들이 넘치는 번화한 곳溫柔富貴鄕, 花柳繁華地"에서 "인적마저 드문 서교로 옮겨 살아야 하는寂寞西郊人到罕" 신세로 전락 한다. 원래는 조정의 총아였으나 지금은 '일을 그르친' 죄인의 후예가 되어버린 것이다. "금과 은이 상자로 가득한 부자 집안이 순식간에 거지들에게조차 손가락질당하는"[76] 처지로 급작스럽게 전락한 상황에다 '엄청난 체험과 희비'가 교차했던 인생사, "뒤집어지고 곤두박질치는翻過筋斗" 사회적 경험들이 조설근이 『홍루몽』을 창작하게 된 직접적인 계기가 되었던 것이다.

훌륭한 작가에게 풍부한 인생 체험을 요하는 것은 그러한 경험 없이는 결코 훌륭한 작가가 될 수 없기 때문이다. 작가의 경륜을 논할 때 조설근의 삶과 인생은 중국은 물론이고 서양 문학사에서도 공히 대표성을 가진다고 볼 수 있다. 예로부터 중국에서는 가난에 쪼들리고 근심에 찌든 상태에서 글 쓰는 것을 "문장이란 곤궁한 이후에라야 제대로 단련되기 때문文窮而後工"으로 인식했는데 이치에 부합되는 말이 아닐 수 없다. 사마천은 「보임안서報任安書」에서 이렇게 밝힌 바 있다. "문왕文王은 구금에 처해 『주역』을 지었고 중니仲尼는 액을 당한 후에 『춘추』를 지었으며 굴원은 쫓겨난 후에 「이소」를 지었다. 좌구명은 실명한 후에 『국어國語』를 편찬했고 손빈은 발이 잘리는 형벌을 받은 후 『병법』을 수찬했으며 여불위는 촉으로 유배된 후 『여씨춘추』를 지었고 한비는 진에 구금된 후 「세난說難」 「고분孤憤」을 지었다. 『시삼백詩三百』 편은 대개 성현들이 발분하여 지은 것들이다."[77] 이어지는 문장에 발분이 동력으로 작용할 수 있었던 궁극적인 이유를 밝혔다. "본인은 마음에 맺힌 바가 있고 하고자 하는 방법을 찾지 못해 지난 일을 서술하고 앞으로 도래할 일을 생각해본 것이다. 좌구명은 눈이 없고 손빈은 발이 잘려 끝내 쓰이지 못하자 물러나 서책을 논하며 그 울분을 쏟아놓은 것이며 생각한 바를 글로 남겨 자신을 드러낸 것이다."[78] 사마천이 남긴 이 명언들은 사람들에 의해 곧잘 인용되곤 한다. 사마천은 『사기』를 수찬함으로써 마음의 울분을 토로하는 "저서서분著書抒憤"에 관한 자신의 생각을 분명하게 피력했다. 다시 말하면, 궁형宮刑을 당한 가운데에서도 『사기史記』를 편찬했으니 그것은 바로 자신의 주장을 몸소 실천한 것으로 볼 수 있다. 참고로 엥겔스도 "정의로운 분노가 시인을 만든다義慎出詩人"는 말을 한 적이 있다. 『홍루몽』이야말로 가난에 쪼들려 근심스런 나날을 보내던 조설근이 가슴에서 끓어오르는 울분을 토로하며 창작에 몰두한 결과 탄생시킨 작품으로 고난에 처한 작가의 전형적인 창작활동을 보여주는 좋은 본보기라 하지 않을 수 없다. 그런 의미에서 조설근을 연구하면 세계적으로 위대한 작품이 탄생되는 과정을 이해하는 데 큰 영감을 얻을 수 있을 것이다.

마지막으로 나는 『홍루몽』이 중국 문학과 중국 문화의 성숙된 면모를 보여주었다는 점을 강조하고 싶다. 이 점은 홍학의 학문적 가치를 인식하는 데 중요한 관건이 된다. 연구 대상의 성숙 여부는 해당 분과의 이론 정립에 직접적인 영향을 미친다. 마르크스가 인류사회 발전의 규율을 연구하면서 자본주의에 대한 사회 분석부터 시작한 것은 자본주의 사회가 19세기에 가장 성숙된 사회 형태로 발전했기 때문이다. 마르크스는 이렇게 말했다. "자산계급 사회는 역사적으로 가장 발달되고 가장 복잡한 생산 조직이다." 때문에 자산계급 사회의 각종 관계를 표현하는 범주나 그것의 구조를 이해하면 이미 없어져 버린 모든 사회 형식의 구조와 생산관계를 투시해볼 수 있다. 다시 말하면 자산계급 사회는 이전 사회가 남긴 파편들과 제 요소를 토대로 해서 만들어졌다는 사실이다. 다만 그중 일부는 아직도 극복되지 못한 유물로 잔류하고 있고 다른 일부는 원래는 조짐에 불과했으나 서서히 발전해 충분한 의미를 갖게 되었다는 것이다. 인체의 해부는 원숭이 몸체를 해부하는 하나의 열쇠가 된다. 하등동물 몸에 드러난 고등동물의 조짐은 오히려 고등동물 몸에서 인식된 이후에라야 비로소 이해될 수 있다. 그런 점에서 자산계급 경제는 고대의 경제를 비롯한 여러 문제를 풀 수 있는 열쇠를 제공했다."[79] 물론 『홍루몽』은 『자본론』과는 다르다. 내가 마르크스의 말을 비유적으로 인용한 것은 마르크스가 개괄한 정치경제학의 연구방법이 보편적인 방법론의 의미를 갖추고 있기 때문이다.

『홍루몽』이 고전문학의 집대성이자 중국 소설의 최고봉인 것은 고대 문학 중에서 "단지 징조에 불과했던 그 무엇인가"를 "충분한 가치를 지닌 작품으로 발전시켰기 때문이다." 이에 대한 예를 들자면 언어와 인물의 예술 등 이루 헤아릴 수 없을 정도로 많다. 따라서 『홍루몽』을 연구하는 것은 마치 고등동물을 해부하여 하등동물에 깃들어 있는 고등동물의 조짐을 찾아내듯이 중국 고전문학을 이해하는 데 중요한 열쇠가 된다. 바로 그런 의미에서 나는 홍학을 상당한 패러다임을 갖춘 학문이라고 생각한다.

제 3 장

홍학紅學과
조학曹學

홍학은 『홍루몽』에 관한 학문이므로 소설 『홍루몽』은 당연히 홍학의 주된 연구 대상이다. 만약 그렇지 않다면 홍학의 '홍'은 물거품이 되고 말 것이다. 조설근을 연구하는 이유는 궁극적으로 더 정확하고 더 깊이 있게, 더 과학적으로 『홍루몽』을 이해하기 위해서다. 이는 문학 연구의 일반적인 과정이므로 유독 『홍루몽』만 그런 것은 아니다. 그러나 홍학에는 여전히 그 자체적인 특수성이 있다. 오랜 기간 명망 있는 많은 홍학가가 조설근과 그 가세에 관한 연구에 온갖 정열을 바쳐왔기 때문에 이 분야에서 그들이 기울인 노력은 작품 연구를 훨씬 앞지르고 있다. 그래서 조학曹學이라는 명칭이 생겨난 것이다.

조학의 배경

최초로 조학의 개념을 언급한 인물은 미국 예일대학의 위잉스 교수다. 그는 「근대 홍학의 발전과 홍학 혁명近代紅學的發展與紅學革命」이라는 글에서 다음과 같이 밝혔다.

후스는 홍학사에서 새로운 '패러다임'을 세운 인물이다. 이 패러다임의 요체는 간단히 말해 『홍루몽』을 조설근의 자서전으로 본 것이다. 그리고 그 난제의 세부적인 해결 과정은 바로 조설근의 일생을 고증함으로써 『홍루몽』의 주제와 스토리를 설명하고자 한 것이다. 후스의 새로운 패러다임으로 부상한 '자전설自傳說'이 반세기 넘도록 『홍루몽』 연구계를 지배했고 그 여파는 아직까지도 수그러들지 않고 있다. 이러한 신홍학의 전통은 저우루창의 『홍루몽신증紅樓夢新證』(1953) 출판에 이르러 최고조에 달했다. 우리는 『홍루몽신증』에서 저우루창이 역사 속의 조씨 집안과 『홍루몽』 속의 가씨 집안을 완전히 동일시하고 있음을 똑똑히 보았다. 그중에서도 특히 '인물고人物考'와 '설근 생졸과 홍학 연표雪芹生卒與紅學年表' 두 장에 신

홍학의 최종적인 지향성에 대한 좀 더 구체적인 설명이 담겨 있다. 바꾸어 말하면 고증파 홍학은 사실상 조학으로 탈바꿈되었다는 것이다.[1]

위잉스는 같은 글에서 다음과 같은 견해를 밝혔다.

어떤 학문이든 원래 자료가 필수적인 요소이기 때문에 그것을 소홀히 할 사람은 아무도 없다. 그러나 연구의 취지를 놓고 볼 때 자료의 가치는 결코 상대적으로 같을 수 없다. 재료에는 주객, 경중의 차이가 있다. 고증파 홍학에서는 재료의 처리과정에서 주객을 전도시키거나 혹은 경중을 도치시킨 경우가 있다. 예를 들어『홍루몽신증』의 '사료편년' 장을 보면 풍부하게 수집된 자료와 더불어 저자의 깊은 내공이 돋보이지만『홍루몽』의 취지 그 자체를 직접 다루고 있는 자료는 과연 몇 가지나 될까? 이것이 바로 조학이 홍학을 대체했다고 말하는 가장 뚜렷한 증거다.[2]

위잉스의 「근대 홍학의 발전과 홍학 혁명」은 주로 학술사의 관점에서 근 60년간 지속되어온 홍학의 발전과정을 탐구하면서 홍학 연구의 돌파구를 찾는 데 목적을 두었다고 했지만 행간의 의미로 볼 때 홍학의 연구 대상에 대한 이론적인 정의를 내리려고 한 것 같지는 않다. 조학의 등장이 다소 우연인 것은 고증파 홍학의 이해득실을 검토하는 과정에서 돌출된 논리적 개념이기 때문이다. 그러나 그의 글은 뜻밖에도 홍학계에 큰 파장을 몰고 왔고 여러 홍학 대가가 대거 참여한 가운데 이른바 홍학의 대상과 범위에 대한 논쟁을 촉발시켰다. 앞에서 거론한『문예보』에 1984년 한 해에 연이어 발표된 잉비청應必成,

저우루창, 자오치핑趙齊平의 변론 글도 사실상 이 논쟁의 연장으로 이해할 수 있다.

위잉스의 글이 국내에 뒤늦게 전해진 데 비해 위스콘신대학에 재직 중이던 자오강趙岡 교수는 그보다 앞서 활발하게 논쟁을 주도했다. 해외에서 『홍루몽』 고증 전문가로 유명했던 자오강이 논박했던 글은 주로 위잉스의 '두 개의 세계'론을 겨냥하고 있지만 실제로는 '조학'이라는 용어에 대한 불쾌한 마음을 꾹 눌러 참고 쓴 것이었다. 그는 이렇게 말했다. "잉스 형은 반세기 동안의 '홍학'을 사실상 조설근과 그의 가세를 연구하는 학문인 '조학'이었다고 말하고 있다. 그는 또 그러한 주장을 펼침으로써 너무 큰 대가를 지불했는데 그중에서도 『홍루몽』 속 두 세계의 경계를 모호하게 만든 것이 가장 혹독하게 지불한 대가였다고 지적했다. '성쇠론'을 주장하는 홍학가는 '실재하는 것은 존재하게 하고 거짓은 숨기고' 싶어하는데, 이러한 곁가지를 버리고 줄기를 공략하며 거짓을 버리고 진실을 존재하게 하는 환원 작업은 어쩔 수 없이 이 두 세계의 경계를 단시간에 모호하게 만들어버렸다. 그러나 그렇게 하는 것이 득인지 실인지는 지금으로서는 결론을 내리기 다소 이르다. 이는 기본적인 가설이 어떻게 정해졌는지를 보아야 한다. 빵을 밀가루로 만들었으면 밀가루를 연구하는 것이 당연하다. 그러나 만약 빵을 공기로 만들었는데 밀가루를 연구한다면 당연히 옳지 않다."[3] 자구상으로 '조학'에 대한 표현법이 정확한지 정확하지 않은지에 관해 반박하고 있지는 않지만, 위잉스의 "반세기 동안의 '홍학'은 사실상 '조학'"이라는 관점에 찬성하지 않는다는 입장은 분명했다. 위잉스가 '조학'이라는 용어를 사용한 것이 찬사의 의미인지 폄하의 의미인지는 잠시 논외로 하고 내가 보건대 고증에 강한 홍학가들이 위잉스 선생이 조설근 가세 연구의 중요성과 필요성을 낮게 평가한 것으로 받아들인 것 같다. 그래서 자오강은 밀가루와 빵을 예로 들어 비유한 것이다. 그러나 당시 국내 학계에서는 홍학 고증에 대하여 불만이 점점 고조되고 있는 시점이었고, 특히나 조설근의 조상을 연구하는 것에 반감이 있던 터라 위잉스의 글은 소개되기가 무섭게 일부 사람들에게 큰 공감을 불러일으켰다. 그래서 최근 들어 지속적으로 조설근의 가세를 연구해온 펑치융은 첫 번째로 공격 대상이 되자 어쩔 수 없이 다음과 같은 반박 글을 발표했다.

> 홍학의 내용은 이처럼 광범위하기 때문에 홍학 연구자 한 사람이 홍학의 모든 영역을 다 연구할 수 없으며 전문화된 방향으로 발전해나가야 한다. 예를 들면 어떤 연구자는 조설근 본인을 연구하는 것에 흥미가 있고, 어떤 연구자는 『홍루몽』 작품 자체를 연구하는 것에 흥미가 있다면, 또 어떤 연구자는 『홍루몽』의 판본을 연구하는 것에 흥미가 있을 수 있고, 그 외에 조설근 집안의 역사를 연구하는 것에 흥미가 있는 또 다른 연구자가 있을 수 있다. 연구 중인 여러 사람이 선호하는 것과 특기에 대해 말하려면 응당 각자가 잘하는 것을 열심히 하면서 장점은 높이 드러내고 단점은 피하면 되는 것이지 남에게 어려운 일이나 싫은 일을 억지로 강요하고 저 사람은 왜 줄곧 이 연구만 좋아하고 저 연구는 좋아하지 않느냐고 질책해서는 안 된다. 우리가 연구자의 성과를 평가할 때 그가 거둔 성과의 득실을 지적할 수는 있어도 그가 어떤 연구는 해도 되고 어떤 연구는 해서는 안 된다고 규정할 권리는 없다.[4]

그는 이어서 이렇게 말했다.

세계적으로 학문은 그 범주가 방대하여 없는 것이 없다고 생각하는데, 세상의 모든 것을 아우르고 있고, 실제로 포괄하는 범주 또한 광대하기 그지없는 『홍루몽』이 바로 그러한 경우에 속하는 전형이다. 따라서 『홍루몽』이 묘사하는 것이라면 그게 무엇이든 모든 이가 온 심혈을 기울여 연구하게 만드니 절대로 협소한 실용주의적 관점으로 연구를 진행해서는 안 된다. 위대한 조설근도 일찍이 작품에서 이렇게 말했다. "규방 안의 똑똑한 여성들의 존재가 단점을 덮으려는 나의 불초함으로 인하여 결코 매몰되어서는 안 되겠다." 연구자들 중에도 똑똑한 사람이 많은데, 우리 자신의 한계로 말미암아 은연중에 다른 이들의 연구를 제약하고 또 매몰시키는 일이 생겨서는 안 된다고 생각한다.[5]

모두 마음에서 우러난 바를 글로 표현한 것으로 내재적인 정서가 언표에 흘러넘친다. 글은 1981년 초에 쓰였지만 펑치융이 오랫동안 마음에 담고 있었던 생각들이며 그가 1979년과 1980년 두 해에 걸쳐 반복해서 언급했던 내용이다. 고증 작업은 이미 거의 다 끝났다고 봐야 한다는 견해에 대해 펑치융은 특히 더 불만을 가졌다. 그는 "오늘 이후 『홍루몽』이나 조설근과 관련된 어떠한 자료도 영원히 나오지 않을 것이라고 단정할 수 없다. 새로운 자료가 나타났다 하면 우리는 그것의 진위를 감별해야 하는데 이는 고증을 벗어날 수 없는 것이다."[6]라고 했다. 그의 생각은 마치 약속이나 한 듯 자오강의 의견과 일치했고 위잉스의 관점과는 서로 배치되었다. 물론 위잉스의 국학 소양으로 볼 때 홍학 고증을 이렇게 간단히 판단하지는 않았을 테니 무조건 반대한 것으로 볼 수는 없다. 다만 객관적인 자료의 제약을 받을 수밖에 없는 고증이 더 이상 새로운 자료를 발견해내기 어려운 상황에서 조학의 길로 나아가다보면 홍학의 앞날은 밝을 수 없다는 것을 그는 말하고자 했던 것이다. 나 개인적으로는 위잉스의 견해에 자못 공감하지만, 지금 이 책을 쓰고 있는 상황에서는 나 자신이 홍학의 범주 밖에서 홍학의 논쟁을 바라볼 필요가 있다. 때문에 자오강과 펑치융의 입장에 대해서도 마찬가지로 긍정적인 생각을 가지고 있다. 내가 탐구하고자 하는 것은 그들이 조설근의 경력과 가세에 대해 왜 그토록 학술적으로 큰 관심을 갖게 되었느냐 하는 것이다.

한 가지 깊이 생각해볼 만한 것이 있다. 조설근의 가세 연구로 정평이 난 홍학가들이 조학이라는 표현에 대해 어떠한 태도를 보이느냐에 관계없이 그들은 자신들의 연구가 조학임을 부정하지 않았다는 사실이다. 부정하지 않았을 뿐만 아니라 오히려 더 당당하게 조학임을 떠벌리기까지 했다. 펑치융의 입장은 이러했다. "나는 개인적으로 조설근 연구가 전문적인 하나의 학문 분야가 되고 더 나아가 세계적인 학문의 반열에 오른 것은 우리 위대한 조국의 영광이요 조설근의 영광이라고 생각한다. 그러므로 풍자나 경시의 눈으로 '조학' 두 글자를 대하고 그것이 진정한 학문이 아니라고 부정해서는 안 될 것이다."[7] 저 우루창은 위스콘신에서 열린 『홍루몽』 학술대회에서 심지어 자신을 '조학가曹學家'라고까지 소개하면서 '내학'과 '외학'의 개념 제기를 통해 작품 자체를 주 연구 대상으로 삼는 것을 내학이라 하고 시대 배경이나 가세의 역사에 중점을 둔 것을 외학이라고 규정했다.[8] 마침내 위잉스 선생이 일어나 발언했다. "조학이라는 이 명사를 아마 내가 처음 쓰기 시작한 이유도 있지만, 나는 결코 조학을 반대한 것이 아니라 매우 존중한다는 점을 밝히고 싶다. 다만, 개인적으로 고증은 자료의 제약을 받을 수밖에 없기 때문에 오늘날 우리가 발굴한 조씨 집안과 관련된 가세와, 최소한 조설근 본인에 관한 자료는 여전히 매우 부족하다고 생각한다."[9] 그들의 논쟁을 통해 볼 때 조학이 나아가야 할 방향이 무엇이냐 하는 것은 별개로 치더라도 조학이라는 개념이 존재할 필요성에 대해서는 더 이상 논쟁의 여지가 없는 엄연한 사실이 되었음을 알 수 있다.

이러한 사실을 도대체 어떻게 받아들여야 할까? 홍학과 관련된 복잡다단한 쟁점들은 아직 끝나지 않았는데, 허공에 또 '조학'이라는 새로운 영역이 생겨난 것이다. 『수호전』을 연구하는 사람은 당연히 작자인 시내암施耐庵을 연구하지만 그렇다고 '시학施學'이라고 부르는 걸 들어본 적은 없다. 『삼국연의』와 『서유기』에도 '나학羅學'이나 '오학吳學'의 명칭이 없다. 왜 『홍루몽』 연구에만 '조학'이 있는 걸까? 게다가 한번 언급되기가 무섭게 그대로 고정된 개념이 되었으니 말한 사람은 혹여 의미 없이 쓰기 시작했을지 몰라도 듣는 사람은 도리어 태연자약하게 받아들이고 스스럼없이 조학가임을 자처했다. 『홍루몽』을 좋아하는 일반인들이 조학이라고 하는, 말하기 까다로운 이 두 글자에 대해 어떤 소회를 갖기도 전에 조학은 순식간에 사회적으로 기정사실이 되었다. 그렇다면 그 안에 도대체 어떤 이치가 담겨 있는 걸까? 반드시 짚고 넘어가야 할 것은, 토론에 참가한 이들 모두가 명망 있는 홍학가였다는 사실이다. 학문적인 자세로 진지하게 홍학에 임한 그들에

게 초기 홍학에서 보이는 농담기나 장난기는 더 이상 찾아볼 수 없게
되었다. 이런 상황일진대 어찌 『홍루몽』을 연구하는 이들 모두가 "하
찮은 분노나 화에 집착하는 사람들"일 것이며 가보옥과 같은 부류에
다 "한술 더 떠 사리에도 맞지 않은 괴팍하고 요상한, 수준 이하의 사
람들"이라고 치부해버릴 수 있겠는가?

조설근의
특이한 인생 여정

문제의 핵심은 여전히 조설근 본인의 특이한 내력에 있다. 그리고 그의 처지와 경력에 대해 아는 게 너무 적다는 점이 바로 그의 처지와 경력에서 드러난 특이성이다. 1921년 이전만 하더라도 대다수의 사람이 『홍루몽』의 저자가 조설근인지 알지 못하거나 단정 짓지 못하는 상황이었다. 책의 제1회에 서명을 나열한 대목에 "나중에 조설근이 도홍헌에서 10년에 걸쳐 책을 읽었고 다섯 차례에 걸쳐 수정했다"는 언급이 있지만 '책을 읽었다'거나 '수정했다'라는 말뿐이지 조설근이 지었다는 명확한 지침은 없다. 건륭 56년(1791) 『홍루몽』이 처음으로 조판 간행될 때 정위원程偉元은 권두에서 "『홍루몽』의 원래 제목은 『석두기』로 작자가 누구인지 분명하지 않아 누구의 손에서 나왔는지 알 길이 없다. 오직 책에 조설근 선생이 여러 차례 수정했다는 기록이 있을 뿐이다"[10]라고만 말하는 등 미심쩍은 태도를 취하고 있음을 알 수 있다. 가경간본嘉慶刊本 『기홍루몽綺紅樓夢』의 작자 난고거사蘭皋居土도 "『홍루몽』 일서가 누구 작품인지 알 수 없다"[11]고 했다. 눌산인訥山人은

가경 25년(1820) 『증보홍루몽_{增補紅樓夢}』 서문에서 역시 이렇게 적고 있다. "『홍루몽』 일서는 누가 지었는지 알 수 없으며 혹자는 조설근의 원고라고 하는데 이에 대한 깊이 있는 고찰은 잠시 접어두기로 하겠다."[12] 조설근이 『홍루몽』의 작자라는 데 대해 긍정적으로 보는 기록들이 있지만 그 역시 여러 사람의 입으로 전해온 말이라 신빙성이 부족했다. 게다가 조설근이 누구인지 대부분 "다 잘 알지 못했다."[13] 어떤 이는 조설근이 조인_{曹寅}의 손자라고 하고 어떤 기록에서는 조인의 아들이라고 되어 있기도 하다. 원매_{袁枚}는 『수원시화_{隨園詩話}』에서 이렇게 말했다.

강희 연간 강녕직조_{江寧織造}(강녕은 난징의 옛 이름)가 된 조연정_{曹楝亭}은 매번 출타할 때면 여덟 명의 마부에게 둘러싸여 나갔으며 늘 책 한 권은 들고 나가 보고 즐기기를 그치지 않았다. 사람들이 물었다. "공은 어찌 그리 공부하기를 좋아하십니까?" 대답하기를 "아닙니다. 저는 지방관이 아닌데도 백성이 저를 보면 반드시 기립하니 제 마음이 편치 않아 이것으로 눈을 가리려는 것일 뿐입니다." 원래 그는 강녕태수 진봉년_{陳鵬年}과 뜻이 맞지 않았는데도 진봉년이 죄를 지어 벌을 받게 되자 자세하게 상소하여 그를 변호하니 사람들이 이를 계기로 그를 중히 받들게 되었다. 그의 아들 조설근은 『홍루몽』을 지었는데 풍류의 성대함을 자세히 묘사했다고 한다.[14]

강희 55년(1716)에 태어난 원매는 가경 3년(1798)에 태어난 조설근과는 동시대인이지만 약간 늦은 편으로 강녕의 지현을 역임한 바 있으며, 그가 관직을 그만둔 후에 칩거했던 소창산小倉山도 강녕에 있는 곳이어서 기록한 내용에 신빙성이 있다. 그러나 그것이 오히려 큰 문제를 야기했다. 조설근을 조인의 아들이라고 한 것은 분명 항렬을 잘못 계산한 것이고, 『수원시화』의 다른 판본에서 대관원이 바로 자신의 수원隨園이라고 한 것도 잘못된 주장이다.[15] 『조창한필棗窗閑筆』의 저자 유서裕瑞는 다음과 같은 견해를 피력했다. "연배가 높은 친척 중에 교분이 있었던 분들이 있다고 들었다. 그분은 몸이 뚱뚱하고 머리가 컸다. 피부색은 검고 입담이 좋았으며 풍류를 즐길 줄 알았고 자연풍광을 접할 때면 생기가 돌곤 했다. 기담을 흥미진진하게 줄줄 이야기하면서 사람들을 하루 종일 지루하지 않게 해주었으니 그 책이야말로 절묘함의 극치다."[16] 이것은 내가 본 조설근과 관련된 유일한 자료지만 또 '연배가 높은 친척'의 얘기를 들은 것이라고 했으므로 소문에 불과해 신빙성 여부를 확신할 수는 없다. 조설근의 이름이 무엇이며 '설근' 두 자가 자인지 호인지에 관하여 유서는 "알 수 없다"고 시인했다. 이외에도 설근의 후손이 빈궁한 형편 때문에 가경 연간에 있었던 임청林淸의 반역 사건[17]에 연루되어 피살되었다는 설이 있기도 하다. 결과적으로 『홍루몽』이 세상에 등장한 이후부터 만청에 이르기까지 조설근의 실제 신분과 구체적인 삶은 오랫동안 베일에 가려진 채 알려지지 않았고 풍문으로만 전해질 뿐이었다. 앞에서 거론된 몇 가지의 관련 기록 가운데는 나중에 발견된 것도 있는데, 이는 아무래도 소설이나 희곡의 경우 심심풀이를 위한 오락서에 불과했던 당시 상황에서 과연 작자가 누구인지에 대해 사람들이 그다지 관심을 기울이지 않은 데 따른 것으로 보인다.

1921년 후스가『홍루몽고증』을 발표할 때가 되어서야 조설근의 처지와 살아온 이력이 비로소 엉성하게나마 윤곽을 드러내게 된다. 후스는 고증의 결과를 다섯 가지로 개괄했다. 1)『홍루몽』의 저자는 조설근이다. 2)조설근은 한군정백기인漢軍正白旗人으로 조인의 손자이자 조부曹頫의 아들로 부유한 환경에서 문학과 미술의 재능을 타고났다. 그는 시와 그림에 조예가 있었고 팔기 자제들과 교류했지만 생활은 늘 빈궁했다. 자신의 포부를 펼칠 수 없었던 그는 술에 빠져 이리저리 떠돌았다. 3)조인은 강희 51년에 사망했다. 조설근은 대략 이때쯤 태어났거나 아니면 그보다 다소 늦게 태어났을 것이다. 4)가장 융성했을 때 네 차례 이상 황제를 영접하는 규모가 큰 공무를 맡기도 했던 조씨 집안은 점점 쇠락해갔는데 이는 아마도 가산 몰수로 남은 재산이 없었기 때문인 것 같다. 5)『홍루몽』은 조설근이 파산하고 집안이 망한 후에 빈궁한 생활을 하는 동안 지어졌다. 작품을 지은 시기는 대략 건륭 초년에서 건륭 30년 전후이며 책이 완성되기도 전에 조설근은 사망했다.[18] 이 다섯 가지는『설교시화雪橋詩話』『팔기문경八旗文經』『희조아송집熙朝雅頌集』세 권의 책을 근거로 해서 나온 고증의 결과로 조설근의 실제 상황에 비교적 근접해 있다.[19] 오래지 않아 후스는 또 돈성敦誠의『사송당집四松堂集』의 원고를 입수했는데, 그 안에『희조아송집』에서 수록하고 있는「패도질주가佩刀質酒歌」와「그리운 조설근에게寄懷曹雪芹」외에 조설근과 관련 있는 시 두 수가 있었다. 그중 한 수는「증조근포(설근)贈曹芹圃(雪芹)」인데 8구로 되어 있다.

길을 가득 채운 쑥들이 시들어 빛을 잃고

식구들은 죽으로 연명하며 술도 항상 외상으로 마시네

후미진 골목에 위치한 누추한 집에 오늘 내린 비로 서글픈데

낡고 퇴락한 건물과 누각이 옛집을 꿈꾸게 하네

두사업은 붙잡아둔 손님 돈으로 술에 취하고

완적은 사람들을 아래로 깔보네

내게 돼지 간 사줄 이 하나 없는 지금

해는 서산으로 지고 나는 그저 저녁놀을 끼니 삼아 주린 배를 채우네

滿徑蓬蒿老不華, 擧家食粥酒常賒

衡門僻巷愁今雨, 廢館頹樓夢舊家

司業靑錢留客醉, 步兵白眼向人斜

阿誰買與猪肝食, 日望西山餐暮霞

또 다른 시 「조설근을 애도하며(갑신)挽曹雪芹(甲申)」에서는

40년 세월을 저승에 넘겨준 나의 친구여

애처로이 명정에 나부끼는 깃발에 쓰인 건 누구의 이름이던가

일찍 저세상으로 떠난 자식의 혼을 이제야 따라갈 수 있게 되었으나

홀로 남겨진 아내를 생각하니 어찌 눈을 감을까?

그의 전반생은 귀신같은 재능으로 시를 쓰다 관직에 나간 지 삼 년 만에

비정하게 죽어버린 이하李賀였고

그의 후반생은 스스로 사슴이 끄는 수레를 타고 사람들에게 가래 지고

따라오게 하며 방탄한 삶을 살다 칠십 세에 세상을 떠난 유령劉伶 같아라.

오랜 친구인 나로서는 그저 수수한 푸른 적삼 걸친 채 눈물 흘리며

술 한 잔과 풀 한 다발로 친구 조설근의 옛 무덤에 애도할 따름이로세

四十年華付杳冥, 哀旌一片阿誰銘

孤兒渺漠魂應逐, 新婦飄零目豈瞑

牛鬼遺文悲李賀, 鹿車荷鍤葬劉伶

故人惟有靑衫淚, 絮酒生쏰上舊坰

앞의 시의 표제에서 조설근이 조근포曹芹圃로 불렸음을 보여주고 있
는데, 이는 조설근에 관한 자료가 매우 부족한 상황에서 가치 있는
발견이 아닐 수 없다. 뒤의 시는 조설근이 40여 년을 살았음을 알 수
있게 해주는데, 후스가 45세로 가정한 것은 '40여 년 세월'을 우수리
가 없는 정수로 표현하고자 한 의도에 따른 것일 뿐이다.[20] "孤兒渺漠
魂應逐" 구절 뒤에는 다음과 같은 주가 달려 있다. "몇 달 전 아들이
죽고 상심한 나머지 병이 났다."[21] 이를 통해 조설근에게 그보다 먼저
세상을 등진 아들이 있었고 그와 동시에 혼인한 지 얼마 되지 않은
후처가 있었음을 알 수 있다. 1928년 후스는 갑술본『지연재중평석두
기脂硯齋重評石頭記』를 구입했고 그것을 근거로 조설근이 건륭 27년(1762)
섣달그믐날 밤에 사망했다고 한 것을 갑신년甲申年에 사망했다는 설로
수정했다.

조설근에 대한 후스의 고증은 주로 이러한 내용이었는데 당시로서
는 이미 대단한 성과라 하지 않을 수 없었다. 설사 그렇다 해도 여전
히 우리는『홍루몽』의 작가 조설근에 대해 알고 있는 게 너무나 적다.
모르면 더 알고 싶어지는 게 인지상정이라 조학은 이를 계기로 더욱
발전하게 된 것이다. 게다가 후스의 고증은 많은 의문점을 남겨 난제

를 해결하려는 논쟁자들의 관심을 더욱 증폭시켰다. 예를 들면 후스가 조설근을 조인의 손자라고 한 것은 맞지만, 조부의 아들이라고 한 것은 무엇으로 증명할 수 있는가? 조옹의 아들이 아니라는 근거는 무엇인가? 후스는 이에 대해 뚜렷한 답을 내놓지 못했다. 조설근의 사망 연도에 대해 후스는 처음에는 갑신년으로 했다가 나중에는 임오년壬午年으로 바꾸었다. 도대체 어떤 해가 맞는 해인가? 태어난 해에 대해 후스는 "대략 강희 말엽"인 1715년에서 1720년 사이라고 했다. 그러나 무슨 근거로 그렇다고 하는 것인가? 이외에도 그의 답변을 요하는 의문점들이 산적해 있다. 예를 들면 조설근은 어느 시기에 난징에서 베이징으로 갔으며 베이징에 도착한 이후에는 무엇을 했고, 과연 공부는 했는가? 돈성·돈민敦敏과는 매우 친밀한데 과연 그들과는 어떤 사이였는가? 왜 사망 시점에 베이징 서교에 있었으며 어느 시기에, 무슨 이유로 조설근은 베이징의 서교까지 가서 살게 되었는가? 서교는 매우 넓은 곳인데 조설근은 구체적으로 서교의 어느 지점에 살았는가? 신부는 누구이며 언제 결혼을 했는가? 등등 풀리지 않는 많은 의문점이 있다. 작은 꾸러미가 되었던 문제들이 어느새 산더미처럼 켜켜이 쌓인 채 그에 대한 답을 요구하고 있다. 만약 조설근의 이름·자·호가 작은 문제라고 한다면, 베이징에 온 이후의 행적이야말로 『홍루몽』 창작과 직접 관련이 있는 대단히 중요한 문제다. 그러나 자료의 제약으로 후스는 그에 대해 명쾌한 답변을 내놓지 못했다. 게다가 답안이 아예 없는 문제들도 있었으니 그것들은 모두 학자들의 공통된 관심 분야이자 해결해야 할 과제이기도 했다. 현재까지 해결되지 못한 상태이고, 심지어는 대부분이 해결되지 못했다고 하는 편이 나을 정도인 이 문제들이 도리어 조설근의 신세와 살아온 이력을 연구하는 데 상당한 흡인력으로 작용했으니 학자들 중에 자칭 조학가임을 주장하는 이들이 속속 생겨난 것도 무리가 아니다.

조인曹寅의
역사적 존재감

조설근의 조부는 조인이다. 조인은 청대, 그중에서도 강희제가 통치하던 시기에 살았던 범상치 않은 인물이다. 명성이 자자했던 그는 비교적 초기의 조설근 관련 풍문들과 연관되는 바람에 조설근이 그의 아들인 것으로 오해받기도 했다. 이 상황을 잘 알고 있었던 설근의 친구 돈성은 「그리운 조설근에게寄懷曹雪芹」라는 시에서 특별히 다음과 같이 말했다. "설근은 일찍이 그의 선조 조인이 직조 임무를 맡았던 임지에 따라간 적이 있다."[22] 조설근을 기념하는 시에서 일부러 조인을 언급했으니 조인의 중요성과 더불어 조설근 연구에서 조인이 몰라서는 안 되는 인물임을 알 수 있다. 조인은 비단 조설근의 조부이기 이전에 역사적으로도 주목할 만한 인물이다.

사료에 기록된 것을 보면 조인은 어려서부터 총명하여 4세 때부터 성률을 분별할 줄 알았고[23] 열 살이 넘었을 때에는 "시사와 경서, 예술적 재능으로 어른들을 깜짝 놀라게 해" '신동'으로 불렸다.[24] 강희 23년(1684) 조인이 27세 되던 해 난의위치의정겸제삼기고좌령鑾儀衛

治儀正兼第三旗鼓佐領 직책을 맡으면서 강녕직조를 보좌하는 일을 하다가 31년에 강녕직조로 정식 부임하여 51년에 임지에서 사망했으니 겨우 55세까지 산 셈이다. 그는 재직 기간에 거둔 공적이 워낙 출중해 황제가 총애했을 뿐 아니라 동료들로부터 좋은 평가를 받았다. 강녕지부의 진붕년陳鵬年과는 사이가 썩 좋지 않았지만 황제가 총독의 참언을 곧이곧대로 듣고 진붕년을 죽이려 할 때 조인은 즉시 관을 벗고 이마에 피가 배일 정도로 땅에 머리를 찧으며 그를 변호했다. 쑤저우직조로 있는 손위 처남 이후李煦는 그 모습을 지켜보다 강희제의 노여움을 살까 걱정되어 조용히 다가가 그의 옷자락을 잡아당겼지만 조인은 멈추기는커녕 노기등등한 눈으로 이후를 쳐다보며 "저더러 어떻게 하라는 말씀이신지요?" 하고는 소리가 날 정도로 계단에 머리를 찧으며 간청하니 진붕년은 마침내 사면을 받게 되었다.[25] 그의 이러한 의롭고 용감한 행동은 줄곧 당대와 후대 사람들에게 미담으로 전해졌다. 그리고 앞서 인용했던 원매의 『수원시화』에서도 보았듯 조인은 매번 외출할 때면 줄곧 책 한 권씩을 들고 나가 읽곤 했다. 사람들이 그에게 왜 그렇게 공부하기를 좋아하느냐고 물으면, "저는 지방관이 아닌데도 백성이 저를 보면 반드시 기립하니 제 마음이 편치 않아 이것으로 눈을 가리려는 것일 뿐입니다"[26]라고 했다는 사실을 볼 때 조인의 관리로서의 풍모와 성격에 확실히 남다른 점이 있었음을 알 수 있다.

조인이 문학적인 조예가 깊고 문화적으로 지대한 공헌을 한 것에 대해서는 특히 더 주목할 만하다. 그는 시와 사곡에 능해 현존하는 『연정집棟亭集』에는 시초詩鈔 8권, 시별집詩別集 4권, 사초詞鈔 1권, 문초文鈔 1권이 들어 있는데 조인이 창작한 문학작품 가운데 극히 일부에 불과하다. 양종희楊鍾羲가 『설교시화雪橋詩話』에서 "자청子淸(조인의 자)이 관에서 왕의 시중을 들 때 여러 사람과 장단구를 짓곤 했다. 흥이 나면 회오리 같은 동작을 펼쳐 보였는데 마치 신선이 인간 세상을 굽어보는 것 같았으며 성률과 자구의 인위적인 조탁에 공력을 들이지 않았으니, 인쇄본 『연정사초』에는 겨우 백 중에 한 가지 정도만을 보존하고 있을 따름이다"[27]라고 한 것은 그러한 상황을 반영한 것이라고 하겠다. 조인의 시에 대해 고경성顧景星은 "정감이 맑고 깊고 노련하며 필봉이 예리하고 작품마다 일정한 형식이 있는 데다 말에도 연원이 있다"[28]고 평했다. 두창杜蒼은 대략 조인을 "시로 목숨과 육신을 삼았다"고 했으니 조금도 사실에서 벗어나거나須臾不離[29] 꾸며낸 말이 아니다. 또한 조인이 지은 극본 『속비파續琵琶』[30]는 채문희蔡文姬와 배우자 동사董祀의 만남과 이별을 실마리로 하여 조조曹操가 채중랑蔡中郎을 추모한 것에 대해 의리가 깊고 우정이 돈독하다고 공개적으로 표창했다. 또한 연출할 때에도 조조 아만阿瞞에게 분칠을 하지 않게 했으니 참으로 희극사에 남을 독보적인 행동이 아닐 수 없다. 그래서 당시 사람들 가운데는 조인이 조조와 동성이기 때문에 "잘못을 감춰주려는 것"[31]이 아니냐 하는 억측이 있었으나 이는 분명 오해다. 유정기劉廷璣는 일찍이 조인을 변호하기 위해 다음과 같이 말했다. "대저 이 대목에서도 맹덕이 옛 친구를 깊이 흠모하며 그의 재주를 아끼고 의리를 숭상하는 호쾌한 행동을 보인 것을 은대銀臺(조인을 가르킴)가 표창하여 쓴 것이니 사실상 권선징악의 의미가 담겨 있으며, 모름지기 악하기가 조조 아만 같더라도 한 가지 선행으로 충분히 새로운 사람이 될 수 있으므로 사람에게 어찌 선을 행하라고 장려하지 않을 수 있겠는가?"[32]

귀모뤄는 1958년에 발표한 역사극 『채문희蔡文姬』에서 조조를 현명한 승상으로 묘사하면서 조조 얼굴의 흰색을 지워버렸다. 그런데 희극 역사상 최초로 조조 얼굴에서 흰색을 제거한 이가 귀모뤄가 아니라 『홍루몽』 작가의 조부인 조인이었을 줄이야 누가 생각이나 했겠는가? 이것은 『속비파續琵琶』의 개장사開場詞에 이미 분명히 밝혀져 있다. "천고의 시시비비는 누가 정하는가? 뒤집히는 인정이 한탄스럽네. 그 비파는 이 비파가 아니건만 역시 교화와 관련이 있구나."[33] 『홍루몽』 제54회에는 가모가 사상운을 가리키며 설부인에게 이렇게 말하는 대목이 나온다. "내가 저 애만 했을 때 저 애 할아버지가 작은 극단을 하나 가지고 계셨드랬는데 그중에 비파를 타는 사람이 있었지. 그래서는 『서상기』의 '비파 소리를 든다聽琴'라든가 『옥잠기玉簪記』의 '거문고로 정을 토하다琴挑'나 『속비파續琵琶』의 '호가십팔박胡笳十八拍' 같은 장면들을 모아 정말 있는 것처럼 꾸며서 탔더랬지. 그러니 그게 이것보다 어땠을 것 같은가?"[34] 여러분이 믿든 안 믿든 『홍루몽』의 등장인물이 직접 조인의 『속비파』를 언급할 정도이고 게다가 가모가 회고조로 지난 일을 이야기하고 있는 것을 볼 때 조설근이 조인의 영향을 많이 받았다는 것과 『홍루몽』의 창작이 조인의 생애 사적과 맞물리는 부분이 없지 않음을 충분히 짐작할 수 있다. 조인은 자신이 희곡을 가장 잘 썼고, 그다음으로 사를 잘 지었으며 가장 못한 것이 시라고 여겼다. 『홍루몽』에 나오는 시, 사, 곡 역시 이와 같은 특징이 있는데, 만약 우연의 일치가 아니라면 조설근과 그의 조부가 문학적으로 계승 관계에 있다는 점을 더더욱 분명히 해주는 대목이 아닐 수 없다.

조인은 그와 동시에 장서가이자 출판가이기도 했다. 그가 보유한 책은 『연정서목棟亭書目』 저록에 의거할 것 같으면 도합 3287종에 36개의 대부류로 나눌 수 있는데, '설부류說部類'에서만 469종이나 된다. 나중에 이 책들은 산실되는데 건륭 중엽 누군가 류리창琉璃廠에서 사온 책들의 겉표지에서 조연정曹棟亭의 인장이 찍혀 있는 것을 발견한다.[35] 조인이 출판한 서적도 적지 않은데 자신의 시초, 사초를 제외한 나머지 가운데 유명한 것으로 『연정오종棟亭五種』과 『연정십이종棟亭十二種』이 있다. 『연정오종』에는 「유편類編」 15권, 「집운集韻」 10권, 「대광익회옥편大廣益會玉篇」 30권, 「중수광운重修廣韻」 5권, 부록 「석문호주예부운략釋文互注禮部韻略」 5권이 들어 있다. 『연정십이종』에는 「도성기승都城紀勝」 1권, 「조기입담釣矶立談」 1권, 「묵경墨經」 1권, 「법서고法書考」 8권, 「연전硯箋」 4권, 「금사琴史」 6권, 「매원梅苑」 10권, 「금편禁扁」 5권, 「성화집聲畫集」 8권, 「후촌천가시後村千家詩」 22권, 「당상보糖霜譜」 1권, 「녹귀부錄鬼簿」 2권 등이 들어 있다. 이 책들은 안타깝게도 더 이상 전해지지 않는다. 문화예술의 범주에 속하는 이 책들이 혹시라도 오늘날까지 전해졌다면 그 가치는 어마어마했을 것이다.

주죽타朱竹垞의 『폭서정집曝書亭集』도 조인의 물적 지원하에 인쇄된 책이다. 장학성章學誠은 조인이 고서 15종을 인쇄했고, 그 책들이 세인들에게 '조연정본曹棟亭本'[36]으로 불렸다는 사실을 밝히고 있으니 당시의 영향력이 어느 정도였는지 가히 짐작해볼 수 있다. 게다가 『전당시全唐詩』나 『패문운부佩文韻府』 같은 책도 혼자 힘으로 척척 편찬한 것을 볼 때 정말 문화적으로 큰 공헌을 한 인물이라 하지 않을 수 없다. 문화와 교육사업이 활발히 전개된 강희제 시기를 전후하여 인쇄된 유서類書로는 『패문운부』『고문연감古文淵鑑』『분류자금分類字錦』『도서집성圖書

集成』 등이 있다. 총집總集에는『전당시』『고문연감古文淵鑑』『역대부회歷代 賦匯』『당송원명사조시선唐宋元明四朝詩選』 등이 있다. 그리고 조인은 출판을 주관하면서 유서와 총집 두 분야를 독점했다. 당시의 일반 문인학사들, 그중에서도 한때 이름을 날렸던 이름난 유명한 학자들이 조인을 추앙하여 조통정曹通政 여헌荔軒[37]과 서로 증답 창화하는 것을 영광스럽게 여겼다고 한다. 현존하는『연정도영楝亭圖咏』4권 앞부분에는 제영題咏 한 사람만도 45명이나 되는데 섭섭葉燮, 강신영姜宸英, 서건학徐乾學, 모기령毛奇齡, 왕사정王士禎, 등한의鄧漢儀와 같은 유학자나 명사들이 대부분이다. 모 연구자의 통계에 따르면 조인과 시문으로 화답하거나 관직에서 교류한 명사들만 해도 근 200명 안팎[38]이라고 하는데 이는 놀라운 숫자가 아닐 수 없다. 그래서 정정조程廷祚는『청계문집靑溪文集』에서 "직조 업무를 맡아보던 연정楝亭 조공曹公은 시문을 주재하여 사방의 문인들이 대부분 그에게 몰렸으며" 또 "공이 회남淮南과 회북淮北에서 소금 업무를 관할할 때 금릉의 선비들 중 그를 좇아 강을 건너온 사람이 열에 여덟아홉이나 되었다"[39]는 사실을 기록으로 남겼다.

조인과 교류했던 문인학사 중에는 청 조정에 불만을 가진 명대의 유민이 적지 않았는데 그들이 교류할 수 있었던 사상적 배경이 무엇이었는지 궁금하지 않을 수 없다. 그들 유민이나 사회적으로 명망 있는 연배의 사람들이 관운이 형통했던 조통정에게 아부를 떨기 위해서였을까 아니면 조인이 그 어떤 이유로 '풀잎으로 옷을 지어 입고' '바위굴에 은거하는' 은사들과 공감대를 갖게 되었기 때문일까? 그러한 사실들이 조설근이나『홍루몽』의 사상을 형성하는 데 과연 어떤 관련이 있었을까? 이것이야말로 줄곧 홍학가들이 크게 관심을 가졌던 의문점이다. 이에 대해서는 고증파 홍학가들도 관심을 가졌지만 색은파 홍학가들이 더 많은 관심을 가졌다. 『홍루몽』을 연구하면서 조설근을 모르면 안 되고 조설근을 연구하면서 조인을 몰라서는 더 깊은 연구를 할 수 없기 때문이다. 홍학의 안팎 모두에서 조학이 자리하고 있는 것도 필시 우연은 아닌 것 같다.

주목할 것은 조인이 명대 유민이나 사상적으로 뛰어난 강남의 지식인들과 얼마나 가까웠든 간에 조인에 대한 강희제의 신임은 여전히 두터웠다는 사실이다. 의심하지 않은 것은 물론이고 도리어 수족처럼 더 신임했고 신하로서도 각별히 총애했다. 강남 일대의 시시콜콜한 일들을 조인에게 그때그때 보고하도록 했으며[40] 직조 업무에서 적자가 발생하면 강희제는 조인에게 "반드시 방법을 강구하여 보충해 넣도록 하면서 임기 내에 아무 일이 없어야 좋을 것"[41]이라고 당부하곤 했다. 심지어 남순南巡과 같은 '핵심 기밀'에 해당하는 큰일에 대해서도 먼저 조인에게 "날짜를 정하지는 않았지만 내년 봄에는 남방에 가볼까 하오"[42]라고 미리 언질을 주기도 했다. 강희 23년에서 46년까지 강희제 현엽玄燁은 여섯 차례 남순南巡하면서 그중 네 번을 강녕직조에서 머물렀는데 그때마다 조인이 영접했다고 한다. 조인이 병이 나자 강희제는 파발마를 띄워 주야로 약을 보내주었다.[43] 조인이 죽자 강희제는 그를 높이 평가하는 칙지를 내렸다. "조인은 직조 일을 하면서 그 지역 사람들로부터 좋은 평판을 얻었고 도독이나 순무에서 백성에 이르기까지 하나같이 그 아들이 강녕직조 일을 이어받아야 한다고 상소를 올렸다."[44] 이렇게 해서 마침내 조인의 아들 조옹이 강녕직조의 업무를 이어받는다. 사실 조인이 죽고 나서 강녕의 선비, 기계

직조실, 수레꾼, 기술자와 항杭·가嘉·호湖 지역의 비단 장수들이 장시
江西 순무랑巡撫郞 정극廷極의 공관을 에워싸고 조인의 선정을 칭송하며
그의 아들 조옹이 직조의 일을 이어받아야 한다고 크게 간청을 했던
것이다.[45] 이러한 움직임에 놀란 순무랑 정극은 놀라 즉각 강희제에게
보고를 올렸다. 그렇다면 조옹이 강녕직조를 이어받은 것이 설마 강
희제가 민의에 따라 어쩔 수 없이 내린 결정이었을까? 그러나 태자를
세우는 문제에서 강희제가 어떤 결단을 내렸는지만 보더라도 이 군주
가 결코 다른 사람의 의견에 좌우되어 그러한 결정을 내릴 인물이 아
님을 알 수 있다. 하물며 봉건 전제군주의 입장에서 백성의 청원은 단
지 많은 사람이 모여 일으킨 소동에 불과하므로 이러한 움직임을 그
리 중요하게 생각하지 않았을 가능성이 많다. 결과적으로는 강희제가
조인을 좋게 보았기 때문에 아버지 조인의 음덕으로 그 아들이 덕을
입은 것으로 볼 수 있겠다.

봉건사회에서 지방으로 선발 파견된 관원이 황제에게 좋은 평가를
받고 동료들에게도 좋은 평가를 받은 데 이어 백성에게조차 평판이
좋기란 그리 쉬운 일이 아니다. 역사 인물 조인은 홍학의 관점에서든
비홍학의 관점에서든, 심지어 조학과 관련짓지 않더라도 충분히 연구
할 만한 가치가 있는 인물임에 분명하다.

조인의 부친 조새曹璽도 강희제의 총애를 받았다. 조새의 부인 손씨
孫氏는 강희제의 유모였기 때문에 이러한 관계로 볼 때 조새가 강희제
의 총애를 받은 것은 하등 이상할 것이 없다. 그러나 조새는 개인적으
로도 우월한 조건을 갖추고 있었다. 어려서부터 총명하고 공부를 좋
아하여 "고금의 독서에 통달했고 경제적인 안목과 예술적인 재능을

갖추었으며 활을 쏘면 반드시 과녁을 관통시켜"[46] 일찌감치 순치제 때 이미 황실시위에 올랐고 나중에 섭정왕 도르곤을 따라 서북에서 군공을 세움에 따라 내무부공부낭중內務府工部郞中으로 승진한다. 강희 2년에 강녕직조로 선발 파견되었는데 공적이 탁월하여 "해묵은 폐단을 일소시켰고" 직조국의 복잡한 상황을 조리 있게 잘 처리하여 조야에서 모두 만족했다.『강녕부지江寧府志』「조새전曹璽傳」에는 이에 대한 상세한 기록이 남아 있다.

강희 2년에 특별히 강녕직조로 선발되었다. 강녕직조국은 업무가 막중했는데 조회와 제사 때 입는 예복에 놓을 수의 문양 등을 관장했다. 쑤저우와 항저우는 특히나 일이 많고 번잡했다. 왕년에는 비단을 거두어들일 때마다 중간상에 의존했고 안료는 가게에서 구매했으며, 장인이 부족하면 모두 보충을 해야 했는데 성내의 직조국에 보조금을 쥐여줘야 하는 번거로움이 있었다. 공(조새)은 폐단을 바로잡아 없앰으로써 간교한 무리들이 이익을 취할 틈이 없게 했다. 비단을 사들일 때는 반드시 생산지 가격으로 구매하고, 사용하는 물품은 관서에서 서로 협조하여 사도록 하니 시장을 누비고 다니는 서리들이 없어져 상점들은 안심할 수 있었다. 저양유장법儲養幼匠法을 처음으로 만들어 어려서부터 직염 제작과정을 훈련시킴으로써 결원이 생기면 신중하게 가려서 뽑을 수 있도록 했고, 이 업종에 종사하지 않는 가정도 혜택을 누릴 수 있게 해주었다. 위아래가 질서가 잡히도록 하고 은상을 때에 맞게 내리니 장인들이 기뻐하며 사기가 진작되었고, 땅이 비옥하고 천연자원이 풍부한 지역의 물자들이 타이르지 않고도 잘 수급되었다. 공은 작황이 좋지 않은 해엔 월급을 기부하여 구호품을 내고 서로 도와 구제할 수 있도록 함으로써 목숨을 살려준 경우가 수를 헤아릴 수 없이 많았다. 그래서 그 군의 사람들은 감사의 뜻으로 생사당과 비를 세워 공덕을 기렸다.[47]

청대에 직조는 닝보寧波, 쑤저우, 항저우의 방직 업무를 주로 관리하는 일종의 특수한 관직으로 조정에 비단, 의복과 장신구, 과일 올리는 일을 담당하면서 직접 황제에게 맡은 바 소임을 다했다. 조새 이전에는 3년마다 한 번씩 교체되었는데 조새가 직무를 잘 완수함에 따라 "임용 기간이 긴 특사專差久任"로 바뀌었다. 조새는 강희 16, 17년 두 해에 걸쳐 업무 보고를 하면서 강남의 관리들에 대한 처리 상황을 보고했다.[48] 이때 황제에게 깊은 신임을 얻어 즉각 "망포[49]를 하사받고 정일품을 제수받았으며" "경신敬愼"이라고 쓰여 있는 편액을 선물로 받았다. 강희 23년에 내리 21년간 강녕직조를 역임했던 조새가 병으로 세상을 뜨자 마침 제1차 남순에 올랐던 강희제는 친히 직조 관서로 가 "아비를 여읜 자식을 위로하고" 조새를 기리며 이렇게 말했다. "그는 짐의 충신이었으니 짐은 그 집안 사람들에게 은혜를 베풀고자 하노라."[50] 강희제가 조새의 근무 성적을 논한 이 평어를 통해서 볼 때, 조새와 조인 부자가 직조 업무를 수행하면서 강남 일대 만주족과 한족 간의 소통과 중재 역할을 담당하며 민족적 단결을 증진시키는 사명을 띠고 있었음을 알 수 있다. 응당 그들은 맡은 바 임무를 잘 수행했으며, 그 가운데에서도 조새보다 조인이 더 성공적으로 그러한 소임을 잘 수행했을 것으로 보인다.

일반 독자들 입장에선 조설근의 조부인 조인이나, 거기서 조금 더 나아가 조설근의 증조부 조새에 대해 알게 된 것만으로도 충분하다. 그러나 홍학가들은 이에 만족할 수 없었기 때문에 근원을 캐기 시작했고, 선대로 거슬러 올라가 조설근의 가계를 낱낱이 파헤쳤다.

후스는『홍루몽고증』에서 이미 조새의 부친인 조진언曹振彦과 조부인 조세선曹世選까지 거슬러 올라가 조씨 집안이 정백기포의인正白旗布衣人이고 대대로 선양沈陽에 살았으며 사망 연월은 고증할 방법이 없다고 밝힌 바 있다.[51] 저우루창은『홍루몽신증』에서 조설근의 원적이 허베이河北 평룬豐潤 셴닝咸寧이며 위로 거슬러 올라가도 조세선의 아버지뻘인 조등영趙登瀛 정도를 알 수 있을 뿐이고 더 위로는 고증할 수 없다고 했다. 그는 상세한 '평룬조씨세계표豐潤曹氏世系表'를 제시하며 조씨 집안이 기족旗族에 편입된 연도를 추정하기가 매우 불투명한 것은 아마도 랴오양, 선양 일대의 변방 사람들이 포로로 잡혀 노예가 되면서 조상은 원래 한족이었지만 나중에는 만주족과 다를 바 없어졌기 때문으로 보았다.[52]『홍루몽신증』 초판은 1953년 9월에 나왔으며 9년 후인 1962년에 저우루창은『조설근가세생평총화曹雪芹家世生平叢話』에서『홍루몽신증』의 부족함을 보완하여 조설근의 가세를 조세선에서 17대까지 거슬러 올라가 북송 시기의 대장군인 조빈曹彬이 조씨 가문의 시조라는 점을 밝혔다.[53] 조빈은 허베이 정딩正定 사람으로 셋째 아들 조위曹瑋는 장시江西 지역에서 관리를 했는데 그의 아들, 손자, 증손을 거쳐 현손 조효경曹孝慶에 이르기까지 4대에 걸쳐 이어졌다. 조효경의 오대손인 조서명曹瑞明과 조서광曹瑞廣은 생활이 곤궁해지자 다시 허베이 지방으로 이주했는데 형인 서명瑞明은 평룬豐潤 셴닝咸寧리 팔갑八甲에 정착을 했고, 동생인 서광瑞廣은 계속 북상하여 랴오둥遼東과 톄링鐵嶺 일대까지 옮겨갔다. 조세선은 바로 톄링 조씨曹氏 서광의 칠대손이라는 것이다. 명 신종神宗 만력 44년(1616) 누르하치는 혁도아랍赫圖阿拉에서 즉위하고 그로부터 2년 뒤 명군을 대패시켰으며 1년 후엔 톄링을 함락시킨다. "바로 이 시기에 20대의 청년이었던 조세선은 금나라 군대에 포로가 되어"[54] 왕의 아들의 시종이 되었다가 만주 정백기로 편입된다. 만주어에서 노예를 뜻하는 '포의布衣'는 '하인'이란 뜻으로 사회적 지위는 그야말로 미천하기 그지없었다. 이는 조인 사후에 조옹曹顒이 상주문에서 "비천한 노예 포의가 스스로 어떤 사람인지를 자문하며 감히 독단적으로 상주문을 갖추어 올립니다"[55]라고 했던 말과도 맞아떨어진다. 조세선의 아들 조진언은 장성한 후 비로소 '출신'이 생겼으며 여유 있게 입관하여 공을 세우자 순치 7년 산시山西의 길주吉州 지부知府로 발령이 났고 머지않아 다퉁부大同府 지부와 저장 염법참의사浙江鹽法參議使로 승진하면서 집안이 점차 흥하기 시작한다. 저우루창은 조설근 가세를 토대로 원래 한족이었던 조씨 집안은 포로로 잡힌 후 정백기로 편입되었기 때문에 '한군기漢軍旗'가 아니라고 보았다. 왜냐하면 일찌감치 금나라 군대에 포로가 되어 '하인'이 되었던 조씨 집안은 명나라의 투항 병사와 매국노 군대가 한군기적漢軍旗籍으로 편입되었던 것과는 근본적으로 다르기 때문이다. 이를 통해 조설근 가세에 관한 연구를 통해 청나라 개국 역사상 복잡다단했던 일련의 관직과 제도 문제가 이를 계기로 제기되거나 혹은 그간 풀리지 않던 매듭이 풀리기도 했음을 알 수 있다. 이 점에 있어서 홍학은 사학과의 깊은 관련성으로 조학 연구자와 청사淸史 전문가들 간에 깊은 공감대가 형성되었다.

평치윤은 조설근의 본적을 평룬豐潤으로 보는 저우루창의 주장에 동의하지 않았다. 그는 조씨 집안의 본적이 랴오양이며 나중에 선양으로 옮겼다는 설을 제기했다. 그는 『오경당중수조씨종보五慶堂重修曹氏宗譜』와 관련 자료에 의거하여 조준曹俊이 조설근의 시조임을 고증해냈다. 조준에 대해 대략 명 영락에서 천순天順 혹은 성화成化 시기인 1403~1465년을 전후하여 명나라의 군관이었다가 나중에 후금에 귀순한 인물로 보았다. 조준에게는 조승曹昇, 조인曹仁, 조례曹禮, 조지曹智, 조신曹信 다섯 아들이 있었는데 설근이 바로 조준의 넷째 아들인 조지의 직계라는 것이다. 그러나 『오경당보五慶堂譜』 중에는 셋째 아들이 가장 상세하게 나와 있고 넷째 아들인 조지의 후손에 대해서는 4대에서 8대까지가 빠져 있는데, 조세선에 이르면 이미 제9대가 된다. 평치윤은 조씨 집안이 처음에는 한군기였으나 나중에 만주정백기로 편입된 것으로 보았다.[56]

1970년 홍콩 문예서옥에서 출간된 자오강·천중이陳鍾毅의 『홍루몽신탐紅樓夢新探』에서도 『오경당보』와 『팔기만주씨족통보八旗滿洲氏族通譜』를 근거로 조설근의 시조를 조양신曹良臣으로 단정하고 저우루창의 평룬설豐潤說을 일축했다.[57] 저우루창이 『홍루몽신증』을 쓸 때 주로 『평룬현지豐潤縣志』에서 자료를 취하여 조설근의 본적이 허베이 평룬임을 제기했다가 나중에 『조설근가세생평총화』를 발표할 때는 이미 『평룬조씨종보豐潤曹氏宗譜』를 보게 된 상황이다. 이 때문에 『평룬보豐潤譜』와 『오경당보』 중에서 어느 것이 더 신빙성 있는 자료인가 하는 문제와 맞닥뜨리게 된다. 저우루창은 『홍루몽신증』 '적관출신籍貫出身' 장의 부기附記에서 다음과 같이 적었다.

도대체 어느 족보를 믿어야 할까? 그런데 지금 또 나와 그(『홍루몽신탐』
의 저자인 자오강—인용자)의 견해가 서로 다르다. 나의 졸견으로 보건대
랴오둥 『오경당보』의 배열 순서에서는 조석원曹錫遠이 조지보다 항렬이 낮
고 그 사이에 5대가 끊겨 관계가 명확하지 않은 상황에서 갑자기 이어다
붙인 것이어서 여전히 의문을 품지 않을 수 없다. 이에 비해 『펑룬보』에
는 조인이 누차 직접 자신의 입으로 "골육骨肉"의 "충곡사형제沖谷四兄" 집
안이라고 칭한 내용이 들어 있다. 과연 누구를 믿는 게 좋을까? 나는 차
라리 조인이 강희 연간에 직접 자신의 입으로 했던 말을 믿었으면 믿었
지 동치同治 연간에 증보한 『오경당보』의 5대나 공백이 있는 족보를 이어
다 붙인 방식은 쉽사리 믿기지 않는다.[58]

그렇다면 도대체 어느 족보를 믿어야 할까? 지금까지의 자료로는
명확한 결론을 내리지 못할 것 같다. 다행히 조세선 밑으로는 맥락이
분명하고 여러 전문가의 견해도 이견이 없다. 조설근의 본적, 출신, 가
계, 기적族籍만 가지고도 이렇게 논란이 분분하여 일치된 결론을 내릴
수 없으니 조학이 『홍루몽』 자체 연구보다 얼마나 더 어렵고 골치 아
픈 분야인지를 알 수 있다. 그러나 이것이야말로 조학이 조학으로서
사람을 사로잡는 마력이 아닐까?

옹정雍正의 권력 찬탈과
조씨 가문의 몰락

사람들의 관심을 끌고, 우리도 크게 주목해야 할 대목은 당연히 조씨 집안의 부귀영화가 오래가지 못하고 강희제 때 최고조에 달했다가 옹정제가 즉위한 후 급전직하하여 마침내 가산을 몰수당하고 집안이 망해 식구들이 뿔뿔이 흩어지는 비참한 상황에 처하게 되었다는 사실일 것이다.

조인은 강희 51년에 병으로 사망한다. 조인이 죽고 그의 아들 조옹曹顒이 강녕직조를 물려받았다. 그러나 조옹은 단명하여 3년도 수행하지 못한 채 죽고 만다. 강희는 이에 대해 통석해하며 칙지를 내렸다. "짐은 조옹이 어려서부터 자라는 것을 직접 봐왔는데, 그가 참으로 가엾다. 짐이 부렸던 포의의 자손 가운데 그와 같은 경우는 없었다. 체구가 크고 훤칠하며 글도 잘 짓는 문무를 겸비한 인물이었다. 그는 직조에서 매우 성실한 사람이었기에 짐은 많은 기대를 걸었다."[59] 조옹은 조인의 외아들이었기 때문에 조씨 가문의 대가 끊이지 않도록 하기 위해 강희제는 조전의 여러 아들 중에서 누군가 조인의 대를 잇도록 명하면서 "조옹의 어머니를 자신의 생모처럼 봉양할 수 있는 사람이어야 한다"[60]고까지 했다. 조인의 손위처남인 이후의 건의에 따라 조전의 넷째 아들 조부曹頫를 선택하게 되었고 이에 따라 조부가 강녕직조를 대신 이어받게 된 것이다. 여러 정황을 볼 때 조부의 재능은 조새나 조인보다 현저히 떨어졌고 조옹의 수준에도 못 미쳐 강희제도 그다지 좋아하지는 않았지만 여전히 관심과 애정을 베풀었다.[61] 조인은 일찍이 직조를 수행하면서 수십만 냥의 결손을 남겨 남들로부터 공격을 받은 적이 있는데, 강희제는 도리어 그를 변호해주면서 이렇게 말했다. "조인과 이후가 쓴 은이 많은데, 나는 그 이유를 알고 있다."[62] 과연 어떤 이유였을까? 역시 네 차례에 걸친 황제의 어가 때문인가! 『홍루몽』의 유모 조씨는 이렇게 말한 적이 있다. "오늘날 강남의 진씨 집안이 있는데 아이구야, 그 등등한 세도라니! 그 집에만 어가가 네 차례나 들었다고 하니 제 눈으로 직접 봤기에 망정이지 안 그랬으면 아무도 믿지 않았을 거예요. 은자를 흙더미처럼 쌓아놓은 것은 말할 것도 없으려니와 세상의 진귀한 것들을 산처럼 바다처럼 쟁여놓았으니 '죄과가석罪過可惜(죄짓는 게 참으로 애석하다)' 이 네 글자를 생각할 여가나 있었겠어요?" 이는 조설근이 '사필史筆'을 운용한 것임에 분명하다. 이러한 "황제 집안의 은자를 가져다 황제 일신상에 쓰는" 일은 황제 스스로가 일정 부분 책임을 져야 했기 때문에 강희제가 '그 사정'을 거론한 것이며 또 몇 차례에 걸쳐 이후에게 순염어사의 업무를 대신 맡게 함으로써[63] 조옹과 조부를 도와 결손을 메울 수 있도록 해주었다. 그러나 조부가 직조 일을 시작한 지 겨우 7년 되었을 때 강희제가 붕어하자 조씨 집안은 그동안 부귀영화를 누릴 수 있도록 방패막이가 되어주었던 백그라운드가 사라지면서 급작스런 환경의 변화를 겪게 된다.

조씨 가문이 강희 말년 여러 황자의 권력 다툼에 휘말렸기 때문인지 아니면 오랜 기간 지속되어온 황실 내부의 소용돌이에서 보인 모종의 태도 때문이었는지는 잠시 논외로 하더라도, 옹정제가 권력을 잡자 노골적으로 조부를 싫어했고 더 나아가 서서히 조부를 응징하기 시작했다는 점은 의심할 바 없는 분명한 사실이다.

옹정 원년 조부는 금박 편지지 300장, 금박의 궁중어용 비단 40장, 금박의 서예용 비단 60장, 후저우湖州 우싱吳興의 붓 400자루, 비단 부채 100자루 등을 올렸지만 옹정제는 거들떠보지도 않았다.[64] 옹정 2년 정월에 조부가 3년에 걸쳐 직조 창고의 손실을 메우겠다고 하자 옹정은 날선 비판을 가한다. "생각과 말이 일치되기만 한다면야. 만약 그와 같이만 할 수 있다면 대단한 인물이로세!"라고 했다.[65] 그야말로 노발대발하는 모습이 그 전에 강희제가 조씨 집안에 내린 자애로운 훈시와는 선명한 대조를 이룬다. 4월에 대장군 연갱요年羹堯가 나복장단진羅卜藏丹津을 정벌하고 승리를 고하자 조부는 군공을 찬양하며 승리를 축하하는 상주를 올리는데 옹정제는 도리어 이렇게 질책했다. "이 상주문은 퍽이나 그럴듯하다. 간략하면서도 두루 갖추었고 진실되면서도 절절한 것이 세상에 얼마나 닳고 닳은 자가 지었는지 문장이 아주 재미지구나."[66] 내용을 보니 조롱과 풍자의 기운이 역력하다. 옹정 2년 윤4월 26일 인삼 판매 건과 관련하여 옹정은 또 조부 등을 나무랐다. "인삼을 남성南省에서 팔 때 가격이 어찌 이리 낮은지, 전년도의 판매가는 어떠했는지 내무부총관에게 알아보도록 하라."

^{67} 내무부총관이 보고하자 옹정제는 다시 칙지를 다음과 같이 내린다. "경사의 사람들이 인삼을 앞다투어 구매하려다보니 남성 지역의 값이 비싸지는 것은 당연하다. 이것들을 가져다가 계속 판매한 자들은 응당 이곳보다 더 비싸게 팔았을 게 당연하다. 그런데 도리어 이곳보다 적게 벌었다는 데는 분명 속이는 부분이 있을 것이다."^{68} 5월 초 6일 조부가 강남에서 발생한 누리(메뚜기)의 해에 관한 상주문을 올렸을 당시 계속 큰비가 내려 재해가 많이 누그러진 상태였다. 그러나 옹정은 "듣자니 누리의 애벌레가 아직도 남아 있다고 하던데 지방관들은 왜 박멸에 힘쓰지 않는 것인가? 보리와 밀은 비록 수확을 했어도 가을 벼가 사실상 더 중요하다. 실제 상주문에 근거해보면 모든 일에 속이려는 의도가 있으니 이는 네가 죄를 자초한 것이지 나와는 무관하다"^{69}고 비판했다. 처음부터 생트집을 잡다가 살기를 드러내며 순식간에 조부를 응징하려는 의도로 보인다. 5월 13일 다시 창고의 비단이 변색된 일을 조사해낸^{70} 옹정은 더욱 불만을 드러냈으며 곧이어 이친왕怡親王을 파견하여 조부에게 유시를 전했다. 이때 옹정은 '특별 훈시'를 내린다.

너는 짐이 이친왕을 통해 너에게 전한 칙지를 받들어, 모든 일을 왕자의 가르침에 따라 행하라. 네가 만약 스스로 그릇되지 않다면 모든 일에 대해 왕자는 네가 하는 대로 볼 것이다. 네가 만약 불법을 행한다면 그 누구도 너를 도와줄 수 없으리라. 마음대로 요령을 피우고 마구잡이로 머리를 써서 화를 불러들이지 말도록 하라. 자신의 책임을 모면하겠다는 얕팍한 생각으로 이친왕을 제외한 어느 누구에게도 청탁하지 마라. 왜

수고를 덜면서 이득이 되는 일을 하지 않고 수고는 하면서 유해한 일을 하는가? 이것은 너희가 줄곧 잘못된 풍속에 젖어 있었기 때문이니, 남들은 짐의 생각이 너와 달라 그렇다고 하지만 혹시라도 짐의 마음을 잘 이해하지 못하고 짐의 뜻을 곡해할지 모르기에 특별히 네게 훈시를 내리는 바다. 만약 누군가 너에게 위협을 가한다면 너는 곧장 이친왕에게 도움을 청하라. 왕자가 너를 심히 아끼고 불쌍히 여기는 까닭에 짐은 너를 왕자에게 보낸 것이다. 어떻게 할지 생각을 다잡기 바란다. 소란을 일으키고 명성을 훼손시키는 일이 생기면 짐은 즉각 벌을 내릴 것이고 왕자도 너를 구해줄 수 없으리라.[71]

조부는 아마도 이 특별훈시를 듣는 순간 혼비백산해졌을 것이다. 옹정제는 그야말로 '줄곧 잘못된 풍속에 젖어'라는 말로 직접 조씨 집안을 지목하며 신랄하게 비판한 것이다. 어림짐작으로 이 말의 무게감을 헤아려보건대 조부만 호통친 것이 아니라 조옹, 조인에 이어 조새는 물론이고 이후 같은 조씨 집안의 친척들까지 모두 싸잡아 비판한 것이다. 이후는 옹정 원년 정월 초10일 삭탈관직과 함께 가산을 몰수당했는데 조부가 유지를 전해 받은 지 겨우 1년여의 시간이 흐른 뒤라 두 사건이 서로 관련이 있는지 여부가 크게 주목된다. 옹정의 특별훈시로 볼 때 누군가 이미 조부에게 '위협'을 가하는 자들이 있었으며, 이 때문에 이친왕이 조부를 관리하게 했다는 소문이 퍼져나가 진술에 모종의 결탁이 생길 여지가 없도록 했던 것으로 보인다. 연구자들 중에는 옹정제의 유시를 조부를 보호하기 위한 것으로 보는 이들도 있으나 사실은 그렇지 않다. 게다가 결손(부채)과도 직접적인 관련이 없어 특별훈시도 온통 질책과 경고 일색인 데다 '결손' 사건에 대해서는 한 글자도 거론되어 있지 않다. 그래서 나는 이후나 혹은 다른 어떤 사건과 관련이 있지 않을까 하는 의구심이 든다. 아마도 이친왕 윤상允祥이 조부를 상당히 아꼈기 때문에 유시의 결과가 옹정으로 하여금 즉각적으로 어떤 행동을 취하게 하지는 않았지만 조부의 위험스런 상황은 결코 조금도 나아지지 않은 상황에서 옹정은 그를 지속적으로 압박했던 것이다.

옹정 3년 내무부에서 조부 등이 맡았던 말안장과 활집, 칼 등의 장식품 제작을 중지시키고 광저사廣儲司가 원래대로 구리장식 제품을 주조하도록 하자는 주청이 들어왔다. 옹정은 "좋은 제안이니 응당 제안대로 실시하라"는 지시를 내렸다.[72] 옹정 4년 3월 돌연 창고에서 보관하던 비단이 과도하게 얇은 데다 생사에 또 흠이 생기고 새로 짠 비단도 조잡하며 중량이 덜 나간다는 사실이 발견됨에 따라 옹정은 칙지를 내려 내무부총관에게 조사해 보고를 올리도록 하면서, 특별히 "어느 직조에서 만들어 올린 것인지"를 상세히 조사하도록 했다. 그 결과, "옹정 원년 이래 새로 직조하여 진상한 비단 가운데 조사 당일 것을 골라 달아보니" 무게가 가볍고 올이 생긴 것이 296필이 있고 닝보, 쑤저우, 항저우 세 곳의 직조에서 올라온 새로 짠 비단 가운데 쑤저우 직조의 궁중어용 비단 113필, 관용 비단 56필과 조부가 올린 궁중어용 비단 28필, 관용 비단 30필에 "조잡하고 중량이 덜 나가는" 문제가 있으며 "이전의 직물들에 크게 못 미친다"고 보고되었다. 내무부의 이 보고서에서는 특히 진상된 비단의 중량 문제가 "옹정 원년 이래" 발생되었다는 점을 강조하고 있으니, 이는 분명 조부 등이 의도적으로 새로 즉위한 황제와 맞서고자 했다는 것을 말하려 한 게 아니고 무엇이겠는가? 결과적으로 조부 등은 액수에 맞게 배상한 것 외에도 각처에서 1년간 감봉 처분을 받아야 했다.[73] 옹정 4년 11월, 조부 등이 배상한 비단이 이미 진상되었지만 옹정은 특별히 다음과 같이 강조했다. "조부가 지금 이곳에 있으니, 조부가 가져온 비단 중에 조잡하고 중량 미달인 것은 샅샅이 찾아내 그에게 넘겨 배상하도록 하라. 만약 내무부총관과 창고의 관원들이 인정에 사로잡혀 자세히 조사하지 않으면 여전히 저질 비단이 창고에 남을 것이지만, 짐의 조사를 거친 이후에는 내무부총관과 창고 관리들도 결코 가볍게 보아 넘기지 않을 것이다."[74] 이 말이 무서운 것은, 내무부에서 반드시 조부의 약점을 찾아내야 하며 그렇지 않을 경우 함께 죄를 묻겠다는 의미를 담고 있기 때문이다.

옹정 5년 윤3월, 다시 주사원외랑奏事員外郞이 대신 옹정의 의중을 전했다. "짐이 입은 석청색 적삼의 색이 바랬는데, 이 비단은 어느 직조에서 만든 것인가? 어느 관리, 어느 태감이 고른 것인가? 창고에 그토록 많은 비단이 있을진대 어찌하여 색이 바랜 비단으로 적삼을 만들었는가? 지금 창고 내의 모든 비단이 색이 바랬다면 이는 직조관원이 잘못 직조한 것이다. 만약 창고에 색이 바래지 않은 것이 있다면 그것은 바로 비단을 고르는 사람들 중에 누군가 색이 바랜 비단을 골라 직조관원을 음해하려 한 것인지도 모른다. 이를 내무부총관에게 건네 엄격히 조사하도록 하라."[75] 보아하니 옹정은 직조를 꼼짝달싹 못하게 한 채 한 번은 비단이 얇고 올이 생긴 것을 트집 잡았다가 또 한 번은 비단의 색깔이 바랜 것을 추궁했는데 건마다 조부와 관련이 있었다. '엄격한 조사'를 거쳐 과연 "황상께서 입으시는 적삼의 겉감을 모두 강녕직조에서 올린 석청石靑 비단으로 썼다"는 사실과 창고에 보관되어 있던 모든 비단도 "색이 다 바랬다"는 것이 밝혀졌다. 말하자면 이번 사고는 비단을 고른 사람들과는 아무 상관이 없으며 "직조 관원이 제대로 직조하지 않은 것"에 문제가 있기 때문에 책임은 모두 조부에게 있다는 것이다.[76] 5년 5월, 옹정은 조부에게 비단 단자를 경사로 올려 보내라는 명을 내렸다. 원래 그해는 쑤저우직조인 고빈高斌이 보내오는 해였지만 옹정은 그에게는 보내지 말라고 하고 조부에게 보내도록 했다.[77] 12월, 산둥순무 색능액이 조부가 용의龍衣를 보내오는 도중에 역참을 강탈했다고 고발하는 사건이 발생한다. 옹정은 즉각 칙지를 보내 "짐은 누차에 걸쳐 유지를 내려 흠차관원欽差官員들에게 역참에서 파견 인력의 송영과 관련한 소란을 불허했노라. 오늘 세 곳의 직조에서 파견한 인력이 경사에 들어왔는데 하나의 통일된 처리 규정에 쓰여 있는 항목 외에 인력과 말들을 과다 사용하고 과도한 비용을 요구함으로써 역참을 힘들게 했으니 실로 가증스럽다"라며 산둥순무 색능액의 "사사로운 정에 얽매이지 않는 정신"을 표창함과 동시에 고발정신에 대해서도 칭찬했다.[78] 마치 여기에는 모종의 은유가 숨겨져 있는 듯하다. 옹정은 "세 곳의 직조관리들이 경사로 들어오면서"라고 했지만 사실은 이번에 경사에 올라오는 관리는 조부 한 사람 뿐이라는 것을 옹정 자신이 모르고 있지 않은 터라, 순차적으로 조부를 손보려는 그의 의도가 확연히 드러났다.

1983년 '중국제일역사당안관中國第一歷史檔案館' 연구원들이 청대 사건 자료 중에서 옹정 7년 형부에서 내무부에 보낸 공문에 다음과 같이 적힌 내용을 발견했다. "오늘 옹정 7년 5월 초7일, 총관 내무부 공문에 의거함: 전관 강녕직조, 원외랑員外郎 조부는 포의좌령包衣佐領 아래의 인물로 정백기만주도통正白旗滿洲都統 공문에 의거하여 부府 지역까지 조사를 받았다. 조부는 역참에서 물의를 일으킨 죄로 현재 칼을 찬 채 형벌을 받고 있다."[79] 이는 산둥순무 색능액이 고발한 것이 사실로 밝혀짐에 따라 내무부와 이부에서 심리한 후 조부를 단죄할 방법을 정하게 된 것이니 그것은 다름 아닌 목에 칼을 씌워 역참에서 소란을 피우며 횡령한 금액을 회수하도록 하는 조치였음을 말해준다. 옹정이 색능액의 상주를 비준한 것은 옹정 5년 12월 초4일이었다. 12월 15일, 수혁덕隋赫德이 조부의 강녕직조를 대신 이어받았는데, "조부의 심리가 마무리되지 않았다"[80]는 것이 그 이유였다. 12월 24일, 조부의 가산을 차압하여 봉인했다. 그러나 이러한 조치를 취할 때 역참에서 소란을 피웠던 문제에 대해서는 결코 언급하지 않으면서 "강녕직조 조부는 행위가 단정치 못하여 직조의 재정에 많은 결손이 생기게 했다. 짐이 누차에 걸쳐 관용과 은혜를 베풀어 그로 하여금 배상하도록 했다. 그가 만약 짐의 은혜를 갚으려 했다면 응당 최선을 다해야 마땅했지만, 그는 감사는 고사하고 도리어 집안의 재물을 비밀리에 다른 곳으로 옮기고 은폐를 기도함으로써 짐의 은혜를 거슬렀으니 심히 괘씸한 마음 금할 길 없다"[81]라고만 되어 있다. 이에 따라 강남총독江南總督 범시역范時繹으로 하여금 조씨 집안의 재산을 차압하고 즉각 집안의 중요 인물들을 가차 없이 잡아들이도록 한다. 또한 재물을 결손되게 하고 자의로 옮긴 것을 가산 몰수의 이유로 들었다. 사실상 이 모든 것은 핑계에 불과하고, 역참에서의 물의도 기껏해야 사건 발단의 도화

선이 되었을 뿐 실질적인 이유는 옹정이 여전히 조부를 심복으로 여기지 않았던 데 있었다. 그래서 이후를 처리한 후 필연적으로 조부를 처치할 생각을 하고 있었던 것이다. 앞에서 연월에 따라 인용한 사료들에서 그러한 사실을 분명하게 엿볼 수 있다.

　조부에 대해서만 그랬던 것이 아니라 강남 세 곳의 직조들에 대해서도 옹정은 신임하지 않았다. 그래서 여러 차례에 걸쳐 진상한 비단과 장식품에 대해 크게 문제를 삼곤 했다. 조부의 가산을 차압하여 봉인하기 전에 이미 옹정 원년 조인의 손위 처남인 이후의 가산을 몰수했고, 호봉휘胡鳳翬가 이후를 이어 쑤저우직조가 되었다.[82] 옹정 4년 윤사允禩와 윤당允禟 사건[83]이 발생한다. 옹정 5년, 이후가 일찍이 강희 52년 쑤저우 여자를 사서 윤사에게 바쳤다는 사실을 밝혀내고 윤사와 내왕한 것으로 간주한다. 마침내 '간당奸黨'으로 규정하여 타생오납打牲烏拉으로 유배를 보낸다.[84] 옹정 4년 신임 쑤저우직조인 호봉휘가 죄를 지어 온 집안 사람들이 목을 맸고, 고빈이 쑤저우직조를 이어받았다.[85] 역시 그해에 조씨 집안의 다른 친척인 조인의 사위 평군왕平郡王 납이소納爾蘇가 면직과 함께 구금된다.[86] 양회兩淮인 회남淮南과 회북淮北의 염정鹽政을 과거에는 조인과 이후 두 집안에서 돌아가며 맡았는데 옹정이 즉위하고 나서는 갈이태噶爾泰를 파견하여 양회의 순염巡鹽을 맡도록 했다. 총애를 받은 새 순염어사는 옹정 5년 정월에 조부에 관한 비밀 상소를 올린다. "조부를 찾아가보니 나이가 어리고 재능이 없어 일에 부딪히면 위축되고, 직조 업무를 집사인 정한신丁漢臣이 맡아 처리하게 하고 있습니다. 제가 경사에서 여러 차례 본 바로는 사람도 그저 그렇습니다." 옹정은 이에 다음과 같이 비어를 달았다. "워낙

재목감이 아닌데 어찌 그저 그런 정도에만 그치겠는가!"[87] 그 태도가 지극히 준엄하고 분명하여 마치 저우루창이 말한 것처럼 "옹정은 조씨 집안에 대해서 오랫동안 탐탁잖게 생각하는 마음"이 있었던 것 같다.[88] 그렇기 때문에 조부가 가산을 몰수당한 것은 주로 정치적인 계산이 작용한 것이지 세세한 경제적인 부채 문제로 인한 것이 아니다.

조부의
가산 몰수 배경에 대한 소견

홍학계에서 조부曹頫가 가산 몰수를 당한 원인에 대해 분석할 때 과거에는 주로 두 가지 의견이 있었다. 하나는 정치연루설이고 다른 하나는 경제범죄설이다. 전자는 저우루창이 대표 인물로, 1953년 초판된 『홍루몽신증』에서 1976년 수정하여 재판을 낼 때까지 줄곧 이 설을 주장하면서 지속적으로 새로운 자료들을 통해 보완 작업을 해왔다. 국내의 많은 『홍루몽』 연구자들은 과거에 대다수가 저우루창의 견해로 기울어 있었다. 자오강은 『홍루몽신탐』에서 가산 몰수라고 하는 것은 매우 복잡한 사항으로 단지 결손을 채워넣고 보충하는 차원의 문제에 그치지 않고 "그 외에 또 다른 요인과 관련성이 있을 수 있다"[89]고 주장한 바 있다. 그는 옹정이 조부의 전답과 가옥 및 가술들을 신임 직조인 수혁덕에게 하사한 일을 다음과 같이 추론하여 판단을 내렸다. "조부의 관직삭탈과 몰수는 이미 더 이상 결손 문제 때문만이 아니라 죄가 위중한 까닭이다."[90] 경제 관련설을 가장 강력하게 지지한 인물은 황진더黃進德인데, 그는 최근 연속해서 「조설근 집안

의 패락 원인 신탐曹雪芹家敗落原因新探 「조설근 집안의 차압 원인에 대한
재론再論曹雪芹家被抄原因」[91] 등의 글을 발표하며 "조설근 집안 몰락의 진
짜 원인은 경제적인 측면에서의 공금 유용"이며, 정치 혹은 다른 사건
과는 어떤 관련성도 없다는 점을 논증했다. 필자가 보기에 이러한 시
각은 옹정이 즉위한 이후 조부에게 취한 기본적인 태도나 일련의 조
치들과 연관 지어 보았을 때 아귀가 맞지 않아 오히려 충분한 증거가
뒷받침된 정치 관련설보다 설득력이 떨어지며, 더욱이 공금 유용에
따른 경제 관련설에는 정치 관련설이 가지고 있는 역사성이 결여되어
있다고 생각한다. 봉건 통치 아래에서 경제적인 측면에서의 공금 유
용은 당연히 죄가 되지만 그것을 처리하는 과정에서 통치 집단의 정
치적인 이해관계 같은 경제적인 측면 이외의 요인들이 빈번하게 작용
하곤 했다. 마찬가지로 경제적인 공금 유용에 대해 처벌할 것인지 하
지 않을 것인지 혹은 가볍게 처벌할 것인지 무겁게 처벌할 것인지의
여부는 사람에 따라 결과가 크게 달라진다. 사실상, 옹정 4년 이후부
터 이미 물품 결손이나 공금 유용 관원에 대해서는 법에 따라 처리하
기로 결정한 상태였기 때문에 더 이상 관리의 개인 재산에 대한 수사
는 하지 않게 되었다. 옹정 3년 3월 27일의 유지諭旨에는 다음과 같은
내용이 언급되어 있다.

대저 이와 같은 공금 유용으로 백성에게 재앙을 가져온 자에 대해 만약
국법으로 옳고 그름을 가리지 않는다면 마침내 누구도 두려워하지 않게
될 것이다. 오늘날 3년간 교화했으니 짧은 기간이 아니었음에도 여전히
공금을 잠식하는 일이 자의적으로 횡행하고 있다. 국법으로도 용서할 수

없고 정리상으로도 절대 용납할 수 없다. 옹정 4년 이후 결손이 발생할 경우 사실상 공금을 착복하고 기만한 자이니 사형에 처하고 사면을 내리지 않을 것이다.[92]

옹정 5년 정월 19일의 유지에 또 이러한 내용이 담겨 있다.

지난해 이미 구경작九卿酌으로 하여금 조례를 정해 향후 만약 공금을 착복하고 기만하여 결손이 생기게 하는 관원이 있을 경우 정해진 관례에 따라 죄를 다스려 벌을 주고 법에 따라 벌을 내려야 할 자는 법대로 벌을 내릴 것이라고 명한 바 있다. 관리의 개인적인 자산을 조사하고 일가친척에게 맡겨둔 것을 추궁할 필요는 없다. 이 유지가 내려지는 날로부터 전부 멈추도록 하라.[93]

조부가 옹정 5년 12월에 가산을 몰수당할 때 전답, 가옥, 가솔 일체가 모두 수혁덕에게 하사되었는데, 만약 "공금을 착복하고 기만하여 결손이 생기게" 했다는 이유로 빚어진 일이라면 분명 옹정 5년 정월 19일의 규정과 부합되지 않는다. 『고궁주간故宮周刊』 제84기에 나오는 수혁덕의 상주문에 의거할 때, 옹정 5년 한 해만 보더라도 조부는 "궁중어용 비단, 관용 비단과 호부戶部의 비단에만 은냥 3만1000전의 결손을 초래했지만"[94] 새로운 조례에 따라 죄를 물을 경우 가산 몰수를 당할 문제까지는 아니다. 장수차이張書才는 「새로 발견된 조부의 범죄 관련 당안 사료에 관한 분석新發現的曹頫獲罪檔案史料考析」[95]에서 위의 두 유지를 인용하며 정확하게 지적했다. "옹정제가 조부의 관직을 삭탈하고 가산을 몰수한 주된 이유는 결손과 공금 횡령 때문이 아니었다." 그렇다면 원인은 무엇이었을까?

장수차이는 세 번째 의견으로 역참소란설驛站騷亂說을 제시했다. 이 논리가 합리적인지 여부를 검증하기 위해 다시 시간을 따져볼 필요가 있다. 산둥순무 색능액이 조부의 역참소란 사건을 상주문으로 올렸을 때 옹정제는 그에 비어를 달았는데, 바로 옹정 5년 12월 초4일이었다. 조부의 가산 몰수가 같은 해 12월 24일에 집행되었으니 중간에 20일이 빈다. 그리고 이때 조부는 아직 베이징에서 심리를 받고 있었고 옹정 6년 6월에 가서야 비로소 심리가 끝나 은 443냥 2전을 배상하라는 판결이 내려지고 칼이 씌워져 지불을 독촉받는다. 한번 생각해보라. 한 사건이 막 심리가 시작되어 아직 어떤 결과도 나오지 않았는데 급작스럽게 가산을 몰수했다는 것은 이치상으로 봐도 불가능한 일이다. 하물며 이러한 상황에 이른 것이 겨우 역참소란 때문이라면 의문의 여지는 더 커진다. 조부에 대해 옹정은 누차 질책을 하며 칙지를 내렸고, 개인적으로 매우 위험한 상황에서 용의龍衣를 진상하러 상경했을 테니 그가 그러한 이해관계를 모를 리 없었을 것이다. 그에게 머리가 몇 개나 달렸다고 감히 이러한 시기에 대담하게 역참에서 소란을 피웠겠는가? 옹정이 조부를 응징하려 한다는 것을 간파한 색능액이 주군에게 영합하고자 기회를 틈타 참소함으로써 위기에 빠진 사람을 더욱 궁지에 몰아넣은 것이 아니겠는가? 색능액이 고발하자 옹정은 즉각 색능액이 "짐의 마음을 깊이 헤아리고 있으니 실로 칭찬할 만하다"[96]라고 표창한 행동에서도 그러한 기미를 엿볼 수 있다. 그리고 옹정 5년 회남과 회북의 순염어사가 조부의 사람됨에 대해 상주문을 올리면서 "조부를 방문 조사해보니訪得曹頫"[97] 어떠하더라 하는 말을 썼는데 이 '방득訪得'이라는 두 글자가 어찌 아무렇게나 사용할 수 있는 말이겠는가? 만약 옹정이 의중을 내비치지 않았다면 어떻게 신하가 자발적으로 이런 상소를 올릴 수 있었겠는가? 강희 48년 조인이 여러 차례 웅사리熊賜履의 상황을 상주해 올렸을 때도 모두 황제 현엽의 언질이 있었기 때문에 상주문에 비로소 "조사하여"나 "자세히 조사하여"와 같은 말을 쓸 수 있었던 것이다.[98] 이러한 정황은 옹정이 조씨 집안을 오래전부터 응징하려 했고, 가산 몰수 이전에 이미 그러한 계획이 있었음을 보여준다. 옹정은 아阿, 색塞, 연年, 융隆의 대사건[99]이 막 일어났을 때 즉각 착수하지 않고 있다가 힘들이지 않고 작은 칼로 서서히 환부를 도려내는 방법을 선택했으니 조씨 집안에서 받은 충격과 두려움은 더더욱 컸을 것이다.

새로운 자료에서
드러난 모순들

여기서 다시 설명을 덧붙이고자 하는 것은 1986년 6월에 열린 하얼빈 국제『홍루몽』학술대회에서 새롭게 발견된 옹정 6년 6월 21일 내무부에서 올린 상주문의 원본이 전시되었다는 사실이다. 그 안에는 산둥순무 색능액의 상소문과 조부의 진술 등이 담겨 있으며 옹정 5년 12월 조부 등이 연루된 '역참소란 사건'의 경과와 처리 상황이 상세히 기록되어 있는 이른바 최종심의에 대한 상주문이라고 할 수 있다.

총관내무부아문(내무부의 정식 명칭―옮긴이) 내무부사무총관 화석장친왕和碩莊親王 윤록允祿 등이 삼가 칙지를 받들어 죄상을 심의한 것을 적어 올리는 바입니다.

산둥순무 색능액이 상주한 바에 의거하여 진술함: 긴급한 역참에서 오고 가는 관리를 배웅하고 전송하는 계획은 원래 이전 공무 출장자들에게 제공했던 대로 동원되는 말과 인력을 처리함에 모두 통일된 처리 규정을 근거로 했습니다. 한도 이외의 과도한 요구를 하거나 관례에 위배되게 처리할 때는 모두 엄중한 규정에 따르도록 하고 있습니다. 그러나 해가 거듭되면서 관행이 되고 답습하는 일이 생겨나 비록 규정에 위반된다는 것을 알면서도 어떻게 조치할 방법이 없어 부득불 황상께 진술을 올립니다. 저는 이전에 공무로 나가 창칭長淸, 타이안泰安 등의 역참을 지나면서 지근거리에서 동원되는 말과 인력을 조사한 결과 천자의 예복을 운송하는 공무 출장자가 지나가는 역마다 손실을 입히고 있다는 사실을 알게 되었습니다. 그리고 손실을 입힌 연유를 알아보니 운송을 관장하는 각 관리가 모두 통일된 처리 규정에 나와 있는 내역 이외에 말을 10여 필에서 20여 필까지 대중없이 과도하게 사용하고 게다가 마부, 하역꾼 수십 명에 전별금, 노새 값, 하인, 선발대, 요리사, 말 관리인 등에 들어가는 비용은 물론이고 관사에서의 취사와 사료 등의 비용까지 끌어다 썼습니다. 매번 함께 경과하는 역을 관할하는 주현에서는 40금에서 50금 이상을 지불하곤 합니다. 주현의 각 관청에서는 천자가 사용하시는 비단이라 조금이라도 지체될 것을 우려하여 감히 이의를 제기하지 못하고 관례대로 처리해왔습니다. 운송을 관장하는 부서에서도 오래된 관행이라 여기며 힘든 지방 재정은 생각지 않고 여전히 관례에 따라 수수하는 것을 당연한 것으로 여깁니다. 제 생각에는 천자가 쓰시는 비단이라 직접 삼가고 공경스런 마음으로 운송해야 하며 조금의 잘못도 남겨서는 안 된다고 봅니다. 통일된 처리 규정에 나와 있는 내역의 범위를 초과하여 말과 인력을 남용해서는 안 되는 상황에서 전별금, 노새 값은 특히나 터무니없는 것입니다. 제가 방문하여 조사한 결과 이미 정황이 여실히 드러났으니 만약 실제에 근거하여 상주를 올리지 않는다면, 제가 물자를 아끼고 역참을 키우려는 천자의 마음을 저버리는 것이 됩니다. 부디 황상께서는 직조의 각 관리에게 칙지를 내리시어 앞으로 통일된 처리 규정에 나와 있는 내역 이외에 더 요구할 수 없으며 양식 이외에 전별금, 노새 값을 요구할 수 없도록 하십시오. 혹시라도 문서에 적혀 있는 대로 지불한 인력과 말이 쓰기에 넉넉지 않더라도 차라리 문서에 적혀 있는 범위 내에서 보탤 것을 논의하고 문서에 적혀 있는 범위를 넘어서 과도하게 쓰지 못하도록 하시어 역을 관할하는 주현에서 무익한 비용이 쓰이지 않게 하시고 역마나 역부도 본분 밖의 일로 고생하지 않도록 해주소서. 세 차례의 출장으로 쓴 인력과 말에 들어간 은전 항목을 처리한 것에 대해서는 별지로 제출한 것을 열람해주십시오. 이에 대해 삼가 상주하옵니다. 옹정 5년 11월 24일 적음.

12월 초4일 칙지를 받듦: 짐은 누차에 걸쳐 유지를 내려 흠차관원欽差官員들에게 역참에서 파견 인력의 송영과 관련한 소란을 불허했노라. 오늘 세 곳의 직조에서 파견한 인력이 경사에 들어왔는데 통일된 처리 규정에 쓰여 있는 항목 외에 인력과 말을 과다 사용하고 과도한 비용을 요구함으로써 역참을 힘들게 했으니 실로 가증스럽다. 색능액이 조금도 사사로운 정에 얽매이지 않고 사실에 의거하여 탄핵을 상주한 것은 짐의 마음을 깊이 헤아린 것이니 실로 가상하다. 만약 대신들이 모두 그와 같을 수 있다면 많은 사람이 경계하게 될 것이니 어느 누가 감히 공무를 저버리고 사적인 이익을 취하겠는가? 색능액은 논의한 것을 서술하여 상주문을 올렸다. 직조 인원들은 기왕에 산둥에서 이처럼 강제로 재물을 요구하고 다른 지역을 지날 때도 당연히 관례대로 어물쩍 넘어갔을 테니 해당 지역 독무督撫 등이 어찌 사실에 근거하여 상주하지 않을 수 있겠는가? 해당 부서는 일일이 조사하여 검증한 후 상주하도록 하라. 직조관원들이 지금은 경사에 있으니 내무부와 이부束部에서는 색능액이 탄핵한 각 항목에 대해 엄격히 심문한 후 그 결과를 작성하여 상주하라. 이상의 내용을 잘 준수하라.

순무 색능액이 상주한 세 지역의 비단 운송 인원과 말에 소요된 은전 명세서를 다시 조사한 결과 다음과 같은 지적 사항이 있었음: 일군의 항저우 직조부 번역관 덕문德文은 황제의 의복을 운송하여 경사에 들어왔는데 하나의 통일된 처리 규정에 적혀 있는 범위 내로 짐 싣는 말 10필, 기마 2필을 썼습니다. 역참마다 통일된 처리 규정에 나와 있는 대로 처리한 것 말고 말 17필, 18필 등을 임의로 더 보냈습니다. 매 주현에서 주는 전별금, 노새 값 24냥, 하인·선발대·말 관리인·요리사 등이 도합 9냥에서 13냥까지 일정하지 않습니다. 모두 시종 풍馮 아무개의 손을 거쳐 건네졌습니다. 공관에서의 취사·사료는 도합 10여 천에서 20여 천으로 일정하지 않았습니다. 일군의 쑤저우직조부의 오림인烏林人 마색麻色은 천자의 의복을 운송하여 경사로 들어왔는데 통일된 처리 규정에 적혀 있는 범위 내로 짐 싣는 말 19필, 기마 2필을 썼습니다. 역참마다 통일된 처리 규정에 나와 있는 대로 처리한 것 말고 말 13필을 더 얹어주었습니다. 매 주현에서 주는 전별금, 노새 값은 20냥에서 24냥까지 일정하지 않았고 하인·선발대·말 관리인·요리사 등도 도합 9냥에서 13냥까지 일정하지 않았습니다. 모두 승차承差(총독, 순무, 염정 밑에 딸린 말단 관리) 이李 아무개의 손을 거쳐 건네졌습니다. 공관에서의 음식, 사료가 도합 10여 천에서 20여 천까지 일정하지 않았습니다. 강녕직조부의 조부는 황제의 의복 운송을 지휘하며 경사에 들어왔는데 통일된 처리 규정에 적혀 있는 범위 내에서 짐 싣는 말 14필, 기마 2필을 썼습니다. 역참마다 통일된 처리 규정에 나와 있는 대로 처리한 것 말고 말 23필에서 25필까지 임의로 더 보탰고 교자꾼 12명과 하역부 57명을 더 썼습니다. 매 주현에서 주는 전별금, 노새 값이 24냥에서 32냥에 이르기까지 일정하지 않았고, 하인·선발대·말 관리인·요리사 등도 도합 10냥에서 14냥까지 일정하지 않았습니다. 모두 방_方 아무개의 손을 거쳐 건네졌습니다 등등.

정에 나와 있는 대로 처리한 것 말고 말 23필에서 25필까지 임의로 더 보탰고 교자꾼 12명과 하역부 57명을 더 썼습니다. 매 주현에서 주는 전별금, 노새 값이 24냥에서 32냥에 이르기까지 일정하지 않았고, 하인·선발대·말 관리인·요리사 등도 도합 10냥에서 14냥까지 일정하지 않았습니다. 모두 방 아무개의 손을 거쳐 건네졌습니다 등등.

즉시 육로로 비단을 운송한 강녕직조 원외랑 조부, 항저우 직조 번역관 덕문, 쑤저우직조 오림인 마색을 자세히 조사함: 너희가 비단을 운송하면서 연도의 주현에서 마필 등의 물건을 받았는데 이치상으로 통일된 처리 규정에 적혀 있는 범위 내의 액수로 받아야 함에도 규정을 위반하고 규정의 범위를 넘어 연도의 각 역참에서 임의로 마필, 하역꾼, 노새 값, 은냥, 사료 등을 초과하여 썼으니 이는 어쩌된 상황인가?

조부의 진술에 따르면 다음과 같음: "이전에 황제가 사용하던 비단은 모두 해상으로 운반했는데 나중에는 비단에 곰팡이가 생길 것을 우려하여 육상 운송을 통해 말에 실어 운반하는 것으로 바꾸게 되었습니다. 그러자 말이 놀라 달아나 물건이 중간에 유실될 위험이 있어 지방관 세 곳의 직조관원과 회동하여 장차 운송할 비단을 본 직조처에서 노새를 빌려 운송하도록 하고 지나는 주와 현에서 노새의 가격과 여비를 적절히 가늠하여 협조하기로 결의했습니다. 여정이 이미 길어져 터무니없는 규정 위반을 어물쩍 넘어가게 됨에 따라 인부나 말을 늘려서 쓰고 전별금을 수수하며 그들이 준비해준 음식을 먹고 그들이 준비해준 사료를 쓴 것이니 이 모두가 사실입니다. 황상의 은혜를 입은 제가 직관으로서 정해진 규정을 어기고 역마와 은냥 등을 더 취한 것은 죽어 마땅한 죄인바 무슨 변명을 할 수 있겠사옵니까"라고 되어 있습니다. 번역관 덕문과 오림인 마색은 함께 다음과 같이 진술했습니다. "저희 두 사람은 모두 새로 임지에 부임했는데 지난해에 처음으로 육상으로 비단을 운송하면서 규정대로 처리해야 함에도 그들이 준비한 대로 따랐고 경솔하게 수수했습니다. 이는 저희가 죽을 때가 된 것이니 또 어찌 감히 변명의 말씀을 드리겠습니까."

조부의 하인 방삼方三, 덕문의 사인 풍유금馮有金, 마색의 승차承差 이李 아무개와 하인 기주祈住 등을 심문한 내용을 담아 순무 색능액이 상주문을 올림: "연도와 역참에서 준 은냥은 모두 너희 손을 거쳤다. 역마다 조금씩 받았을 텐데 받아 챙긴 은이 얼마나 되더냐"라는 심문에 대해 다음과 같이 진술했습니다: "길가의 역참에서 내놓은 은냥은 모두 우리 손을 거친 게 맞습니다. 준 액수는 다소간 일정하지 않지만 모두 장부로 조사가 가능합니다." 장부를 조사해보니 조부가 은 367냥 2전을 받았고, 덕문은 은 518냥 3전 2푼을 받았으며 마색은 은 504냥 2전을 받았습니다.

해당 신하 등이 회의하여 얻은 결론: 산둥순무 색능액은 상주문을 올려, 통일된 처리 규정에 적혀 있는 범위를 넘어 연도의 각 참에서 임의로 마필, 노새 값, 전별금·하역꾼·음식·사료 등을 초과하여 쓴 사건을 조부의 진술에 의거하여 심의했음: 조부를 비롯해 번역관 덕문과 오림인 마색은 모두 인정한 상태입니다. 규정을 조사해보니 "역참관원 중에 재물을 요구한 자는 삭탈관직한다"는 등의 사항이 들어 있습니다. 그러나 조부 등은 모두 직조인원으로 황상의 깊은 은혜를 받고 있는 자로서 의당 신중히 일을 하고 법률을 삼가 준수해야 함에도 규정을 준수하지 않고 비단을 운송하는 연도의 역참에서 소란을 피우고 재물을 요구했으니 실로 가증스럽습니다. 응당 원외랑 조부는 직책을 박탈하고 번역관 덕문과 창고 관리 마색은 면직시키도록 해야 합니다. 번역관과 창고 관리는 모두 두 달 동안 칼을 씌워 곤장 100대를 때리고 노역으로 파견하여 사병으로 충당하게 하고자 합니다. 조부의 선발대인 하인 방삼, 마색의 하인 기주, 덕문의 사인 풍유금은 비록 조부 등의 명령을 따랐을 뿐이지만 선발대라는 것을 빌미로 역참을 소란스럽게 하고 재물을 요구했으니 역시 가증스럽습니다. 응당 방삼, 기주, 풍유금은 각각 두 달 동안 칼을 씌우고 방삼과 기주에게는 곤장 100대를 때리며 풍유금에게는 40대를 때리고자 합니다. 조부 등은 연도에서 요구한 은냥이 비록 장부에 기재되어 있다고 하나 그것을 사실로 받아들이기는 마뜩지 않습니다. 응당 현재의 장부에 있는 은냥을 숫자대로 엄격하게 따져서 광저사에 제출하고 직례直隸, 산둥山東, 강남江南, 저장浙江의 순무에게 공문을 보내 이러한 항목의 은냥에서 실제로 그들이 수수한 액수를 조사해 장부에 기록된 것보다 얼마나 더 취한 것인지를 밝혀야, 때가 되었을 때 그 결과에 따라 배상할 수 있을 것입니다. 이에 신은 감히 독단적으로 처리하지 않고 정중하게 상주문을 올려 칙명을 주청드리옵나이다.[100]

원래 다롄大連도서관에 소장되어 있던 상주문인데 제일역사박물당안관에서 발견한 옹정 7년 7월 '형부이회刑部移會'와 함께 대조해보면 옹정제가 즉위한 이후 조씨 집안이 겪은 일들을 연구하는 데 상당히 도움이 되는 자료다. 그러나 어떤 연구자는 이 상주문의 발견은 조씨 집안이 가산 몰수를 당한 원인으로서 경제범죄설을 보강하고 있다고 보기도 하고 혹자는 장수차이가 제기한 역참소란설을 더욱 증명하는 것이라고 주장하기도 했는데 나는 그렇게 보지 않는다. 상주문에 남아 있는 진술은 다음과 같다. "이전에 황제께서 사용하시던 비단은 모두 해상으로 운반했는데 나중에는 비단에 곰팡이가 생길 것을 우려하여 육상으로 말에 실어 운반하는 것으로 바꾸게 되었습니다. 그러자 말이 놀라 달아나 물건이 중간에 유실될 위험이 있어 지방관이 세 곳의 직조관원과 회동하여 장차 운송할 비단을 본 직조처에서 노새를 빌려 운송하도록 하고 경유하는 주와 현에서 노새의 가격과 여비를 적절히 가늠하여 협조하기로 하자고 결의했습니다. 여정이 이미 길어져 터무니없는 규정 위반을 어물쩍 넘어가게 됨에 따라 인부나 말을 늘려서 쓰고 전별금을 수수하며 그들이 준비해준 음식을 먹고 그들이 준비해준 사료를 쓰게 된 것이니 이 모두가 사실입니다." 황제의 의복을 운송할 때 노새와 말, 사료, 전별금 등을 더 보태주기로 한 것은 세 곳의 직조가 회동하여 지방관들이 결정한 것으로 여정이 이미 길어진 것은 결코 조부가 멋대로 한 행동 때문이 아니다. 집안일을 돌보는 집사 방삼 등은 진술에서 다음과 같이 말했다. "길가의 역참에서 내놓은 은냥은 모두 우리 손을 거친 게 사실입니다. 장부로 조사가 가능합니다." 내무부에서 조사한 결과에는 "조씨 집안에서 은 363냥 2전을 받았다고 지적되어 있으니" 이는 또 운송과정의 장부 내역이 매우 명확하다는 것을 말해준다. 그렇다면 기왕에 "여정이 이미 길어졌고" 거기다 장부 내역도 분명한데 왜 하필 이 시기에 조부를 어떻게든 징계하려고 한 것일까? 참으로 깊이 숙고하게 만드는 일이 아닐 수 없다. 이것이 바로 그중 첫 번째 이유다.

두 번째는 이 상주문의 도입부에 산둥순무 색능액의 상주서를 가장 눈여겨볼 만하다. 색능액의 상주서에서도 다음과 같이 인정하고 있다. 각 역참의 기존 출장관이 여러 원인으로 인해 액수를 초과한 과도한 요구와 규정을 위반하여 어물쩍 넘어가는 상황이 자주 발생한 것은 "해가 거듭될수록 피차간에 관행"이 오래 지속되다보니 설사 위법 사례를 알았다 하더라도 다들 "뭐라고 할 수 없게" 됐기 때문이다. 이는 이러한 종류의 일이 이전에도 결코 철저히 규명되지 않았음을 말해주는 것이다. 하물며 색능액의 상주서에서 말하는 것은 일반적인 출장 근무자이고 황제의 의복 운송에 대해서는 더더욱 철저한 규명이 이루어지지 않았던 듯싶다. 철저한 규명을 하기가 어려웠을 뿐 아니라 각 지역의 역참에서 주동적으로 양식을 더 보태주거나, 직조관에게 아부를 하지 못하면 기가 죽을지 모른다고 생각했을지도 모른다. 정말이지 이치에 딱 맞아떨어지는 말이 아닐 수 없다. 만약 강희제 때였다면 누가 감히 강녕직조 조인과 쑤저우직조 이후를 털끝 하나라도 건드릴 생각을 했겠는가? 그러나 색능액이라는 인물은 어떻게든 철저히 규명하고자 친히 세 곳의 직조에서 최근에 황제의 의복을 운송한 상황을 '방문 조사'하여 분명하고도 확실하게 사실을 밝혀내고 옹정제에게는 각 직조관에게 칙서를 내려 더 이상 과도하게 인부와 말, 전별금을 거두지 못하게 함으로써 "물자를 아끼고 역참을 키우려는 천자의 마음"을 널리 알렸다. 그리하여 옹정제도 이 건의를 즉각 받아들였으며 색능액에게는 "조금도 사사로운 정에 얽매이지 않고 사실에 의거하여 탄핵을 상주한 것은 짐의 마음을 깊이 헤아린 것이니 실로 가상하다"고 표창한 것이다. 옹정제가 조부 일가에 대해 어떤 태도를 취하고 있는지 색능액이 사전에 알았던 것이 아니라면 그가 "천자의 마음"에 영합하듯이 이렇게 할 수 있었겠는가? 그렇기 때문에 조부가 "역참에서 소란을 야기했다"는 사건은 조부를 손보려는 구실이었음이 여실히 드러났다.

세 번째 더욱 의심스러운 것은 가산 몰수를 위해 조부의 부동산을 단단히 봉인한 것은 옹정 5년 12월인데 총관 내무부에서 조부의 역참 소란 사건 판결은 옹정 6년 6월에 가서야 비로소 내려지니 시간상으로 이미 반년이나 흐른 뒤다. 다시 말하면 역참소란 사건에 대한 상주가 옹정 5년 12월에 올라가 한창 심리가 진행되고 있고 그에 대한 판결이 나지도 않았는데 가산 몰수가 이루어졌다는 것은 앞뒤가 맞지 않는다. 게다가 역참소란 사건에 대한 심리가 완결된 것은 옹정 6년 6월의 일이니 더더욱 모순된다. 결론적으로, 어떻게 사건의 심리가 끝나 판결이 나기도 전에, 그것도 6개월이나 앞서 모종의 조치가 이루어질 수 있으며 또 그 모종의 조치가 앞서 진행 중인 심리의 판결, 즉 6개월 뒤의 일에 거꾸로 영향을 미치는 사유로 작용할 수 있는가?

따라서 필자가 생각해보건대 옹정 6년 내무부에서 올린 상주문의 발견은 조씨 집안이 가산을 몰수당했다는 경제범죄설과 역참소란설에 근거를 보태주었다기보다는 도리어 이 두 가지 설의 모순을 잇달아 노출시킴으로써 논리적으로 정치연루설이 역사적인 사실에 더 가깝다는 것을 알 수 있게 해주었다.

조설근 가족의 운명은 강희시대와 시작과 끝을 함께했다. 조인이 살아 있을 때가 조씨 집안의 전성기였다. 조인이 죽고부터 내리막길이 시작된다. 옹정 5년 가산이 몰수되고 정치적으로 고립무원의 상황에서 철저히 세력을 잃고 경제적으로도 순식간에 빈털터리가 된다. 수혁덕은 조부의 재산과 사람들을 면밀히 조사한 후 다음과 같은 결과를 내놓았다. "가옥과 하인들의 거처 13곳은 도합 483간. 땅 8곳, 도합 19경67무. 남녀노소 하인 도합 114명, 나머지는 탁자와 의자·침대와 간이의자·자질구레한 낡은 옷가지와 전당표 100여 장 외에 다른 항목은 없음."[101] 별도로 조씨 집안이 강희 54년에 상주한 바에 따르면 베이징에 거주 가옥 두 채와 빈 가옥 한 채를 더 가지고 있었다.[102] 1983년 새로 발견한 옹정 7년 7월 29일 형부에서 내무부로 보낸 관방 문서에는 다음과 같이 기록되어 있다: "조부의 경성京城 재산과 식솔 및 강성江省의 재산과 식솔은 모두 황제의 칙지에 따라 수혁덕에게 하사하노라. 후일 수혁덕이 조인의 처가 과부가 되어 생활이 막막한 것을 보고 상으로 받은 재산과 식솔 중에서 경성의 숭문문崇文門 바깥 산시구蒜市口 지역의 17칸 반짜리 집과 노복 3쌍을 조인의 처에게 주어 근근히 생계를 꾸려갈 수 있게 해주었다."[103] 이는 가산 몰수로 조씨 집안은 이미 완전히 기울었고 조부가 목에 칼이 채워진 죄수가 되자 조인의 처와 조설근 등 가족은 일개 평민으로 전락했음을 말해준다. 당시 설근의 나이는 13세 전후로 이미 세상물정에 대해 조금씩 알아가기 시작할 무렵이었다. 만약 조씨 집안 선대의 영화가 조설근에게 『홍루몽』을 창작하고 표현하는 데 유익한 문학 환경을 제공해줌으로써 영향을 미쳤다면 강희제와 옹정제의 정권 교체기에 조씨 집안이 입은 타격은 조설근이 『홍루몽』을 창작하게 된 직접적이고도 결정적인 계기가 되었다. 이런 의미를 감안할 때 조학은 그 존재만으로도 존재 가치가 있고 홍학의 발전과정에서도 필수적인 전제가 되었다고 생각한다.

맹자孟子가 이렇게 말했다. "옛사람이 지은 시를 읊고 옛사람이 쓴 글을 읽고도 그의 사람됨을 모른다고 해서야 되겠는가? 그래서 옛사람이 살았던 시대를 논하게 되는 것이니 이것을 일러 위로 옛사람을 벗한다고 하는 것이다."[104] 따라서 『홍루몽』을 읽으려면 반드시 조설근을 알아야 하고 『홍루몽』을 연구하려면 조설근의 생애와 가세를 탐구해야 한다. 홍학은 조학을 벗어날 수 없다. 그것은 바로 조학에서 그가 살았던 시대를 논하고 있기 때문이다!

제4장

고증파 홍학의
위기와 활로

홍학사에서 최고의 영향력과 실력을 갖춘 홍학의 분파는 고증파 홍학이다. 고증파 홍학을 처음으로 연 인물은 후스다. 물론 후스 이전에 『홍루몽』 고증이 전혀 없었다고는 말할 수 없으며, 색은파 홍학도 고증의 방법을 완전히 피해갈 수는 없었다. 그러나 『홍루몽』 연구를 고증의 길로 인도하고 홍학 고증에 특수한 대상과 범위 및 방법을 부여함으로써 사회에서 매우 영향력 있는 학문 분야로 발전시킨 인물이 후스인 것만은 분명한 사실이다.

후스와 위핑보:
역사 고증과 문학 고증

1921년에 「홍루몽고증紅樓夢考證」을 발표한 후스는 그 이듬해에 「홍루몽고증발문跋紅樓夢考證」을 발표했다. 이 두 편의 논문은 고증과 홍학의 원조라고 할 수 있다. 그는 첫 번째 글에서 이렇게 말했다. "우리가 시도하는 『홍루몽』 고증은 기껏해야 이 두 가지 문제를 출발점으로 삼아 우리 힘으로 수집할 수 있는 자료를 참고하고 활용하여 상호 증명을 거침으로써 가장 합당한 결론을 도출해내는 것이라고 생각한다. 이것이 고증학의 방법이다."[1] 이른바 고증을 필요로 하는 '두 가지 문제'란 작가와 판본이다. 이것이 바로 후스가 『홍루몽』 고증의 대상과 범위에 대해 내린 정의다. 작가의 고증은 반드시 작가가 처한 시대를 다루므로 후스는 두 번째 글에서 홍학 고증의 '근거'는 다른 게 아니라 "작가, 시대, 판본 등을 고증할 수 있는 근거만을 가리킨다"[2]는 점을 더욱 강조했다. 「홍루몽고증」과 「홍루몽고증발문」 두 논문에서는 주로 작가와 시대를 고증했다. 1928년과 1933년에 후스가 발표한 「홍루몽 고증의 새로운 자료들考證紅樓夢的新材料」[3] 「건륭경진본지연재중평석두기초본에 대한 발문跋乾隆庚辰本脂硯齋重評石頭記鈔本」」[4] 이 두 편의 논문은 판본 고증의 범주에 속한다. 전자는 갑술본의 소개와 고증에 관한 것이고 후자는 경진본庚辰本의 소개와 고증에 관한 것이다. 1961년 갑술본『석두기』가 타이베이臺北에서 영인 출판될 때 후스가 발跋을 지어 밝혔던 해당 판본의 특징과 가치에 대한 생각이 덧붙여졌다.[5]

오늘의 시각과 이미 있는 홍학에 관한 기존 지식들을 통해 볼 때 후스의『홍루몽』고증에는 상당한 오류가 있다. 예를 들면 지연재脂硯齋는 연지를 빨아먹기 좋아하는 보옥이고, "조설근 자신이다"[6]라는 주장, "국내에서 가장 오래된『석두기』의 필사본"이자 조설근이 건륭 갑술년에 쓴『석두기』의 초고본인 갑술본의 현재 판본에는 1~8회, 13~16회, 25~28회 등 총 16회 분량만 남아 있다[7]는 주장이 그것이다. 이러한 관점은 분명히 성립될 수 없다. 또한 조설근이 조부의 아들이며『홍루몽』후40회는 고악高鶚이 이어 지은 것이라는 주장도 근거가 부족하다. 총체적으로 볼 때 후스의 고증 가운데 비교적 사실에 부합하는 것은『홍루몽』작가에 대한 개략적인 윤곽을 그려낼 수 있게 되어 후대 연구자들에게 큰 도움을 주었던 조설근 집안에 대한 고증이다.[8] 판본에 대한 고증은『석두기』의 두 가지 중요 필사본을 근거로 했지만 연구가 정밀하지 못해 도리어 오류가 많은 편이다. 그렇다고 해서 이것이 고증파 홍학의 창시자인 후스의 위치에 영향을 미친 것은 아니다. 역사적으로 새로운 학파를 연 인물들은 해당 학문 분야의 크고 작은 내부 문제를 해결해서라기보다는 기왕의 연구 규범과는 다른 새로운 연구 방법을 제시하여 학문의 발전에 새로운 경지를 열었다는 데서 그 중요한 의의를 찾을 수 있기 때문이다.

후스의 『홍루몽고증』이 책으로 출판되고 채 1년이 안 되었을 때 위핑보兪平伯의 『홍루몽변紅樓夢辨』이 완성되었다.[9] 『홍루몽변』과 『홍루몽고증』이 연구방법에서 공통된 점이 있다면 고증학의 방법을 썼다는 데 있다. 그러나 채택한 내용과 핵심은 크게 달랐다. 후스가 『홍루몽고증』에서 해결하고자 한 핵심 사항은 『홍루몽』의 작가와 연대였기 때문에 기본적으로 역사 고증의 범주에 속한다. 그러나 위핑보의 『홍루몽변』은 『홍루몽』 자체의 내용을 분석하는 데 중점을 두었다. 이 점은 구제강이 『홍루몽변』의 서에서 분명히 밝힌 바 있다. "후스 선생은 새로운 자료를 자주 발견하곤 했다. 그러나 나와 위핑보는 역사적인 자료를 손에 넣지 못해 『홍루몽』의 작품 연구에 주력했고, 그중에서도 고악의 속서에 관심을 가졌다."[10] 다시 『홍루몽변』의 내용을 살펴보니 상권 다섯 편은 모두 후40회 속서에 관한 것으로 문장 우열의 관점과 스토리 발전의 실마리를 통해 정위원과 고악에 대해 비판을 가한 내용이 주를 이루었다. 중권 여섯 편 중에서 작가의 태도에 대해 논한 첫째 편이 조설근의 창작 의도를 탐구하는 데 주된 목적이 있었다면 나머지 다섯 편은 작품의 풍격, 시간, 장소를 논하거나 80회 이후의 정절에 대한 탐구 혹은 진가경의 사망 원인을 고증한 내용으로 연구 범위가 『홍루몽』 텍스트를 벗어나지 않았다. 하권 여섯 편 가운데 첫째 편과 둘째 편은 판본에 관한 것인데 사실상 후40회 속서 문제를 보완한 내용이며 다른 네 편은 잡다하여 부록으로 삼았다.[11] 첨삭과 수정 과정을 거쳐 1952년에 『홍루몽변』과 『홍루몽연구』란 제목으로 다시 출판하게 되었는데,[12] 원래대로 『홍루몽』의 내용과 관련 판본을 연구의 핵심으로 부각시켰다. 고증학의 방법론을 썼지만 작품과 좀 더 긴밀히 밀착된 이른바 문학 감상이 결합된 문학 고증이라고 하겠다. 이와 같이 위핑보의 『홍루몽』 연구는 문학 고증으로, 후스의 『홍루몽』 고증은 역사 고증으로 각각의 특성을 드러냈다. 과거 우리는 위핑보와 후스를 완전히 동일시하여 위핑보의 연구 특성을 포착하지 못했으니 학술적으로 좋은 기회를 놓친 셈이다. 지금 생각해보면 위핑보는 『홍루몽변』에서 『홍루몽연구』에 이르기까지 줄곧 홍학 고증에 힘써왔지만 그의 연구는 처음부터 소설 비평과 홍학과의 융합을 꾀함으로써 통상적인 홍학 고증과는 그 노선을 달리했다.

고증파 홍학의
집대성자 저우루창

고증파 홍학의 중견 인물이자 집대성자는 위핑보가 아니라 저우루창이었다.

저우루창의 『홍루몽신증』은 1947년 가을에 시작하여 1950년에 완성되었고 1953년 상하이당체출판사上海棠棣出版社에서 출판되었다. 이에 앞서 그는 1947년에 「『홍루몽』 작가 조설근의 생졸년에 관한 새로운 추론紅樓夢作者曹雪芹生卒年之新推定」[13]이라는 글을 발표했는데, 돈민의 『무재시초懋齋詩鈔』의 「편지 대신 시 한 수를 조설근에게 보내다小詩代簡寄曹雪芹」를 근거로 조설근은 건륭 28년 계미癸未(1763) 제석除夕에 사망했다고 주장해 홍학계의 주목을 받았다.[14] 후스의 『홍루몽고증』에서 조설근의 가세와 생애에 대한 개략적인 윤곽을 잡을 수 있었다면, 저우루창의 『홍루몽신증』에서는 완전하게 형태를 갖춘 가옥의 외관을 볼 수 있다. 조설근 선대의 자료를 놓고 보더라도 지금까지 『홍루몽신증』에서 수집한 것만큼 방대한 자료를 담은 책이 없었으니 후스가 『홍루몽고증』에서 인용한 자료들이 제대로 임자를 만난 셈이 되었다.

저우루창은 다음과 같이 설명했다. "우리가 지금 알고 있는 조씨 집안의 역사는 『홍루몽』을 이해하는 데 도움을 주는 자료로서 『홍루몽고증』보다 훨씬 나은 것은 물론이고 『홍루몽고증』의 용납할 수 없는 오류도 수없이 찾아냈다."[15] 황제께서 조씨 집안 선대에 내리신 사령 세축, 『연정도棟亭圖』 네 축, 돈민의 『무재시초』, 유서裕瑞의 『조창한필棗窗閑筆』, 소석蕭奭의 『영헌록永憲錄』 등 유일본 서적들은 모두 저우루창이 기쁘고도 경이로운 심정으로 직접 발굴해낸 것들이다. 『홍루몽신증』에는 '사료편년史料編年'이라는 특별 항목을 설정했는데 인용한 서적만도 120종이 넘었다. 1976년 증보판을 낼 때 해당 항목을 대략 전체 서적의 2분의 1에 해당하는 36만 자로 늘려 내용을 더욱 충실하게 확충했다. 이외에도 저우루창은 「조설근가세생평총화」[16]와 『조설근소전曹雪芹小傳』[17]을 저술함으로써 『홍루몽』의 작가 조설근의 가세와 생애에 관한 역사 자료가 그에 의해 '일망타진'되었다고는 할 수 없을지라도 최소한 앞으로 발굴될 자료도 그리 많지는 않다는 것을 확인시켜주는 계기가 되었다. 그는 이러한 자료를 근거로 엄격한 고증학적 방법론으로 자신의 홍학 체계를 구축했다.

저우루창 홍학 고증의 핵심은 조설근의 가족사와 작가의 생애 사적, 다시 말하면 후스가 강조한 시대와 작가였다. 이 뒷부분을 저우루창은 '근학芹學'이라 칭했는데[18] 조학의 구성 요소 중 하나이기도 하다. 저우루창은 조설근 가족의 본적, 소속 기적旗籍, 주요 친척들의 상황, 성쇠의 원인에서 조설근의 생졸 연대, 가산 몰수 후 베이징으로 돌아온 이후의 행적과 만년에 서교에서 책을 짓게 된 과정에 이르기까지 모두 자신의 독자적이고 체계적인 관점을 가지고 있었다. 이러한 관점은 후스와 달랐을 뿐 아니라 다른 많은 홍학가와도 구별되었다. 한마디로 그는 진정으로 체계를 갖춘 홍학가였다고 할 수 있다. 물론 포착한 대상과 운용 방법에 있어서 후스를 계승했지만 위평보와는 거의 관련이 없었다. 고증을 통해 강희, 옹정, 건륭 시기의 사회정치적 특성, 특히 황실의 알력과 찬탈에 대해 생생하게 재현함으로써[19] 독자들이 『홍루몽』을 이해하는 데 충분한 배경 자료를 제공해주었다. 조설근의 조부인 조인이 강남에서 활동한 상황, 직조의 정치적 사명, 조인과 명나라 유민과의 관계 등 이 모든 것을 저우루창은 구체적으로 고증했으며 그에 대한 독창적인 관점을 내놓았다.

'호광사강湖廣四强'[20]의 한 사람으로 불리며 명나라 유민 중에서 절개가 곧기로 유명했던 선비 두개杜岕는 조인과 예사롭지 않은 친분관계를 유지하고 있었다. 강희 24년 5월 조인은 강녕에서 경사로 돌아와 내무부낭중을 맡게 되었다. 두개는 장시를 지어 송별했는데 시에 다음과 같은 내용이 들어 있다. "옛날에 오나라 공자 계찰季札은 여러 나라를 방문했을 때 육대의 음악을 청하여 듣고 풍아에 능통했으니 그는 가르침을 받는 인물로서 벗하는 사람들이 경박하지 않았네. 또 위나라 진사왕이자 멋스런 옹구왕 조식曹植은 조서 올리는 게 힘들고 알현하는 것이 두려웠네. 「종갈」에서는 깊은 충심을 드러냈고 「구차」에서는 내심을 토로했네. 고래로 이 두 현인은 널리 알려져 사책에 수록되었다네昔有吳公子, 歷聘游上國, 請觀六代樂, 風雅擅通識, 彼乃聞道人, 所友非佻達.[21] 又有魏陳思, 肅詔苦行役, 鵰鶚雍丘王,[22] 恐懼承明謁, 「種葛」見深衷, 「驅車」吐肝膈. 古來此二賢, 流傳著史冊." 다시 덧붙이기를 "내가 고인들의 호탕함을 보니 몸을 지키는 것을 명철이라 했네. 그들의 도는 양극단이 없고 지금의 한미한 자리에 만족하고 몸을 부귀의 바깥에 노닐게 하니 운명의 형통과 막힘이 무슨 상관인가? 예를 들어 벽돌을 나른 도간과 같은 인물에게 눈에 놀이(진디등에) 같은 벌레는 하찮게 여겨졌을 것이네. 몸의 외관이 비로소 저절로 존재하니 노자의 양생술이더라我觀古人豪, 保身謂明哲. 其道無兩端, 素位卽自得, 置身富貴外, 蓮幾何通塞. 譬如運甓者,²³ 醯鷄²⁴非所屑, 外身身始存, 老氏養生術." 그 뒤에 이어서 또 다음과 같이 덧붙였다. "경서와 위서는 구세의 말이요, 겉으로만 추종하는 것은 때를 지키는 책략이다. 훌륭한 글에는 군주가 상을 내리고 의심스런 점에 대해서는 군주가 명확히 해야 한다네經緯救世言, 委蛇²⁵遵時策, 奇文君能賞, 疑義君能晰." 전체적으로 진지함이 느껴지는 가운데 주로 조인에게 관리로서 어떻게 처신해야 하는지를 충고하고 있는데 분명한 정치적인 태도가 담겨 있다. 예를 들면 정식의 중요한 관직이 아닌 "한미한 자리素位"나 성심껏 일을 하지 않고 대충대충 일처리를 하는 관리사회의 관행을 나타내는 "겉으로만 추종한다委蛇"는 말들이 자연스럽게 언급된 것을 보더라도 "두 사람이 겉으로만 교류하는 형식적인 사이가 아니었음"을 미루어 짐작해볼 수 있다. 저우루창은 이 시를 두개의 『사산집집竺山集輯』에서 찾아 『홍루몽신증』 "사사계년史事稽年" 장에 저록해두었으며 그에 대해 상세한 고증을 했다. 그는 "조인 등이 당시 실제로 어떠한 정견을 가졌는지에 대해 전반적으로 연구해볼 만하다"²⁶라는 의견을 제시했다. 두개가 조인의 시집에 쓴 서에서는 더 단도직입적인 내용이 나온다. "여헌荔軒과 이별한 지 5년 만에 동학들은 남북으로 먼길을 오가며 벼슬자리에 나가 있건 물러나 집에 들어앉아 있건 처세를 기본으로 살아가는 비결을 삼았는데 매번 머리를 긁적이며 '여헌은 어떠할까'라며 궁금해하곤 했다. 얼마 후 진사왕陳思王 조식이 「선인편仙人篇」에서 높고도 험준한 하늘문을 읊조리고 빛을 숨긴 채 도를 닦아 신선이 되기를 선망하는 모습을 보면서 진사의 마음이 곧 여헌荔軒의 마음임을 알게 되었으니 어찌 망연자실하지 않을 수 있겠는가!"[27] 이는 처음에는 조인을 잘 이해하지 못하다가 나중에야 삼국시대의 조식과 같은 생각을 가졌음을 발견하고 애초부터 "처세의 비결"이 필요없는 사람이었음을 깨달았다는 뜻이다.

그렇다면 무엇이 "진사의 마음"인가? 저우루창周汝昌은 『남원잡시南轅雜詩』 제11수의 소주小注에서 실마리를 찾았다. 시는 7절이고 4구로 되어 있다. "불우한 왕교王喬는 죽음으로써 쉬게 되었으니 내 산에 굳이 묏자리에 심는 나무를 심을 필요가 있을까? 황초黃初(위 문제 조비) 때 실제로 긴 세월 동안 눈물을 흘렸건만 도리어 죽을 때가 된 여우가 자신이 살던 굴을 향하듯 임치臨淄를 바라보며 고향을 그리워하네." 소주小注에는 "자건子健(조식의 자字)은 조비가 왕위를 계승하게 되었다는 소식을 듣고 대성통곡했다. 『위지魏志』에 보인다"[28]고 되어 있다. 조비가 한 헌제를 압박하여 왕위를 선양받았다는 소식을 듣고 조식이 상을 당한 것처럼 장사를 지내며 슬피 곡을 한 것은 역사적으로 유명한 전고다. 조식이 곡을 한 이면에는 사마씨가 한을 찬탈할 것이라는 사실을 일찍부터 간파하고 있었던 점이 있다. 그런 측면에서 저우루창이 발견한 단서는 매우 중요하다. 명대 장부張溥의 평론에는 다음과 같은 내용이 들어 있는데 저우루창의 판단에 깊은 영향을 미쳤다. "논자들은 또 말하기를 조비가 왕위를 선양받게 되자 분노하며 한 맺힌 눈물을 쏟았던 자건에게 작위를 계승하게 했다면 필시 종신토록 한에 충성을 다했을 것이라고 했으니 진사왕의 마음이 주 문왕文王의 마음이 아니겠는가? 나는 기산에 올라 허유許由에게 묻노라."[29] 저우루창은 이 글을 보고 마침내 크게 깨우치고는 이렇게 말했다. "두개가 완곡하게 평론한 이른바 '진사'의 '군자'로서의 '그' 마음은 바로 '한에 복종'하는 '그 마음'인 것이다."[30] 다시 말하자면 진사왕 조식에게 한에 복종하려는 마음이 있었다는 걸 전제하는 상황에서 두개가 "진사의 마음이 곧 여헌荔軒의 마음"이라고 한 것은 조인에게도 한에 복종하는 마음이 있었음을 증명해 보여주는 것이다. 결론이 조인의 실제 상황에 딱 맞아떨어졌는지의 여부는 차치하고라도, 최소한 명대 유민인 두개가 한을 섬기려는 조인의 마음을 알았다[31]는 것을 빈틈없이 고증해 보여주었다. 이 한 가지 예만 가지고도 홍학 고증에 관한 한 저우루창 선생의 공력이 대단하다는 것을 알 수 있다. 그리고 조씨 집안의 관습적인 작명 방식에 근거하여, 조인의 동생의 자가 자유子猷인 것을 근거로 그의 이름이 조선曹宣이라는 것을 역추적 해냈고 그 유래가 『시경詩經』「대아·상유大雅·桑柔」의 구절인 "마음가짐 밝고 순해 신중히 보좌할 신하를 생각하신다秉心宣猶, 考慎其相"에서 나온 것임을 밝혔다. 이를 통해 "잃어버렸던" 조선曹宣을 찾아냈으니 홍학 고증에서 볼 때 단연코 학술적인 공헌이 아닐 수 없다.

저우루창의 홍학 고증은 조설근의 가세와 생애를 위주로 했지만 조설근의 가세와 생애에만 국한시키지 않았다. 『홍루몽』의 서로 다른 판본, 지연재의 비어, 후40회 속서와 조설근과 『홍루몽』 관련 문물 등에 걸쳐 저우루창은 원류를 고증하고 진위를 판별하려고 시도했다. 『홍루몽신증』의 8장과 9장, 부록편 등은 바로 이러한 문제들을 고증한 것이다.[32] 전체적으로 보았을 때 조설근의 가세와 생애에 대한 고증에서는 자못 탁월한 견해를 갖추었으나 판본, 지비脂批, 문물 등에 있어서는 비록 창견이 없다고 볼 수는 없을지라도 주관적인 억측이 끼어들어가는 경우가 많아 입론의 타당성을 약화시켰다. 가장 두드러진 예가 바로 지연재가 사상운이라고 했던 주장[33]인데 여하를 막론하고 지비의 내용과 아귀가 맞아떨어지지 않는다. 예를 들면, 『홍루몽』 제49회의 비어에 다음과 같은 내용이 들어 있다. "최근의 권보에는 말 타는 자세가 나오는데 사마귀의 웅크린 자세와 같다. 옛사람들은 재빠르고도 맵시 있는 것을 선호하여, 한가로이 사마귀 한 마리를 잡아 목을 빼고 가슴을 포갠 자세를 감상하곤 했다. 지금 '학열낭형鶴熱螂形' 이 네 글자의 출처는 없지만 도리어 충분히 표현한 것 같다." 여기서 권보에 대해 거창하게 설명하고 있는 인물은 당연히 여성일 수 없다는 점을 여러 학자가 지적했지만 저우루창은 계속 자신의 설을 고집했다. 이는 그가 상당히 폐쇄적으로 홍학세계를 추구하고 있음을 보여주는 것이다. 그는 조학, 판본학, 탐일학, 지학을 홍학에 포함시켰으나 『홍루몽』 자체의 사상이나 내용을 연구하는 것은 홍학의 범주에 포함되지 않는다[34]고 주장하면서 고증파 홍학을 가장 우위에 두었으니 학술 종파의 이른바 "엄격한 이론과 방법"이라 하겠다. 저우루창은 자신의 이러한 주장이 고증학을 포함한 전체 홍학의 범주를 사실상 제약하는 결과를 가져왔다는 것을 인식하지 못한 것 같다.

우언위吳恩裕와
우스창吳世昌의 공헌

고증파 홍학에는 상당히 많은 사람이 포진해 있었는데, 이를테면 후스, 위펑보, 저우루창 말고도 개인적으로 영향력 있는 견해를 가진 학자들이 더 있었다. 일찍이 1925년 리셴보李玄伯는 『홍루몽』의 위치 문제에 관한 글에서 자신의 견해를 피력한 바 있다.[35] 이후 1931년에 후스가 갑술본을 손에 넣고 「홍루몽 고증의 새로운 자료들考證紅樓夢的新材料」을 완성한 지 얼마 지나지 않은 상황에서 리셴보는 다시금 「고궁주간故宮週刊」에 「조설근가세신고曹雪芹家世新考」를 발표했다. 조인, 조과曹顒, 조부의 상주문을 근거로 비교적 자세하게 조씨 집안의 상황을 정리했으며 조설근이 허베이河北 펑룬豐潤 조씨의 후예라는 주장을 펼쳤다.[36] 팡하오方豪는 1944년 발표한 「홍루몽신고紅樓夢新考」에서 『홍루몽』에 나오는 외국 지명과 외국 물품들을 체계적으로 고증했는데 이를테면 외국의 모직물, 시계, 공예품, 음식, 미술 등과 같은 외국 물품들의 내력을 추적하여 대부분의 물품이 조공품이라는 점을 밝혀냄으로써 『홍루몽』에 나오는 가부와 조설근 가족의 특수한 신분과 지위를 알 수 있게 해주었다.[37] 팡하오는 여러 종류의 서양 기물들이 최초로 중국에 전래된 시점과 사회적으로 유행하게 된 상황에 대해서도 최대한 고증해내려고 노력했다. 예를 들면 『홍루몽』 제44회에 나오는 양칠洋漆 받침과 53회에 나오는 양칠 다반茶盤에 대해 팡하오는 옹정제가 포르투갈 사신에게 하사한 예물 품목에 있는 것이라고 고증했다. 특히 그중 한 상자에는 양칠 화장함이 가득했고 또 다른 상자에는 양칠 감나무 상자 한 벌과 뚜껑 있는 찻잔 네 개가 들어 있었다는 것을 소개함으로써 청초에 양칠한 기물이 매우 귀했다는 것을 밝혀주었다. 또 자명종은 가장 먼저 전래된 서양 물품인데 이탈리아 선교사 마테오리치가 중국에 올 때 가지고 들어와 건륭제 시기에는 이미 사대부 집안에 널리 보급되었지만 강희제 때만 하더라도 상당히 진귀한 물건에 속했다. 『홍루몽』 제72회에서 희봉이 자명종 시계를 처분할 때 가격이 은 560냥에 달했고 그 외에 4~5상자의 동과 주석으로 된 그릇들도 모두 은 300냥에 팔았다. 그래서 팡하오는 "『홍루몽』이 작품은 반드시 건륭 이전에 쓰였을 것이다"[38]라는 결론을 내렸다. 결론의 정확성 여부는 차치하고라도 세밀한 고증이 찬탄을 불러일으킨다. 또한 쩡츠량曾次亮, 주난셴朱南銑, 왕리치王利器, 저우사오량周紹良도 고증파 홍학의 주요 인물들이다. 쩡츠량은 조설근의 사망 시점을 고증하면서 "시헌력時憲歷"으로 계미년癸未年 봄이 지날 무렵임을 증명했으니 임오년壬午年보다 15일 일러[39] 조설근 졸년 계미설癸未說의 논증력을 강화시켰다. 왕리치가 1957년 발표한 「고악에 관한 자료들關于高鶚的一些材料」[40]은 후40회 속서 연구가 활성화되는 데 지대한 공헌을 했다. 주난셴과 저우사오량이 함께 펴낸 『홍루몽서록紅樓夢書錄』과 『홍루몽권紅樓夢卷』[41]은 조설근과 『홍루몽』 관련 자료들을 가장 풍부하고 충실하게 모아놓은 책들로 그동안 홍학 연구자들에게 엄청난 혜택을 주었다.

그러나 나는 여기서 우언위와 우스창吳世昌 두 사람을 좀 더 비중 있게 다루고자 하는데 그 이유는 바로 그들이 고증파 홍학의 양대 거장이자 1950~1960년대 저우루창과 함께 트로이카를 이루었던 저명한 홍학가들이기 때문이다. 저우루창은 조설근의 가세를 고증한 것으로 정평이 나 있고 우언위는 조설근의 생애 사적을 찾아내 탐구하는 데 큰 능력을 발휘했으며 우스창은 『홍루몽』의 판본과 저술과정을 연구하는 데 역점을 두었다. 세 사람이 가장 활발하게 활약했던 시기가 바로 고증파 홍학의 전성기였다.

우언위는 서양 정치사상사를 연구하면서 1954년부터 홍학에 몸담았는데 「조설근의 생애曹雪芹的生平」가 가장 먼저 내놓은 그의 대표 작이다.[42] 그로부터 얼마 지나지 않아 조설근의 문헌 자료와 관련이 있는 『조설근에 관한 여덟 가지 자료有關曹雪芹八種』라는 고증서를 세상에 선보였고[43] 1963년에는 『조설근에 관한 열 가지 자료有關曹雪芹十種』로 확대했으며,[44] 최종적으로는 『홍루몽총고紅樓夢叢考』라는 책으로 집대성했다.[45] 저우루창과 마찬가지로 우언위도 새로운 자료의 발굴에 주력했으니 이른바 돈민의 『무재시초』 친필 원고, 돈성의 『초료암필주鷦鷯筆麈』 친필 원고, 영충永忠의 『연분실집延芬室集』 초고와 필사본으로 되어 있는 『사송당시초四松堂詩鈔』 『초료암잡시鷦鷯庵雜詩』 등이 우언위가 직접 찾아낸 자료다. 이러한 새로운 자료를 고증함으로써 조설근이 난징에서 베이징으로 돌아온 이후의 행적에 대해 좀 더 진전된 설명이 가능해졌다. 가장 두드러진 성과는 돈성의 시에 나오는 「당시 호문에서 조석으로 함께했는데當時虎門數晨夕」라는 구절에서 "호문虎門"을 "우익종학右翼宗學"으로 고증함으로써 조설근이 일찍이 우익종학[46]에서 일했다는 사실을 밝혀준 것이다. 이는 우언위의 독자적인 발견으로 이미 절대 다수의 홍학가들이 인정하는 사실이 되었다.

돈성의 「그리운 조설근에게寄懷曹雪芹」는 18구로 이루어진 칠언고시다. 시의 내용은 다음과 같다.

일찍이 두보는 시를 지어 조패장군을 칭송하며
위무의 자손이라 했었지[47]
그대야말로 조 장군의 후예가 아니던가요?
지금은 어이하여 사방이 온통 흙벽인 쑥부쟁이 마을에 살게 된 건지
그대는 두목이 꿈꿨던 양주의 옛 꿈에서 일찌감치 깨어나더니
임공의 사마상여가 입던 독비곤을 걸쳤구려
내가 흠모하던 그대의 시 재주는 신기에 가까워
속박에 얽매이지 않는 이하를 빼다박았다오
당시 우익종학에서 우리는 조석으로 함께했는데
서창가에 밝힌 촛불, 비바람에 어두워지곤 했더랬지
두건을 거꾸로 쓴 채 술을 마셔도 자부심이 넘쳤고
이를 잡으며 태연자약하게 고담준론을 펼쳤는데
그대가 그리웠건만 다시 만날 수 없었고
계문의 석양은 점점 더 소나무 아래로 떨어지는구려
그대여! 다른 사람의 식객이 되지 말고

권세가에게 고개를 숙이지 마시게나

마시다 남은 술과 다 식어빠진 고기 몇 점에 큰 은혜라도 베푼 양 하니

차라리 황엽촌에서 책을 쓰는 게 나을 걸세

少陵昔贈曹將軍, 曾曰魏武之子孫

君又無乃將軍後, 于今環堵蓬蒿屯

揚州舊夢久已覺, 且著臨邛犢鼻裙

愛君詩筆有奇才, 直追昌谷破籬樊

當時虎門數晨夕, 西窗前燭風雨昏

接䍦倒著容君傲, 高談雄辯虱手捫

感時思君不相見, 薊門落日松亭樽

勸君莫彈食客鋏, 勸君莫叩富兒門

殘杯冷炙有德色, 不如著書黃葉村[48]

돈성의 이 작품은 시풍으로 볼 때 지난날의 추억뿐만 아니라 빈궁한 처지에 책을 저술해야 하는 상황 등 조설근의 처지와 인격에 관한 내용을 두루 아우르고 있어 조설근의 생애 사적을 고증하는 데 매우 귀중한 자료임에 분명하다. 그러나 이 중에서 "당시 호문에서 조석으로 함께했는데當時虎門數晨夕" 구절은 해석하기가 참으로 어려운 대목이다. 저우루창은 『홍루몽신증』 초판에서 "호문"이 무엇을 가리키는지 알 수 없다고 했다가 재판에서는 "시위侍衛가 수위 당번을 맡은 궁문"으로 해석하면서 "호문" 구를 조설근과 돈성이 일찍이 시위를 함께했음을 가리키는 것이며 시간은 대략 건륭 4년 내지 5년 이후일 것이라고 단정지었다.[49] 그러나 현재 돈민, 돈성 형제의 자료 가운데 돈성이

시위를 했다는 기록은 없다. 게다가 건륭 4, 5년에 돈성은 이제 겨우 6, 7세의 나이로 시위를 했을 가능성은 더더욱 희박하다.

그래서 우언위는 저우루창이 해석한 "호문"에 대해 동의하지 않았고 돈민과 돈성의 시문에서 다섯 개의 "호문"이 나오는 것[50]을 볼 때 이 단어의 의미는 종학宗學, 즉 베이징 시단西單 패루牌樓 북쪽의 석호石虎 골목에 있는 "우익종학"[51]임을 입증하는 것이라고 했다. 제시한 증거가 매우 설득력 있어 개별적으로 이견이 있는 몇몇 학자를 제외하고[52] 대다수의 홍학자는 우언위의 견해에 찬동하는 쪽으로 기울었다. 그의 이러한 고증은 조설근의 생애 사적의 일대 공백을 메워주었으니 그 가치가 어느 정도인지 상상할 수 있다. 그러나 여전히 남겨진 문제는 주로 조설근이 우익종학에서 무슨 일을 했는지 단정하기 어렵다는 점이다. 그렇다면 공부를 했을까? 그러나 공부를 했다고 볼 수 없는 이유는 그 당시 조설근은 최소한 서른이 넘은 나이였고 돈성과 돈민 형제는 스무 살 전후와 15~16세 정도의 나이로 종학에서 동학으로 지낼 만한 사이가 아니었기 때문이다. 하물며 돈성의 시에 "동학이 모두 성씨가 같았다"[53]는 구절이 나오는 것으로 보아 반증이 가능하다. 그렇다면 학생들을 가르쳤을까? 그런데 돈민, 돈성 형제가 쓴 조설근에 관한 시를 보면 모두 동년배의 어투로 되어 있어 사제지간으로 보기도 어렵다. 때문에 우언위는 교학을 보조하는 사람 내지 직원이었을 것으로 추정하기도 했지만 끝내 결론을 내리지는 못했다.

우스창이 거둔 홍학 고증의 성과는 주로 『홍루몽탐원紅樓夢探源』과 『홍루몽탐원외편紅樓夢探源外編』[54] 두 책에 들어 있다. 그가 쓴 「지연재중평 '석두기'(78회본)의 구성, 연대, 평어를 논하다論脂硯齋重評 '石頭記'(78回本)

的構成, 年代和評語」「잔본지평 '석두기'의 저본과 그 연대殘本脂評'石頭記'的底本和 其年代」「'홍루몽고'의 성분과 그 연대'紅樓夢稿'的成份及其年代」 등 판본 관련 논문[55] 등은 홍학계에 상당한 영향을 끼쳤다. 후스는 비록 1933년에 경진본『석두기』를 손에 넣었지만 간단히 소개만 하고 깊이 있는 연구를 진행시키지 않았다. 1955년에 그 책이 출판되고 나서도 오랜 시간 심도 있는 연구 결과를 내놓지 못했다. 우스창은 경진본『석두기』에 대해 전체적으로 세밀하게 고증한 첫째 인물이다. 경진본, 갑술본 모두 원본을 베낀 것이어서 각 저본의 실제 연도를 대표하지 못한다. 우스창은 바로 이 점을 지적하면서 경진, 갑술 등의 간지干支로 판본의 명칭을 삼는 데 반대했으니[56] 자못 이치에 맞는 말이라고 하겠다. 특히 갑술본 앞부분의 "범례"에 대해, 조설근이 지은 것이 아닐뿐더러 지연재와도 아무 관련이 없다고 주장한 우스창의 생각은[57] 논리적으로 매우 설득력이 있다. 후스가『홍루몽』은 조설근의 자서전이라는 주장을 제기한 이래로 자전설에 반대하는 홍학가들까지 포함하여 많은 홍학가가 주인공 가보옥의 모델은 조설근이라고 생각했다. 이에 대해 우스창은 다른 주장을 펼쳤는데, 지연재를 정밀하게 변별함으로써 "보옥은 조설근 자신을 쓴 것이 아니라 작자가 소년 시절의 지연재를 모델로 삼은 것"이라는 결론을 도출해냈지만, 지연재가 조선曹宣의 넷째 아들이라는 것이 확실하다고 하더라도 이름이 석碩이고 자가 죽간 竹磵이라는 증거는 다소 명확하지 않은 것 같다.[58] 그리고 우스창이 갑술본 제1회의 비어에 들어 있는 "설근에게는 이전에『풍월보감風月寶鑑』이라는 책이 있었는데 그 아우 당촌棠村이 서를 썼다. 지금 당촌은 이미 죽고 없어 나는 새것을 보면서 추억에 젖게 된바 이 서를 필기 안에 남겨두게 되었다"[59]라는 내용을 근거로 초기 필사본의 회전총평回前總評들, 예컨대 제1회 서두의 "此開卷第一回也" 밑으로 이어지는 글 모두가 당촌이 설근의 옛 원고인 『풍월보감』에 달아준 서문이라고 주장했다.[60] 이러한 견해의 신빙성 여부와 관련하여 좀 더 면밀한 검토가 있어야겠지만 독서의 정밀함, 사고의 신중함, 분석의 치밀함에 있어서만은 홍학 고증파의 즐겨 배우고 깊이 연구하는 학문적 특성을 충분히 드러내 보여주었다고 할 수 있다.

고증파 홍학의
총력전

홍학 고증은 조설근의 사망 연도를 고증했던 1962년에 최고봉에 달했다. 이는 고증파 홍학의 첫 대결전으로서 홍학 고증 진영에 대한 집중적인 검열의 시간이 되었다. 『광명일보光明日報』와 『문회보文滙報』에서는 불과 1962년 3월 10일에서 7월 8일까지의 짧은 기간 연이어 우언위, 우스창, 저우루창, 저우사오량, 주난셴, 천위피陳毓罷, 덩윈젠鄧允建 등이 서로 논쟁을 벌였던 글 13편을 게재했는데,[61] 고증파 홍학의 몇몇 대장과 주력 대원들이 총출동하여 규모나 기세는 물론이고 깊이와 영향력 면에서 홍학 고증이 탄생된 이래 유례없는 성황을 보여주었다. 비록 일치된 결론을 도출해내지는 못했지만 피차간에 논점을 분명히 밝힘으로써 기존에 확보된 자료를 기초로 좀 더 깊이 있는 논증을 해나가지 않으면 안 되게 되었다.

조설근의 사망 연도는 기존에 주로 두 가지 설이 있었다. 하나는 임오설壬午說로 설근이 건륭 27년 임오(1763년 2월 12일) 제석除夕에 사망했다는 주장이고, 다른 하나는 계미설癸未說로 건륭 28년 계미(1764년

2월 1일) 제석에 사망했다는 주장이다. 전자는 갑술본『석두기』제1회의 비어에 들어 있는 "쓰라린 눈물이 담긴 사연을 아는 사람이 눈물로 이 책을 쓰노라. 임오제석에 책을 완성하지 못한 상태에서 설근은 눈물이 다해 죽음에 이르렀다能解者方有辛酸之淚, 哭成此書. 壬午除夕, 書未成, 芹爲淚盡而逝"는 내용을 근거로 한 것이다. 낙관에는 "갑오년 8월에 눈물로 쓰다甲午八月淚筆"라고 되어 있고 서명은 빠져 있지만 평어를 단 사람은 지연재 아니면 기홀수다. 두 사람 모두 조씨 집안의 일원이어서 조설근의 사망 연도를 잘못 쓸 리가 없다. 그래서 건륭 27년 임오년에 사망했다는 사실에는 아무 문제가 없다. 후스는 1927년 갑술본을 손에 넣었을 때 이 평어를 근거로 조설근의 사망 연도는 임오제석이라고 판단하고 이전에 주장했던 갑신설甲申說을 수정했다.[62] 그러나 나중에 저우루창은 돈민의『무재시초』에서 「편지 대신 시 한 수를 조설근에게 보내다小詩代柬寄曹雪芹」시의 "봄바람에 살구비가 내리니 또 꽃잎이 흩날리는 계절이라네. 옛 친구를 번거롭게 우리 집 정원으로 청해 봄을 감상하네. 그대의 시재는 조식에 비견할 만한데 술자리의 풍성함은 되려 따라주질 못하네. 그대에게 3월 3일이 되기 삼 일 전에 우리 집 정원에서 함께 자리하여 술을 마시자고 청했었지東風吹杏雨, 又早洛花辰. 好枉故人駕, 來看小院春. 詩才憶曹植, 酒盞愧陳遵. 上巳前三日, 相勞辭碧茵"라는 구절을 발견했다. 시 앞부분의 세 번째 시 「고찰소게古刹小憩」제목 아래 계미 두 글자가 쓰여 있는 것으로 볼 때 순서상 「편지 대신 시 한 수를 조설근에게 보내다」도 계미년에 지은 것이 분명하다. "상이上巳"는 음력 3월 초3일, 건륭 계미년 2월은 작은 달이므로 "전삼일前三日"은 당연히 2월 29일이다. 다시 말하면 돈민이 계미년 봄에 조설근을 초대하면서 2월 29일에 자기네 집에 와서 술을 마시고 봄 경치를 감상하자고 한 사실이 아직 있는 것을 보면 조설근이 여전히 건재했다는 것을 알 수 있다. 그러므로 조설근은 절대 임오년 제석에 이 세상을 하직한 것이 아니라 계미년 제석에 사망한 것이다. 마침내 『무재시초』가 엄격하게 연도를 배치한 것인지에 관한 문제가 대두되었다. 계미설을 따르는 사람들은 연도 배치가 엄격했다고 하고 임오설을 따르는 사람들은 연도 배치가 엄격하게 이루어지지 않았다고 보았다. 「고찰소게古刹小憩」 시제 아래의 "계미" 두 글자에 대해 임오론자들의 검토 결과, 뜯어고치고 보완하여 만든 것이라는 결론을 냄에 따라 서명 연도의 정확성 여부에 대한 의문을 증폭시켰다. 계미론자들은 고쳤더라도 작가가 직접 고친 것이기 때문에 제대로 고쳤고 잘못 고쳤을 리가 없다는 주장을 펼쳤다. 임오설의 근거가 된 지연재 비어에 대해 계미론자들은 지연재 혹은 기홀수가 잘못 기록한 것이기 때문에 갑오는 건륭乾隆 39년으로 설근이 사망한 연도에서 이미 11년이라는 시간이 흘렀다고 보았다. 비어를 단 사람은 적어도 75세가 넘었고 더욱이 "눈물로 쓰다淚筆"라는 단어에서도 알 수 있듯이 이처럼 흥분된 상황에서 연도를 오기할 가능성은 많다. 임오론자들은 이에 대해 설근의 사망은 지연재나 기홀수에게 크나큰 충격이라 통곡하면서 비어를 달았지만 그렇다고 연도를 잘못 기록할 연배는 아니라고 즉각 반박했다. 나중에 모습을 드러낸 징잉쿤靖應鵾 소장본에는 지연재의 이 평어에 "갑신팔월甲申八月"이라고 서명이 되어 있어 "잘못 기록했다"는 설은 설득력을 잃는다. 그러나 징본은 지금까지 세상에 공개된 바가 없고 비어도 옮겨 써진 것이어서 잘못 기록된 것인지의 여부는 아직 검증이 되지 않은 상태다. 계미론자들은 지연재 비어에 연도가 잘못 기록되었다는 의문을 품으면서도 '제석' 두 글자를 포기하지 못했지만, 임오론자들은 이에 대해 그렇지 않다고 여기며 계미 제석 그 자체가 모순이라고 지적했다. 그러나 계미론자들은 연도는 잘못 기억할 수 있어도 제석은 중국에서 특별한 날이기 때문에 절대 잘못 기억할 리가 없다고 주장했다. 1962년에 있었던 대논쟁은 주로 지연재 비어의 신빙성과 『무재시초』의 편년 문제를 둘러싸고 전개되었다.

조설근의 사망 연도를 고증하려면 돈성의 만시挽詩 문제도 다루어야 한다. 『사송당집』 원고에는 「조설근을 애도하며挽曹雪芹」라는 시 한 수가 들어 있다.

40년 세월을 저승에 넘겨준 나의 친구여,
애처로이 명정에 나부끼는 깃발에 쓰인 건 누구의 이름이던가?
일찍 저세상으로 떠난 자식의 혼을 이제야 따라갈 수 있게 되었으나
홀로 남겨진 아내를 생각하니 어찌 눈을 감을까?
그의 전반생은 귀신같은 재능으로 시를 쓰다 관직에 나간 지 삼 년 만에
비정하게 죽어버린 이하李賀였고
그의 후반생은 스스로 사슴이 끄는 수레를 타고 사람들에게 가래 지고
따라오게 하며 방탄한 삶을 살다 칠십 세에 세상을 떠난 유령劉伶 같아라.
오랜 친구인 나로서는 그저 수수한 푸른 적삼 걸친 채 눈물 흘리며
술 한 잔과 풀 한 다발로 친구 조설근의 옛 무덤에 애도할 따름이로세.
四十年華付杳冥, 哀旌一片阿誰銘.
孤兒渺漠魂應逐, 新婦飄零目豈瞑.

牛鬼遺文悲李賀, 鹿車荷鍤葬劉伶.

故人唯有靑衫淚, 絮酒生芻上舊坰.

이 시의 셋째 구 아래에 다음과 같은 주가 달려 있다. "몇 달 전에 요절한 아들로 인해 마음의 충격을 받아 병에 걸렸다前數月, 伊子殤, 因感傷成疾." 이 시의 시제 아래에는 "갑신甲申"이라는 글자가 붙어 있어 갑신년, 즉 건륭 29년에 지어진 것임을 말해준다. 시 내용으로 볼 때, 조설근이 죽은 지 얼마 지나지 않아 지은 장송시이며 시를 지은 시기와 조설근이 사망한 시기와의 시간차는 그리 크지 않음이 분명하다. 따라서 이 시는 계미론에 유리하고 임오론에는 불리하다. 그러나 『초요암잡시』에는 또 다른 「조설근을 애도하며挽曹雪芹」 두 수를 보존하고 있다. 첫째 시는 다음과 같다.

적요한 40년 세월을 너무 메마르게 살아왔는데

어제 문득 새벽바람이 명정을 스치고 지나가네

애간장을 끓이는 무덤가엔 먼저 떠난 아들의 울음소리

눈물이 솟구치는 처량한 하늘엔 과부의 울부짖음

그의 전반생은 귀신같은 재능으로 시를 쓰다 관직에 나간 지 삼 년 만에 비정하게 죽어버린 이하였고

그의 후반생은 스스로 사슴이 끄는 수레를 타고 사람들에게 가래를 지고 따라오게 하며 방탄한 삶을 살다 일흔에 세상 떠난 유령 같아라

고인에게 꼴풀로나마 애도하고자 하나

어느 곳에서 혼을 불러와 두형63에 대해 읊조릴거나

四十蕭然太瘦生, 曉風昨日拂銘旌.

腸回故壟孤兒泣, 淚迸荒天寡婦聲.

牛鬼遺文悲李賀, 鹿車荷鍤葬劉伶.

故人欲有生芻吊, 何處招魂賦楚蘅.

둘째 시는 다음과 같다.

상자를 여니 아직 빙설의 문장이 남아 있는데

오래 사귄 친구는 영락하여 구름처럼 흩어졌네

3년 동안 낙방함에 나를 가련히 여겨주었는데

나는 정작 병을 고쳐주지도 못하고 그대를 저버리게 되었네

등 땅의 수많은 인재가 한스러워하니

산양 살던 혜강의 피리 소리 차마 들어주기 힘드네

훗날 수척한 말이 서주로를 지나갈 때

숙근초의 서늘한 연기가 떨어지는 석양과 마주했네

開篋猶存氷雪文, 故交零落散如雲.

三年下第曾怜我, 一病無醫竟負君.

鄧下人才應有恨, 山陽殘笛不堪聞.

他時瘦馬西州路, 宿草寒燃對落曛.

첫째 시의 셋째 구 "애간장을 끊는 무덤가엔 먼저 떠난 아들의 울음소리" 뒤에 "몇 달 전 조설근은 자신의 아들이 죽어 상심한 나머지 병에 걸렸다前數月, 伊子殤, 因感傷成疾"라는 소주小注가 달려 있는 것으로 보

아 이는 분명 "40년 세월을 저승에 넘겨준 나의 친구여四十年華付杳冥" 구절이 들어간 시의 초고일 것이며 다섯, 여섯째 구가 운에서 벗어났기 때문에("팔경八庚"이 "구청九青"으로 고쳐짐) 부득불 고쳐 쓰게 된 것이리라. 이 두 시에는 연도가 쓰여 있지 않은데, 임오론자 입장에서는 계미년 봄에 쓰여 갑신년에 최종적으로 원고를 완성하게 된 것이라고 믿는 편이 차라리 낫다고 판단한 것 같다. 그래야 조설근의 사망 연도가 임오년 제석이라는 사실에 모순이 없을 뿐 아니라 이치상으로도 맞아떨어지기 때문이다. 그러나 계미론자가 이 두 수의 시를 갑신년에 지어진 것이 확실하다고 보는 것은 초고에서 완성된 원고가 나오기까지 시간이 1년 이상이나 걸렸을 가능성이 없으며 더더구나 "어제 문득 새벽바람이 명정을 스치고 지나가네" 구에서 장사를 지내고 돌아와 만시를 지었다는 것을 분명히 말해주고 있기 때문이다. 이는 고쳐진 원고의 "제수용 술絮酒" "풀 한 다발生芻"과 더불어 이제 막 상을 당한 정황과도 합치된다.

만시의 주석을 놓고 볼 때 계미론자의 해석이 설득력을 지녀 임오론자들이 수세에 몰렸다. 게다가 소수의 임오론자들만 만시가 갑신년에 지어졌다는 것에 의문을 가졌을 뿐 나머지 임오론자들은 만시의 서명 연도에 의문을 제기하지 않았고 심지어는 장송시를 인정하기까지 했다. 그들은 이듬해에 장사를 지냈다는 것, 다시 말하면 임오년에 사망했는데 1년간 영구를 안치했다가 갑신년 초에 매장을 했을 따름이라는 것이다. 이렇게 되자 문제가 더욱 복잡해지면서 또다시 이듬해에 장사를 지내는 것이 겉치레인지 아닌지에 관한 논쟁을 촉발시켰다. 논쟁을 하면 할수록 골이 더 깊어짐에 따라 쌍방 간에 일치된 결론을 도출해내지 못한 채 어쩔 수 없이 일단락을 짓고 잠시 소강상태에 접어들 수밖에 없었다.

고증파 홍학가들 중에서 위핑보, 왕페이장王佩璋, 저우사오량, 천위피, 덩윈젠 등은 임오설을 주장했고, 저우루창, 우스창, 우언위, 쩡츠량, 주난셴 등은 계미설을 주장했다. 후스는 처음 『홍루몽고증』을 발표할 때 조설근은 건륭 29년인 갑신년에 사망했다고 보았으나 이후 임오년으로 고쳤다가 다시 저우루창의 계미설에 동의하는 것으로 되돌아왔으나 만년에는 또다시 임오王午로 수정했다.[64] 해외 홍학가들의 경우 임오설이 우세한데 『홍루몽신탐』의 작자인 자오강이 가장 영향력 있게 뒷받침을 하고 있다.[65]

위기 속의
활로 모색

나는 조설근의 사망 연도에 관한 논쟁이 고증파 홍학에게 일대 터닝포인트가 되었다고 생각한다. 만약 이전의 홍학 고증이 지속적인 발전도상에 있으면서 1962년에서 1963년까지 조설근의 사망 200주기를 기념할 당시 최고조에 달했다면 그 이후의 홍학 고증은 정상에서 곤두박질치면서 점차 일반화의 길로 접어든다. 최소한 조설근의 생애 사적과 가족사에 대한 고증은 그러했다. 이러한 상황은 1960년대 후반에서 1970년대 전반에 이르기까지 발생했던 문화대혁명과 분명히 관련 있지만 그보다는 고증파 홍학의 자체적인 위기에 따른 이유가 더 크게 작용했다.

반드시 객관적인 자료를 전제로 해야 하는 홍학 고증은 자료의 발굴에 있어 여러 조건의 제약을 받기 때문에 일정한 시기가 되면 상대적으로 위기 상황에 도달할 수밖에 없다. "절묘한 우연으로 발견된 새로운 자료라면 한계는 더욱 불가피하다. 일단 새로운 자료가 다시 발견되지 않으면 전체적인 연구 작업은 필연적으로 정지된다"[66]는 위잉스의 말처럼 말이다. 그래서 고증파 홍학의 위기는 무엇보다 자료의 위기다. 비록 1960년대 중반 이후 지속적으로 조설근의 가세와 생애에 관한 자료가 발견되었다는 소식이 들려오긴 했지만 늘 진위를 판별할 수 없었고 "발견"과 더불어 논쟁도 딸려왔기 때문에 홍학이나 조학을 연구하는 데 있어서 과학적인 근거 자료가 되기 어려웠다.[67] 물론 위기든 중단이든, 모두 상대적인 관점에서 본 것이므로 고증파 홍학이 결코 하루아침에 와르르 무너지지는 않을 것이다. 새로운 자료 발굴이 어렵다면 기존 자료를 다시 검토하고 바로잡음으로써 새로운 결론을 도출해낼 수도 있기 때문이다.

자오강趙岡의 『홍루몽신탐』이 그 대표적인 예다.

만약 홍학 고증에서 반드시 새로 발견된 자료를 근거로 해야 한다면 『홍루몽신탐』에서는 그러한 조건을 구비하고 있지 못하다는 것을 서언에서 분명하게 밝히고 있다. "우리는 환경과 시간상의 제약으로 인해 스스로 설정한 단서에 맞게 원시 자료를 발굴해낼 방법이 없다. 책에서 인용된 것들은 이미 거의 전부 다른 사람들이 오랫동안 반복해서 토론을 거쳤던 제2차 자료다. 우리는 자료를 다시 정리할 뿐이다."[68] 반세기 동안 홍학 고증을 지속해오면서 학자들은 자신의 설을 내세우기에 급급해 줄곧 종합적인 작업은 하지 못했기 때문에 이와 같이 "다시 정리"하는 작업도 매우 중요하다. 『홍루몽신탐』은 역대 홍학 고증에 관한 관련 자료들을 함께 용해시켜 체계적으로 정리하고 항목별로 주석과 설명을 곁들였으며 여러 설의 장단점을 잘 비교하여 다른 사람의 설을 받아들이기도 하고 자신의 견해를 내세우기도 하면서 사람들이 받아들이기 쉽게 질박한 문체를 구사했다. 그중 몇 가지 관점, 예컨대 돈성의 시구절 "當時虎門數晨夕"에서 "호문"은 설근과 함께 참가했던 건륭 병자년丙子年의 순천향시順天鄕試[69]라거나 지연재는 조과曹頫의 유복자 조천우曹天祐[70]이고 기홀수는 조부曹頫[71]라는 등의 주장이 도대체 맞는 설인지 여부에 대해서는 금방 판단하기 어려우므로 그저 고증과정에서의 일설로 볼 뿐이다. 그러나 『홍루몽신탐』에서 제기한 것처럼 가보옥을 조설근과 지연재의 합전[72]이라고 보는 주장은 지연재 비어의 내용과 확실히 서로 일치한다. 그리고 갑술본의 저본은 경진본 이후에 정리되어 나온 새로운 완성본[73]이라는 주장도 매우 심도 있는 관점으로서 그 논증과정도 상당히 설득력 있다.

그러나 더욱 주목할 만한 것은 제4장의 후40회 속서에 관한 연구인데 비교를 통해 정위원과 고악의 식자본에 모두 갑, 을, 병 세 가지 판본이 있다는 것을 고증했고, 통상적으로 정을본程乙本이라고 하는 판본은 사실은 정병본程丙本이라는 것, 갑과 병 사이에 또 하나의 호천렵본胡天獵本이 존재하며 이것이 바로 진정한 정을본이라는 사실이다. 이는 상당히 의미 있는 발견으로 고악이 후40회를 이어 지었다는 설을 전면 부정할 수 있다. 『홍루몽신탐』에서는 『홍루몽고』에 대한 연구를 통해 몽고본夢稿本의 대략적인 탄생과정을 고증함으로써 몽고본의 소장자에게는 원래 80회 지연재본이 있었으며, 나중에 정위원이 후40회의 원고를 손에 넣었다는 사실을 알고 빌려다 베낀 후 전80회와 함께 엮은 것이 바로 몽고본의 원문이라는 것을 밝혀냈다. 그러나 이때 정위원과 고악은 한창 "각 원본을 모아서 상세하게 교열하"던 중이어서 마침내 몽고본의 전80회도 고악이 빌려다 참고용 판본으로 삼았고 다 본 다음에는 결미 부분에 "고악이 읽었다蘭墅閱過"라는 네 글자를 달게 된 것이다. 정위원이 당시 손에 넣은 훼손된 후40회의 원고는 아마 분명히 "희미해서 정리할 수 없는" 상황이었기 때문에 고악이 수정과 보완을 하게 된 것으로 보인다. 몽고본의 소장자는 반드시 정위원과 고악의 수정과 보완 작업을 이해하고 마지막으로 개정되는 것을 기다렸다가 이 완성본 즉 정병본으로 수중에 있던 필사본을 교정한 것이다.[74] 이는 단지 추론적인 성격을 띤 기술에 불과하지만 기술 전에 이미 상세하게 고증을 거쳤기 때문에 몽고본의 필사와 배치에 대한 합리적인 설명으로 손색이 없다. 『홍루몽신탐』은 몽고본 연구를 종합하여 후40회 속서가 고악 혼자만의 손에서 나온 것이 아님을 확인했으며 제시한 이유들도 이전보다 더 알차졌다.

다른 한 가지 사례는 평치웅의 『조설근가세신고曹雪芹家世新考』다.

1963년 조설근 사망 200주년 기념 전시회에서 『랴오둥조씨종보遼東曹氏宗譜』가 전시된 적이 있는데 나중에는 보이지 않았다. 그래서 줄곧 그에 대한 깊이 있는 연구를 진행시키지 못했다. 평치웅은 1975년에 직접 방문하여 이 종보를 손에 넣고 많은 사료를 열람하여 오경당五慶堂의 시조는 종보에 올라 있는 조양신曹良臣이 아니라 조준曹俊이고 심지어 제2대 조태曹泰, 조의曹義도 거짓으로 끼워넣은 인물이어서 조준과는 하등의 인척관계가 아니라는[75] 사실을 밝혀냈다. 풍부한 인증 사료로 충분한 근거를 가지고 글을 썼기 때문인지 종보의 진위에 대해 어떠한 생각을 가졌는지에 상관없이 모두 조준이 오경당 조씨의 시조라는 설에 찬성할 수 있었다. 평치웅은 우성룽于成龍이 수찬한 『강녕부지江寧府志』 원본과 당개도唐開陶가 수찬한 『상원현지上元縣志』 중에서 완전한 두 편의 「조새전曹璽傳」을 찾았으니, 이는 자료가 절실한 상황에서 중요한 발견이라 하지 않을 수 없다. 우성룡의 『강녕부지』에는 조새의 둘째 아들이 조선曹宣이라고 명확히 기재되어 있어 저우루창의 고증이 정확하다는 것이 입증되었다. 당개도의 『상원현지』에는 "손자 과頔의 자는 부약孚若이다" "부頫의 자는 앙우昻友다" 등의 내용이 기재되어 있어 과거 조과曹頔와 조부曹頫가 이름만 있고 자가 없다는 사실의 결손을 메울 수 있게 되었다.[76] 조과의 "과頔"는 『역易』「관괘觀卦」의 "盥而不薦, 有孚顒若"에서 취한 것이어서 이름이 과이고 자가 부약인 것은 조인의 자 자청子淸이 『상서尙書』「순전舜典」의 "夙夜惟寅, 直哉惟淸"에서 취한 것과 마찬가지로 용법이 일치한다. 조부는 자가 앙우昻友인데, 원대의 화가 조맹부趙孟頫의 자인 자앙과 유사하다고 보는 것은 "부頫"와 "부俯"가 모두 음과 뜻이 같고 "앙昻"은 또 "앙仰"과도 같으며 다 『역』「계사繫辭 상」의 "仰以觀于天文, 俯以察于地理"에서 온 것이기 때문이다.[77] 이는 조씨 집안에서 이름을 지을 때마다 썼던 의례적인 전통이었다. 펑치융이 조설근의 가세에 대한 연구와 고증에서 최근 들어 가장 큰 성과를 낸 분야는 저우루창의 『홍루몽신증』을 실질적으로 검증하고 시정하여 바로잡은 점이라 하겠다.

조인과 명나라 유민 고경성顧景星의 관계는 시종 고증파 홍학가들에게 해결하지 못한 수수께끼로 남아 있었다. 저우루창은 『홍루몽신증』"사사계년史事稽年" 장에서 장사급張士汲이 고씨의 『백모당집白茅堂集』 서언 뒤에 쓴 내용을 수록하고 있다. "이와 같이 경성景星과 인寅은 외숙질 간이 틀림없다. 그러나 조인의 모친 성은 손씨이고 랴오양遼陽의 만주인인데 어떻게 기주蘄州의 명나라 유민과 인척관계를 맺게 되었을까? 실로 이해하기가 어렵다."[78] 훗날 「조설근가세생평총화」에서 다시 의문을 제기하며 "그들 사이가 '외숙질 관계'인 것이 이미 의심할 바 없는 분명한 사실인 것은 조인의 입으로 직접 고옹顧翁을 '외삼촌'이라 불렀고 고옹도 조인에게 시를 지어 보낼 때 숙질간의 이야기를 담은 전고, 이를테면 '나의 몸은 더럽혀졌는데 그대는 주옥처럼 곱기만 하네老我形骸穢, 多君珠玉如' 구절이나 '이백이 고오에게 선사한 시, 그 가치가 명월처럼 크고 그 소리가 천문처럼 천지를 움직였기에 우리 자청에게 선사한 것이네李白贈高五詩, 謂其價重明月, 聲動天門, 即以贈吾子淸'와 같은 구절을 담고 있다는 점 때문이다. 참 기이한 일이네! 대명의 기주 고씨가 대청의 만주滿洲 조씨와 언제 어떤 연유로 인척관계를 맺게 된 것인지 나는 아직도 잘 이해가 되지 않는다."[79] 저우루창은 다음과 같이 호소했다. "국내의 학자들이시여 자초지종을 고하오니 만滿, 한漢, 재在, 야野의 서로 나란히 할 수 없는 두 집안 간의 인척관계에 대한 사실을 밝혀주신다면 그 파급력은 적지 않을 것입니다."[80] 저우루창같이 전문적인 고증학자조차 이런 상황이었던 걸 보면 이것이 얼마나 풀기 어려운 문제였는지 알 수 있다. 사실 등지성鄧之誠과 같은 인물은 진작부터 『청시기사초편淸詩紀事初編』에서 조인이 "남방 지역의 인사들과 교류하지 않은 사람이 없고 누락된 경우가 거의 드물었는데 혹자는 그를 위해 문집을 새기고 유일하게 고경성을 외삼촌이라고 칭하고 있으니 이해할 수가 없다"[81]고 의문을 제기한 바 있다.

고경성은 자가 적방赤方이고 호가 황공黃公이며 후베이湖北 치춘蘄春 사람이다. 명대의 공생貢生으로 "황강이사黃岡二社"로 유명했다. 강희 18년 박학홍사博學弘詞에 뽑혀 고경성은 부름을 받고 서울로 상경하지만 병을 핑계로 시험에 응시하지 않았으니 실로 절개가 곧은 명나라 유민이다. 그가 조인의 외삼촌이라는 사실에는 문제가 없다. 고경성이 세상을 떠난 지 14년이 지난 강희 39년 조인은 「외삼촌 고적방 선생 보유도서 그림표舅氏顧赤方先生拥書圖記」라는 글에서 이 사실을 조금도 거리낌 없이 밝혔다.[82] 문제는 어떻게 인척관계가 되었느냐에 있다. 『홍루몽학간紅樓夢學刊』 1982년 제3기에 게재된 주단원朱淡文의 「조인소고曹寅小考」는 주로 이 문제를 다루었는데 비록 완전한 해답을 얻지는 못했을지라도 수수께끼의 답을 찾아내는 과정에서 마침내 아주 중요한 몇 걸음을 떼었다고 할 수 있다.

주단원은 명말 청초의 황태자 보모제도의 관련 규정을 근거로 현엽玄燁과 조새曹璽의 처 손씨孫氏, 조인의 나이를 비교하여 손씨가 조인의 생모일 리가 없다고 판단했다. 현엽이 태어난 순치 11년에는 보모로 뽑힌 손씨의 나이가 23세였고, 27세가 되던 순치 15년에는 조인이 이미 태어난 상태였다. 조인이 태중에 있었던 순치 14년에 현엽은 이제 겨우 서너 살이 되던 시기로 손씨가 궁에서 나왔을 가능성이 없기 때문에 손씨가 조인의 생모일 리가 없다. 사실상 조인의 생모는 아무리 늦어도 강희 18년에 이미 사망한 상태이지만 이때 손씨는 건재했다. 「조인소고」에서는 고경성의 「조자청을 그리워하며懷曹子淸」의 용전에 대한 고증과 해석을 통해 이 점을 반증했다. 「조자청을 그리워하며」에는 강희 18년 남방으로 돌아갈 때 조인과 헤어지는 정경을 담고 있다. 마지막 두 구의 "내심 수레 선물 받은 것이 부끄러운데 혹한이 가까워지니 기러기들이 시야에서 점점 더 사라지네心慙路車贈, 近苦寒鴻疏" 구절은 『시경』 「진풍·위양秦風·渭陽」의 "내가 삼촌의 귀국길을 배웅하러 위양까지 갔는데 그분께 무슨 선물을 드려야 할까? 잘 달리는 네 필의 황마가 이끄는 수레를 선사해드려야지我送舅氏, 日至渭陽. 何以贈之, 路車乘黃"에서 따온 것이다. 「시서詩序」의 해석을 보면 「위양渭陽」에서는 진 문공晉文公 중이重耳가 진秦을 떠나 진晉으로 되돌아갈 때 그의 생질인 진 강공秦康公이 위수까지 전송 나온 장면을 그렸는데, 이때 진 강공의 모친은 사망하고 없음에 "보이지 않는 어머니가 그리운데 외삼촌을 보니 마치 어머니가 살아 계신 것 같다念母之不見也, 我見舅氏, 如母存焉"라는 의미를 시에 담았다. 모친이 사망한 이후여야 비로소 "노거路車"의 전고를 쓸 수 있다. 박학다식한 고경성은 당연히 이 전고의 용법을 알았을 것이다. 그래서 주단원은 이와 같은 결론을 내렸다. "조인의 생모는 아무리 늦어도 강희 18년에 이미 사망한 상태다. 손씨가 결코 조인의 생모가 아닌 것은 강희 18년 당시 그녀가 멀쩡히 살아 있었고 강녕에서 첫째가는 일품 부인이었기 때문이다."[83] 이 반증은 매우 설득력이 있다. 이와 같다면, 조인은 고적방의 누이 고씨 소생임이 분명하다.

주단원은 또 고경성의 「망모 이유인 행장先妣李孺人行狀」과 고경성의 셋째 아들 고창顧昌의 『이제록耳提錄』「신계략神契略」에서 단서를 찾아 진 강공의 어머니 목희穆姬가 진 문공의 이복누이인 것처럼 고경성의 가전에는 기재되지 않은 이복누이가 있음을 증명했다. 고씨 집안은 명말 대혼란기인 숭정 16년부터 유랑을 시작해 처음에는 장헌충張獻忠에게 거의 피살될 뻔하다가 다행히 화를 모면하고 홍숙주鴻宿洲로 피신했다가 다시 서색산西塞山으로 옮겨가게 되었는데 노복과 노비 서너 명이 배신을 했고 부자는 두 달간 크게 병치레를 했다. 나중에 주장九江으로 갔다가 다시 강녕을 거쳐 마침내 원적지인 쿤산昆山으로 돌아왔는데, 이 시기에 누이와 고모가 연이어 병사했다. 순치 2년 청의 군사들이 쿤산 지역 사람들을 학살함에 따라 고씨 집안 사람들은 다시 유랑길에 오른다. 이같이 연이은 유랑생활로 어린 누이를 잃어버렸을 가능성이 있다. 「조인소고」의 작자는 바로 이 시기에 고경성의 누이가 조새에게 시집갔을 것으로 판단했다. 그의 누이가 조새의 첩이 되는 과정은 청 군대의 약탈과 관련이 있는 것으로 보이며 아마도 납치되어 팔렸다가 설반의 첩이 된 『홍루몽』의 영련이나 아니면 봉숙의 손을 거쳐 가우촌에게 바쳐진 교행과 유사했을 것이다. 조인은 순치 15년에 태어났고 고경성이 누이를 5세 전후에 잃어버렸을 것으로 가정하면 순치 15년 때는 18, 19세가 되었고 이 시기에 조인을 낳았다면 연령상으로도 맞아떨어진다. 심지어 고경성의 어린 누이가 대혼란을 피해 가족과 피난을 가던 도중에 배신한 서너 명의 노복과 노비에 의해 납치되지 않았을까 가정해볼 수도 있다. 그런 다음 "전적으로 5, 6세의 아이만 납치하는單管儉拐五六歲的兒女" 유괴범들에게 팔아넘겨져 "외진 곳에서 키워진 후 11, 12세가 되었을 즈음 용모에 따라 다른 곳으로 팔려간 것이 아닐까?" 어린 누이가 성장한 후 재주와 용모가 출중했다면, "독서로 고금에 통달하고 국가를 잘 다스릴 수 있는 재능과 예술적 기량을 겸비한" 조새는 필시 "최상의 풍류"를 자랑하는 인물이었을 것인즉 그는 "파격적인 값"을 내고 그녀를 데려와 우선은 시비로 삼았다가 나중에 첩실로 들어앉혔을 가능성이 있다. 또한 고씨와 조새의 사이가 몹시 좋은 나머지 손씨의 마음이 편치 못했다면 고씨의 이른 사망이 분명 처첩 간의 갈등 때문이었을지도 모른다. 만약 그러하다면 『홍루몽』 속의 영련의 상황과 무척 흡사하지 않은가? 설마 조새와 "상처 깊은 운명"의 고씨 사이에 맺어진 "꿈같은 인연"이 진정 『홍루몽』의 창작에 모종의 실마리를 제공해준 것은 아니었을까? 아마도 이러한 이유로 영련이 "부책副册"의 제일 첫 번째 자리에 이름을 올리고 청문이나 습인보다 높은 위치에 자리하게 된 것이라면 이는 각별히 작가가 신경을 썼기 때문일 것으로 보인다.

이제 그만해야겠다. 원래 독자들에게 주단원의 『조인소고』만 소개할 요량이었는데 생각지도 못하게 고씨에 관한 고증에 빠져든 나머지 본연의 임무를 망각했으니 지금이라도 원래 하고자 했던 소개를 계속해나가도록 하자. 「조인소고」에서는 조인, 조선曹宣의 형제관계에 관한 심도 있는 고증으로 조새 사후에 조인이 강녕직조를 이어받았으나 곧 북상하라는 명에 따라 조선 상격桑格이 직조의 직책을 수행하게 된 원인을 밝혔다. 조선은 순치 17년에 태어났는데 당시 현엽은 이미 만 7세가 되었고 그 이듬해에 즉위했으니 공교롭게도 손씨가 궁을 떠난 때다. 고경성의 『백모당전집』에 이에 대해 한 글자도 언급되어 있지 않은 것으로 보아 조선은 고씨 소생이 아니라 손씨 소생이며 조인과 조선 두 사람은 이복형제 간임을 알 수 있다. 이는 조인이 아주 일찍부터 강희제의 하급 관리가 된 데 반해 조선은 오히려 줄곧 조새와 손씨 옆에 남아 있었다는 점에서 그 증거를 찾을 수 있다. 봉건 종법사회에서 첩실 소생 맏아들이었던 조인의 신분은 불리했지만 그의 타고난 능력과 출중한 재능으로 조새의 사랑을 받았고 강희제의 눈에 들어 아버지의 직책을 물려받게 된 것이다. 조새는 강희 23년 6월 임지에서 사망했고 그로부터 얼마 지나지 않아 "장자 조인이 계속해서 강녕직조의 업무를 협력하여 처리하라는 칙지를 받들게 된다." 그러나 무엇 때문인지 그 이듬해 조인은 다시 경사로 돌아왔고 강희 31년에 2년간 쑤저우직조를 맡은 후에야 비로소 강녕직조의 업무를 수행하게 되었으며, 그 기간에 조선 상격이 강녕직조를 수행했던 것이다. 결과적으로 홍학 고증가들의 견해가 분분하고 다른 의견이 속출하게 되었다. 주단원은 이에 대해 본인의 입장을 다음과 같이 밝혔다.

우리는 사건이 아마도 이렇게 전개되었을 것으로 추측한다. 조새가 죽자 강희제는 의도적으로 조인이 직책을 계승하게 하고자 먼저 "강녕직조의 업무를 협력하여 처리하라는" 어명을 내렸다. 그러나 이 어명은 손씨와 조선에게 좋게 받아들여지지 않았다. 그해 11월 강희제가 남순 과정에서 강녕에 도착하여 "친히 그곳의 관서에 들러 남겨진 자식들을 위로하게 되었을 때" 손씨는 당연히 황제를 알현할 기회가 있었을 것이다. 그녀는 황제를 배알하고 청원을 올렸을 것이다. 조인은 "성명의 학문을 강술하는" 이학자로서 충효와 우애를 가장 중시했으므로 강희제에게 칙지의 내용을 바꾸어 "사랑하는 아우" 조선이 부친의 직책을 이어받을 수 있게 해달라고 주청을 드렸을 것이다. 그러나 조선은 그런 중책을 맡기에 나이가 어리고 경험이 부족해 강희제의 비준을 받지 못했을 것이다. 보모인 손씨의 마음을 헤아려주기 위해 강희제는 자격과 경륜을 갖춘 마상격馬桑格이 얼마간 강녕직조의 업무를 맡도록 했을 것으로 보인다. 『역조팔기잡당歷朝八旗雜檔』에 상격이 12월 초3일에 강녕직조를 제수받은 것으로 되어 있는데 아무래도 강희제가 조씨 집안의 상황을 고려하여 그 자리에서 내린 결정으로 보인다. 강희제도 내심 생각한 바가 있어 우선 조인이 내무부로 돌아와 일을 하도록 조치하고 조선은 "조정을 위해 책부冊

府를 담당하게 함으로써" 형제가 각자 자리를 잡을 수 있도록 했던 것이다. 몇 년의 시간이 흐른 후 다시 조인을 외부에 직조로 내보냈으나 서자의 관직 세습과는 상관이 없었기 때문에 손씨나 조선도 할 말이 없었다. 조인이 보여준 충과 효, 우애의 일석삼조가 어찌 훌륭하다고 하지 않을 수 있겠는가.[84]

고증이란 확실히 자료에 의거하여 말을 해야 하지만 관련 자료가 대체로 구비된 상황에서는 생각의 갈피를 잡아 이미 알고 있는 것에서 모르던 것을 추정해내는 것은 용납될 수 있다. 앞서 밝힌 추측들은 분명히 합리성을 갖추고 있다. 논증의 힘을 강화시키기 위해 『조인소고』에서는 조인이 부친의 상을 치르면서 지은 「슬픔을 떨치는 시放愁詩」를 거론하며 "오장육부의 상처가 아물지 않았는데 가시로 가득 찬 뱃속에 씀바귀 싹이 독하고도 쓰구나五臟六腑, 瘡痍未補. 芒刺滿腹, 茶蘖毒苦" 구절에서는 이미 "근심"의 경계를 넘어섰음을 지적했다. 심지어 조인이 집을 떠나고 싶었을 때 이것으로 "형제가 화목하고 부부가 해로했다手足輯睦, 琴瑟靜偕"는 것을 보증하거나 혹은 선도仙道를 추구하는 것을 근심을 물리치는 방편으로 삼았다고 했다.

이는 도대체 무엇 때문인가? 만약 모자와 형제간의 큰 갈등이 아니라면 조인은 절대 그렇게 하지 않았을 것이다. 그리고 두개는 경사로 돌아와 직무를 수행하게 된 조인에게 「사현편思賢篇」을 보내주었다. "멋스런 옹구왕 조식은 조서 올리는 게 힘들고 알현하는 것이 두려웠네. 「종갈」에서는 깊은 충심을 드러냈고 「구차」에서는 내심을 토로했네翩翩雍丘王, 恐懼承明謁. 「種葛」見深衷, 「驅車」吐肝肺." 옹구왕 조식의 「종갈편種

葛篇」에는 "옛날에는 한 연못의 물고기였는데 지금은 영원히 만날 수 없는 삼성參星과 상성商星이 되었네昔爲同池魚, 今爲商與參"라고 하는 감개한 마음이 담겨 있고[85] 「구차편驅車篇」에서는 조비와의 갈등으로 태산에 올라 신선이 되고자 하는 내용을 담고 있으니[86] 조인과 같은 심경이라 하겠다. 더욱 중요한 것은 조인, 조선 형제의 불화를 강희제가 정확히 꿰뚫어보고 있었기 때문에 나중에 조과曹顒가 병으로 사망하여 후사를 정해야 했을 때 현엽이 "그들 형제가 원래 불화했었다他們兄弟原也不和"고 말한 것은 조새 사후에 직조 세습과 관련해 갈등이 있었던 지난날의 기억을 강희제가 잊지 않고 있었음을 말해주는 것인지도 모른다.

『조인소고』에서는 조인과 고경성 두 사람의 생질과 외삼촌 관계 및 조인과 조선 형제간의 갈등에 대한 고찰과 분석으로 한 걸음 더 진전된 결과를 내놓았다. 이를 통해 객관적인 자료 부족으로 고증과 홍학은 일정 기간이 지나면 위기에 빠지기도 했지만 방법만 옳다면 궁지에서도 다시 살아날 희망이 있다는 것을 말하고 싶다.

여기서 한 가지 예를 더 들고자 한다.

조설근의 사망 연도는 임오와 계미 두 설이 장기간 서로 대치하고 있었는데 1962년의 접전을 거치면서도 여전히 결론을 내리지 못한 상태다. 그러나 메이팅슈梅挺秀가 『홍루몽학간』 1980년 제3기에 「조설근 졸년에 대한 새로운 고찰曹雪芹卒年新考」을 발표하면서 새로운 설을 내놓았다. 그는 갑술본 제1회의 조설근 사망 연도와 관련된 평어는 각각 다른 부분이 모여서 만들어진 것이며, 구체적으로 말하면 세 조목의 비어로 구성되었기 때문에 응당 아래와 같은 표점과 단락으로 표시되어야 한다는 것이다.

쓰라린 눈물이 담긴 사연을 아는 사람이 눈물로 이 책을 쓰노라. 임오제석.
能解者方有辛酸之淚, 哭成此書. 壬午除夕.
책을 마무리하지 못한 상태에서 설근은 눈물이 다해 죽음에 이르렀다.
일찍이 설근을 애통해했던 나도 눈물이 거의 말라가고 있다. 매번 청경봉
을 찾아 석형에게 묻고 싶은데 왜 나두화상은 만나지지 않는 것인가! 비
통하도다!
書未成, 芹爲淚盡而逝. 余嘗哭芹, 淚亦待盡. 每意覓靑埂峯再問石兄, 余(奈)
不遇獺(癩)頭和尙何! 愴愴!
오늘 이후로 오직 조물주께서 조설근과 지연재를 하나씩 더 만들어 내놓
으신다면 우리 두 사람은 구천에서나마 속이 후련하고 마음이 흡족해질
텐데! 갑오 8월 눈물로 쓰다.
今而後, 惟願造化主再出一芹一脂, 余二人亦大快邃心于九泉矣! 甲午八月淚
筆.

갑술본상의 이 비어는 서로 다른 부분이 모여서 된 것인데 "금이후
今而後"부터 시작되는 새로운 행이 앞의 것과 구분이 된다고 판단한 것
은 이전에도 누군가 제기했던 문제다. 그러나 "금이후" 앞의 비어를
두 부분으로 나누어 "쓰라린 눈물이 담긴 사연을 아는 사람이 눈물
로 이 책을 쓰노라. 임오제석"을 하나의 독립된 비어로 본 것은 메이
팅슈의 독창적인 견해다. 그러니까, 과거에 이 비어에다 "能解者方有辛
酸之淚, 哭成此書. 壬午除夕, 書未成, 芹爲淚盡而逝"로 표점을 단 것은 잘

못된 판단이라는 것이다. 그의 주장에 따르면 "임오제석壬午除夕"은 위 문장에 귀속되어야지 절대로 아래 문장에 귀속시켜서는 안 된다. 실제로 "책을 마무리하지 못한 상태에서書未成"를 과거처럼 위 문장에 붙여 읽었을 때 의미상으로도 문제가 있었다. 금방 "눈물로 이 책을 쓰노라哭成此書"라고 했다가 다시 또 "책을 마무리하지 못한 상태에서書未成"라는 말이 나와 서로 연결시켜 이해하기가 어려웠던 게 사실이다. 후스가 1928년 "임오제석"을 아래 문장과 연결시켜 읽은 것이 그냥 습관처럼 굳어지고 와전되는 바람에 논란이 가열된 것이다. 그러다가 메이팅슈가 이러한 문제점을 밝혀냈으니 나로서는 그가 홍학 고증에 일대 공헌을 했다고 생각한다. 그는 임오년은 기홀수가 집중적으로 『홍루몽』에 비어를 단 해로 경진본의 제12회에서 28회까지 "임오"라고 서명된 비어가 42조목 이상이나 된다는 것과 시기를 기록한 습관을 기준으로 "임오춘壬午春" "임오계춘壬午季春" "임오맹하壬午孟夏" "임오하우창壬午夏雨窗" "임오맹하우창壬午孟夏雨窗" "임오중양壬午重陽" "임오중양일壬午重陽日"처럼 직접 연월을 서명하거나 계절을 서명한 것 등을 방증 자료로 제시했다. 그렇다면 "임오제석"은 비어의 서명 연도이지 조설근이 사망한 시간이 아님을 분명히 알 수 있다.

이렇게 보았을 때 기존의 사망 연도에 관해 논쟁이 끊이지 않았던 두 가지 설에 대해서도 합리적인 결론을 내릴 수 있을 것이다. 말하자면, 설근이 건륭 갑신년(1764) 봄에 사망했다는 것은 돈성의 「조설근을 애도하며挽曹雪芹」와 두 편의 만시挽詩 시제에 모두 갑신년으로 표기되어 있고 이는 설근이 사망한 후 장례를 치르고 돌아와 지은 것임을 말해준다. 장의천張宜泉의 「근계거사의 죽음을 슬퍼하며傷芹溪居士」도 갑신년에 설근이 사망한 지 얼마 되지 않은 시점에서 지은 것이어서 시에 "주머니에 담긴 거문고에선 아득한 소리 들려오고, 깨진 함에 가로 눕혀진 칼자루에선 서슬 퍼런 그림자가 번뜩이네琴囊塊囊聲漠漠, 劍橫破匣影鋩鋩"라는 구절이 들어간 것이다. 만약 시를 쓴 시간이 한참 뒤였다면 그러한 광경을 볼 수 없었을 테고 "가슴속에 품은 그 사람을 보지 못하니 눈물이 줄줄 흐르네懷人不見淚成行"와 같은 아픔은 느끼지 못했을 것이다. 첫째 구 "연못가의 시든 풀에서 나는 새벽녘의 이슬향謝草池邊曉露香"에서 이미 시간상으로 봄날의 어느 이른 아침임을 적시하고 있으니 당연히 조설근이 세상을 뜬 그해, 즉 갑신년의 봄일 것인즉 그 이듬해 혹은 이듬해의 이듬해 봄일 리가 없다. 갑술본의 비어 "눈물로 쓰다淚筆"라는 구절조차 징장본의 정확성으로 볼 때 시간상으로 "갑신 팔월"이지 "갑오 팔월甲午八月"이 아니다. 만약 10년 후의 갑오년에 비어를 달았다면 이렇듯 격한 감정을 드러낼 수 없을 것이기 때문이다. 그리고 돈민의 「편지 대신 시 한 수를 조설근에게 보내다小詩代柬寄曹雪芹」는 분명 계미년에 쓰였고, 이때만 하더라도 설근은 건재해 있었다. 돈씨 형제는 설근을 초청해 봄날을 감상하며 술을 함께 마신 바 있으니 전후 맥락이 딱 들어맞는다.

이제는 조설근의 사망 연도를 둘러싼 현안에 대해 어떻게든 결론을 내릴 수 있다고 생각한다.[87] 임오년이든 계미년이든, 아니면 갑신년이든 시간상 한두 해의 차이밖에 나지 않고 확정을 짓지 않더라도 조설근의 생애를 이해하고 『홍루몽』을 평가하는 데 영향을 미치지 못한다. 그러나 홍학 고증의 입장에서 보았을 때 사망 연도를 정확히 판단하지 못한 것은 결국 유감스런 일이 아닐 수 없다. 지금 조설근의 사망 시점을 건륭 갑신년(1764) 봄으로 확정하더라도 홍학 애호가들은 그다지 유감스럽게 생각하지 않을 것이다.

홍학 고증의
범위와 불균형

후스가 작가, 시대, 판본 세 가지 항목을 가장 먼저 홍학 고증의 범위로 제시했다면 저우루창은 그것을 좀 더 구체화하고 이론화하여 조학曹學, 판본학版本學, 지학脂學, 탐일학探佚學을 고증의 주요 대상으로 확정짓고자 했다. 현재 자료상의 위기는 조학에서 가장 두드러지게 나타나는 데 반해 판본학, 지학, 탐일학 세 분야는 그래도 아직까지는 변통의 여지가 남아 있는 편이다. 후스, 위핑보, 저우루창이 홍학 고증을 시작했을 때만 해도 『홍루몽』의 초기 필사본은 아직 세상에 그 모습을 드러내지 않은 상태였다. 설사 세상에 알려진 필사본이 있었더라도 실제 진본은 개별 학자의 수중에 있었기 때문에 절대다수의 연구자가 그 실체를 알 방법이 없었다. 지금 기묘본己卯本, 경진본庚辰本, 갑술본甲戌本, 몽고본夢稿本, 서원위서본舒元煒序本, 척서본戚序本은 이미 영인 출판이 되었다. 몽고왕부본蒙古王府本, 몽각주인서본夢覺主人序本, 정전뒤장본鄭振鐸藏本, 난징 도서관 소장 척서본 등은 일부 간행된 것도 있고 연구자들에게 열람이 제공된 것도 있다. 홍학계의 오랜 염원이었던 상트페테르부르크 소장 필사본은 중화서국에서 올해 영인 출판되었다. 더 추적해봐야 할 "유실"된 난징 징잉쿤 소장본, 즉 징장본을 제외하고 이미 알고 있는 지평脂評 계통의 『홍루몽』 필사본 대다수는 학자들이 한 권씩 구비하여 쉽게 볼 수 있게 됨에 따라 판본 연구가 용이해졌다.

이러한 이유로 1970년대 중반 이후 판본 고증이 열기를 띠게 되었는데 1975년에서 1985년까지 근 10년만 놓고 보더라도 학술지에 발표된 『홍루몽』 판본 관련 논문이 130여 편이나 되었다. 이 수치에 타이완과 홍콩 지역의 성과는 빠져 있다. 판본 문제를 다룬 전문 연구서도 여러 권 출판되었다. 1975년 우언위, 펑치융 두 사람은 기묘본 『석두기』에서 "상祥"자와 "효曉"자가 피휘된 것을 근거로 해당 필사본이 이친왕부怡親王府가 소장한 필사본이라는 것을 고증해냄으로써[88] 판본 연구의 새 장을 열었다. 얼마 되지 않아 기묘본과 경진본을 종합적으로 비교 연구한 펑치융의 『경진본을 논함論庚辰本』이 나왔다.[89] 이 책은 최초의 『홍루몽』 판본 고증서다. 판본학에서 보여준 활기는 비록 조학이 위기에 처한 상황이었음에도 불구하고 고증과 홍학을 막다른 길에 처하지 않게 함으로써 대상에 대한 자기 조절 기제가 어느 정도 남아 있음을 보여주었다.

작품 자체에서 출발한 문학 고증은 확실히 발전의 여력이 더 남아 있었다. 1969년 쑹치宋淇가 펴낸 「"냉월장화혼"을 논함論冷月葬花魂」[90]에서는 초창기 각 필사본의 차이점을 참고하여 대옥과 상운의 연구聯句가 규정하고 있는 정경, 대옥 「장화사葬花詞」에 이미 "꽃넋과 새넋의 울음인가知是花魂與鳥魂" 구절이 있었다는 점, 제37회 대옥의 「영백해당詠白海棠」

에서도 "매화에서 빌려온 듯한 한 줄기 맑은 넋借得梅花一縷魂"이라는 구절을 쓰고 있는 점을 고증해냄으로써 "냉월장시혼冷月葬詩魂"으로 전해지던 것을 당연히 "냉월장화혼冷月葬花魂"으로 바로잡아야 한다고 주장했다. 실제로 이는 매우 설득력 있는 분석이다. 이와 같이 홍학을 연구하면서 문학 고증의 방향을 취한다면 위기 상황에 직면하는 일은 없을 것이다.

판본학의 경우는 지학, 탐일학과 연결되어 있다. 판본 연구, 특히 초기 필사본 연구는 반드시 지연재 비어를 다루어야 한다. 현재 볼 수 있는 기묘본, 경진본, 갑술본, 척서본, 몽각주인서본, 몽고왕부본, 몽고본의 전80회와 상트페테르부르크 소장본은 보존하고 있는 횟수가 서로 다른데, 윗부분에 붙어 있는 비어가 그중 하나다. 다수의 비어에 서명이 되어 있지 않지만 서명된 비어의 숫자도 적지 않다. 주요 평점가인 지연재와 기홀수 두 사람 외에도 매계梅溪, 송재松齋, 감당鑑堂, 옥난파玉蘭坡, 기원綺園, 입송헌立松軒 등의 평점가들이 더 있다. 비어의 형식에는 미비尾批, 행간비行間批, 쌍행협비雙行夾批와 회전총평回前總評, 회말총평回末總評 등이 있다. 현존하는 초기 필사본 중에는 경진본과 갑술본에 단위 면적당 비어가 가장 많이 들어 있다. 왜냐하면 모두 베낀 판본들이기 때문에 서로 돌려가면서 필사한 결과 본문에서 같은 부분과 다른 부분이 혼재해 나타나는 것은 물론이고 비어도 첨삭 내지 재정리를 거친 것이 대다수다. 이 같은 특징은 경진본과 갑술본에서 가장 두드러지는데 갑술본의 많은 비어는 경진본을 기초로 하여 정리된 것들이다. 몽각주인서본의 비어가 가장 적은데, 19회에 이르러 필사자는 아예 이렇게 밝히고 있다. "원본의 평주가 오히려 본문에 해를 끼칠 정도로 많아 삭제했으니 보는 사람들이 생각을 집중하여 깨우침을 얻게 되기를 바란다."[91] 비어의 많고 적음과 그에 대한 정리 상황을 근거로 서로 다른 판본의 필사 시간에 대한 선후를 판단할 수 있다. 비어의 내용에는 말과 사건, 정절과 인물의 내력 등을 포함한 예술적 평론과 사상적 관점에 대한 피력, 자신의 신세에 대한 탄식, 『홍루몽』 창작의 최초 생활 근거에 관한 것들이 들어 있다. 이외에도 80회 이후의 정절이 어떻게 전개될지에 대한 실마리가 들어 있는 비어들이 있다. 비어에 개인적인 감정이 짙게 깔려 있어 마치 묘사된 내용 모두가 비어를 단 사람이나 작가가 함께 겪었던 일인 것처럼 느껴진다. 늘 대성통곡을 하면서 비어를 달고 있고, 심지어는 "피눈물이 두 뺨 가득 흘러내린다血淚盈腮"는 표현을 쓰기도 했다. 게다가 비서인批書人들이 『홍루몽』의 창작 과정에 꽤 참여한 것으로 보인다. 그래서 그들은 평점가이면서 필사자인 동시에 서술자이기도 했다. 그들은 비어에서 조설근이 어디를 얼마나 진실되게 묘사하고 있는지에 대해 "정말로 이런 일이 있었다眞有是事" "정말로 이런 말을 했다眞有是語"라거나 "이 말은 정말 맞다, 내가 어렸을 때 들었던 말과 딱 들어맞는다, 아 슬프고도 가슴 아프다!"[92]라는 말로 그 상황을 더욱 구체적으로 드러내 보여주기도 했다. 초창기 필사본은 일반적으로 『지연재중평석두기脂硯齋重評石頭記』라고 되어 있는데, 갑술본 제1회에서 "지연재가 갑술년에 필사하고 읽어본 후 다시 평하면서 예의 『석두기』 명칭을 썼다"[93]는 기록이 들어 있는 것으로 보아 『홍루몽』의 창작 과정에서 비어를 단 사람들이 맡았던 역할을 짐작해볼 수 있다. 지연재와 기홀수는 원래 한 사람의 두 이름인 줄 알았지만 징장본 제22회의 비어에는

"앞의 비어를 아는 사람이 매우 드물다. 몇 년이 안 되어 근계芹溪, 지연脂硯, 행재杏齋 등 여러 사람이 뒤를 이어 떠나갔다. 올해 정해년丁亥年 여름에는 이 폐물朽物만이 남았으니 어찌 애통하지 않겠는가!"[94]라는 말이 들어 있다. 자신을 "폐물"이라고 칭한 것으로 보아 기홀수의 비어임이 분명하며 이때 지연재는 이미 세상을 떠난 뒤였으니 한 사람이 아님을 알 수 있다. 그러나 지연재는 누구이며 기홀수는 누구인가? 이 문제는 줄곧 미해결 상태로 남아 있다. 이 문제에 대해 어느 홍학가도 답을 얻지 못한 상황에서 설만 무성하고 갖은 억측만이 난무하고 있어 누구인지 확정지을 수가 없다. 연구자들 중에는 기홀수가 조부曹頫[95]라는 주장을 펼치는 이가 있는데 사실에 가까워 보인다. 그러나 지연재에 대해서는 아직까지 추측의 대상으로조차 합당한 인물을 물색해내지 못하고 있다.

『홍루몽』 초기 필사본과 이러한 판본상의 지연재 비어를 연구하는 것은 『홍루몽』의 창작과 출판과정을 이해하고 작품의 사상과 예술적 특성을 깊이 있게 이해하는 데 도움을 주고 있다는 점에서 중요한 의미가 있다. 지연재 비어에서 제공하는 80회 이후의 이야기에 대한 실마리는 조설근의 원고와 개작본, "후40회"의 내용을 연구하는 데 유익한 정보를 제공해주었다. 그래서 마침내 이른바 탐일학이라고 하는 분야가 생겨난 것이다. "일佚"자가 가리키는 것은 조설근이 쓰려고 했지만 글자로 형상화하지 못한 것, 혹은 쓰긴 썼으나 후대 사람들에 의해 개작되거나 없어진 『홍루몽』의 내용을 말하는데, 주로 작중 인물의 결말과 관련이 있다. "탐일"을 통해 조설근의 원저와 정위원·고악의 속작을 구별해낼 수 있다. 저우루창은 자신의 생각을 다음과 같이 피력했다. "『석두기』의 판본 연구는 작품의 문자 혹은 '본문'의 복원을 위해서이며, 80회 이후의 정절을 연구하는 것은 원저가 가지고 있는 전체적인 정신에 대한 기본적인 윤곽과 맥락을 드러내기 위해서다. 지연재 연구는 세 분야 모두에 몹시 필요하다."[96] 이것은 그가 판본학, 탐일학, 지학 등 세 분야의 관계를 개괄한 말이다.

의심의 여지 없이 이 세 분야의 내용은 『홍루몽』 연구의 신세계를 열었으니, 이는 기타 많은 작가와 작품에는 존재하지 않는 세계다. 특히 고증파 홍학은 이 신세계에서 가장 큰 수완을 발휘했다. 위핑보는 고증에서 이 분야를 중점적으로 다루었다. 고증파 홍학은 어느 한 시기 동안 조설근의 가세와 생애를 파헤치는 데 집중한 나머지 판본, 지연재 비어, 속작에 관한 연구에는 너무 소홀했다. 특히 연구자들이 저마다 지연재 비어를 인용하고 있는 현실에도 불구하고 지금까지 전반적이고 체계적인 연구와 고증은 이루어지지 않고 있는 실정이다. 예를 들면 내용에서 형식에 이르기까지의 전체 비어를 모두 하나하나 분류하여 서명이 있는 비어는 몇 개이며 서명이 없는 비어는 몇 개인지, 서명은 없지만 누구의 비어인지 밝힐 수 있는 비어는 몇 개나 되는지, 그중에서 지연재의 비어는 몇 개이며 기홀수의 비어는 몇 개인지, 비어를 시작하고 끝마친 시간은 어떻게 구분할 것인지, 어느 해의 비어가 가장 많은지, 다른 판본들의 비어가 어떻게 달라졌는지 등이 아직 조목조목 밝혀지지 못하고 있다. 그래서 아직까지 지연재 비어를 일목요연하게 총망라한 글과 저작은 없다. 위핑보의 『지연재홍루몽집평脂硯齋紅樓夢輯評』과 천칭하오陳慶浩의 『신편석두기지연재평어집교新編石頭記脂硯齋評語輯校』[97]는 연구자들에게 큰 편의를 제공하고 있다. 물론 연구의 성과보다는 자료적 가치가 더 높이 평가되고 있기는 하지만 그럼에도 그들이 보여준 탐색의 공력은 실로 찬탄할 만하다. 고증파 홍학은 충분한 성과를 일구어내지 못했을 뿐이지 조학이 맞닥뜨린 것과 같은 자료상의 심각한 위기에는 아직 봉착해 있지 않다.

그러나 판본 고증, 지연재 비어 연구, 원고와 속작의 탐구 등이 한계를 가질 수밖에 없는 것은 잠시 동안은 위기를 모면한다손 치더라도 결국에 가서는 엄연히 존재하는 자료 부족의 문제와 맞닥뜨릴 것이기 때문이다. 현재 남아 있는 판본은 바로 이런 판본들이다. 초기 판본 12종 가운데 징장본을 제외하고 모두 볼 수 있다. 징장본의 본문은 볼 수 없지만 비어는 이미 필사되어 전해지고 있다. 새로운 판본이 나타날 것을 기대하기 어려우며 설사 뜻밖에 새로운 판본과 만나게 되더라도 기존의 12종 판본과 대동소이할 것으로 추정된다. 지연재 비어는 80회 뒤의 실마리에 대해 많은 정보를 제공해준 그러한 지연재 비어들을 말한다. 총괄하자면 자료란 바로 이런 자료를 뜻하며, 만약 새로운 자료가 나타나지 않는 이상 이러한 자료들의 정리와 연구 및 해석 작업은 영원히 끝나지 않을 것이다. 그러한 작업은 시간, 인물, 상황에 따라 체험을 달리하기 때문에 작품 자체의 예술성을 연구하는 것과는 또 다른 차원의 매력이 있다. 고증은 자료를 근거로 논해야 한다. 좀 더 엄격히 말해 과학 고증은 다른 추측을 불허하는 확실한 증거를 찾는 것이 중요하다. 추리·추측·추정은 어쩌다 한 번은 가능하지만 추리·추측·추정으로 시작해서 추리·추측·추정으로 끝나서는 안 된다. 홍학 고증의 특수한 상황은 거개가 자료 부족에서 비롯된 것이다. 그래서 약간의 합리적인 추리·추측·추정만 나와도 사람들의 관심을 불러일으키고, 때때로 엄격한 고증학적 잣대를 들이대지 않는 상황이 발생하기도 한다는 것이다. 그러나 고증과 홍학에 몸을 담고 있는 사람은 이것으로 만족해서는 안 되며 부족한 자료로 인한 한계를 인정해야 한다. 지금까지 60여 년 세월을 지나오는 동안 반드시 해결해야 했음에도 해결하지 못한 문제가 해결한 문제보다 많다. 이것이 고증과 홍학의 한계다. 조설근의 생부는 누구인가? 지연재는 어떤 사람인가? 『홍루몽』 후40회는 누가 만든 것인가? 홍학 탄생 초기에 나왔던 이 문제들에 대해 60년이 지난 지금도 여전히 확실한 답을 얻지 못하고 있다. 가장 안타까운 것은 거의 해결이 될 뻔한 문제가 기존 자료를 재분석하는 과정에서 나온 새로운 설들에 의해 뿌리채 흔들린 것인데, 이는 아무래도 애초에 논거가 빈약했음을 보여주는 것이라 하겠다. 어쩌다 새로운 자료가 나오더라도 활용되지 못하는 경우는 진위 문제가 해결되지 못했기 때문이다. 홍학 고증에서 모두의 견해가 일치된 결론에 도달한 경우는 거의 없다. 작가가 조설근인지 여부에 대해서도 견해가 통일되지 않고 있는 상황에서 의구심을 갖는 이들이 줄어들기는커녕 오히려 늘어나는 추세다. 고증파 홍학이 흥성한 시기는 이미 과거지사가 되었고 지금은 마치 『홍루몽』의 가부처럼 "표면적인 골조는 아직 기울지 않았지만 내부 상황은 오히려 바닥을 드러낸 것"[98]과 같은 상태다.

량치차오는 학술사를 계몽기, 전성기, 탈피기, 쇠퇴기의 시기로 구분한 바 있다. 그는 탈피기의 특색에 대해 "경계와 영토는 이미 전 단계의 인사들이 거의 다 개척했지만 학자들의 총명함과 재능을 쓰지 않을 수 없으니 마지못해 지엽적인 문제를 취하여 좁고 깊게 연구하거나 혹은 그 방법을 취하여 다른 분야에 응용하거나 해서 마침내 그 학파 속에 또 작은 학파가 생겨난다. 그 시대적 환경도 필시 이전과 달라진 점이 있다. 나중에 나온 학파는 진취적인 기운이 강해서 환경에 쉽게 순응했으므로 간혹 속국이 번영하여 강성대국이 되는 결과를 가져오기도 한다. 신흥 세력이 기존의 정통파와 대치하는 형국으로 간혹 재빠르게 그 자리를 빼앗기도 한다"[99]라고 했다. 쇠퇴기의 특색에 대해서는 "그 시기 이 학파의 요체는 이미 선배 학자들이 남김없이 다 밝혀놓았으니 그것을 이어받으려는 사람들은 단지 지엽적인 부분만을 취하여 궤변을 늘어놓는 데 불과하다. 게다가 지류로 갈가리 찢겨 밀치고 떼밀며 쫓아가니 더더욱 한계가 속출한다. 상황은 이미 변해서 사회가 다른 방향을 요구하는데도 여전히 전성기의 권위로 군림하려 드니 조금이라도 생각이 있는 사람이라면 기꺼이 받아들이기가 꺼려질 수밖에 없다. 그리고 걸출한 인물들이 새로운 것을 창조하려고 하면 반드시 먼저 옛것을 부숴버려야 한다는 생각에 이전의 것을 파괴의 대상으로 삼는다. 그래서 다음 사조인 계몽기로 들어서면 이 사조는 결국 종말을 고하게 된다"[100]고 했다. 고증파 홍학의 상황은 탈피기의 특색과 쇠퇴기의 징후를 동시에 지니지만 상대적으로 쇠퇴기에 더욱 근접해 있다. 노홍학가 위핑보는 "홍학 고증은 과거 몇 년간 문물 자료가 많이 발견되지 않은 데다 개중에는 위작도 많아 이래저래 어려움에 봉착해 있다. 새로운 자료가 발견되지 않는 한 이제 할 수 있는 게 너무 없다"[101]고 했다. 이러한 생각이 평범한 『홍루몽』 연구자에게서 나왔다면 고증파 홍학가들은 아마도 그 생각을 받아들이지 않았을 것이다. 그렇지만 온갖 풍상을 겪으며 수난을 감내해야 했던 위핑보의 고뇌 어린 한마디였기에 더없이 설득력 있게 다가온다.

고증파 홍학가들이 저마다 제시한 홍학 고증의 의미에 대해 객관적으로 평가해볼 수 있을 것 같다. 후스는 일찍이 자신의 고증에 대해 다소간의 장애물을 제거하는 작업에 지나지 않는다고 말한 바 있다. 위핑보는 "고증은 산을 유람하는 사람에게 길잡이가 되는 지리풍물지이므로 유람객이 반드시 갖추어야 할 요건이다"[102]라고 하면서 자신은 "바닥을 깨끗이 쓸어놓는 사람이 되어 유람하러 온 사람들의 눈이 먼지로 가려지지 않게 해주고 싶다"[103]는 뜻을 표명했다. 저우루창은 "앞서 나가는 더 중요한 일을 하는 데 편리한 환경을 제공해주고, 그러한 작업이 더 견고한 기초 위에서 이루어질 수 있도록 하는 데 자료와 고증은 그 자체적인 효용성과 가치를 지니고 있다"[104]고 했다. 자오강은 "『홍루몽』 고증에 종사하는 사람들은 처음부터 끝까지 다른 분야의 연구와 자료 정리에 길을 열어주는 작업을 한 것이다. 길은 지속적으로 닦일 것이므로 길이 다 완성되면 차들이 다닐 수 있다. 고증 작업에서 신빙성 있는 결론이 나온다면 다른 분야의 연구도 이러한 성과를 이용할 수 있을 것이다"[105]라고 했다. 다 일리가 있고 객관적이면서도 진정성이 담긴 말이지만 홍학 연구의 학술적 경향성을 두고 본다면 고증가들에게는 확실히 독종적인 측면이 있다. 물론 조설근과 『홍루몽』에 관한 고증이 객관적인 자료의 제약으로 인해 진행될 수 없는 상황이 발생한다면 최소한 상당수의 연구자들이 다시 홍학에 발을 들여놓지 않을 것이고 홍학 자체도 고증파 홍학이 번성했던 시기처럼 활활 타오르지는 않을 테지만 말이다.

제5장

색은파 홍학의
탄생과 부활

색은파 홍학은 고증파보다 앞서 나왔지만 고증파 홍학만큼 거창하지는 않았다. 그럼에도 색은파 홍학의 저력을 든다면 고증파와 소설 비평파의 지속적인 공격에도 그 영향력이 잦아들기는커녕 늘 권토중래의 기상으로 다시 재기하곤 했다는 점일 것이다.

색은파 홍학 출현의
내재적 요인

색은파 홍학은 작품 안에서 그 탄생 배경을 찾아볼 수 있다. 『홍루몽』 제1회 도입부, 작자의 말을 인용한 대목이다.

작자는 이렇게 말했다. "일찍이 한바탕 꿈같은 경험을 하고 난 후 진짜 사실은 숨기고 영기가 통한 돌의 이야기를 빌려 『석두기』를 지었다. 그래서 '진사은'이라고 한 것이다." 그렇다면 책에서 다루고 있는 것은 어떤 사건과 어떤 사람들인가? 작가는 이에 대해 또 이렇게 말했다. "오늘날까지 세속에서 떠돌다 보니 뭐 하나 제대로 이루어놓은 것이 없다. 문득 당시에 함께 노닐던 아녀자들이 떠올라 일일이 살펴보니 언행과 식견 모두 나보다 월등했다는 걸 깨닫게 되었다. 내 어찌 당당한 남자로 태어났거늘 치마 두르고 비녀 지른 여자만도 못하단 말인가? 실로 부끄럽기 짝이 없지만 그렇다고 이제 와서 후회한들 무슨 소용이 있겠는가? 지난날 하늘과 조상의 은덕으로 비단옷으로 감싸고 귀족자제로 살면서 산해진미를 배불리 먹던 시절에 부모와 동기간의 가르침을 거스르고 스승과 벗들의 충고를 저버린 채 헛된 나날을 보내느라 지금까지도 뭐 하나 제대로 이룬 일이 없음에 이제라도 이 이야기를 글로 엮어 세상 사람들에게 알리고자 하는 바이다. 내 허물은 면하기 어려우나 눈에 역력한 규방 속 재주 많은 아녀자들의 존재가 내 허물을 감추려는 불초함으로 인해 매몰되어서는 안 되겠다. 지금은 내 비록 누추한 오막살이에 살며 초라한 나날을 보내고 아침저녁으로 비바람을 맞으며 꽃나무 아래 몸을 두는 신세지만 내 마음속 흥금을 써내려가는 데는 방해가 되지 못하리. 내 비록 배움이 짧아 글재주는 없으나 규방의 이야기를 허구의 말로 한 토막 엮어내 세상 사람들에게 돌려보게 하는 데는 지장이 없을 것인즉 이는 사람들의 근심과 걱정을 풀어주는 데도 알맞지 않겠는가?" 그래서 '가우촌'이라고 한 것이다.[1]

『홍루몽』의 독자들은 대체로 서언 형식으로 되어 있는 이 대목에 별로 관심을 기울이지 않는다. 심지어 그냥 지나쳐버리고 그 뒤에 나오는 "독자들이여, 그렇다면 이 이야기는 어디서부터 온 것일까列位看官, 你道此書從何而來" 구절부터 읽기도 한다. 그런데 『홍루몽』을 연구하는 사람들은 이 대목에 주목했다. 이 대목에 작가의 고백이 담겨 있다고 보았기 때문이다. 그때부터 연구자들은 이 대목을 무슨 신줏단지 모시듯 하면서 어떻게든 이걸 가지고 『홍루몽』의 비밀을 풀어보려고 했다. 무엇보다 결정적으로 작용한 것은 사람들의 해독 본능을 자극한 진진가가眞眞假假, 약은약현若隱若顯, 박삭미리撲朔迷離의 분위기였다. 작가 스스로 이 책을 쓰면서 "실제 사실은 감추고" 진사은과 가우촌 두 인물에 상징적인 의미가 있다는 것을 언급한 바 있었기 때문에 더더욱

"감추었다"고 한 "실제 사실"이 도대체 무엇인지에 대해 따져보고 싶게 만든 것이다. 게다가 "지난날 하늘과 조상의 은덕으로 비단옷으로 감싸고 귀족자제로 살면서 산해진미를 배불리 먹던 시절에 부모와 동기간의 가르침을 거스르고 스승과 벗들의 충고를 저버린 채"라고 한 참회의 말까지 보태지면서 마치 한 집안의 과거사를 되돌아보는 듯한 느낌이 들게 했다. 마침내 『홍루몽』은 청나라 초기 어느 집안의 가정사를 그린 것일지도 모른다는 혹자들의 추측을 낳기에 이른다. "천은"이라는 말이 평범한 집안과 상관이 없다면 "천은에 기대어仰賴天恩"라는 말은 일반적인 상황과 더더욱 거리가 멀다. 조정과 관련이 있는 집안을 염두에 두고 접근해 들어간다면 적어도 고관대작의 집안으로 그 범위가 좁혀진다. 좀 더 집약해서 정리하면 대략 강희 말년의 "공훈이 있는 귀족 집안"일 가능성이 높다는 결론에 도달하게 된다.[2] 이러한 상황을 돌아보건대 색은파가 탄생한 것은 도리어 자연스러운 귀결로 받아들여지기까지 한다. 게다가 만약 작가 자신이 "실제 사건"을 감추었다는 것을 꼭 말하고자 했던 것이라면 그 감추어진 실제 사건이 무엇인지 다각도로 찾아보려는 독자들의 노력을 마냥 탓할 수만은 없지 않을까?

초기 색은파의
각종 추측들

『홍루몽』이 어떤 집안의 일을 다루고 있다는 추측은 처음에는 명주가明珠家의 사적, 부항가傅恒家의 사적, 화신가和珅家의 사적, 장후가張候家의 사적 등 여러 설로 분산되어 나타났는데, 그중 『열홍루몽수필閱紅樓夢隨筆』에서 주춘周春이 제기한 장후가張候家의 사적에 관한 서술이 매우 상세하다.

전하는 바에 따르면 이 책은 납란태부納蘭太傅를 위해 지은 것으로 알려져 있다. 내가 자세히 살펴보니 납란태부가 아니라 금릉 장후가의 일을 서술한 것임을 알겠다. 어렸을 적 보았던 『작질편람爵帙便覽』에서 강녕에 상원현 사람인 일등후 장겸張謙이 살았다는 내용이 들어 있었던 게 기억난다. 계해년癸亥年과 갑자년甲子年 사이에 내가 가숙에서 공부할 때 아버지께서 늘 장후가에 대해 말씀하셨다. 전부 다 기억하지는 못하지만 대략 이 책의 내용과 부합되기는 했던 것 같다. 그렇다고 짐작만으로는 감히 단정을 내릴 수가 없었다. 그러던 중에 다시 『폭서정집曝書亭集』 『지북

우담池北偶淡』『강남통지江南通志』『수원시화隨園詩話』『장후행술張候行述』 등의 책을 보고 나서야 비로소 믿을 수 있겠다는 판단을 내리게 되었다. 조사해보니 정역靖逆 양장후襄壯候[3](강희 23년 장용에게 내린 시호) 용勇의 맏아들 각정후格定候 운익雲翼과 막내아들 영寧국부 부지사 한翰은 영寧국부와 영국부의 명칭이 시작된 이유다. 양장襄壯의 고향은 요左遼左이고 아버지 통通은 한중 지역의 양현洋縣에서 잠시 살았는데 지위가 높아 장안으로 옮겨갔고 각정格定은 곤운각閣雲閣을 열었으며 다시 금릉으로 옮겨가면서 마침내 본적을 갖게 되었다. 대선은 각정의 아들 종인宗仁으로 효렴관 중한中翰에게 10년간 작위를 세습했는데 문객들과 친분을 맺고 사람들에게 잘 베풀었으며 폐가에 백만금을 남기고 죽었다. 그가 말하는 사태군 史太君이라고 하는 인물은 건창태수의 딸이자 종인의 처였던 고씨로 시를 지을 줄 알아『홍설헌집紅雪軒集』을 남겼는데 종인이 살아 있을 때 후원에 미리 삼십만 전을 묻어 그 아들 겸謙에게 물려주어 장차 작위를 세습 받을 수 있게 했다. 임여해라고 하는 인물은 조설근의 아버지 연정楝亭이다. 연정은 이름이 인寅이고 자가 자청子淸이며 호가 여헌荔軒으로 만주인이며 강녕직조를 역임하면서 네 차례 순염어사巡鹽御使의 직무를 맡았다. 조曹가 어떻게 임으로 언급된 것인가? 조曹는 본시 조曺로 썼기 때문에 임林과 더불어 나무목이 겹쳐진 형상이다. 작가가 장張자에 궁弓을 걸친 것은 쉽게 잘 드러났지만 임林자에 나무가 쌍으로 겹쳐진 것은 잘 드러나지 않았다. 오호라! 가가진진買假眞甄이 오묘하여 말로 표현할 수 없는 경지이니 그 사람이 실재했는지 근본적으로 찾을 필요는 없지만 이 책에서는 한 쌍의 옥이 관건이 되고 있으니 만약 두 성姓의 원류를 찾아 거슬러 올라가지 않는다면 작가의 의도를 또 어찌 알 수 있겠는가? 고로 특별히 그에 대해 상세히 서술하여 장차 『홍루몽』을 읽는 사람들에게 어떻게든 믿을 만한 근거를 제공해주고자 한 것이다.[4]

주춘周春의 이 수필은 건륭 59년 갑인년甲寅年에 쓰였는데 정위원이나 고악이 출판했던 정을본程乙本보다 1년 이상 늦어서 그야말로 『홍루몽』 필사본이 이미 널리 유행할 시기였기 때문에 초기 색은파의 가장 상세한 기록으로 볼 수 있다. 글에서 장후가와 『홍루몽』 관련 인물들을 하나하나 대조하고 작가의 독서 경험과 이해과정을 융합하여 실질적인 증거와 책 속의 증거를 결합시킴으로써 마침내 "감히 짐작만으로는 단정을 내리기 어려웠던" 상황에서 의심의 여지 없이 확신할 수 있는 단계까지 왔음을 보여주었다. "조曹"자와 "임林"자를 분해하여 모두 수풀 임이 겹쳐진 형상으로 되어 있음을 밝혀내고 또 "궁弓"자를 걸쳐서 "장張"자가 되었다고 분석한 것은 문자점 치는 법拆字法[5]을 끌어다 쓴 것으로 일찌감치 견강부회하는 색은파 홍학의 효시가 되었다. 주춘이 제기한 '장후가사설張候家事說'이 보다 많은 사람에게 알려지지 못한 것은 아마도 『열홍루몽수필』이 필사본으로서 널리 전파되지 못한 데 따른 것으로 보인다.

시간이 지나면서 많은 사람에게 받아들여진 것은 명주가사설明珠家事說이다. 강희제 때 재상으로 권력이 조정과 재야에 걸쳤던 명주明珠는 그의 전임인 색액도色額圖보다 탐욕스러웠다. 사방에서 뇌물을 갖다 바치고 날마다 들어오는 막대한 수입으로 가산이 수만에 달했다. 그런가 하면 여국주余國柱, 이지방李之芳, 과이곤科爾坤, 불륜佛倫, 웅일소熊一瀟 등의 권세가들과 결탁했고 서건학徐乾學, 고사기高士奇, 왕홍서王鴻緖 등

유생들과 교류하면서 좋은 선비로 칭송받기도 했다. 명주의 아들 납란성덕納蘭成德은 15세에 향시에 급제하고 16세에 진사에 급제한 총명하고 영특하며 박학다재한 청대의 유명한 서정사인으로서 그의 『음수집飮水集』은 한동안 입에서 입으로 전송될 정도로 많은 사람에게 애호를 받았다. 강희 27년 어사 곽수郭琇가 탄핵을 당했을 때 명주도 직위를 잃고 가산이 몰수되면서 집안이 완전히 풍비박산이 났다. 명주 가사설이 전해진 첫 번째 이유는 『홍루몽』에 나오는 가부의 처지와 대학사 명주 일가의 상황이 유사하고 두 집안 모두 한결같이 최고의 영화를 누리다가 급격한 몰락의 과정을 거쳤다는 점 때문이다. 두 번째 이유는 납란공자의 성격과 재능이 가보옥의 성격을 떠올리게 할 정도로 비슷했기 때문이다.

진강기陳康祺는 『연하향좌록燕下鄕脞錄』에서 서유천徐柳泉의 말을 다음과 같이 인용했다. "소설 『홍루몽』은 '명주가의 일'을 기록한 책이다. 금릉십이채는 모두 납란어사納蘭御使가 받든 상객들이다. 보채寶釵는 고담인高澹人을 투영한 것이고 묘옥妙玉은 서명 선생西溟先生을 투영한 것이다. 묘妙는 소少와 여女로 이루어진 글자이고, 강姜 역시 옥과 같고 꽃부리같이 아름다운 부인에 대한 미칭으로 서로 통용하거나 가차할 수 있다. 묘옥妙玉이 불경을 보다가 대관원大觀園으로 들어온 것은 마치 서명 선생이 장서를 빌려보다가 식객이 되어 일을 거든 상황과 같다. 고결한 묘옥이 강도에게 뜻밖의 화를 당한 데 그치지 않고 몸을 망치고 절조를 지키지 못하게 된 것을 지조와 청렴성을 갖춘 서명 선생이 감옥에 갇힌 상황에서 말라 죽는 것에 그치지 않고 사적 이익을 위해 뇌물을 받았다는 비판을 받게 된 상황에 비유한 것은 작가가 그것을 심히 애통하게 생각했다는 뜻이다."[6] 『송헌수필松軒随筆』의 작가 장유병張維屏에 따르면 "용약蓉若의 원명은 성덕成德이며 대학사 명주의 아들이다. 세상에 전해진 『홍루몽』의 가보옥이 바로 그 사람이다. 『홍루몽』의 내용은 그의 유년시절 이야기다."[7] 갑술본 『석두기』에 먹으로 평어를 단 손동생孫桐生의 말은 더욱 확실하다. "내가 어른께 들은 바로는 가정은 명주를 가리키고 우촌은 고강촌을 가리킨다. 강촌이 때를 만나지 못했을 때 명주의 노복으로 채용되어 뜻밖에 복을 하사받고 높은 관직에 등용되었으나 납란의 세력이 약화되자 오히려 배신을 했다. 이 상황을 보면 보옥이 용약 납란성덕임이 확실한 것 같다."[8] 이 기록들은 모두 납란성덕과 가보옥을 연관 짓고 있는데 실제적인 근거는 없지만 필경 이유가 있을 것이다. 예사롭지 않은 것은 어떻게 『홍루몽』의 금릉십이채가 고담인高澹人, 강서명姜西溟과 같은 명나라 고관대작 집안의 상객인가 하는 점이다. 단순히 "뜻을 서로 통용하여 가차할 수 있다"거나 "이 상황을 구경하고"만을 가지고는 신빙성이 부족하다. 물론 "보옥에게 명주의 이름을 감춰두었다"[9]는 설도 있다. 한 사람을 두 사람으로 지목한 것은 색은파의 자체 모순을 드러낸 것이다.

명주가사설이 널리 퍼진 것은 『홍루몽』에 대한 건륭제의 생각과도 관련이 있다. 『능정거필기能靜居筆記』의 저자인 조열문趙烈文은 일찍이 송상봉宋翔鳳이 얘기하는 것을 다음과 같이 회고한 바 있다. "조설근의 『홍루몽』은 건륭 말년에 화신和珅이 황제께 바쳤으나 처음엔 무엇을 말하는지 알지 못했다. 건륭제는 그것을 읽고 나서 말씀하시기를 '이 책은 아무래도 명주가사를 담고 있는 것 같다'[10]고 했다." 이 기록의 신빙성 여부는 단정내리기 어렵다. 만약 신빙성이 있다 하더라도 건륭

제 자신의 독창적인 견해로 보이지 않고 사전에 명주가사설에 대해 들었기 때문이라는 점을 배제할 수 없다. 어떠한 상황이든 황제의 판단을 소홀히 할 수는 없었을 것이고 이 설이 세상에 퍼져 맹목적으로 따르게 되면서 영향력이 더 커졌을 가능성이 크다. 설사 잘못 전해진 것이라 하더라도 여전히 영향력은 있을 수밖에 없다. 이자명李慈銘이 명주가사설에 대해 "사적과 대조해보면 모두 부합되지 않는다"[11]라고 한 것처럼 부정적인 태도를 가진 이들이 없었던 것은 아니다. 사석훈謝錫勛도 「홍루몽분영절구제사紅樓夢分咏絶句題詞」에서 "혼란한 세태에도 여전히 부유한 삶의 멋스러운 자태를 취하고 있다고 하여 납란納蘭과 연관 짓는 것은 신중을 기할 필요가 있다[12]고 한 바 있다. 그러나 시간상 이것은 이미 후대의 일이다. 그보다 앞서, 앞에서 언급한 주춘의 『열홍루몽수필』에서는 "납란태부를 위해 지은 것"이라는 점을 부정한 이후 '장후가사설'을 제기했다. 하지만 서로 비교해보면 초기 색은파들에게는 여전히 명주가사설의 영향력이 가장 컸음을 알 수 있다.

초기 색은파의 특색은 추측에서 시작해 추측으로 끝났기 때문에 시간이 흐르면서 증거 부족의 한계를 드러냈다. '장후가사설'과 '명주가사설'은 상세히 기록되어 있지만 『홍루몽』의 어떤 인물이 장후 집안과 명주 집안의 인물을 투영하고 있는지에 관해 납득할 만한 이유를 충분히 제시하지는 못했다. 심지어 관점만을 제시하고 어떤 설명도 하지 못한 경우도 있다. 그러한 설이 대두된 것은 대략 건륭 말년을 전후로, 당시에 정위원과 고악의 120회본이 처음 세상에 선을 보이면서 『홍루몽』의 전파 범위가 확대되고 그와 때를 같이하여 작품의 실제 이야기와 취지에 대해 각종 설이 난무하게 된 것과 관련이 있다. 그러한 설은 한 걸음 더 나아가 원래의 의미를 더욱 증폭시킴으로써 보다 많은 문자 기록을 양산했으니 이때가 바로 청말 민초 색은파가 성행하던 시기다. 그래서 엄밀히 말하자면, 설이라면 모두 곧이곧대로 받아들이는 것이 주특기였던 초기 색은파를 홍학의 정식 분파로 볼 수는 없다. 초기 색은파는 단지 서술의 편의를 위해 다뤘을 뿐이다. 색은파 홍학을 연구하기 위해서는 반드시 청말 민초의 몇몇 색은가를 얘기하지 않을 수 없기 때문이다.

청말 민초 삼대 색은파의 하나:
명주가사설明珠家事說

청말 민초 색은파가 득세할 때 명주가사설은 영향력이 여전했기 때문에 후스는 '명주가사설'을 만청 삼대 색은 유파의 하나로 규정했다. 책 속의 인물을 하나하나 실증해내는 것에 반대했던 왕궈웨이는 예술이란 "인류 전체의 성질을 개인의 이름 아래에 두는 것"이라고 주장하면서 만약 "인류 전체를 꼭 근시안적으로 개인적인 인물로 실증해야 한다면"[13] 예술의 본질을 너무 경박하게 인식하는 것이라고 보았다. 그는 다만 후스가 '명주가사설'을 근거 있다고 본 것은 최소한 납란공자의 『음수집飲水集』과 『홍루몽』이 다소 관련이 있다고 판단한 데따른 것으로 이해했다.[14] 그렇다고 해서 이런 억지 비교를 근본적으로 찬성한 것은 아니었다. 그럼에도 근대의 미학적 관점으로 『홍루몽』을연구한 왕궈웨이조차 다소간의 수용적 입장을 취했다는 것은 명주가사설의 영향력이 얼마나 막강했는지 엿볼 수 있게 해준다.

그러나 이들 초기 색은파는 최초의 풍문에서 시작해서 훗날에 이르기까지 줄곧 산발적인 기록만 남겼을 뿐 이론적으로 체계화시킨 인물은 없었다. 청 세조와 동악비고사설董顎妃故事說이나 강희제 시대의 정치설과 같이 새로 등장한 다른 색은파들에 비해 뒷심이 부족해 상대적으로 취약성을 드러냈다. 첸징팡錢靜方이 『홍루몽고紅樓夢考』에서 "『홍루몽』에 묘사된 미인은 실제로는 명사名士를 가리키며, 더더구나 남성을 여성으로 그리고 있다"[15]는 관점을 제기했으며 임대옥은 납란성덕의 "부인"이고 「장화사葬花詞」는 납란성덕 용약의 『음수사飮水詞』를 바탕으로 나온 것임을 주장한 것은 마치 해당 설에 약간의 내용을 보태준 것처럼 보인다. 그러나 궁극적으로는 의미의 확대이자 추론적 연역에 해당되며 그마저도 검증되지 않은 것에 불과했다. 그로 인해 이설의 맹점에 대한 보완이 이루어지기는커녕 오히려 새로운 맹점을 야기했다. 마치 후스가 다음과 같이 반박한 것처럼 말이다. "납란성덕의 부인이 대옥이라는 첸 선생의 주장은 더욱 성립되지 않는 것 같다. 성덕의 본부인 노盧씨는 양광총독 홍조興祖의 딸이고, 후처 관官씨는 일남이녀를 낳았다. 노盧씨가 일찍 죽은 까닭에 『음수사』에는 도망사悼亡詞 몇 수가 들어 있다. 첸 선생은 도망사를 끌어다 대옥과 연관 짓고 있는데 사실 중국 전통문학에 넘쳐나는 것이 이러한 도망悼亡에 관한 시사들이다. 게다가 거의 모두 천편일률적인 작품들이다. 만약 도망사 몇 수로 임대옥을 찍어다 붙일 요량이면 '어떤 남자라도 임대옥 그녀의 지아비'가 될 수 있을 것이다."[16] 후스의 비판은 상당한 힘을 발휘했고 첸징팡은 아무런 답변도 내놓지 못했다. "미인 묘사를 통해 실제로는 명사를 묘사한 것"이라는 견해에 대해 첸징팡 자신도 오락가락하며 이렇게 적었다. "이전의 청나라 강희제는 문을 숭상한 군주였는데 한때는 강을 건넌 명사들이 수도로 집결하여 어떤 이는 경학을 논하고 어떤 이는 문재文才를 드러내고 또 어떤 이는 이학理學을 논하기도 했다는 이야기가 여러 사람의 글에서 산견되곤 한다. 단서를 가지고 찾는 방식으로 여성들에게 번호를 매겨 많게는 36명에 달하는 인물들을 상중하 3책에 담았으니 일일이 그 모습을 얻는 것은 어렵지 않다. 다만 의문점을 당분간 보류하여 사실을 보전하게 하는 것이 견강부회에 빠지는 것보다는 낫지 않을까 싶다."[17] 결과적으로 하나 마나 한 말이고 더욱이 어떤 여성이 구체적으로 어떤 명사를 투영한 것인지 밝히지 않았다. '명주가사설'은 구체적인 논증이 결여되었고 이론적인 방법론에서도 공통점을 개괄해내지 못함으로써 초기에는 영향력이 있었으나 청말 민초 색은파 홍학의 삼대 계파에서는 오히려 존재감이 가장 미미해졌다.

청말 민초 삼대 색은파의 둘:
왕멍롼·선핑안의 『홍루몽색은』,
청 세조와 동악비고사설

왕멍롼王夢阮과 선핑안沈瓶庵이 『홍루몽색은紅樓夢索隱』에서 제기한 청 세조와 '동악비고사설董鄂妃故事說'은 청말 민초에 성행하던 홍학 색은파 중에서 중요한 위치를 점했다. 색은파의 설을 최초로 체계화시켰기 때문이다. 그들은 『홍루몽』에서 근거로 하고 있는 실제 사적이 무엇인지 분명하게 적시했을 뿐 아니라 자신들의 주장에 대해 최대한 상세하게 이유를 밝혔다. 그리고 매회 색은을 진행하여 작중 인물과 정절이 맞아떨어지게 함으로써 독자적인 체계를 갖춘 홍학 전문서가 되게 했다. 홍학사를 통틀어 가장 최초의 책이었기 때문에 당연히 가볍게 볼 수 없다. 차이위안페이의 『석두기색은』은 서우펑페이壽鵬飛의 『홍루몽본사변증紅樓夢本事辨證』의 서언[18]을 근거로 1911년 신해혁명 전에 초고를 완성했으나 정식 출판은 1917년에 이루어졌다. 시간 순서에 따르면 이미 왕멍롼·선핑안의 『홍루몽색은』이 공개되고 2년 후의 일이다.

『홍루몽색은』은 먼저 1914년의 『중화소설계中華小說界』에 그 제요가 발표되었다가 1916년 9월 상하이중화서국上海中華書局에서 정식으로 출판되었다. 서언에서 저자는 이렇게 말했다. "당대의 어느 시와도 비교할 수 없을 정도로 뛰어났던 옥계玉溪 이상은李商隱의 시 「약전藥轉」은 그것을 풀이할 사람을 만나지 못했다. 어양漁洋의 작품 「추류秋柳」는 당대에 이미 의론이 분분했다. 대체로 문인들은 사물에 대한 느낌을 은어로 많이 표현하곤 한다. 군자는 근심이 있을 때 변풍變風으로 작품을 짓는다. 때문에 훌륭한 사관이었던 사마천司馬遷은 「화식열전貨殖列傳」과 「유협열전游俠列傳」에 자신의 마음을 기탁했다. 장자는 우언으로 「추수편秋水篇」과 「남화편南華篇」에서 자신의 생각을 드러냈다."[19] 예로부터 지금까지 역대의 작가들이 저마다 무엇인가를 드러내기 위해 작품을 쓰면서 대체로 완곡한 표현 방식을 쓰기는 했지만 결과적으로 다의적인 해석을 불러일으키는 계기가 되어 그 요체를 파악하기 어렵게 되었음을 말해주고 있다. 그렇다면 『홍루몽』에서는 과연 무엇을 나타내고 있는가? 『홍루몽색은』의 저자는 다음과 같이 말한다. "대체로 이 책은 건륭과 가경 치세에 성행하여 대부분 순치와 강희 때에 전해진 이야기들이다. 특히 두세 명의 여자가 직접 눈으로 본 것이어서 양대의 흥망성쇠가 퍽 감동적이다. 피폐해진 강산에 관한 사적은 고금에 들어보지 못한 기담이다. 이 풍진 규각의 인물들도 양대에 만나볼 수 없는 뛰어난 미인들이다. 그들의 몰락을 접하고 웃음을 참을 수 없어 붓을 들어 글을 써내려가노라니 감히 후세에 모범이 될 만한 말을 할 수가 없다. 그리하여 연의의 방식에 한가로운 정을 곁들여 보옥과 대옥을 그 사람들과 비교하고 영국부와 영寧국부로 그 일을 서술하게 된 것이다."[20] 이것이 바로 왕멍롼과 선펑안 두 비평가가 이해하는 『홍루몽』과 그들이 모방한 조설근의 『홍루몽』 간의 모순된 심경이다. 그런데 이 관점이 전혀 일리가 없다고 할 수 없는 것은 『홍루몽』의 인물과 사적을 상당히 구체적으로 다뤘기 때문이다.

『홍루몽』은 장편소설로서 당연히 그에 상응하는 인물과 스토리가 있어야 하는데, 그것이 바로 왕멍롼과 선평안이 말한 "인물"과 "사적"이기도 하다. 그들은 『홍루몽색은』의 '예언例言'에서 이렇게 밝히고 있다. "이 책이 유행한 지 200여 년이 지났는데도 훌륭한 평본이 없다. 내 비록 불민하지만 몇 년간 이 책에 공력을 들여 감히 순서대로 평어를 달아보니 책 안에 망발이나 근거 없는 사적은 찾아볼 수 없었다. 어쩌다 한가한 정으로 꾸며진 대목도 연결 부분이 서로 자연스럽게 잘 어울리고 화룡점정으로 맥락을 감추고 있어 일반 소설연의와는 달랐다. 경에 주석을 다는 방식으로 홍루몽에 주를 달았으니 감히 훗날 우위를 점할 수 있을 것으로 보인다."[21] 왕멍롼과 선평안이 말하는 『홍루몽』의 인물과 사적이 무엇인지 그 내용을 살펴보는 것도 나쁘지는 않을 것 같다.

그렇다면 책에서 기록한 인물과 사적은 과연 어떤 것이었을까? 한번 시험 삼아 얘기해보기로 하겠다. 일찍이 경사의 한 어른이 이 책은 청 세조 순치제와 동악비董鄂妃[22]를 위해 쓴 것이며 그와 동시에 당시 여러 명의 특이한 여성을 다룬 것이라고 말씀하시는 걸 들은 적이 있다. 전하는 바에 따르면 청 세조는 18년간 천하를 통치하는 동안 사실상 붕어하지 않았지만 총애하던 동악비가 사망하여 크게 상심한 나머지 오대산에 은거하다 결국은 돌아오지 못한 채 그곳에서 성불했다고 한다. 당시 그 일에 대해 말하기를 꺼려하여 장사를 지내면서도 쉬쉬했다고 하는데 세조 순치제는 임종할 때 자신을 자책하며 조서를 썼다고 하니 사실상 이는 오대산에 온 여러 신하가 돌아갈 것을 권했지만 끝내 돌아가지 않고 그곳에 남아 있다 쓴 것으로 마디마디 자신을 자책하고 자신에게 죄를 돌리며 참회하는 마음이 깊이 깔려 있다. 황제가 오대산에 있는 청량사에서 중이 되어 머물렀던 바, 국자감좨주國子監祭酒 오매촌吳梅村이 지어 올린 청량산 찬불시 4장은 전적으로 세조를 위한 것이다. 염친왕廉親王 윤기允禩 세자가 지은 『일하구견日下舊見』에 청 세조의 7절이 실려 있다. "나는 본디 서방의 중이라 황포를 벗고 자줏빛 가사로 갈아입네." 최근 사람이 지은 「청궁사淸宮詞」의 결미부에 "청량산에 여섯 용이 내려오네"라는 구절이 나오는데 모두 이 일을 읊은 것이다.

다른 일설에는 세조의 집안이 경서京西 삼산三山의 하나인 천태산에 있었고, 속담에 나오는 "산 앞에 귀신왕이 있고 산 뒤에 마왕이 있다네"라는 구절에서 마왕은 세조를 가리킨다는 사실이 이구동성으로 퍼져나갔다. 머리 깎고 중이 되었을 때 지은 시 몇 편이 있는데 전해오는 판본이 서로 다르다. 어떤 판본에는 "어리벙벙 왔다가 떠나갈 때는 길을 잃고, 허무하게 한바탕 인간 세상에 왔다 가노라"라고 되어 있는가 하면 또 어떤 판본에는 "백 년의 사업은 하룻밤 꿈이요, 만 리 강산은 장기 한 판이구나" 등의 구절이 들어 있다. 또한 "나는 본디 서방의 불제자로 무슨 인연으로 제왕의 가문을 떠돌게 되었는가"라는 구절은 『일하구견』의 내용과 다소 차이가 나지만 모두 세조가 출가했었다는 증거를 보여준다. 여러 차례 오대산에 갔던 성조聖祖 강희제가 태황, 태후를 모시고 간 것은 모두 이유가 있었다. 게다가 지금까지 경사에 퍼져 있던 속담에는 사람들이 터무늬없이 효릉에 대해 말하더라는 얘기가 나돌곤 했는데 효릉은 세조의 빈 무덤이다. 어양漁佯은 정호원鼎湖原을 읊으면서 "사연 많은 무덤의 흙 한줌을 쥐고 인간 세상에서 넓은 그의 무덤과 짝을 짓네"라는 구절을 썼는데 바로 그 무덤을 가리키는 말이 아니겠는가? 또 「무릉회고」라는 시도 세조에 대해 쓴 시여서 그런지 "구지緱氏(허난성) 지역의 신선은 어디로 갔나? 요지瑤池를 믿을 수 없네"라는 구절이 있다. 연배가 높은 어른들이 전하고 있고 비록 제자諸子에 기록된 것은 아니지만 말이 확실하고 전하는 사람이 매우 많은 것으로 보아 결코 날조된 것은 아닌 것 같다. 정승情僧의 설도 사실 여기서 시작된 것이다.

동비董妃에 대해서는 실제로 한인인데 만주 사람의 성을 사칭했다고 한다.(청대에 한인이 만주 사람 성을 사칭할 때 대부분 성 밑에 '격格'자 혹은 '가佳'자를 덧붙였는데 그런 경우가 수를 헤아릴 수 없을 정도로 많았다.) 한인은 뽑힌 예가 없었기 때문에 거짓으로 내무대신 악석鄂碩의 딸이라고 하여 성이 동악씨董鄂氏가 된 것이다. 왕비가 만주 사람이었다고 해도 사실상 사람들은 모두 진회秦淮의 이름난 기생 동소완董小琬이라는 것을 알았다. 소완은 여고如皐 사람 벽강辟疆 모공자 양襄[23]을 9년간 모셨는데 평소에 서로 깊이 사랑했으며 마침 군대가 강남으로 내려가자 벽강의 가족들은 절강의 염관에서 전쟁을 피했다. 소완의 아름다운 명성은 일찍부터 자자해 예왕豫王[24]에게 알려지게 되었고 그녀를 탐냄에 따라 벽강은 여러 차례 위험에 처하게 된다. 소완은 예왕의 손길을 피할 수 없다고 판단하고 마침내 벽강이 온전하게 돌아갈 수 있도록 계획을 세우고 자신은 왕을 따라 북으로 갔다. 나중에 세조가 그녀를 궁중에 들여 총애를 한 몸에 받는 처지가 되었으며, 황후를 폐하고 새로 황후를 세울 때 원래 그녀는 왕비에 마음이 있었으나 황태후가 출신이 비천하다고 반대했고 여러 왕도 그녀를 부끄러워해 마침내 왕후가 되지 못하고 귀비로 봉해졌으며 은혜를 베풀어 전에 없이 성대히 전례의식이 거행되었다. 그러나 귀비는 뜻을 이루지 못해 불만스러운 나날을 보내다 죽었고, 세조는 귀비를 애통해하여 마침내 머리를 깎고 중이 되어 오대산으로 들어가 다시는 돌아오지 않았다. 참으로 천고에 없는 기이한 사적으로 역사서에도 차마 서술되지 못한 까닭에 『홍루몽』에서 서술하게 된 것이다.[25]

결론적으로 왕멍란과 선평안은 『홍루몽』이 청 세조와 동소완의 연애 이야기를 담은 것이라고 주장하고 있는데, 이는 『홍루몽색은』의 전체적인 입론 근거가 되고 있다. 애석하게도 청 세조가 오대산으로 가서 출가했다는 설은 지금까지 직접적인 증거가 없는 풍문이나 추측에 불과하다. 역사가들이 말하는 이른바 태후가 신분이 낮은 사람에게 시집갔다는 것, 세조가 출가한 것, 옹정이 적자의 지위를 가로챈 것 등 청초의 삼대 현안 가운데 세조가 출가했다는 설이 특히 근거가 부족한 낭설로 알려져 있다. 직접적인 증거가 없는 풍문을 가지고 입론의 근거로 삼는다는 것은 이야기의 치밀함이나 구체성과는 별도로 신뢰도가 떨어진다. 청 세조 순치제에 의해 귀비로 봉해진 동악비가 왜 진회秦淮의 명기인 동소완인지는 알 수 없다. 더욱이 믿을 만한 근거라곤 하나도 없는 역사적인 풍문에 불과한데 말이다. 멍썬孟森은 「동소완고董小宛考」라는 글[26]에서 확실한 사료로 동소완이 명 천계 4년에 태어나 청 순치 8년에 사망함으로써 28년을 살았고, 세조는 명 숭정 11년에 태어나 소완보다 14세 어리다는 사실을 고증해냈다. 소완이 사망할 때 청 세조는 14세밖에 안 된 어린 소년이었기 때문에 "나이 차가 두 배"나 되는 두 사람이 소문처럼 생사를 넘나드는 사랑을 했을 가능성은 거의 희박하다. 하물며 모벽강의 『영매암억어影梅庵憶語』에서 소완과 모벽강 소민巢民의 애정사를 상세히 다루고 있는 상황에서 더더욱 그러하다. 소완이 청 세조 순치 신묘년辛卯年 정월 초2일에 "사망"했다고 분명히 기록되어 있는데 어떻게 예왕에게 강탈되어 궁중에 들어올 수 있었겠는가? 소완이 죽고 영매암影梅庵에서 장사를 지낸 까닭에 모벽강 소민이 『영매암억어』를 짓게 된 것이며, 소민과 서로 뜻이 맞았던 글 친구들이 지은 시에도 증거가 될 만한 것이 많다.[27] 후스는 1921년에 발표한 『홍루몽고증』에서 색은 삼파의 하나인 왕멍롼과 선핑안을 공격한 적이 있는데 이때 근거로 삼았던 것이 바로 멍썬의 고증 자료였다. 훗날 멍썬은 또 2만여 자의 지면을 할애하여 쓴 「세조출가사고실世祖出家事考實」에서 폭넓은 인증을 통한 상세하고 조리 있는 문체로 청 세조 순치가 오대산으로 출가했다는 낭설을 철저히 파헤쳤다. 그중 몇몇 관건이 될 만한 의혹에 대해 멍썬은 하나하나 고증하여 판별해냄으로써 그러한 낭설이 발을 붙이지 못하게 했다.

첫째, 역사에는 청 세조가 순치 18년(1661) 정월에 붕어했다고 되어 있으나 『홍루몽색은』의 작자는 전해오는 얘기를 근거로 "청 세조는 18년간 천하를 통치하는 동안 사실상 붕어하지 않았다"고 주장했다. 그렇다면 대체 누구의 말이 맞는가? 이에 대해 멍썬은 『옥림국사연보玉林國師年譜』에 나온 "순치 18년 정월 초3일 중사마中使馬공이 두 차례 칙지를 받들어 만선전에 들었을 때 '황제께서는 편찮으십니다聖躬少安'란 말을 했다. 대사가 문도들을 집결시킨 후 황제가 하사하신 금자능

엄경金字楞嚴經을 펼쳐놓고 고승의 이름 1000명을 뽑은 후 황제의 안녕을 기원했다. 초4일에는 이근시李近侍가 '황제께서 많이 편찮으시다'라는 말을 전했다. 마침내 초7일 해시亥時에 붕어하셨다"는 공문을 인용하며 세조가 순치 18년 정월 초7일에 붕어하신 것이 분명한 사실이므로 더 이상 의구심을 가질 필요가 없다고 했다. 세조가 죽기 전에 남긴 조서를 대신 초안한 왕문정王文靖은 자신이 지은 연보에서 이 일의 경과를 자세히 서술한 바 있다. 그는 세조가 순치 18년 정월 초7일에 붕어했다는 것을 명확히 기록했을 뿐 아니라 천연두로 사망했다는 사실도 밝히고 있다. 이 외에 멍썬은 또 장신張宸이 세조가 붕어할 때의 상황을 기록한 필기를 인용하기도 했는데 그 안에는 "신축辛丑 정월에 세조 황제께서 붕어하셨다"는 내용이 분명히 기록되어 있다. 당시 "민간에는 콩을 볶거나 등을 달거나 혹은 물을 뿌리는 행위를 하지 말라는 지시가 내려졌으니" 이는 바로 세조의 병환이 천연두였음을 말해주는 것이다.

둘째, 이른바 세조가 붕어하기 전에 남긴 조서는 오대산으로 들어간 후 여러 대신이 돌아오실 것을 권유했으나 돌아오지 않기로 하고 쓴 것이어서 "마디마디 자신을 자책하고 자신에게 죄를 돌리며 참회하는 마음이 깊이 깔려 있다." 이 논리에 대해 멍썬은 황제가 남긴 조서를 초안한 대신 왕문정을 직접 등장시킴으로써 황제가 남긴 조서가 세조가 붕어하기 하루 전인 정월 초6일에 작성되었고, 황제에게 "세 차례 보여드리고 세 차례 흠정해주셨다"는 것을 증명해 보였다. 세조가 남긴 조서는 황태후에게 상주하여 알린 후에 공표하는 것이어서 황태후와 색니索尼, 소극살합蘇克薩哈, 알필륭遏必隆, 오배鰲拜 등 보좌 신하 네 명의 의견이 개입되었다는 것을 배제할 수 없다. 참으로 멍썬이 분석한 바와 같이 "태후를 주축으로 보좌 신하 네 명이 순서 대로 받들어 친지에게 전달하고 만족滿族들에게 설명하는 과정에서 만족 종친들과 이익을 다투는 상황이 모두 조서 안에 결의되어 있다. 따라서 왕희王熙가 작성한 조서에는 대부분 태후와 태후를 보필하는 신하들의 의향이 담겨 있으나 왕희는 온실의 나무에 대해서조차 함부로 언급하지 않았던 한대의 공광처럼 신중히 작성했을 것이니 말하지 않아도 정황이 어떠했는지 짐작이 가능하다."[28] 따라서 이것이야말로 붕어 전에 남긴 조서에 응당 자신을 책망하는 각 항목이 들어 있는 진짜 이유다.

셋째, 줄곧 세조 출가의 중요한 방증 자료로 여겨졌던 오매촌의 「청량산찬불시清凉山讚佛詩」 4수에 대해서도 멍썬은 이 시들이 동악씨가 죽은 이후 오대산에서 도장을 지으려고 했을 때 지어진 것임을 다시 일일이 고증하여 세조의 출가와 관련이 없음을 밝혔다. 특히 세 번째 시의 네 구절에 "천마를 상징하는 별이 다해 움직이지 않으니 하늘에서 백옥관을 내려주시네. 애석하도다 선재동이여! 짐짓 허풍 떨며 천자의 어가도 한번 맞아보지 못했구려房星竟未動, 天降白玉棺. 惜哉善財洞, 未得誇迎鑾"라고 되어 있는 것으로 볼 때 세조가 이미 붕어하여 오대산으로 출발한 적이 없음을 명백히 암시해준다. 오매촌의 시는 세조의 유조가 반포된 이후인 대략 순치 18년 신축년에 쓰인 것이므로 서술이 화려하고 정취가 길게 휘늘어지지만 기록된 사실들을 달리 해석해서는 안 될 것이다.

넷째, 멍썬은 세조의 황귀비인 동악씨가 순치 17년 8월 19일에 사망했다는 고증 결과를 내놓았다. 동악씨는 내무대신 악석의 딸로 18세에 입궁하여 순치 13년 8월에 현비로 책봉되었으며 같은 해 12월에 황귀비가 되었으니 세조에게 깊은 은총을 받았음을 알 수 있다. 동악비가 사망한 후 세조의 슬픔이 극에 달했다는 것도 사실이다. 오매촌의 「청량산찬불시」에 나오는 "서왕모가 시녀 동쌍성을 데리고 수목이 우거진 구름 사이로 나타나네王母携雙成, 綠蓋雲中來" "가련한 천리초여, 시들어 떨어지니 빛깔이 없구나可憐千里草, 萎落無顏色" 등의 구절이 동씨와 딱 맞아떨어지니 그녀는 동악비를 가리키는 것이지 절대 강남의 명기인 동소완이 아니다. 게다가 세조가 붕어한 이후 또 다른 동악씨가 "애통함을 다하다가 마침내 죽음에 이르렀는데,"[29] 이에 대해 멍썬은 고증을 통해 동악정비董鄂正妃라는 주장을 폈다. 그 외에 영의비寧懿妃가 있었으며 그녀 역시 동악씨였다고 한다. 이를 통해 볼 때 세조의 비인 동악씨를 동소완으로 끌어다 붙인 것은 정말 터무니없는 주장이라 하겠다.

역사적으로 청 세조와 동소완의 연애담과 출가에 관한 사실이 존재하지 않는 이상 왕멍롼과 선평안이 『홍루몽색은』에서 내세운 근거는 무너질 수밖에 없다. 비록 그렇다 하더라도 관점과 방법론적인 측면에서의 시비득실을 종합적으로 판단하기 위해서는 그들이 구체적으로 어떻게 색은을 진행시켰는지에 관해 좀 더 면밀히 고찰한 후 객관적인 평가를 내릴 필요가 있겠다.

『홍루몽색은』에서는 『홍루몽』에서 정승情僧인 청 세조의 이야기를 부연하고 있다고 주장했기 때문에 작품에서 보옥이 정승이고 대옥이 동비董妃라는 증거를 찾기 위해 온갖 심혈을 기울였다.

세조가 천하를 18년간 다스렸듯이 보옥은 19세에 출가했다. 세조가 시조 이래 제7대손이 된 것은 보옥이 "한 아들이 성불을 하면 조상 7대가 승천한다"고 말한 것이나 과거에서 7등으로 거인이 된 것과 흡사하다. 세조의 익장諡章과 보옥의 익문諡文이 절묘하게 문文과 장章 두 글자에 암시적으로 투영되었다.[30]

이것은 숫자상으로 합치되는 부분이다. 이외에 성정과 "합치"되는 부분을 살펴보면 다음과 같다.

보옥이 공부를 열심히 하지 않고도 문채가 매우 뛰어난 것은 천부적으로 타고난 성인의 총명함이 있었기 때문이다. 세조가 문학에 뛰어난 것이 보옥과 꼭 같다. (…) 보옥은 일생 동안 남녀에 대한 정이 깊었지만 국가 대사와 같은 정사를 논하기는 싫어했으니 대략 강산보다는 미인을 중시 여긴 감이 있다. 모든 면에서 정승情僧으로서의 본보기를 보여주고 있다.[31]

만약 이러한 대목들을 "합치되는 부분"으로 간주한다 하더라도 『홍루몽색은』에서 제시한 예증이 너무 적기 때문에 좀 더 보충할 필요가 있다. 그러나 예증이 많아진다고 해서 무엇이 달라질까? 서로 "합치"되지 않는 더 많은 부분에 대해서는 어떻게 답할 수 있을까? 예컨대 보옥은 연지 빨아먹기를 좋아했다지만 세조는 그렇지 않았다. 보옥이 "공부를 열심히 하여 성공하려는 사람"을 "벼슬과 봉록을 탐하는 좀벌레"로 비판했다면 세조는 결코 그런 욕을 한 적이 없다.

보옥이 평소에 "중과 도사에 대해 비판했다면" 세조는 고승을 궐내로 모셨으며 지극히 불교를 신봉했다. 보옥이 평등한 사상을 숭상하여 사람과 사물을 대함에 격의가 없었다면 세조는 황제의 티를 내지 않을 수 없었을 것이다. 보옥이 방관의 이름을 "야율웅노耶律雄奴"로 고쳐준 것은 "서융의 이름"인데, 세조는 어떤 이유에서든 자신의 조상을 짓밟는 짓은 하지 않았을 것이다. 왕멍롼과 선펑안의 말에 의거할때, 『홍루몽』에서 세조와 보옥이 서로 합치되지 않는 대목은 상당히 많다. 이는 "각 권에 분산되어 나타나므로 다시 상세히 거론하지 않는다." 우리는 이러한 반증만으로도 『홍루몽색은』의 입론 근거와 운용방식이 과학적이지 못하다는 것을 입증할 수 있다. 더더욱 황당한 것은 『홍루몽색은』의 작가가 보옥의 큰아버지인 가사賈赦, 가사의 부인인 형부인邢夫人, 보옥의 아버지인 가정賈政, 가정의 부인인 왕부인王夫人등 네 사람의 성명 중에서 사赦, 형邢, 정政, 왕王 네 글자를 따다가 "직언으로 왕을 대신하여 섭정한" 일로 이야기하고 있다는 점이다.[32] 삼촌도 좋고 아버지도 좋지만, 이는 보옥과 가사, 가정의 관계이지 실제 역사와는 사실상 조금도 "합치되지 않는다." 하물며 가사는 보옥의 큰아버지이니 더더욱 관련이 없다. 이런 대목은 왕멍롼과 선펑안이 얼마나 억지로 상관없는 일들을 끌어다 견강부회했는지 단적으로 드러내 보여준다.

이른바 대옥과 동소완이 "부합되는 부분"에 관해 『홍루몽색은』에서 열거한 예는 더욱 많다. 그러나 역시 반박하지 않을 수가 없다. 예컨대 다음과 같다.

소완의 이름은 백白인데 대옥의 이름이 대黛인 것은 흰 분을 바르고 눈썹에 검푸른 색을 칠한다는 화장의 의미다. 소완의 서명에 매번 '옥玉'자 변을 없애고 '완宛'이라고만 적고 있는데 대옥이 명명을 할 때는 특별히 '완宛'자 변을 없애고 '옥玉'자만을 쓴 것이므로 서로 반반씩 나눠 가진 셈이다. 그리고 소완은 쑤저우 사람인데 대옥도 쑤저우 사람이다. 소완은 여고如皐에 살았는데 대옥도 양저우揚州에 살았다. 소완이 염관에서 왔다면 대옥은 순염어사巡鹽御使의 관서에서 왔다. 순염어사가 곧 염관이니 두 글자에 담긴 수수께끼가 매우 재미있다.(책 속에서 수수께끼를 사용한 부분이 많다.) 소완이 입궁할 때 나이가 이미 27세였다면 대옥이 상경할 때 겨우 13세였으니 공교롭게도 소완 나이의 절반이다. 나이 든 사람과 어린 사람을 서로 비교하니 이 역시 익살스럽다. 이뿐 아니라 소완이 매화를 좋아했기에 대옥은 대나무를 좋아했다. 소완이 가락에 능했기에 대옥은 거문고에 능했다. 소완이 병이 잦았기에 대옥도 병이 잦았다. 소완이 달을 좋아했기에 대옥도 달을 좋아했다. 소완이 꽃나무 심는 것을 좋아했기에 대옥은 꽃무덤 만들기를 즐겼다. 소완이 음식을 잘 만들었기에 대옥은 가위질에 능했던 것이다. 소완은 술을 마실 줄 알았지만 마시지 않았기에 대옥은 가장 술을 못 마시는 사람이 된 것이다. 소완이 특이한 향을 좋아했기에 대옥은 향 사르는 냄새를 좋아했다. 소완이 초사를 숙독했기에 대옥은 악부를 본떠 짓기를 즐겨했던 것이다. 소완이 『의산집義山集』을 애호했기에 대옥도 옥계玉溪詩 이의산의 시를 즐겼다. 소완이 『염염집奩艶集』을 지었기에 대옥에게는 「오미음五美吟」이라는 작품이 있었던 것이다. 소완이 서사書史를 벗어난 행동을 하지 않았기에 대옥이 서재와 같은 침실을 갖게 된 것이다. 또한 소완이 진산金山에 유람을 갔을 때 사람들이 강비江妃가 파도를 밟고 올라온 것으로 여겼기에 대옥을 소상비자瀟湘妃子라고 부른 것이다. 소상비자의 의미는 실제로 '강비江妃' 두 글자에서 왔다. 그렇지 않았다면 규방 사람들은 절대로 자기 이름을 비妃로 정하거나 남의 이름으로 정할 수 없었을 테니 소상비자는 대저 근거가 있는 이름이다. 하물며 소완은 실제 귀비였기 때문에 대옥은 비의 이름을 가질 수 있었고 비의 옷을 드러낼 수도 있게 된 것이다. 또한 소완이 빛바랜 서양식 붉은 적삼을 입고 비할 데 없는 농염함으로 사람을 놀래켰던 까닭에 소상관의 창문 휘장에 온통 빨간 비단으로 된 사창만 언급된 것이니 의도적으로 부합되게 한 대목이라 하겠다.[33]

앞에서 열거한 청 세조와 가보옥에 관한 일련의 예증이 그나마 숫자나 성정 면에서 다소 "부합"되는 부분이 있었다고 한다면 대옥과 동소완 간의 예증은 서로 "부합"되지 않는 부분이 더 많다. 한 사람은 이름이 '백白'이고 다른 한 사람은 이름이 '대黛'인 것을 "흰 분을 바르고 눈썹에 검푸른 색을 칠한다"는 화장의 의미로 연결 지었다. 이에 근거할 것 같으면, 『홍루몽』에 나오는 소홍小紅도 소완小琬과 홍백이 서로 뒤섞인 것으로 연결 지을 수 있지 않겠는가? '완琬'에서 '옥玉'을 없애고 '완宛'이라고 쓴 것을 임대옥과 "서로 반반씩 나눠 가진 것"으로 친다면 『홍루몽』에서 "나눠 가진" 조건의 인물이 어찌 임대옥 한 사람에 그치겠는가? 소홍이 곧 홍옥紅玉이니, 마찬가지로 "나눠가질 수 있지" 않겠는가? 소완이 27세에 입궁했고 대옥은 나이 13세에 가부에 들어왔다고 했는데 이는 잘못된 계산이다. 대옥이 가부에 처음 왔을 때 겨우 7세에 불과했으므로[34] 소완이 입궁했을 무렵의 나이에 거의 4분의 1에 해당하는 연령이니 "공교롭게도 소완 나이의 절반"이라고 단정할 수도 없다.

설령 대옥이 가부에 들어올 때의 나이가 소완의 절반이었다고 치더라도 그게 두 사람이 "부합"되는 증거라고 할 수 있겠는가? 두 사람 모두 병이 잦았다고 하는 것은 그나마 "부합"되는 부분이라고 하더라도 한 사람은 매화를 좋아하는데 다른 한 사람은 대나무를 좋아했다, 한 사람은 꽃나무 심는 것을 좋아하는데 다른 한 사람은 꽃 무덤 만드는 것을 좋아했다, 한 사람은 음식 만드는 것을 잘하는데 다른 한 사람은 가위질을 잘했다, 한 사람은 초사를 애호하는데 다른 한 사람은 악부를 본떠 짓기를 좋아했다, 한 사람은 빛바랜 붉은 적삼을 입고 다른 한 사람이 사는 곳에 붉은 사창이 있다는 것 등이 도대체 무슨 상관이 있다는 말인가? 차라리 합치되지 않는 부분이라고 하는 게 낫겠다. 대옥을 소상비자라고 부르는 것에 대해서 "실제로 '강비江妃' 두 글자에서 온 것"이라고 했는데 영락없는 날조가 아닐 수 없다. 그 점은 『홍루몽』 37회를 보면 분명하게 알 수 있다.

탐춘은 웃으며 말했다. "언니는 제발 그런 교묘한 말장난으로 날 놀리지 말아요. 나도 벌써 언니를 위해 좋은 별호를 하나 생각해두었거든요." 그러고는 재차 자리에 있는 사람들을 둘러보며 말했다. "옛날 순임금의 두 왕후인 아황과 여영이 죽은 순임금을 위해 흘린 눈물이 대나무에 튀어 얼룩 대나무가 되었다지 않아요? 그래서 오늘날에도 이런 대나무를 상비 죽이라고 한대요. 그런데 마침 대옥이란 분이 사는 곳이 소상관인 데다가 또 잘 울기까지 하니 장차 낭군 될 분을 생각하며 울면 그 집의 대나

무들이 죄다 '상비죽'이 되고 말 테니…… 차라리 저분을 '소상비자'라고 부르는 게 딱 맞아떨어질 것 같네요." 그러자 모두 박수를 치며 좋아라 했고 임대옥 본인만 고개를 떨군 채 아무 말이 없었다.[35]

이것이야말로 대옥을 소상비자라고 한 진짜 내력이자 직접적인 증거이니 『홍루몽색은』의 저자가 나서서 변명할 수 있는 대목이 아니다.

왕멍롼과 선핑안의 『홍루몽색은』이 비과학적이라는 점은 한 인물이 여러 사람을 투영하거나 혹은 여러 사람이 한 사람을 투영했다는 데서도 잘 드러난다. 동소완을 투영한 인물로는 대옥 말고도 습인, 청문, 묘옥, 보채, 보금, 진가경 등이 있다. 원춘, 영춘, 탐춘, 석춘 등 가부의 네 자매와 보채, 묘옥, 향릉은 진원원陳圓圓을 투영한 인물로 보았다. 이렇게 보았을 때 보채는 동소완과 진원원을 동시에 투영한 인물이다. 청 세조를 투영한 인물에 가보옥뿐 아니라 유상련과 왕희봉까지 포함시켰다. 그리고 보옥은 동시에 후조종侯朝宗을 투영했고 왕희봉은 또 양용우楊龍友를 투영한 것으로 보았다. 향릉, 하금계, 설반, 포용은 모두 오삼계吳三桂를 투영한 인물로 보았으며 사상운의 경우 고미루顧眉樓, 공사정孔四貞, 변옥경卞玉京, 변눈卞嫩, 장평공주長平公主 등 더 많은 인물을 투영한 것으로 보았다. 한 사람에게 여러 소임을 맡기고 성별의 구분 없이 자의적으로 끌어다 붙이고 있으니 과학적이지 못하다. 마오둔茅盾이 말한 것처럼 "왕멍롼과 선핑안 두 사람의 색은은 권두의 제요 부분 외에도 매회 총평을 넣고 행간에는 협비를 달아 폭넓게 인증하고 있으나 견강부회는 이미 도를 넘어선 지 오래다. 그러나 가장 말이 안 되는 것은 한 사람이 두 사람 내지 세 사람을 동시에 영사하고 있다는 점이다."[36]

인물 간에 "부합되는" 점을 찾는 것 말고도 사건과 스토리에서 서로 "부합되는" 점 역시 왕명란과 선평안이 심혈을 기울여 찾은 대상이었다. 예컨대 제1회에 3월 15일 호로묘에서 불이 나는 대목이 나오는데 왕명란과 선평안은 3월 15일 이 기간에 대해 다음과 같이 색은 작업을 벌였다. "이자성李自成은 3월 19일에 갑신지변을 일으켜 경사를 파괴하고 명나라를 무너뜨렸다. 여기서 제1회의 호로묘에 불이 난 3월 15일은 은연중에 이날 3월 15일을 가리킴으로써 8월 15일을 두드러지게 한 것이니 오삼계가 중추절에 죽은 것에 대한 복선이다." 이런 식으로라면 맞아떨어지지 않을 곳이 없을 것이다. 3월 15일에서 3월 19일을 생각해내고 다시 8월 중추절을 생각해내듯이 이렇게 마음대로 역사 사건과 관련짓는 것은 설사 그것이 현대에 등장한 의식의 흐름 기법이라 하더라도 연관성을 찾기는 사실상 어렵다. 또 제12회의 왕희봉이 상사계를 꾸미면서 가서에게 "당신 같은 분이 몇 분이나 되겠어요? 열에 한 사람도 나올까 말까 한 걸요"라고 한 대목에서 왕명란과 선평안은 가서를 홍승주洪承疇를 투영한 인물로 보았다. 명 숭정 14년 송산 전투에서 포로가 된 인물로는 장군 홍승주 외에 순무巡撫 구민앙邱民仰, 총병總兵 왕정신王廷臣·조섭교曹變蛟·조대락祖大樂, 병비도兵備道 장두張斗·요공姚恭·왕지정王之禎, 부장 강저江翥·요훈饒助·주문덕朱文德 등 10인이 더 있었으나 경사로 가는 것을 전송받고 융숭한 대접을 받은 것은 홍승주뿐이었기 때문에 왕희봉이 "열에 한 사람도 나올까 말까 한 걸요"라는 말을 했다는 것이다. 왕명란과 선평안은 상술한 바와 같이 색은을 하고나서 칭송하여 말하기를 "이 문장은 조롱하는 것 같기도 하고 칭송하는 것 같기도 한 것이 여운이 많이 남는다"고 했다. 여기에 무슨 말이 더 필요하겠는가? 만약 이러한 색은 방법이 성립된다면 어찌 명청대의 역사적 사실에만 국한되겠는가? 진, 한, 당, 송대의 역사적 사건들에서도 "부합되는 곳"을 얼마든지 찾을 수 있을 것이다. 더 기막힌 것은 제19회에서 보옥의 소동인 명연이 만아라고 하는 여자아이와 "경환선녀가 (보옥에게) 알려준 그 짓(운우지정)"을 실제로 해보는 대목이 나오는데, 왕명롼과 선펑안은 이에 대해서도 대대적인 색은을 펼쳤다.

> 정승情僧시자는 대저 거세당한 환관이니 절대로 이런 일은 있을 수 없다. 문학시종은 설령 궁궐 안에 있더라도 규제가 심해 궁인들과의 은밀한 만남을 가질 수 없다. 작가는 이 대목을 의미 없이 쓰지는 않았을 것이다. 기왕에 그 이름을 특별히 명기한 이상 그 안에 어떤 저의가 있을 것이다. 이 앞 회를 근거로 보면 동비가 아버지를 여의고 남행을 한 것은 여동생 동년의 손을 잡고 함께 돌아왔다는 뜻이다. 먼저 그녀는 바깥에 머물다가 정승이 과거에 합격한 이후에 궁중에 받아들여진 것이다. 이 일은 보옥이 습인의 집에 가기 전에 쓰였다. 대략 하인과 하녀의 사통을 정승의 외부 행차로 비유하고 있는 것이다. 그 꿈은 비단결 같고 그 이름은 많다는 뜻의 만萬으로 하여 그 안에 '연年'자를 숨기고 있으니 이때 비단은 단연코 만년금萬年錦이다.[37]

정말이지 더없이 절묘한 문장이다. 색은가들이 구체적으로 사용한 것이 어떤 방법인지 분명하게 말하기는 어렵다. 애초에 '시자'는 그럴 수 없다고 했다가 '시종'은 더더욱 그럴 수 없다고 했으니 이는 대략 배제법을 쓴 것이다. 그러나 '시자'도 아니고 '시종'도 아니라면 필시 정승은 순치제 자신이란 말인가? 왜 다른 사람은 안 된다고 한 것인가? 보옥이 정승이 아니란 말인가? 지금 보옥의 시종인 명연도 정승이 되어 두 정승이 동시에 등장하여 일문일답하니 확실히 희극적이기는 하다. 허나 색은의 진실성에 관한 근거는 어디에 있는가? 만아의 모친이 꿈에 비단 한 필을 보고 급기야 생각해낸 만년금 안에 마침 '연年'이라는 글자 하나가 숨겨져 있으므로 만아는 바로 소완小琬의 여동생 동년童年이라는 것이다. 미로로 빠져드는 것 같은 이런 추측을 정상적인 사고를 하는 사람이라면 어느 누구도 이해하지 못할 것이다.

왕멍롼과 선핑안의 『홍루몽색은』이 모두 다 틀린 것만은 아니다. 임의로 역사에 끌어다 붙인 부분이 책의 상당 부분을 차지하고 있고 그 기본 관점이나 방법론에서도 논리가 맞지 않는 대목이 많지만 역사로 작품을 논증하려는 학구적인 자세와 예술적인 분석을 펼쳐 보이고 있다는 점에서만은 상당히 독창적이다. 매회의 행간行間 비주批注가 모두 역사적인 사실을 담은 색은은 아니었지만 인물 심리를 분석하거나 창작 기법을 드러낸 대목에서는 가끔 남들이 생각지 못한 것을 제시해 보여주기도 했다. 예컨대 『홍루몽』 제34회의 보옥이 아버지에게 매를 맞은 후 보채와 대옥이 서로 연이어 동태를 살피는 대목에서 두 사람의 말과 태도가 대비된다. 왕멍롼과 선핑안은 이에 대해 다음과 같이 비批를 달았다. "보채는 말로 보옥을 안심시키고 보옥 또한 말로 대옥의 마음을 안심시키고 있다. 원래 마음속에 대옥만이 자리하고 있는 보옥에게 보채는 고심 어린 마음으로 홀로 찾아와 기어코 호의를 보이며 독단적으로 보옥의 사랑이 자신에게 옮겨오게 하려 하고 있음을 알 수 있다. 그러나 어찌 알리오. 천하의 일이란 억지를 부려서는 오래 지속되지 못하고 끝내는 실패로 돌아간다는 것을. 혼란스러운 고금의 역사에서 보채와 같은 이가 얼마나 많겠는가?" 이에 그치지 않고 "정의 진지함에 있어서도 대옥이 당연히 보채보다 한 차원 더 깊다. 이 대목에서는 보채와 대옥의 진정성과 보옥이 보채와 대옥에 대해 품은 감정의 차이를 보여주고 있다. 포폄을 가하지 않았지만 실제로는 대옥이 낫고 보채가 잘못되었다는 데 그 절묘함이 있다. 감정대로 썼지만 결코 무례함이 없다. 자신의 마음을 숨기는 행동을 했지만 흔적을 피할 수가 없다. 이런 정보는 사리를 아는 사람이라면 절로 이해할 수 있다." 그야말로 작가의 의도와 딱 맞아떨어지는 분석이라는 것을 인정하지 않을 수 없다. 또 제41회에서 보옥, 대옥, 보채가 함께 농취암에서 차를 마실 때 대옥이 썼던 잔은 '점서교點犀盉'이고 보채가 썼던 잔은 '반포가㺯㐌斝'인데 유독 묘옥 자신이 "늘 쓰던" 녹옥두綠玉斗 잔을 보옥에게 준 이 특별한 대목에서 묘옥의 미묘한 심리를 엿볼 수 있다. 왕명란과 선평안은 이 대목에 대해 이렇게 적고 있다. "이 필법에서는 특히 묘옥의 속내를 비판하고 있다. 그녀는 평소에 한 번도 쓰지 않았던 잔을 노파가 입 댔다는 이유만으로 버리고 다시는 거들떠보지도 않았다. 그러면서 도리어 자신이 늘 쓰던 잔을 남자인 보옥과 함께 공유하면서 보옥이 잔에 입을 대고 만진 것에 대해서는 전혀 개의치 않는단 게 말이 되는가? 묘옥을 묘사한 곳마다 보이는 위선적인 행동을 보면 그녀의 고결함을 잊게 만든다." 그리고 작품에서 보옥이 웃으면서 "속담에도 세상의 법이 항상 평등하다고 말하면서, 저들 두 사람한테는 진기한 골동품에다 대접하고 나한테는 이런 속된 그릇에 부어주는 거야"라고 한 것에 대해 왕멍롼과 선핑안은 다음과 같이 좀 더 자세한 분석을 곁들였다.

이 대목은 늘 여러 번 생각해도 잘 이해가 되지 않는 부분이다. 의음意淫의 소유자는 아름다운 여성을 만나면 서로 마음이 끌리고 우아함을 탐하며, 함께 술잔을 나누는 영광을 누리게 되면 절로 즐겁게 받아들이지만 그것을 잃게 될까 걱정하기도 한다. 바야흐로 매사 조심하고 유심히 살피는 보옥이 그런 걸 모를 리 있겠는가? 깊은 마음 씀씀이를 버리고 귀한 물건을 좇는 것은 일반 사람들이라도 그러지 않을 텐데 하물며 다정다감한 사람에게라면 더더욱 있을 수 없는 일이다. 그렇다면 작가가 특별히 이러한 행동을 묘사한 이유는 무엇일까? 아마도 생각에 생각을 거듭했을 것이다. 보옥이 다소 불만스러운 말투로 묘옥을 원망하고 있는 이 대목은 사실은 묘옥이 감정을 주체하지 못하고 보옥과 대옥 앞에서 경거망동한 것에 대해 보옥이 깊고도 세심한 마음 씀씀이로 묘옥의 행태를 가려주려 했던 것이다. 그동안 이곳에 자주 와서 여러 번 그 잔을 사용했을 보옥은 묘옥의 성미에 대해 익히 잘 알고 또 그것을 깊이 이해하고 있었을 것이다. 지금 보채와 대옥같이 꼼꼼한 두 사람이 묘옥의 예사롭지 않은 면모와 맞닥뜨리면 필시 보옥보다 먼저 유심히 살펴보게 될 것이다. 만약 보채와 대옥 두 사람이 보옥과 술잔을 나누는 묘옥의 모습을 보고 시기 어린 미소를 짓는다면 묘옥은 부끄러워 쥐구멍에라도 들어가고 싶을 것이다. 보옥이 모든 면에서 조심하는 것은 묘옥이 자기보다 더 독특하다는 것을 알고 있었기 때문에 그것을 가려주고자 되려 마치 평등하지 못한 것이 유감이라는 듯이 손님을 받들어야 한다는 구실을 들고 나온 것이다. 당시 함께 있던 네 사람의 속마음은 저마다 미묘한 차이를 나타냈다. 보옥은 한편으로는 두 사람의 시기심을 무마하면서 다른 한편으로는 묘옥의 부주의함을 가려주고자 했다. 기왕에 묘옥의 경솔함을 가려주자 두 미인의 존귀함이 드러났다. 빈틈없이 살피고 속속들이 신통하니 보옥은 천하제일의 연인이자 배려남인 동시에 최고의 영리한 꾀돌이다. 나 같은 사람은 정말이지 거칠고 투박한 사내에 불과할 따름이다. 뒷부분에서 잔을 거두지 않고 버린 것을 보면 더더욱 양홍梁鴻의 밥상을 급히 받아든 맹광孟光과 같은 상황[38]임을 알 수 있다. 보채와 대옥의 신랄함을 감안할 때 나중에 뒷말이 없을 수가 없었을 것이다. 보옥은 대옥을 사랑했기 때문에 그녀를 위해 아주 은근하게 벌충을 했다. 우아한 말 속에 요체를 담았고 사리에도 밝아 저촉되지 않았으며 말을 하기가 무섭게 마무리를 하니 평소 사랑의 감정을 말하지 않았던 것들에 대한 의구심이 일거에 말끔히 해소되었다. 『홍루몽』을 읽다가 이 지점에 이르면 참으로 마음속에 바퀴가 굴러가는 것 같다. 세상의 선남선녀 중에 이것을 아는 자 몇이나 될까? 이 정도의 마음 씀씀이를 가졌으면서도 이 정도로 끝낼 수 있는 사람이 또 몇이나 되겠는가? 나도 모르게 보옥과 묘옥 두 사람 모두 천상의 사람들이라고 하지 않을 수 없다.[39]

이 글은 보옥과 묘옥의 미묘한 관계, 보채나 대옥과 함께 차를 마실 때의 네 사람, 즉 보옥·묘옥·보채·대옥의 심리활동에 대한 분석이 세밀하고, 설명에 깊이가 있다는 점에서 『홍루몽』의 창작 의도를 잘 파악한 감상문으로 간주할 수 있으며 임의로 찍어다 붙인 색은의 글들과는 현저히 다르다. 『홍루몽색은』에는 이와 같은 분석이 적지 않고 문자도 시원시원하여 힘들이지 않고 읽어내려갈 수 있으니 이게 바로 왕명롼과 선펑안의 저작이 완전히 부정될 수 없는 이유이자 거듭 출판될 수 있었던 까닭이다.[40]

청말 민초 삼대 색은파의 셋:
차이위안페이의 『석두기색은』
—강희시대 정치상황설

1917년에 출판된 차이위안페이의 『석두기색은』은 저술 시기가 왕명롼과 선평안의 『홍루몽색은』과 대략 비슷하지만 1900년이 되기 이전부터 이미 홍학을 염두에 두었기 때문에 준비 기간은 상당히 길었다. 또한 『홍루몽』의 "4 내지 5할"은 강희시대 일사佚事를 투영한 것으로 판단하면서[41] 서서히 색은파 홍학으로 기울고 있었다. 청말 민초를 대표하는 색은 삼파 가운데 차이위안페이의 저술이 가장 영향이 컸고 관점과 방법론도 체계적이었다.

차이위안페이의 『홍루몽』에 대한 총괄적인 생각은 다음과 같다.

『석두기』는 청대 강희제 때의 정치소설이다. 작가는 매우 진지하게 민족주의를 견지하고 있다. 작품 속의 실제 사건은 명나라의 멸망을 애도하고 청나라의 실정을 드러낸 데 있으며 특히 청나라에 출사한 한족 명사들에 대한 통석의 마음을 담고 있다. 당시 법에 저촉될 것을 염려한 것은 물론이고 새로운 형식을 창조하고자 여러 층의 장막으로 가림으로써 독

자들이 가로로 보면 고개가 되고 측면으로 보면 봉우리가 되도록 한 것이다.[42]

『홍루몽』이 정치소설임을 명백히 밝히고 『홍루몽』의 작가가 강렬한 민족주의 사상을 가졌다고 본 것은 홍학사에서 매우 중요한 의미를 지닌다. 그 이유는 무엇보다 『홍루몽』의 사상에 대한 이해를 증대시키는 계기가 되었기 때문이다. 그리고 작품 속의 실제 사건이 "명나라의 멸망을 애도하고 청나라의 실정을 드러낸" 것을 다시금 층층이 장막으로 가렸다는 것이 차이위안페이의 홍학관이다. 그는 말한다.

가장 표층에서는 가정사를 이야기하면서 마음으로 풍류의 정회를 질책하고, 부덕을 존중하면서 문예에 대해서는 박하게 했다. 보옥은 거의 완벽한 사람으로 묘사하고 대옥과 묘옥에 대해서는 인정에 부합되지 않는 괴팍한 성품으로 그리고 있다고 보았는데 이는 세상 물정 모르는 학자들의 취향으로 왕설향평본王雪香評本이 이에 속한다. 한층 더 들어가면 순수한 언정言情의 작품으로 볼 수 있는데 문사들의 취향이 이러하니 보통 평본은 대부분 이 점에 착안을 했다. 다시 한층 더 깊이 들어가면 예컨대 진씨의 방에서 보옥이 낮잠 자는 동안 이런저런 포석이 깔리면서 보채의 금쇄가 보옥을 구슬리는 기능을 하는데 끝내 딱 부러지게 설파하지는 못했지만, 청문과 소홍을 대옥의 그림자 인물로 한다든지 습인을 보채의 그림자 인물로 한다든지 해서 작중 인물에 여러 그림자 인물을 투영하여 마음껏 묘사함으로써 언정 속에 곡필을 활용하기도 했다. 유독 태평한 인太平閑人의 평본이 이러한 곡필을 모두 들춰냈다.[43]

『홍루몽』은 사상적으로나 예술적으로나 여러 층위를 이루고 있어 독자들이 가로로 보면 고개가 되었다가 측면으로 보면 봉우리가 된 것 같은 느낌을 받는 게 사실이다. 차이위안페이는 바로 이 점에 주목했으니 참으로 안목이 뛰어나다. 그가『홍루몽』에 반만 사상反滿思想이 깃들어 있다고 지적한 것은 작품의 실제 상황에 완벽하게 부합된다고 하겠다. 색은 분야에서 차이위안페이의 공헌은 주로 작품 속의 반만 사상을 드러냈다는 데 있다. 다만 어떻게 실제 사건을 밝혀내느냐 하는 것이 문제였다. 차이위안페이의 생각은 이러했다. "실제 사건을 밝히는 데 있어서『낭잠기문郞潛紀聞』에 서술된, 이른바 보채를 고담인高澹人을 투영한 인물로, 묘옥을 강서명姜西溟을 투영한 인물로 보는 서유천徐柳泉의 설이 가장 맞아떨어진다. 근인은『승광사필기乘光舍筆記』에서 작중 여성 인물들은 모두 한인漢人이며 남성 인물들은 모두 만인滿人이라고 주장한바, 보옥이 일찍이 남자는 진흙으로 만든 존재이고 여성은 물로 만들어진 존재라고 한 것이 특히나 내 의견과 맞아떨어진다." 널리 전파된 서유천의 주장은『낭잠기문』에 기록된 것 외에『연하향좌록』에도 인용되었다[44]는 것을 앞서 명주가사설을 소개할 때 이미 언급한 바 있다. 차이위안페이의 관점은 분명 거기에서 영감을 얻었지만 명주가사설을 취하지 않고 우의를 더욱 확장시켜 강희제 시대 전체의 정치소설로 확장시켰다.『승광사필기』의 작자인 궐명闕名은『홍루몽』의 첫 번째 단락과 관련하여 다음과 같은 말을 남겼다.

『홍루몽』은 정치소설로서 작품 전체에서 모두 강희제, 옹정제 시대의 만주족과 한족 간의 구도를 기술하고 있는데, 근대 사람들은 이런 의미를 잘 알 수 있다. "남자는 진흙으로 만든 존재이고 여자는 물로 만든 존재"라고 한 보옥의 말이 좋은 근거다. 대저 '한漢'자의 편방은 물 '수水'자로 되어 있기 때문에 작중 여성 인물들은 모두 한족을 가리킨다. 반면 명나라와 청나라 초기 사람들이 만인을 칭할 때 '달달達達'로 부르곤 했는데 '달達'의 처음 필획은 흙 '토土'이므로 작중 남자 인물들은 모두 만인을 가리킨다. 이러한 분석을 통해 작품 전체의 문제가 순리적으로 해결되니 마치 흙이 땅에 소복이 쌓이는 듯하다.[45]

이 대목을 1915년에 출판한 『홍루몽명가제영紅樓夢名家題咏』에서도 인용하여 수록하고 있으니 『홍루몽』을 만한관계滿漢關係를 기술한 작품으로 여긴 것이 당시로서는 하나의 유행이었음을 알 수 있다. 차이위안페이가 쓴 『석두기색은』의 특색은 이러한 관점을 더욱 체계화하고 이론화시킴으로써 "명나라의 멸망을 애도하고 청나라의 실정을 드러낸 것"이 『홍루몽』의 "실제 사건"이며 작품의 주제임을 강력하게 주장했다. 그는 또 자신의 색은 방법에 대해서도 품성이 유사한 사람, 증명할 수 있는 일화, 성명이 관련 있는 사람 등 세 가지로 개괄했다.[46] 이 세 가지 방법에 의거하여 임대옥은 주죽타朱竹垞를, 설보채는 고강촌高江村을, 탐춘은 서건학徐乾學을, 왕희봉은 여국주余國柱를, 사상운은 진기년陳其年을, 묘옥은 강서명姜西溟을, 보금은 모벽강冒辟疆을, 유노파는 탕잠암湯潛庵을, 보옥은 강희제의 황태자 윤잉胤礽을 투영한 것으로 보았다. 『석두기색은』은 대부분의 지면을 사료를 증명하는 데 할애했고 『홍루몽』에서 관련이 있는 대목을 대비시켜 몇몇 인물이 어떻게 투영되었는지 추적해나갔다. 학자로서의 해박한 지식과 신중한 자세로 볼 때 당연히 인용한 사료들에 신빙성이 있으며 세부적으로 천착해 들어가는 모습에서도 학술적인 진지함이 묻어난다. 같은 색은임에도 학술적 성향으로 인해 상당한 반향을 불러일으켰다. 그러나 차이위안페이의 저작은 "출처가 되는 원래 이야기"와 주제사상을 동일시한 것, 색은을 너무 구체적으로 파고들어간 것, 두 가지 점에서 견강부회의 오류에 빠졌다. 예를 들어 임대옥이 주죽타를 투영한 것이라고 하면서 대옥의 이름이 강주絳珠인 것은 주죽타의 성을 빗댄 것이며 대옥이 소상관에 살고 정원에 대나무가 많은 것은 주죽타의 호를 빗댄 것이라고 주장한 것이 그러하다. 여기서 쓴 것이 바로 "성명과 관련짓는" 색은 방법이다. 주죽타는 어디를 가든 늘 『십삼경十三經』과 『이십일사二十一史』를 끼고 다녔는데 경사에서도 서가에 책을 꽂아놓고 저술을 게을리하지 않았다고 한다. 임대옥이 부친상을 다녀온 이후에도 많은 책을 가져왔던 터라 유노파가 소상관을 "남자의 서재"로 착각하는 상황이 발생한 바 있다. 이것은 이른바 "품성과 관련지은" 경우다. 주죽타와 진기년이 일찍이 『주진촌사朱陳村詞』를 함께 출판했다면 대옥과 상운이 요정관에서 함께 연구聯句를 지었던 것이 상호 간에 "확정적인 증거鐵事有證者"로 작용했을 것이다. 그러나 이런 분석을 두고 독자들은 색은자의 진지한 연구 태도가 경탄스러우면서도 과연 정확한 결론으로 믿을 수 있는 것인지 당혹스럽기만 하다. 또한 탐춘이 서건암徐健庵을 투영한 것이라고 하면서 건암健庵의 이름이 건학乾學이고 건괘乾卦를 삼三으로 치므로 탐춘을 세 번째 아가씨라고 주장한 예가 있다. 서건학은 일찍이 3등으로 급제하여 탐화探花라고 불렸는데 탐춘의 이름에도 유사성이 있다는 것이다. 서건학은 문사들을 애호하여 많은 인재를 추천한 바 있는데 탐춘이 이런 점을 드러내지는 않았지만, 『홍루몽』제27회에서 탐춘이 보옥에게 "다른 얘기가 아니라 사실 지난 몇 달 동안 엽전을 여남은 꾸러미 모아뒀는데 그걸 오빠가 좀 맡아가지고 있다가 밖으로 나가실 적에 좋은 서화나 노리개 같은 걸 사다달라는 거예요"라고 부탁한다든지 또 "오라버니가 지난번에 사다주신 그런 것 있잖아요. 버들로 엮은 그릇이라든지 대뿌리로 만든 향합이라든지 진흙으로 구운 풍로 같은 것 말예요. 전 그런 거라면 다 좋아해요"라고 말하는 대목이 나온다. 차이위안페이는 이러한 묘사가 바로 서건학이 "인재들을 널리 초치한 이야기"를 보여주는 것이라고 주장했다. 그러나 대체 이런 기준이 어떤 원칙의 어떤 색은 방법에서 나오고 있는지 도무지 알 수가 없다. 과연 "확실한 증거는 있을까?" 서건학이 "인재들을 널리 초치한 것"은 그가 했던 가장 확실한 일임에 분명하다. 그러나 이것이 어떻게 탐춘이 "노리개 같은 것輕巧玩意兒"을 좋아하는 것과 동일하다고 "증명"할 수 있는가? 정말 곤혹스럽기 짝이 없다. 『석두기색은』에서는 고강촌高江村을 암시하는 보채, 진기년을 암시하는 상운, 강서명姜西溟을 암시하는 묘옥, 모벽강을 암시하는 보금, 여국주余國柱를 암시하는 희봉, 탕잠암湯潛庵 등을 암시하는 유노파 등의 분석도 대충 이러한데, 구체적인 연구 방법과 결론이 비과학적이라는 점에서는 크게 차이가 나지 않는다.

후스는 『홍루몽고증』에서 일찍이 '성명' 관련 색은으로 왕희봉과 여국주를 연관 지은 차이위안페이를 신랄하게 비판한 바 있다. 차이위안페이는 "'왕王'은 '주柱'자에서 편방이 생략된 글자다. '국國'자는 속자로 '국国'이라고 쓰는데 왕희봉의 남편을 '연璉'이라고 한 것은 두 '왕王'

자가 서로 연결된 것"이라고 보았다. 또한 "해서로 '왕王'은 '옥玉'과 같은 모양이다"라고 주를 달았다. 후스는 "그가 온 심혈을 기울여 거둔 성과가 고작 '국囯'자와 '주柱'자에 관한 것이다. 그리고 이 두 글자의 나머지 부분과 가장 중요한 '여余'자에 대한 '해답'은 모두 밝혀내지 못했다. 이런 게 멍청한 수수께끼 놀이가 아니고 무엇이란 말인가"[47]라고 했으니 정말 일리 있는 비평이 아닐 수 없다. 그러나 "멍청한 수수께끼 놀이"란 말은 좀 지나치다 싶다.『홍루몽』의 반만 사상에 관한 차이위안페이의 생각은 나름대로 새로운 발견으로서의 의미가 있기 때문이다. 몇 가지 예를 더 들어보면『홍루몽』에는 누차에 걸쳐 왕희봉이 글을 깨우치지 못한 것으로 나와 있는데 차이위안페이도 그것을 증거로 삼아 여국주는 문학가가 아니기 때문에 "글을 깨우치지 못했다는 말로 묘사한 것"이라는 점을 들었다. 그러나 사실 순치 9년의 진사였던 여국주에 대해 "글을 깨우치지 못했다"고 한 것은 합당하지 않으며, 만약 이 역시 어떤 대상을 암시하기 위한 것이라면『석두기색은』은 자체 모순을 피할 수 없거니와 자신의 논리를 적절하게 꾸며낼 수도 없게 될 것이다. 차이위안페이는 또『홍루몽』의 가부가 '정통성 없는 왕조'를 대표한다고 하면서 가정은 정통성 없는 왕조의 이부吏部 관리, 가부와 가경은 정통성 없는 왕조의 교육 관리, 가사는 정통성 없는 왕조의 형부刑部, 가련은 정통성 없는 왕조의 호부戶部, 이환은 정통성 없는 왕조의 예부禮部로 보았는데, 병부兵部와 공부工部만 있었더라면 6부를 다 갖춘 게 될 뻔했다. 색은의 이유가 이처럼 불충분하다보니 차이위안페이의 초심을 이해하지 못할 경우 글자만 보고 대충 뜻만 짐작한 것으로 오해를 살 소지가 다분했다. 하물며 가사를 정통성 없는 왕조의 형부刑部로 본 것은 가사의 아내 성이 '형邢'이기 때문에 '형刑'과 동음이라는 것이고, 며느리의 성이 '우尤'인 것은 '죄와 허물'을 드러낸 것이며, 가련을 둘째 도련님으로 부른 것은 호부가 6부 중에서 두 번째이기 때문이며 게다가 가련이 호부에 속해 있었기 때문이라는 것이다. 이환이 예부를 대표한 것은 "'이李'와 '예禮'가 동음"이기 때문이다. 그러나 이러한 해석은 『석두기색은』에서 스스로 규정한 색은의 삼대 원칙에도 크게 위배된다.

차이위안페이는 『석두기색은』 제6판 자서에서 밝히기를 "『석두기』는 120회이지만 나의 색은은 아직 수십 조목에 불과하다. 결말이 있는 것은 기술하고 결말이 없는 것은 잠시 비워두었으니 이것이 바로 나의 신중함이다"[48]라고 했다. 동기를 놓고 볼 때 차이위안페이의 색은에 세밀함과 진지함이 전혀 없다고 볼 수는 없다. 따라서 그가 진실하다고 보는 대목이나 간혹 짐작하는 대목에 납득할 만한 점이 없지는 않다. 그러나 구체적인 방법론이 잘못되어 결론에 오류가 생긴 것인 만큼 전체적으로 신중하다고 보기는 어렵다. 그렇다고 해서 『석두기색은』이 홍학사에서 차지하는 가치를 무시하거나 반만 사상을 논할 필요가 없다는 것은 아니며 당연히 구체적인 관점이나 견해에서 매우 가치 있는 것들이 있다는 점을 인정해야 한다. 예컨대 강희제의 남순을 암시한 것이라고 본 원비의 성친에 대해 지연재도 그렇게 보았던바, 나름대로 타당성이 있어 보인다. 설보금이 지은 시 「포동사회고蒲東寺懷古」의 "비천해도 누구보다 재빨랐던 홍낭은 은근히 두 손 끌어다 만남을 성사시켰네. 마님께 발각되어 치도곤을 당하면서도 마침내 두 사람의 깊은 사랑 맺어주었네小紅骨賤一身輕, 私掖偸携强撮成; 雖被夫人時吊起,

已繹勾引彼同行"라는 구절에 대해 차이위안페이는 "청나라를 섬겼던 명나라 유민들의 후안무치한 실상을 형용한 것 같다似以形容明室遺臣強顏事清之狀"고 보았다. 이것이 반드시 실제 사실을 가리키는 것은 아니라 하더라도 하나의 설로는 가능하다. 문제는 색은을 확대시켜 내력이 없는 사건이나 무엇인가를 암시하지 않는 일은 하나도 없다고 봐서는 안 된다는 것이다. 『홍루몽』의 정치적 내용과 부분적으로 깃들어 있는 정치적 알레고리를 차이위안페이가 봤다는 것은 『석두기색은』의 취할 만한 점이다. 그러나 "작품 속의 '홍紅'자는 대부분 '주朱'자를 암시하며 주朱는 바로 명明"이고 보옥이 붉은색을 좋아하는 버릇이 만주인이 한인 문화를 좋아하는 것을 말한다거나 또 보옥이 여자아이 입에 발려 있는 연지를 빨아먹기 좋아하는 것을 "한인의 변변찮은 의견이나마 주워 모으려는 것"이라고 본 것은 견강부회의 혐의에서 벗어나기 어렵다. 『석두기색은』의 오류는 주로 견고한 결론을 도출해낼 수 없는 비과학적인 방법론으로 인해 결과적으로 좋은 견해들마저 사장시키는 결과를 가져왔다. 만약 상관없는 것들을 억지로 끌어다 붙이지 않고 『홍루몽』에 대해 실사구시적 평가를 했다면 차이위안페이의 홍학은 더 많은 사람의 관심을 불러일으켰을 것이다.

덩쾅옌鄧狂言의
『홍루몽석진紅樓夢釋眞』

4책, 27만 자로 구성된 덩쾅옌의 『홍루몽석진』은 왕명롼과 선펑안, 차이위안페이의 뒤를 이은 또 하나의 색은서로서 1919년 9월 상하이 민취안출판사上海民權出版社에서 출판되었다. 『홍루몽』의 원문을 붙이지 않아 전체적인 분량은 차이위안페이의 『석두기색은』이나 왕명롼·선펑안의 『홍루몽색은』보다 더 방대하고 충분한 제시와 더불어 풍부한 인증으로 색은파 홍학계에서 상당한 대표성을 갖추었다.

『홍루몽석진』의 기본 입론은 이른바 『홍루몽』이 반만 사상을 담은 책이며 작자가 종족의 일원이라는 왕명롼과 선펑안, 차이위안페이의 관점과 대체로 일치하고 있어 주요 작중 인물 가운데 민족과 관련이 없는 인물은 없다고 보았다. 예를 들면 『홍루몽』 도입부의 "此開卷第一回也"라는 대목에 대해 덩쾅옌은 "반드시 제1회라고 한 것은 이른바 첫머리에 요지를 밝힌다는 것이고, 그것을 인간 세상에서의 첫 번째 날이라고 한 것은 응당 인간 세상에서의 제일 첫 번째 일이라는 뜻이다. 첫머리에 요지를 밝혀주는 첫 번째 일이란 무엇일까? 효이고 종족이다. 바로 작품이 나오게 된 근원을 선포한 것이며 그것으로 결미를 다하는 것이다"⁴⁹라는 의견을 개진했다. 봉건시대의 종법관념에서 볼 때 효를 인간사의 제일 첫 번째로 삼은 것은 충분히 납득할 만하다. 그러나 민족을 인간 세상의 제일 첫 번째로 본 것은 억지다. 하물며 소설에서 회를 나누는 것은 구조적인 필요에 따른 것이지 인간사의 몇 번째 일인지와는 아무 관계가 없으므로 더더욱 그러하다. 만약 덩쾅옌의 설이 맞다면 제2회는 응당 인간사의 두 번째 일이 되어야 마땅하다. 『홍루몽석진』에서는 작품 첫머리에 요지를 밝힘으로써 견강부회의 늪에 빠져들고 말았다.

주목할 것은 이런 유의 억지 주장이 『홍루몽석진』의 도처에서 발견되고 있다는 점이다. 게다가 '가우촌賈雨村' 세 글자를 다음과 같이 해석했다. "'가賈'는 '위僞'이고 정통성을 인정받지 못한 왕조를 말한다. 가어賈語는 정통성을 인정받지 못한 왕조의 역사다. '촌村'은 시골의 풍속이므로 야만을 나타낸다." 차이위안페이는 가부를 비정통 왕조를 대표한다고 보았는데 덩쾅옌은 한 걸음 더 나아가 가우촌의 '가賈'조차 정통성이 없는 왕조의 상징으로 보았다. 또한 가우촌의 '촌村'을 시골의 풍속으로 보고 야만이라고 했으니 이는 곧 만청滿淸을 가리키는 것이다. 작품에 나오는 대황산大荒山은 "야만의 삼림 부락"이므로 지린吉林을 가리킨다고 보았고, 무계애無稽崖는 "만주에서 온 곳이어서 대략 고증하기가 어렵다"고 보았다. 진사은甄士隱은 "명이 망하자 선비들이 은거했다"는 의미이지만, "은거하고서도 여전히 쓰이고자 하는 마음이 있었으니" 진사은의 이름은 진비甄費인 것이다. 진사은에게 아들이 없는 것은 "멸국, 멸종으로 중원에 남자가 없다는 의미다." 강주초絳珠

ﷺ는 "이미 붉은색을 잃어" 명나라가 멸망하고 한인이 절조를 잃었음을 비유한 것이다. 진사은이 꿈에서 깨어나자 눈에 들어온 "찌는 듯한 더위에 파초가 파릇하게 피어 있는" 광경에 대해 덩쾅옌은 "찌는 듯한 더위는 붉은 명나라이고, 파초가 파릇하게 피어 있는 광경은 푸른 청나라"로 보았다. 거의 어느 것 하나 명청의 민족 갈등과 관련되지 않은 것이 없다. 제49회의 회목은 "흰 눈 속에 피어난 홍매로 유리같이 아름다운 세상琉璃世界白雪紅梅"인데 덩쾅옌은 이에 대해 "명나라의 강산이 이미 장백산의 종족 소유가 되었다"는 것을 상징한다며 아울러 "삭풍이 살을 에고 큰 눈이 펄펄 날리니 이 세상에 아직 남아 있는 것이 무엇인지 거의 알 수가 없다. 족히 이채를 띠면서 꽃을 피워 천지 순환의 마음을 나타내 보여주는 것은 오직 매화뿐이다. 매화의 색이 붉으니 주씨의 명나라란 뜻이다"라고 했다. 심지어 후40회에 나오는 산화보살은 원래 산화사의 비구니 호첨胡諂인데, 덩쾅옌도 이것을 "은근히 천녀산화를 풍자한 것"으로 생각하게 된 것은 『동화록東華錄』에 만청의 발상지에 일찍이 천녀의 전설이 있었다는 사실이 기록되어 있기 때문이다.

이는 차이위안페이나 왕멍롼, 선핑안의 상상을 훨씬 뛰어넘는 것으로 그들의 기본 관점은 같다고 하더라도 색은의 거리는 더욱 멀어졌다. 『홍루몽석진』에서는 자주 왕멍롼과 선핑안의 색은을 거론하며 동의를 표했다. 다만 왕멍롼과 선핑안의 책에서는 깊이 있는 연구가 이루어지지 않아 "꼭꼭 숨긴" 작가의 심층적인 창작 의도를 밝혀내지 못했다는 점을 지적했다. 게다가 차이위안페이의 색은 작업은 "급작스럽게 이루어져" 역시 『홍루몽석진』의 저자를 충분히 만족시키지 못했다. 덩쾅옌은 침통하게 이렇게 외쳤다. "선각자를 우러러보며 흐르는 눈물을 주체할 수 없네. 후생의 책임을 내 어찌 감히 피할 수 있으리오."

덩쾅옌이 감히 이렇게 외친 것은 『홍루몽』의 창작 과정에 대한 다음과 같은 가설을 수립했기 때문이다. 『홍루몽』 원본 전80회는 오매촌이 지은 것이고 후40회는 주죽타가 보완한 것이다. 오매촌과 주죽타는 모두 순치제와 강희제 시대를 살았던 명나라의 유신으로서 고국에 대한 남다른 감회가 있었을 터이니 원본 『홍루몽』의 내용은 곧 '명청흥망사'에 관한 것이다. 조설근은 건륭제와 가경제 시기의 사람으로 원본 『홍루몽』이 "사실에 너무 가깝고" "문체가 너무 방자하여" "오래 보존되지 못할까" 우려하여 마침내 "피를 짜내는 고심 끝에" 첨삭의 과정을 거쳐 "명청흥망사"를 "숭덕, 순치, 강희, 옹정, 건륭 다섯 황제 시기의 역사"로 확대한 것이다. 그래서 작품에 "다섯 차례에 걸친 첨삭"이란 문구가 들어간 것이다. 그리고 이른바 산삭한 부분에서는 작품의 내용을 "꼭꼭 숨겼으니" 종족사상에는 한 치도 변함이 없다. 증보한 부분에서는 "두 가지 일을 동시에 그리는 방법으로 중요 인물의 경우 다른 한 사람을 반드시 따로 설정하여 한 쌍을 이루게 했다." 그와 동시에 금기를 피할 요량으로 "조정의 유사한 신료들을 섞어놓지 않을 수 없었던 것이다. 덩쾅옌은 이미 원본 『홍루몽』에 명나라 조정의 일을 다룬 대목이 있는 상황에서 조설근이 "앞의 사람들을 따라잡고 더욱 발전시킴으로써" "두 가지 본령을 갖춘 작품"으로 개작했으니 "숨기려고 해도 숨길 수 없는 역량"을 충분히 발휘한 것이라고 보았다. 말하자면 덩쾅옌이 봤을 때 『홍루몽』은 "한 사람을 묘사한 것이지만 반드시 여러 사람의 상황으로 변화될 수도 있게 썼다."
바로 이러한 가설에 근거하여 『홍루몽석진』은 색은의 범위를 유례없
이 확대시켰다.

『홍루몽석진』의 저자는 다음과 같은 주장을 펼쳤다. 청나라 군대
가 남하할 때 남명南明 복왕福王의 궁녀에서부터 동소완·공사정孔四貞·
진원원陳圓圓·유소소劉素素 등과 같은 강남 일대의 명창 기녀에 이르기
까지 한족 여자들을 대량 약탈했기 때문에 『홍루몽』에서는 그런 여
성들이 궁으로 잡혀온 이후의 상황을 담고 있으며, 또 이를 통해 이런
저런 이유로 청에 항복할 수밖에 없었던 한족 명사들을 암시하고 있
다. 따라서 그의 관점은 차이위안페이와 같은 것은 물론이고 왕멍롼
이나 선핑안과도 완전히 같다. 다른 점이 있다면 덩쾅옌은 좀 더 범주
를 확장시켜 작중 인물을 숭덕, 순치, 강희, 옹정, 건륭 등 다섯 시기에
배치시켜 "짝"이 되거나 "섞어 넣을 수 있는" 인물들을 찾아내 자의적
으로 견강부회하고, 한 사람이 세 사람 혹은 네 사람 심지어는 다섯
사람을 가리킨다고 봄으로써 『홍루몽』을 철저하게 명청 왕조의 야사
나 궁궐비사로 변모시켰다는 점일 것이다. 덩쾅옌은 원작자가 보옥을
순치제로 보았고 조설근은 또 그러한 기본 전제 하에 건륭제를 가리
킨다고도 보았다. 임대옥을 원래 진회秦淮의 명기 동소완이었다고 보
는 관점이 왕멍롼과 선핑안이 가장 강력하게 주장했던 설이었다면 덩
쾅옌은 이에 더하여 옹정제 때의 나납후那拉后와 건륭황제의 본부인인
효현황후孝賢皇后와 조정의 관리 방포方苞를 겸한다고 주장했다. 설보채
를 순치제의 계후繼后, 건륭제의 나납후, 조정의 신하 왕홍서王鴻緒 등
세 인물로 보았다. 공사정孔四貞을 가리킨다는 사상운은 묘여룡苗女龍의

막내 여동생 이야기를 아우르는 것으로 보기도 했다. 이환은 원래 강희제의 모친인 동씨와 조정의 관리 이광지李光地를 가리키는데 조설근은 가경제의 생모인 효의황후孝儀皇后 위가씨魏佳氏를 덧보탰다. 청문과 습인은 보다 더 많은 사람을 아울렀다. 원작에 의하면 덩쾅옌은 청문은 동소완의 여동생 동년董年이며 동시에 조정의 관리 강서명을 가리키는데 조설근은 한 걸음 더 나아가 건륭제 때의 셋째 아가씨와 건륭제가 강남으로 내려와 지난濟南에서 압송한 기생, 사학자 만사동萬斯同과 문인 방포를 아우른다고 했다. 습인은 순치제 때 폐위된 황후와 관리 고사기高士奇를 가리키는 동시에 명대의 이선시李選侍와 숭정황후崇禎皇后를 가리킨다고 보았다. 가모는 청초에 시집온 효장황후孝莊皇后를 가리키는데 이에 더하여 건륭제의 생모인 효성헌황후孝聖憲皇后를 가리키며 때때로 "건륭과 비교"할 때 쓰이기도 했다. 희봉은 황양공黃亮功의 미망인 유삼수劉三秀를 가리키는데 훗날의 예왕비, 예왕 부부, 복강안福康安 모자, 관리 서건학까지도 포함한다고 보았다. 대체로 이러하다. 이처럼 특정인을 가리키는 원칙은 어디에서 왔는가? 앞서 말한 『홍루몽』의 창작 과정에 대한 덩쾅옌의 총체적인 가설 이외에 작품의 정절과 인물에도 그만의 독특한 견해가 있었다. 그와 관련하여 아래에서 몇 가지 구체적인 특성을 살펴보도록 하겠다.

덩쾅옌은 작품에서 설보채의 신분을 순치제의 계후繼后인 박이제금씨博爾濟錦氏로 보았다. 순치제가 동소완에게 빠져 원래 황후를 폐위시킨 일이 있었고,[50] 어머니 효장황후가 소완의 미모를 아꼈음에도 소완이 한인이라는 이유로 황후로 세울 수 없었기에 이 기간 계후와 소완 간에 쟁탈전이 벌어졌는데『홍루몽』에서 보채와 대옥의 관계가 이와 유사하다고 보았기 때문이다. 대옥이 동소완이라면 보채는 당연히 계후다. 덩쾅옌은 이렇게 적었다. "황후는 과이심족科爾沁族이자 몽골 계통 사람이어서 효장황후와 동족이었던 까닭에 보채를 왕부인의 이질녀로 설정한 것이다. 그녀가 설반과 남매지간이 된 것은 원래 태패왕呆覇王의 부류였던 몽골 제왕들의 투항과 반역을 일삼는 상황과 모두 유사했기 때문이다." 이것 말고도 덩쾅옌은 설보채가 도처에서 순치제의 계후 신분을 드러내 보여주고 있다고 생각했다. 제7회에 보채가 주서 아내와 냉향환에 관해 나눈 대화가 가장 절묘한데, 이 대목에 덩쾅옌은 장편의 색은을 펼쳐 보였다.

이 회에서는 보채의 애매모호한 병세에 대해 묘사하고 있는데 이는 순치제가 나중에 폐위시킨 황후와 정혼하고 3년간 제대로 잘 지내지 못한 기간에 해당한다. (보채가 '해상방海上方'의 까다로운 조제 방법과 소요 시간에 대해 이야기하자) 주서의 아내가 웃으며 "어머나! 그러면 약 한 번 짓는 데 3년이나 걸리겠어요"라고 한 말에 이미 그 모든 것이 다 드러났다. 보채가 "(하기야 기다리던 우수 날 비가 꼭 온다는 법도 없으니까) 다시 이듬해 우수 날을 기다리는 수밖에요"라고 하는 대목에서 "다시"라는 말은 황후 자리를 노리고 폐후廢后를 노린다는 의미를 담고 있다. 어쩌면 이렇게도 치밀하게 꼭 집어서 말할 수 있을까! 주서 아내가 또 웃으며 "아미타불, 그런 약을 한 번 더 얻어 먹으려다간 십 년도 더 걸리겠어요"라는 말을 한다. 황후가 폐위되는 것은 보통 일이 아니다. 칙지에서 이른바 "후세에 조서를 남기는 것을 짐은 깊이 잘 알고 있다"거나 중신들이 이른바 "여러 차례 간언했다"는 것 등은 또 출가에 대한 복선이니 참으로 절묘하기 그지없다! 하물며 폐위되어 누군가 계승했는데 또 누군가가 그 자리를 노리고 있다면 어떻게 병이 나지 않을 수 있겠는가? 약의 재료로 비, 이슬, 서리, 눈이 쓰였는데 이는 당연히 황후가 되겠다는 뜻이다. 황벽나무黃柏도 그러한 고심을 비유한 것이다. 그리고 백주柏舟는 훗날 과부가 되는 것에 대한 복선이기도 하다.[51]

우리는 위의 색은에서 덩쾅옌이 단지 말의 파생적 의미와 숫자상의 연관성에 근거하여 색은의 기준을 삼았다는 것을 알 수 있는데, 이는 색은파 홍학의 상투적인 방법으로 왕멍롼과 선핑안, 차이위안페이도 썼던 것들이다. 주서 아내가 "그러면 약 한 번 짓는 데 3년이나 걸리겠어요"라고 한 말에서 덩쾅옌은 순치제가 나중에 폐위시킨 황후와 정혼하고 3년 동안 서로 사이가 좋지 않았다는 사실을 떠올리고는 "절묘하다"라는 의미의 두 글자를 순치제가 황후를 폐위한 사건에 억지로 갖다 붙였는데, 이는 분명 논리적으로 성립될 수 없음을 알 수 있다. 보채와 주서 아내가 나눈 대화는 관련된 일이 많음에도 덩쾅옌은 "3년三年" "다시(이듬해 우수 날을) 기다리는 수밖에再等" "절묘巧" "황벽나무黃柏" "비와 이슬雨露"에 대해서만 색은 작업을 펼쳤으니 다른 단어들은 또 어떻게 풀이되어야 하는가? 게다가 보채가 그 뒤에 "뜻밖에도 그 중이 처방을 알려주고 간 후 한두 해 만에 절묘하게도 약을 얻을 수 있었답니다"라는 말을 했기 때문에 3년이라는 시간과는 또 모순이 된다. 순치제와 폐위된 황후가 3년 동안 사이가 좋지 않았다면 계후 신분으로 설정된 보채가 "한두 해 만에 절묘하게도 약을 얻을 수 있었답니다"라고 한 말은 어떻게 해석해야 할까?

덩쾅옌 본인도 자신의 색은에 모순이 있음을 느끼곤 했지만 억측을 포기하지 않고 교묘하게 미봉한 채 무리한 해석에만 골몰했다. 제100회에서 설반이 살인사건으로 소송에 휘말리고 설씨 부인의 근심이 깊어지자 보채는 위로하러 가서 이렇게 말한다. "돈에 대한 일이라면 어머니께서 아무리 걱정하신대도 방도가 없어요. 그리고 오빠(설과)가 지금 우리를 위해 수습하고 있잖아요. 다만 집안에서 잡일하는 그 사람들이 괘씸할 뿐이에요. 우리 집 가세가 기우는 것을 보고 저마다 제 갈 길로 가는 것은 그렇다손 치더라도 남을 데려다가 우리를 궁지에 몰아넣고 옴짝달싹 못하게 협박하고 있다는 소리가 들려오는 거예요." 덩쾅옌과 선평안, 왕명롼의 색은에 따를 것 같으면 설반은 오삼계를 가리키는데, "이른바 궁지에 몰아넣고 남을 협박하는 술책은 사실상 청나라 조정을 궁지에 몰아넣고 협박한다는 것인데 오삼계와는 아무 관련이 없다. 만약 오삼계 입장에서 볼 때 오랑캐의 세력이 압박해 들어올 때 부하에게서라면 실제로 그런 일이 벌어질 수 있겠지만 계후로 설정된 보채의 입에서 나올 말은 아니다." 그래서 덩쾅옌은 "이 대목은 거의 말이 안 되는 오류다"라는 점을 인정했다. 그러나 『홍루몽석진』의 저자인 덩쾅옌은 결코 여기서 손을 털지 않고 억지 주장을 계속 폈다. "계후는 몽골 여자다. 몽골은 명 중엽 이래로 중국의 속국이자 중국의 우방국으로서 형제의 나라이니 사실상 오빠와 오누이의 의미는 여기에 근본을 두고 있다. 몽골은 당시에도 삼계와 함께 청나라 조정에 반대했기 때문에 보채의 입을 통해 그것을 드러낸 것이다." 이 말은 만약 설반이 오삼계이고 보채가 계후의 신분이었다면 "궁지에 몰아넣고 남을 협박하는 술책"이라는 말은 하지 말았어야 했고, 설반과 보채 간의 남매 사이는 더더구나 이해할 수가 없다는 뜻이다. 그러나 계후가 몽골족 출신이라면 어느 정도 납득이 될 수도 있다는 의미로 풀이된다. 몽골과 명나라는 "형제의 우의"를 유지하고 있었기 때문이다. 덩쾅옌은 그야말로 이런 구구절절한 사연에 대해 상당히 심혈을 기울인 것 같다. 그러나 견강부회가 도를 넘어 자신도 확신할 수 없는 상태가 되면 결국 변명을 하기에 이른다. "이 대목에 대해 결과적으로 논리적 타당성을 갖추지 못한 것이 유감스럽다. 작가는 형제의 우의를 가장 좋게 생각했지만 명분상으로만 형제일 뿐 실제적으로는 원수이니 이 대목에 이르면 참으로 손을 쓰기가 어려울 정도다. 그래서인지 어쩔 수 없이 명료하게 마무리 짓지 못하고 애매모호하게 처리한 것이 못내 마뜩지 않다. 독자들이 부득불 이에 대해 양해해줄 수밖에 없는 상황임을 숨기기 어렵다." 본인이 이미 속수무책인 상태에서 도리어 우리에게 『홍루몽』의 작가가 처한 "숨기기 어려움隱之難"의 고충에 대해 양해를 구하고 있으니 이는 분명 자신의 책임을 벗어나기 위함이 아니고 무엇인가? 그는 이어서 이렇게 말했다. "보채가 여전히 설반을 반대하는 어조를 띤 것은 글에서 겉으로 드러난 신분과 내적으로 감추어진 신분으로 볼 때 당연하기 때문에 편폭에 영향을 미치지 않는다. 나는 매촌이 책을 쓸 때 삼계는 반란을 일으키지 않았다고 한 것에 의구심을 가지고 있었는데 죽타의 보완본에는 이미 반란을 일으킨 이후라고 되어 있어 그 점에서 어려움이 있었다. 그래서 결국 빈틈을 보이게 된 것이다." 그러나 그의 이 말은 억지 주장일 뿐 아니라 실로 곡해의 변이 아닐 수 없다.

임대옥의 작중 신분은 앞서 말한 바와 같이 동소완에 해당되는데,

왕명환과 선평안 두 사람이 견지했던 이 설은 상당한 힘을 얻었다. 덩
쾅옌은 이에 대해 적극적인 동의의 의사를 표했지만 좀 더 진전된 주
장을 펼친 것에 불과하다. 첫 번째 주장은 군신들 입장에서 보았을
때 임대옥은 방포方苞라는 것이다. 이유는 방포의 자가 영고靈皐이고
영고는 바로 강주선초이며 감로이자 눈물이니 "하나면서 둘이고 둘이
면서 하나"라는 것이다. 방포의 부친 방중서方仲舒는 민족의식이 매우
투철한 인물로 방포도 대명세戴名世의 『남산집南山集』에 서를 썼다가 연
좌되어 형부刑部의 감옥에 1년 넘게 투옥된 바 있다. 강희제는 그의 문
학적 재능을 높이 사 석방 후 궁정의 문학시종으로 임명했고 훗날 무
영전총재武英殿總裁와 한림원시강翰林院侍講, 예부시랑禮部侍郎의 직책을 맡
겼는데 75세가 되어서야 관직에서 물러나 낙향했으며, 그 후 82세까
지 살았다고 한다. 도대체 임대옥과 방포의 경력에 어떤 공통점이 있
는지 알 수 없다. 그럼에도 덩쾅옌은 방포가 투옥된 후 초심을 버리고
청나라의 관리가 되었으며 "작품에서 그 일과 비교되는 대목은 실제
로 밀접한 관련성이 있다"고 했다. 그 실례로 제16회에서 대옥이 북정
왕이 보옥에게 선물로 준 척령향 염주를 내던지면서 "역겨운 남자가
쓰던 걸 가져와서는, 난 그런 거 필요없어요"[52]라고 거들떠보지도 않
았다고 했는데 방포가 과친왕果親王에게 받아들여지지 않았던 사실을
가리키는 것이라고 했다. 덩쾅옌은 "민족의 일원으로서 초심을 바꾸
지 말았어야 했음에도 악랄한 것들을 가까이하며 자신의 목숨을 보
전하고자 구차하게 부귀를 추구했던 영고를 통렬하게 비판하고 있다"
고 보았다. 단언컨대 대옥이 비판한 것은 "역겨운 남자"인데, 만약 대
옥이 방영고方靈皐라면 방영고가 다른 사람을 비판한 것이 아닌가? 어

떻게 작가가 "통렬하게 영고를 비판하는 것"으로 뒤바뀌게 된 것인가? 그렇다면 색은은 논리적으로 앞뒤가 맞지 않는다. 덩쾅옌은 또 제3회의 임대옥이 상경하는 장면에서 가모가 "굳이 오라致意務去"고 했다는 대목에 대해 방포가 예부시랑禮部侍郞이 된 것처럼 다 "본심이 아니며" "전제군주가 자신이 필요로 하는 사람만 염두에 두었지 남이 원하지 않는 일에 대해서는 전혀 고려하지 않는다는 것을 생생하게 그려냈다"고 했다. 작품에 따르면 "아버지만 홀로 남겨두고 차마 떨어지지 않는 발걸음을 옮기는" 대옥의 모습은 인간사에서 볼 수 있는 정상적인 상황이며, "내 나이 이제 반평생이 다 된 이 시점에 다시 새사람을 맞아들일 생각은 없단다. 게다가 너는 아직 어리고 몸이 약하지 않느냐? 위로는 너를 돌봐줄 어미가 없고 아래로는 네게 힘이 되어줄 형제 하나 없구나. 그러니 네가 외할머니와 외삼촌이 계신 곳에 가 있어준다면 내 걱정이 많이 덜어질 것 같다"[53]라고 아버지 임여해가 말하자 대옥은 눈물을 쏟으며 아버지 곁을 떠나기로 한다. 그런데 이게 방포가 시랑의 직책을 맡았던 것과 무슨 유사성이 있는가? 하물며 덩쾅옌은 임여해와 대옥이 나눈 작별의 대화를 모벽강이 동소완에게 "상처를 주었던 말"로 해석했는데 이는 더더구나 방포와 관련이 없음을 보여주는 대목이 아닐 수 없다.

덩쾅옌의 두 번째 주장은 임대옥이 동소완을 가리킨다고 보면서 "방포와 뒤섞어"버렸을 뿐 아니라 건륭제의 정실 황후인 부찰씨富察氏의 이야기를 숨기고 있다고도 했다. 만약 대옥이 동소완이라면 덩쾅옌은 왕명환과 선평안이 했던 생각에 따라 이야기와 증거들을 만들어낼 수 있을 것이고, 그렇게 하면 부찰씨의 사연을 숨기고 있다는 논리에 대해서도 최소한 억지 예증이라도 제시해 보여줄 수 있을 것이다. 『동화록』과 야사의 기록들에 근거하면 건륭제의 정실황후인 부찰씨는 사인이 분명치 않지만 남순 과정에서 산둥성 더저우德州라는 지역에서 사망했으며 심지어는 비구니가 되었다는 전설도 있는데 사실 대옥의 인생 여정과는 판이하다. 부찰씨 사후에 건륭황제가 지은 만시挽詩에 "성스러운 어머니는 효를 깊이 상기하고, 궁궐의 어머니는 모두 현명한 인재를 칭찬하네聖慈深懷孝, 宮壼盡稱賢"라는 구절이 있는데 이역시 가부에서 대옥이 처한 상황과는 다르다. 32회에 이르러서야 덩쾅옌은 비로소 증거가 될 만한 예를 하나 발견한다. 보옥이 자신의 폐부 깊숙한 곳에서 꺼낸 말로 대옥을 "안심"시키는 대목이다. 덩쾅옌은 이렇게 말했다. 그는 "부찰씨와 건륭제는 나납후가 황제의 총애에 힘입어 적자의 자리를 가로챈 일에 대해 은밀히 논의한 바 있는데 안심하고 하지 못하고에 상관없이 조금도 모순되지 않는다. 황후는 본래 화목하지 못한 부부가 아니었으니 당연히 궁비와 다르다." 나납후는 건륭제의 둘째 부인으로 부찰씨가 죽은 후 그 뒤를 이었으나 결국에 가서는 폐위되고 비구니가 되었는데 "적자의 자리를 가로챈 일"은 어디에서 나온 말인가? "은밀하게 논의했다"는 말은 순전히 추측성 언사로서 근거로 삼기에 부족하다. 그래서 덩쾅옌은 상술한 색은을 펼친 후에 "소설 속 사적에 너무 구애될 필요가 없다. 밝은 눈을 가진 이라면 분간이 가능하다"고 자신을 변호하기에 이른다. 결국 덩쾅옌 본인도 자신의 주장을 자신있게 펼쳐 보이지 못하는 상황이므로 독자들도 자신의 결론에 경도되지 말라는 뜻이다.

  덩쾅옌의 『홍루몽석진』에서 가장 두서없고 혼란스러운 색은은 바

로 원춘, 영춘, 탐춘, 석춘 등 네 자매에 관한 것이다. 덩쾅옌은 다음과
같이 이야기를 풀어갔다.

원춘에게서 취한 의미가 가장 크고 가장 곡절하다. 작가는 가부를 황제
의 집안으로 설정하고 있으니 황제 집안의 상층부를 어떻게 써내려갈 수
있겠는가? 여왜에서 원비가 나왔으니 천녀의 상서로운 의미로 이른바 하
늘이 강림하셨다고 한 것이다. 또한 천수에서 뜻을 취했다는 것은 무도
한 하늘을 칭하면서 그녀를 강림하게 한 것이다. 작품에서 분명한 사적
을 언급하고 있지만 때때로 원비를 희종熹宗이라고 하기도 했다. 장후張后
가 숭정제를 세우기로 한 것도 의미가 통하지만 그보다는 숭정을 가리키
면서 황제가 죽으면 나라가 망한다는 것을 말하고자 한 것이며 영춘, 탐
춘, 석춘 세 자매를 등장시켜서는 앞뒤로 삼번三藩[54]에 대해 썼다. 삼계三
桂가 여러 차례 등장한 것은 그의 사적이 너무 많기 때문이다. 영춘을 '이
목두二木頭'라고 한 것은 복왕福王 혼우昏愚를 상징한 말이며 또한 손씨 집
안을 함께 거론한 것은 동비를 나타내기 위함이다. 탐춘은 당왕唐王 재才
를 가리키는데 정성공鄭成功을 나타내기도 한다. 석춘은 계왕桂王이 출가
후에 윈난雲南으로 간 것을 나타냈고 그와 동시에 곧은 절조를 가진 이정
국李定國이 박해를 받다가 윈난의 멍라猛臘에서 죽은 것을 나타냈다. 그러
므로 삼춘과 보옥은 동등하다. 영춘은 삼계三桂이며 역시 그를 우롱하는
의미가 있고 그와 더불어 오응태吳應態를 나타냈다. 탐춘은 경씨耿氏인데
해강海疆의 정씨鄭氏가 연관되어 있다. 석춘은 아들에 의해 감금된 상가희
尚可喜를 나타내고 있는데 집안의 그림에도 나온다. 조씨(조설근)의 마음
속에 영춘은 천자의 공주를 아내로 맞은 준부準部의 강왕降王 달와제達瓦

齊이고 탐춘은 몽골의 초용신왕超勇親王 액부책능額附策凌이며, 석춘은 천자의 공주를 아내로 맞은 화신和珅의 아들 신액은덕紳額殷德이다. 대략 작품에서 이와 같이 배치했으니 저마다 확실히 정해진 의미가 있고 사건으로 인해 들고 나는 인물들은 이들 예에 집어넣지 않았다.[55]

위에서 서술한 색은들은 길이가 그리 길지는 않지만 연관된 인물과 역사적 사실관계가 매우 복잡하다. 청나라의 흥기에서 강희제 시기의 삼번三藩의 난에 이르기까지, 명 희종에서 청 건륭제에 이르기까지 시간은 수백 년을 웃돌고 역사 인물만도 17명에 달하며 모든 인물이 가부의 네 자매와 얽히고설켰는데 덩쾅옌은 왜 그런지에 대한 이유는 밝히려 하지 않았다. 결론만 있을 뿐 논증은 빠져 있다. 관점은 제시되었지만 자료는 갖추어지지 않았다.

가부의 영춘, 탐춘, 석춘 세 자매가 왜 삼번을 가리킨다는 것인가? '삼三'이라고 하는 숫자로 관련이 있는 것을 제외하고 사실상 다른 이유는 거론하기가 어렵다. 청초의 삼번으로 말하자면, 첫째는 윈난雲南을 점거한 평서왕平西王 오삼계, 둘째는 광둥廣東을 점거한 평남왕平南王 상가희, 셋째는 푸젠福建을 점거한 정남왕靖南王 경중명耿仲明의 아들 경계무耿繼茂와 손자 경정충耿精忠이다. 세 곳은 군사상 요충지로 각기 한 지역씩 점령하고 병부대권을 장악했으니 비밀스럽기가 적국과 같았다. 강희제 12년(1673)에 상가희와 아들 지신之信의 갈등이 격화됨에 따라 상가희가 랴오둥으로 돌아가 여생을 보내고 싶다는 뜻을 올리자 조정에서는 삼번을 치기로 결정을 한다. 이에 오삼계, 경정충, 상지신이 연이어 거병하니 이것이 바로 삼번의 난이다. 삼번의 난은 강희

20년에 가서야 비로소 평정된다. 청초의 이러한 역사적 사실은 가부의 삼춘三春 세 자매와 억지로 갖다 붙이려야 갖다 붙일 수 없을 정도로 연관성이 없는 내용들이다. "석춘은 아들에 의해 감금된 상가희를 나타내고 있는데 집안의 그림에도 나온다"는 말 역시 잠꼬대 같은 소리다. 역사적 사실에 의거하면 상가희의 아들 지신은 병권을 장악하여 술에 취해 함부로 행동하며 살인을 일삼았고 아버지 가희는 그에 의해 제압당해 자신의 목숨을 보전할 수 없을까 두려워 마침내 관직에서 물러나겠다고 한 것이다. 석춘이 한 것 같은 "출가하는 모양새"는 어디에서도 찾아볼 수 없다. 상씨尙氏는 "출가"를 하지 않았을 뿐 아니라 도리어 "집으로 돌아가고자" 했다. "탐춘이 경씨耿氏"라는 말도 전혀 근거가 없다. 제102회에 대해 덩쾅옌은 에둘러서 이렇게 말했다. "내 입장에서 말하자면 청나라 조정의 탐춘은 실제로 경정충이 승상한 숙왕肅王 격격格格을 주체로 삼은 것이다." 이 말은 탐춘이 또 "경씨를 나타낸 것"이 아니라는 의미다. "나타낸다"는 뜻의 "표表"는 경씨의 부인이므로 여기서 숙왕 격격이 신분이 낮은 투항한 장군에게 시집간 사실을 끌어왔다. 신분이 낮은 사람에게 시집을 갔다는 것은 "국가를 위해 결행한 혼인의 성격"을 띠므로 102회에서 탐춘이 보옥에게 "삼강오륜三綱五倫"의 말을 하게 된 것이다. 그러나 삼강오륜의 도를 통찰할 수 있는 이는 비단 숙왕 격격말고도 더 있을 수 있기에 덩쾅옌은 또 이렇게 말했다. "당왕唐王은 절조를 끝까지 지켜 굴하지 않았으니 '삼강오륜' 네 글자에 있어서 누구보다 독보적인 인물로 전혀 손색이 없다. 그리고 정성공鄭成功은 아버지에게 편지 두 통을 보냈는데 삼강오륜의 이치가 변화되는 가운데에서도 정도를 잃지 않았다." 이러한 이유로 탐춘은 또 당왕과 정성공을 겸하게 되었다. 그렇게 보자면 탐춘이 악비岳飛나 문천상文天祥을 그린 것이라는 주장을 펼칠 수도 있다. 삼강오륜 네 글자는 악비와 문천상에게도 전혀 손색이 없는 말이기 때문이다. 덩쾅옌의 색은은 어느덧 마의 길로 들어섰다. 영춘이 복왕福王을 대신한 것이라고 하고 또 오삼계와 그의 아들 오응태를 겸한다고 한 대목도 역사적으로는 더더욱 행방을 알 수 없는 내용이다. 그러나 덩쾅옌 본인도 더 이상 고려할 필요가 없음을 다음과 같이 표명한 바 있다. "사건으로 인해 들고 나는 인물들은 이들 예에 집어넣지 않았다." 본인 스스로 상황을 예견한 것이니 더 이상 무슨 말이 필요할까? 그저 마음대로 견강부회하게 내버려둘 뿐이다.

덩쾅옌은 『홍루몽』에 오삼계와 관련된 사건이 상당히 많아서 자주 등장하는 것이라고 생각했다. 가부의 영춘, 탐춘, 석춘 등 삼춘은 오삼계를 가리키는데 영춘은 오삼계이고 설반과 하금계도 오삼계다. 덩쾅옌은 그 예로서 "어리석은 패왕이 남을 희롱하다 흠씬 두들겨 맞다"라는 내용의 제47회를 오삼계와 이자성이 직접 관련된 이야기를 담고 있다고 보았다. 아래의 절묘한 글을 읽어보도록 하자.

이번 회는 오삼계와 이자성의 관련성에 관해 썼으며 쑹산松山의 패자에 대해서도 언급하고 있다. 대저 쑹산의 전투는 그 아버지 오양吳襄이 패주한 상황에서 오삼계는 군대에 있었다. 닝위안寧遠에서의 공적을 증명해낼 수 없지만 진원원陳圓圓이 당도하자 느긋하게 군대를 빠져나와 그녀와 서로 노닥거렸을 가능성이 있기 때문이다. (…) 그러나 상황이 부진하여 이자성의 호된 공격을 당한 후에 아버지와 가족들이 몰살당하고 애첩과 친지들의 말로가 막다른 길에 도달하자 이판사판으로 모험을 마다하지 않는다. 이른바 한 번의 공격으로 타도되었는데도 2차, 3차에 걸쳐 공격을 감행한 것은 이런 이유 때문이다. "호형제"를 외친 것은 오삼계가 적진에 돌진하여 반역자가 되었다는 뜻이다. 이어서 "형님好哥哥"이라고 한 것은 오삼계가 적진에 뛰어들 때 마음을 매우 단호하게 먹었다는 의미다. 그러나 "나리好老爺"라고 한 것은 그야말로 머리를 숙이고 이자성의 신하가 되었다는 뜻이다. (설반이) 흙탕물을 들이켰다가 다시 토해낸 것은 이자성의 신하가 된 이후 다시 청나라에 투항하기로 계획을 세웠다는 것이다. (유상련이 설반에게) 토해낸 것들을 다시 먹게 한 것은 청나라에 투항하고 나서 다시 청나라에 모반을 했다는 의미다. 가진이 "가용에게 소동들을 대동하고 설반의 행방을 찾아보라고 명하는" 상황은 바로 도르곤이 오삼계로부터 병사를 빌려달라는 편지를 받고 수락과 동시에 즉시 진군함으로써 마침내 산해경 경내로의 입관을 통솔한 역사적 사건의 대명사가 되었다는 내용이다. "용왕님龍王爺"은 순치제다. "부마招駙馬"는 천자의 딸을 아내로 맞은 그 아들 응태應態다. "천자의 의자에 부딪힌 것碰到龍椅上"은 왕을 봉하고 칭제한 것을 말한다. 모두가 몹쓸 놈들이고 글자마다 어느 것 하나 쓸데없는 것이 없다.[56]

덩쾅옌은 과연 "글자마다 어느 것 하나 쓸데없는 것이 없다"라고 하면서 틀린 글자에도 색은을 했으니 그야말로 아주 작은 부분까지도 놓치지 않았음을 알 수 있다. 가용이 설반을 비꼰 대목에 대해 경진본庚辰本과 같은 초기 필사본에는 모두 "설반 아저씨는 날마다 돌아다니며 남을 희롱하시더니 오늘 갈대 구덩이에 빠지게 되었네요. 필시 용왕님이 아저씨의 풍류가 마음에 들어 아저씨를 부마로 삼으려고 여기까지 불러낸 모양인데 아저씨가 그만 용의 뿔에 부딪히게 된 거군요"[57]라고 되어 있다. 덩쾅옌은 색은을 가한 "용의龍椅"의 "의椅"자가 사실은 "의㮹"자를 잘못 쓴 것이라고 했다. 따라서 '봉왕'이니 '칭제'니 운운한 것은 결말이 나지 않게 되었다. 유상련이 설반에게 토한 오물을 다시 먹게 했는데, 설반이 먹은 것을 다시 토한 것은 오삼계가 이자성에게 신하가 되기로 한 후 다시 청나라에 투항한 것을 가리킨다고 했다. 이러한 색은을 과연 우리는 어떻게 받아들여야 할까? 게다가 설반과 "관련된" 유상련은 당연히 이자성이어야 맞는데, 덩쾅옌은 유상련이 이자성을 가리키는 것이 아니라고 하면서 다음과 같이 말했다. "공격한 사람은 누구인가? 작가는 또 이에 대해 따져보고는 대저 명사를 전복시키고 삼계를 굴복시킨 인물이니 이자성의 능력으로 할 수 있는 일이 아니다. 의미상으로 볼 때 감당할 수 있는 인물은 오직 이암李巖이 아닌가?" 이처럼 앞뒤가 맞지 않는 덩쾅옌의 색은은 『홍루몽석진』의 "의미상으로 볼 때"라는 말에서 그 대강의 면모를 짐작해볼 수 있을 것이다.

『홍루몽석진』의 색은 범위는 매우 광범위하다. 작품에 등장하는 거의 모든 인물이 특정 인물과 관련되어 있다고 보았을 뿐 아니라 부차적인 인물이나 거론할 가치가 없는 인물들에 대해서도 놓치지 않았다. 그러나 그럴수록 더욱 어리석은 사람의 잠꼬대같이 되어버리는 바람에 오히려 모든 사실이 귀결점을 찾지 못하는 결과를 초래했다. 문필로 볼 때 덩쾅옌의 글은 당연히 차이위안페이의 글과 같은 차원에서 논의될 수 없고 왕멍롼이나 선핑안과 비교해보더라도 부족함이 역력하다. 어쩌다가 이목을 끄는 부분도 어떤 사안을 빌미로 자기가 하고 싶은 얘기를 하며 당시 사회의 폐단을 지적한 것임을 볼 때 그가 세상의 모든 불합리한 일에 비분강개하는 강렬한 민족정신의 소유자였음을 알 수 있다. 덩쾅옌은 문득 제12회에 나오는 "왕희봉이 악랄하게 상사계를 꾸며내다王熙鳳毒設相思局"라는 대목에 관해 "관리사회의 온갖 추태"를 다룬 것이며, 또 그것을 다룬 목적은 "거짓으로 청렴한 척하는 관리"를 폭로하기 위한 것이라고 파악했다. 그의 분석을 살펴보면 다음과 같다.

작품에서 희봉을 처음 만나는 대목은 개인적으로 애교 떤 웃음과 동정을 구하는 태도로 상관이 되는 비결을 보여주었다고 생각한다. 희봉과의 두 번째 만남은 보는 족족 사랑할 것도 아니면서 상관에게 자신을 숨김없이 말하고, 주구가 될 것이며 절대 변심하지 않겠다고 맹세하는 내용이다. 그리고 상관 중에 구슬리고 속이는 데 능란한 인물도 역시 희봉이 말한 것과 하나도 차이가 나지 않는다. 대저 고위관리의 심복은 수시로 드나들며 이처럼 뭐든지 할 수 있다고 본다. 야망을 품고 거창한 맹세를 해가며 기꺼이 고위관리의 심복이 되어서는 온갖 수단을 다 동원하여 자신이 목적한 바를 이룬다. 흡사 관리가 위엄을 부리듯이 갑자기 찌푸렸다 웃었다 하니 어찌 악담을 퍼붓지 않을 수 있겠는가? 게다가 관리의 술책은 더욱 교묘하여 이렇게 말한다. "자네가 아무개보다 더 낫네. 아무개는 요즘 어떻게 일을 하는지 모르겠군. 흐리멍덩하게시리." 아랫사람이 이런 격려를 받으면 당연히 조서라도 받들듯이 황송해할 것이다. 고위관리는 또 그 사람을 조종하여 한밤중에도 구차하게 무엇인가를 바쳐 올리게 한다. 고위관리는 또 일이 너무 쉽게 진행된다고 느낄까봐 금방 그를 좋은 자리에 올려주지 않는다. 그야말로 여자를 꾀듯이 온갖 추태를 다 드러내니 추악하기 그지없다. 이러한 작태는 처자식에게 보여주기도 좀 그런데 하물며 부모에게야 더 말할 나위가 있겠는가? 그러다 보면 남을 속이는 일도 반드시 있게 마련이다. 만약 부모와 형제 가운데 제대로 배운 사람이 있다면 이 지경까지 가지는 않는다. 그것을 비판하는 사람들은 관료파가 제대로 교육받지 못한 사실에 대해 슬프게 생각한다. 속임수에 걸리고도 정신을 차리지 못하고 다시 또 연줄을 잡기 위해 발버둥을 치니 그가 또 속임수에 빠질까 걱정된다. 고위관리란 작자도 바른말로 질책하지 않으니 이쪽에서는 더욱 공손하고 성의를 보이며 장래에 특별한 기회를 얻게 되기만을 갈망한다. 고위관리가 만약 "공석이 난 관직 자리를 자네에게 주고 싶지 않으며 어떤 사안에서 제대로 처리하지 못한 점이 있다고 하거나 다른 이유를 대면서 나중에 기회가 된다면 다시 얘기하세"라고 말한다면 이것이야말로 아랫사람을 교묘하게 그물에 걸려들게 하는 방법이라 하겠다. 일단 어디서 무슨 좋은 소식이 있다고 하면 사람들은 연줄을 대기 위해 개구멍이라도 파려 든다. 상사의 측근을 보면 멀리서 그의 안색을 살피고 약방의 감초처럼 끼어들어 어느 틈엔가 상사를 자신의 손아귀에 넣는다. 이는 작품에서 시비를 분명히 가리지 않는 상황과 딱 맞아떨어진다. 대저 이런 시간 동안 상관은 절대적으로 그에게 좋은 자리를 주고 싶지 않은 것은 아니며 마음속으로는 부탁한 사람의 인품을 경멸할지라도 자기가 받은 은자의 몫을 봐서나 평소에 들인 정성을 감안하여 응당 적극 발탁한다. 그러다가 어쩔 수 없이 방관자가 나타나 공격하게 되면 조정에서는 또 세간의 이목을 고려하지 않을 수 없으니 사람을 시켜 그를 조사하게 한다. 이것은 가련의 부인인 왕희봉이 대부인 앞에 나아가 고했던 얘기들이다. 조사하고 처벌한 결과, 관리는 스스로 자구책을 구하지 않을 수 없고 조사한 사람의 높은 지위와 친한 교분을 통해 또 벌의 수위를 낮추게 되는데, 높은 지위의 인물은 구해주지만 낮은 지위에 있는 피라미는 구해주지 않는다. 그리하여 지난날 은자로 교분을 주고받았던 말단관리는 지금에 와서는 관직을 박탈당하고 목숨을 내놓을 수밖에 없는 지경에 이르고 만다. 게다가 돈으로 구명 운동을 해도 죄를 감면받을 수 없을뿐더러 그가 감면받을 수 있을지 여부도 사실상 불투명하다. 더럽혀진 몸과 채무관계는 관리사회의 가장 고통스러운 실상이다. 그런데도 거기에 하찮은 목숨을 내던지니 참으로 개죽음이라 하겠다. 청나라의 관리사회가 딱 이런 식이다. 가서가 오물을 뒤집어쓴 것이나 희봉이 시치미를 떼고 결국 약속을 배신한 것, 가용과 가장의 행동들 하나하나가 청나라 관리사회의 실상과 흡사하다. 뒤에 가서 고위관리는 자신의 문제에 대해 부득이한 고충이 있었다고 핑계를 댄 후 죄상을 들어 책망하고 자신의 책임을 사죄하고는 당사자를 사지에 몰아넣음으로써 진상이 누설되는 것을 막으려 한다. 가서의 죽음은 유가기劉佳琦가 종국에 가서 좋은 결말을 맞지 못하게 된 것에 대한 본보기다.[58]

왕희봉이 가서를 손보는 대목을 봉건 관리사회의 폐단을 투영한 것으로 보았다. 실로 견강부회가 아닐 수 없으나 다른 한편으론 세속에 대한 덩쾅옌의 분노와 세태의 폐단에 대한 비판정신이 잘 드러난다. 덩쾅옌은 허베이 사람으로 원래 이름이 덩위리鄧裕厘인데 광서 29년(1903)에 회시會試에 참가했지만 필체가 악필이라 합격하지는 못했다. 시험관에게 "미치광이 서생"이라는 별명을 얻은 이후 평생 과거 시험에 응시하지 않았다.『홍루몽석진』에서는 대략 다른 이의 술잔을 빌려 자신의 울분을 삭이고자 했던 덩쾅옌의 주관적인 분노 표출이 과도하게 부각됨에 따라『홍루몽』의 내용에 관한 객관적인 분석이 도리어 매몰되는 결과를 가져왔다.

고증파에 타격을 입은
색은파 홍학의 향방

바야흐로 왕멍롼과 선핑안의 『홍루몽색은』, 차이위안페이의 『석두기색은』, 덩쾅옌의 『홍루몽석진』 등 세 권의 색은파 저작이 연이어 출판되어 나옴으로써 색은파 홍학의 전성기를 맞이한다. 그런데 사물의 발전이 극에 달하면 반드시 반대로 돌아간다는 '물극필반物極必反'의 이치라고나 할까? 이 세 권의 색은파 저작이 사회 전반에 막대한 영향력을 미치고 있던 그 시기에 후스의 『홍루몽고증』이 발표되고 색은파 홍학에 정면으로 타격을 입히면서 근대 홍학의 새로운 국면이 열리게 되었다.

『홍루몽』의 저자 조설근의 생애 관련 자료와 지연재 비어가 들어 있는 초기 필사본이 발견됨에 따라 후스는 『홍루몽고증』에서 『홍루몽』은 저자의 직접 체험에서 나온 문학작품이기 때문에 명청의 궁궐 비사와 관련이 없고 명주明珠나 기타 관리 집안의 생활을 빼다 박은 이야기도 아니라는 것을 증명함으로써 색은파 홍학에 타격을 입혔다. 후스가 제시한 막강한 증거 앞에서 색은파 홍학은 한동안 곤경에 처하게 된다. 차이위안페이는 『석두기색은』 제6판 자서에서 색은파에 대한 후스의 비판에 답변을 했지만 자신들의 설을 공고히 할 만큼 명쾌하게 반박하지는 못했다. 이유야 어떻든 간에 1921년 후스가 『홍루몽고증』을 발표하고 나서부터 색은파 홍학은 쇠락기에 접어든다.

그러나 쇠퇴의 기미가 있다고 해서 색은파의 방법론이 더 이상 쓰이지 않은 것은 아니다. 고증파 홍학이 주류학파가 되고 가장 뛰어난 '염관군방艶冠群芳'의 위치에 서게 되었어도 여전히 색은파의 글과 저작은 지속적으로 세상에 모습을 드러냈다. 고증파 홍학의 발전기인 1921년부터 1954년에 이르기까지 주목할 만한 색은파 홍학 저작 두 권이 나온다.

첫 번째 저작은 1927년 상무인서관에서 출판된 서우펑페이壽鵬飛의 『홍루몽본사변증紅樓夢本事辨證』으로 차이위안페이가 쓴 서언에 다음과 같은 내용이 들어 있다.

내가 초안을 잡은 『석두기색은』은 모름지기 금릉십이채가 감추고 있는 실제 인물들에 중점을 두었지만 당시의 큰 사건에 대해서도 특별히 영사한 예가 있을 것으로 생각한다. 예를 들면 동비董妃가 서거하자 세조가 출가했다는 사실은 대옥이 죽자 보옥이 승려가 되었다는 내용의 실제 근거가 된 이야기다. 라마승이 윤잉允礽에게 주술을 부린 것은 시동생과 형수가 주술로 액을 당한 실제 역사가 근거가 된 사건이다. 이에 대해 일찍이 조목별로 열거한 바 있다. 작품 전체에서 전적으로 오로지 이 두 가지 일만 서술한 것은 아니다. 왕멍롼과 선핑안 두 사람이 지은 『홍루몽색은』은 작품 전체에서 동비와 세조의 일만을 서술했다고 보았는데 출판된 지 어언 15년이 되었다. 동향의 서우펑페이의 신서『홍루몽본사변증』은 이 작품이 청 세종과 여러 형제간의 세력 다툼을 서술한 작품이라고 보고 있는데 비록 내 의견과 완전히 일치하지는 않지만 나름대로 일리가 있고 나름대로의 이유를 갖추고 있다. 이러한 고증이 본디 정설을 내기가 어려운 것은 저마다 자신이 알고 있는 바를 숭상하기 때문이니 독자들의 지속적인 탐구를 요하며 분별없이 남의 말에 맞장구치기보다는 바야흐로 다의성을 중시한다. 이 책이 조설근 자신의 생애를 자술한 것이라는 후스 군의 설을 찬성하지 않는 선생의 주장에 나는 찬동하는 바다. 다섯 차례의 첨삭을 거친 조설근이 조점曹霑이 아니고『사언재집四焉齋集』을 지은 조일사曹一士라고 한 것은 특히 독보적인 견해여서 더더욱 지속적으로 탐구할 가치가 있다고 본다. 그래서 공개하여 좋아하는 사람들과 함께 돌려보고자 인쇄를 권하게 된 것이다. 1915년 6월 30일 차이위안페이.[59]

이 글엔 학자로서의 차이위안페이의 풍모가 잘 나타난다. 서우펑페이의 관점이 자신과 같지 않은데도 무시하지 않고 "분별없이 남의 말에 맞장구치기보다는 바야흐로 다의성을 중시한다"는 주장을 펼쳐 보였으니 그 도량에 찬탄을 금할 수 없다. 물론 서우펑페이의 색은과 차이위안페이의 색은은 각론에서는 차이를 보이지만 총론에서는 동일하며 색은을 운용하는 방법론, 특히『홍루몽』이 "조설근이 생애를 자술한 것이라는 후스의 설"에 반대한다는 점에서 그들은 일치점을 보여주었다. 그래서 서언에서 후스의『홍루몽고증』에 비판을 가한 서우펑페이의 견해에 동의를 표한 것이다.

그리고『홍루몽본사변증』의 도입부에서 서우펑페이도 차이위안페이의 『석두기색은』에 분명하게 긍정하는 입장을 밝혔다. 그는 왕명란과 선펑안, 첸징팡錢靜方, 후스, 위핑보, 루쉰 등 제가들의 관점을 소개하고 비교하면서 다음과 같은 결론을 제시했다. "여러 제가의 설을 종합하건대 차이위안페이의 견해에서 작가의 깊은 뜻을 엿볼 수 있었다." 그러나 그는 또 차이위안페이의 견해에 비판 의견을 내놓기도 했다. "냉정히 말해 차이위안페이는 아무래도 서유천徐柳泉의 설에 영향을 받은 것 같고 더더구나 당시의 제 명사들을 끌어다 실증을 한 것은 과도한 견강부회다. 또한 조설근의 생애 자술설을 제기한 후스의 주장 역시 완전히 독단적인 것으로 제가의 영사설影事說을 모두 뒤집고 단순한 언정소설言情小說로 간주함으로써 일체의 갈등을 없앤 천두슈陳獨秀의 주장만도 못하다.[60] 그러나 천陳군의 주장처럼 실제 사실을 폐기하고 언정의 자취만을 본다면 이른바 진짜 이야기를 숨긴 까닭을 어떻게 작품에 대한 요지로 풀이해낼 수 있겠는가? 분명히 실제 이야기는 뒤에 숨겨져 있다. 후대의 독자들이 차마 또 어찌 작가의 깊은 심중을 묵살하고 일반적인 소설로만 볼 수 있겠는가?"[61] 공격의 포인트가 고증파의 『홍루몽』 본사, 즉 작품의 출처가 되는 고사에 대한 견해에 있음을 알 수 있다.

이것이 결코 이상하게 받아들여지지 않는 것은 서우펑페이가 지은 『홍루몽본사변증』이 고증파 홍학이 대세인 시점에서는 상당히 현실적인 조준력을 갖추었기 때문이다. 『홍루몽본사변증』은 이전 제가들의 설에 대한 비판과 변증으로 거의 모든 지면을 할애했는데 그중 차례대로 아홉 가지 설을 소개했다. 첫째, 당시 명배우를 영사한 작중 인물에 관한 것. 둘째, 장후세가張候世家를 기술한 것. 셋째, 명주가사明

珠家事를 기술한 것. 넷째, 화신和珅을 비판하기 위해 쓴 것. 다섯째, 참위讖緯를 숨겼다는 설. 여섯째, 『금병매』를 영사한 것. 일곱째, 청 세조와 동악비에 관해 기록한 것. 여덟째, 강희제 때의 정치상황을 영사한 것. 아홉째, 조설근의 생애 자술에 관한 것 등이다. 이상의 제설에 대해 서우핑페이는 결함을 지적하면서도 단번에 묵살하지 않고 상당히 객관성을 유지한 것으로 보인다. 왕명환과 선평안이 주장한 청 세조와 동소완 고사설에 대해 서우핑페이는 "대체로 서로 맞아떨어지지 않지만 의미상으로는 그렇게 여길 따름이다"라고 하면서 "아직 자체적으로 일설의 가치는 가지고 있다"고 긍정적인 반응을 나타냈다. 그는 이렇게 말했다. "동악비가 소완인지 아닌지 여부와 세조와 동악비의 이야기가 『홍루몽』에 영사되고 있는지는 아직 의문이다. 비록 경계가 분명한 두 가지 일이지만 소설가의 입장에서 보면 황제의 염문이나 황제가 궁을 떠난 사건 등은 이야기를 만들어내기에 충분한 호재거리가 된다."[62] 당연한 말이다. 차이위안페이의 색은에 대해서는 한편으로는 "작가의 진의를 깊이 있게 체득했다"고 여기면서도 다른 한편으로는 다음과 같은 견해를 피력했다. "다만 서유천의 설에서 보채가 담인漢人을 영사했다는 설을 채용한 대목은 매우 합당치 않다." 명주가사설과 화신가사설和珅家事說, 장후가사설張候家事說에 대해 서우핑페이는 상당히 부정적인 입장을 표명하면서 실제 사적이나 정리로 볼 때 합치되지 않기 때문에 "오류를 판별할 필요조차 없다는 점"을 분명히 했다. 『금병매』를 영사했다는 설[63]에 대해서는 "이치에 맞지 않는 평론"이라고 판단했다. 후스가 『홍루몽고증』에서 제기한 자전설에 대해서도 분석을 한 서우핑페이는 조설근의 가세 및 생애에 관한 고증을 인정했고 후스가 "다른 사람의 결점을 공격한 것에 대해서도 취할 만한 것이 있다"고 보았다. 그러나 여전히 속 시원히 가려운 곳을 긁어주지 못했다고 느껴서인지 "『석두』일기一記가 조설근의 생애를 자술한 것에 불과하다면 이 책은 정말이지 한바탕 크게 웃어젖힐 만한 값어치도 없는 작품이다"[64]라고 의문을 표했는데, 이는 후스가 무의미한 독단을 펼침으로써 『홍루몽』 작가의 속내를 말살했다는 점을 지적하기 위한 취지로 보인다.

서우펑페이는 『홍루몽』이 옹정제가 적장자의 자리를 탈취한 것을 영사한 작품이라는 주장을 적극적으로 펼쳤다. 그는 "그러므로 정치소설이라기보다는 역사소설이라고 하는 편이 맞으며, 역사소설이라고 하기보다는 대놓고 강희 말년의 궁궐비사라고 하는 것이 확실하다. 대저 작품에서 숨기고 있는 것은 분명 강희제의 황자들이 권력다툼을 한 사건이다"라고 했다. 물론 이 설은 그가 처음으로 내놓은 독창적인 견해가 아니라 쑨징안孫靜庵이 이미 『서하각야승栖霞閣野乘』에서 제기했던 것이다.[65] 쑨징안의 견해는 다음과 같다. "임대옥과 설보채 두 사람이 보옥을 사이에 두고 서로 다툼을 벌인 것은 당연히 강희 말년 윤사允禩 등이 적자의 자리를 탈취한 사건을 말한다. 보옥은 사람이 아니고 옥새로 그 의미를 기탁했기 때문에 저자가 완석 덩어리 한 개라고 분명히 밝힌 것이다."[66] 차이위안페이도 보옥은 옥새를 전하는 것을 상징하며 태자 윤잉胤礽을 가리킨다고 말한 적이 있다. 서우펑페이는 실력을 더욱 발휘하여 보옥은 국새를 전하는 것을 가리키는데 국보이기 때문에 보옥이라고 했다는 주장을 펼쳤다. 그는 또 통령보옥 위의 "잃지 말고 잊지 말자, 목숨은 영원하리니莫失莫忘, 仙壽恒昌"란 구절에 대해 국새 표면에 새겨진 "하늘로부터 부여받은 목숨 영원하리니受命于天, 旣壽永昌" 여덟 글자를 근거로 전자가 후자를 영사한 것임이 분명하다고 보았다. 또한 옥새는 여러 황자와 군웅에게 분쟁을 가져왔으므로 "보옥을 본 사람들은 모두 다 연애관계를 형성하게 되었다"고 보았다. 뿐만 아니라 가모는 강희의 그림자이므로 가모가 보옥을 애지중지한 것은 그 옥이 제왕의 자리에 애착을 가졌음을 비유한 것이며, "대옥을 배필로 정하지 않으려고 한 것은 황제가 황태자를 세우지 않고 보위를 윤잉胤礽에게 주려고 한 것을 비유한 것"이라고 했다. 금릉십이채를 정책正冊, 부책副冊, 우부책又副冊으로 나누어 36인에게 딱 맞춘 것은 각각 강희의 아들 36명을 영사한 것이다. 보채, 습인은 모두 옹정을 영사했는데, "습인" 두 글자에는 허점을 노려 급습하다는 뜻이 있으므로 옹정이 "제위를 탈취한 것"을 비유한 것이라고 했다. 장옥함은 "옥새를 넣어두는 함독函櫝"을 가리키므로 "이름을 옥함玉函이라 하고 자단보紫檀堡에 거주한 것은 옥새의 함이 자단목紫檀木으로 만들어졌다는 것을 명확히 말해주는 것이다." 습인의 선홍색 허리띠와 보옥이 장옥함과 바꾼 송화 허리띠는 모두 "옥새의 끈"을 가리킨다. 보옥과 장옥함의 애매한 사이는 "국새와 특별한 애정관계에 있는 것이 바로 유독 옥새를 넣어두는 함일 뿐이라는 것"을 말해준다고 했다. 그리고 습인이 나중에 장옥함에게 시집가는 것은 "청 왕실의 옥이 이미 자리를 옮겨 천자가 얻으려고 애쓰지만 빈 함뿐"임을 가리킨다고 했다.[67] 이런 논리가 신빙성이 있는지 여부는 논외로 치더라도 일단은 색은파의 상상력에 찬탄을 금할 수 없고 다른 색은파와 비교해보더라도 어렴풋하게나마 뭔가를 포착했다는 느낌을 갖게 된다. "옥새"가 왜 "자단보"에 머물렀는가? 조설근이 작중 인물의 이름을 지을 때 썼던 규칙을 고려하면 털끝만큼의 관련도 없는 우연의 일치라고 볼 수는 없을 것 같다. 『홍루몽』에서 진보옥의 등장을 두고 이해하기 어렵다고 느끼는 연구자들이 많은데, 서우핑페이는 이에 대해서도 새로운 견해를 피력했다. 그는 진보옥은 남명의 홍광제弘光帝를 영사했으며, 작자는 진·가 두 보옥을 통해 남북 양조의 대치 국면을 상징한 것이라고 주장했다. 『홍루몽』의 취지를 분석한 설이나 혹은 추측으로서 절대 말이 안 된다고는 할 수 없을 것이다. 그런데 문제는 색은을 확장하여 인물이나 사건 하나하나에 다 영사가 들어 있다고 볼 수는 없다는 데 있다. 서우핑페이는 임대옥에 대해 폐태자廢太子 이친왕理親王 윤잉의 그림자라고 색은함으로써 그가 지난날 비판했던 각종 색은의 전철을 고스란히 답습했다. "'임林'자는 나무 두 개로 이루어져 있고, '목木'은 '십十'과 '팔八'의 조합이므로 십十과 팔八이 각각 두 개면 36이 되니 강희제의 아들 36명은 나무 두 개의 숫자와 딱 맞아떨어진다. 그리고 이친왕은 36명의 아들 중 한 명이다. 대옥은 '대리代理' 두 글자의 분리와 조합이다. '대黛'자 중에서 '흑黑'을 분리시키고 '옥玉'을 합한 후 네 개의 점을 제거하면 대리代理 두 글자가 되니 이는 친왕親王을 대행한다는 의미를 분명히 한 것이다." 또 "윤잉은 강희 14년에 황태자가 되었으므로 대옥이 가부에 왔을 때 나이가 14세가 되었을 것으로 가정한다." 이와 같이 이치에 맞지 않게 미봉한 것은 왕멍롼과 선핑안, 덩쾅옌이 범했던 견강부회와 사실상 크게 다르지 않다. 게다가 대옥이 가부에 처음 온 때가 7세였음에도[68] 서우핑페이는 강희 14년 황태자를 세운 것과 숫자상 일치하도록 임의로 대옥의 연령을 2배나 늘렸다. 이러한 행태는 모름지기 억지로 "윤잉의 삶과 애환을 왜곡함으로써" 도리어 자신이 세운 논리적 설득력을 모두 잃게 만들었다.

　서우핑페이의 관점 중에서 가장 불가사의한 것은 『홍루몽』 작가에 관한 것이다. 그는 마수신馬水臣이라고 하는 사람의 억설을 믿은 나머지 『홍루몽』은 강희 15년에 태어나고 옹정 12년에 사망한 무석無錫 사람 조일사曹一士가 지었으며 강희 55년 "적자의 자리를 둘러싼 여러 황자의 쟁탈전이 극심했을 때" 쓴 것이라고 보았다. 서우핑페이는 "『홍루몽』은 실제로 재자서才子書다. 처음엔 누가 지었는지 알 수 없다거나 강희 연간에 경사 어느 대갓집의 가정교사이자 창저우常州의 효렴孝廉이었던 모씨가 쓴 것"[69]이라는 내용이 들어 있는 진용陳鏞의 『저산헌총담樗散軒叢談』을 방증 자료로 활용했다. 서우핑페이는 "강희 말년에 과거에 합격한 어떤 선비가 궁궐의 출입을 허용받지 못하자 입경하여 10여 년간 어느 집을 빌려 살았는데 거주하던 곳이 하이닝海寧 진상국陳相國의 집과 가까웠고, 『저산헌총담』에서 어느 집의 가정교사였던 모 효렴孝廉이 지은 것이 맞다고 되어 있는 것을 고려할 때, 의미상으로 그 사람을 말하는 것이 아니겠는가?"라고 추론했다. 『홍루몽』을 원작과 개작 두 가지로 나누었을 때, 설근은 훗날의 "첨삭자"에 불과하고 원작자는 따로 있다고 왕멍롼과 선핑안에서 덩쾅옌에 이르기까지 모두 그렇게 생각했으니, 이는 색은파의 공통된 주장이 아닐 수 없다. 그러므로 서우핑페이가 그들과 똑같은 주장을 견지하고 있는 것은 조금도 이상하지 않다. 그러나 원작자를 조일사로 본 것은 역사적으로 근거가 없는 억설이어서 더더욱 허구성이 드러났다. 그럼에도 차이위안페이가 이 설에 대해 지속적으로 연구할 가치가 있다고 말한 것으로 볼 때, 그가 후스의 자전설에 얼마나 부정적인 선입견을 가졌는지 알 수 있다.

두 번째 저작은 1934년 서경출판사西京出版社에서 나온 징메이주景梅九의 『홍루몽진체紅樓夢眞諦』인데 상하 두 권으로 되어 있고 각 권이 대략 14만 자로 구성되어 서우핑페이의 『홍루몽본사변증』보다 길이가 더 길다. 상권의 도입부에는 먼저 개요가 나오고 그 뒤에 서론, 먼저 명명을 논하다先論命名, 다음으로 설보채와 임대옥이 취한 성에 대해 논하다次論薛林取姓, 다음으로 만한 명칭에 대해 논하다次論滿漢明淸, 보옥에 대해 집중적으로 재고찰하다再專論寶玉, 작품 속 시사에 대해 논하다論書中詩詞, 저자의 몇몇 사상에 대해 논하다論著者思想幾部分 등으로 나누어 서술하고는 마지막에 부록附錄, 별록別錄, 잡평雜評, 잡록다칙雜錄多則을 곁들였다. 하권은 왕멍롼, 선핑안, 덩쾅옌의 색은에 대한 체계적인 비평이 들어 있다. 징메이주의 기본 관점은 대체로 왕, 선, 덩 등 삼가와 같고 이견이 있더라도 따로 점포를 꾸릴 정도는 아니며 삼가 색은에 대한 보충, 개진, 절충으로 보면 된다. 징메이주는 왕멍롼과 선핑안이 주력했던 순치제와 동소완의 연애고사설, 차이위안페이의 십이채가 강희제 때의 여러 명사를 영사했다는 설, 덩쾅옌의 보다 더 확대된 많은 색은들, 서우핑페이의 강희 제황자들의 권력 쟁취에 초점을 맞춘 관점 등을 두루 다 취했다. 그는 자신의 저작 배경에 대해 논할 때 한 친구의 말을 특별히 인용하며 『홍루몽진체』의 논리적 근거로 삼았다. 전문의 내용을 보면 다음과 같다.

『홍루몽』은 명나라를 생각하며 지었고 '홍紅'자는 '주朱'를 영사한 것인데,

사람들이 모를까봐 이국 여성의 시 중에서 "昨夜朱樓紅"의 구절을 특별히 표기함으로써 그러한 점을 분명히 했다. '도홍헌悼紅軒'은 '도주헌悼朱軒'이고 보옥이 붉은색과 연지를 좋아하는 것은 모두 '주朱'를 애호한다는 것을 나타내며 옥새가 주원장의 명나라를 끝까지 마음에 품었다는 것을 말해준다. 게다가 보옥이 매우 점잖은 사람인데도 서약과 맹세를 남발한 것은 도리어 『서유기西遊記』의 저팔계를 본뜬 것이니 작자의 노련함을 보여준다. 거기다 "목석木石" 두 글자는 책방 골목에서 전해진 『추배도推背圖』에서 나무 위에 곱자를 걸어 주원장의 명나라를 영사했다는 것을 근거로 지금 '목木'에 '석石'의 머리 부수를 더하고 두 글자를 합해 딱 '주朱'가 되도록 했다. 그런데 혹시라도 사람들이 알아보지 못할까봐 『석두기』라 명명했으니 '석石'의 머리 부수를 취하여 '목木'에 덧붙여 '주朱'가 되게 한 그 구상이 참으로 치밀하기 그지없다. 또한 임대옥은 '명明'을 대표하고 보채는 '청淸'을 대표하는데 두 사람의 성씨는 고청구高靑邱의 「매화시梅花詩」 중의 "온통 눈으로 뒤덮인 산중엔 인품 고상한 은자가 누워 있고, 달 밝은 수풀에는 미인이 온다네雪滿山中高士臥, 月明林下美人來"라는 두 구절에서 따온 것이다. '설雪'(薛)자 아래 '만滿'자를 붙이고 '임林'자 앞에 '명明'자를 붙였으니 확실히 알 것 같다.(오늘날 차이위안페이의 색은이 이 연聯을 근거로 고사기高士奇를 영사했다고 생각했으니 하나는 알고 둘은 모른다고 하겠다.) 『풍월보감』이 청나라의 바람과 명나라의 달을 영사했다고 한 것은 작가가 명청시대에 참으로 말 못 할 괴로움이 있었다고 본 것이다. 청문의 '청晴'은 사실상 청나라와 명나라 양대에 걸친 사람을 말하고 진실과 꾸밈의 상생적 의미를 기탁한 것이다. 작품에서 진태허와 '가賈'자는 모두 '청淸'을 가장한 말이다. 이것을 바탕으로 하여 『홍루몽』에 별도의

상세한 주를 하나 달아야 한다.[70]

징메이주는 친구가 한 이 말을 높이 평가하면서 "터럭처럼 세밀하지 않다면 이와 같은 논리를 펼칠 수 없을 것"인즉 설사 왕명란, 선평안, 차이위안페이라도 이러한 안목에 이르지는 못했을 것이라고 보았다. 그는 마침내 깊은 영감을 받고 『홍루몽』에서 "끝이 없는 묘문과 숨겨진 요체를 발견했다."

징메이주는 『홍루몽』의 의미가 세 단계의 층위로 구분된다는 점을 서론에서 밝혔다. "일찍이 이 책에는 세 가지 의미의 요체가 있다고 비평한 바 있다. 첫째 의미는 명청대의 정치와 궁중 비사를 탐구한 데 있다. 둘째 의미는 명주 상국과 그의 아들 성덕에 관한 일을 탐구한 데 있다. 셋째 의미는 작품을 짓고 첨삭을 가한 인물 당사자와 그의 집안 문제 등을 탐구한 데 있다. 글 자체에 대해서만 논한 것은 하품으로 여긴다." 『홍루몽진체』는 이러한 생각들을 바탕으로 쓰고 싶었던 것이다. 예를 들면 제24회에서 대옥이 보옥에게 무슨 책을 보느냐고 물었을 때 보옥은 "『중용中庸』과 『대학大學』일 뿐이야"라고 했는데 징씨는 이를 근거로 다음과 같이 추론했다. 누르하치가 칸을 칭하고 명 만력 44년(1616)에 후금을 건국하고 그해를 천명天命 원년으로 삼았는데, 『중용』의 첫 번째 구가 바로 "天命之謂性"인즉 보옥이 『중용』을 언급한 것은 의심할 바 없이 청나라를 영사했다는 것이다. 『대학』의 첫 번째 두 구는 "大學之道, 在明明德"이다. 따라서 작품에서 『대학』은 명나라를 영사한 것이다. 이것이 바로 그가 본 『홍루몽』의 "가장 첫 번째 의미"다. 만약 누군가 강희 때의 재상이었던 명주의 아들 납란성덕이 성덕으로 이름을 바꾼 적이 있다고 한다면 작품 속의『중용』과『대학』이 '성덕' 두 글자를 가리키는 것이라고도 말할 수 있지 않을까? 또한 덩쾅옌이 유노파를 예왕豫王 다탁多鐸의 비妃인 유삼수劉三秀를 영사한 것이라고 본 것은 두 번째 의미이고 차이위안페이가 유노파를 탕빈湯斌을 영사한 것이라고 본 것은 세 번째 의미에 해당한다. 제3회에서 대옥이 가부로 떠나기 전 아버지 임여해는 "외할머니와 외사촌 형제들에게 의지한다면", 아버지인 자신의 걱정을 덜어줄 수 있지 않겠느냐고 한다. 덩쾅옌은『홍루몽석진』에서 "외조모에서 '외外'자는 가장 눈여겨볼 점으로 그 가족들이 자신을 국외자로 본다는 것을 말한다"고 풀이했는데 전혀 근거 없는 억지 주장이 아닐 수 없다. 그러나 징메이주는 덩쾅옌의 색은이 자신이 말한 첫 번째 의미에 해당한다고 보았다. 덩쾅옌은 또 임여해가 딸과 작별할 때 했던 말이 동시에 방포가 관리가 된 것을 가리킨다고 보았는데 징메이주는 이것이 두 번째 의미라고 판단했다. 덩쾅옌이 이 대목을 부찰후의 신세를 묘사한 것이기도 하다고 한 것에 대해 징메이주는 "첫 번째 의미 중의 부수적인 의미"라고 했다.『홍루몽진체』의 논리적 기반은 이와 같으며 하권에서 왕멍롼·선펑안, 덩쾅옌 등의 두 책을 평했을 때 주로 이러한 측면에서 의견을 개진했다. 덩쾅옌은 조설근이 첨삭한 이후 건륭과 가정 연간의 일화를 덧붙였다고 생각했는데, 이에 대해 징메이주는 "상당히 적합하지 않은" 대목이 있다고 주장하면서도 덩쾅옌의 색은에 왕멍롼·선펑안의 색은이 갖추지 못한 장점이 있다고 보았다. 그래서 색은의 방법에 대해 징메이주는『홍루몽』의 내용에 세 가지 의미가 있다는 점과 때에 따라 "다른 의미"를 담고 있기도 하다는 주장을 고수했는데 결과적으로 색은을 무한정 확대시킴으로써 왕명란, 차이위안페이, 덩쾅옌 등의 관점과도 더욱 격차를 벌어지게 했다.

대체로 징메이주는 그의 친구가 '목석木石' 두 글자와 '석두石頭' 두 글자를 서로 해체했던 데서 '주朱'자의 영감을 받았던 터라 작품 속에서 "명명의 의미"를 특히 중요시했고 심지어 "『추배도推背圖』는 꼭 봐야 한다"는 주장을 펼치기도 했다. 그는 의미를 더 확장시켜 제36회에서 보옥이 "뭐가 금과 옥의 인연이라는 거야? 난 오히려 목석의 인연을 말할 테야"라고 잠꼬대를 하는데, 이것이 바로 "목木과 석石의 머리의 인연인즉" 주씨 성을 숨기고 또 그것을 사람들이 모를까봐 특별히 「홍루몽곡」에서 "모두들 금과 옥의 인연이 좋다고 말하지만 나는 목석의 인연만 생각한다"는 노래를 불렀는데, "목석전맹木石前盟은 목석전명木石前明으로 그릇 '명皿'자 하나를 덧붙여 그 사실을 숨긴 것이다." "금과 옥의 인연"은 금金이 청초의 국호였고 "청淸과 금金이 일치하여" "금과 옥의 맺어짐"처럼 청이 중원을 차지하고 제왕의 옥새를 차지했다는 것을 말한다. 제48회에서 석바보가 부채를 팔지 않은 대목에 대하여 "석태자石呆子 세 글자에서 입 '구口'자 두 개를 빼도 여전히 '목木'과 '석두石頭'의 결합이다." 거기다 『서유기』에서 저팔계를 여러 번 태자呆子라고 불렀는데, 분명히 "주의 의미朱意"를 담고 있다. 방증 자료로서 징메이주는 또 강희 7년에 칙지가 있었던 것을 발견하고 산림에 숨어 있던 옛 명나라의 자손이 나와 주씨 성을 회복할 수 있기를 바란 것이니 이것이 바로 "임林이 주朱라는 확증"이라고 했다. 그리고 제17회에서 가정이 문객들을 대동하고 대관원을 돌아볼 때 "산 하나, 돌 하나, 꽃 한 포기, 나무 한 그루에 이르기까지 하나하나 찬찬히 보면서 지나갔다"는 대목에서 징메이주는 이를 "하나하나 찬찬히 목木과 석石을 보면서 지나갔다"로 판단했으며, 이어서 소상관의 "푸른 대나무숲이 그림자를 드리워주고 있었다"와 "섬돌 아래 자갈로 포장한 길이 나왔다", 후원에는 "큰 배나무가 있다"는 여전히 "목석과 더불어 은밀한 뜻이 존재한다"는 것을 기탁한 것이며 '주朱'자 하나를 나타낸 것이라고 보았다.

이뿐만 아니라 징메이주는 또 대옥의 형상은 모두 명明을 대표하기 때문에 바람이 불면 쓰러질 것같이 매우 수척하고 취약하게 묘사한 것이며, 보채는 만주족의 청淸을 대표하기 때문에 모습이 매우 풍만한 것이라고 했다. 대옥의 시녀 자견은 "나라를 잃은 제왕의 혼"을 대표한다. 보채의 시녀 황금앵黃金鶯은 '금'자와 '청'자가 같은 뜻이기 때문에 절묘하게 "만주족 시녀滿婢"의 의미가 된다. 또 대옥을 소상비자瀟湘妃子라고 한 것은 "나라를 잃은 애통함이 군주를 잃은 것과 같음을 묘사한 것이다." 보채를 형무군蘅蕪君이라고 부른 것은 "만주인들이 잡초가 우거진 땅에서 흥기했다는 것을 가리킨다." 그러나 『홍루몽』의 임林, 설薛 두 집안은 모두 남방에 살았는데, 이 사실을 어떻게 받아들여야 할까? 징메이주는 완벽하게 말이 된다고 했다. 그 이유로 설반이 하는 행태가 "완전히 북방 오랑캐의 모습이고 취향이나 무식함이 모두 처음 중원에 들어온 만주인들이 보여준 짓거리"이며 그래서 호도태패왕呆霸王이라고 부른 것이라고 했다. 그리고 설반이 여동생을 데리고 경사에 들어온 동시에 중국의 풍광을 유람하고자 하는 생각도 있었으니 이는 분명 "만주인들이 중국에 들어와 점차 한족화되는 것"을 그린 것이다. 설반은 자가 문기文起인데 이 역시 "만주인이 비록 무를 숭상하나 그들이 중원의 주인이 될 수 있었던 것은 문화로 흥기하여 나중에 비로소 중국을 불법 점거하니 오랑캐로 중원을 제압했다"는 것을 말한 것이다. 안타깝게도 징메이주는 갑술본에는 '문기文起' 두 글자가 '문룡文龍'[71]으로 되어 있다는 사실을 몰랐던 것 같다. 만약 그렇다면 그가 "문기文起" 두 글자에 가한 색은은 허사가 된다. 설씨 집안이 비록 남방에 있어도 설반에게 '태패왕'이라는 별명이 있고 그의 평소 행실을 감안하여 북방에 있는 사람이라는 것을 증명하고자 했으나 그는 일찍이 "석태자石呆子"의 '태呆'자에 "주의 의미朱意"가 내포되어 있다고 말한 적이 있다. 같은 '태'자에 대해 서로 상반되게 남쪽을 상징한다고 했다가 또 북쪽을 대표한다고 하는 모순을 드러내 보였으니 자신의 설을 무슨 수로 납득시킬 수 있겠는가? 솔직히 징메이주는 명청시대 종족 갈등의 색안경을 끼고 도처에 쓰여 있는 만滿, 한漢, 명明, 청淸, 주朱, 금金과 관련된 글자마다 색은을 가하다가 마침내 감당하지 못하는 지경에 이른 것이다. 억지 주장의 과도한 남용으로 사실상 『홍루몽』의 참뜻과는 거리가 멀어졌다.

『홍루몽』 시사에 대한 징메이주의 색은을 보면 그가 어느 정도의 억지 주장을 펼치고 있는지 알 수 있다. 징메이주의 입장에서 볼 때 『홍루몽』의 수많은 시사곡부는 거의 하나같이 직접적으로 또는 우회적으로 명나라를 애도하고 청나라를 비판하는 표현들이다. 예를 들면 제5회에서 경환선고가 무녀들에게 추게 한 12지 『홍루몽곡』의 인자引子 첫 대목에 "천지개벽이 시작될 때 그 누가 애정의 씨앗을 뿌렸던가開闢鴻濛, 誰爲情"라는 구절을 징메이주는 만주족의 개척사에서 '천녀탄과신화天女呑果神話'를 말하는 것이라고 했고, 두 번째 구의 "풍월의 정은 짙어만 가는데都只爲風月情濃"라는 구절은 청풍명월을 암시했으며, "어찌할 수 없는 세상, 서글픈 날, 쓸쓸한 때에 마음속 시름을 풀어보고자 금과 옥의 사연을 슬퍼하는 『홍루몽』을 불러본다네奈何天, 傷懷日, 寂廖時, 試遣愚衷. 因此上演出這悲金悼玉的『紅樓夢』"라는 구절은 "나라가 망하고 종족이 소멸되어도 어찌할 수 없는 상황에서 옥새를 애도하고 금의 속성을 가진 사람을 애달파한다"는 의미를 기탁한 것이라고 했다. 징메이주는 제1회의 『석두기』의 유래에 관한 시 중에서 "종이 가득 허튼소리滿紙荒唐言"는 망국어라는 뜻이라 했다. 왜냐하면 "중국에는 한을 칭한 나라가 있고 당을 칭한 나라가 있기" 때문에 '허튼소리荒唐言'란 말은 곧 "망당언亡唐言"이다. "한바탕의 쓰라린 눈물一把辛酸淚"은 망국의 한을 가리킨다. "모두들 작가를 미쳤다고 하나都云作者痴"는 작가가 "외곬으로 나라를 되찾겠다"는 일념을 말한 것이라고 했다. "그 참뜻을 아는 이 누구인가誰解其中味"는 "어쩌면 또 다른 감정"을 나타낸 것인지도 모르겠다고 했다. 징메이주는 제27회의 「장화사葬花詞」에 대해서도 주제는 "명나라의 멸망을 애도한 것"이며, "아름답고 고운 시절이 얼마나 갈까. 하루아침에 흩어지면 다시 찾기 어려워라明媚鮮姸能幾時, 一朝飄泊難尋覓"라는 두 구는 좀 더 구체적으로 "멸망한 명나라의 상황을 포착해낸 것이며", "하루아침에 봄은 가고 홍안이 늙으면, 꽃잎 지고 사람 가니 둘 다 서로 알 길이 없네一朝春盡紅顔老, 花落人亡兩不知"라는 구에서는 "주씨 명나라의 쇠락, 국가의 멸망과 종족의 소멸을 사람들은 알지 못한다"는 의미를 담아냈다고 했다. 제37회에서 백해당을 읊조린 것에 대해서는 "명청시대의 일이라 작가는 설백으로 만주를 대체했는데 특히나 백해당을 취한 것은 청나라의 발흥을 기탁한 것"과 관계가 있다고 보왔다. 제38회에 나오는 국화시들은 "역시 명나라의 멸망을 암시한 것"이며 그중에서 대옥의 「국몽菊夢」 도입부의 두 구절 "울타리 밑에서 가을을 즐기다 청아한 꿈에 드니 구름과 함께였는지 달과 벗했는지 아련하기만 하도다籬畔秋酣一覺淸, 和雲伴月不分明"에서는 "명청" 두 글자를 이미 노출시켰다고 보았다. 제50회의 연구聯句 중 희봉이 쓴 "밤새도록 북풍이 세차게 불어대더니一夜北風緊"라는 구절에 대해 징메이주는 "만주인이 동북에서 일어났다"는 것을 암시했다고 보았다. 같은 회의 홍매를 읊은 것에 대해서는 "주씨의 명나라가 매산煤山에서 멸망했다"는 것을 가리킨다고 했다. 형수연이 지은 시 가운데 "유령으로 날아간 넋魂飛庾嶺春難辨"에서 "유령"이 바로 매산인데 그것으로 "매산을 영사"한 것이라고 본 것이다. 제70회의 유서사柳絮詞에 대해 징메이주 역시 "명나라를 애도하고 청나라를 비꼰 것"이라고 보았다. 그중 사상운의 「여몽령如夢令」은 명나라가 "일장춘몽처럼 멸망했다滅亡如一場春夢"는 것을 나타내며, 보채가 지은 「임강선臨江仙」의 "벌떼와 나비떼처럼 어지러워라蜂團蝶陣亂紛紛"는 "만주족이 벌떼처럼 몰려온다"는 말이라고 했다. 제28회에 풍자영 집에서 술을 마실 때 가운 등 몇 사람이 불렀던 노래에 대해서도 "명청대의 혁명 의지를 기탁한 것"이라고 보았다. 가운이 부른 노래 중에 "두 사람의 멋진 용모 그리기 어려워라. 어젯밤 참찔레나무 시렁 아래서 은밀히 만나려다兩個人形容俊俏, 都難描畫, 想昨宵幽期私訂在荼蘼架"라는 구절이 나오는데, 이에 대해 징메이주는 오삼계와 청나라 사람이 "사적으로 밀약을 맺은 것"을 말한다고 보았다. 보옥이 부른 노래 중에 "붉은 상사두처럼 하염없이 흘러내리는 그리움에 사무친 피눈물滴不盡相思血淚抛紅豆"은 명나라 민제愍帝를 가리킨다고 했다. 작품 속에 나오는 시사곡부에 대한 색은을 놓고 볼 때, 왕멍롼과 선핑안, 덩쾅옌은 이 정도까지 견강부회하지는 않았다. 그래서인지 도리어 징메이주는 『홍루몽진체』 하권에서 왕멍롼과 선핑안의 색은을 평할 때 그들이 색은에서 『홍루몽』 시사곡부에 대한 우의를 "말하지 않은 것"을 유감스럽게 생각했다.

『홍루몽진체』에서 비교적 가치 있는 부분이라면 작가의 민주사상을 긍정한 부분으로서 정절과 인물 간 대화 분석을 통해 『홍루몽』에 봉건군주의 권력과 혼인제도, 노비제도에 대한 비판적 태도가 담겨 있다는 것을 밝힌 점이다. 그는 작가가 "군주가 빚어낸 재앙이 얼마나 혹독한지 깊이 인식하고 자못 군주를 없애야 한다는 생각을 가졌으며 작품의 행간 구절구절마다 민주적인 경향성을 노출시키고 있으니 만약 지금 태어났더라면 필시 진보주의자가 되었을 것이다"라고 평했다. 이러한 관점은 작품의 실제를 반영하고 있어 취할 점이 있다. 다만 징메이주가 서우펑페이의 관점을 채용하다보니 『홍루몽』의 원작자가 조일사[72]이고 조설근은 그저 첨삭을 가한 "개정자"에 불과하다고 본 것은 앞서 말한 바와 같이 근거가 취약해 납득하기 어렵다.

색은파 홍학 탄생의
시대적 배경과 문화적 환경

　색은파 홍학이 탄생하게 된 데는 작품 자체의 원인뿐 아니라 시대
적인 조류와 문화적인 환경도 한몫했다. 문학 연구는 하나의 학문 분
야로서 연구자는 반드시 객관적인 시각으로 작가와 작품을 바라봐야
한다. 연구자 개인의 사상으로 작품의 사상을 대체하거나 오늘의 것
을 가져다 옛것에 대입시켜서는 안 된다는 것이 우리 모두가 알고 있
는 문학 연구의 기본 원칙이다. 그러나 실제로는 그러한 원칙을 지키
기가 쉽지 않고 무의식적으로 자신의 사상으로 연구 대상을 감싸 안
으려는 시도를 하게 된다. 그래서인지 모든 사람의 마음에는 자기만
의 가보옥과 임대옥이 있고 어느 시대나 자신만의 『홍루몽』과 조설근
이 있다. 『홍루몽』이 특정 시대의 산물인 것처럼 홍학 연구의 각 분과
가 생겨나게 된 것 역시 특정 시대의 환경적 요인이 연관되어 있다.
　색은파 홍학은 청말 민초에 대대적으로 흥기했는데, 당시는 청 왕
조가 곧 무너질 듯한 상황이었고 반봉건을 주장하는 민주혁명의 기
운이 날로 고조되던 시기였다. 각성한 지식인 사회가 다시금 역사에

대해 성찰하기 시작했고 고전문학을 포함한 전통문화에 새로운 내용이 주입되었다. 전통문화에서 소설은 줄곧 대아지당에 오르지 못했지만 시대 조류의 자극을 받은 사람들은 마침내 폭넓은 대중성과 현실주의 정신이 바로 소설이라고 하는 장르에 갖추어져 있다는 놀라운 사실을 포착해낸다. 그리하여『홍루몽』『수호전水滸傳』『요재지이聊齋志異』에 대해 담론하는 기풍이 일시에 조성되었다. 쑨중산孫中山이 이끄는 민주혁명에는 원래 반만反滿의 내용도 포함되어 있고 종족주의의 사상적 요소도 다양한 방식으로 내포되어 있었다. 이러한 특수한 사회적 조류 속에서 청나라의 개국 역사를 설명하거나 청나라 궁궐의 야사일문을 전파하는 것이 하나의 유행처럼 번져나갔다. 게다가 민중을 동원하기 위한 사상적인 수단으로 당시의 혁명 전사들도 이런 분위기를 조성했다. 하물며『홍루몽』처럼 자체적으로 복잡한 사상성과 독특한 예술성을 가지고 있는 경우 각자 필요한 것을 취하기가 더 쉬웠다. 왕멍롼과 선핑안의『홍루몽색은』과 차이위안페이의『석두기색은』, 덩쾅옌의『홍루몽석진』등이 색은을 대표하는 저작이 된 것은 바로 신해혁명을 전후하여 분위기가 무르익으면서 연이어 출판이 이루어졌기에 가능한 일이었다. 특히 차이위안페이의 색은은 도입부에서『홍루몽』의 사상과 인물에 대한 전체적인 관점을 제기하면서 "작가가 매우 진지하게 민족주의를 견지하고 있다. 작품 속의 실제 사건은 명나라의 멸망을 애도하고 청나라의 실정을 드러낸 데 있으며 특히 한족의 명사로서 청나라에 출사한 한족 명사들에 대한 통석한 마음을 담고 있다"는 주장을 펼쳤다. 차이위안페이는 저명한 학자 겸 혁명가로서 신해혁명에 적극 참여한 인물이었기 때문에 당연히 반만 사상이

있었다. 그들은『홍루몽』에 색은 작업을 하면서 학술적인 목적보다
는 사상적인 원인을 논하는 것이 더 중요하다고 생각했다. 덩쾅옌의
경우, 민족적인 반만 사상이 더 강해 의견을 개진한 곳마다 거의 대
놓고 욕설을 퍼붓다시피 했다.『홍루몽석진』에서 그가 가장 많이 밝
혀낸 것은 청조의 야사와 궁정의 일사비문이었다. 그래서 견강부회의
정도가 가히 다른 색은 저작들을 능가했다. '정치역사소설'의 개념은
바로 덩쾅옌이 제기한 것이다.[73] 근본적으로 차이위안페이와 덩쾅옌
모두 정치 색은파인 것은 시대적 조류와 환경적인 요인에 따른 것임
을 배제할 수 없다. 서우펑페이와 징메이주는 비록 신해혁명과 시간상
으로 거리가 있었지만 신해혁명에서 맞닥뜨린 문제를 그들이 살았던
1920~1930년대에도 완전히 해결하지 못한 상태였다. 1930년대에는
일본의 침략전쟁으로 중국 인민이 재앙에 빠지고 민족적 갈등이 고
조되면서 학자들의 민족사상에 불을 지피는 계기가 된다. 따라서 민
족사상의 고양을 핵심으로 하는 홍학 색은파에 다시 불이 붙은 것도
어쩌면 지극히 당연한 귀결인지 모르겠다.

징메이주는『홍루몽진체』의 대서代序에서 자신이『홍루몽』에 색은
작업을 하는 시대적, 정치적 이유에 대해 조금도 숨김없이 솔직하게
털어놓았다.

뜻하지 않게 최근 들어 강도의 침략으로 망국의 화가 임박해지고 민족이
말 못 할 고통에 빠져드니 어느새 감정이 격해진다. 제1회의 "종이 가득
허튼소리에 한바탕 쓰라린 눈물, 모두 작가가 미쳤다고 하나, 그 참뜻을
아는 이 누구던가滿紙荒唐言, 一把辛酸淚, 都云作者痴, 誰解其中味"와 "쓰라린 이야

기를 할라치면, 황당할수록 더더욱 구슬프도다. 애초부터 한바탕 꿈이었으니, 세인들이 어리석다 비웃지 말라說到辛酸處, 荒唐愈可悲, 由來同一夢, 休笑世人癡"라는 내용의 두 절구에서 원작자가 망국의 슬픔과 한을 감당하지 못해 가슴에 맺힌 피눈물을 흘렸을 것이라는 점을 짐작하게 된다. 대저 '황荒'이란 망한다는 것이고, '당唐'은 중국 즉 망한 나라를 가리킨다. 인간 세상에서 망국보다 더 큰 고통은 없다. "꿈속에서 자신이 객이라는 것을 알지 못하고 줄곧 환락을 탐하니" 아무래도 망국의 슬픔을 깨닫지 못한 것 같다. 어리석은 꿈에서 깨어나서야 비로소 아름다운 강산이 나와 기나긴 이별을 하게 될 것을 깨달으니 "생각을 끊으려 해도 끊을 수 없고 추스르려 해도 혼란스럽기만 하다. 이는 이별의 애수인데 어쩌면 또 다른 감정이 마음속에 있는 게 아닌지 모르겠다." 아! 이것은 대옥이 꽃장사 지내던 시절의 망상이요 슬픔이 아니던가? "내가 지금 꽃장사 지내는 남을 어리석다고 비웃지만 언젠가 나를 장사 지내줄 이는 누구일까." 나라를 잃은 사람은 참으로 자신이 어디에서 죽어야 할지 알지 못한다. 강대국에 의해 나라가 쪼개지는 것인가? 아니면 공동으로 관리되는 것인가? 인도인가? 안남인가? 고려인가? 폴란드인가? "우리 궁실인데 남이 지키고, 우리 거마인데 남이 기뻐하네." 남은 식칼과 도마가 되고 나는 생선과 고기가 되네. 남은 채찍이 되고 나는 가축이 되네. "지난날 농담 삼아 했던 사후의 일들이 오늘 아침엔 눈앞의 현실이 되고 말았네." 옛날에는 나만이 독존이었는데 오늘은 남에게 더부살이하는 신세가 되었네. 평소의 마음은 하늘보다 드높았으나 하루아침에 비천한 몸으로 전락했네. 김과부처럼 굴욕을 참아내야 하는가? 아니면 유노파처럼 아첨을 떨어야 하는가? 임사랑처럼 죽음으로써 절조를 드러내야 하는가? 아니면 화습인처럼 죽기를 두려워해야 하는가? 유상련처럼 자기 뜻대로 해야 하는가? 아니면 포용이나 초대처럼 자신을 낮추어야 하는가? 우삼저처럼 드센 성격을 드러내야 하는가? 아니면 우이저처럼 부드러운 마음씨를 가져야 하는가? 형수연처럼 말이 없어야 하는가? 아니면 청문처럼 자신의 감정을 드러내야 하는가? 임대옥처럼 도도해야 하는가? 아니면 설보채처럼 원만해야 하는가? 설보금처럼 양순해야 하는가? 아니면 하금계처럼 어깃장을 놓아야 하는가? 사상운처럼 호쾌해야 하는가? 아니면 향릉처럼 맹하고 우둔해야 하는가? 아아! 미래의 동포들이 어떻게 받아들이고 어떻게 저항할 것인가? 어느 길을 버리고 어느 길을 따를 것인가? 죽을 수도 있고 살 수도 있고 굴욕을 당할 수도 있고 영화를 누릴 수도 있다. 그 모든 것이 스스로의 선택과 처신에 달렸음이 홍루일몽에 다 담겨 있다.[74]

징메이주가 바야흐로 항전의 기세가 활활 타오르던 시기에 『홍루몽 진체』를 저술하여 자신의 민족정서를 드러내고자 했던 마음은 도리상으로 이해가 간다. 그러나 1930년대는 필경 청말 민초와는 다른 시대였기 때문에 사람들은 어떤 사안을 가지고 자신의 진의를 표명하거나 그 일과 무관한 의론을 펼치는 것을 못마땅하게 생각했고, 『홍루몽』을 과학적으로 분석할 것을 요구했다. 우리가 징메이주나 『홍루몽』에 민족사상이 담겨 있음을 강조한 다른 색은파들에게 공감하게 된 것은 연구자들이 자신이 처한 생활환경이나 시대환경에서 벗어나지 않았기 때문이다. 그러나 문학작품의 분석 측면에서 보건대 의미 위주로 『홍루몽』을 다루려는 비과학적인 접근 방식의 문제점을 지적하지 않을

수 없다. 만약 일개 독자라면 문학작품을 읽고 감상하는 데 그 목적
이 있으므로 각자 필요한 것을 취하든 남의 비위를 맞추든 아무 상관
이 없다. 그러나 자신이 쓴 글이 작품에 대한 과학적인 분석의 의미를
부여해줄 연구 저작이라면 문학작품을 단순히 자신의 마음속 울분을
쏟아낼 한잔 술 정도로 간주해서는 안 될 것이다.

해외 색은파의
부활

색은파 홍학은 고증파와 소설 비평파의 공격을 받고 1920년대 이후부터 쇠퇴기에 접어든다. 서우핑페이의 『홍루몽본사변증』, 징메이주의 『홍루몽진체』는 1920~1930년대에 상당한 대표성을 띤 저작이었으나 영향력은 크지 않았다. 1940년대 중반에 쾅하오는 『홍루몽신고紅樓夢新考』에서 순치제와 동비의 연애고사설이 "부분적으로 신빙성이 있는 사실"[75]이라는 점을 확신했지만 그에 대한 아무런 논증도 제시하지 못했다. 1950년대 이후, 색은파는 사실상 대륙에서 사라진다.

그러나 주목할 만한 사실은 색은파가 대륙에서는 사라졌지만 해외에서는 오히려 부활했다는 점이다. 1959년 싱가포르의 청년서국靑年書局에서 출판된 『홍루몽신해紅樓夢新解』에서 판충구이潘重規는 『홍루몽』이 "한족의 지사가 은어隱語로 말 못 할 고통과 말 못 할 사건을 기록한 은서隱書"[76]라는 주장을 펼치면서 오랫동안 논쟁이 끊이지 않았던 작품의 본사 문제를 다시 제기했다. 판충구이는 차이위안페이의 관찰에 동의를 표했지만 후스의 "작자가 자신의 생애를 자술한 것"이라는 관점에 반대 입장을 표명했다. 『홍루몽신해』에서 독창적인 견해를 찾아보기는 어렵다. 예를 들면 보옥은 옥새를 영사했고 임대옥은 명나라를 대표하며 설보채는 청나라를 대표한다든지, 임대옥과 설보채가 보옥을 취하고자 한 것은 명나라와 청나라가 정권을 서로 쟁탈하려고 한 것을 상징한다든지, 『풍월보감』은 명청보감이며 보채의 '채釵'자는 '우乂'와 '금金'으로 해체되니 후금을 말하고, 설반의 '반蟠'자는 벌레 '충虫'변이니 "적狄자가 '견犬'방에서 시작되는 것과 같아" 이족 오랑캐라는 내용이 그것이다. 통령보옥의 형상은 옥새와 거의 비슷한데, 통령보옥의 윗면에 새겨진 글자가 옥새의 "하늘로부터 부여받은 목숨 영원하리니受命于天, 既壽永昌"와 유사하기 때문이다. 습인은 천자의 옷을 입은 사람이고 자단보紫檀堡에서 사는 장옥함은 옥새를 넣어두는 상자의 의미를 담고 있다는 등등의 주장은 모두 왕명란, 차이위안페이, 덩쾅옌, 서우펑페이, 징메이주 등 제가들의 저작에서 그 출처를 찾아볼 수 있다. 판충구이가 성과를 보여준 대목이 있는데, 그중 하나는 "보옥이 연지를 빨아먹기 좋아하는 것은 옥새를 찍을 때 인주가 필요하다는 데서 생각해낸 것"이고 제44회에서 제기한 연지함은 인주함을 말하는 것이라고 주장한 내용이다. 다른 하나는 연관성 있는 이유를 엮어서 "옥석 하나에 옥새의 문자를 새기고 인주는 자단함에 담아 용의 보자기로 꼭꼭 싸두었으니 이 무슨 성가신 일인지 좀 물어보고 싶다. 이건 분명히 보옥이 곧 옥새라는 걸 독자들에게 깨우쳐주려고 한 것이 아니고 무엇이겠는가? 여기서 우리는 보옥이 국새니 옥이니 하는 특이한 물건을 물고 태어난 인물임을 감안해볼 때 당연히 천자의 신분이라는 걸 알 수 있도록" 만들었다는 것이다. 이에 대한 방증 자료로 제34회에서 설반이 "설마 보옥은 천왕은 아니겠지"라고 했던 말과 제46회에서 원앙이 "보옥 도련님이 아니라 보금, 보은, 보천왕, 보황제라도 어쨌든 시집가지 않을 거예요"라고 했던 말, 그 외에 제16회에서 보옥의 위력으로 귀졸의 두목인 도판을 놀라게 했던 대목을 들었다. 이러한 증거를 제시한 후 판충구이는 다음과 같은 설명을 곁들였다. "작품 전체가 명암으로 외치고 에둘러 말하는 방식으로 무엇인가를 시사하는 대목이 도처에 깔려 있기 때문에 나는 보옥이 국새를 영사하고 있다고 말할 수는 있지만 『홍루몽』이 '조설근의 자서自敍'라는 설은 믿을 수가 없다."

『홍루몽』을 창작한 목적에 관해 판충구이는 첫 번째가 '반청反淸'이고 두 번째가 '복명復命'이라고 주장했으니 차이위안페이의 관점과 일치한다. 그는 제7회에서 초대가 술에 취해 욕설을 퍼부으며 난동을 부린 장면은 청초의 황태후가 지위가 낮은 예친왕睿親王 도르곤에게 시집간 일을 영사함으로써 청나라 황실의 악덕을 들추어내고자 한 것이라는 주장을 폈다. 제19회에서 보옥이 "명명덕明明德"을 제외하고 다른 책이 없다는 의론에 대해서는 명나라가 정통이라는 것을 암시한 것이라고 했다. 당연히 이 모든 주장은 전혀 새롭지 않지만, 다만 고증과 홍학이 우위를 차지하고 색은파가 거의 자취를 감춘 상황에서 새삼스럽게 오래된 현안을 들고 나왔기 때문에 『홍루몽』의 연구사를 잘 모르는 독자층에게는 여전히 신선하게 다가왔다. 판충구이 본인으로 보자면 학술적으로 용기 있는 인물로 받아들여질 만하다. 왜냐하면 후스에게 도전장을 내는 순간, 최소한 "멍청한 퍼즐 노름꾼"으로 지목될 위험을 감수해야 했기 때문이다. 『홍루몽신해』가 과거의 색은과 다른 점은 색은을 확대시키지 않고 주로 작가의 창작 의도, 즉 창작사상을 중심으로 탐구함으로써 작품 속 정절과 인물에 대해 일일이 근거를 밝히는 방식을 지양했다는 데 있다. 특히 야사일문을 대량으로 인용해가며 억지로 견강부회하지 않았다는 점에서 사유의 출발점이 차이위안페이와 비교적 근접했다. 그래서 똘똘하면서도 학술성을 갖춘 색은의 이미지를 확보할 수 있었다.

색은파는 일반적으로 조설근이 『홍루몽』의 작가라는 것을 부정했는데, 판충구이 역시 그랬다. 그러나 실제적인 근거를 가진 구체적인 인물을 다루지 않았기 때문에 『홍루몽』이 명말 청초의 이름을 숨긴 유민지사의 글이라는 정도만 추측했고 작품의 원작자로는 작품에 자주 등장하는 "석두"[77]를 꼽았다. 작품 속의 구체적인 묘사로 볼 때 "석두"가 작가의 신분을 가지는 게 문제가 되지 않는다 하더라도 '석두'가 절대 조설근의 화신이 아니라는 건 또 어떻게 증명할 수 있단 말인가? 따라서 저작권 문제에 대한 의문 제기로는 충분했지만 결론을 내릴 증거로는 턱없이 부족했다. 판충구이의 『홍루몽신해』를 종합적으로 살펴보면 다소 진전이 있었던 이전 제가들의 색은에도 미치지 못했고 단편 문장의 형식으로 되어 있어 색은법의 체계적인 저술로 보기도 어렵다. 저자는 『홍루몽』 연구에서 단순히 색은 한 가지 방법만을 쓴 것이 아니라 고증이나 소설 비평적인 측면에서 상당한 실력을 발휘했음에도 필자는 본의 아니게 그가 홍학에서 이룩한 전체적인 성과를 낮게 평가하게 되었다.

1972년 타이중시臺中市에서 출판된 두스제의 『홍루몽원리』는 판충구이의 『홍루몽신해』를 계승하여 나온 또 한 권의 해외 색은파 저작이다. 책은 '총론總論'과 '각론各論' 두 부분으로 구성되었는데 총론 7편 33장과 각론 14편 50장 등을 포함한 총 21편 83장의 저작으로 길이가 총 30여 만 자에 달한다. 이 책은 색은파가 출현한 이래 가장 긴 지면의 가장 체계를 갖춘 홍학 저작이다.[78]

두스제가 『홍루몽원리』에서 밝힌 기본 관점은 차이위안페이의 『석두기색은』과 대체적으로 같은데, 차이위안페이가 "『석두기』는 청 강희시대의 정치소설이며 작자는 매우 진지하게 민족주의를 견지하고 있다. 작품 속의 실제 사건은 명나라의 멸망을 애도하고 청나라의 실정을 드러냈다"는 주장이 "매우 정확하다"고 보았다. 그러나 강희시대의 몇몇 명사에 대해서만 중점을 둔 것을 불만스럽게 생각했을 뿐 아니라 차이위안페이가 "홍학의 진실된 구조를 발견하지 못하고 점점 더 한쪽에 치우치게 됨으로써 후스에게 공격의 빌미를 주었다"고 판단했다. 왕멍롼과 선핑안의 색은에 대해서도 역시 만족스럽지 않았다. 그래서 두스제는 "홍학에 있어서 숨겨진 사실을 가장 많이 발견한 것은 왕멍롼의 『홍루몽색은』이지만 그의 색은 방법은 취할 게 없다. 명청의 역사적 사실과 청나라 궁궐의 비사에 정통했던 왕멍롼은 『홍루몽』의 거의 모든 스토리에 역사고사를 끌어다 붙여 해석했기 때문에 그가 알아맞힌 장절이 매우 많다. 그러나 그는 자신의 주장을 부정하게 만들 정도로 모순을 노출시킴으로써 결국 후스의 공격을 감당하지 못하게 됐다." 그렇다면 두스제가 취한 "방법"은 무엇이었는가? 그가 발견해낸 홍학의 "진실된 구조"란 무엇인가? 『홍루몽원리』의 총론 제1편과 제2편에 이에 대한 답변이 들어 있다.

제1편은 "『풍월보감』에 대한 개론"을 제목으로 하여 여덟 가지 측

면에서 『홍루몽』 열독과 연구에 대한 방법을 개괄했다. (1)반면을 보라. (2)별칭을 해석하라. (3)운을 맞추어 중의적으로 해석하라. (4)글자를 해체하여 운을 맞추어보라. (5)분석한 후 병합하라. (6)대구에서 증거를 찾아라. (7)명실상부한지 살펴라. (8)교묘하게 연결된 부분을 찾아라.

반면을 보라는 것은 무슨 뜻인가? 두스제는 "『홍루몽』의 반면은 비정상적인 대목이고, 비정상적인 대목이 바로 문제가 되는 부분이므로 『풍월보감』을 볼 때는 반면을 보아야 한다"고 했다. 예를 들면 제49회에 사상운과 보옥이 사슴고기를 어떻게 먹을 것인가를 의논하는 장면이 바로 작품에서 비정상적인 대목이라고 하면서 실제적인 의미는 "사상운을 '역사에서 말하기를'이라는 의미의 '史上云'으로 읽어야 하고 '사슴고기 루러우鹿肉'는 반드시 포로의 고기라는 뜻의 '루러우虜肉'로 읽어야 하는 이유는 바로 '웅대한 포부를 품은 장수들이 북적 오랑캐의 고기로 굶주림을 채웠다壯志飢餐胡虜肉'는 사실을 영사하여 후세에 오랑캐를 물리쳐야 한다는 가르침을 주고자 한 데 있다"고 했다. 이른바 "별칭"이란 작품에서 실제 사건을 숨기기 위해 사용한 대명사, 예컨대 '진眞'을 '진甄'의 해음으로 한 것은 한족과 주씨의 명나라를 나타낸 것이고 '가假'를 '가賈'의 해음으로 한 것은 정통성이 없는 왕조 혹은 금인金人을 나타낸 것이다. 오행의 '화火'와 '토土', 색채의 '적赤'과 '강絳'도 주씨의 명나라와 한족을 나타낸 것이고 '금金' '수水'와 '청靑' '취翠' '녹綠'은 금인金人과 만주족 및 청나라를 나타낸 것이다. 그래서 제17회에서 대관원의 물이 "동북쪽 축산 저지대를 돌아 그 마을까지 흘러드는데"라는 말은 금인金人이 오삼계로 인해 동북산의 저지대에서 베이징으로 들어오게 된 상황을 영사한 것이다. 성씨에서는 '금金' '조趙' '유柳' '설薛'은 금인을 가리키고 '임林'은 '주朱'씨의 명나라를 가리키며 '하夏' '주周' '진秦'은 한인을 가리킨다. 화초에서 보면 국화는 은자와 지난 명나라의 문화를 대표하고 해당화는 금인金人의 후비와 그 문화를 대표한다. 운을 맞추어 중의적으로 해석하라는 것은 "홍학이란 처음부터 끝까지 모든 것이 운을 맞추어보는 '해운격諧韻格'으로 되어 있고 극히 일부만이 글자를 해체하여 맞추어보는 '탁자격拆字格'이나 두 개 이상의 글자가 한데 모여 하나의 뜻을 이루는 '회의격會意格'으로 되어 있다는 뜻이다. 예를 들면 '진秦'은 한족을 나타내는데, 진방업秦邦業의 자가 진종秦鍾인 것은 '진방秦邦의 업業이 종결되었다'는 뜻으로 그 함의는 명나라가 멸망했다"는 것이고, '진현秦顯'은 한족이 다시 부흥하려 한다는 의미라고 할 수 있다. 따라서 '가환賈環'은 '가부의 우환'이라는 해음으로 읽을 수 있고, '주서周瑞'는 한인漢人의 상서로운 징조로 볼 수 있다. 글자를 해체하여 운을 맞추어보라는 것은 '해운격'의 부족함을 보완하기 위함으로 예컨대 '금琴'자를 '금今'자 위에 두 개의 '왕王'자를 붙인 것이니 더더욱 주씨 명나라의 두 왕을 나타낸 것이다. '진玲'자는 '금今'과 '왕王'으로 해체했는데 해음으로 '금왕金王'이라고 읽히니 금인金人의 왕을 나타낸다. '반瀋'자는 '삼三'과 '번番'으로 나누어 해음으로 '삼번三藩'이라 읽힌다. 분석한 후 병합하라는 것은『홍루몽』에 등장하는 인물들의 사적을 분석하여 관련 있는 인물들과 합침으로써 투영된 역사 인물들을 찾아내는 것이다. 예를 들면 보옥의 어머니 왕부인은 제왕帝王의 부인이며, 아버지 가정은 정통성이 없는 왕조에서 관직을 맡았다는 것을 나타낸다. 설보채는 보옥의 처라는 것을 나타내고 일찍이 형무원衡蕪院에 살았는데 형무衡蕪란 향香의 이름이며 향원香院은 바로 후비의 거처를 말한다. 그래서 향기가 짙은 사람은 바로 황후를 말한다. 보옥의 소사인 명연茗烟과 배명焙茗의 해음은 '명암배명明闇背明'으로 '명나라의 내시가 명나라를 배신한다'는 의미이며 명나라의 태감이 나중에 또 청나라 궁궐의 태감 노릇을 했다는 말이다. 두스제는 이러한 인물들의 관계가 보옥의 제왕 신분을 더욱 두드러지게 나타내주었다고 보았다. 대구에서 증거를 찾으라는 것은 "홍학 중의 인물과 사건은 하나만 있는 것이 아니라 그 짝이 있다"는 것을 말하는데, 예를 들면 보옥과 대옥의 관계에서 한 사람은 욕망을 부여안고 살고 다른 한 사람은 욕망을 지닌 채 죽어갔다. 진업秦業과 가정의 관계에서 진업은 한족의 국가적 사업을 가리키고 가정은 비정통 왕조의 정사를 가리킨다. 이외에도 가환賈環과 주서周瑞의 관계는 각각 금인金人의 우환과 한인漢人의 길조를 나타내기도 한다. 명실상부한지 살피라는 것에 대해서, 두스제는 "홍학 속 인물들의 행위와 인품은 반드시 그 이름이 가진 해음의 뜻과 딱 맞아떨어진다. 이러한 원칙에 근거하면 이름이 좋지 않은 사람은 반드시 악한 사람이고 이름이 좋은 사람은 반드시 착한 사람이며, 이름이 하얀 사람은 반드시 하얀 사람이고 이름이 검은 사람은 반드시 검은 사람이다. 또한 움직이는 이름을 가진 사람은 반드시 유동적인 사람이고 정지된 이름을 가진 사람은 반드시 고정된 사람"이라고 풀이했다. 예컨대 교행嬌杏은 요행僥倖과 해음이 되고, 풍연馮淵은 봉원逢寃과 해음이 되는데, 이에 대해 지연재도 같은 입장을 견지했으니 두스제의 원칙과 부합된다고 하겠다. 그러나 가환은 비록 금인金人의 우환으로 해석되지만 가환假患으로도 읽을 수 있으니 '금인金人의 우환'이라는 설은 성립되지 않는데 이를 또 어떻게 해석해야 할까? 교묘하게 연결된 부분을 찾으라는 여덟 번째 방법에 대해 "교묘한 연결 내지 대체"로 풀이한 두스제는 '교저巧姐'를 '교접巧接'으로 푸는 이런 방식을 "홍학을 연구하는 밀법의 하나"로 보았다.

이상 여덟 가지 방법을 토대로 『홍루몽원리』 '각론'에서는 일단 구체적인 인물의 색은을 담았는데 일반적으로 간략한 표를 만들고 "각색角色" "탁자拆字" "해운諧韻" "세법世法" "분상扮相" "성별性別" 등 항목으로 나눈 연후에 명청시대의 관련 역사를 끌어다 『홍루몽』의 스토리와 엮었다. 예를 들면 작품에서 가서賈瑞의 역할은 두 가지가 있는데, 하나는 가서이고 다른 하나는 가천상賈天祥이다. 가서의 해음은 가서假瑞이고 세간의 법으로는 비정통 왕조의 길조이며 분장한 모습으로는 감정에 올인하는 왕이고 성별로는 만주족을 나타낸다. 가천상賈天祥의 해음은 가천상假天祥으로 세간의 법으로는 가짜 문천상文天祥이고 분장한 모습으로는 홍승주이며 성별로는 한족을 나타낸다. 가서를 말한 것은 가짜 문천상이므로 홍승주를 영사한 것인데 왕멍롼, 선핑안이나 덩쾅옌 등이 과거에 모두 이런 주장을 펼쳤다. 그러나 두스제는 이 주장을 더욱 이론화시키고 공식으로 추상화했으니 그의 독자적인 발견이라 하겠다.

총론 제2편에서는 『홍루몽』의 구조를 논했는데, 불학이 『홍루몽』의 정신이라는 견해를 제시했으며 금인金人을 저주하고 한족을 부흥하자는 것은 곧 비금도옥悲金悼玉으로서 『홍루몽』의 정치의식이라고 보았다. 생동감 있는 문자는 『홍루몽』의 풍채로서 세 가지가 "합쳐져 하나가 되고 분리되어 셋이 되며, 각기 근본이 있고 각기 형상이 있음을 드러냈다." 그래서 구조상으로 "삼중구조"다. 이외에 음양호변陰陽互變, 진가일체眞假一體, 명사名詞와 세간법, 명사의 창조, 명사의 운용, 쌍관서사雙關敍事, 가사복술加詞復述 등 여덟 개 분야의 특성을 제기하여 자신이 진행하는 색은에 대해 가능한 한 모든 이론적 근거를 마련하고자 했다. 홍학 색은의 이론화와 체계화는 『홍루몽원리』의 주된 특색이다. 이른바 '음양호변陰陽互變'에 대해, 두스제는 "홍학 인물의 창조는 태극이 양의兩儀를 탄생시킨 원리를 근본으로 했다. 그래서 역할마다 음과 양의 두 가지 상을 겸하여 연출한 것이다"라는 주장을 펼쳤다. '진가' 역시 이와 같은데 동일한 인물이 진짜를 연기할 뿐 아니라 가짜를 연기하기도 한다. 예를 들면 왕부인의 경우 왕국의 부인으로 해석이 가능하지만 그녀의 아들 보옥이 더구나 청나라의 제왕이므로 그녀는 가짜 나라의 어머니다. 보금은 왕부인의 양딸인데 더구나 이름에 주씨 명나라의 두 왕이 들어 있으니 왕부인은 또 진짜 나라의 어머니다. 한 사람이 '진眞'과 '가假' 두 가지 양상을 가지고 있는 것이다. 세법은 세간의 법인데, 예를 들어 보채를 바오차이抱才로 읽어 재주와 지략을 나타낸다든지, 대옥을 다이위帶欲로 읽어 욕망을 품고 있다는 것을 나타낸다든지 하는 것이 바로 세간의 법인 것이다. 두스제는 "홍학에서 창조한 인물은 한 사람임에도 '음陰'과 '양陽' 두 가지 속성을 가진 인물이라는 사실 말고도 반드시 한 가지 세간의 법을 나타낸다"고 주장했다. 또한 작중 인물이 역사 인물을 연출할 때는 주로 명칭에 따라 결정되었다. 예컨대 대옥을 강주초라고 칭할 때는 주씨 명나라의 평민을 연출하고 소상비자로 칭할 때는 오랑캐 왕의 비첩을 연출한다. 그렇다면 이러한 추론의 근거는 어디에 있는가? 두스제는 반복 순환의 원리로 『홍루몽』의 구조를 인식했다. 따라서 그의 색은 이론과 방법은 이러한 추론을 바탕으로 형성된 것이다. 특히 두스제가 제시한 『홍루몽』의 명칭 운용에 관한 주장은 어떠한 시공의 제약도 받지 않는다는 점에서 더더욱 비과학성을 드러냈다. 그는 총론 제2편 제6장의 '명사의 운용'에서 다음과 같이 썼다.

홍학에는 결코 고유명사가 없기 때문에 시간과 공간의 제약을 받지 않는다. 홍학의 창시자는 청초에서 청말까지 시기를 구상했다. 그래서 가란賈蘭(가란假闌), 서약鋤藥(학虐), 설과薛蝌(설가雪苽), 진보옥甄寶玉, 진우충甄友忠(유중有中), 형수연邢岫烟(홍주인興冑禋), 풍자馮紫(봉자逢子)영英 등의 이름을 만들어낸 것이다. 홍학에서 중요한 이 인물들은 시종 큰 영향을 미치지 않았고 『홍루몽』을 청말까지 이어간 인물은 없었는데, 만약 청말의 비정통 왕조를 썼다면 왕부인과 형무군이 바로 자안慈安, 자희慈禧, 융유隆裕와 같은 인물에 해당한다. 가황賈瑝(황皇)은 왕부인이 맡아서 키웠으므로 광서光緒에 해당하고, 가란賈蘭은 선통宣統에 해당하는데, 만약 가란賈蘭을 가란假闌으로 읽을 경우엔 위안스카이袁世凱에 비견된다. 가사賈赦와 가정賈政은 각기 섭정왕 재풍載灃 등과 견줄 수 있는데, 사악한 일면은 가사가 맡고 위선적인 일면은 가정이 맡는다. 영화로운 봉록은 뇌대와 뇌승이 담당한다. 재의載漪는 광서제를 폐위시키고 의화단을 베이징으로 불러들일 음모를 꾸몄으니 이는 비정통 왕조의 우환으로 가환賈環이 맡는다. 이홍장李鴻章은 가운賈芸(가운假耘)이 담당하고 의화단의 난은 가장賈薔(가장假墻)과 취금강醉金剛이 맡는다. 8국 연합군이 초래한 재난을 다루기 위해서는 하삼何三의 아우 중에 하팔何八이라는 이름을 만들어 해양대도海洋大盜

와 힘을 합해 가부를 강탈하고 복수한다는 것을 영사할 수 있을 것이다. 청나라 황제의 퇴위와 관련해서는 반드시 제92회를 수정해야 하는데, 제 92회에 근거해보면 풍자영이 모주母珠, 한궁춘효漢宮春曉 병풍, 교초장鮫綃帳, 금자명종金自鳴鍾을 팔려고 할 때 가정은 모주가 작은 구슬을 모으는 것을 보고 모이고 흩어짐의 이치를 깨닫게 되지만 가부는 돈이 없어 정작 사지 못한다. 이 대목을 어떻게 고쳐야 하느냐 하면 진부甄府가 다시 살아나고 창희唱戱로 경축을 하며 가정이 축하하러 방문하고 다시 풍자영이 앞의 네 가지 물건을 팔러 등장하면 진씨 집에서는 모주와 교초장을 사고 가부에서는 한궁춘효 병풍과 자명종을 사게 하는 것이다. 가정은 한궁춘효 병풍을 진씨 집에 선물로 보내 축하의 뜻을 전하고 그 밖에 가정이 「남가몽南柯夢」을 선곡하고 진우충甄友忠이 「홍핍궁紅逼宮」을 선곡하면 역사적 사실을 영사할 수 있고 대몽大夢이 귀결되는 본의를 완성시킬 수 있을 것이다. 만약 배명을 왕부인에게 보내 부리게 하면 이연영李蓮英과 견줄 수 있고 다시 가황에게 시녀 한 명을 선택하게 하면 진비珍妃와 견줄 수 있으니 자희와 광서의 관계에 대해서도 서술할 수 있을 것이다.[79]

결론적으로 두스제는 "원작자가 만들어낸 명사名詞들을 만청의 어느 시대 어느 사료에도 족히 갖다 쓸 수 있다"고 생각했다. 그러나 "어느 시대 어느 사료"의 색은에 관계없이 두루 다 적용하다보면 작품의 고유한 특성은 뒷전으로 밀리게 되니 일말의 과학성도 담보할 수 없게 된다. 두스제는 아마도 이상의 논증들이 이미 근본적으로 자신이 제기한 색은 이론과 방법을 부정하는 것이라는 점을 생각지 못한 것 같다. 추상화한 방법이 얼마나 구체적이고 제시한 원칙이 얼마나 치

밀하든 간에 자신의 방법이 시공의 제약을 받지 않는다고 판단하여
『홍루몽』색은을 통해 만청의 역사적 사실, 예컨대 위안스카이·이홍
장과 관련된 것도 찾아낼 수 있다고 한다면 이런 색은은 성립 자체가
불가능하고, 소위 홍학의 "진정한 구조"니 뭐니 하는 것도 다 물거품
이 되고 만다.

　『홍루몽원리』의 각론에서는 주로 『홍루몽』의 인물을 다루면서 보
옥·대옥·보채·상운·가모·왕희봉에서 진가경·영련·설반·유상련·
유노파와 가정·가진·가련·가운·가장에 이르기까지 주요 인물을 모
두 논했는데, 이는 두스제의 색은 이론과 방법의 구체적인 운용이라
고 할 수 있다. 주요 인물의 영사에 관해 말하자면 보옥은 순치제를,
대옥은 동소완을, 희봉은 예왕을, 가모는 효장황후를, 유노파는 유삼
수를, 설반은 오삼계를, 가부는 비정통 왕조를 각각 영사했다고 보았
는데, 총론에서 상세하게 논한 이론과 방법에 근거하여 더 많은 스토
리를 끄집어내 인물상을 철저한 비밀 암호장치로 변화시켰다는 점 말
고는 이전 제가들의 색은과 별반 차이가 없다. 아래에서 설보채를 예
로 들어 『홍루몽원리』의 작가가 어떻게 색은을 진행시켰는지 살펴보
도록 하자.

　설보채가 홍승주를 영사했다는 것은 두스제의 종합적인 관점이다.
그는 이에 대해 다음과 같은 이유를 들었다. "설보채는 응당 설포재雪
包才로 읽어야 재능과 지혜를 대표하는 인물이 된다. '설薛'이 '설雪'인 것
은 제4회에서 '풍년에 큰 눈豊年好大雪'이라는 구절이 있고 제5회에서는
'금비녀는 눈 속에 묻혀 있도다金簪雪裏埋'라는 구절이 있으니 이 모두가
설薛이 설雪임을 설명하고 있다. 설雪은 차가운 물질로 진눈깨비를 나

타내니 곧 만청이다. 이른바 설포재는 인재가 진눈깨비에 의해 구제되었다는 것을 말한다. 청초에 대대적으로 인재를 받아들이고 받아들인 인재 중에서 홍승주가 최고였기 때문에 보채는 홍승주와 대체로 동일하다." 『홍루몽』에 나오는 '설雪'을 해음으로 '설薛'이라고 하거나 또 반대로 '설薛'을 해음으로 '설雪'이라고 하는 것은 나름대로 타당성이 있지만 설보채가 설포재雪包才라고 하는 것은 기상천외한 생각이어서 담론의 여지가 없다. 더 재미있는 것은 보채가 서울로 올라와 선택되기를 기다린 일이 홍승주가 쑹산松山에서 포로로 잡힌 사건을 영사한 것이라고 한 주장이다. 숭정 15년(1642) 2월의 쑹산전투에서 청나라 군대는 홍승주, 구민앙邱民仰, 왕정신王廷臣, 조섭문曹燮蛟 등 100여 명의 명나라 관원들을 포로로 잡아 "모조리 죽였는데" 홍승주만 다행히 살아남은 것에 대해 두스제는 청나라가 홍씨의 재능을 이용하고자 한 것이 작품에서 보채가 재주로 뽑혀 가부에 들어오게 된 것과 같다고 보았다. 게다가 보채가 금쇄를 차고 있는 것은 홍승주가 포로로 잡힌 후 갇힌 상태로 경사에 들어오는 것을 상징한다. 보채가 가부에서 거주하게 된 이향원梨香院에 대해서는 "여강원勵降院"으로 읽어야 맞다고 했는데, 그 이유는 홍승주가 투항을 권유받았던 곳이기 때문이다. 제8회에서 보옥이 이향원에 가 보채에게서 모종의 향기를 맡게 되는데 두스제가 여기서 '향香'을 '강降'의 해음이라고 한 것은 사실상 홍승주의 "투항 분위기"를 뜻하는 것이다. 보채의 열독병에 대해서는 홍승주가 당시에 "명나라에 열정을 쏟았던 것"을 상징하며 옛 주군에 대한 사모는 일종의 양지良知이고 천성적으로 타고나는 것이니 보채의 열독병은 태내에서부터 온 것이라고 설명했다. 그리고 제7회에서 보

채와 앵아가 꽃문양을 그리는 대목에 대해 '화양자花樣子'는 '화양자話
樣子'의 해음으로 청나라 사람을 향한 투항문서의 의미를 담고 있다고
보았다.

청에 투항한 이후 홍승주는 도르곤을 따라 남하하면서 명나라의
관원이 청에 투항하도록 권유하는 임무를 맡았다. 두스제는 보채가
영련의 이름을 향릉으로 바꾼 것은 홍승주가 한족 신하에게 청나라
에 투항하도록 권유하는 것을 견주어 보여준 것이라고 했다. 홍승주
는 투항 권유 임무를 실행하면서 늘 능욕을 당했기 때문에 심정적으
로 투항을 권유하는 것이 가장 힘들고 두려웠다. 제8회에는 보채가
'쉰샹薰香'을 가장 꺼리는 대목이 나오는데 "쭈이파쉰샹最怕訓降"의 해음
으로도 읽을 수 있다고 본다면 이는 당시 홍승주가 처한 내면 상황
을 보여주는 것으로 볼 수 있다고 두스제는 생각했다. 제18회에서 보
채가 보옥의 시를 고쳐주는데, 이때 보옥은 "누이는 정말이지 '한 글
자의 스승'이로군. 이제부턴 보채 누나라고 부르지 말고 '스승님'이라
고 불러야겠는걸"이라고 한다. 두스제는 이에 대해 홍승주는 역사적
으로 관직이 태사와 태부까지 올랐는데 이는 "세조의 사부"이니 작품
에서 이와 대비되는 장면을 연출한 것이다. 보채가 사는 형무원의 방
안이 "눈을 파서 만든 굴 같다"는 대목은 "부모상을 시사"하는 것으
로, 두스제는 이에 대해 홍승주가 순치 초년에 부모상을 당했다는 것
을 상징하는 것이며 그 외에는 달리 해석할 방법이 없다고 보았다. 이
렇게 색은을 진행해나가는 것이 과연 타당한지 여부는 구태여 이런저
런 말을 늘어놓지 않더라도 독자들은 단박에 파악할 수 있을 것이다.
『홍루몽원리』의 색은은 기본적으로 이와 같이 보채의 예만을 가지고

도 전체를 조망할 수 있다. 당연히 보채를 부르는 형무군이라는 명칭은 작품에서 다른 역할을 담당할 수도 있다. 두스제는 이에 대해 순치제의 원황후인 박이제금씨博爾濟錦氏를 영사했으며 이 실마리를 따라가다보면 더 많은 색은이 생겨난다고 했다. 『홍루몽원리』가 지면상으로 너무 번잡해진 것은 무한대로 취한 해운諧韻에 한도 끝도 없이 이어진 색은에 따른 것이다. 이런 방식으로 색은을 한다면 문자로 쓰인 모든 작품을 완전히 다른 내용의 작품으로 읽어낼 수도 있을 것이다.

가장 실소를 금할 수 없는 것은 『홍루몽』의 작가에 대한 두스제의 관점이다. 강희 초년에 만들어진 『홍루몽』의 원작자를 반만 정서가 강한 명나라 유민으로 보는 것은 색은파들에게는 기정사실이므로 두스제가 이 설을 고수한 것은 너무도 당연하다. 그런데 조설근(曹雪芹차오쉐친)은 만들어진 이름이며 그 의미를 '베껴서 남기다(抄寫存차오셰춘)'나 '부지런히 베껴 쓰다(抄寫勤차오셰친)'로 푼 것은 지금까지 유례가 없는 가장 대담한 가설이 아닐 수 없다. 『홍루몽』의 원작자를 '오매촌'으로 본 두스제는 "매촌이 마음에 망국의 한을 품고 세상을 구하지 못한 자신에게 깊은 자괴감을 느낀 나머지 사관을 자임하고 스스로를 고장실古藏室의 사관으로 칭함과 동시에 매촌야사梅村野史라고 칭했으니 그의 기개를 가히 짐작해볼 수 있을뿐더러 그가 쓴 시에 또 많은 역사적 사실이 숨겨져 있어" 자못 『홍루몽』 작가의 실제 신분과 부합된다는 주장을 펼쳤다. 그는 총론에서 "『홍루』의 연기에서 작가의 신세를 보다" "오매촌의 신세" "『석두기』의 절묘한 우연" "오매촌의 포부" "매촌의 수수께끼" "오매촌의 작품과 『홍루몽』" 등 6장의 글을 통해 작가 문제를 집중적으로 탐구했는데 풍부한 사료 인용과 치밀한 논증에 있어서 이 설을 주장하는 다른 색은가들을 압도했다. 비록 최종적인 결론을 내리지는 못했지만 독자들에게 사색의 영감을 불어넣어줬으니 이것이 바로 『홍루몽원리』의 저작권 관련 분석을 완전히 부정할 수 없는 이유다.

홍콩의 리즈치李知其는 두스제의 『홍루몽원리』를 가장 마음에 새겼던 인물로 자신의 저작 『홍루몽 수수께끼紅樓夢謎』에서 두스제의 관점 체계를 보충하고 더욱 발전시켰다.[80] 『홍루몽 수수께끼』는 상, 하 두 편으로 구성되었는데 각각 1984년과 1985년에 출판되었고 분량은 30만 자를 넘는다. 색은파 홍학 저작 중에서 규모가 상당한 저작이다. 그러나 『홍루』의 출발점이 왕·선·차이·판·두 등 선학의 색은을 토대로 의견을 펼쳐나갔고 자신이 깨우친 것을 예증했기 때문에 색은 이론이나 방법에 대한 분석은 그다지 많지 않았다. 두스제는 『홍루몽』의 숨겨진 취지를 비금도옥悲金悼玉, 즉 금인을 슬퍼하고 고국을 애도한 것으로 보았는데, 리즈치는 소설 원문의 "悲金悼玉" 네 글자를 인용하면서 "제어할 수 없는 어마어마한 힘이 있다"[81]는 주장을 펼쳤다. 마치 차이위안페이가 "작품 속의 실제 사건은 명나라의 멸망을 애도하고 청나라의 실정을 드러낸 것이다"라고 개괄한 것처럼 지혜의 빛이 번득인다. 그 자신은 『홍루몽』이 "이전에 본 적이 없는 꿈속의 수수께끼 같은 소설로 도처에 대, 중, 소의 수수께끼가 부지기수로 숨겨져 있다"[82]고 여겼다. 예를 들면 아래와 같다.

제70회에서 대관원의 여러 자매가 연놀이를 하는데 "사실 연싸움은 쟁풍爭風, 즉 사랑 쟁탈전에 대해 쓴 것이다." 탐춘이 날린 '부드러운 날개의 대봉황軟翅子大鳳'은 "넷째 아들이 크게 황제로 봉해지다傳四

子大封皇"로 읽을 수 있다. 보채는 홍승주를 투영했는데, 보채가 "한 줄에 일곱 마리가 달려 있는 기러기 연"을 날렸다가 끊어뜨린 것은 홍승주가 청나라 군대를 이끌고 중원에 들어와 누르하치의 "일곱 가지 큰 원한"[83]을 소멸시켜준 것을 가리킨다. 또한 제77회에서 보옥이 청문을 찾아갔을 때 청문이 파줄기 같은 손톱 두 개를 바싹 잘라내는 대목이 나오는데, 이에 대해 리즈치는 "다소 공포스러운 이 상황은 어떤 의도로 묘사한 것일까? 우리가 수수께끼를 풀어내지 못한다면 실제로 그런 일이 있었다고 보기 어려울 것이다. 청문은 남명의 충신을 말하고 그녀의 죽음은 당연히 남명의 멸망을 가져왔다. 파줄기의 '총蔥'은 '숭崧'으로 읽을 수 있는데, 이는 복왕復王 주유숭朱由崧이고 관의 형상은 '율聿'과 같으니 당왕唐王 주율건朱聿鍵을 가리킨다. 그러나 궁극적으로 '총蔥'은 '숭崧'과 다르고 '관管'도 '율聿'과 다르다. 그래서 파줄기 같다는 표현으로 그들을 형용한 것이다. '손톱指甲'은 자민子民과 군대에 견준 것이고 그녀가 차고 있던 은팔찌 네 개는 진지 네 곳인데 명의상으로 사가법史可法이 통솔하는 황득공黃得功, 고걸高傑, 유택청劉澤清, 유양좌劉良佐 등 진지 네 곳의 장군을 가리키므로 여기서는 구체적으로 사가법 등 인물을 빌려 전체 남명의 병력을 나타내고자 한 것이다."[84] 뿐만 아니라 작품에서 청문이 "손으로 가위를 힘들여 집어 들더니 손톱을 그 사이에 끼워 넣었다"고 한 대목에도 수수께끼가 숨겨져 있는데 리즈치는 "하나의 격欄자 테두리에서 손 '수扌'변을 제하면 '각閣'자만 남는데 이는 사각부史閣部(사가법)에 관해 은밀히 쓰고자 함이라고 여겼다. 게다가 손으로 가위를 힘들여 집어 들더니 손톱을 그 사이에 끼워 넣고는 죽어라 꽉 누른 것은 또 전서체의 '사史'자를 나타낸 것 같다. 만약 그렇지 않다면 청문의 손은 그 회에서 어차피 장작개비처럼 말라버렸는데 은팔찌를 뺀다고 힘을 들일 필요가 있었겠는가?[85] 상상력이 대단히 풍부하다! 그러나 이 같은 수수께끼 풀이는 독자가 이해할 수 있는 범주를 훨씬 벗어나버렸고 『홍루몽』 작가가 상상할 수 있는 범주도 넘어섰으니 신뢰성에 크게 의심이 간다. 설사 『홍루몽』 작가가 끊임없이 색은가들에게 하소연을 늘어놓으며 반복적으로 차이위안페이에서 두스제까지의 색은 저작을 추천하더라도 독자들이 과연 인정할 것인가? 특히 리즈치가 발굴하고 보완한 많은 것은 도리어 색은파가 대중에게 미치는 영향력을 반감시킬 가능성이 크다. 가위를 들고 있는 청문의 손이 전서체의 '사史'자와 같다며 사가법을 영사한 것이라 하고, 그녀가 차고 있던 은팔찌 네 개를 진지 네 곳의 장군이라고 하니 이러한 색은을 독자들이 과연 어떻게 받아들일 수 있겠는가?

『홍루몽 수수께끼』의 제1장과 제2장은 작품 속 인물과 사물에 관한 색은인데 주로 두스제의 『홍루몽원리』를 보완하고 예증했다. 제3장에서는 『홍루몽』의 서명, 숨은 뜻, 특이성, 기이한 문체와 판본, 작자를 분석했다. 제4장에서는 홍학에 대해 포괄적으로 논하면서 『홍루몽』을 연구하는 방법에 관한 문제를 다루었다. 요컨대, 리즈치의 입장에서 볼 때 『홍루몽』을 열독하고 연구할 때 만약 색은과 수수께끼 풀이 방식을 사용하지 않는다면 지음知音이 아닌 셈이며, 차용하는 이론이 예컨대 자전설이든 정욕설이든 문예설이든 사회설이든 어떤 이론이든지 간에 모두 "고금천하의 제일 기서"를 평론하기에는 부족하다고 느꼈다. 리즈치가 가장 용납하기 어려웠던 것은 후스가 창시한 자전설이었다. 리즈치는 다음과 같은 주장을 펼쳤다. "나는 개인적으로 신홍학을 통렬히 혐오하여 이미 원수처럼 질시하는 지경에 이르렀다. 일찍이 고증에 관한 그럴듯해 보이는 글을 한 번 훑어본 적이 있는데 결국은 정신을 소모하고 무방비로 속임을 당했다는 것을 비로소 깨닫고 백화문인의 패도에 대해 분노한 적이 있다. 마침내 도의가 살아 있다면 들고일어나 그들의 터무니없는 야단법석을 질책하며 미래의 젊은이들이 작자니 판본이니 지연재 비어니 하는 거짓 과학의 진창 구덩이에 빠져 정사를 오도하지 말라고 일깨워주고 싶다."[86] 그는 이를 토대로 지연재 비어의 가치와 서로 다른 각종 판본의 의의에 대해 고찰한 후 가차 없이 말살해버렸다. 작자가 조설근이라고 한 부분에 대해, 리즈치는 더더욱 근거가 미약하다고 주장하면서 "『홍루몽』은 '몽미소설夢謎小說'로서 작가가 전제적인 만주족 황제의 조정을 향해 조롱을 퍼부었기 때문에 중간중간 비방성의 스토리를 곁들였는데 어떻게 실제 성명을 드러내 화를 자초할 수 있겠는가? 그는 의도적으로 성명을 숨겼는데 후인들이 어떻게 그것을 고증해낼 수 있겠는가? 하물며 소설 전체의 인물 명명이 모두 고의적으로 술수를 부려 뭇사람의 이목을 따돌리고자 문자의 형음의形音義를 빌려 의미를 기탁하고 있는데 어떻게 단독으로 자신의 실제 이름을 올릴 수 있겠는가? 제1회와 제120회에 등장하는 조설근은 결코 작자의 성명이 아니며 다른 문장과 마찬가지로 수수께끼를 함장하고 있다"[87]는 것을 그 이유로 들었다. 그렇다면 어떤 "수수께끼"인가? 리즈치는 "조曹"자에 울분을 터뜨리는 의미가 있다고 보았으며 "설근雪芹" 두 글자는 해음으로 "설한雪恨"으로 읽을 수 있다고 했다. 조설근曹雪芹 세 글자는 연이어서 또 "예설인嘥說人"이 될 수 있다고 했는데, 그 이유는 '조曹'가 '위魏'를 암시하고 '설雪'은 해음으로 '설說'이 되며 '근芹'은 해음으로 '인人'이 되니 '설서인說書人'의 의미를 담고 있기 때문이라는 것이다. 그래서 『홍루몽』 제120회에는 연속해서 세 차례에 걸쳐 "조설근 선생"이 나온다. 제 43회에서는 설서인을 "여선생女先生"이라 칭했는데, 이에 대해 리즈치 는 다음과 같이 결론을 내렸다. "조설근은 책 속에서 여러 차례 선생 이라 칭해진 바 있는데 한 사람의 설서인임을 알 수 있다. 그렇지 않 다면 왜 자칭 선생이라고 했겠는가?"[88]

그의 이 말들은 『홍루몽 수수께끼』 하편 3장 7절에 나온다. 여기서 리즈치는 훗날은 내다보되 지난날은 돌아보지 않은 혐의를 면키 어 렵게 되었다. 상편 제1장에서 가모의 역할을 논할 때 이미 반복적으 로 "여선아女先兒"와 "여선생女先生" 두 단어를 해석한 바 있다. 그는 '여 女'와 '여汝'는 통하고 "선아先兒"는 "전아前兒"로 볼 수 있다고 했는데 이 는 효장황후가 신분이 낮은 도르곤에게 시집간 역사적 사실을 투영 한 것이라고 했다. 그래서 작품에 나오는 "두 여선아兩個女先兒"란 말은 실제로는 "당신네 두 사람 이전의 일"[89]을 말한다는 것이다. 경진본庚 辰本에 대해 더 이상 말할 필요가 없는 것은 리즈치가 자신이 숭상하 는 왕멍롼과 선핑안의 평이 붙어 있는 정갑본程甲本을 포함해서 지연재 본 전반을 깔보았지만, 그 판본들에서도 역시 "여선아女先兒"라고 되어 있기 때문에 필사자의 오기가 아님을 알 수 있다. 만약 오기가 아니 라면 "두 여선아兩個女先兒"에 대한 색은은 그 의미를 상실하게 된다. 기 왕에 이렇게 된 이상 설서인을 여선아라 하고 조설근을 선생이라 부 르는 것이 설서인과 또 무슨 필연적인 관련이 있단 말인가? 예컨대 우리가 리즈치를 선생이라 부른다고 해서 리 선생을 설서인으로 오인하지는 않는다. 하물며 절대다수의 홍학가가 모두 80회 이후의 글이 조설근의 손에서 나오지 않았다고 생각하는 상황에서는 더더욱 그러하다. 따라서 설근을 선생이라고 부른 것은 조설근의 '자칭'이 아니라 타칭이라고 하는 것이 이치에 맞는 말이다. 어쩌면 칭호의 이런 특성은 절묘하게도 『홍루몽』 후40회의 작자가 다른 사람이라는 것을 증명해 줄지도 모른다. 그리고 제1회에 '조설근' 세 글자가 나오는데 이름은 직접 부르면서 선생이라 표기하지 않은 것은 조설근 자신이 썼기 때문이다. 대체로 이러한 추론이 이치에 맞지 않을까? 리즈치의 논리는 자기 관점에 부정적인 영향을 끼쳤으니 이는 필시 애초에 생각지 못했던 일일 것이다.

두스제의 『홍루몽원리』와 리즈치의 『홍루몽 수수께끼』는 모두 비매품이며 영향력도 그리 크지 않았다. 자오퉁趙同이 1980년 타이베이 삼삼서방三三書坊에서 출판한 "홍루에서 꿈을 풀어보다"는 뜻의 『홍루시몽紅樓猜夢』은 공개된 출판물로 색은파가 가장 관심을 갖는 작자와 영사에 관한 문제를 주로 다루었다. 그런데 해당 서적은 글쓰기 방식에서 고유한 특색이 있었다. 그는 색은파에서 글자 해체, 해운, 비교 추론 등을 통해 투영한 대상을 찾아가던 기존 방식을 갈아치우고 고증파가 수집하고 발굴한 조설근 가세에 관한 역사자료들, 예컨대 고증파들이 중시했던 지연재 비어를 포함한 자료들을 집중적으로 활용하는 방식으로 전환하고 그러한 자료들을 통해 자신이 가설한 작자와 투영한 인물 및 사건에 관한 틀을 다졌다. 『홍루시몽』에서는 이론적으로는 고증파와 색은파의 결합을 시도했고, 방법론적으로는 고증의 방법으로 색은의 목적을 달성하고자 했다. 자오퉁이 내린 결론에 따르면 『홍루몽』 원고의 작가는 조부曹頫이고 조설근은 단지 열독 후 첨삭을 가한 인물일 뿐이다. 작품 내용은 강희 말년 제황자들의 정권 탈취 사건을 투영한 것으로 보았다. 구체적인 구상은 이와 같다.

『홍루몽』에는 최초의 원고가 있고, 그 원고의 작가는 조부曹頫다. 그 사람은 조설근의 아버지다.

조부는 그의 조부인 조새曹璽와 큰아버지인 조선曹宣과 사촌형인 조옹曹顒의 뒤를 이어 조씨 집안이 해온 강녕직조의 임무를 4대째 맡았는데 불행히도 이 '세습직'은 든든한 백그라운드가 되어주던 강희제가 서거한 후 옹정제에 의해 일격에 무너졌다. 옹정 6년에 가산이 몰수되고 베이징으로 이주한 후의 행적이 분명치 않은데 아마도 어려운 생활을 벗어나지 못했을 것으로 보인다.

조부의 선대는 줄곧 강희제의 총애를 한 몸에 받아 황제의 집안과 교분이 두터운 부호의 집안이었다. 어려서부터 당시의 태자였던 윤잉允礽의 비위를 맞추면서 서로 막역한 사이가 된 조부는 스스로 보배를 손에 넣었으니 장차 벼락같이 출세하여 조상을 능가할 것으로 여겼다. 복이 없는 황태자는 강희제에게 폐위된다. 황태자가 폐위되자 다른 황자들이 마구 잡이로 날뛰면서 은밀하게 권력 쟁탈전이 일어났고 마침내 옹정이 제위 찬탈에 성공한다. 조부는 당초 보배를 잘못 찍는 바람에 승진과 이재에서 밀려난 것은 물론이고 세습직인 강녕직조도 날아갔다. 생각건대 당연히 괴로운 심정이었을 것이고 조상들 뵐 면목도 없게 되었다.

가산 몰수 이후 원망스러운 마음이 들어도 어디에 대놓고 하소연도 할 수 없었다. 그는 결국 마음속으로 끙끙 앓으며 소설 쓸 구상을 하게 된 것이다. 애초에 황자들 간에 벌어졌던 권력 쟁탈전의 시말을 기록하고 겸사겸사 자신의 가산을 몰수한 옹정제를 비판하고 싶어졌다. 그러나 이 일은 어마어마한 일이라서 다 드러내어 얘기할 수는 없었다. 그래서 이 소설을 하나의 거대한 수수께끼 퍼즐로 구성하기로 계획을 세우고『석두기』로 명명하게 된 것이다.

그는 원래 직조를 맡은 다른 집의 정원을 배경으로 삼고 자기 가족의 친속들을 연기자로 삼아 적자의 권력 쟁탈극을 꾸며보려 했지만 남의 이목을 가리기 위해 사물을 축소시킴으로써 얼핏 보기에는 홀짝홀짝 술 마시며 어른 흉내 내는 아이들 이야기처럼 보이게 했다.

따라서 어린아이들이 집안에서 술 마시는 놀음이 단순히 어른들의 행동을 모방한 것이라고 우습게 봐서는 안 된다. 워낙 조리 있게 잘 엮어 진짜 같기도 하고 가짜 같기도 하다. 이렇게 조부는 그해에 있었던 황자들의 사적을 조씨 집안의 일상생활에 함께 뒤섞어 한 솥 가득 죽으로 끓여내서는 아이들이 모여 술이나 홀짝홀짝 마시는 집안 곳곳에 쏟아부은 것이다.

그는 어렸을 적에 조인이 여섯 차례에 걸친 강희제의 남순南巡을 맞이했던 일을 직접 목격한 바 있어 이『석두기』에다 원비의 성친으로 묘사하고 일사천리로 써내려갔다. 그의 가까운 친지가 지연재라는 필명으로 다 베낀 원고 위에 비어를 곁들였다. 저술 과정 전후로 10여 년의 시간이 소요되었다. 처음엔 그런대로 순조로웠지만 뒤로 갈수록 점점 어려움을 느끼게 되는데 주된 이유는 두 가지 핵심 소재(황실분규사와 자기가족사)를 균등하게 배분하기가 어려워졌기 때문이다. 이것을 신경 쓰다보면 저것에 문제가 생기는 바람에 진가眞假를 구분하기 어렵게 만들려고 했던 원래 의도가 시간이 갈수록 점점 더 어렵게 되었다. 특히 황태자가 두 차례에 걸쳐 폐위되고 가장한 옹정제가 흉악한 생김새를 드러내려고 할 때부터 스토리 안배가 어려워졌다. 억지로 써내려갈라치면 또 책략이 노출될까 우려되고 일가의 운명과 관련된 걸 써볼까 생각하니 모험을 각오해야 한다. 마침내 희생을 감수하기로 결정하고 후반부 내용을 없애고 다시 쓰기로 작정했으나 결국 성공하지 못하고 조부는 세상을 떠났다. 지연재는 비통한 나머지 그의 유지를 완성시키기로 하고 『석두기』의 원고를 조부의 아들 설근에 넘겨주었으니 이때가 건륭 14년 전후로 설근은 나이가 이립而立에 가까워지면서 시문의 기초가 점차 튼실해진 때였다. 임무를 이어받은 그는 지연재와 논의하여 원고가 여전히 너무 튄다고 판단해 정리하여 고치기로 했다. 그래서 조설근은 열독 후 첨삭을 하는 작업을 시작했고 지연재는 계속해서 고친 문장에 대해 칭찬하며 필사를 하고 비어를 달았다. 그러나 모종의 원인으로 인해 1차 수정이 완료되고 다시금 2차 수정에 들어갔고 마침내 연이어 5차 수정까지 들어감에 따라 지연재도 다섯 차례에 걸쳐 비어를 달았다. 그래서 이 책의 온전한 원래 서명은 『지연재중평석두기脂硯齋重評石頭記』로 불렸다. 전체 내용은 조설근이 80회로 나눈 바 있는데 여전히 뒤의 글이 덧붙여지지 않았다.

건륭 24년에 이르자 지연재는 노환으로 집필할 수 없게 되었고 다른 친척인 기홀수에게 맡겨 비어를 달도록 했다. 기홀수는 조설근과 3년간 함께 작업하면서 뒷이야기를 만들었는데 아쉽게도 이 문장들은 파편화된 고사들이어서 연결시키지 못한 채 조설근은 죽고 만다. 결국 이 뒷이야기도 산실되었다. 그 후 기홀수는 또 결말이 없는 80회에 몇 차례 더 비어를 가한 후 『홍루몽』으로 명칭을 바꾸고 공개적으로 전파했는데, 그 후 독자들에게 빠른 속도로 퍼져나갔다. 지금까지 당시에 유행하던 필사본이 많이 전해지고 있다.

조설근이 많은 공력을 들인 결과 마침내 어느 정도의 대가를 거머쥐게 되었으니 바로 수정이 이루어지던 당시, "조설근은 도홍헌에서 작품을 10번 열독하고 다섯 차례의 첨삭을 거친 후 목록을 짓고 장회를 나누었다"라고 일필의 설을 덧붙임으로써 자신의 공로를 한바탕 표창했다. 그러나 그는 마지막 순간까지 성실했고 말한 내용 모두가 사실이었다. 결코 과장된 말을 쓰지 않았거니와 더더욱 이 책이 자신의 책이라는 사실도 말하지 않았다. 그러나 후대 사람들은 기어코 그를 성실한 사람으로 봐두지 않고 작자라고 우겼으니 이 역시 어쩔 수 없는 일이다.

이 80회 소설은 세상에 등장한 이후 모두 필사로 전해졌으며 인쇄되지는 않았다. 나중에 건륭 56년 정위원이라고 하는 서적상이 책을 출판할 때 갑자기 120회로 불어났다. 이 후40편은 누가 쓴 원고인지 알 수 없고 다만 고악이 "보완"하여 가지런하게 만들었다는 것만 알려졌다. 그러나 개꼬리는 담비꼬리가 될 수 없는 것처럼 이 후40회의 문필은 전80회와 현저한 차이가 나고 속편의 내용은 더더욱 조부의 원래 의도와 일만 팔천리나 차이가 났다.[90]

『홍루몽』의 내용과 창작 과정에 대해 자오퉁이 제기한 주장은 모두 구체적이고 완벽하다. 그래서 이 글이 길어지는데도 불구하고 그의 생각을 잘라버릴 수가 없어 결론 성격의 서술을 모두 여기에 인용했다. 홍학을 다루는 사람들은 『홍루몽』의 창작 과정과 작자의 가세에 대한 현안이 겹겹이 쌓여 있고 지금까지도 여전히 미해결 상태로 남아 있는 많은 문제로 인해 늘 백번을 다시 생각해도 해결할 수 없는 모순 앞에 가로놓이곤 했다. 이런 점들이 한편으로는 오묘한 묘체를 찾아내려는 사람들의 흥미를 유발시키기도 했지만 다른 한편으로는 난마처럼 얽혀 있어 강령으로 삼을 실마리를 찾을 수 없을 지경이 되게 만들기도 했다. 그래서 바라볼 수는 있으되 가까이 갈 수 없는 자신들의 능력 부족을 개탄할 수밖에 없게 만들었다. 솔직히 말하면 자오퉁은 작가와 책의 완성 과정에 관해 상당히 일리 있는 생각을 가졌다. 만약 사리에 맞게 추정해나가다보면 일련의 모순점들을 분명 해결할 수 있을지도 모르겠다. 조부가 『홍루몽』 원고의 작자이며 조설근을 열독 후 첨삭을 가한 인물이라고 추론한 것은 논리적으로 가능하다. 몇 년 전에 다이부판戴不凡이 연속으로 발표한 글에서 『홍루몽』은 "석형石兄"의 구 원고를 기초로 하고 "훌륭한 솜씨로 구상하여" 완성한 것[91]이라는 주장을 강력하게 펼쳤는데 거의 자오퉁의 설에 가깝다. 다만 다이부판은 구 원고의 작자인 석형이 아마도 조전曹荃의 둘째 아들이며 일찍이 조인曹寅에게 양자로 갔으니 기홀수가 비로소 조부라고 여겼을 따름이다. 다이부판의 추측은 정리에 부합되지 않는 것은 아니지만 결과적으로는 증거 부족으로 이론으로 내세우기에는 역부족이었다. 자오퉁의 구상 역시 마찬가지였다. 그래서 '홍루 수수께끼'라는 의미의 『홍루시몽紅樓猜夢』으로 서명을 지은 것은 어떤 의미에선 그의 현명함이 돋보이는 측면이기도 하다. 추측이야 가능하지만 일설로 논할 계제는 못 되었기 때문이다. 물론 우리는 그의 추측이 맞고, 새로 발견된 자료들이 그 사실을 증명해주기를 바란다. 그러나 현재로선 버팀목이 되어줄 신빙성 있는 자료가 충분치 않기 때문에 학술적으로 이치에 맞는 추측이나 똑 부러진 추측이라 하더라도 그저 추측일 뿐이다.

『홍루몽』이 강희 말년 황자들의 권력 쟁탈을 영사한 것이라는 자오퉁의 주장은 새로운 설이 아니라 이미 쑨징안, 차이위안페이, 서우펑페이, 판충구이 등에 의해 발표된 유사한 견해들이다. 다른 점이 있다면 자오퉁은 색은파가 관습적으로 사용하던 측자방법測字方法에 반대하여 작자가 책을 쓰게 된 배경, 즉 이 책을 쓰게 된 의식과 목적에 착안하여 작품에 등장하는 모든 이야기가 황자들의 활동에서 소재를 얻은 것이라고 주장하지는 않았다. 그는 다음과 같이 자신의 입장을 밝혔다. "사건과 인물을 투영하는 것과 소재를 얻는 것은 두 가지 서로 다른 일이므로 한 가지로 뭉뚱그려 논할 수 없다."92 이것은 영사에 대한 새로운 해석이다. 원작자가 조부든 아니면 조설근이든 어차피 조씨 집안은 번성했다가 쇠락해가는 과정을 겪었다. 강희제와 옹정제의 정권 교체는 조씨 집안이 번성했다가 쇠락하게 되는 전환점이 되었다. 또한 옹정제는 직접 조씨 집안의 가산을 몰수하도록 명령을 내린 바 있어 나중에 『홍루몽』의 창작을 통해 꿈과 같은 지난날을 회고할 때 "의식적으로 어떤 목적"을 가지고 기탁하고 투영한 것이 이상한 일은 아니다. 이와 같이 작가가 투영한 것을 찾는 것은 사실상 작가의 창작 동기를 탐구하는 것이므로 문학 연구 측면에서 보면 당연히 정당하고 의미 있는 일이다.

이와 같이 『홍루몽』의 거대한 퍼즐을 감히 풀어보려 했던 자오퉁의 당찬 시도는 높이 살 만했고, 그런 점에서 색은법은 나무랄 데 없는 선택이었다. 그런데 문제는 작중 인물을 조씨 집안 구성원 및 황자 등과 퍼즐 식으로 하나하나 끼워 맞춤으로써 결과적으로 색은파를 수렁에 빠뜨렸다는 데 있다. 그가 열거한 작중 인물과 영사한 인물이 조씨 가족 내에서 어떠한 신분인지 상호 대조표를 통해 살펴보도록 하자.

황태후-가모-조인曹寅의 모친

강희제-가사, 가정부부, 원춘-조인曹寅부부, 평군왕비平郡王妃

황제의 맏아들 윤제允禔-가환-조부曹頫의 동생 색주索住

황제의 둘째 아들(태자) 윤잉允礽-가보옥-조부曹頫

황제의 셋째 아들 윤지允祉-설보채와 습인-조부曹頫의 처와 그녀가 어렸 을 때 아끼던 계집종

황제의 넷째 아들 윤진允禛(옹정)-영춘과 손소저-조부曹頫의 누나와 자형

황제의 다섯째 아들 윤기允祺-이문-××

황제의 일곱째 아들 윤우允祐-이환-조부曹頫의 맏형수

황제의 여덟째 아들 윤사允禩 부부-봉저-조옹曹顒의 형수 마씨馬氏

황제의 아홉째 아들 윤당允禟-사상운-××

황제의 열째 아들 윤아允䄉-묘옥-××

황제의 열두째 아들 윤도允祹-이기-××

황제의 열셋째 아들 윤상允祥-형수연-××

황제의 열넷째 아들 윤제允禵-탐춘-조인曹寅의 차녀

황제의 열다섯째 아들 윤우允禑-석춘-조부曹頫의 여동생

황제의 열일곱째 아들 윤례允禮-보금-××

(기타 황제의 아들들은 요절했거나 나이가 너무 어린 까닭으로 모두 집계하지 않았다)

색액도索額圖-진씨-조부曹頫의 조카며느리

조부曹頫-임대옥-조부曹頫 첫사랑의 상대자인 사촌 누이동생

××-교저-××

이처럼 하나하나 실증함으로써 한 사람에게 두 가지 임무를 부여했다. 일단 작중 인물들은 조씨 가족 중의 한 인물을 담당하고 여러 황자 중의 한 사람을 투영하게 해야 했으니 참으로 난감하기 그지없다. 거기다 자오퉁은 『홍루몽』에서 전개되는 스토리에 적자의 권력을 쟁탈하는 구체적인 과정, 이를테면 제5회 몽유태허환경은 강희 41년 현엽이 강을 건너 산둥성 더저우德州로 가는 동안 태자가 중간에 병이 나자 이미 퇴직한 색액도索額圖를 불러 잠시 태자를 돌보게 했는데 그때 색액도가 태자에게 군주가 되는 도를 가르치고 황자들과의 단결을 바라는 마음에 대해 쓴 것이라고 했다. 뜻하지 않게 강희제는 색액도가 태자를 도와 음모를 꾸미려는 것으로 오해하여 색액도를 처형했는데 작품에서는 제13회의 진가경의 죽음이 바로 그에 해당하는 대목이라고 했다. 그러나 태자는 여전히 자신의 세력을 확장시키고자 했으니 제16회의 대관원 축성이 바로 그것이다. 강희 47년에 이르러 윤제允禔의 참언으로 태자는 폐해지고 윤사允禩는 작위가 삭탈되어 감옥에 갇히게 되니 이것이 바로 제25회 숙질과 형수가 귀신을 만나고 제33회에서 보옥이 매를 맞는 대목에 해당된다. 얼마 지나지 않아 태자가 다시 복위되고 좀 더 조직적인 작당을 벌이게 되는 까닭에

제37회에 해당 시사가 결성되고 제49회에 보금이 대관원에 들어오는 대목이 생겨나게 된 것이다. 그러나 작당자가 많아져 말썽이 생기자 복령상 사건이 발생한다. 비록 윤지允祉와 윤상允祥이 협조하여 일이 처리되면서 제56회에 가서는 탐춘이 집안일을 맡게 되지만 효과보다는 오히려 폐단이 속출하면서 마침내 수춘낭 사건이 발생한다. 강희 57년 현엽이 당내 숙청을 실시한 것은 제74회에 대관원 몰수사건으로 표현되었다. 결국 윤지가 기회를 틈타 태자당을 퇴출시키니 이것이 바로 보채가 대관원을 떠난 일로 서술된다. 자오퉁의 추정에 따르면 『홍루몽』에서의 술 마시기 놀이도 바로 이와 같은 배치법으로 이루어졌으므로 궁극적으로 인물마다 영사가 있고 스토리마다 상징이 있다는 것이다. "작가가 책을 쓴 의식과 목적"을 파고들다보니 결국은 이처럼 작품 속 스토리를 황자들의 활동으로 간주하게 되었고 결국 자신의 의도와는 반대되는 방향으로 나아가게 된 것이다. 이로써 똑똑한 색은이 똑똑치 못한 색은으로 전락하고 말았으니 필자도 애석함을 금할 길 없다.[93]

색은파 홍학의 종결

　색은파 홍학은 작품 고유의 특성과 시대적인 사조, 문화적인 환경을 배경으로 탄생되었다는 것을 이미 앞에서 언급한 바 있다. 그 밖에 중국 문학의 특성과 학문적 전통도 또 다른 요인으로 작용했다. 문학 연구의 방법론 측면에서 후자가 더욱 보편성을 띤 요인이라고 볼 때 이것이 바로 홍학 색은파가 존재하는 이론적인 전제라고 할 수 있을 것이다.

　문학은 언어의 예술이다. 서면어는 반드시 문자의 도움을 얻어야 비로소 표현될 수 있다. 형形, 음音, 의義의 결합으로 이루어진 중국 문자의 특색은 사각형의 형태를 기본으로 다양한 모양으로 변화된다. 그래서 『문심조룡文心雕龍』에서는 「해은諧隱」편으로 부족하다 싶었는지 「은수隱秀」편에서 다시 반복적으로 은어와 복합적인 의미에 관해 논하고 있다. 유협劉勰은 이렇게 말했다. "은隱이란 글 바깥의 복합적인 의미다. 수秀란 작품에서 독보적으로 빼어난 부분이다. 은隱은 복합적인 의미로 정교함을 삼고 수秀는 탁월함으로 교묘함을 삼으니 이는 옛

전장典章의 훌륭한 업적이요 재능의 성대한 모임이다. 대저 은은 체제가 있어 글 바깥에서 의미가 생겨나고 비밀스러운 음향이 울려 점점 통하게 된다. 숨겨진 문체가 잠겨 있다가 점차 빛을 발하는 것과 같다. 비유컨대 『주역』 효상爻象의 변화가 서로 체제를 이루고 도랑의 물이 주옥을 덮어 보이지 않게 하는 것과 같다."[94] 그는 또 "은이란 숨긴다는 뜻이다. 꾸며대는 말은 의미를 숨기고 있고 속이는 비유는 사건을 가리킨다"[95]라고 했으며 춘추전국시대 이래의 수많은 완곡한 표현과 풍유를 예로 들며 '은隱'이라고 하는 수사법이 어떠한 언어적 효과를 발하는지에 대해서도 설명했다. 이른바 "중지重旨" "복의復義" "복채伏采" "둔사遁辭"는 문학 창작, 그중에서도 특히 시가 창작에서 가장 자주 보이는 특징이다. 중국 전통문학에서 언외의 뜻을 중시하고 상象 바깥의 상象을 강구한 것은 그 이치가 바로 여기에 있다. 주목할 만한 것은 유협이 은어와 복합적인 의미를 분석할 때 이미 소설과 연관을 지었다는 점이다. 그는 소설을 이렇게 소개했다. "문사 가운데 해은은 구류에 속하는 소설을 예로 들 수 있는데 대저 패관이 수집한 것을 넓게 보고 듣는 것이다"라고 했다. 물론 유협이 소설을 들어 비교한 것은 '해은'의 표현 방법이 문학에서 없어서는 안 될 필수불가결한 요소임을 설명하고자 한 것이다. 즉 "모름지기 생사生絲와 마麻가 있어도 띠풀을 버리지 않는다"는 것과 같은 의미다. 그런데 구태여 소설로 비교한 것은 소설이라는 문학 형식이 은어와 복합적인 의미를 받아들이기 쉬운 문체이기 때문이다. 특히 성숙기에 접어들어 상징과 은유가 보편화된 명청시대 소설에서는 은유적인 이미지가 소설 형식의 중요한 구성 요소가 되었다. 문학 연구에서 나타나는 색은법은 중국 문학

이론의 발전 성과이자 소설 창작이 지속적으로 발전해나가는 데 필요한 자양분이기도 하다. 따라서 문학 연구의 방법론으로서 색은은 기본적으로 합당하고 성립 가능하므로 색은이 탄생하고 존재하는 이유에 대해서도 수긍해야 한다.

색은을 응용한 작가와 작품 연구가 『홍루몽』 연구에서 처음 시도된 것이 아닐뿐더러 『홍루몽』에서 처음으로 색은의 방법을 쓴 것은 더더욱 아니다. 차이위안페이는 『석두기색은』 제6판 자서에서 『세설신어世說新語』의 예를 들었다. 작중 "황연유부黃娟幼婦, 외손제구外孫韲臼"는 곧 "절묘한 말絶妙好辭"이라는 뜻이다.(황견黃絹은 색실色絲이기 때문에 절絶이 되고, 어린 아내幼婦는 소녀少女이기 때문에 묘妙가 되며, 외손外孫은 여자女子이기 때문에 호好가 되고, 제구韲臼는 수신受辛이기 때문에 사辭가 된다. 그래서 이 두 구절을 합치면 "절묘호사絶妙好辭"가 되는 것이다. 『세설신어』 「첩어捷語」 편 참조―옮긴이) 차이위안페이는 또한 『유림외사儒林外史』의 장소광莊紹光이 정면장程綿庄이고 마순상馬純上이 풍수중馮粹中이며 우포의牛布衣가 우초의牛草衣인 것 등을 예로 들었으니 이는 색은을 극력 반대했던 후스도 인정한 바다.[96] 『금병매金瓶梅』가 세상에 나온 이후 작중 인물이 누구의 화신인지에 관한 추측이 책마다 끊이지 않았다.[97] 그런데도 유독 『홍루몽』의 색은만이 그토록 많은 사람으로부터 집중적인 관심을 끌었기 때문에 훗날 명실상부한 홍학 색은파를 형성하게 되었던 것이다. 작가가 제1회에서 이미 "진사를 숨겼다將眞事隱去"는 것을 공개적으로 선언했고 "진사은甄士隱"이 어떤 인물인지에 대해서도 묘사하고 있는 상황에서 그것을 파헤쳐 색은 작업을 하려는 이들을 어찌 탓할 수 있겠는가? 하물며 『홍루몽』에는 실제로 수많은 수수께끼가 숨겨져 있어 연구자뿐 아니라 일반 독자들까지 알아맞히고 싶은 충동을 느끼는 경우가 많다. 향릉의 판사判詞는 "향기로운 한 송이 연꽃이건만, 한평생 가슴 저린 기구한 운명. 두 흙더미에 나무 한 그루 생겨난 뒤로, 연꽃은 죽어 향기로운 혼이 되어 고향으로 돌아가는구나根并荷花一莖香, 平生遭際實堪傷. 自從兩地生孤木, 致使香魂返故鄉"다. 갑술본의 비어는 세 번째 구절 뒤에 "탁자법拆字法"이라는 세 글자로 주를 상세히 달았다. 희봉의 판사는 "봉황새 하필이면 말세에 태어나 모든 이가 그의 재주를 부러워하네. 맨 처음엔 다소곳이 따르고 그다음엔 호령하더니 세 번째는 쫓겨나 울부짖으며 고향 금릉으로 돌아가네凡鳥偏從末世來, 都知愛慕此生才, 一從二令三人木, 哭向金陵事更哀"인데 그중 "일종이령삼인목一從二令三人木"구에서 "탁자법"을 썼다고 지연재 비어가 상세히 주를 달았으니 도대체 어떻게 해석해야 한단 말인가? 연구자들의 의견이 분분하여 아직까지도 정설이 나오지 못하고 있다. "인목人木"은 당연히 '휴休' 한 글자이고 "이령二令"은 '냉슈' 한 글자로 만들어졌지만 "일종一從"은 무엇인가? 또 원춘의 판사는 "20년을 애지중지 고이 자라서 석류꽃이 대궐 안에 활짝 피었네. 새 봄이 좋다 한들 어찌 첫봄에 미치리오. 범이 든 토끼든 죽으면 다 꿈인 것을二十年來辨是非, 榴花開處照宮闈, 三春爭及初春景, 虎兔相逢大夢歸"인데 첫 구절은 마음대로 채워 넣은 숫자가 아니라 시간 개념을 담고 있다. 그러나 작자가 말한 "20년"은 어느 20년을 말하는가? 특히 "호토상봉虎兔相逢"구에는 간지와 햇수의 의미가 있는 것 같다. 그러나 가리키는 것은 도대체 어느 해인가? 실제로 풀이하기가 쉽지 않다. 그리고 조정과 관련이 있었던 원춘의 운명에 대해서도 사람들은 너도나도 퍼즐을 풀고 싶어했다.

더욱 의아한 것은 영춘의 판사인데 도입부의 첫 번째 구에서 "중산에 사는 늑대 같은 사내, 뜻을 이루자 난폭해졌네子系中山狼, 得志便猖狂"라고 되어 있다. 작법상으로 다른 사람들의 판사와 판연히 다른데, 직접적으로 영춘에 대해 쓴 것이 아니라 손소조를 비판하면서 아주 독특한 방식으로 비판하고 있다. 문자의 풍격 면에서도 형세가 매우 긴박하게 그려져 함축성이 부족해 보인다. 바로 이 점에 주목한 자오퉁은 작가의 분노가 그토록 컸던 이유가 영춘과 손소조를 옹정에 투영했기 때문으로 판단했다. 물론 그의 말이 다 맞는 것은 아니지만 이와 같은 작법에는 결국 특별한 이유가 있을 것이라는 점을 추정해볼 수 있다. 『홍루몽』에서는 작중 인물을 명명할 때 거개가 해음으로 이름을 취했다. 예를 들면 賈化(假話), 嬌杏(僥倖), 單聘仁(善騙人), 卜固修(不顧羞), 詹光(沾光) 등이 그것이다. 지명에서도 十里街(勢利街), 仁淸港(人情巷), 湖州(胡謅) 등 이루 헤아릴 수 없을 정도로 많다. 요컨대 『홍루몽』에는 분명 은어, 은사, 은물, 은의 등이 있고 심지어 수수께끼의 요소도 포함되어 있다. 그렇기 때문에 작자는 독자들이 자신의 고심을 알아채지 못할까봐 "누가 그 의미를 알리오?"라는 깊은 우의가 담긴 말을 남긴 것이다. 따라서 텍스트의 특수성을 감안할 때 색은을 운용하여 『홍루몽』을 연구하는 것에 대해 반대할 이유는 없다.

문제는 어떻게 색은을 진행하느냐는 것이다. 홍학 색은파의 치명적인 약점은 지나치게 파고들어가 모든 일에 내력이 있고 모든 인물에 투영 대상이 있다고 본 것이다. 색은을 무한대로 확장시켜 결국 곤란한 상황에 빠졌고 자신의 설을 납득시킬 수 없는 지경에 이르렀다. 심지어 어떤 이는 『홍루몽』의 작중 인물을 자의적으로 해석했으니 결국 애석하게도 작자의 구상과는 아무 상관이 없게 되고 말았다. 색은파 중에서 왕멍롼, 선핑안, 차이위안페이, 덩쾅옌에서 징메이주, 서우펑페이를 거쳐 다시 판충구이, 두스제, 리즈치, 자오퉁에 이르기까지 기본적으로 이 두 가지 상황을 벗어나지 못했다. 그들은 『홍루몽』이 문학이며 그중에서도 특히 소설이라는 점, 따라서 수수께끼 대전이나 작자의 정치적 견해에 대한 설명서가 아니라는 점을 망각했다. 만약 『홍루몽』이 단순히 수수께끼 대전이거나 정치 설명서에 불과했다면 이와 같이 강렬한 예술적 감염력을 가지지 못했을 것이다. 과도하게 파고들어가다보니 도리어 『홍루몽』의 사상을 깊이 있게 들여다보지 못하는 결과를 가져왔다. 인물마다 일일이 투영한 대상을 찾느라 『홍루몽』의 예술적 완정성은 사실상 해체되고 말았다. 덩쾅옌이 『홍루몽』을 정치역사소설로 본 것까지를 포함해 차이위안페이가 『홍루몽』을 이른바 정치소설이라고 인식한 것은 개념 자체에 대한 확실성 내지 불확실성 여부를 떠나서 『홍루몽』의 풍부한 내용과 사상을 발굴한다는 점에서 확장이자 심화였다. 이는 『홍루몽』을 언정소설言情小說로 극찬하는 분위기에서 나름대로 용기 있는 표현으로 볼 수 있겠다. 다만, 안타깝게도 색은파는 방법론상의 오류를 점에서 면으로 확대시킴으로써 부분이 전체가 되고 색은은 퍼즐로 변했으며 우연적인 느낌을 거창한 저작으로 부연하기에 이른다. 이처럼 색은의 범주를 무한정 확장시키다 적정한 한계를 벗어난 것이다. 우리가 색은파 홍학 저작에서 종종 보는 색은자의 돌출된 생각은 그들의 입론 근거가 된 최초의 깨달음마저 희석시키고 간혹 그들이 제시한 일리 있는 말들조차 불신하게 만드는 결과를 가져왔다. 이것이 바로 홍학 색은 저작이 장기간에 걸쳐 더 큰 시장성을 확보하지 못한 이유다.

이 점만 가지고도 색은이 적정 한계를 벗어나 무분별하게 확장되고 지리멸렬해지면서 동일한 작중 인물에 대해 서로 다르거나 상반된 투영 대상을 지목하는 부정적인 결과를 가져왔다는 것을 알 수 있다. 예컨대 보채에 대해 차이위안페이는 고강촌高江村을, 왕멍롼은 진원원陳圓圓을, 덩쾅옌은 왕홍서王鴻緒를, 서우펑페이는 옹정雍正을, 두스제는 홍승주를, 자오퉁은 강희제의 셋째 아들 윤지允祉를 영사했다고 보았다. 임대옥에 대해 차이위안페이는 주죽타를, 왕멍롼은 동소완을, 덩쾅옌은 방포를, 서우펑페이는 태자 윤잉胤礽을, 자오퉁은 조부를 영사했다고 보았다. 거의 모든 인물이 서로 다른 색은가들의 눈에 서로 다른 영사 대상으로 비친 것이다. 이 점만 보더라도 색은의 신뢰도는 낮아질 수밖에 없다. 각 색은가의 논리에 의거할 때 원하기만 하면 얼마든지 새로운 색은 대상을 찾아낼 수 있기 때문이다. 결과적으로 어떤 것도 적합할 수 있다는 판단은 그 판단 자체가 성립될 수 없다. 지금 되돌아보면 추측에서 시작해 추측으로 끝난 초기 색은가들의 경우 과도하게 논증하지 않았기 때문에 그 자체만으로도 충분히 『홍루몽』을 감상하고 가볍게 웃어넘길 수 있는 담소거리가 될 수 있었다. 설사 틀린 점이 있더라도 깊은 수렁에 빠져 허우적댈 일이 없었고, 자신에게든 남에게든 해악을 끼치지도 않았다. 그런데 색은이 하나의 유파를 형성하면서부터는 오히려 색은 자체에 해악을 끼치기 시작했다. 이와 관련하여 첸징팡錢靜方이 했던 말은 자못 의미심장하다. "신기루와 같은 『홍루』 일서는 흥이 난 작자가 손이 가는 대로 쓴 것이지 처음부터 어떤 의도를 가지고 썼던 게 아니다. 설사 투영할 대상을 염두에 두고 썼더라도 담백하게 묘사했을 뿐이지 화가가 그린 만물화처럼 딱 부러지게 누군가를 지목한 것이 아니었다. 유사점이 많아 보여 자세히 살펴봐도 결국 겉모양만 그렇게 보일 뿐이지 속에 담긴 정신은 그렇지 않다는 것을 느낄 수 있다."[98]

『홍루몽』연구에서 홍학이라는 분야가 생겨난 것은 색은파 홍학의 등장에 기인한 바 있으니 색은파가 홍학에 끼친 공은 실로 지대하다고 할 수 있다. 그건 마치 고증파가 없었다면 홍학의 열기가 그토록 달아오를 수 없었던 상황과도 같다. 그러나 청말 민초 민주혁명의 거대한 소용돌이에서 벗어난 후에는 색은파를 떠받쳐줄 시대적 지지대가 사라졌다. 그 순간 그들의 고심이나 깊은 뜻도 새 시대의 독자들에게는 더 이상 받아들여지기 어렵게 되었다. 앞으로도 색은 문장이나 색은 저작들은 지속적으로 나올 것이며 계속해서 『홍루몽』이라는 이 위대한 문학적 수수께끼를 풀어가게 될 것이다. 앞으로도 색은을 문학 연구의 방법으로 써먹는 일은 종종 생기겠지만 학문적 측면에서의 색은파 홍학은 이제 그 생명을 다했다고 봐야 할 것이다.

제6장

소설 비평파
홍학의
흥기와 발전

소설 비평과 홍학은 언제부터 시작되었는가? 이에 대한 판단은 홍학의 소설 비평을 어떻게 이해하느냐에 따라 달라질 수 있다. 만약 지연재나 기홀수가 『홍루몽』에 단 비어批語가 소설 비평이라고 생각한다면 소설 비평과 홍학은 『홍루몽』의 창작 과정에서 이미 생겨났다고 봐야 한다. 실제로 많은 연구자가 이런 생각을 가지고 있다. 이는 소설 평점과 소설 비평을 간단히 하나로 뭉뚱그려서 보려는 데 따른 것이다. 그러나 나는 소설 평점과 소설 비평에는 동일한 면도 있지만 다른 면도 있기 때문에 개념상으로 개략적인 경계를 지어 논할 필요가 있다고 생각한다.

평점파와
소설 비평

소설 평점은 명대 중엽에 시작되었는데 이탁오李卓吾와 섭섭葉燮이 최초의 인물이다. 명말 청초에 이르러 김성탄金聖嘆이 집대성하고 모종강毛宗崗, 장죽파張竹坡가 그 뒤를 이으면서 평점이 속속 출현했고『수호전』『삼국연의』『금병매』등의 작품은 평점으로 인해 영향력이 더 커졌다. 지연재와 기홀수가 평한『홍루몽』은 이탁오와 김성탄의『수호전평점水滸傳評點』을 계승했지만 다른 점이 있다면 이탁오와 김성탄이 이미 전해오던 작품에 비를 단 것인 데 반해 지연재는 작자가 창작하는 동안 정리하고 필사하면서 평점을 달았고 평점자들이 상당 부분 창작에 참여했다는 점이다.

지연재 비어에는 절대 낮게 평가되어서는 안 될 충분한 가치가 있다.『홍루몽』의 창작과 관련한 많은 상황 중에서도 특히 작자의 창작 의도와 생활 근거에 관한 실마리가 될 만한 내용이 많이 들어 있다. 따라서 지연재의 미스터리를 푸는 것은『홍루몽』의 미스터리를 푸는 데도 크게 도움이 된다. 예술적인 이해에서도 지연재 비어는 독창성이 있다. 제19회의 보옥을 평한 대목을 보면 다음과 같이 되어 있다. "이 작품에서 묘사하고 있는 보옥이란 사람을 보면 작품에서 보았기 때문에 그 사람을 알게 된 것이지 실제로 직접 본 적은 없는 사람이다. 또한 보옥이 하는 말은 항상 독자들이 이해하기 어렵게 묘사되어 있어 보옥의 타고난 성격 하나하나가 독자들의 비웃음을 사곤 했다. 어느 누구도 세상에서 이런 사람을 만난 적이 없거니와 고금의 소설과 전기에서도 이런 글을 본 적이 없다. 이보다 더한 인물은 대옥黛玉인데 통째로 이해되지 않는 가운데에서도 이해되는 면이 있고 또 이해가 되면서도 조리 있게 설명하기가 어렵다. 눈을 감고 생각해보면 정말로 보옥을 어디선가 본 것 같고 그의 말을 들은 적이 있는 듯하지만 그것을 다른 사람에게 전해준다는 것은 불가능하고 글로도 표현되지 않는다. 내가 『석두기』에서 기묘하다고 생각하는 부분은 다 보옥과 대옥의 바보같이 얼뜨고 뭔지 알 수 없는 말들이며 그들의 시와 사, 수수께끼, 주령, 특별한 옷과 음식, 문장 등도 다른 책에서는 볼 수 없는 것들이다. 그렇기 때문에 이 책을 평가하자면 역시 두 사람에 대한 안배다."[1] 연구자들에게 항상 인용되곤 하는 이 비어는 기묘본己卯本과 경진본庚辰本 제19회에 들어 있는데 사실상 문학의 전형성을 개괄한 말이다. 본 적이 있는 것 같은데 본 적이 없고 본 적이 없는데도 마치 살아 있는 것처럼 생동감이 넘친다. 이해가 되면서도 이해가 되지 않는다. 이것이 예술적인 전형성, 즉 잘 아는 사람인 것 같으면서도 낯선 인물인 것이다.

예술 창작과 감상의 기본 규율을 담고 있는 지연재의 감수성이 가상하기 그지없다. 그러나 지비에서 이와 같은 이성적인 층위의 설명은 그리 많지 않다. 가장 자주 보이는 것은 역시 마음에 느껴지는 그대로의 감성적인 비평이며 그중 일부는 작품의 인물, 정절, 언어를 다루면서 문장의 장법과 인물 묘사에 대한 칭찬을 담고 있고 다른 일부에서는 정경을 접하고 감정이 뭉클 솟아올라 평점한 것이거나 제목을 빌려 자기가 하고 싶은 말을 하고자 한 것으로 평자의 인생 경험과 감회를 담았다. 후자는 제1회에서 나두창의 화상이 진사은을 가리키며 시를 한 수 읊조린 것과 같다. "응석받이 딸이 그저 귀엽기만 한 어리석은 그대여, 속절없이 내리는 눈만 마주하게 될 마름꽃인 것을. 대보름 좋은 시절에 불타 연기로 사라져버릴 그때를 잘 방비하라慣養嬌生笑你痴, 菱花空對雪澌澌. 好防佳節元宵後, 便是煙消火滅時." 지연재는 시의 첫 구의 방비旁批에 다음과 같이 평을 달았다. "세상 모든 부모의 치정을 생각하며 목 놓아 운다爲天下父母癡心一哭." 같은 회에서 화재로 집을 잃고 장인 집에 의탁하게 되었을 때, 장인 봉숙이 "사위가 낭패한 상황이 되어 자신을 찾아온 것을 보고見女婿這等狼狽而來, 心中便有些不樂" 심정을 드러낸 대목을 두고 지연재 비어에서는 "대체로 인간의 감정이 그와 같은 것은 풍속이 그러하기 때문이다所以大槪之人情如是, 風俗如是也"라고 했다. 이러한 비어들은 초기 필사본에 보전되어 남아 있는 내용도 상당한데, 솔직히 제대로 된 소설 비평으로 칠 수는 없다. 조롱조의 비어들이 여전히 상당 부분임은 더 말할 나위가 없다. 예를 들면 청문을 "예쁜 허리好腰" "예쁜 어깨好肩"라고 칭찬하거나 보채가 대옥을 꼬집자 "나도 꼬집고 싶네我要欲擰"라고 하는가 하면 희봉이 우스갯소리를 하자 "나도 자세히 들어야지余也要細聽"라고 하는 대목들이 그렇다. 문예학과 미학의 관점에서 볼 때 지연재와 기홀수 등 몇몇 비점가批點家의 비평은 김성탄의 『수호전』 비평만 못하다. 소설 평점파 중에서 최상은 아니다. 연구자들은 지연재 비어가 드러낸 작자의 생애와 창작 과정을 차라리 더 중시했을지언정 미학적 가치에 대해 논한 부분에 대해서는 크게 주목하지 않았고 높은 평가를 내리지도 않았다.

정위원과 고악의 『홍루몽』이 나오고 사회적으로 큰 영향을 미치면서 『홍루몽』에 평점을 다는 사람이 날로 많아졌고[2] 저명한 평점가들이 속속 등장한다. 그중에서 "호화주인護花主人 왕희렴王希廉" "태평한인太平閑人 장신지張新之" "대모산민大某山民 요섭姚燮" 등 삼가의 평주評注가 사회적으로 가장 널리 퍼졌다. 이 삼가는 저마다 독자적인 특색을 가졌다. 왕희렴은 작품의 정절 발전에 대한 단계별 구조를 아주 세밀하게 분석하여 인물과 사건의 주종관계[3]를 잘 포착했다. 장신지가 평점에서 『홍루몽』을 "성리性理를 서술한 책"이라고 한 것은 확실히 견강부회이지만 보채·대옥·청문·습인을 묘사한 공력에 대해서는 나름대로 일리 있게 잘 설명했다. 요섭의 평점은 흡사 통계학자를 연상시킬 정도로 주요 인물의 출생 시간과 영국부와 영寧국부 두 집안의 출납 재정, 혼례와 상례에 소요된 금액 등 큰 수치에 관계되는 모든 것을 계산하여 작품을 이해하는 데 도움을 주었다. 독자들에게 열독의 편의를 제공한 그들 평점의 공통된 특징은 『홍루몽』을 전체적으로 파악하고 인식하려 했다는 데 있다. 그래서 책 서두에 각각 왕희렴은 「홍루몽총평紅樓夢總評」, 장신지는 「태평한인독법太平閑人讀法」, 요섭은 「대모산민총평大某山民總評」 등의 이름으로 장문의 총평을 단 것이다. 관점의 정확성 여부와 관계없이 평점의 방식만으로 논한다면 이 삼가의 평점은 지연재보다는 더 발전된 면모를 보여주었다. 내용에서도 평점자로

서 냉정함을 견지하고 있고 감정적으로도 이미 작자와 시간적 거리감
이 있기 때문에 지연재나 기홀수처럼 걸핏하면 "목이 메도록 통곡한
다失聲大哭" "피눈물이 두 뺨 가득 흘러내린다血淚盈腮" 등의 평어는 찾
아볼 수 없다. 문학비평의 관점에서 볼 때 평론가와 작자는 정서적으
로 분리되는 것이 필수적인 조건이다. 따라서 창작 과정에 구체적으
로 참여한 사람은 엄밀히 말해 작품을 객관적으로 비평할 자격이 없
다. 왕·장·요 삼가의 평점은 작자의 예술성에 경도됨과 동시에 작품
에서 모순되는 대목을 끊임없이 지적함으로써[4] 작자의 뒤를 따르거
나 단지 찬미하는 데 머물지 않고 비평자와 작자가 작품과 일정한 거
리를 유지해야 함을 증명해 보여주었다.

왕·장·요 삼가 이외에 도광 연간에서 청말 민초까지 평점가들의
숫자는 더욱 늘었는데 그중에서 주목할 만한 평점은 합사보哈斯寶의
『신역홍루몽新譯紅樓夢』과 왕보항王伯沆의 『홍루몽비어』다. 왕보항의 책
은 가장 늦게 나왔지만 1914년에서 1938년 겨울까지 평점 작업이 지
속된 것을 볼 때 가장 긴 시간이 소요된 평점이라고 하겠다. 『홍루몽』
을 장장 24년 동안 20번 정독하고 주, 황, 녹, 묵, 자색 등 다섯 가지
색으로 다섯 차례 비어를 달았으니 가히 온 심혈을 기울여 완성한 성
과다.[5]

몽골족 작가인 합사보는 120회본 『홍루몽』을 40회로 축역縮譯하여
매회의 뒷부분에 비어를 달았고 책의 서두와 말미에는 서와 독법, 총
록을 달았으니 김성탄 『수호전』의 비어 방식을 모방했음이 분명하게
드러났다. 『홍루몽』의 창작에 대해 "몸소 어진 군주의 은택을 받은 충
신의사가 간신역자들이 길을 막고 남을 헐뜯고 달콤한 말로 아첨하

며 권좌를 탈취하려는 상황에 처해 위로는 군주를 섬기며 충성을 다할 수 없고 아래로는 백성을 구제하고 의를 행할 수 없자 어쩔 수 없이 이 책을 지은 것이다"[6]라고 한 그의 말은 실로 핵심을 파악한 말이라고 할 수는 없을지라도 많은 대목에서 깊이 있는 분석과 독창적인 이해력을 보여주었다. 그래서 『홍루몽』의 사상과 예술에 대한 깨달음에 있어 늘 기타 평점가들보다 우위를 점했다. 아래에서 그의 비어 원문을 살펴보기로 한다.

이 책에서는 보채와 습인을 묘사하고 있는데, 전체적으로 평론의 방식을 통해 은근히 비판했다. 개략적으로 살펴보면 그녀들은 모두 매우 충실한 사람들이지만 자세히 생각해보면 오히려 매우 사악하고 잔인하다. 이는 매우 간사한 요즘 인물들처럼 입으로는 좋은 말을 하고 상냥한 낯빛을 하고 있지만 행동은 극히 음험한데도 그러한 점이 밖으로 드러나지 않는다는 점이 꼭 같다. 저자는 이에 대해 몸서리를 쳤는데, 특히 보채와 습인을 거론하며 부녀자의 행동 양태를 비판했다.

포폄을 담은 글에 많은 말을 쓰지 않으면서도 간혹 한두 글자만으로 입장을 분명히 했다. 임대옥 이후에 등장한 보채가 보옥과 대옥 두 사람의 감정이 깊어진 것을 보고 온갖 계략을 써서 보옥과 대옥의 맹서를 강제로 빼앗으려 했다. 위로는 가모와 왕부인에게 완벽하게 아부하고 아래로는 하인 및 시녀들 마음에 들게 했다. 왜냐하면 보옥의 대옥에 대한 사랑을 질투한 나머지 온갖 방법을 다 짜내어 고의로 보옥의 옥을 살펴보고는 웃는 얼굴로 시녀들을 바라봄으로써 시녀들로 하여금 그 옥이 자신의 금쇄와 한 쌍이라는 것을 말하게 했다. 이 대목을 쓰면서도 그녀의 간사하고 교활한 면모가 느껴지지 않게 했고 회목에도 "교합巧슴"이란 두 글자만을 썼는데 오히려 이렇게 함으로써 그녀의 간교함을 더 두드러지게 했다. 그런데 만약 자세히 읽지 않는다면 그것을 또 어찌 알 수 있겠는가? 누군가는 보채의 심리와 행위에 대해 이렇게 말하는 것은 아무래도 억울한 일이라고 할지 모르겠다. 만약 그렇게 보채가 등장한 것이 궁에 뽑혀가기를 기다린 것이라면, 왜 이때 그에 관해 한 글자도 거론하지 않은 것인가? 보채 정도의 재덕과 용모라면 궁궐에 뽑혀 갈 수 있지 않았을까? 이것은 대체 누구의 못된 장난인가? 독자는 왜 그걸 살피지 못하는가?[7]

이상은 제5회의 비어로 보채와 습인을 집중적으로 평론하고 있다. 오늘의 관점에서 볼 때 아무래도 보채에 대해 지나치게 각박한 평가인지라 도량이 넓고 점잖아 보이지는 않지만 그의 평이 작품의 실제 상황을 근거로 했을 뿐 아니라 또 어떤 측면에서는 보채의 성격적 특성을 있는 그대로 잘 포착했다는 점을 인정하지 않을 수 없다. 그는 또한 인물 묘사를 분석하면서 진일보한 설명을 내놓았다.

전체 작품에서 그 수많은 인물을 묘사하기는 쉬워도 유독 보채만은 그리기가 가장 어려웠을 것이다. 그래서 이 작품을 읽으면서 다른 수많은 사람의 이야기를 보는 것이 쉬웠다면 가장 어려웠던 대목은 유독 보채의 이야기를 볼 때였다. 대체로 다른 많은 사람은 모두 직접적인 필치로 써 내려갔기 때문에 좋은 사람은 정말 좋고 나쁜 사람은 정말 나쁘게 그렸다. 그런데 보채만은 그렇게 그리지 않았다. 얼핏 봤을 때는 좋은데 다시 보면 좋고 나쁨이 반반이 되었다가 다시 또 보면 나쁜 점이 좋은 점보다 많아 보이고 계속 반복해서 보다보면 온통 나빠 보이고 좋은 점을 전혀 발견할 수 없다. 다시 반복해서 보다보면 그녀는 아주 나쁜 사람이고 좋은 점이 하나도 없어 보이는데 이런 사람을 만나기는 쉽지 않다. 그러나 내가 더 말하고 싶은 것은 완전히 좋은 보채를 완전히 나쁜 인물로 그려내는 것은 그래도 쉬운 편이지만 완전히 나쁜 보채를 완전히 좋은 인물로 그려낸다는 것은 실로 가장 어려운 일이라는 사실이다. 그녀의 말을 들어보고 그녀의 행동을 살펴보면 정말이지 구구절절 더없이 지혜롭고 현숙한 인물인 것 같지만 결국 가장 간사한 인물로 지목되고 마니 이는 또 무슨 연유인가? 사초史草를 쓰는 신하가 법 집행을 할 때 『강목綱目』에 들어갈 포폄 사항을 모두 문장 밖에 두는 것이 바로 이와 같을 것이다.[8]

또 『홍루몽』 제42회의 "형무군은 좋은 말로 의혹을 풀어주고衡蕪君蘭言解疑癖" 뒤에 보채와 대옥이 갑자기 사이가 좋아지는 대목이 나오는데 이에 대한 홍학가들의 해석이 분분하다. 합사보는 보채와 대옥이 사이가 결코 좋아진 게 아니라고 봄으로써 다른 사람들과 관점을 달리했다. 그 이유는 다음과 같다.

속사정을 모른 채 이번 회에서 보채와 대옥이 이미 사이가 좋아졌다고 보는 사람들로서는 보채와 대옥이 이미 사이가 갈라져서 다시 붙이기 어려운 상황까지 이르렀다는 것을 어찌 알 수 있으리오. 왜 그런가? 만약 이번 회에서 보채와 대옥의 사이가 좋아지지 않았다면 대옥은 여전히 예전의 대옥이요 보채도 여전히 예전의 보채였을 것이다. 대옥이 만약 예전의 대옥이라면 보채가 교활한 계략을 쓰지 못했을 것이다. 보채가 만약 예전의 보채라면 대옥 앞에서 잔인한 기만책을 펼칠 수 없었을 것이다. 이번 회를 읽어보면 대옥이 급속도로 쇠약해지는 데 반해 보채의 기운은 더욱 빠르게 살아났다. 이는 또 무슨 까닭인가? 만약 보채와 대옥이 사이가 좋아지지 않았다면 보채가 어떻게 대옥 앞에서 "더하지도 않고 덜하지도 않으니 대체 어떻게 견뎌내겠어? 이대로 가다간 아무래도 안 되겠어"[9]라는 말을 할 수 있었겠는가? 대옥의 병이 위중해지는 이유가 어디에 있겠는가? 그녀의 마음은 점점 죽어가고 있는데 그 이유는 또 어디에 있는가? 보채가 던진 이 말은 그야말로 대옥의 심장을 후비고 가슴을 에이게 하는 비수 같은 말이다. 뒤의 글인 제47회에서 또다시 날카로운 칼을 썼으니 가련한 대옥은 견딜 수 없게 된 것이다. 그래서 나는 이번 회에서 이미 두 사람 사이가 갈라져서 다시 붙이기 어려운 상황이 되었다고 보는 것이니 고명하신 선비들께서는 부디 자세히 살펴보시기를.[10]

합사보는 철저한 보채 비판파임에 틀림없다. 그러나 그의 보채 비판은 편향된 측면이 있어 보이긴 해도 작품에 대한 면밀한 분석을 바탕으로 한 것이어서 나름대로 논리를 갖추었다. 나는 일찍이 보채와 대옥이 화해한 이유가 각자의 애정으로 인한 갈등을 풀려는 마음에 있다고 보았기 때문에 보채의 경우엔 제28회에서 원비가 보옥과 똑같은 선물을 그녀에게 하사함으로써 사실상 해소되었고, 대옥의 경우엔 제32회의 "진심을 하소연하다訴肺腑" 대목에서 보옥이 그녀에게 건넨 "안심하라고放心"라는 말에 마음이 풀린 것으로 판단했다.[11] 그러나 합사보의 견해에 따르면 보채와 대옥의 갈등은 풀리지 않은 채 여전히 마음속 불씨로 남아 있었던 것이다. 합사보의 생각이 나의 의견과 정서적으로 유사하면서도 이론적으로 다른 것은 당연히 그의 개인적인 깨달음에 따른 것이므로 참작할 점이 분명히 있다. 우쭈샹吳組緗 같은 선배 홍학가도 보채에 대해 여전히 이러한 생각을 견지하고 있다. 그의 분석은 많은 부분에서 합사보와 합치된다. 합사보는 보채가 서울에 와 뽑히기를 기다리는 대목이 작품에 분명히 들어 있었음에도 나중에 거론되지 않은 것에 대해 의구심을 표했는데, 우쭈샹은 보채의 금쇄가 어디서 왔는지 그 출처가 불분명한 이유가 바로 설부인이 서울로 오기 직전에 직접 만들어서 보옥의 통령보옥과 잘 어울린다는 점을 대외적으로 공표하려는 데 있었을 가능성이 있다고 추측했다. 합사보는 『신역홍루몽』의 서언에서 1847년 8월 11일인 "도광 27년 맹추 음력 초하루에 써내려가기 시작했다"[12]는 것을 밝혔다. 이때는 왕희렴 평점본이 나온 지 얼마 되지 않은 시기로 합사보의 평점은 당시의 홍학 평점파 중에서 독자적인 일가의 저작으로 손색이 없었다.

홍학 평점파는 홍학사에서 나름대로의 지위를 확보하고 있으나 지면관계상 일일이 설명과 평가를 곁들일 수 없다. 다만 나는 평점파와 소설 비평파가 구분된다는 점을 말하고 싶다. 어찌되었든 소설 평점에서는 평자의 다소 자잘한 느낌이나 감상을 주로 담고 있다. 따라서 체계적인 미학이론에 입각했다기보다는 자신의 인생 경험이나 예술적 감수성에 의거하여 특정 대상에 어우러지는 방식으로 비평이 가해지곤 했다. 그에 대한 첸중수의 말이 아주 유효적절하다. "평점評點과 비개批改는 문장의 문구에 중점을 둔 나머지 예술 창조의 본원을 도외시했으며 항상 '작은 보따리로 묶어내는 것'을 임무로 삼았다."[13]

그에 반해 소설 비평에는 미학이론과 일정한 소설관이 요구된다. 이것이 바로 양자 간의 주된 차이다. 물론 소설 평점은 중국식 소설 비평이라고도 할 수 있지만 홍학의 범주에서 보면 소설 비평파 홍학과 평점파 홍학은 판연히 구분된다. 소설 비평파 홍학의 창시자는 뭐니 뭐니 해도 1927년 6월 2일 쿤밍호에 몸을 던진 대학자 왕궈웨이임에 틀림없다.

왕궈웨이王國維의
『홍루몽평론紅樓夢評論』

왕궈웨이의 『홍루몽평론』은 광서光緖 30년(1904)에 출판된 『교육세계教育世界』 잡지에 가장 먼저 발표되었고 그 이듬해 『징안문집靜安文集』에 수록되었으니 왕명환과 선평안의 『홍루몽색은』보다 12년 앞섰고, 차이위안페이의 『석두기색은』보다 13년 앞섰으며, 후스의 『홍루몽고증』보다는 17년 앞섰다. 왕궈웨이는 가장 먼저 이 글에서 『홍루몽』의 작자에 관해 고증할 필요성이 있다는 점을 제기했다. 그는 "대저 이 작품을 읽는 데 반드시 알아야 할 사항은 작가의 성명과 창작 시간인데 이는 주인공의 성명보다 더 중요한 것 같다. 그럼에도 주변에 아무도 고증하는 사람이 없는 것은 크게 이해가 되지 않는다"[14]고 했고 "우리 나라 미술(예술)에서 유일한 대저작으로서 충분히 자격을 갖춘 『홍루몽』의 작가 성명과 창작 연대는 당연히 고증해야 할 유일한 테마다"[15]라고 했으니 이처럼 후학에게 거는 기대가 컸다는 사실에 다시금 경의를 표하지 않을 수 없다. 후스의 고증이 왕궈웨이의 호소에 힘입어 나왔다는 점에서 작자와 시대 고증이라는 두 문제에 있어서

만큼은 왕궈웨이에게 그 공을 돌려야 할 것이다.

색은과 홍학에 대해서도 『홍루몽평론』은 명확한 입장을 보였다. "대저 예술에서 담고자 하는 것은 개인의 특성이 아니라 인류의 보편적인 특성이다. (…) 사물을 잘 관찰하는 사람은 개인적인 것에서 인류의 보편적인 특성을 찾아낼 수 있다. 지금 인류의 보편적인 특성에 관한 것인데도 고집스럽게 어떤 특정 인물을 찾아내 실증하려 하니 사물의 이치를 헤아리는 인간의 능력을 어쩌면 이리도 벗어나 있는가!" 말인즉슨, 예술이란 반드시 전형이론에 근거해야 하므로 색은을 신빙할 수 없다는 뜻이다. 그렇다고 왕궈웨이가 홍학 색은에 가볍게 대처한 것은 아니다. 비평적 태도를 견지하면서도 납란성덕納蘭成德의 『음수집飮水集』과 『홍루몽』의 문자적 관련성을 부정하지는 않았다. 즉 색은파가 역점을 둔 납란성덕 가세설이 "뿌리가 없는 것은 아니지만"[16] 시문과 소설가의 용어에서 우연히 일치되는 점을 찾는다면 용약 한 사람에게만 국한되는 것이 아니어서 과학적으로 신빙성이 없다고 본 것이다. 문필이 간결하고 거침이 없으면서도 요점을 포착했으니 읽는 이들이 절로 설복된다.

『홍루몽평론』의 가장 큰 공헌은 미학에 있다. 그는 서양 철학과 미학관념을 운용한 최초의 인물로서 문학비평의 관점에서 『홍루몽』의 예술적 가치를 평가한 인물이다. 이는 홍학사뿐 아니라 전체 학술사에서도 중요한 의미를 가진다. 우리가 왕궈웨이를 소설 비평과 홍학을 연 인물이라고 하는 것은 바로 이 점 때문이다. 『홍루몽평론』은 모두 5장으로 이루어져 있는데, 제1장은 인생과 미술(예술)에 대한 개관, 제2장은 『홍루몽』의 정신, 제3장은 『홍루몽』의 미학적 가치, 제4장은

『홍루몽』의 윤리학적 가치, 제5장은 여론餘論이다. 모두 1만4000여 자로 쓰였는데 이론적으로 조리가 정연하고 문장의 구조도 빈틈이 없어 평점과도 다르고 색은이나 고증의 소설 비평과도 확실히 달랐다. 왕궈웨이 이전에 이와 같이 현대적인 의미의 홍학을 연구한 저작은 나온 적이 없었다.

왕궈웨이가 운용한 철학과 미학은 독일 철학자 쇼펜하우어의 이론이다. 『홍루몽평론』 제1장에는 삶의 본질에 대해 말한 대목이 나온다. "삶의 본질은 무엇인가? 욕망일 뿐이다. 욕망은 끝이 없는데 그것은 결핍에서 생겨난다. 결핍의 상태가 곧 고통이다. 한 가지 욕망이 실현되면 그 욕망은 끝이 난다. 그러나 실현된 욕망이 하나라면 실현되지 않은 욕망은 열 배 혹은 백 배가 된다. 한 가지 욕망이 끝나면 다른 욕망이 따라오니 진정한 위안은 끝내 얻을 수 없다. 우리의 욕망이 다 실현되어 더 이상 욕망하고 싶은 대상이 없어졌더라도 싫증의 감정이 스멀스멀 생겨나 삶이 마침내 그 무게를 이기지 못하게 되는 것과 같다. 고로 인생이란 시계추처럼 사실상 고통과 싫증 사이를 오가며 끊임없이 반복되는 것이니 대저 싫증이란 고통의 일종임에 틀림없다. 고통과 싫증, 이 두 가지가 제거된 것을 쾌락이라고 한다. 그래서 쾌락을 추구할 때 우리는 당연히 고통의 바깥에서 쾌락을 찾고자 부단히 노력을 경주해야 하는데 이러한 노력도 결국은 고통의 일종이다. 게다가 쾌락을 얻고 난 후 고통의 감정은 더 깊어진다. 그래서 고통 속에 살면서 쾌락을 되찾지 못하는 사람이 생겨나게 마련이며 고통을 전제로 하지 않거나 고통이 계속해서 동반되지 않는 쾌락은 없다. 또 이 고통은 인간의 삶과 문화에서 늘어날 수는 있어도 줄어들지는 않는다. 왜 그런가? 문화가 발전하면 할수록 지식은 광대해지고 욕망은 더 많아지니 체감하는 고통은 더 깊어질 수밖에 없다. 따라서 인생에서 추구하는 욕망이 설사 생활의 범주를 뛰어넘는 것이 아니라 하더라도 삶은 고통스러울 수밖에 없다. 고로 욕망, 삶, 고통 이 세 가지는 삼위일체다."[17] 이 대목에서 왕궈웨이는 쇼펜하우어의 관점을 아주 정확하게 짚어내고 있다. 요컨대 쇼펜하우어의 입장에서 볼 때 삶은 곧 욕망이고 욕망이란 대부분 채워지지 않는다. 따라서 필연적으로 고통에 빠질 수밖에 없는 것이 곧 인간의 본질이라는 것이다.

이처럼 인생을 비관적으로 바라본 것은 두말할 나위 없이 삶에 대해 소극적인 태도를 보여주는 것이어서 좀처럼 동의하기 어렵다. 그러나 철학적인 관점에서 볼 때 인생의 한 측면을 포착해서 바라본 것이므로 쇼펜하우어의 관점도 이해 못할 바는 아니다. 특히 예술의 경우 불행한 인생이 행운에 도취되어 있는 인생보다 위대한 예술가를 탄생시킬 수 있는 더 좋은 조건이다. 그렇다고 해서 쇼펜하우어가 인생에 희극이 존재한다는 것마저 부정한 것은 아니다.

어떤 사람의 생활이든 종합적으로 조망하고 거기다 가장 중요한 개황을 중심으로 살펴보면 결국은 다 비극이다. 그러나 개별적 상황을 세밀하게 관찰하면 희극적인 요소도 있다. 이는 하루 동안의 구차한 시도, 극도의 피로와 고통, 한순간의 끊임없는 변덕과 객기, 한 주간의 희망과 걱정 근심이 매 순간의 기로에서 항상 우연의 일치처럼 누군가를 희롱하기로 준비되어 있으니 그것이 바로 일련의 희극적 장면들이다. 그러나 한 번도 이루지 못한 희망, 허비해버린 몸부림, 운명에서 조금도 용인되지 못하고 짓밟혀버린 희망, 평생의 재수 없는 실수들, 거기다 더욱 가중되는 고통과 최후의 죽음에 이르기까지 늘 연출되는 건 비극이다. 이처럼 운명이란 마치 우리 일생의 고통 위에 조소를 더해주려는 것 같다. 우리의 생명에는 필연적으로 비극적인 고통이 내포되어 있지만 그렇다고 해서 비극적인 인물로서의 존엄성을 우리가 자부할 수 없기에 드넓은 생활 반경 속에서 일련의 자잘한 희극적인 역할을 마다하지 못하고 수행하게 되는 것이다.[18]

만약 편견을 갖지 않는다면, 즉 사전에 쇼펜하우어의 철학이 유심주의적이고 반이성적이라는 이유 때문에 믿을 수 없게 된 경우만 아니라면 그가 앞에서 서술한 주장이 심오하고 사리에 맞는 것은 물론이고 보통 사람의 운명에 대해 동정하고 이해하는 마음을 잘 드러내고 있음을 알 수 있을 것이다. 관점의 차이가 있다고 해서 작자와 거리를 두고 더더구나 언급 자체를 자제할 필요까지는 없을 것 같다.

쇼펜하우어의 미학적 관점과 왕궈웨이의 철학적 관점은 일치한다. 즉 미감이란 생활의 욕망에서 벗어나는 데서 시작되고 고통에서 벗어난 후에 오는 희열과 고요, 평안에서 비롯되므로[19] 예술을 창조하고 감상하는 행위야말로 인류가 삶의 욕망을 벗어나 심미직관으로 들어가는 가장 이상적인 교량이 될 수 있다는 것이다. 이 역시 칸트의 초공리적 심미관이다. 왕궈웨이는 칸트의 저작을 읽으면서 서양의 철학과 미학을 접하기 시작했기 때문에 이해에 어려움이 따랐다. 그러다가 다시 "쇼펜하우어의 책을 읽고 그에게 심취하게 되면서"[20] 역으로 칸트 철학에 대한 이해를 보다 심화시킬 수 있게 되었던 것이다. 따라서 왕궈웨이가 『홍루몽평론』에서 서술한 초공리적 심미관은 쇼펜하우어로부터 온 것이지만 칸트에게서 영향을 받은 것이기도 하다. 그는 "여기에 사물이 하나 있는데 우리가 이해관계에서 벗어나 초연해지고 물과 아의 관계를 잊게 되면 우리의 마음은 무희망, 무공포 상태가 되어 더 이상 욕망의 주체가 아니라 단지 인식의 주체가 될 뿐이다. 이는 음의 기운이 차올라 한 달이 되면 태양이 솟아오르는 것과 같으며 큰 바다에서 배가 엎어져 부침을 거듭하다가 고향의 해안으로 떠밀려 오는 것과 같다. 뭉게구름이 처량하게 피어오를 때 날개를 단 천사가 평화의 복음을 전하러 오는 것과 같으며 물고기가 어망에서 벗어나고 새가 둥지에서 벗어나 강과 바다, 숲과 나무 사이를 노니는 것과 같다. 그러나 우리가 사물의 이해관계를 떠나 초연해지는 것은 필히 그 사물이 우리와 이해관계가 없어진 이후에라야 가능하니 이 말은 바꾸어 설명하자면 그 사물은 필히 실물이 아니어야 초연해지는 것이 가능하다는 뜻이다. 그렇기 때문에 미술이 아니고서야 어떻게 그렇게 될 수 있겠는가?"[21]라고 했다. 그는 또 이렇게 말했다. "미술이라고 하는 대상은 욕망하는 자는 보지 못하고 본 자는 욕망하지 않게 된다. 미술의 아름다움이 자연의 아름다움보다 우월한 것은 물아物我의 관계를 잊게 하는 데 전적으로 달려 있다."[22] 왕궈웨이가 말하는 미술이란 시가, 소설, 희곡 등을 포함한 예술을 의미한다. 바로 이러한 미학적 관점에 의거하여 그는 정중하게 다음과 같이 자신의 생각을 밝혔다. "우리는 마침내 불세출의 걸작 『홍루몽』을 얻게 되었다."[23]

『홍루몽』의 정신은 도대체 무엇일까? 왕궈웨이는 작품에서 주로 인생의 고통과 해탈의 도를 묘사했다고 보았다. 인생의 고통이란 여러 측면에 걸쳐 있고, 특히나 남녀 사이의 애정이 빚어낸 비극은 더더욱 영원불멸의 의미를 지닌다. 만약 식욕과 비교한다면 남녀 사이의 욕망은 더욱 강렬하게 표현되기 때문에 빠져들지 않았다면 모를까 일단 현혹되어 그 안에 빠져들면 헤어나오기가 쉽지 않다. 『홍루몽』의 고귀함은 삶의 고통을 묘사했을 뿐 아니라 해탈의 여정을 제시한 데 있다. 즉 작자는 "삶을 화로로 삼고 고통을 연료로 삼아 해탈의 솥을 주조했다."[24] 괴테의 명작 『파우스트』는 파우스트의 고통과 최후의 해탈을 그렸는데 그 묘사가 절실하고 구체적이다. 조설근은 가보옥이 "해탈하는 여정이자 정진의 발자취"[25]를 묘사하면서 역시 세밀하고 절실하게 써내려갔다. 게다가 파우스트의 고통은 천재의 고통이고 가보옥의 고통은 사람이면 누구나 느끼는 고통이다. 그래서 "사람에게 존재하는 고통의 뿌리가 유독 깊고 구원을 희구하는 마음도 더욱 절실하다."[26] 붓끝이 여기에 이르자 왕궈웨이는 주체할 수 없는 감정으로 다음과 같이 토로했다. "작자는 하나하나 수집한 소재들을 바탕으로 자신의 역량을 최대한 발휘해 작품으로 형상화한 것이니 이 책을 읽으면서 우리가 느끼는 만족감과 작가에 대한 감사의 마음을 어떻게 표현해야 할지 모르겠다!"[27] 이 말은 그가 『홍루몽』을 얼마나 높이 평가하고 있는지 짐작케 해준다. 그럼에도 한 가지 짚고 넘어가지 않을 수 없는 것은 왕궈웨이가 『홍루몽』의 정신을 이렇게 이해한 것이 『홍루몽』의 정신을 축소시키고 심지어는 왜곡하는 결과를 가져왔다는 사실이다. 『홍루몽』은 쇼펜하우어의 이론을 인증한 측면은 있지만 쇼펜하우어의 이론만으로는 『홍루몽』의 정신을 완전하게 풀이해낼 수 없기 때문이다. 왕궈웨이는 해탈의 과정을 논할 때 속세를 떠나는 것은 해탈이지만 자살은 해탈이 될 수 없다고 주장했는데 이는 쇼펜하우어의 관점과 일치한다.[28] 『홍루몽』에서 금천아, 사기, 우삼저, 반우안 등은 모두 자살로 생을 마감한 인물들이기에 해탈을 논할 수 없다. 가보옥, 석춘, 자견 세 사람만이 비로소 진정한 해탈을 얻은 인물들이다. 관건은 삶의 욕망이 있느냐 없느냐에 달려 있다. 유상련은 비록 불문에 귀의했지만 보옥과 달리 욕망을 끊지 못했다는 측면에서 자살한 반우안처럼 해탈하지 못한 경우에 속한다. 왕궈웨이는 다음과 같은 부연 설명을 덧붙였다. "가령 삶의 욕망이 남아 있다면 속세를 떠나도 해탈하지 못한다. 가령 욕망이 남아 있지 않다면 자살도 해탈의 일종이 아니라고 할 수 없다."[29] 이른바 삶에 있어서의 무욕이 바로 쇼펜하우어가 반복해서 의미를 부여한 의지에 대한 철저한 부정이고, 이것이 바로 종전까지 열렬히 추구하던 그 모든 것을 끊고 기쁘게 죽음을 받아들이는 것이며, 또한 이것이야말로 영혼과 육체가 열반에 드는 것이다. 쇼펜하우어에 의거하면 이것은 인생의 가장 오묘한 전경이어서 이러한 경지에 도달한 사람이 과연 "얼마나 행복할지"[30]는 상상하기 어렵다.

인생에 비극적인 일면이 있음을 직시하고 또 그것을 부각시키는 것은 철학과 미학, 예술의 창작에서 결코 소홀히 할 수 없는 매우 중요한 대목이라는 것을 이미 앞에서 언급한 바 있지만, 인생의 비극에서 인생의 열반을 노래한 것이야말로 쇼펜하우어 철학과 미학사상에서 말하는 가장 본연의 비극이라 하겠다. 왕궈웨이는 『홍루몽평론』을 쓸 때 쇼펜하우어의 "관찰의 예리함과 의론의 첨예함"[31]에 빠져들기도 했지만 다른 한편으로는 쇼펜하우어 철학의 모순된 점을 발견하여 저술의 제4장에서 그것을 언급하기도 했다.

그러나 뭐든지 상세히 추구하는 것을 배척하지 않는 까닭에 평소부터 의구심이 들었던 점에 대해 깊이 한번 탐구해보는 것도 나쁘지 않을 것 같다. 쇼펜하우어의 철학관[32]에서 볼 때 모든 인류와 만물은 근본적으로 하나다. 따라서 쇼펜하우어의 의지 부정 논리는 모든 인류와 만물이 각각 그 삶의 의지에서 벗어나야 된다는 것이 아니라 개인이 의지에서 벗어날 가능성이 있다고 상정한 데 지나지 않으므로 사실상 불가능하다. 왜 그런가? 내게 존재하는 삶의 의지는 가장 작은 부분에 불과하며 대부분은 모든 인류와 만물에 존재하는데 이는 모두 나의 의지와 같다. 게다가 물과 아의 차이는 단지 우리 지력의 형식에서 비롯된 것인데 지력의 형식을 벗어나 근본을 뒤엎고 보면 모든 인류와 만물의 의지는 모두 나의 의지가 된다. 그러므로 나 한 사람이 의지의 속박에서 벗어난 걸 가지고 자만하여 스스로 기뻐하며 해탈했다고 하는 것은 마소의 발굽 자리에 고인 물을 터트려 계곡을 채우고는 천하의 모든 땅이 평평하게 골라져서 편안하게 살 수 있는 땅이 되었다고 말하는 것과 무엇이 다른가? 불가에서 말하기를 "만약 중생을 다 제도하지 못하면 절대로 성불하지 못한다." 이 말에는 할 수 있는데도 하고 싶어하지 않는다는 뜻이 담겨 있는 것 같다. 그러나 내가 보기에는 할 수 있는데 하고 싶지 않다기보다는 하고 싶어도 될 가능성이 없다고 보는 편이 낫다. 고로 쇼펜하우어가 말한 한 사람의 해탈은 세계의 해탈을 아우를 수 있는 것이 아니니 실로 의지가 동일하다는 설과는 서로 양립할 수 없다.[33]

여기서 왕궈웨이는 쇼펜하우어 철학의 "양립할 수 없는" 모순을 지적했을 뿐 아니라 쇼펜하우어 이론을 실제 상황에서 검증할 수 없다고 보았으며 심지어 석가나 예수가 진정한 해탈과 구원을 이루었는지에 대해서도 절대적인 의구심을 나타냈다. 그는 특별히 자신의 칠언율시를 인용했는데 그 내용은 다음과 같다. "평생 고통 속에 시커먼 노를 끌었으니 동쪽 봉래산에 가서는 파도에 목욕하고 싶다네. 어디선가 구름 속에서 개 짖는 소리 들리더니 지금은 물가에서 까마귀 소리만 들리네. 인간 지옥은 분별이 없어 죽은 후에 진흙 속에서나 자부심을 느끼려나. 중생들은 영원히 살날이 없으니 낡아빠진 속세에 어울리는 건 세존뿐일세."[34] 해탈을 믿지 않는다는 의사가 매우 명확했기 때문에 "중생들은 영원히 살날이 없으니"라는 구절을 쓴 것이다. 연구자들은 과거 왕궈웨이의 『홍루몽평론』을 평하면서 쇼펜하우어의 영향을 받은 몇 가지만 보았지 이 시기에 그가 쇼펜하우어 학설에 의구심을 가진 것에는 주목하지 않았다. 그러나 『징안문집靜安文集』의 자서에는 그 점이 분명하게 나와 있다. "작년에 지은 『홍루몽평론』은 그 입론이 비록 쇼펜하우어의 이론에 기초하나 제4장에서 이미 많은 의문을 제기했다. 쇼펜하우어의 설은 그의 주관적인 기질에서 나왔고 객관적인 지식과는 관계가 없다는 것을 깨달았다. 이런 생각을 『쇼펜하우어와 니체叔本華及尼采』에서 비로소 마음껏 펼쳤다."[35] 이 글은 1905년 가을에 쓴 것인데 당시 왕궈웨이는 사상의 전환기를 맞이하여 쇼펜하우어에서 칸트로 이미 되돌아와 있었다. 『홍루몽평론』이 사상적으로 간단치 않은 까닭은 그가 쇼펜하우어의 사상에 대해 분명히 "애착을 가지면서도 확신하지 못하는"[36] 모순된 상황 속에서 『홍루몽』을 분석했기 때문이다. 따라서 왕궈웨이가 쇼펜하우어의 관점을 전적으로 고수했다기보다는 자신의 고전문학에 대한 깊은 소양을 바탕으로『홍루몽』에 대한 남다른 소회를 피력했다고 이해하는 것이 바람직하다.

왕궈웨이가『홍루몽』이 "철두철미한 비극"이고 "비극 중의 비극"이라는 점을 분명히 밝힌 것은 그만의 독창적인 견해다. 특히 그는『홍루몽』을 전통문화의 범주에 놓고『모란정』『장생전長生殿』『서상기』등의 작품과 비교했다. 비교를 통해 "비극으로 시작해 해피엔딩으로 끝나거나 이별에서 시작해 만남으로 끝나고 곤궁하게 시작해서 형통하는 것으로 끝나는"[37] 낙천적인 분위기의 희곡이나 소설을 비판했고, 더 나아가 "우리 나라 사람들의 정신"에 대해서도 성찰했다. 여기서 그가 운용한 것은 비교문학방법론이면서 문화적 배경에 기반한 평론으로서, 소설 비평의 관점에서 보더라도 이론적으로 상당한 내공을 갖추었음을 알 수 있다. 쇼펜하우어는 비극이 발생하는 원인을 분석할 때 세 가지 유형을 논한 바 있다. 첫째는 셰익스피어의『오셀로』에 나오는 이아고나『베니스의 상인』에 나오는 샤일록처럼 악독한 인물에 의한 경우다. 둘째는『로미오와 줄리엣』이나 소포클레스의『오이디푸스 왕』처럼 맹목적인 운명이 우연적인 오류를 불러일으킨 경우다. 셋째는 사람들의 상호관계와 서로 간의 계급적 차이에 의해 촉발된 경우다.[38] 이 마지막 하나가 특히 주목된다. 왜냐하면 이 유형에서는 "공포스러운 오류 혹은 들어보지도 못한 의외의 사실들을 설정하거나 지독하게 악독한 인물을 쓸 필요가 없기 때문이다. 그냥 도덕적으로 정상적인 사람들을 쓰되 그들로 하여금 사건이 자주 일어날 수밖에 없는 그 어떤 상황에 놓이게 해 상호 간에 상대적인 대립관계를 형성하면 자연스럽게 절박한 상황으로 내몰리게 되고 서로가 서로에게 재앙을 야기하기 때문에 어느 한쪽이 나쁘다고 말할 수 없는 상황이 불 보듯 훤해진다."[39] 우리 나라에서 가장 자주 볼 수 있는 것이 마지막 유형의 비극인데, 늘 일어나는 일이므로 습관처럼 느껴져 민감하게 받아들이지 않을 뿐이다. 이에 대한 명징한 인식을 가지고 있었던 왕궈웨이는 자신도 어찌할 수 없는 심정으로 이렇게 적었다.

> 그러나 세 번째 유형에서는 인생의 복지를 족히 파괴할 수 있는 예사롭지 않은 세력이 잠시도 우리 곁에서 떨어져나간 적이 없음을 보여주었다. 게다가 이런 참혹한 일은 어느 때고 자신이 당할 수도 있고 남이 당할 수도 있다. 몸소 혹독함을 겪으면서도 불평 한마디 하지 못하니 이것이야말로 세상에서 가장 참담한 상황이다. 『홍루몽』이 바로 이 세 번째 유형의 비극이다.[40]

왕궈웨이는 이런 비극의 특징을 다음과 같이 개괄했다. 수시로 강림하는 관계로 모든 사람이 맞닥뜨릴 수 있고 자신이 당해도 벗어날 방법이 없기 때문에 세상에서 가장 참혹한 비극이라고 한 것이다. 사악한 부류의 사람들이 좌우에 포진해 있거나 돌발적인 변고가 있는 것이 아닌데도 단지 "통상적인 도덕, 통상적인 인정, 통상적인 상황"들만으로도 엄청난 비극을 초래하니 『홍루몽』이 바로 그런 경우에 해당된다. 이러한 비극의 유형은 미학적으로도 더욱 완벽한 전형성을 갖추고 있다. 쇼펜하우어는 이런 유형을 쓸 때가 가장 어렵기 때문에, 우수한 극작가라 하더라도 회피하고 싶은 유혹에 빠지기 쉽다고 했다. 그가 만약 『홍루몽』을 읽어보았더라면 타향에서 옛 친구를 만난 것 같은 느낌을 받았거나 아니면 『파우스트』와 같은 사례가 하나에 그치지 않는다는 사실을 알게 되었을 텐데 애석하게도 그는 『홍루몽』을 읽어보지 못했다. 왕궈웨이는 『홍루몽』을 "철두철미한 비극"이자 "비극 중의 비극"이라고 했으니 그야말로 지음의 담론, 즉 쇼펜하우어의 지음이자 『홍루몽』의 지음을 말한 것이라 하겠다. 그가 미학 분야와 소설 비평 분야에서 보여준 선도적인 사유가 이를 통해서도 고스란히 잘 드러났다.

위핑보俞平伯의 문학 고증파 홍학과 소설 비평파 홍학의 합류

소설 비평파 홍학의 효시가 되었던 왕궈웨이의 『홍루몽평론』은 시간적으로 고증파 홍학보다 더 빨랐고 차이위안페이, 왕멍롼 등의 색은파 홍학보다 10여 년 더 앞섰다는 것을 앞에서 밝힌 바 있다. 그러나 소설 비평파 홍학은 『홍루몽평론』이 나온 후 활짝 꽃을 피우기도 전에 색은파와 고증파의 시끄러운 논란 속에 설 자리를 잃고 만다. 1923년 아동도서관亞東圖書館에서 출판한 위핑보의 『홍루몽변紅樓夢辨』이 나오고서야 비로소 홍학의 소설 비평은 다시금 독자들의 관심을 불러일으킨다.

나는 이 책의 제3장에서 위핑보가 연구한 『홍루몽』이 후스와 다른 점을 이렇게 구분한 바 있다. 후스는 역사 고증을 했고 위핑보는 문학 고증을 했다. 문학 감상과 어우러진 위핑보의 문학 고증은 시작과 더불어 소설 비평파 홍학과 융합되는 양상을 보여주었다. 구제강은 『홍루몽변』에 쓴 서언에서 위핑보가 당초 『홍루몽』을 연구하는 월간잡지를 하나 만들려 했었고 그 안에는 다음과 같은 내용이 포함되어 있었다는 사실을 언급한 바 있다. 첫째는 역사적 방법을 고증으로 삼은 것이고 둘째는 문학적 관점으로 비평만 한 것 등이다.[41] 위핑보 자신은 『홍루몽변』의 머리말에서 1920년 푸멍전(傳孟眞)과 함께 배를 타고 유럽으로 향해 갈 때 선상의 그들에게 길벗이 되어주었던 『홍루몽』을 떠올리며 다음과 같이 술회한 바 있다. "멍전이 매번 문학적 안목으로 작품을 비평할 때마다 절묘한 논리를 펼치곤 해서 이 작품의 의미와 가치를 더욱 깊이 있게 이해할 수 있었다."[42] 이를 통해 위핑보는 『홍루몽』을 연구할 당시 상당히 자각적으로 소설 비평 방식을 도입했음을 알 수 있다.

『홍루몽변』에는 고증과 비평이 있지만, 서언에서 "나와 핑보 모두 역사적인 자료를 찾아내지 못했다. 그래서 주로 『홍루몽』의 작품 자체에만 공력을 기울였다"[43]라고 했던 구제강의 말처럼 위핑보의 연구는 "작품 내용"에서 벗어나지 않는 것이었다. 고증과 비평의 핵심은 후40회 속서에 있는데 과연 『홍루몽변』의 작자는 후40회를 비평하기 위해 어떠한 기준을 제시했는지 살펴보기로 하자.

나는 작품을 보기 전에 먼저 나의 기준이 무엇인지 밝히고자 한다. 고악이 지은 후40회가 과연 소설이라면 반드시 두 가지 요건을 충족시켜야 한다. 첫째, 서술한 내용이 정리에 부합되는가? 둘째, 서술한 내용이 깊이 있고 절실하게 우리를 감동시키는가? 만약 두 가지 답안 모두 부정적이라면 당연히 그 점에 대한 평가도 부정적으로 내려질 수밖에 없다.[44]

두 가지 기준 모두 소설 비평이 반드시 갖추어야 할 기준일지언정

고증이 갖추어야 할 원칙은 아니다. 왜냐하면 고증에는 "감정이 배제되어야 하므로" 우리를 감동시킬 수 있는지 여부에 대해서는 고려할 필요가 없다. 특히 『홍루몽변』 중의 「홍루몽의 풍속」에서는 더더욱 "문학적인 관점으로 『홍루몽』을 읽었다."[45] 그러나 냉정히 말해 이 글은 『홍루몽』의 예술적 성취에 대해 제대로 평가하지 못했다는 결함이 있다. 그중 하나는 세계 문학 속에서 『홍루몽』의 "위치가 그리 높지 않다"[46]고 평가한 것이고, 다른 하나는 『홍루몽』의 성질이 "중국식 심심풀이 땅콩으로 읽는 책과 유사해 근대문학의 숲에 들어가지 못한다"고 평가한 것이다.[47] 이는 『홍루몽』의 가치를 너무 과소평가한 것이다. 그러나 작가적 감수성이 풍부했던 위핑보는 결국 작품에 대한 깊이 있는 이해를 통해 『홍루몽』의 진정한 한 수가 어디에 있는지 독자적으로 찾아낼 수 있었다. 그는 이렇게 말했다. "나의 선호도로 보건대 『홍루몽』 작가의 첫 번째 기량은 인간의 감정을 잘 묘사한 데 있다고 생각한다."[48] 또 "『홍루몽』에서는 인격적 약점들이 비교적 소상하게 드러났다. 십이채는 작가에게 있어 절반은 연인과 같은 존재여서 작가는 그녀들을 애정하면서도 그녀들의 단점에 대해서도 놓치지 않았다. 그래서 진씨의 음란과 희봉의 권력을 통한 농단과 사기, 탐춘의 박정함, 영춘의 우유부단함, 묘옥의 튀는 행동 등에 대해 말 못할 이유가 없었던 것이다. 보채와 대옥은 분명 마음속으로 사모하는 인물이지만 보채의 심사가 매우 깊고 치밀하다면 대옥은 입이 날카롭고 도량이 작으니 두 사람 다 완벽한 만능인은 아니다. 만능인이 원래 이상 속에 있는 존재라면 작가가 어떻게 만능인을 거울로 비추듯이 찍어낼 수 있겠는가? 이 점은 대단히 고지식한 부분이기도 하지만 오히려 한편으로는 대단히 영리한 부분이기도 하다."[49] 이 모든 것은 위핑보가『홍루몽』에 대해 깊이 체득한 이후 작품의 묘체를 절묘하게 설파한 말이다.

왕궈웨이는『홍루몽』이 비극 중의 비극임을 인정했는데 위핑보도 같은 생각이었다. 그는 "『홍루몽』이 미완으로 끝났어도 매우 심각한 비극이라는 점에는 의심의 여지가 없다. 영寧국부와 영국부의 홍망성쇠, 십이채의 영고성쇠는 독자들을 하염없이 눈물짓게 할 따름이다. 그런데 만약 보옥의 신세를 자세히 음미하여 감상해보면『홍루몽』은 그야말로 문제적 소설임을 알 수 있다. 그와 같은 천재가 반평생을 영락한 신세로 전락해 아무것도 이루지 못했으니 그 누가 책임을 질 수 있겠는지 생각해보라. 천재란 원래 만날 수는 있어도 억지로 구할 수는 없는 법, 우연히 등장했다 하더라도 환경적인 요인에 의해 억눌리고 파괴되면서 가난에 쪼들려 고생하다보니 결국에 가서는 집을 떠나 중이나 도사가 되기도 한다. 이런 잔혹함에 대해 생각해본 사람이라면 어느 누군들 한숨짓지 않을 수 있으리오?"[50] 그는 또 민족의 문화적 심리와 연관 지어 다음과 같이 말했다. "우리 민족은 줄곧 가족이 흩어졌다 다시 모이는 것을 미덕으로 생각해왔기 때문에 비극이 발전하지 못했다. 그래서 어떤 종류의 희곡·소설이든 대단원의 마무리를 해야 빼어난 작품으로 여겼다. 그렇지 않으면 책이 제아무리 쌓여 있어도 독자들은 혐오감을 느끼고 책을 읽지 않는다."[51] 위핑보가 왕궈웨이의 계몽을 받았는지 여부는 알 수 없으나 그들이 내린『홍루몽』소설 비평의 결론은 일치했다.

『홍루몽』이 "원망하면서도 노여워하지 않는 책"[52]이라는 주장을 펼쳤다는 이유로 위핑보는 1954년에 큰 곤욕을 치렀는데 지금 생각해 보면 공정성이 대단히 결여된 비판이었다. 위핑보가 말한 것은 『홍루몽』의 풍격, 즉 예술적인 표현의 특성인데 그걸 가지고 정치적인 개념으로 판단한 것은 온당치 않아 보인다. 그는 이렇게 말했다. "애절함으로 사람을 감동시키는 문풍은 그런 정치적 개념과 다르기 때문에 처음 볼 때는 그냥 담담하니 다른 작품에 비해 어디가 어떻게 뛰어난지 알 수 없지만 다시 몇 번을 더 보고 나면 점점 느낌이 달라지고, 보면 볼수록 더 이해가 되고 흥미도 깊어진다. 이른바 아무리 봐도 질리지 않는 글은 대부분 진실한 감정이 살아 있고 깊은 정서가 함축되어 있어서 작가와 같은 마음을 갖고 있지 않으면 그 핵심을 알 수 없다."[53] 우리가 『홍루몽』을 읽을 때도, 그냥 뒤적이는 것이 아니라 여러 차례에 걸쳐 읽어보면 그와 같은 느낌이 들지 않겠는가? 『홍루몽변』의 마지막 글은 10칙으로 되어 있는 『홍루몽』 찰기札記인데, 제9칙에서 『홍루몽』의 예술 풍격에 대해 진일보한 의견을 피력했다.

내가 보기에 이 책의 좋은 점은 섬세하되 가냘프지 않고 교묘하되 수다스럽지 않으며 끈적끈적하지만 달라붙지 않고 유동적이면서도 미끄덩하지 않으며 평담하면서도 무미건조하지 않고 방종하고 안일하면서도 과하게 느껴지지 않는다는 데 있다. 간단히 말하자면 "딱 맞아떨어진다"라는 표현을 쓸 수 있고, 상징적으로 말하자면 "무성하면서도 짧지 않고 가냘프면서도 길지 않다"는 표현을 쓸 수 있을 것 같다. 『홍루몽』이 널리 전파될 수 있었던 것은 고상한 사람이나 세속적인 사람에 구애됨 없이 누구나 함께 감상할 수 있고 아무리 여러 차례 반복해서 읽어도 질리지 않

기 때문이다. 나는 듯한 기세에 의탁하지 않고도 천 리 바깥에 이르렀으
니 참으로 문예계의 걸출한 인물이 아닐 수 없다. 이른바 고인들이 말한
"복숭아와 자두는 말이 없으나 그 아래에 저절로 길이 생긴다"라는 말처
럼 명실상부하니 그 안에 한 치의 거짓도 있을 수 없다. 우리가 『홍루몽』
을 읽어보면 이 말이 결코 헛되지 않음을 알게 될 것이다.[54]

위핑보의 감칠맛 나는 글을 읽다보면 그의 날카로운 예술적 안목
과 속뜻에 대한 심오한 이해력이 느껴지는데 말 그대로 아주 적절한
것 같다. 만약 왕궈웨이의 소설 비평이 주로 미학적 관점에서 『홍루
몽』의 비극성에 주목했다면 위핑보의 비평은 감상 방식을 취했고 이
론적인 설명을 곁들였으며 어디까지나 텍스트 안에서 전체적인 예술
풍격으로 작품을 파악하려 했다는 점에서 왕궈웨이보다 예술적인 깨
달음의 측면에서 한 걸음 더 앞섰다.

『홍루몽』 후40회 속서에 대해서는 어떠한 평가를 내리고 있는가?
이는 문학 고증과 직접 관련되어 있다. 『홍루몽변』의 많은 글에서 이
문제를 세심하게 고증했는데, 이를테면 「원본 회목은 80회뿐임을 판별
하다辨原本回目只有八十」 「고악 속서의 근거高鶚續書的依據」 「후40회에 대한 비
평後四十會的批評」 「고본과 척본에 대한 개략적인 비교高本戚本大體的比較」 등
은 기본적으로 다 고증에 관한 글이다. 그러나 앞서 말한 것처럼 위핑
보의 문학 고증은 소설 비평과 하나로 융합되어 있다. 그래서 그는 전
80회와 후 40회의 차이를 비교하는 동시에 예술 창작의 특성이라는
측면에서 "어떤 책이든 속서를 내서는 안 된다"[55]라는 결론을 내렸다.

대저 모든 글은 개성이 넘치게 마련이지만, 더 좋은 글일수록 개성이 더 생동적으로 표현된다. 그렇기 때문에 글은 본디 이어서 짓기 어려운데 좋은 글의 경우엔 더더욱 그러하다. 왜 이어 짓기가 어렵다고 하는가? 작자에게도 자신만의 개성이 있고 속서인에게도 자신만의 개성이 있기 때문에 양자는 절대 융합될 수 없다. 융합되지 못한 사상과 감정 그리고 문학적 수단으로 책 한 권을 억지로 합작해서 만들어내야 한다면 보나마나 "이도 저도 아닌 물건"이 될 수밖에 없다. 그러므로 어떤 작가라도 자신의 저작에 이어 짓기를 하는 것에 반대할 것이고 설사 작가 자신이라 하더라도 환경과 심경에 변화가 올 것 같으면 끝마치지 못한 글은 차라리 그대로 두는 게 낫다. 이는 문예 종사자가 반드시 갖추어야 할 성실함의 덕목이다.

속서자의 입장에서 볼 때, 그가 취할 수 있는 가장 최선의 방법은 속서하겠다는 망상을 버리는 것이다. 그러지 않을 경우 해결할 수 없는 어려움에 빠지게 될 것이기 때문이다. 글에서 가장 중요한 것이 개성인데 남의 글을 이어 지을 때는 오히려 가장 금기시해야 할 것이 개성이다. 왜냐하면 그대의 개성을 표현하다보면 속작으로 받아들일 수가 없기 때문이다. 만약 반드시 속작해야 한다면 당연히 원작자의 개성을 존중하고 시시때때로 그를 대신해 말해야 한다. 그러나 과연 그렇게 되려면 자신의 개성이 피어나는 것을 억누르고 남이 시키는 대로 따라해야 할 테니 글을 쓴다는 것이 죄수처럼 고통스러울 테고 억지로라도 글을 완성하려면 "목숨이 경각에 달린 상태"로 위태로운 나날을 보낼 수밖에 없다.[56]

아마도 위핑보의 관점에 반박할 사람은 없을 것으로 생각한다. 왜냐하면 그는 예술적 규율에 따라 논증했고 뒤의 사실들이 그의 관점을 좀 더 실증적으로 받쳐주었기 때문이다. 비록 『홍루몽』에 이어 짓기를 하고 싶어한 사람은 적지 않았지만 지금까지 성공한 사람은 단한 사람도 없었고 심지어 정위원과 고악의 수준에 도달한 사람도 하나 없었다. 이는 다른 사람이 아니라 바로 위핑보가 했던 말이다. "어느 책이든 이어 짓기를 해서는 안 되는데, 이는 비단 『홍루몽』에만 국한되지 않는다. 어느 속작가이든 다 실패하게 마련인데, 이는 비단 고악 등의 실패에만 국한되지 않는다."[57] 이 말은 곧 예술 규율을 거스르면 안 된다는 뜻이다. 이를 통해 볼 때 소설 비평을 통한 『홍루몽』 연구에는 고증으로 대신할 수 없는 기능이 있음을 알 수 있다. 왜냐하면 이런 방법은 이론적으로도 설득력이 있기 때문에 자료의 부족함을 충분히 메워줄 수 있다.

위핑보가 처음 홍학을 연구할 때는 문학 고증과 소설 비평의 융합을 지향했던 것으로 보인다. 구제강이 서문에서 "작품 내용에 공력을 기울였다"[58]라고 말한 것이 확실한 증거인데, 위핑보는 『홍루몽변』의 부록 찰기에서 더욱 반복적으로 이 점을 밝히고 있다. 한 가지 준칙을 들자면 "고증이 비록 과학과 역사에 가깝다고는 하지만 문학을 이해하는 데 지장을 주지는 않을뿐더러 더 깊이 있는 이해를 할 수 있도록 독자들을 이끌어준다"[59]는 것이다. 두 번째 준칙을 들자면 "우리는 『홍루몽』을 연구하는 동안 종합적으로 작품을 감상하고 작품에 도취될 수 있다. 고증으로 인해 감상이 방해를 받아서는 안 된다"[60]는 것이다. 세 번째 준칙은 "고증과 감상은 관찰의 두 가지 방식으로 서로 충돌할 가능성은 없다"[61]라는 것이고, 네 번째 준칙은 "여행객이 반드시 지참해야 할 물건이 지리풍토지라면 산행할 때 안내자와 같은 역할을 하는 것이 고증"이라는 것이다. 따라서 "결함을 제거하고 더러움을 씻어내려면 독자가 감상하는 능력을 회복하여 그 작품의 여산 진면목을 읽어낼 수 있어야 한다."[62] 더없이 명쾌한 말이 아닐 수 없다. 이전에 우리는 위핑보의 고심을 이해하거나 그가 썼던 책을 자세히 읽어보기는커녕 그의 고증이 후스의 고증과 같다고 오인함으로써 홍학에 대한 그의 독자적인 탐구 성과를 제대로 파악하지 못했을 뿐 아니라 눈앞의 좋은 기회를 놓쳐버리고도 자각하지 못했으니 이는 대단히 유감스런 일이다.

주목할 만한 것은 위핑보가 1925년에 쓴 「홍루몽변의 수정紅樓夢辨的修正」이란 글이다. 이 글의 구체적인 배경은 지금으로서는 고찰할 방법이 없지만 글의 내용과 말의 의미를 살펴보건대 온당한 이유가 있어서 쓴 글임에 분명하다.

소설은 그냥 소설이고 문학은 그냥 문학이니 역사책으로 보거나 과학 논문으로 봐서는 안 된다. 문예는 감상 말고도 연구가 가능하다. 그러나 문예 연구는 역사 연구나 과학 연구가 되어서는 안 되며 그저 흥미의 연구여야 한다. 역사적이거나 혹은 과학적인 연구방법이 아무리 정교하다 하더라도 연구의 대상이 역사나 과학이 아닌 이상 어찌 오류가 발생하지 않는다고 보장하겠는가? 나는 그런 방법을 흥미의 연구에 가져다 쓰면 안 된다고 말하는 것은 아니지만 그렇다고 흥미의 연구에 달리 뾰족한 묘법이 있다고 말하는 것 또한 아니다. 문예를 감상할 때 연구를 곁들이는 것은 단지 잠깐 끼어들어 노는 데 불과한 것인데 만약 해부용 칼을 가

저다 분석한다면 갈가리 찢어져 아무것도 얻을 수 없게 되지 않을까 싶다. 이는 그대의 수술 솜씨가 불량하다거나 그대의 칼 솜씨가 재빠르지 않음을 탓하는 것이라기보다는 "닭을 잡는데 어찌 소 잡는 칼을 쓰느냐는 것"을 이르는 말일 따름이다.[63]

나름대로 자신의 의견을 개진했을 뿐 아니라 행간에 자못 불만스러운 점들을 토로하고 있다. 『홍루몽』 연구는 역사나 과학 연구가 아니라 흥미의 연구라는 점을 강조한 것은 후스를 겨냥했거나 혹은 자신은 최소한 후스가 제창한 과학 고증과는 다른 견해를 가졌다는 것을 드러내고자 했던 의도로 보인다. 그러나 그가 얼마만큼 속으로 울분을 삭였는지는 짐작하기 어렵다. 이어서 또 다음과 같이 썼다.

흥미의 연구에 특별한 묘법이 없다면 다른 것과 어떻게 구별될 수 있을까? 이러한 연구는 대상과 방법에서 자유롭다고 생각한다. 만약 당신이 연구를 고정적인 지식을 구하는 것으로 해석한다면 아닌 말로 장난질이야 가능하겠지만 그 자체로는 연구가 성립되지 않는다. 나는 그저, 아무 이유 없는 직관에 따른 이러한 연구가 존재할 만하다고 생각한다. 우리가 냉정하고 차분하게 그리고 자세히 한 가지 일을 관찰하면서 딱 맞아떨어지게 하기를 희망한다면(face the fact as it is), 복잡하게 얽혀 있는 촘촘한 실을 엉성한 몇 가닥으로 보지 말아야 하고 둥근 형체를 평평하고 얇은 단편 조각으로 봐서는 안 된다. 우리는 자신이 관찰한 것이 맞다고 철석같이 믿지만 동시에 다른 이들에게도 그들만의 좋은 점이 당연히 있다는 것을 이해하고 인정해야 한다. 사람들은 저마다 옳다고 생각하는 바를 완수하면서도 그 일을 남에게 방해되지 않게 해야 한다. 이는 아마도 일반적인 연구방법이 공통적으로 갖고 있는 특성이지만 오늘 나는 이 자리에서 다시 한번 그것을 진작시킬 필요를 느낀다. 홍미의 연구자가 이러한 말들을 엄수할 수 있다면 더더욱 무모한 수확에 연연하지 않고 치밀한 탐구에 매진할 수 있게 된다. 나는 독자적으로 일파를 형성했으니 지나친 과장은 아니라고 생각한다.[64]

보아하니 아마도 당시에 위핑보의 연구방법론에 대해 홍미를 위한 연구이지 과학적인 연구가 아니라는 등의 완곡한 비판이 있었던 것 같다. 그래서 자신의 입장을 변호하기 위한 목적으로 앞에서 언급한 내용의 글을 발표한 것으로 보인다. 감상적인 소설 비평이 침윤되어 있는 홍미의 연구가 고증가들에게 중시되지 않은 것은 당시 흐름으로 보면 어쩌면 지극히 당연한 귀결이었는지 모르겠다. 소설 비평은 고증과 연구방법론에서 엄연한 차이가 있었음에도 위핑보는 양자가 통일될 수 있다는 견해를 꿋꿋이 견지했다. 그가 말하려 했던 것은 만약 누군가 반드시 고증과 소설 비평이 상호 보완관계가 될 수 없다고 여기더라도 부디 각자 소신껏 자신의 것을 완성시키되 남을 부정하거나 남에게 방해가 되지는 말자는 것이다. 말은 이렇게 해도 소설 비평의 위치가 당시로서는 공고하지 않았기 때문에 고증의 기풍에 대해 심히 불만스럽다는 것을 강조하는 데 그칠 수밖에 없었다. 그래서 뒷부분에 또 다음과 같은 말을 덧붙였다. "『홍루몽』은 지금 문단에서 불후의 걸작이다. 옛사람들이 수수께끼 풀이하듯 작품을 읽었는데 지금 우리는 고질적인 고증학적 방식으로 작품을 읽고 있으니 다들 딱하고 안

쓰럽다."[65] 얼핏 보기에는 스스로에 대한 반성인 것 같지만 실제적으로는 풍자의 의도가 다분하다. 나는 위핑보가 소설 비평파 홍학을 위해 전력을 다해 변호했다고 생각한다. "둥근 형체를 평평하고 얇은 단편 조각으로 보지 말라고"[66] 한 것은 서양 소설 비평에서 자주 쓰이는 말인데, 위핑보는 자신의 글에 이 말을 삽입했다. 그 출처가 어디인지는 알 수 없으나 마음이 움직였다는 것은 은연중에 자신의 생각과 맞아떨어졌기 때문일 것이다. 어떤 상황이든 간에 그의 소설 비평에 이미 상당한 현대성이 깃들어 있음을 분명히 한 것이다. 게다가 이 글은 그가 유럽 여행에서 돌아온 후 쓴 것이니 당연히 문학 관념과 비평 방법론에서 서양 소설 비평의 영향을 받았다고 볼 수 있다.

위핑보가 1949년 이후에 쓴 홍학에 관한 글은 전문적으로 판본을 고증한 일부를 제외하고 1954년에 발표한 「홍루몽간론紅樓夢簡論」과 홍콩의 『대공보大公報』에 연재한 「독홍루몽수필讀紅樓夢隨筆」을 포함하여[67] 절대다수가 소설 비평의 범주에 속한다. 그가 추구했던 것은 흥미 연구이자 소설 비평과 문학 고증을 융합하는 것이었다. 만약 저우루창을 고증파 홍학의 집대성자라고 한다면 위핑보는 소설 비평파 홍학을 처음부터 끝까지 한결같이 몸으로 체험하고 실천하려 했던 인물로 봐야 한다.

고증파 홍학 천하에서의
소설 비평파 홍학

왕궈웨이가 시작한 소설 비평파 홍학은 등장하기가 무섭게 왕멍롼과 선핑안, 차이위안페이와 덩쾅옌 등의 색은파 저작에 이어 후스와 차이위안페이의 논쟁이 진행되고 고증파 홍학이 우세를 나타내기 시작하면서 기구한 운명에 처하게 된다. 그로 인해 당시 왕궈웨이의 『홍루몽평론』은 사회적으로 큰 반향을 불러일으키지 못했다. 위핑보의 홍학 연구는 소설 비평과 문학 고증을 융합한 것이었기 때문에 사회적으로 영향력이 있기는 했지만 오히려 독특한 방법론에 대한 이해가 제대로 이루어지지 않으면서 후스의 고증과 차이가 없는 것으로 오인되었다. 이와 같은 상황에서 위핑보는 상당한 압박을 느꼈던 것으로 보인다. 그랬기에 「홍루몽변의 수정」에서 스스로를 변호한 것이 아닌가 싶다. 고증파 홍학 천하에서 소설 비평파 홍학은 궁색한 처지에 놓이게 된다.

물론 후스의 『홍루몽고증』이 발표되기 전에 량치차오가 제창한 소설계의 혁명이 소설 담론으로 잘 퍼져나갔고 『홍루몽』을 전문적으로 다룬 글이 등장했으니 이미 우리가 말하는 소설 비평과 매우 유사한 것이었다. 1915년 『소설해小說海』에 게재된 지신季新의 「홍루몽신평紅樓夢新評」[68]은 기본적으로 평점 방식의 틀에서 벗어나지 못했지만 『홍루몽』의 반봉건사상에 대해 심오한 지론으로 깊이 있게 설명했는데 그 논점이 상당히 대담했다. 이를테면 보옥이 일생 동안 대옥에게 사랑을 기울였으며 또 가끔은 그 감정을 주변 사람에게까지 마구 퍼뜨렸다는 내용인데, 이는 교훈으로 삼을 만한 것이 못된다고 하며 각종 혼인제도에 대해 이런저런 의론을 제기했다. 우선 "일부다처제는 여자를 음식물처럼 본다. 팔대 요리와 팔소 요리, 열두 개의 둥근 접시가 각양각색인데 각기 입에 맞는 음식으로 배를 채우고 끊임없이 먹어대면서 또 그 맛을 감별하려고 하고 한바탕 먹은 후엔 남은 음식을 버리려 하니 사람을 제대로 보지도 못하는 상황에서 무슨 애정을 논할 수 있겠는가"[69]라고 일부다처제를 비판했다. 그는 이 말을 하고 나서 혼인제도 자체에 대한 총론을 내놓았다.

이것을 좀 더 파고 들어가면 혼인의 제도도 애정에 장애가 된다. 대저 다처제에서 여자를 음식물로 본 것은 분명히 이기적인 마음이다. 일처제가 여자를 보배로 여긴 것도 이기적인 마음이다. 서양 사람들은 다처제를 비판하며 다음과 같이 말했다. "당신에게 이런 다이아몬드가 있다면 반지의 알로 박아 넣을 것인가? 아니면 그것을 두드려 깨서 여러 개의 자잘한 알로 만들 것인가?" 이는 상대방에게 온 마음을 다해야 하는 사랑을 비유한 말이다. 뜻밖에도 여성을 보배로 보려는 그들의 마음이 숨길 수 없을 정도로 분명하게 드러났다. 중국의 풍속에서 결혼으로는 자유를 얻을 수 없다. 서양의 풍속에서 결혼으로 자유를 얻을 수는 있어도 이혼으로 자유를 얻을 수는 없다. (…) 정말이지 혼인은 애정의 결합이므로 애정이 변하면 혼인도 당연히 멀어지게 된다. 그래서 사회학자들은 혼인제도를 폐기해야 한다는 주장을 펼치기도 한다. (…) 나는 남녀가 서로 함께하게 된 것을 네 시기로 구분해볼 수 있다고 본다. 미개한 원시시대에는 무성한 수풀에서 짐승들이 떼 지어 달리고 남녀는 잡혼하여 부부라고 할 수 없었으니 그때가 제1기다. 법으로 정하여 음란을 방지하고자 했으나 야만적인 구습이 여전히 사라지지 않자 마침내 일부다처제와 일처다부제가 생겨난 것이니 이때가 제2기다. 일부일처는 법률에 명시되어 있으나 남녀가 정부나 기생을 데리고 노는 것에 대해 도덕적인 제재를 가할 수 있을 뿐 법률로 옭아맬 수는 없었으니 이때가 제3기다. 헤어짐과 만남을 순전히 애정에 맡기게 된 때가 제4기다. 이치상으로 볼 때 당연히 제4기가 가장 적합하다. 그러나 이 시기는 반드시 남녀가 모두 도덕적으로 순수함에 이르고 또 위생을 염두에 둘 줄 안 연후에라야 가능하다. 그렇지 않다면 원시시대의 수풀이 무성하게 우거진 가운데 짐승들이 이리저리 떼 지어 뛰어다니는 시대로 되돌아가게 된다. 법제란 도덕의 가장 낮은 층위로서 변변치 못한 인간들이 꿈틀꿈틀 기어서라도 그 단계에 도달하도록 한다. 세상에는 돼먹지 못한 인간이 많으므로 어쩔 수 없이 법률을 제정하여 제재를 가할 수밖에 없었던 것이니 변변치 못한 인간이 세상에서 사라지지 않는 한 법제는 절대 없어지지 않는다. 그러므로 오늘날에도 여전히 일부일처제가 가장 합당하다.[70]

이러한 일련의 생각은 엥겔스의 저서 『가족, 사유재산, 국가의 기원』에서 그 근거를 찾을 수 있는데, 입론이 대담하면서도 꾸밈이 없어 70년이 지난 오늘날에도 시대에 뒤떨어졌다는 생각이 들지 않는다. 이는 중국사회의 발전 속도가 매우 더디다는 반증이기도 하다. 작자는 뒤이어 애정은 자유롭고 평등해야 하며 반드시 "스스로 자신의 사랑을 중시하고 더욱이 타인의 사랑에 대해서도 중시할 줄 알아야 한다"[71]고 주장했다. 때문에 그는 『홍루몽』의 관련 묘사와 연관 지어 보옥의 "감정 남용"이 평등을 기초로 한 것이 아니라고 보았는데, 납득할 만한 결론이 아닐 수 없다.

지신의 「홍루몽신평」은 주로 사회 개량의 관점에서 『홍루몽』을 분석했는데 주관적으로 받아들인 사상이 많아 작품 분석에서 객관성을 담보하지 못했다. 1914년 『중화소설계中華小說界』에 발표한 청즈成之의 글[72]은 사상적으로 왕궈웨이의 『홍루몽평론』을 계승했는데 나름대로 일정 정도 대표성을 갖추었다. 다만 제5회에 나오는 「홍루몽곡」을 하나하나 해석하고 그에 대한 적잖은 견해를 제시했음에도 등장인물마다 "주장하는 바가 따로 있다"고 본 것은 집요하게 파헤친 감이 없지 않다. 따라서 그들의 주장은 소설 비평에 가깝지만 그렇다고 완전한 소설 비평으로 보기에는 다소 무리가 있다.

1920년 『소설월보小說月報』에 페이즈佩之라는 필명으로 게재된 천두슈의 「홍루몽신평紅樓夢新評」[73]도 대표적인 소설 비평이다. 전문은 여섯 부분으로 나뉘어져 있다. 1. 서언 2. 『홍루몽』주의 3. 『홍루몽』의 문학사적 가치 4. 『홍루몽』의 인생 철학 5. 『홍루몽』의 인물 신평 6. 『홍루몽』의 결함. 그는 우선 『홍루몽』에 대한 관점에 있어서 저마다 다른 안목을 가지고 있는 까닭에 독자에 따라 언정소설, 철학소설, 역사장

고소설, 정치소설 등 다양한 시각으로 작품을 바라본다고 했다. 그는 비평의 자세로 "작품에 새로운 가치를 부여하는 것"[74]을 목표로 삼았다. 그래서 『홍루몽』은 혼인, 납첩, 자녀 교육, 권력 남용과 뇌물수수, 위조 등 여러 사회문제를 묘사하고 비평한 소설이므로 만약 이런 점들을 보지 못한다면 작가의 고심을 저버리는 일이라고 주장했다. 그리고 사회를 비평할 때는 객관적인 태도로 사회의 실제 상황을 묘사해야 하는데, 이는 맑은 거울처럼 "사회생활을 일제히 비춰주어 보는 사람이 철저하게 깨닫도록 해야 하기 때문이다."[75] 그런 점에서 페이즈는 『홍루몽』을 "어떤 다른 소설도 따라오지 못할 정도로 아주 잘 쓰인 사실주의 소설로 보았으며"[76] 치밀한 구성, 순수한 필치, 세밀한 인물 묘사에 그 문학적인 가치가 있다는 점을 높이 평가했다. 그는 "중국 소설 중 인물 묘사에 능한 소설로는 『수호전』보다 나은 게 없다. 그러나 『홍루몽』은 인물 묘사의 기량에서 사실상 『수호전』을 능가한다. 대옥에겐 대옥의 품성 언어가 있고 보채에겐 보채의 품성 언어가 있다는 것이 절대 오해가 아니다. 『수호전』에서는 인물 개개인마다 맡은 바 역할이 있는 108명의 도적들을 묘사했다. 각 인물의 품성은 각자가 해야 할 일을 통해 묘사되고 드러났다. 그러나 『홍루몽』에서 묘사한 것은 거의가 일상적인 소소한 사건들이고 그러한 일상적인 소소한 사건들을 통해 각자의 품성이 드러나게 했으니 결코 쉽지 않은 일이다"[77]라고 했다. 그는 또 "작품에서 각 인물들을 묘사할 때 특히 감정 묘사에서 최고의 기량을 발휘했다. 보옥과 대옥은 모두 감정이 풍부한 인물들이다. 작품에서 그들이 겪은 우여곡절을 조금도 어색하지 않게 잘 묘사했다. 본래 감정이란 다른 것과 달리 말로 표현할 수 없을뿐더러 문자로는 더더욱 표현하기가 어렵다. 그런데도 작가는 가장 어려운 대목을 하나같이 잘 표현해냈다. 지금 작품을 읽는 사람들은 모두 보옥과 대옥의 감정이 뇌리에 또렷하게 박혀 쉽사리 지워지지 않을 것이라고 느낄 것이다. 이는 작가의 대단한 마력이 아닐 수 없다. 서양 소설에서 인물 묘사가 매우 탁월한 작품과 『홍루몽』의 인물을 비교하더라도 『홍루몽』이 결코 뒤쳐지지 않는다"[78]고 했다. 이러한 주장은 『홍루몽』과 『수호전』을 비교하고 더 나아가 서양 소설과 비교한 전형적인 소설 비평의 글쓰기 방식에서 나온 것으로 감상과 분석의 과정 속에서 논리적 역량을 잘 드러냈다. 그러나 『홍루몽』의 결함을 논하면서 태허환경과 관련한 몇몇 신화적 이야기는 쓰지 말았어야 했다고 한 것은 분명 잘못된 견해가 아닐 수 없다. 이는 지나치게 사실적인 가치를 강조하려다 야기된 결과로 보인다. 이와 같이 일정 부분 조화스럽지 못한 부분이 있지만 여전히 소설 비평의 측면에서 『홍루몽』을 연구한 자못 수준급 글이라는 점에는 이견이 없다.

이외에 우미吳宓의 「홍루몽신담紅樓夢新談」은 페이즈라는 필명으로 내놓은 천두슈의 「홍루몽신평」과 같은 해에 발표되었고 『민심주보民心周報』에 게재되었는데 역시 소설 비평의 범주에 속하는 글이다.[79] 그리고 직접 서양 소설 관념을 끌어와 "대저 소설의 걸작은 반드시 여섯 가지 장점"[80] 즉 취지가 올바를 것, 범위가 광대할 것, 구조가 엄밀할 것, 사실이 풍부할 것, 정경이 핍진할 것, 인물이 생동적일 것 등의 요소를 갖추어야 한다고 했다. 작자는 이 "여섯 가지 장점"을 기준으로 삼아 『홍루몽』을 평가함으로써 궁극적으로 "어디든 박자가 딱딱 맞을 뿐 아니라 아름답고 빼어나다"[81]는 점을 발견했다. 비록 글이 생경하다는 느낌이 있기는 하지만 소설 비평이라는 사실에는 의심의 여지가 없다. 이러한 방법을 운용하면 『홍루몽』의 문학과 미학의 가치를 어렵지 않게 찾아볼 수 있다.

만약 후스의 『홍루몽고증』이 1921년에 발표되지 않았다면 소설 비평파 홍학은 더 좋은 풍모를 보여줄 수 있었을 것이다. 앞에서 소개한 지신, 청즈, 페이즈, 우미 등의 글은 모두 1921년 이전에 발표된 것이다. 후스의 『홍루몽고증』이 나오고부터는 상황이 돌변하여 모든 사람이 후스와 차이위안페이의 논쟁에 휘말렸고 그 후 가세, 본사, 장소 문제에 관한 토론이 이어지면서 문학적 가치에 중점을 둔 소설 비평은 뒷전으로 밀리게 되었다. 이러한 상황은 1920년대 전반까지 크게 바뀌지 않았다. 1925년 『청화문예清華文藝』에 발표한 「왕궈웨이의 "홍루몽 평론"을 읽은 후에讀王國維紅樓夢評論以後」[82]와 같은 해 『신보 7주년 기념 증간晨報七周年紀念增刊』에 게재된 류다제劉大傑의 「홍루몽의 중요한 문제에 관한 토론과 그 예술사적 비평紅樓夢裏重要問題的討論及其藝術上的批評」[83]은 소설 비평이라고 할 수 있지만 전자의 경우는 왕궈웨이의 『홍루몽평론』을 소개하는 데 주안점을 두었고 후자도 지나치게 간략하여 독창적인 견해가 부족했다. 상대적으로 루쉰은 1924년에 「중국 소설의 역사적 변천中國小說的歷史的變遷」이라는 제하의 강연에서 소설 비평파 홍학에 대한 매우 시사적인 의미가 담긴 말을 남긴 바 있다.

『홍루몽』의 가치에 대해 말하자면 아무래도 중국 소설 중에서 매우 드문 예라고 할 수 있을 것 같다. 그 핵심은 감히 여실하게 묘사하면서 결코 꺼리거나 은폐하지 않았고 이전의 소설에서 좋은 사람은 완전히 좋고 나쁜 사람은 완전히 나쁘게 그렸던 것과는 사뭇 다르다. 그래서 작품에서 묘사한 인물들은 모두 진짜배기 인물들이다. 결론적으로 말하면『홍루몽』이 나오고 나서 전통적인 사상과 작법은 완전히 타파되었다. 그 문장의 부드럽고 아름다우며 멋들어짐은 오히려 부차적인 것이다. 그러나 청년들에게 나쁜 영향을 미친다고 생각해 반대하는 사람들은 도리어 아주 많았다. 이것은 중국인들이 소설을 볼 때 감상적인 태도로 작품을 감상하는 것이 아니라 자신이 책 속에 비집고 들어가 억지로 그 안에서 모종의 역할을 담당하려고 하는 데 그 이유가 있다. 그래서『홍루몽』을 본 청년들은 저마다 보옥과 대옥을 자처하게 된 것이다. 그러나 나이 든 사람들이 읽으면 또 대부분 가정이 보옥을 단속하는 역할을 자처하게 되니 온통 마음이 이해타산에 치우쳐 다른 것은 아무것도 볼 수 없게 된다.[84]

말의 핵심이 간단하면서도 명료하여 오늘날에 비추어봐도 역시 권위가 살아 있다.『홍루몽』의 사상과 예술적 성취에 대해 평가한 앞부분은 늘 인용되는 말이다.『홍루몽』의 영향과 중국 독자들의 감상 습관에 대해 논하고 있는 뒷부분은 소설 비평에 있어서 특히 이론적 가치를 지닌다. 이를 통해 중국의 소설 비평이 발달하지 못하고 소설 비평과 홍학이 주목받지 못한 이유가 중국인들의 소설을 감상하는 습관과도 상당한 관계가 있음을 알 수 있다.

1930년대와 1940년대에 진정한 의미에서의 깊이 있는 소설 비평과 홍학의 글이 나왔는데 그중에서 논문 두 편과 저작 두 권을 중심으로 소개하고자 한다.

논문 두 편 중 하나는 머우쭝싼牟宗三의 「홍루몽 비극의 형성紅樓夢 悲劇之演成」으로 『문철월간文哲月刊』의 1935년 제1권 제3기와 1936년 제 1권 제4기에 게재되었고, 다른 논문 한 편은 천자오셴陳覺玄의 「홍루몽 시론紅樓夢試論」으로 1948년 4월에 출판된 『문신文訊』 잡지에 실렸다. 이 들 논문은 소설 비평의 관점에서 『홍루몽』의 총체적인 분석을 시도한 논문으로서 이론적으로도 일정한 깊이를 갖추었고 학문적 가치도 높 아 홍학사에서 응분의 지위를 부여받아야 했음에도 그 시대에는 거 의 주목받지 못했다.

머우쭝싼의 글에서는 시작부터 색은파 홍학이든 고증파 홍학이 든 모두 문학 본연에 대한 이해와 비평을 달성할 수 없다는 문제점 을 지적했다. 색은의 결과는 감상문학의 취지를 상실했고 후스의 고 증은 비록 합리적이라고는 해도 문학비평과 함께 논할 수 없다는 것 이다. 그에 의하면 후스가 맞섰던 것은 홍학가의 색은이자 홍학가 범 주에서의 문제였지 문학비평가 범주에서의 문제는 아니었다. 즉 작품 에서 벗어나지 않는 것이 문학비평의 기본적인 전제라는 것이다. 같 은 문학비평이라 해도 차이는 여전히 존재한다. 어떤 비평가는 『홍루 몽』의 묘사 기법에 대해 칭송하느라 작품에서 표현한 인생관과 작품 을 받쳐주고 있는 사상적인 토대에 대해서는 극히 부분적으로만 언급 했다. 머우쭝싼은 이러한 비평을 지엽적인 글에 불과하다고 보았으며, 만약 순전히 이런 부분에 대해서만 관심을 기울인다면 폐단이 누적 되어 팔고식의 문학비평으로 변질되기 쉽다고 보았다. 머우쭝싼의 견 해를 자세히 살펴보니, 『홍루몽』 비극의 형성 배경을 집중적으로 분 석함으로써 인생에 대한 식견과 작품을 지탱하고 있는 사상적인 뼈대를 찾고자 무진 노력했음을 알 수 있다. 제2회에서 냉자흥이 영국부에 대해 설명하고 가우촌이 하늘이 인간을 낳았다는 말을 하는데 이는 가장 자애롭고 가장 악독한 사람 이외에 또 다른 기가 모여서 된 다른 부류의 인간이 더 있다는 것이니, 보옥과 대옥 같은 인물이 바로 그런 인물이다. 머우쫑싼은 이에 대해 다음과 같은 견해를 내놓았다. "『홍루몽』이 비극이 된 것은 역시 이 세 번째 유형의 괴벽한 성격이 사람들에게 이해받고 공감받지 못해서 그렇게 된 것이다."[85] 그는 이어서 구체적인 분석을 내놓았다.

『홍루몽』에서는 가장 흉악무도한 인물은 등장하지 않았고 양다리 걸친 기회주의적인 다중인격자도 등장하지 않았다. (…) 비극이 선과 악의 공적에서 생성된 것이 아니라면 대체 무엇 때문인가? 이는 성격의 차이, 사상의 차이, 인생관의 차이에서 오는 것이라고 하겠다. 사람의 됨됨이로 볼 때 다만 좋아하는 것에 차이가 있을 뿐 모두 좋은 사람이고 사랑스러우며 모두 용서하고 공감할 수 있는 여지가 있는 인물들이다. 그러나 각자의 성격과 사상이 서로 간에 이해되지 못했기에 각자가 자신의 입장에서만 말을 하다보니 자신을 돌아보지 못하고 입장을 바꿔 생각할 계제가 못돼 지극한 정도 나눠보지 못하고 바람도 이루지 못하게 된 것이다. 비극이란 바로 이렇듯 지극한 정도 나눠보지 못하고 이뤄보지도 못한 과정 속에서 각자가 눈물을 삼키며 종말을 고하게 된 것을 말한다. 당사자에게는 회한이 없을 수 없지만 방관자 입장에서는 회한스러울 게 뭐가 있겠는가? 그리스 비극이 바로 그러하다. 국왕은 국법에 따라 사지에 몰리고 공주는 연인 때문에 죄를 짓고 자살하며 그 여동생은 언니 때문에 죄를 짓고 자살한다. 정에서 시작해 의로 끝나고 인을 추구하다 인을 얻었으니 뭘 더 원망하겠는가? 이것이 바로 진정한 비극이다.[86]

결론은 왕궈웨이의 『홍루몽평론』을 그대로 계승했으나 왕궈웨이의 논증보다 더 세밀하고 깊이가 있다. 전문은 9절로 이루어져 있는데 작품의 사상과 인물을 꽉 잡아주어 말에 허점이 보이지 않는다. 보옥, 대옥, 보채의 성격을 특히 감칠맛 나게 분석했다. "그(보옥)의 이러한 사상적 성격은 남들이 이해하기 어렵지만 그의 행동은 오히려 남들에게 사랑받았다. 대관원의 여자아이들 중에 그를 사랑하지 않는 이는 거의 없었다. 사상적 성격이 그와 다른 설보채조차 그를 깊이 사랑했다. 이 점에 있어서 대옥은 더더욱 반론의 여지가 없다. 게다가 보옥을 이해하면서 보옥과 같은 성격을 가진 인물은 대옥이 유일하다. 이른바 같음이란 그들의 괴벽한 성격과 총명하고 빼어난 재능이 같을 뿐이지 괴벽한 성격의 내용과 총명하고 빼어난 재능의 소재는 저마다 다르다. 가장 큰 원인은 바로 남녀의 지위가 다르다는 것이다. 왜냐하면 남녀의 지위가 달랐기 때문에 대옥의 괴벽한 성격이 남들에게 받아들여지고 공감받기가 더 어려웠던 것이다. 보옥이 모든 이에게 사랑받는 대상이었다면 대옥을 상대해줄 사람은 거의 유일하게 보옥뿐이었고 주변에서 그녀를 좋아해줄 사람도 그리 많지 않았다. 그녀의 성격에 대한 평론은 이전이나 지금이나 이 틀을 벗어나지 않았다. '늘 애수에 잠기고 감상적이며 신랄하고 매몰차며 세심하고 꽁하다.' 그래서 가모도 그녀를 썩 좋아하지 않았고 결과적으로 보옥에게 시집보내지 않기로 한 것이다. 그러나 유독 보옥만은 그녀를 공경하고 애모하며 그녀를 흡사 선녀 보듯이 오체투지로 그녀 앞에서 무릎을 꿇곤 했다. 보옥은 보채를 경애하기는 했지만 대옥만큼 경애하지 않은 이유는 성격의 차이 때문이었다. 보채의 성격은 단정한 품격과 아리따운 용모에다 행동이 활달하고 언제나 본분을 잘 지킴으로써 고고하다고 자부하며 티끌을 안중에 두지 않는 대옥에 비해 아랫사람들의 환심을 더 많이 샀다. 게다가 교양이 있고 인정이 있었으며 중용을 논하면서도 지극히 고명했다. 이러한 사람이야말로 남들의 이해와 공감을 불러일으키기 딱 좋은 사람이었기에 위아래 할 것 없이 누구나 그녀를 좋아했던 것이다. 그녀는 여자 성인聖人을 꼭 빼닮았으며 집안을 다스리고 처세를 해나가는 입장에서 모든 일을 처리했으니 어찌 좋아하지 않을 수 있겠는가? 얼마나 얻기 힘든 아내의 모습인가? 그래서 단박에 가모의 눈에 든 것이다. 그녀가 전적으로 성인 노릇을 했다면 보옥은 전적으로 이단아 노릇을 했다. 무엇보다 사람됨의 지향점에 있어서 서로 어울리지 않는다."[87] 역시 핵심을 찌르는 예리한 분석이 아닐 수 없다. 게다가 가부의 환경에서 보옥이나 대옥과 같은 "예술화된 괴물"[88]들이 받아들여지지 못하고 결국 대옥이 죽고 보채가 시집가는 『홍루몽』의 제1막 비극이 야기된 것에 대해 머우쫑싼은 사상적 성격과 인성이 상호 충돌한 결과라고 설명했다. 제2막 비극인 보옥의 출가는 사상적 성격이 충돌한 것 말고도 무상감이 더해졌는데 머우쫑싼은 그의 참담함이 대옥의 죽음보다는 낫다고 보았다. 그는 글의 말미에서 다음과 같이 총괄했다. "용서할 수 없을 정도로 미운 나머지 원한으로 되갚는 것은 비극으로 보기 어렵다. 미운데도 불구하고 용서하고자 벙어리가 냉가슴 앓듯 차마 그 고통을 입 밖에 내지 못하는 것이야말로 큰 슬픔이니 제1막 비극이 바로 그러하다. 용서를 하려고 해도 용서할 방법이 없을 때 그 모질고 독한 심정은 용서할 수 있는 범위를 벗어난 것이다. 그래서 서로 눈물을 흘리며 아무 말도 못하는 상황에서 천지가 암담해지고 초목이 안색을 드러내는 이것이야말로 세상에서 가장 큰 슬픔인 제2막 비극이다."[89] 120회를 하나의 완전한 예술작품으로 비평하면서 정위원과 고악이 완성한 비극적인 결말에 대해 높은 평가를 내리고 심지어 후40회가 작품의 전체적인 비극성을 강화시켰다고 판단한 것이 머우쭝싼 글의 특징이라 하겠다.

천자오셴陳覺玄이 쓴 「홍루몽시론紅樓夢試論」의 특이점은 청 중엽의 사회 배경과 시대사조와 연관 지어 『홍루몽』의 사상적 내용을 분석한 데 있다. 그는 청대에 이미 중국이 봉건사회 말기에 접어들었고 도시 경제의 발전으로 신흥 시민계층이 대두되면서 마침내 그들의 이상을 표현할 신문예가 필요하게 된 것이라고 보았다.

새로운 사회계층은 봉건사회의 교조적인 속박에 불만을 품고 새로운 문화를 건설하고자 했으니 이것이 바로 봉건제도에 대해 투쟁을 벌인 신지식인들의 이데올로기다. 그 특징은 자아에 대한 사람들의 각성과 발현으로 나타났는데 봉건적인 전통에 저항하고 중세의 예교적인 인생관에 저항하며 인성을 예교의 속박에서 벗어나게 하려는 인류 정신으로 마침내 새로운 유형의 인성론을 수립할 것을 강조함으로써 청초의 계몽 사조를 형성했다. 당시 남방학자 고염무와 황종희는 이미 치용정신致用精神을 제창했고, 북방학자 안원顏元과 이공李塨은 실천주의를 주장했으니 모두 이러한 사조를 가장 선도적으로 표현한 이들이라고 하겠다.[90]

그는 가보옥과 임대옥을 새로운 유형의 인간상으로 소개하면서 새로운 인간 유형으로서의 여덟 가지 특징을 제시했다. 첫째 현실에 맞지 않는 궤변, 총명함, 뛰어난 재기가 천만 사람 위에 있다. 그다음으로 마음 내키는 대로 하는 행동에 진실한 감정이 드러나지 않은 곳이 없다. 셋째, 전통적인 유훈을 근본에서부터 부정한다. 넷째, 공맹과 주자의 사상에 대해 회의하고 봉건주의의 교조적인 핵심 사상을 뒤흔든다. 다섯째, 과거의 남존여비사상을 반대하고 여존남비사상을 내세운다. 여섯째, 문벌의 추악함을 폭로한다. 일곱째, 봉건적 신분제하에서 강자가 약자를 모욕하는 것을 반대한다. 여덟째, 약자에 대해서는 동정심을 발휘한다. 이와 같이 가보옥과 임대옥 등의 인물에게서 보이는 사상적 특성을 개괄함으로써 1950년대 이후에 나온 수많은 문장의 서막을 열었으며 지금도 여전히 많은 연구자가 이 관점을 견지하고 있다.

천자오셴은 또 『홍루몽』에서 보여주는 새로운 유형의 인성의식에는 부족한 점이 있다고 지적하면서, 그 원인은 당시의 상업자본이 어쩔 수 없이 봉건세력을 후원자로 삼았기 때문에 설사 봉건세력에 불만이 있었더라도 봉건의 속박에서 벗어나 독립적인 발전을 꾀하기는 어려웠기 때문이라고 보았다. 그는 글에서 이렇게 말했다. "이러한 모순 속에서 작가들은 자유의 창조자가 되지 못했고 봉건의 특정 규율에 복종하지 않을 수 없었다. 봉건주의의 특권자들이 제정한 규율에 의거해 모든 삶을 이끌었기 때문에 작가가 비록 열정적으로 남자 주인공 가보옥의 형상을 창조했더라도 그의 의지가 자유롭게 발전하도록 내버려두지 않았다. 그가 오색의 결정체인 옥을 입에 물고 태어난 것은 그의 운명을 상징하는 것인데 또 늘 옥에다 대고 화를 내고 여러 차례 내팽개치거나 박살을 내려 했다. 나중에 옥을 잃어버렸을 때 보옥도 자신의 영성을 상실하고 남에게 조종당하게 된다."[91] 다시 말하면 보옥의 이러한 신체적인 약점과 한계 역시 명청 교체기의 사회 배경이나 시대사조와 관련이 있다는 것이다. 천자오셴은 글의 결론에서 다음과 같이 덧붙였다.

18세기 전반(옹정 말년)에 나온 오경재의 『유림외사』는 구사회의 추악한 면을 폭로하기만 했을 뿐 아직 미래를 꿈꾸지는 못했다. 18세기 중반에서 후반까지(건륭 30~50년), 조설근과 고악이 지은 『홍루몽』은 은연중에 새로운 이상을 보았으며 구세력에 의해 저지당하면서도 끝내 그들과 결탁하지 않았다. 이는 당시의 시민계층 자체가 너무 취약해서 그들이 비록 청춘의 이상을 가슴에 품고는 있었어도 봉건세력을 향해 정식으로 도전장을 내밀지는 못했음을 보여주는 것이기도 하다. 그저 그들의 열정을 참과 거짓을 구분하기 어려운 몽상에 기탁하여 마침내 몽환으로 인간의 행위를 예정해냄으로써 중요한 역할을 담당하게 한 것이니 이것이 곧 신구사회 교체기 지식인들이 드러낸 의식의 표현이자 작품 전체의 기조라고 하겠다.[92]

저자의 글 어디에도 유물사관이라는 글자를 사용하거나 마르크스주의를 표방한 흔적이 없지만 저자는 기본적으로 유물사관을 이론적 근거로 삼고 있다. 그로 인해 『홍루몽』의 내용과 사상을 더욱 깊이 있게 해주었다. 1950년대 혹은 그 이후에 동일한 관점으로 『홍루몽』을 연구한 이들의 글 가운데 아주 영향력 있는 글을 보더라도 이보다 더 참신한 관점은 없었던 것으로 볼 때 그의 주장과 이론이 폭넓게 받아들여졌음을 알 수 있다. 이 글에서도 이른바 가·사·왕·설 등 4대 가문에 대해 언급하면서 "4대 가문은 모두 친척으로 연결되어 있어 한 집안이 망하면 다 같이 망하고 한 집안이 흥하면 다 같이 흥했다. 그들은 황제의 친척과 외척들이자 대지주 겸 고리대금업자인 동시에 관료 신분으로 상업을 경영했다"[93]고 주장했는데 이는 당시의 홍학 관련 글에서 항상 등장하는 상투적인 말이 되었다. 이처럼 누가 처음 말했는지 출처가 분명하기 때문에 후대 논자들이 밝힌 내용은 결코 아니다. 이를 통해 볼 때 그의 이 글이 소설 비평과 홍학의 발전 과정에서 상당한 영향을 미쳤음을 알 수 있다.

이 밖에 더 추가해서 소개하고자 하는 책 두 권은 리천둥李辰冬의 『홍루몽연구紅樓夢硏究』와 왕쿤룬王昆侖의 『홍루몽인물론紅樓夢人物論』이다. 전자는 1945년에 초판이 나왔는데 모두 5장으로 구성되어 있다. 제1장에서는 머리말로 다양한 과거의 고증법을 밝히고 『홍루몽』 전후의 공통점과 차이점을 분석했다. 제2장에서는 조설근의 시대정신과 그의 인생관을 서술했다. 제3장에서는 보옥, 대옥, 보채, 희봉, 가우촌, 설반 등 여섯 인물을 분석했다. 제4장에서는 가정, 교육, 정치·법률, 혼인, 사회, 종교, 경제 등 분야에서 『홍루몽』의 세계를 분석했다. 제5장에서는 『홍루몽』의 예술적 가치를 탐구했다. 대부분의 장절은 책이 출판되기 전에 이미 발표[94]된 것으로 출판 당시 문장과 배치가 다소 조정되었을 뿐이다. 소설 비평의 측면에서 볼 때 제5장은 가장 주목할 만한데 그 이유는 이 장에서 『홍루몽』의 예술적인 가치에 대한 평가가 충분히 이루어졌기 때문이다. 작자는 "문학은 예술이므로 어떤 주의나 안목으로 문학을 연구하더라도 끝에 가서는 반드시 그 예술적 가치를 논해야 하며, 그러한 예술적 가치를 통해 작품의 문학적 위치를 가늠하게 된다."[95] 그렇다. 이 점은 소설 비평에 있어서 특히 더 중요하다. 리천둥은 인물 묘사, 예술 구조, 작품 풍격, 정감 표현 등 네 가지를 중심으로 논하면서 세계적인 문학 작품들과 비교했는데 초점을 작품 자체에 밀착시킴으로써 자못 설득력을 갖추었다. 그는 『홍루몽』의 작자가 인물을 단순화시키지 않고 인물에 독특한 개성을 부여했다는 점을 밝혔다.

유모 이씨의 진저리 나는 행태, 조이랑의 무식함, 하금계의 흉포함, 청문의 날카로움, 가정의 도학가적 기질, 가환의 상스러움, 가사의 난처한 처지, 설반의 망나니 기질, 영춘의 유약함, 묘옥의 도도함, 습인의 알랑거림 등의 묘사를 보고 독자는 그들을 결코 깔보는 것이 아니라 그런 인물들을 경계警戒로 삼았다. 그가 상운의 천진스러움, 가모의 자애로움, 보채의 얌전함, 대옥의 풍부한 감정, 희봉의 재간, 탐춘의 영리함, 이환의 현숙함, 가란의 배우기 좋아하는 모습을 그린 것은 독자가 그들을 찬양하게 하려는 것이 아니라 그들을 모범으로 삼게 하려는 것이었다. 그는 그저 차분하고 객관적인 태도로 인물마다 신중하게 성격을 부여했을 따름이다. 차분하고 객관적인 태도로 타인의 심정을 공감할 수 있는 사람만이 비로소 이렇게 할 수 있다. 또한 타인의 심정을 공감할 수 있었기 때문에 가장 쉽게 인물의 영혼을 포착하고 수많은 단락과 구절로 『홍루몽』에서 불후의 인물을 창조할 수 있었던 것이다.[96]

훗날 다수의 홍학 관련 글에서 흥미진진하게 언급되고 있는 이른바 대관원 내 모든 인물의 실내 배치가 주인의 성격과 관계가 있다는 설에 대해 리천둥은 탐춘, 보채, 대옥 세 사람의 거주지를 예로 들며 매우 세밀한 분석을 내놓았다.[97] 그는 또 외모를 심리와 연관 지음으로써 조설근이 심리학자일 뿐 아니라 생리학자이자 관상가임을 증명했다. 그는『홍루몽』의 풍격을 논하면서 "어체문으로 되어 있는 모든 중국 소설을『홍루몽』과 비교해보면 특히 성공적인 부분이 문체에 있다는 것을 알 수 있다. 이유는 작자가 확실히 자연스런 언어로 공을 들였고 뛰어난 감정의 공감력으로 매 인물이 해야 할 말과 어조를 체험으로 터득함으로써 가모에게는 가모의 말이 있고 희봉에게는 희봉의 말이 있으며 대옥에게는 대옥의 말이 있고 보채에게는 보채의 말이 있으며 유노파에게는 유노파의 말이 있게 한 것이다. 결론적으로 성격과 나이 차에 따라 말의 어조도 같으면서 차이가 난다."[98] 그는『홍루몽』이 구어체 소설 창작의 성숙을 알리는 지표가 됨으로써 중국 미래 문자의 모범이 된 베이징화北京話에 "불멸의 영광"을 가져다주었다고 보았다. 그는 속어와 성어의 운용에 대한 분석을 통해 다음과 같은 결론을 내렸다. "조설근은 비단 위대한 소설가에 그치지 않고 중국에서 둘도 없는 뛰어난 문체의 산문가다. 그가 쓴 글들은 일상의 언어에서 왔지만 일상의 언어보다 더 유창하고 자연스럽다. 다시 말하면 언어를 아름답게 매만지는 재주를 가져 아무리 질 낮은 말이라도 그의 손을 거치기만 하면 예의 비천함을 잃고 아름다운 언어로 살아났다."[99] 이와 동시에 그는『홍루몽』의 풍격은 시의 풍격이라는 점도 정확히 짚어냈다.[100]

『홍루몽』은 정감의 토로나 문자의 운용에서 고도로 원숙한 경지에
도달했는데, 리천둥은 이것을 공을 다루는 배우에 견주었다. "그의 손
에 있는 공이 순식간에 앞뒤로 왔다 갔다 하고 좌우로 왔다 갔다 하
는가 싶더니 어느 순간 머리에서 멈추고 또 어느 순간엔 발 앞에 서
있으니 공은 그의 몸에서 한 곳에 멈춘 적이 없는데도 위아래로 자유
자재로 회전한다. 마치 공이 그 한 사람만을 위해 준비된 것처럼 느껴
지는 것은 그가 공의 중심을 완벽하게 장악했기 때문이다. 조설근은
중국의 문자에 대해 이와 같은 능력을 가지고 있었던 것이다. 그가 즐
거워지려 하면 문자도 덩달아 즐거워지고 그가 노하려 하면 문자도
덩달아 노하니 그의 정감에 따라 문자도 덩달아 정감을 가지게 된 것
이다. 우리 손에서 생명을 잃은 문자들이라도 그의 손을 일단 거치기
만 하면 살아서 숨을 쉬고 변화가 무쌍해진다. 조설근의 위대함은 비
단 환경이나 공감 능력에서 왔다기보다는 내면을 표현할 문자의 탁
월한 운용 능력에서 왔다고도 할 수 있다. 그래서 완벽한 문학작품은
내용과 형식을 모두 갖추고 있고, 혹시 하나라도 부족하면 진정한 의
미에서의 걸작이라 칭할 수 없는 것이다."[101] 그는 조설근의 문학적 성
취에 대해 다음과 같이 종합적인 평가를 내렸다.

중국 문화의 모든 정신은 조써 집안에 집중되어 있고 조써 집안의 영혼
은 또 조설근 한 사람에게 집중되어 있다. 따라서 조설근 한 사람을 통해
중화민족의 총체적인 영혼을 읽어낼 수 있다. 만약 단테가 이탈리아 정신
을 구현해낸 대표 인물이고 셰익스피어가 잉글랜드 정신을 구현해낸 대
표 인물이며 세르반테스가 스페인 정신을 구현해낸 대표 인물이고 괴테

가 도덕의지를 구현해낸 대표 인물이라면 조설근은 중국의 영혼을 구체화시킨 인물이다.[102]

이는 조설근에 대한 오늘날의 평가와 크게 다르지 않다. 리천둥은 왕궈웨이의 『홍루몽평론』을 후스의 『홍루몽고증』과 함께 거론하면서 『홍루몽』의 가치를 가늠하는 중요한 글이라고 여겨 매우 중시했다. 이를 통해 그가 의식적으로 왕궈웨이가 연 소설 비평파 홍학을 계승하고자 했음을 알 수 있다.

『홍루몽인물론紅樓夢人物論』은 왕쿤룬이 타이위太愚라는 필명으로 1948년에 출판한 책인데, 1962년과 1963년에 대폭 수정된 내용을 바탕으로 1983년에 삼련서점三聯書店에서 재출판되었다. 이 책과 관련하여 나는 평론 두 편을 발표한 바 있는데[103] 여기서는 종합평가 부분을 발췌하여 참고로 제공하고자 한다.

『홍루몽인물론』의 훌륭한 점은 작자가 고증파 홍학이나 색은파 홍학의 정형화된 패턴에 사로잡히거나 한때 유행했던 고전문학의 연구방법론에 구속되지 않고 그야말로 순수하게 작품에 의거한 인물 분석을 시도함으로써 『홍루몽』의 사상적 의의와 예술적 가치를 밝혀낸 데 있다. 청말 민초의 『홍루몽』 연구자들 중에는 인물상의 분석을 중시한 이들이 적지 않았는데, 예컨대 도영涂瀛의 「홍루몽논찬紅樓夢論贊」은 많은 지면을 할애하여 『홍루몽』 인물을 논찬했고, 서원주인西園主人의 「홍루몽논변紅樓夢論辨」에도 인물론 부분이 있다. 각종 제홍시에 있어서는 환명煥明의 「금릉십이채영金陵十二釵咏」, 강기姜祺의 「홍루몽시紅樓夢詩」, 주주周澍의 「홍루신영紅樓

新咏」, 황금태黄金台의 「홍루몽잡영紅樓夢雜咏」, 왕서王墀의 『증각홍루몽도영增刻紅樓夢圖咏』, 주판향朱瓣香의 「홍루몽의 시를 읽고讀紅樓夢詩」 등이 있는데 주로 인물을 품평하는 데 주력했고 감개를 표출하는 것은 그다음이었다. 그러나 이 모두는 단편적이고 잡다한 기록들을 모아놓은 데 불과해서 왕쿤룬의 『홍루몽인물론』만큼 체계적이지 못했다. 리천둥의 『홍루몽연구』는 『홍루몽인물론』과 저술 시기가 근접하고 『홍루몽』의 중요 인물에 관한 항목을 두어 상당히 의미 있는 견해를 펼쳐 보였으나 『홍루몽인물론』과 함께 비교할 정도는 아니다. 『홍루몽』 인물 분석의 정교함과 체계성으로 볼 때 왕쿤룬의 『홍루몽인물론』이 해방 전에 나온 홍학 저작 가운데 가장 첫 번째 저작이라고 할 수 있다. 1948년 국제문화복무사國際文化服務社에서 출판된 『홍루몽인물론』은 19편의 문장으로 구성되어 있으며 습인, 청문, 진가경, 이환, 묘옥, 석춘, 자견, 방관, 탐춘, 평아, 소홍, 원앙, 사기, 유삼저, 왕부인, 형부인, 우씨, 조이랑, 가모, 유노파, 왕희봉, 가정, 가경, 가사, 가진, 가련, 가운, 가환, 문지기, 초대, 명연, 유오아 모녀, 영관, 사대저, 사상운, 설보채, 임대옥, 가보옥 등 38인을 집중적으로 다루었는데 『홍루몽』의 주요 인물들이 그 안에 두루 망라되어 있다. 게다가 작자는 선진사상을 활용하여 인물 연구의 지침으로 삼고, 『홍루몽』에 등장하는 지배계급과 피지배계급의 서로 다른 신분을 가진 인물들의 사상에 주목했다. 역사적 흐름에 역행하는 통치자 계층에 대해서는 폭로와 질책을 가하고 신생 역량을 대표하는 인물상에 대해서는 더욱 애정을 들여 고평함으로써 『홍루몽인물론』이 선명한 사상과 정치적 경향을 가진 논저가 되게 했다. 그중 「가부의 대감과 도련님들賈府的老爺少爺們」과 「왕희봉론王熙鳳論」에서는 소설 속 인물들을 다루면서 당시에 횡행하던 반동세력에 대해서도 질책을 가하는 등 자못 통쾌한 분석을 펼쳐 보였다.

『홍루몽인물론』은 주로 정치적, 역사적, 사상적, 도덕적 시각에서 『홍루몽』의 인물을 분석하고 평가했으며 미학적 관점에서 진행한 분석은 다소 불충분했다. 이는 이 책의 결점이자 특색이기도 하다. 1962년 왕쿤룬이 『홍루몽인물론』을 다시 개정했을 때는 특색을 좀 더 발양시키고 결점은 보완했다.[104]

소설 비평에는 다양한 관점과 방법이 존재하므로 『홍루몽인물론』에 다소 부족한 점이 있더라도 소설 비평과 홍학의 대표적인 저작이 되는 데 크게 걸림돌이 되지는 않을 것이다.

1950년대 이후의 소설 비평파 홍학:
그 가지와 열매

홍학이 1950년대로 접어들면서부터 홍학이 형성된 이래 가장 심상치 않은 일이 벌어지기 시작한다. 그 이전까지만 해도 후스와 차이위안페이의 논쟁이든 아니면 자료의 확보를 통한 고증파 홍학의 놀라운 발견이든 그 모든 영향력은 어디까지나 학계에 국한된 것이었다. 그런데 1950년대 초부터 위핑보의 『홍루몽』 해석을 둘러싸고 일어난 토론이 사회 전체로 파급되더니 급기야 나라의 정치에까지 영향을 미치게 된다. 홍학의 발전과정에서 볼 때 이는 정상적인 상황이 아니다. 그러나 필자는 본의 아니게 토론의 인과관계를 다시 탐구하게 되었고 뜻하지 않게 학문 이외의 현실 정치에 대해서도 분석하게 되었다. 단순히 학문적인 측면에서만 봤을 때 당시 위핑보가 홍학을 연구한 관점과 방법론에 대해 많은 오해가 있었다는 점을 짚고 넘어가고 싶다. 리시판李希凡과 란링藍翎은 위핑보의 첫 번째 글을 비평할 때 고증의 방법을 예술 형상의 분석에 운용하는 것에 찬성하지 않는다는 입장을 표하면서 "고증의 방법은 단지 시대적 선후관계나 진위여부를 밝히는 등의 일정한 범주 내에서만 기능할 수 있을 뿐이다. 그래서 위핑보는 오히려 이 범위를 벗어나 문예비평의 원칙으로 대체하게 된 것이다. 그 결과 반현실주의와 형식주의의 수렁으로 더욱 빠져들게 되었다"라는 점을 지적했다.[105] 위핑보의 문학 고증과 후스의 역사 고증을 명확히 구분하지 않고 위핑보가 추구한 소설 비평과 문학 고증의 융합을 도외시했으니 크나큰 오해가 아닐 수 없다.

오해의 결과는 복합적으로 나타났다. 위핑보 본인이 오해로 인해 억울하게 의심을 받은 것은 물론이고 독자들이 그의 홍학 연구를 이해하는 데도 큰 걸림돌로 작용했다. 융합은커녕 고증과 소설 비평을 각각 제 갈 길로 가게 만들었다는 것이다. 작품에서 출발한 문학 고증은 예술 형상의 분석을 포함한 소설 비평과는 원래 모순되지 않을뿐더러 보조적으로 고증의 방법을 쓸 수 있었다. 그런데 지금 고증과 소설 비평 이 두 가지 방법론을 보면 마치 물과 불, 얼음과 숯처럼 절대 서로 받아들이거나 상호부조하지 못하게 됨으로써 결국 문학 고증과 역사 고증 쌍방 모두에게 손해가 되었다는 생각이 든다. 그러나 다른 한편으로는 위핑보에 대한 비판이 홍학 고증파 전체로 확대되어 주류의 위치를 차지하고 있던 고증파에 대한 투쟁으로 바뀌었다는 점에서 소설 비평파 홍학이 발전할 수 있는 객관적으로 유리한 환경이 조성되었다고 판단된다.

사실 1950년대 이후 소설 비평의 원칙과 방법론으로 진행하는 『홍루몽』 연구가 거침없이 전개되었다. 바로 이런 유리한 환경 속에서 소설 비평파 홍학은 잎과 가지가 점점 무성해져 풍성한 수확을 거두게 된다.

17편의 논문을 수록하고 있는 리시판·란링의 『홍루몽평론집紅樓夢評論集』은 1955년부터 1956년까지 『홍루몽』 토론에 참여하여 나온 성과물로서 1957년 작가출판사作家出版社에서 출판되었다.[106] 이 책은 크게 두 부분으로 나누어 볼 수 있다. 첫째, 「"홍루몽 간론" 및 기타 등등에 관하여關于 "紅樓夢簡論" 及其他」 등 9편의 글에서는 사상 논쟁이 핵심이 되고 있다. 둘째, 8편의 글에서는 긍정적인 면에 입각한 주장에 중점을 두었다. 오늘의 관점으로 보면, 기본적으로 소설 비평을 운용하여 『홍루몽』의 사상적 성취와 예술적 특색을 전반적으로 두루 논한 둘째 부분이 학술적으로 더 높은 가치가 있으니 권위 있는 일가의 이론으로 칭할 만하다. 그들은 가보옥에게 개성 해방의 내용으로 볼 수 있는 새로운 요소가 존재한다는 것을 구체적이고 반복적으로 설명했는데, 이는 명청 교체기에 사회 구조가 변화하는 과정에서 등장한 진보 사상과 서로 맞물려 더욱 빛을 발했다. 따라서 보옥과 대옥의 비극은 "사회적인 인간의 비극이지 단순한 개인의 비극이 아니다."[107] 이론적 기초로 보면 앞에서 거론한 천자오셴의 「홍루몽시론」과도 거듭 부합되는 면이 있다. 그러나 그들은 사상을 탐구하면서 이론적으로 한 걸음 더 깊이 들어가 논증을 더욱 공고히 했다. 예를 들면 가보옥 형상의 의미와 사상적 동기에 대해 다음과 같이 분석했다.

빛나는 반역자 가보옥은 악취가 진동하는 부패한 봉건 귀족들의 생활환경에서 등장했고 완고한 도통道統의 수호자인 봉건 통치자의 무리 속에서 나타났으며 삶의 아름다움과 이상을 망가뜨린 사람 잡아먹는 예교제도 앞에서 출현했으니 이러한 현실은 그의 생활과 밀접하게 관련되어 있다. 그의 저항은 바로 여기서부터 시작되었기 때문에 그가 제시하는 요구도 이러한 현실과 선명하게 대립되는 양상을 띠었다. 그의 요구가 비록 사회성을 띤 자각적인 요구는 아닐지라도 객관적으로는 사회의 진보적인 요구에 부합했을 뿐 아니라 그러한 것들을 표출시켰다. 그는—애정의 영역에서뿐 아니라 생활 전반에 걸쳐—생활에 드리운 압박, 고통, 슬픔, 희생의 암울함에 반대하고 유쾌함, 즐거운 웃음, 청춘, 행복의 기조를 관통하는 합리적인 인생을 추구했다. 이러한 주장을 통해 인생의 방향성을 선명하게 드러냈다. 봉건사회가 규정한 인간의 삶은 진정한 인간의 생활이 아니라 노예의 생활이라는 것이다. 진정한 인간의 생활은 평등하고 자유로워 어느 누구의 간섭도 받지 않고 독립적으로 자신의 개성을 발전시켜 나갈 수 있다. 역사적인 관점에서 볼 때 이는 봉건사회의 관념과는 확연히 다른 새로운 개념이고 개성의 각성과 해방을 요구하는 것이다. 이는 가보옥의 비극적인 성격 중에서 가장 근본적이고도 결정적인 요소다. 그처럼 거대한 현실의 압력 속에서 가보옥이 이러한 요구를 드러낸 것이니 절대 개별적인 우연의 현상으로 치부할 게 아니라 역사 발전의 요구 속에서 나온 새로운 과제를 반영한 것으로 봐야 한다.[108]

소설 비평의 특징 가운데 첫 번째는 작품에서 출발해야 한다는 것이고, 두 번째는 비평을 진행할 때 문학 관념과 이론의 근거가 뒷받침되어야 한다는 것이다. 리시판과 란링이 기준으로 삼은 것은 기본적으로 유물사관이었다. 그래서 그들은 시대사조와 사회경제 구조의 변화가 작품에 끼친 영향에 주목했다. 그러나 소설 비평과 홍학의 발전에 있어서 가장 도움이 된 것은 그들이 제기한 작가의 세계관과 창작의 모순 문제였다.

위펑보는 작가의 창작 의도를 즐겨 탐구했는데 소설 비평에서 볼 때 이것은 너무도 당연히 일이다. 그러나 때로는 작가의 말 한마디를 과도하게 중시한 나머지 그 주관적인 사상과 『홍루몽』의 객관적인 의미를 구분하지 못했으니 편파성이 노정한 한계가 아닐 수 없다. 리시판과 란링은 형상성이 사상보다 더 중요하다는 점을 강조하며 조설근의 현실주의 창작은 생활의 논리와 예술적인 규율에 근거함으로써 궁극적으로 세계관 속에 내재된 낙후한 일면을 극복할 수 있었다고 보았다. 그들은 조설근을 발자크와 비교하고 엥겔스가 한 말을 인용하며 『홍루몽』의 작가도 현실주의의 위대한 승리를 거두었다는 것을 증명했다.[109] 나는 이것이 토론을 통해 그들이 제기하고 논증한 바 중에서 가장 가치 있는 관점이며 소설 비평을 심화시킨 영원한 주제가 되었다고 생각한다.

류다제劉大傑의 『홍루몽의 사상과 인물紅樓夢的思想與人物』은 1956년에 출판되었는데 시간적으로 리시판·란링의 『홍루몽평론집』보다 더 빨랐다. 책에 「홍루몽인론紅樓夢引論」 「가보옥과 임대옥의 예술 형상賈寶玉和林黛玉的藝術形象」 「설보채의 사상 본질薛寶釵的思想本質」 「탐춘의 길探春的道路」 「청문의 성격晴雯的性格」 「우삼저의 비극尤三姐的悲劇」 등 여섯 편의 논문을 담고 있는데 「홍루몽인론紅樓夢引論」은 아직 대논쟁이 일어나기 전인 1953년 12월에 쓰였다. 고전문학의 기초가 탄탄한 문학사가였던 저자는 참신한 관점으로 『홍루몽』의 사상과 인물을 분석하였으며 항상 간결한 말로 완벽하게 뜻을 담아냈다. 이 책의 출판으로 소설 비평과 홍학은 더욱 빛을 발하게 되었다.

소설 비평파 홍학의 핵심 내용이었던 『홍루몽』 비극의 미학적 가치에 대해 류다제는 이렇게 견해를 밝혔다. "『홍루몽』 비극의 역사적 의의와 예술적 가치는 결코 가보옥과 임대옥의 실패한 연애에 기반하는 것이 아니라 봉건제도 및 귀족 가문의 부패와 죄악을 폭로한 기반 위에서 형성된 것이다. 귀족 가문의 갖가지 부패와 죄악으로 인해, 봉건 통치 집단의 사치와 욕망이 극에 달한 방탕한 생활로 인해 결국 진가경이 말한 '나무가 넘어지면 원숭이도 흩어진다'는 예언이 현실화되면서 『홍루몽』은 마침내 구소설과 희곡에 있어 대단원의 형식을 타파하고 고도의 비극적 미학성을 창조해냈다."[110] 그는 가보옥의 성격과 사상에 대해 다음과 같이 분석했다.

가보옥은 앞에서 길을 열고 뒤에서 옹위하는 거창한 위세와 오색찬란한 위용을 자랑하는 대관원에 살면서 줄곧 고독과 적막, 고통스러움에 수시로 자유를 추구하며 대관원 밖의 세상으로 날아가고 싶어했지만 200년 전 그 시절을 살았던 그는 출로와 방향을 찾을 수 없었다. 갑갑함과 공허함을 느낀 그는 때때로 불경에서 위로를 받거나 또는 노장사상에서 해탈을 얻고자 했으나 그러한 구시대의 잔해와 허무의 어두운 그림자 속에서 청년은 결국 자신의 고뇌를 치유 받지 못했다. 가정은 자기 아들이 불효자라고 야단쳤는데, 맞는 말이다. 보옥의 사상이 구시대의 범주를 완전히 벗어난 것이 아니었음에도 가정의 눈에 비친 보옥은 여전히 불효자였을 것이기 때문이다. 그의 행위와 사상에는 봉건사회에 대한 반역적인 기운이 매복되어 있다. 그는 봉건 질서와 봉건 도덕을 대표하는 아버지에게 반대했고 황음패도한 형들과 형수들을 경멸했으며, 과거와 공명을 우습게 보았고 팔고문으로 벼슬과 봉록을 탐하는 무리를 용속하고 염치없다고 보았으며, 부모가 독단적으로 진행하는 혼사에 반대했고 천진난만한 소녀들을 동정했다. 대관원에서 좌충우돌하는 이 청년 기사의 유일한 지기는 바로 임대옥이었다. 그래서 그는 전심전력을 다해 임대옥의 사랑을 쟁취함으로써 삶의 자유를 얻고 자신의 개성을 마음껏 발현시킬 수 있는 길을 찾고자 했다. 그는 자신의 목에 걸려 있는 옥이 실제로는 봉건적인 혼인을 상징하는 보옥이라며 여러 차례 내동댕이쳐 박살을 내버리려 했음에도 박살낼 수 없었고, 모두들 그를 에워싸고 옥을 보호하려는 바람에 결국 그 옥을 그대로 목에 걸고 있게 된다. 『홍루몽』에서 가보옥은 자신이 속한 봉건적인 집안과 여러 차례 부딪쳐보지만 결국 악랄한 환경과 싸워 이기지 못하고 겹겹이 둘러쳐진 함정에서도 벗어나지 못한 채 만신창이가 되고 만다. 그는 결국 실연, 고통, 절망의 과정 속에서 도피적인 출가의 길을 떠난다. 그는 그러한 방법을 통해 봉건사회의 부귀공명과 윤리도덕, 그 외의 모든 것에 대해 소극적인 저항을 했던 것이다.[111]

류다제는 가보옥의 사상적 특징과 그의 대관원 안팎에서의 위치, 예컨대 가보옥의 몸부림과 좌절, 추구했던 이상과 슬픔까지 매우 정교하게 서술해 독자가 가보옥이라는 전형성을 갖춘 인물의 사상성을 파악하는 데 도움을 주었다. 임대옥에 대해서도 그는 상당히 정확한 분석을 내놓았다.

전형적인 비극 인물인 임대옥은 중국 고전문학에서 등장한 가장 뛰어난 여성 인물이다. 수천 년에 걸친 중국의 봉건사회에서, 그리고 그러한 사회의 고전문학에서 고통받는 인물로 우수하게 그려진 여성은 무수히 많았지만 그들은 모두 결국 이런저런 한계를 노출시키곤 했다. 『홍루몽』의 작가는 더없이 정교한 예술적 필치로 과거 여성들의 특징을 서로 비교하여 개괄하고 종합함으로써 이러한 전형적인 환경에 놓인 새로운 유형의 이른바 완벽한 전형성을 갖춘 인물을 창조해냈다. 고도의 문학적인 재능, 명징한 철학적 사고, 고상한 정서, 진지한 열정의 소유자인 임대옥은 용속한 봉건 문화를 경멸했고 허위적인 팔고 공명을 저주했다. 윗사람에게 아첨하거나 아랫사람에게 거만하지 않았고 부귀를 탐하지도 않았지만 자신의 이상을 쟁취하기 위해서는 목숨을 걸 정도였다. 어디에도 굴복하거나 항복하지 않았으며 나쁜 무리와 어울리지도 않았고 자신의 완전한 인격과 행복한 애정을 고수하며 마지막 순간까지 싸웠다. 우리는 그녀의 사상에 유난지劉蘭芝, 이청조李淸照, 주숙정朱淑貞, 최앵앵崔鶯鶯, 두여낭杜麗娘 등의 영혼과 지혜가 조금씩 교차하며 흐르고 있음을 보게 된다. 그런 의미에서 임대옥이라는 전형은 오랜 세월에 걸쳐 축적된 봉건사회 여성들의 재능과 고통의 총화라고 하겠다.[112]

류다제는 임대옥의 문학적 재능을 부각시키고 그녀를 중국 고전문학에서 매우 우수한 영혼과 뛰어난 지혜의 인물군에 배치함으로써 종횡으로 비교했고, 비교 과정에서 비극의 새로운 의미를 밝혀내고자 했다. 류다제 이전에 이러한 연구를 한 인물은 거의 없었다는 점에서 응당 소설 비평파 홍학의 수립에 지대한 공헌을 했다는 것을 인정하지 않을 수 없다.

류다제는 보채와 탐춘, 청문에 관한 분석에서도 독보적인 면모를 드러냈다. 탐춘의 사상은 본질적으로 봉건적 이익을 수호하는 데 있다고 명확히 지적했던 그는 훗날 탐춘이 가고자 했던 길이 개량주의 노선이었다는 주장을 펼치기도 했다. 「청문의 성격晴雯的性格」은 문장이 뛰어나고 시적 정취가 넘쳐흘러 그야말로 왕쿤룬의 「청문의 죽음晴雯之死」과 아름다움을 겨룰 만하다. 또한 우삼저에 대해서는 갈수록 더 사랑스럽고 호쾌하기 그지없는 인물로 묘사하고 있어 그녀에 대해 각별한 애정이 있었던 것으로 보인다. 이와 관련된 내용 두 대목을 발췌하여 함께 감상해보고자 한다. 도입부인 첫 번째 대목에서 류다제는 다음과 같이 서술했다.

『홍루몽』의 독자 가운데 어느 누군들 우삼저의 비극적인 운명을 동정하지 않을 이 있겠는가? 또 누군들 이 빛나는 인물상이 보여준 저항성에 눈물 흘리지 않을 이 있겠는가? 대옥의 죽음은 원통했고 청문의 죽음은 슬펐으며 원앙의 죽음은 탄식하게 만들었다. 우삼저의 죽음은 장렬한 한줄기 감정의 흐름이 전류처럼 당신의 모든 신경을 타고 흘러내리며 뼈를 깎는 고통을 느끼게 하면서도 일종의 유쾌한 전율을 느끼게 해주었다. 마치 한줄기 생명의 불꽃이 폭발하여 암흑의 밤하늘을 깨뜨리고 마침내 온 세상에 감동의 빛을 뿌려주는 것 같다.[113]

다른 대목은 결미부에 있다.

우삼저는 이처럼 젊고 아리따운 여성이었지만 많은 전쟁과 고난을 겪은 무사처럼 용감하고 과감하게 군대의 징과 북이 울리는 모래벌판에서 자유자재로 진퇴를 구사하며 함정을 향해 돌격해 들어갔으며, 서릿발이 번뜩이는 원앙검을 손에 든 채 항상 주변의 환경과 자신의 목숨을 주시했고, 일단 어둠의 세력에 의해 겹겹이 포위당해 더 이상 물러날 곳이 없게 되었을 때 그녀는 한 치의 주저도 없이 검을 빼들어 자신의 목을 찔렀으며, 목에서 솟구치는 검붉은 선혈로 얼음처럼 맑고 옥처럼 결백한 영육의 고결함과 순수함을 세상 사람들에게 증명해보였다. 그녀가 파멸 속에서 완전함을 추구하고 어둠 속에서 광명을 추구하며 자신이 몸담고 있는 비정한 사회에서 그토록 갈구했던 것은 진실한 '정'이었다. 그녀가 암흑한 봉건사회에서 값비싼 대가를 지불하며 추구하고자 했던 것은 진실한 사랑과 완벽한 여성의 품격이었다.[114]

류다제는 우삼저의 음분한 행위가 나오지 않는 120본 개작본을 근거로 평론했는데 개작이 잘되었으며 사람들도 그녀의 이런 이미지를 더욱 좋아하게 되었다는 점에서 고악의 공이 크다고 했다. 그러나 『홍루몽』의 창작 과정과 판본의 전파 과정에서 나온 미스터리의 진상은 어떻게 된 것일까? 이른바 논지를 바꾼 것은 고악의 손에서 이루어진 것인가? 아니면 조설근 자신이 손수 고친 것을 고악과 정위원이 다방면으로 수집하여 손에 넣은 것인가? 이에 대해서는 자료의 부족으로 완전하게 고증해낼 수가 없게 되었다. 홍학계에서는 이 미스터리에 대해 줄곧 서로 다른 견해가 있어왔다. 혹자는 지연재 평본 계통의 판본에서는 수정된 적이 없고 수정되지 않은 원래 작품의 표현이 더 훌륭하다고 하는가 하면 혹자는 회목과 문장이 모두 개작된 정위원과 고악의 판본이 더 훌륭하다는 주장을 펼치기도 했다.[115] 결론적으로 말하면, 위에서 언급한 것처럼 하나의 설로서 류다제도 충분히 그렇게 서술할 만했다고 본다.

『홍루몽의 사상과 인물』은 비록 5만 자밖에 되지 않고 학문적 가치 면에서는 영향력이 크지 않았지만 수준 높은 홍학 저술이라고 생각한다. 아마도 출판되고 얼마 지나지 않아 반우파 투쟁이 시작되었고, 그 후 다시 출판의 기회를 갖지 못하면서 한때 잠깐 반짝하고 나왔던 저작 정도로 푸대접 받는 신세가 되고 만다. 이 책의 부족한 점이라면『홍루몽』의 사상적 기초에 대한 생뚱맞은 주장을 들 수 있겠다. 그는『홍루몽』이 "농민 역량과 농민 생활의 사상적 토대 위에서 세워졌다"[116]는 점을 거론하며 난데없이 봉건사회의 주된 모순을 작품에 덧씌웠으니 그야말로 성립 불가한 논리가 아닐 수 없다. 애석하게도 저자는 작고한 상태이나 만약 아직 작고하지 않았고 재출판의 기회가 주어졌다면 아마도 이런 주장을 더 이상 고수하지 않고 논지를 바꾸었을 가능성을 배제할 수 없다.

허치팡何其芳의 「홍루몽을 논하다論紅樓夢」 역시 1956년에 탈고한 원고로, 1957년『문학 연구 집간文學研究集刊』제5책에 실렸다가 1958년에 저서『홍루몽을 논하다論紅樓夢』로 완성되었다. 이 책은 7만 자에 달하는 전문서로서 1950년대 중반에 이룩한 소설 비평과 홍학의 발전상을 상징하는 대표 저작으로 홍학사에서 상당한 위치를 차지했다.

그는 독자들이 자연스럽게『홍루몽』의 예술세계로 빠져들 수 있도록 인도하기 위해 글이 시작되자마자 자신이『홍루몽』을 인식하고 이해했던 과정에 대한 경험을 진솔하게 풀어놓았다.

우리가 아직 어려 이 명작을 읽어보지 못했을 때 아마도 나이 지긋하신 분들 중에 누군가가 이 책에 대해 이야기하는 걸 들어본 적이 있을 것이다. 그들은 항상 열띠게 이야기를 나누곤 했다. 놀라웠던 것은 그들은 작품에 나오는 인물과 스토리에 훤했고 때때로 격렬하게 논쟁을 벌이기도 했는데 그 장면이 마치 자신의 이웃이나 친척들과 입씨름을 벌이는 것처럼 보이기도 했고 마치 뭔가 자신과 밀접한 관련이 있는 일로 논쟁을 벌이는 것 같아 보이기도 했다는 사실이다. 훗날 우리는 직접 그 작품을 읽게 된다. 아마도 대략 14~15세 정도의 나이밖에 되지 않았을 것이다. 비록 작품의 깊고 풍부한 의미를 다 이해할 수는 없다 하더라도 이 비극적인 작품은 우리를 매료시키고 마음속 깊은 곳으로부터 불행을 당한 인물들을 동정하는 마음이 우러나게 했다. 우리 같은 어린 영혼들은 그들로부터 한차례 깊은 세례를 받았던 것 같다. 우리는 이성 간에 순결한 치정의 감정이 있을 수 있으며 그러한 감정은 주변에서 늘 보아왔던 너절한 남녀 관계보다 더 고귀하며 더 감동적이라는 것을 알게 된다. 20년 혹은 30년이라는 시간이 흐르면서 우리는 어느새 복잡하고 다변화된 인생을 경험했다. 애정의 기쁨과 고통을 경험했을 뿐 아니라 혁명을 통해 뜨겁게 단련되었다. 우리는 다시 또 이 장편 대작과 마주하게 된다. 이 장편 대작은 이전과 마찬가지로 우리를 또다시 매료시켰다. 아니 어쩌면 이전보다 더 강렬하게 매료시켰다고 해야 할지 모르겠다. 우리는 마치 소년 시절로 되돌아간 것 같았으며, 마치 그 속에서 청춘의 기운을 다시 들이마시는 듯한 감흥에 빠져든다. 이전에 이해하지 못했던 인물들과 그들의 삶은 더이상 길이 없어 찾지 못하는 막막한 숲이 아니다. 이 위대한 작품이 우리 앞에 펼쳐 보여준 봉건사회의 거대한 생활 정경은 얼마나 눈부시고 선명한가? 수많은 사람의 모습과 영혼, 봉건사회의 다양한 제도와 풍습이 모두 생동감 있게 재현되었다. 우리는 작품을 읽고 또 읽는다. 매번 우리의 일상 그 자체인 것처럼 참신함과 풍부함을 느끼며, 매번 이전에는 깨닫지 못했던 의미 있는 내용들을 다시 발견하게 되곤 한다.[117]

이러한 인식과 이해의 과정이 가능했던 것은 『홍루몽』이 위대한 작품이었기 때문이다. 그는 또 이어서 이렇게 말했다.

(그래서) 서로 다른 연령과 서로 다른 인생을 살아온 광범위한 독자층으로부터 충심에 찬 사랑을 받을 수 있었던 것이다. 이 작품은 우리의 정신 생활을 풍부하게 해주고 향상시켜준다. 우리를 사로잡은 이 작품을 반복해서 읽는 것은 이 작품의 예술적 매력이 영원히 시들지 않는 꽃과 같고 그 안에 내포하고 있는 의미가 너무도 풍부하고 깊이가 있기 때문이다. 그러므로 우리는 여러 차례에 걸쳐 읽고 분석할 필요가 있으며 그런 연후에야 비로소 좀 더 명확해질 것이다.[118]

이렇게 몰입해 들어가 마침내 남김없이 그 느낌을 다 드러낼 수 있는 것은 소설 비평 방법론뿐이며 고증과 색은으로는 절대 불가능한 일이다. 시인인 허치팡은 당연히 시적 감수성으로 문학적 안목을 추구하며 정서적인 색채가 충만한 글을 썼다. 그는 가보옥과 임대옥의 비극을 이중의 비극, 즉 애정의 비극이자 반역자의 비극으로 보았다. 가보옥이 반역적 사상과 행동을 집중적으로 표현한 인물이라면, 임대옥은 한편으로는 반역을 표현하면서 다른 한편으로는 강렬한 슬픔과 애수를 띤 봉건사회의 불행한 여성의 전형을 표현했다. 보옥과 대옥이 보여주는 연애의 특징은 상호 간의 이해와 사상적 일치를 기반으로 하지만 애정을 표현하는 방식과 실제 행동에서 봉건예교의 제약을 뛰어넘지 못한 봉건적 연애의 특성이 고스란히 남아 있어 근대적 혹은 현대적 의미의 연애와 달랐고 봉건사회 하층민들의 연애와도 달랐다. 『홍루몽』의 사상적 경향에 관한 토론 중에 나온 시민설市民說에 대해 허치팡은 상당히 회의적인 반응을 나타냈다. "막바지에 이른 중국 봉건사회의 암담한 현실과 경제적인 부패상이 날이 갈수록 극심해지자 대중과 일부 지식인 사이에선 사회에 대한 불만이 터져나왔다. 그리고 장기간에 걸쳐 내재해 있던 민주적인 사상의 전통과 더불어 도시가 발달하고 사회가 발전하면서 최초로 배태되기 시작한 백화소설의 전통을 포함한 현실주의의 문학 전통도 필연적으로 발전해가기 시작했으며 그러한 발전 방향은 또다시 필연적으로 문학 분야에서의 걸출한 새로운 표현을 예고해주었다."[119] 그의 이러한 해석은 시민설보다 더 합리적이다. 농민설에 대해서도 허치팡은 당연히 반대 입장을 표명했다. 그는 『홍루몽』의 작가가 기본적으로 봉건 지주계층 내부의 반역자적 입장을 그려내고 있지만 그와 동시에 인민들의 관점도 반영하고 있다고 보았다.[120]

허치팡은 설보채가 봉건사상으로 똘똘 뭉친 여성상임을 부정하지는 않았지만 역대에 걸쳐 보채를 폄하해온 '억채파抑釵派'가 부르짖던 이른바 보채는 음험하고 위선적이라는 관점에 대해서는 강력하게 반대했다. 이와 관련한 그의 명언은 다음과 같다. "만약 우리가 그녀에게서 위선을 보았다면 그 주된 이유는 역시 봉건주의 자체의 위선에 기인한 것이다."[121] 따라서 『홍루몽을 논하다』에서 『홍루몽』의 사상적 경향에 관한 판단과 주요 인물상의 분석에 있어서 독자적인 관점을 제시했던 허치팡이 훗날 홍학계에서 서로 다른 관점의 논쟁을 불러일으킨 것은 결코 우연적인 일이 아니다. 학술적 분석 측면에서 반드시 어느 한 가지 관점의 정확성 여부가 가장 중요한 의미를 지닌다고 볼 수 없는 이유는 사람들에게 좀 더 깊이 있는 사고를 불러일으킬 수 있느냐 없느냐 혹은 독자적으로 하나의 설이 될 수 있느냐 없느냐 여부에 그 열쇠가 있기 때문이다.

장허썬蔣和森의 『홍루몽논고紅樓夢論稿』는 1959년에 초판되었고 1981년에 증보되었는데, 1950~1960년대에 매우 영향력이 있는 저서였다. 주로 독자들의 마음을 뒤흔든 것은 세밀한 분석과 아름다운 수사였다. 작가는 '재판 후기'에 다음과 같이 썼다. "나는 『홍루몽』이라는 시정 넘치는 작품에 대해 얼음같이 맑고 깨끗한 감정이나 수학적인 지력을 기대할 수 없다고 생각한다. 참으로 현명한 철학적인 사고는 열렬한 감정의 승화임에 분명하다. 대철학가나 대이론가 모두 논리적인 사유의 표현 형식을 썼다 뿐이지 다들 감정이 풍부한 사람들이다. 그래서 우리는 위대한 조국의 문학유산인 『홍루몽』을 선진적인 사상으로 인식해야 할 뿐 아니라 열렬한 감정으로 끌어안아야 한다."[122] 『홍루몽논고』의 두드러진 특색은 바로 평론가가 열렬한 감정을 쏟아붓고 섬세한 예술적 감수성으로 평론을 전개한 데 있다.

조설근이 임대옥의 형상을 조형하면서 운용한 것은 시의 필법이었는데 이에 대해 장허썬은 독자적인 감상으로 남다른 깨달음을 얻었다. 그는 임대옥을 이렇게 분석했다. "민족 문화의 유산 중에서 특히 우수한 고전시가를 통해 용모가 빼어난 임대옥을 더욱 아름답게 형상화했다. 그녀의 말과 움직임, 우수에 젖은 감정 속에서 미인 향초의 운치와 사람을 압도하는 맑은 기운의 풍격을 발산시켰다. 그녀가 시정 넘치는 생활 속에서 고양되는 모습을 볼 때면 마치 누군가의 도움으로 칙칙하고 잡다한 일상에서 벗어나 마음이 자유로워지고 생기발랄하게 변화된 것 같다는 생각을 하게 된다."[123] 그의 이런 분석처럼 평론가들도 역시 시적인 언어로 평론하지 않을 수 없었던 것이다.

임대옥은 줄리엣보다 더 낙후되고 더 암흑한 시대를 살았다. 그 시대는 이미 중국 역사상 수천 년이 정체된 시기였고 거기다 그런 시간을 더 오래도록 끌고 나가야 할 수밖에 없는 시기이기도 했다. 5·4 시기까지도 임대옥의 비극은 거의 변함없이 그 상태 그대로 조국의 대지 위에서 재연되고 있었다. 임대옥의 무덤과 자군子君(루쉰魯迅의 소설 『죽음을 슬퍼하며 傷逝』의 여주인공—옮긴이)의 무덤 사이에는 비록 백 년이라는 시대적인 간극이 존재하지만 사회 발전의 흐름에서 보면 몇 걸음 정도 차이밖에 나지 않는다.

임대옥은 대관원을 박차고 나온 적이 없지만 자군은 전제적인 가정을 떠났으며 "나는 나 자신의 것이다. 그들 중 어느 누구도 나의 권리에 간섭할 수 없다!"고 부르짖었다. 그러나 자군이 몇 걸음 더 걷고 몇 마디 더 하기 위해 얼마나 많은 피를 쏟았으며 얼마나 많은 역사적 지면이 그녀에게 할애되었는가! 게다가 자군은 여전히 암울한 사회의 손아귀에서 벗어나지 못했고 결국은 파멸의 길을 걸어야 했다.

여기서 우리는 임대옥의 저항하는 목소리가 얼마나 무겁게 가라앉은 사회적 압박감을 뚫고 나온 소리인지를 어렵지 않게 짐작해볼 수 있다! 그렇다. 이 소리가 오늘의 시점에서 너무 가라앉아 있고 유약하기 그지없게 들리는 것은, 그녀가 시종 귀족 가문 아가씨의 계급적 본성에서 벗어난 적이 없었기 때문이고 그와 동시에 석회화된 역사의 흔적이 그녀의 몸에 너무 두텁게 쌓여 있었기 때문이기도 하다.

그러나 우리는 마침내 임대옥에게서 이런 소리를 들을 수 있다. "중국의 여성들은 결코 염세가들이 말하는 것처럼 어떻게 해볼 수 없을 정도로 비관적이지 않으며, 머지않아 찬란한 서광을 보게 될 것이다."

임대옥을 열렬하게 동정하는 우리 마음에 불을 붙이자!

임대옥을 위해 우리 마음속에 내면의 음악을 울리자!

임대옥을 통해 조국의 과거를 알고 더 나아가 조국의 현재와 미래를 알아가자![124]

장허썬의 「임대옥론」은 바로 이처럼 열렬한 외침 속에서 전문을 마무리했는데, 그도 그럴 것이 『홍루몽논고』는 그의 글에 감화를 받은 청년들에 의해 일시에 낙양의 지가를 올렸고 마침내 베스트셀러가 되었다.

1950년대와 1960년대가 소설 비평파 홍학의 수확기였던 것은 위에서 언급한 네 권의 저서 외에도 상당한 학술성을 갖추고 심도 있게 『홍루몽』의 사상과 예술을 분석한 좋은 글이 많이 쏟아져 나왔기 때문이다. 특히 1962년에서 1964년까지 조설근의 사망 연대를 둘러싼 고증파 홍학의 대결전이 최고조에 도달했을 때 소설 비평파 홍학도 풍성한 수확을 거두었다.[125] 왜 그런지는 알 수 없으나 홍학 애호가들은 줄곧 고증파에만 열광했다. 조설근의 사망 연대에 관한 논쟁에 끼어들기 어려운 일반인들은 물론이고 열혈 홍학 애호가들조차 고증 분야에 대한 관심은 끝이 없었던 반면 읽기 좋은 소설 비평에 대해서는 무관심했다. 이러한 상황이 발생한 데는 소설 비평이 자초한 면도 없지 않다. 소설 비평은 예술적 감수성과 이해를 중시하는데, 사람마다 다른 감수성과 이해가 때때로 개인적인 성향을 드러내고 연구자들마다 주관적으로 새로운 깨달음을 얻는다고 보았기 때문에 독자나 다른 연구자들 입장에서 보면 그다지 새로운 발견으로 느껴지지 않았을 가능성이 있다. 이 때문에 소설 비평과 홍학은 열기 속에서도 늘 냉기가 도는 썰렁한 운명에 처하곤 했다.

변형된 소설 비평과
홍학의 갈림길

소설 비평의 방법도 한 가지에 국한되지 않고 20세기에 들어서는 새로운 형태의 소설 창작처럼 다양한 유파로 발전했다. 그러나 중국에서는 오랜 세월 동안 미학 비평과 역사 비평이 보편화되었는데 『홍루몽』은 더더욱 그런 양상을 보여주었다. 『홍루몽』을 실질적인 분석 대상으로 볼 때 확실히 미학 비평과 역사 비평이 적합하다. 그 이유는 『홍루몽』이라는 작품이 포괄하는 사회의 면이 매우 넓기 때문이다. 다시 말하면 봉건사회의 경제, 정치, 사상 등 각 분야의 생활을 다루면서 거대한 깊이로 강렬한 역사성을 담고 있으므로 역사적 관점을 벗어나서는 『홍루몽』의 내용을 정확하게 파악하고 이해하기 어렵다는 뜻이다. 문제는 문학 외적인 요소들이 끊임없이 문학에 침투하여 비평방법에 변이를 일으킴으로써 결과적으로 미학 비평과 역사 비평이 뒤로 나가떨어지게 되었다는 데 있다.

왕궈웨이의 『홍루몽평론』은 미학비평으로서 긍정적인 측면에서 소설 비평과 홍학에 새로운 물꼬를 텄다. 그러나 시간이 흐르면서 비평의 미학적 요소가 대폭 감소하고 역사 비평과 사회 비평만 강조되었다. 이러한 상황이 1960년대 중반까지 지속되다가 그 후 더 큰 변화를 가져오게 된 것은 다름 아닌 미학적 요소의 감소 추세와 더불어 역사 비평이나 사회 비평도 더 이상 유행하지 않게 된 데 따른 것이다. 대신 범정치적 비평, 즉『홍루몽』을 봉건사회 말기 계급투쟁의 도해로 보고 작품에서 피지배계급 인물과 지배계급의 인물의 분포도, 작품에서 끝까지 생존한 인물의 수, 가부의 지세 수입, 매달의 용돈, 생활비, 혼·제례의 규모 등을 계산하는 이른바 경제 분야의 수치를 다룬 것들이 자리를 채우게 되었으니 이는 모두 문학의 범주를 벗어난 비정상적인 관심사들이었다. 제53회에는 흑산촌의 장원지기 오진효가 세稅를 내러 온 장면이 매우 생생하게 묘사되어 있는데 당연히 주제와 관련이 있고 전체적인 구성에서도 의미 있는 대목이다. 심지어 이 대목은 봉건적인 착취 집단과 토지 경작자 간의 모순을 부분적으로나마 건드림으로써『홍루몽』이 반영하는 사회상을 더욱 풍부하게 해주었다. 그러나 이 대목의 의미를 과도하게 해석하여『홍루몽』의 정화가 바로 여기에 있다거나 혹은 이를 근거로 농민설을 내세워 농민의 저항과 몸부림이 가보옥과 임대옥 등의 반역사상을 배태시킨 힘의 원천이라고 본다면 이건 정말 크게 잘못 본 것이다. 1950년대의『홍루몽』토론에서 류다제가 농민설을 제기할 때만 하더라도 작품의 형상체계에서 완전히 벗어나지 않았을 뿐 아니라 농민사상의 영향을 유별나게 강조하지도 않았다. 그런데 1970년대는 달랐다. 제53회에 대해 과도하게 농민설이 강조되었다면, 제1회에서 호로묘에 불이 나 모든 것을 잃은 후 진사은이 아내와의 상의 끝에 장인에게 몸을 의탁하러 갈 때 "근년에 수해와 한해로 제대로 수확을 거둬들이지 못하고 도둑이 창궐하여 논밭의 곡식을 강탈해가고 좀도둑이 판을 쳐 백성은 마음을 놓고 살 수 없는데 또 관병들이 토벌하겠다고 나서니 평안해지기는 글렀다"[126]고 한 대목에 대해서도 역시 그러했다. 비록 36자로 쓰인 데 불과했지만 농민 기의의 축소판으로 간주하면서 당시 배경을 부각시키는 기능을 했다는 주장을 펼친 것이다. 작품에서 개별적으로 서술된 대목과 인물들의 몇 마디 말을 포착하여 정치적으로 확대 해석한 것은 이미 소설 비평의 조건에서 벗어난 것이었음에도 어찌된 일인지 색은의 방법과는 약속이나 한 듯이 일치했다.

또한 가부의 상전들과 노비 간의 갈등은 실로 작가가 심혈을 기울여 묘사한 부분으로 금천아의 자살, 원앙의 첩실 자리 거부, 청문의 쫓겨남, 사기의 자살, 방관을 비롯한 몇몇 배우와 조이랑의 싸움 등 생동감 넘치는 많은 장면을 들 수 있다. 이는 모두 『홍루몽』에서 전체 국면을 뒤흔들 수 있는 중요한 내용들로서 확실히 권력을 가진 지배계층과 권력을 가지지 못한 피지배계층의 갈등을 반영했으며 예술적인 표현에서도 빛을 발했다. 그러나 만약 이것을 봉건사회의 맹렬한 계급투쟁으로 보고 『홍루몽』이 위대한 까닭을 주로 투쟁을 묘사한 데서 찾고 더 나아가 계급투쟁을 형상화한 작품으로 『홍루몽』을 인식한다면 이는 도리어 『홍루몽』의 가치를 제약하는 것이다. 가·사·왕·설 4대 가문 간의 뒤얽힌 관계와 영욕을 함께 공유하는 그들 집안의 운명이 『홍루몽』에 자세하게 묘사되어 있고 영국부와 영※국부로 대표되는 4대 가문의 몰락 과정이 사실적으로 표현되어 있으니 여기에 담긴 정치적이고 역사적인 의미는 낮게 평가할 수 없는 부분이고, 그런 점에서 이 작품은 전체 봉건사회의 쇠락 과정에 대한 축소판으로도 볼 수 있다. 그러나 만약 이 때문에 보옥과 대옥의 사랑과 혼인의 비극이 작품에서 차지하는 비중을 보지 못한다면 『홍루몽』의 애정 묘사에 내포된 거대한 미학적 의미와 사회적 의의를 도외시하는 데 그치지 않고 모든 것을 정치투쟁으로 해석하려는 것과 다를 바 없으니 이러한 시도가 얼마나 편파적인지 우리는 경험을 통해 익히 알고 있다. 범정치적인 비평으로는 『홍루몽』을 올바르게 해석할 수 없다는 것이 앞의 사례를 통해서 분명히 드러났으므로 더 이상 부연하지 않겠다. 특히 현실 정치에서 출발한 범정치 비평은 작가와 작품을 연구하는 데 힘쓰지 않고 옛것을 오늘의 사례로 삼아 고전 명작을 현실 정치의 참고물이나 변호를 위한 구실로 변질시켰다. 결과적으로 이러한 변형된 소설 비평은 홍학을 잘못된 길로 이끌었다.

매우 불행하게도 1960년대 중반에서 1970년대 전반까지의 소설 비평파 홍학은 이러한 갈림길에서 배회하고 있었다. 당시에 나온 많은 글이 표면적으로는 여전히 소설 비평으로 『홍루몽』의 내용을 발굴하는 것이었으므로 개인적인 수확이 없을 수는 없었다. 그러나 비평의 기조를 보면 내용에 관한 단조로운 분석이 작품의 예술성에 대한 분석을 대체했고, 역사 비평으로 미학 비평을 함몰시켰으며 범정치 비평으로 미학 비평과 역사 비평을 대체했을 뿐 아니라 정치적인 이해관계로 작품의 객관적인 가치를 평가했다. 게다가 남이 말하는 대로 따라하는 식의 『홍루몽』 비평 모델이 형성되고 모두가 한 가지 논조로 글을 쓰게 되면서 소설 비평파 홍학은 완전히 궁지에 몰리고 만다. 원래 소설 비평파 홍학과 색은파 홍학은 방법론에서 서로를 배척하는 입장이었지만 범정치적 소설 비평파와 색은파가 하나같이 『홍루몽』의 정치적 내용을 강조하는 일색으로 나아가면서 양자는 홍학 관념에서 공통된 색깔을 띠게 되었다. 이로 인해 1960~1970년대의 소설 비평은 절로 색은파를 구원병으로 삼으면서 홍학 발전의 복잡한 국면을 형성했다. 정치소설과 정치역사소설의 표현법은 앞서 말한 바와 같이 색은파에서 시작되었는데, 1960~1970년대의 소설 비평파 홍학이 또 이 표현법을 이어받아 색은파 이상으로 그 범위를 더욱 확대 발전시켰다. 이로 인해 괴이한 현상이 나타났다. 색은파는 1950년대 이후 중국 대륙에서 거의 종적을 감추었지만 색은파의 주요 관점은 오히려 계속해서 유행하고 있었으니, 이는 소설 비평파 홍학과 색은파 홍학이 어느 한 시기에 서로 융합된 흔적이 아닐 수 없다.

필자는 결코 1960년대와 1970년대의 소설 비평파 홍학을 부정하지 않는다. 이유는 『홍루몽』의 정치적 측면을 심도 있게 발굴한 측면이 있고, 한편으로는 단순히 언정의 관점으로 작품을 판단하려했던 것 이상의 깊이를 보여주었기 때문이다. 그러나 어찌 되었든 범정치화된 비평방법을 취해서는 안 될 이유는 문학의 특성을 거스른다는 데 있다. 그런 글과 논저가 많으면 많을수록 소설 비평의 방법론에 위기가 발생할 수 있기 때문에 그렇게 해서는 홍학의 학문적 성과를 대표할 수 없다. 한마디만 덧붙이자면, 홍학은 세계적인 학문으로서 지역마다 그 발전 정도가 일치하지는 않는다. 중국 대륙의 소설 비평이 어느 한 시기 범정치화의 길을 걷게 되었을 때 국외와 타이완 및 홍콩의 연구자들은 결코 이런 기풍에 물들지 않고 정상적인 소설 비평을 고수하면서 창의적인 저술을 발표하곤 했다.

1966년 타이완의 『현대문학現代文學』 잡지에 게재된 샤즈칭夏志淸의 「홍루몽 속의 사랑과 연민紅樓夢裏的愛與憐憫」은 새로운 시각에서 『홍루몽』의 비극적 본질을 탐구한 글이다. 왕궈웨이 이후의 소설 비평과 홍학은 대부분 보옥, 대옥, 보채로 대표되는 주요 인물들의 비극적인 운명에 주목했지만 『홍루몽』의 비극 기조에 대해서는 서로 다른 해법을 가지고 있었다.

샤즈칭은 애찬愛餐이라 불리는 성스럽고 고결한 사랑은 일반적인 사랑을 훨씬 능가하고 연민과 동정은 정욕을 훨씬 능가한다고 보았다. 따라서 이것이 바로 『홍루몽』 비극의 사상적 기초이며 작가 조설근이 세속에 대한 미련과 세속에서 벗어나려는 결심 사이에서 방황하는 고통에 놓인 이유라고 했다. 그는 작품의 의미를 반드시 작가의 의향과 분리시켜야 한다고 주장했는데, 그 이유는 『홍루몽』의 우언 부분은 사랑의 감정에 대한 비난으로 가득 차 있고 사실 부분은 탐욕, 한, 음탕, 사회의 흉포한 힘과 같이 사랑에 걸림돌이 되는 요소들에 대한 공포스러움을 예술적인 묘사로 가리고 있기 때문이라는 것이다. 애정과 음욕은 조설근의 붓끝에서 분명하게 구분이 되었는데, 샤즈칭은 심지어 양자를 하나의 공식으로 개괄할 수 있다고 했다. "저속한 열정의 수렁에 빠진 사람(우언의 설계에서 중요한 임무를 맡은 가우촌은 최종적으로 도가의 지혜를 얻게 될 권리를 부여받음으로써 저속한 열정의 수렁에 빠진 사람에서 제외되었다)은 결코 스스로 그곳에서 벗어나려는 시도를 하지 않는다. 그런데 만약 그런 사람들에게 애정이 여물 기회가 주어진다면 아마도 진지하게 피세적 이상에 도전함으로써 또 하나의 실천력 있는 행동을 대표하게 되었을 것인데(작가의 동정심은 우리에게 그런 희망을 갖게 한다), 그들의 사랑은 훼손됨으로써 도가적인 도덕에 자리를 내주기 딱 좋게 되었다."[127] 이처럼 상호 비교를 통해 『홍루몽』의 비극성을 더욱 극대화시켰으며 『홍루몽』 애정비극의 미학적 가치도 정화시켜주었다. 그렇기 때문에 조설근의 불후의 명작은 궁정을 묘사한 일본의 소설 『겐지모노가타리源氏物語』와는 다르며 가보옥도 사람들이 일반적으로 이해할 수 있는 그런 연인이 아니다. 샤즈칭은 다음과 같이 서술했다.

일반인들이 이해하는 것과 정반대로 가보옥은 위대한 연인이 아니다. 소설에서 그의 주된 역할 역시 연인 노릇이 아니다. 비록 태허환경의 경환선고가 일찌감치 경고하면서 성의 위기를 지적하지만 이후 그가 보여준 행동은 모름지기 반정통적인 행위들로서 음욕에 물들지 않았다는 것을 명백히 드러냈다. 물론 10여 세밖에 되지 않은 나이에 습인과 성관계를 맺은 적이 있지만, 죽은 후에도 여전히 보옥이 잊을 수 없게 만들었던 아리따운 소녀 청문은 죽기 직전에야 비로소 자신이 그동안 보옥에 대한 감정을 드러내지 못한 채 허송세월한 것에 대한 회한의 감정을 내비친다. 만약 겐지源氏가 보옥의 위치에 있었더라면 그는 자신이 머물렀던 대관원의 어여쁜 소녀들에게 집적거렸을 뿐 아니라 가부의 아름다운 부인이나 시녀들도 넘보았을 것이다. 보옥이 소녀들을 마주했을 때의 전형적인 감정은 숭배와 연민이었다. 그녀들이 드러내는 신성한 아름다움과 이해력에 대한 숭배였고, 그녀들이 머지않아 억지로 떠밀려 혼인에 굴복하게 되고 (그녀가 살아갈 수 있다면) 어쩔 수 없이 탐욕, 질투, 악독함의 쾌락에 빠질 것에 대한 연민이었다. 그녀들의 신성한 아름다움이 머잖아 완전

히 사라져버리면 그녀들에 대한 그의 욕망도 거의 남아 있지 않을 것이다.[128]

이렇게 바라본 가보옥의 형상은 이전의 많은 글과 비교했을 때 한층 더 깊이가 느껴진다. 국외의 어떤 평론가는 가보옥을 도스토옙스키의 『카라마조프가의 형제들』에 나오는 카라마조프에 견주기도 했는데, 샤즈칭은 이에 대해 이의를 제기했다. 그는 가보옥이 도스토옙스키의 또 다른 주인공인 『백치』의 미슈킨 공작에 더 가깝다고 주장하면서 다음과 같이 그 이유를 제시했다. "두 사람 모두 착취하는 세상에 처해 있었고, 그 세상에서의 가여운 사랑은 백치로 판정되거나 혹은 의심받았다.(그런데 이 중국의 영웅을 묘사하는 중요한 글자가 '태呆'와 '치痴'라니.) 두 사람은 모두 이 세상의 고통에 대한 부담을 감당하지 못하고 결국 발작이 일 것 같은 정신착란을 감내하며 아무 감정도 없는 목석같은 인간으로 변한다. 두 사람은 모두 두 여성과 관련이 있지만 그녀들의 기대에 부응하지 못했다. 미슈킨 공작이 백치로서 결말을 맺은 것은 나스타샤가 죽은 이후 탐욕과 음욕의 세계에서 하느님의 사랑이 유효하지 않다는 것을 깨달았기 때문이다. 가보옥이 마지막에 백치에서 벗어났을 때 그는 이미 애정의 파탄을 인식했지만 은자의 길을 가고자 담담한 마음으로 세상과 단절했다."[129] 조설근보다 한 세기 후에 태어난 도스토옙스키는 창작 배경이 조설근과 달랐지만 양자 간의 비교를 통해 가보옥의 전형성에 대한 이해를 도모할 수 있었다. 현대의 미학관념과 비교문학의 방법론은 샤즈칭이 쓴 『홍루몽』 관련 논문의 어휘와 비평 관점 전반에 참신함을 더해주었다.

쑹치未淇의「대관원을 논하다論大觀園」는『명보월간明報月刊』1972년 9월 호에 실렸는데, 처음 보았을 땐 본문에 바탕을 둔 문학 고증인 것 같 았으나 실제로는 전형적인 소설 비평의 관념을 운용하여 입론이 새로 웠고 객관적으로도 문학 고증과 같은 설득력을 갖추었다. 대관원이 생 활 속에 실재하는 곳인지 아니면 작가의 허구인지는 줄곧 홍학에서 의견이 분분했던 과제였다. 그런데 이 문제에 대해 집중적으로 분석함 으로써 조설근의 예술적 구상의 특성과 창작 의도를 되짚어보는 데 도움을 주었다. 쑹치는 글에서 명백히 밝혔다. "작가는 대관원을 통해 자신의 이상을 포함한 창작 의도를 비껴가면서 주요 인물의 성격을 부각시키고 이야기의 개요와 주제를 발전시켜나간 것이지 대관원을 통해 작가가 일찍이 본 적 있는 원림을 기록하려 했던 것은 아니다."[130] 그는 작가가 의도적으로 대관원을 여성을 보호하는 보루로 만들고 싶 어했으며 보옥을 제외한 세속의 어떤 남자들도 들어올 수 없게 했다 고 보았다. 그리고 이 보루를 원춘이 완성하게 한 것은 귀비의 친정 나 들이가 있어야 비로소 대관원이 존재할 수 있기 때문이다. 바로 이 지 점에서 자전설은 파탄이 나기 시작한다. 조씨 집안에서 역대에 황비가 나온 적이 없으니 당연히 황비의 친정 나들이도 있을 수 없다. 그래서 대관원은 그 자체가 하나의 이상을 대표하는데, 그러한 이상이 파멸되 면서 비극이 생겨난 것이다. 쑹치는 다시 덧붙였다.

많은 독자가 가부의 가산 몰수 사건에 흥미를 보이는 것은 이 사건이 가 부가 철저히 실패하여 되돌릴 수 없는 상황에 이르렀거나 아니면 가부가 중도에 몰락하고 대관원이 비참하게 끝나는 근원이라고 생각했기 때문이다. 가산 몰수는 사실상 지진, 천재, 수해 등과 같이 크나큰 불행을 가져오는 외부적 요인으로서 사람들을 안타깝게 하지만 엄청난 비극적인 정서를 불러오지는 않는다. 『홍루몽』의 비극적 정서는 가산 몰수에서 비롯되었다기보다는 대관원이 지향했던 이상이 환멸로 바뀌어버린 데서 온 것이니 전자는 엎친 데 덮친 격의 여파로 작용했을 뿐이고 후자가 주된 이유다.[131]

가부가 입은 타격에 대해 말할 때, 독자들이 청 중엽이라는 예사롭지 않은 역사적 배경하에서 가산 몰수 사건에 주목한 것은 너무도 당연한 일이다. 그러나 미학적 의미에서 보았을때 대관원의 쇠락과 파멸이 확실히 좀 더 심각한 비극적인 정서를 띤다고 본 쑹치의 주장은 그야말로 사람들이 미처 생각하지 못한 것을 꿰뚫어낸 정확한 관점이 아닐 수 없다. 게다가 그는 무심결에 『홍루몽』의 비극이 형성된 제3의 실마리—대관원의 성쇠와 작가적 이상의 파탄—를 제시했다. 또 다른 두 가지 실마리인 가부의 쇠망과 보옥·대옥·보채의 애정과 혼인비극에 대해서는 이미 많은 독자가 지적한 바 있지만 과거 어느 누구도 언급한 적이 없는 대관원의 성쇠라는 이 제3의 실마리만은 실로 쑹치의 독자적인 발견이 아닐 수 없다. 필자는 그 점만으로도 그가 소설 비평파 홍학에 기여했다고 생각한다. 샤즈칭은 『홍루몽의 사랑과 연민』에서 역시 대관원의 특수한 기능에 주목하면서 이 정원은 원춘을 위해 축성된 것이고 가부의 아이들이 들어가 살게 된 것도 원춘의 명에 따른 것이니 그녀는 자신이 궁궐에 들어가면서 빼앗긴 우정과 따뜻한 인간의 정을 그들에게 느끼게 해주고 싶었던 것으로 보인다. 따라서 대관원은 두려움에 떠는 소년 소녀들에게 천당을 상징한다. 훗날 대관원에서 수춘낭을 주운 사건은 마치 뱀이 에덴동산에 들어온 이후 아담과 이브가 천당에서 인간 세상으로 추락한 것처럼 마침내 대관원에도 종말이 도래한다는 것을 보여주는 듯하다.[132] 이러한 분석은 쑹치의 관점과 매우 흡사하나 내적 증거를 더욱 중시한 쑹치의 경우엔 작품 속 플롯 발전의 내재적인 논리 속에서 비극적인 결말의 필연성을 도출함으로써 논리적 설득력을 더 강화시켰다.[133]

1974년 『홍콩중문대학학보香港中文大學學報』 제2기에 실린 위잉스의 「홍루몽의 두 세계紅樓夢的兩個世界」는 쑹치가 「대관원을 논하다」라는 글에서 보여준 홍학관념을 그대로 계승했는데, 발표 후 엄청난 반향을 불러일으킴으로써 1970년대 상반기를 대표하는 가장 중요한 홍학 관련 논문으로 등극한다. 이른바 두 세계는 이상의 세계와 현실의 세계를 가리키는데, 작품에서는 대관원의 세계와 대관원 밖의 세계로 구분된다. 조설근은 청淸과 탁濁, 정情과 음淫, 가假와 진眞, 풍월보감의 반면과 정면으로 두 세계의 차이를 상징했다. 문제는 소녀들이 모여 사는 대관원이라는 이상세계가 정말 깨끗하냐는 것이다. 이에 대해 위잉스는 긍정적인 답변을 내놓았다. 즉 "원칙적으로 조설근이 대관원에 대해 묘사하면서 음淫은 서술하지 않고 정情만 서술했다든지, 바깥 세상의 음란함에 대해서는 조금의 유예도 없이 더 과장되게 표현한 것 등은 대관원 내의 정화된 생활과 선명한 대조감을 주기 위해서"[134]라는 것이다. 그는 이 점을 증명하기 위해 제31회 청문과 보옥이 함께 목욕하는 대목을 집중적으로 분석하면서 작가가 험필險筆로 교묘한 수법을 썼다는 점을 지적했는데, 훗날 보옥이 청문을 방문했을 때 올케인 등불아가씨의 방증으로 청문은 독자들 앞에서 자신의 결백함을 증명해 보일 수 있게 된다. 또한 수춘낭 사건에 대해서는 당연히 사기와 반우안이 떨어뜨린 물건이지만 제72회에서 원앙에게 들켜 혼비백산하는 바람에 두 사람은 하나가 되지 못하고 결국 정과 음이 어우러지지 못한 단계에 머무르게 된 것이라고 보았다. 쑹치가 대관원을 논하면서 대관원 내의 성쇠에 중점을 두었다면, 위잉스는 이상세계와 현실세계의 관계에 더욱 주목했다. 그의 견해를 살펴보면 다음과 같다.

작가는 도처에서 『홍루몽』의 깨끗한 이상세계가 가장 더러운 현실세계의 토대 위에 지어졌다는 것을 알려주고 있다. 그는 우리에게 가장 깨끗한 것도 사실은 더러움 속에서 나왔다는 것을 잊지 말라고 한다. 그리고 만약 작품이 완성되었거나 혹은 완벽하게 보전되었다면 우리는 또 가장 깨끗한 것의 최후 역시 가장 더러운 곳으로 되돌아간다는 점을 반드시 알게 되었을 것이다. "고결하려고 하지만 언제 고결한 적이 있었던가? 공空을 얘기하지만 꼭 공이라고 할 수는 없다." 이 두 구는 묘옥의 귀결점일 뿐 아니라 대관원 전체의 귀착점이기도 하다. 묘옥은 대관원에서 가장 결벽스러운 인물이 아니던가? 조설근은 한편으로는 하나의 이상세계를 창조하여 주관적인 바람으로 이 세계에 사람들이 오래도록 머물러 있게 하려고 했다. 다른 한편으로 그는 또 잔혹하게 이 세계와 대비되는 현실세계를 만들었다. 그런데 현실세계의 모든 힘은 끊임없이 이상세계를 훼손시켰고 결국은 이상세계를 완전히 망가뜨렸다. 『홍루몽』의 두 세계는 불가분의 관계에 있을 뿐 아니라 이러한 관계는 동태적인 관계로서 명확한 방향성을 취한다. 이러한 동태적인 관계가 막바지에 도달하면 『홍루몽』의 비극의식도 절정에 도달한다.[135]

『홍루몽』의 비극적인 의미를 밝히는 데 있어서 위잉스는 쑹치보다 한 걸음 더 앞섰다. 게다가 역사학자였던 저자는 고증 전통의 이해득실을 통찰하고 홍학 연구의 돌파구를 찾고자 불현듯 본연의 전공 분야에서 벗어나 소설 비평의 관점에서 『홍루몽』의 창작 의도를 분석했으니 이 점이 바로 주목받는 이유다. 다른 수많은 저술은 대개가 자신 혹은 남들로부터 차용해온 미학 관념으로 『홍루몽』을 비평했는데 위잉스는 작품을 중심으로 분석하여 두 세계의 이론을 개괄해냈다.

1971년 9월에 출판한 타이완의 『유사월간幼獅月刊』 제34권 제3기는 소설 비평과 홍학의 특집호로 칭할 만한데,[136] 인물상의 조형, 구조의 안배, 작품 속 갈등, 작가의 사상 등 다양한 연구로 『홍루몽』 애호가들의 시야를 활짝 열어주면서 공전의 대성과를 거두었다. 그중에서도 특히 캉라이신康來新의 「성근 가지에 비친 그림자와 그윽한 향기: 향릉의 기품에 대한 품평疏影暗香: 香菱氣韻的品評」은 문장과 그 안에 담긴 감정이 두루 뛰어났고 정취가 넘쳐흘렀으며, 한 인물의 분석을 통해 저자의 작품에 대한 남다른 이해를 엿볼 수 있게 해준다. 그리고 퉁위안팡童元方의 「홍루몽의 어릿광대를 논하다論紅樓夢中的丑角」에서는 가진, 가련, 가용, 가서, 설반, 형덕전, 이귀, 주서, 임지효, 뇌대, 내왕, 초대, 포이, 명연, 흥아, 희아, 수아, 주서가, 이마마, 유노파, 방관의 양엄마, 춘연의 이모와 고모, 조이랑, 마도파, 왕선보 마누라, 청문의 올케, 내왕의 처, 다고랑, 왕일첩, 장도사, 호로묘의 동자승, 사대저 등을 어떤 특정 분야에서 공통적인 특성을 가진 인물 유형으로 보고 작가가 이들을 어떻게 묘사했는지와 이러한 인물들이 작품에서 차지하는 위치와 성격 및 언어적 특성을 분석했는데 이론 설정의 방향이 자못 독특했다. 실제로 과거에 이런 방식으로 『홍루몽』의 인물을 연구한 사람은 없었다. 글의 결미부에서 그는 다음과 같은 결론을 내렸다. "이 인물들의 이야기는 어떤 모습이든 대부분 시작만 있을 뿐 더 이상의 발전이나 결말이 없다. 막이 열리면 그 자리에 있지만 그때조차 모습이 선명하지 않은 다소 지리멸렬한 인물들이다. 그들은 어쩌면 간접적으로 모종의 주제를 드러내거나 아니면 주제와 아예 무관하거나 보옥이 싫어하는 늙다리로 지목된 사람들일 가능성이 높다. 그럼에도 그들이 중요한 것은 공통적으로 인생의 다양한 측면을 보여주었다는 데 있다. 어쩌면 우리는 또 이런 관점에서 『홍루몽』의 새로운 가치를 발견할 수 있을지 모르겠다."[137] 그렇다. 이들의 인물 유형을 좀 더 분석해 내려가다보면 『홍루몽』의 심미적 가치를 더욱 깊이 있게 이해할 수 있을 테니 바로 여기에 소설 비평과 홍학의 특색과 강점이 있다고 하겠다.

소설 비평파 홍학의
종합적인 성과

소설 비평파 홍학은 1960년대와 1970년대에 우여곡절이 많았으나 1980년대에 접어들어서는 또다시 새로운 전기를 맞이한다. 사회 문화적 환경과 학술적 분위기가 변화하면서 이전의 사상적 굴레에서 벗어난 연구자들은 기존의 비평 방식을 타파하고 『홍루몽』의 사상적 가치와 예술적 성취를 자유롭게 탐구하기 시작했다. 1978년부터 1987년까지 중국내 각 출판사에서 출판된 소설 비평 가운데 『홍루몽』을 연구한 논저만 대략 36종을 넘어섰다. 수적으로 왕궈웨이 이후 70년 역사를 훌쩍 뛰어 넘는 성과라고 할 만하다. 독자들의 실감을 배가시킨다는 측면에서 보고 들은 것을 간략한 서목으로 열거하여 최근 10년간 소설 비평파 홍학의 발전 상황을 설명하고자 한다.

1978년　장비라이張畢來, 『만설홍루漫說紅樓』, 人民文學出版社

1979년　장허썬蔣和森, 『홍루몽개설紅樓夢槪說』, 上海古籍出版社

1980년　왕자오원王朝聞, 『봉저를 논하다論鳳姐』, 百花文藝出版社

쉬츠徐遲, 『홍루몽예술론紅樓夢藝術論』, 上海文藝出版社

1981년   장허썬, 『홍루몽논고紅樓夢論稿』, 人民文學出版社

        귀위스郭豫適, 『홍루몽문제평론집紅樓夢問題評論集』, 上海古籍出版社

1982년   수우舒蕪, 『설몽록說夢錄』, 上海古籍出版社

        류멍시劉夢溪, 『홍루몽신론紅樓夢新論』, 中國社會科學出版社

        장진츠張錦池, 『홍루12론紅樓十二論』, 百花文藝出版社

        쑨쉰孫遜 · 천자오陳詔, 『홍루몽과 금병매紅樓夢與金瓶梅』, 寧夏文學出版社

        저우중밍周中明, 『홍루몽의 언어예술紅樓夢的言語藝術』, 漓江出版社

1983년   왕쿤룬王昆侖, 『홍루몽인물론紅樓夢人物論』, 三聯書店

        장비라이, 『가부에서 들려오는 책의 소리賈府書聲』, 上海文藝出版社

        싱즈핑邢治平, 『홍루몽10강紅樓夢十講』, 中州書畫社

1984년   쑤훙창蘇鴻昌, 『조설근의 미학사상에 관해 논하다論曹雪芹的美學思想』, 重慶出版社

        쉬푸밍徐扶明, 『홍루몽과 희곡 비교 연구紅樓夢與戲曲比較研究』, 上海古籍出版社

        자라가扎拉嘎, 『일층 누각 읍홍정과 홍루몽一層樓泣紅亭與紅樓夢』, 內蒙古人民出版社

1985년   왕창딩王昌定, 『홍루몽예술탐구紅樓夢藝術探』, 浙江文藝出版社

        린관푸林冠夫, 『홍루몽종횡담紅樓夢縱橫談』, 廣西人民出版社

        장비라이, 『홍루몽을 얘기하다談紅樓夢』, 知識出版社

천자오陳詔, 『홍루몽담예록紅樓夢談藝錄』, 寧夏人民出版社

우샤오난吳曉南, 『채대합일신론釵黛合一新論』, 廣東人民出版社

왕즈우王志武, 『홍루몽인물충돌론紅樓夢人物衝突論』, 陝西人民出版社

1986년 주메이수朱眉叔, 『홍루몽의 배경과 인물紅樓夢的背景與人物』, 遼東大
學出版社

푸쩡샹傅憎享, 『홍루몽예술기교론紅樓夢藝術技巧論』, 春風文藝出版社

쉐루이성薛瑞生, 『홍루에서 구슬을 캐다紅樓采珠』, 百花文藝出版社

바이둔白盾, 『홍루몽신평紅樓夢新評』, 上海文藝出版社

장징위姜耕玉, 『홍루예경탐기紅樓藝境探寄』, 重慶出版社

린싱런林興仁, 『홍루몽의 수사예술紅樓夢的修辭藝術』, 福建教育出
版社

린싱런, 『언어예술의 황관 위에 놓인 보배 홍루語言藝術黃冠上的明
珠』, 內蒙古教育出版社

후펑胡風, 『석두기교향곡石頭記交響曲』, 湖南文藝出版社

1987년 쩡양화曾揚華, 『홍루몽신탐紅樓夢新探』, 廣東人民出版社

우잉吳潁, 『홍루몽인물신석紅樓夢人物新析』, 廣東人民出版社

두징화杜景華, 『홍루몽예술관탐紅樓夢藝術管探』, 中州古籍出版社

저우수원周書文, 『홍루몽의 인물 묘사에 관한 변증예술紅樓夢人物
塑造的辯證藝術』, 江西人民出版社

뤼치샹呂啓祥, 『홍루몽개권록紅樓夢開卷錄』, 陝西人民出版社

이상 36권의 논저 가운데 장허썬의 『홍루몽논고』와 왕쿤룬의 『홍
루몽인물론』이 개정과 증보를 거친 재판본인 것을 제외하고 나머지

는 모두 초판본으로 출판사만 하더라도 20여 곳에 달하고 해를 거듭할수록 저서의 숫자가 점점 더 늘어나는 추세다. 그러나 고증에 중점을 둔 저서이면서도 그 안에 소설 비평의 관점에서 쓰인 상당수의 글이 포함된 경우나 아직 책으로 엮이지 못한 단편 논문들은 포함되지 않았다. 타이완, 홍콩 등 중국 외 학자들이 근년에 출판한 소설 비평파 홍학 논저도 상당한데, 메이위안梅苑의 『홍루몽의 중요 여성紅樓夢的重要女性』과 뤄더잔羅德湛의 『홍루몽의 문학적 가치紅樓夢的文學價値』[138] 등이 대표적이다. 두 차례에 걸친 『홍루몽』 국제학술대회와 매년 열리는 중국 학술대회에서는 소설 비평에 입각한 논문이 절대다수를 차지했다. 위잉스는 1980년에 열린 매디슨Madison 회의를 다음과 같이 종합했다. "우리는 이번 회의에서 도합 수십 편의 논문을 읽었는데, 그중 전통적인 홍학 고증에 관한 내용은 극히 일부였고 절대다수가 문학, 철학, 종교, 심리 등 여러 분야에서 『홍루몽』을 분석한 것들이다."[139]

만약 홍학사에서 일찍이 색은파와 고증파가 각각의 영역에서 문학 연구를 이끌었고, 그중에서도 특히 고증파가 장기간에 걸쳐 홍학의 주류를 차지했다면 1978년에서 1987년에 이르는 10년 동안은 기본적으로 소설 비평파의 천하였다. 이러한 상황이 도래한 원인은 한편으로는 고증파 홍학이 자료의 위기를 맞으면서 한동안 새로운 돌파구를 찾지 못한 데다 색은파도 진작부터 뒷심이 받쳐주지 못해 양자 모두 퇴조를 보이거나 종말을 맞이하게 되었기 때문이다. 다른 한편으로는 문학 비평이 지속적으로 새로운 문학이론과 비평론을 본보기로 삼아 소설 비평파 홍학의 시야를 넓혀줌으로써 비평에 있어 다양한 방법과 다양한 과정을 수립할 수 있게 되었기 때문이기도 하다.

미학 비평과 역사 비평은 범정치화의 범주를 탈피한 후 여전히 위세를 떨쳤고 많은 연구자도 이론적 깊이와 학문적 가치를 갖춘 논저들을 내놓았다. 과거 소수만이 언급하던 조설근의 미학사상을 다룬 논문이나 저작들이 대량으로 쏟아져 나오기 시작했다. 사람들이 『홍루몽』에 근접한 비평 언어를 찾고자 조설근과 『홍루몽』을 과학적으로 분석하게 된 것이다. 장허썬은 『홍루몽논고』 신판 후기에서 『홍루몽』 논문을 쓰면서 그에 합당한 가장 적합한 언어를 찾지 못해 늘 괴로워하던 자신이 마침내 깨달은 바를 이렇게 토로했다. "생명력 넘치는 형상으로 구현해낸 풍부한 의미는 세상에서 오직 한 가지 문자 형식으로만 표현될 수 있었으니 그것은 바로 『홍루몽』 그 자체였다."[140] 이는 많은 홍학가가 공유하는 느낌이며, 그들이 이러한 고뇌를 체험했다는 것은 기계적인 평가 혹은 개념화된 상투어와 절연하고 점차 『홍루몽』을 있는 그대로 이해하게 되었음을 의미한다.

양장楊絳의 「예술이란 어려움을 극복하는 것藝術是克服困難」이란 글은 1962년에 발표되었는데,[141] 이렇게 비교문학의 방법론으로 『홍루몽』을 연구한 글은 당시로서는 매우 드문 경우에 속했다. 그래서 그녀는 이따금씩 독자들에게 신선한 충격을 선사해주곤 했다. 오늘날엔 이런 글이 나날이 늘어나 주제론이나 병행 연구 혹은 영향 연구를 막론하고 수많은 역작이 쏟아져 나왔다. 1980년 제1회 『홍루몽』 국제학술대회에서 발표된 저우처쭝周策縱의 「홍루몽과 서유보紅樓夢與西遊補」, 천위피陳毓羆의 「홍루몽과 부생육기紅樓夢與浮生六記」, 바이셴융白先勇의 「홍루몽의 '유원경몽'에 대한 영향紅樓夢對游園驚夢的影響」 등도 이 분야를 대표하는 글이다.[142] 이외에 심리학의 관점에서 계통론·기호학·구조주의·수용미학의 관점과 방법을 운용하여 상당히 설득력 있는 글을 써낸 이들도 있다. 단언컨대 『홍루몽』은 전형성을 갖춘 장편 거작이기 때문에 어떤 새로운 이론이나 방법이라도 홍학 연구에 적용될 가능성이 높다. 다양화된 소설 비평론은 필연적으로 소설 비평과 홍학의 지평을 더욱 넓혀주었다. 이 점에서 소설 비평과 홍학의 생명력은 색은파나 고증파가 결코 따라잡을 수 없는 단계에 이르렀다고 하겠다.

제7장

홍학 관념과
홍학 방법의
충돌

홍학의 고증, 색은, 소설 비평은 명실상부한 『홍루몽』 연구의 삼대 유파다. 저마다 다른 배경에서 탄생되고 발전해온 각 유파가 사회적으로 공인되기 시작한 것은 대표적인 학자들이 등장하고 논저가 발표되면서부터다. 그로 부터 홍학의 삼대 유파는 점차 학파의 특색을 두루 갖추게 된다. 이번 장 에서는 각 유파 간에 벌어졌던 홍학 관념과 방법론에 대한 갈등과 마찰을 중심으로 살펴보기로 한다.

『홍루몽』의 "본사本事"를
어떻게 볼 것인가?

　색은파는『홍루몽』이 고국에 대한 그리움을 반영한 민족주의 사상의 작품임을 끝까지 고수했는데, 이는 차이위안페이가 "『석두기』는 청 강희제 시대의 정치소설이다. 작가는 매우 진지하게 민족주의를 견지하고 있다. 작품 속의 실제 사건은 명나라의 멸망을 애도하고 청나라의 실정을 드러낸 데 있으며 특히 청나라에 출사한 한족 명사들에 대한 통석의 마음을 담고 있다"고 한 주장과도 일치한다. 차이위안페이의 이 말은 의미상으로 세 가지 층위를 내포하고 있다. 첫째는 『홍루몽』 이야기의 근거가 되는 실제 사건, 즉 "본사本事"이고 둘째는『홍루몽』의 사상 경향이며 셋째는『홍루몽』의 성격이다. 정치소설은『홍루몽』의 성격에 관한 개괄이다. 민족주의는 작품의 사상적 경향을 가리킨다. '본사'는 작가가 취한 창작의 원시적 소재와 제재 및 주제를 말한다. 이 세 층위의 의미가 색은파 홍학 관념을 개괄하는 가장 정확한 표현이다. 특히 '본사'에 대한 관점은 색은가들이 이론을 설정하는 토대이기도 하다. 명주가사설明珠家事說, 순치제順治帝와 동소완董小琬의 고

사설, 강희제 때의 정치상황설 등과 장후가사설張候家事說, 화신가사설
和珅家事說 등이 모두 『홍루몽』의 '본사'에 관한 설이다. 색은법은 하나로
귀결되는데, 그것은 바로 '본사'를 명확하게 증명해내는 것이다. 바꾸
어 말하면, 역사 사실과 바로 그 특정 사실들이 작품에서 어떻게 표
현되느냐 하는 것이 이 파의 주요 탐구 내용이기 때문에 색은이라고
칭하게 된 것이다. 예술적인 원리에 따라 함께 조합된 작품 속 인물과
정절, 즉 『홍루몽』을 전체적으로 구성하는 예술세계를 포함한 그 모
든 것을 색은가들은 결코 중요하게 생각하지 않았다. 그들은 차라리
그 모든 것을 자신들 마음속의 역사 사실에 투영시킬지언정 문학적
가치가 있느냐 없느냐 등의 문제에 관해선 관심을 두지 않았다. 「홍루
몽발미紅樓夢發微」를 쓴 모산초자牟山樵子는 색은파의 방식에 대해 "인물
밖에 달리 인물이 있고 사실 밖에 달리 사실이 있으니 평론은 책 밖
에 있다"[1]고 했는데 자못 색은파의 관념과 연구법의 핵심을 찌른 평
가로 보인다. 이것은 의심의 여지 없이 문학을 역사화한 문학관으로
서 예술 전체를 능지처참하고 생명의 원액을 쥐어짜는 방식을 취하고
있으니 문학에서 절대 취할 바가 못 된다. 색은파의 경우 작품과 관련
이 있다고 추정되는 역사 사실에 과도하게 치중했다는 점도 큰 문제지
만 그보다 심각한 오류는 역사 사실이 진실된 예술 작품으로 전환되
는 창작 과정 자체를 도외시하고 제대로 이해하려 하지 않은 데 있다.

고증파 홍학도 '본사'에 대한 관점을 피해갈 수 없기는 매한가지이
지만, 그들은 단지 작가의 생애 이력이 작품 속에 얼마나 스며들었는
지를 밝히는 데만 중점을 두었다. 이 점에 있어서는 소설 비평파 홍학
도 예외는 아니다. 그러나 결정적인 차이점을 얘기하자면, 소설 비평

파 홍학에서는 작가의 생애 사적을 아직 발효되지 않은 밀가루나 원시 상태의 지하자원으로서 작품이 보여주려는 세계와는 여전히 동떨어진 이른바 창조와 전환의 중간 지점에 존재하는 구성 요소 정도로 인식하고 있었다는 점일 것이다. 비평자가 작가의 일생을 알고자 하는 것은 작품에서 작가의 생활과 처지에 관한 파편들을 수집하기 위해서가 아니라 작품을 보다 더 잘 분석하기 위해서다. 극단적인 고증파는 흡사 작품의 내용을 작가의 사적과 동일시하고 심지어 『홍루몽』은 조설근의 "자서전"이라고 대놓고 주장했다. 후스가 "가정은 조부曹頫다" "가보옥은 조설근이다"라고 주장한 것[2]이 그 대표적인 관점이다. 위핑보는 『홍루몽변』에서 일찍이 『홍루몽』의 연표를 열거하며 작품에서 발생한 가부의 사건들이 조설근의 생일을 포함한 조씨 집안의 사건과 같다는 점을 증명하기 위해 역시 보옥의 생일을 토대로 추산하여 조설근이 강희 58년(1719) 초여름 난징南京에서 태어났다고 단정지었다.[3] 저우루창은 『홍루몽신증』에 "인물고"와 "설근 생졸 및 홍루연표" 두 장을 만들어 가부와 조씨 집안 간의 유사한 범위를 보다 더 확대시켰다. 결국 고증파는 소설 비평파와는 각기 완전히 다른 길을 가게 되었고 『홍루몽』으로 조설근의 가족사를 인증할 수 있기를 기대했지만 도리어 색은파에 더 가까워지고 말았다. 그래서 결국 색은파가 찾아낸 것은 조설근의 정치사에 불과했고 고증가들이 고증해낸 것도 조설근의 가세사에 불과했다. 이는 결코 기이한 상황이 아니다. 왜냐하면 넓게 보았을 때 색은도 고증의 일종이고 고증도 색은의 일종이기 때문이다. 황나이추黃乃秋가 1925년 후스의 『홍루몽고증』을 비판했을 때 했던 말처럼 "후스 군은 고증으로 남(색은파)을 제압할 수 있을 거라고 생각했지만 자신이 추구했던 그 고증 역시 이런 수수께끼 퍼즐의 범주에서 벗어나지 못했다. (…) 상관도 없는 지리 멸렬한 사실들로 『홍루몽』의 줄거리를 부회함으로써 앞의 색은 삼파와 같은 전철을 밟았다. 다른 점이 있다면 색은 삼파가 청 세조와 동악비, 윤잉允礽과 주죽타, 납란성덕 등으로 부회를 한 데 비해 후스의 경우엔 조설근, 조씨 집안, 이씨 집안 등을 가져다 부회했다는 정도의 차이일 것이다."[4] 황나이추는 또 서양의 소설 이론을 인용하여 『홍루몽』에는 이미 마름질된 인생, 허무를 초월한 인생, 명리에 부합되는 인생, 과장된 인생 등을 다루고 있다고 설명하면서 다음과 같은 결론을 내렸다.

아무래도 『홍루몽』에서 서술한 내용을 모두 실제 인생으로 판단할 수는 없다. 장안과 가부를 운운하고, 보옥과 대옥을 운운한 것은 모두 소설이 구체적인 것을 중시하고 추상적인 것을 중시하지 않은 까닭이니 가탁이 없을 수 없다. 외관은 비록 한 지역, 한 집안과 여러 사람의 10여 년에 걸친 일들인 것 같지만 사실은 저자의 관찰, 이해, 이상을 바탕으로 인생의 정수를 취하고 인생의 정화를 제련하여 항구적인 보편성으로 귀납하고 체계화시켰다. 생각과 재능을 운용하여 과장되게 묘사함으로써 마침내 환경幻境을 조성했고 한 꿰미로 이어지는 상상의 사물에 표현하고자 했던 인생의 진리를 담았다. 작품에 표현된 내용들이 작가의 당시 상황이나 자신의 경험에서 나오지 않은 것이 없겠지만 편집과 과장을 통해 이러한 허구의 세계를 만든 이상 그 취지는 오로지 인생의 진리를 표현하는 데 있다. 따라서 그 자체의 존재 여부는 기껏해야 실제 하는 것 같기도 하고 아닌 것 같기도 한 정도의 모호한 상태에 불과할 뿐이다. (⋯) 작품 속 이야기는 당연히 작가가 자신이 관찰하고 이해한 것을 바탕으로 가설한 허구세계이며, 그것을 통해 자신의 생각을 표현한 것이니 작가가 창조한 것이라고도 할 수 있고, 작가의 이상이라고도 할 수 있다. 그런데도 작가가 바야흐로 자신이 선택한 것을 귀납하고 개선하여 인생의 항구적인 진리를 표현하기 위해 가공해낸 시간, 장소, 집안, 사람들을 실제 상황으로 여겨 시시콜콜 따지고 든다면 도리에 맞지 않을 뿐더러 인간의 인식 범주를 벗어나는 짓이니 어찌 이런 짓을 할 수 있단 말인가![5]

이는 소설 비평의 입장에서 고증파는 물론이고 고증파와 색은파를 싸잡아 비판한 것이니 문학 창작의 이론 측면에서 소설 비평파 홍학이 논리적인 우위를 점했다고 볼 수 있겠다. 그러나 고증파든 색은파든 이제까지 소설 비평파의 공세로 인해 비평 활동을 멈춘 적은 단한 번도 없었다. 도리어 고증파는 장기간에 걸쳐 홍학의 주류였고 색은파도 독자적인 시장이 있었다. 그렇기 때문에 결과적으로 색은파와 고증파가 막무가내 활동을 한 것이라고 볼 수는 없다.

『홍루몽』에 흐르는 반만反滿 사상의 경향은 색은파에 실질적인 근거를 제공해주었다. 당연히 『홍루몽』에 반만 사상이 있다 없다를 두고 연구자들 간에 의견이 분분했다. 긍정적인 입장을 표한 저우루창과 우언위는 서로 다른 경로를 통해 조설근과 명나라 유민遺民의 관계를 제시했지만 만주족의 통치에 대한 불만이 작품에 스며 있다는 점에 있어서는 인식을 같이 했다.[6] 색은과 고증에 강력하게 이의를 제기했던 위잉스도 일찍이 조설근의 "한족 동일시"에 관한 논문을 쓴 바 있어 그 점을 부인하지는 않았다.[7] 그는 돈성의 「그리운 조설근에게懷 曹雪芹」 시를 인용한 후 그 뒤에 "나는 지금 그냥 이 시의 몇 구절을 인용하여 한 가지 문제, 즉 조설근이 기왕에 아주 명확하게 한족으로서의 자신의 정체성을 인식하고 있었다는 점을 설명하고 싶다. 따라서 청대 문자옥이 가장 삼엄했던 시대를 살았던 그가 수많은 한족 인사가 무참하게 핍박당하는 상황을 직접 목도하면서 내적으로 격동하지 않을 수 없었을 것으로 보인다. 당연히 이러한 격동의 마음이 그를 '반만복명反滿復明'으로까지 치닫게 한 것은 아닐지라도 우발적으로라도 만청 조정을 향해 풍자를 했을 가능성은 충분하다. 내 생각에 조설근 집안의 개인적인 원한이 점차 '민족의 동질감'으로 발전했다고 보는 것은 심리적으로 매우 타당성이 있어 보인다"[8]고 썼다. 글의 어투로 볼 때 색은파의 홍학 관념과 애써 선을 그으려는 듯이 보이지만 『홍루몽』에 반만 의식이 깃들어 있는 것만은 확실히 인정한 것으로 보인다. 위잉스는 징장본 『석두기』 제18회의 비어가 조설근이 반만 의식을 가졌다는 방증 자료라고 여기면서 각별히 흥미롭게 받아들였다. 그 비어의 내용은 다음과 같다.

손책孫策이 천하를 삼분했을 때 군대는 500명에 불과했다. 항적項籍은 강동의 자제들을 이끌고 기병을 삼으니 사람은 8000명에 불과했다. 마침내 산천을 가르고 천하를 분할했다. 어떻게 백만의 의병이라고 하면서 하루 아침에 전쟁에 패해 난을 일으킨 사람들에게 마치 초목이 베이듯이 무자비하게 살육을 당하는가? 양쯔강과 화이수이강은 강기슭의 버팀목을 잃었고 군영의 보루는 울타리로서의 견고함이 부족했다. 조세를 가혹하게 거두어들인 자는 합종하여 우호관계를 맺고 농기구를 든 농민들은 시세의 이로움에 편승했다. 설마 양쯔강 이남의 왕기가 이미 300년으로 끝난 것은 아니겠지? 이를 통해 천하가 병탄되면 결국에 가서는 진왕秦王 자영子嬰이 지도軹道[9] 옆에서 항복했던 재앙을 면치 못하고, 수레바퀴와 문자가 하나로 통일되어도 결국에 가서는 진晉의 회제懷帝와 민제愍帝 두 군주가 겪은 평양平陽에서의 화를 면치 못하게 됨을 알 수 있도다. 오호라! 산악이 무너지니 국가 위망의 액운을 겪게 되었고, 세월이 교체되니 필연적으로 고향을 등지는 슬픔을 당하는구나. 하늘의 뜻으로 이루어진 인간사는 참으로 가슴 아프고 비참하도다! 명문가의 몰락은 반드시 이렇게까지 빨리 진행되지는 않는다. 특히 자손이 불초하여 불량배를 끌어들인 것은 창업의 지난함을 몰라서다. 응당 '순식간의 영화요 잠시간의 환락'임을 알아야 하며 이는 '타는 불에 기름을 붓고 생화로 비단을 짜는 것'과 다를 바 없으니 어찌 오래 지속될 수 있겠는가? 무자년戊子年 음력 4월, 유자산집庾子山集을 읽고 여기에 몇 자 남기니 후세 자손들이 이를 소홀히 해서는 안 될 것이다.[10]

이 비어의 작성 시기는 무자년戊子年, 즉 건륭 33년(1768)으로 조설근이 죽은 지 얼마 되지 않았을 때니 응당 기훌수의 손에서 나왔음이 분명하며 조설근의 사상과도 맞아떨어진다. 위잉스는 다음과 같이 분석했다. "비어를 단 사람이 유자산庾子山의 「애강남부서哀江南賦序」에 들어 있는 '설마 양쯔강 이남의 왕기가 이미 300년으로 끝난 것은 아니겠지?'라는 말에 깊은 감개를 느껴 인용한 것일 테니 이는 왕조의 흥망성쇠를 가리키는 말이 분명하다. 만약 추측이 틀리지 않는다면 이 비어는 아마도 명나라의 멸망과 청나라의 흥기를 암시한 것으로 보인다."[11] 필자는 그의 분석이 기홀수 비어의 내용과도 완전히 부합되며『홍루몽』의 실질적인 사상과도 맞아떨어진다는 점에서 매우 깊이가 있다고 판단했다. 따라서 색은파의 홍학 관념 중에서 최소한『홍루몽』에 민족 사상이 담겨 있다는 주장만은 근거가 확실해 보인다.

『홍루몽』에 조설근의 가세 및 생애와 관련된 사적이 들어 있다는 고증파의 주장에 대해서는 더욱 찾아볼 만한 근거가 있다. 제16회에서 유모 조씨가 "강남 진씨 집안의 세도가 이만저만이 아니에요. 그 댁에서만 네 번이나 황제 폐하의 행차를 맞이했답니다"[12]라고 한 말은 강희제가 여섯 차례에 걸쳐 남순했고 네 차례 모두 강녕직조부에 머물렀던 사실과 일치한다. 제54회에서 가모가 자신이 젊었을 때 집안의 어린 희반戲班이 공연했던「속비파續琵琶」를 본 적이 있다고 했는데 이는 조설근의 조부 조인이 지은 전기이므로 가모의 언급이 아마도 우연적인 일은 아닌 것으로 보인다. 또 제13회에서 진가경이 현몽하여 희봉에게 "나무가 넘어지면 원숭이도 흩어진다"[13]는 속담을 인용했는데 이 역시 조인이 생전에 늘 입에 달고 살았던 속담이다. 조설근 집안은 당연히 가산 몰수를 당한 집안인데 실제로『홍루몽』제75회에 진씨 집안이 가산을 몰수당하고 죄를 받으러 상경하는 대목이 나오고 제80회 이후에는 가부의 가산이 몰수되는 묘사가 나온다. 지연재 비어의 경우엔 제공해주는 정보가 더 많다. 그래서 고증파는『홍루몽』은 조설근 가족의 역사를 쓴 것이지 색은파가 주장하는 청초의 정치사가 아니라고 아주 자신만만하게 주장했던 것이다. 후스가 1921년에 발표한『홍루몽고증』은 조설근의 가세를 고증한 새로운 사료를 무기로 삼아 색은파에 대해 벌인 일종의 선전포고였다.

문제는 이러한 홍학 관념을 어느 정도로 수립해야 하는가다. 자서전에 대해 논하자면, 세계의 수많은 장편 작품에는 모두 작가의 자서전적 요소가 담겨 있다. 리천둥은 1937년에 쓴 「홍루몽 변증의 재인식紅樓夢辯證的再認識」에서 이미 후스의 자전설에 대한 불만을 토로하면서 "조설근은 얼마나 많은 실재하는 가보옥·임대옥·설보채·왕희봉·가정·가모·습인·설반과 그 외 모든 인물을 관찰하고 사색했는지 모른다. 그런 연후에 비로소 그의 상상 속 인물을 탄생시킨 것이니 당신이 지금 어느 인물이 실재하는 누군가를 가리키는 것이라고 하는 것은 정말이지 망상이요 헛수고에 불과하다"[14]라고 했다. 그는 또 다음과 같이 덧붙였다. "좀 더 넓게 보자면, 후스가 고증한 것처럼 가부의 가계도는 조설근이 자기 집안의 가계도를 근거로 만들었으므로 도처에 조설근 개인의 가정사가 담겨 있다고 주장할 수 있을 것이다. 그럼에도 쉽게 가부라고 단정 짓기 어려운 것은 고증의 범주이기 때문이다. 그러므로 창작자의 관례대로 볼 때 그들의 저작은 결코 실제 사물의 단순한 베끼기가 아니므로 조설근이 자신의 집안을 근거로 삼았다는 것까지는 가능할지 몰라도 가부가 바로 그 자신의 집안이라고 말하는 데는 어폐가 있다."[15] 제42회에서 보채가 석춘이 그리는 대관원도에 대해 피력한 의견은 하나하나가 다 소설 비평파 홍학의 이론적 근거가 되었으니, 이른바 "있는 그대로 종이 위에 옮기면 좋은 결과를 얻을 수 없을 거예요."[16] 반드시 "화폭의 원근을 따지고 많이 잡아야 할 것과 적게 잡아야 할 것을 고려하고 주객을 분명히 나눠야 합니다. 또 보탤 곳은 보태고 줄일 곳은 줄이며 드러낼 것과 숨길 것을 정해야 해요"[17]라는 내용으로 예술적인 개괄 과정을 거쳐야 한다는 말이다. 리천둥은 보채의 이 말을 인용한 후 다음과 같이 덧붙였다.

회화도 그렇고 소설쓰기도 그렇듯이 있는 걸 곧이곧대로 베껴서는 절대 구미에 맞출 수 없다. 그렇기 때문에 우리가 고증할 수 있는 것은 단지 실재 인물과 이상 인물의 성격적 관계 정도이지 절대로 빼다 박은 사진처럼 감쪽같이 베껴냈는지 여부까지는 아니다. 이전에 『홍루몽』을 고증한 영사법影射法은 정말이지 어처구니없기 짝이 없었는데 후스 선생도 이 병폐를 면치 못했다. 그는 조설근 사망 후에 홀로 남은 아내가 있었다는 사실을 고증해내고는 마침내 그녀가 설보채인지 아니면 사상운인지 알 수 없다고 했다. 만약 이런 논리라면 괴테가 자살한 후 비로소 『젊은 베르테르의 슬픔』을 지었다는 말이 된다. 왜냐하면 베르테르의 슬픔이 바로 그 자신의 슬픔이었고 베르테르는 그 슬픔으로 인해 자살했기 때문이다.[18]

소설 비평파 홍학이 『홍루몽』의 "근거가 되는 이야기"에 대해 가진 생각은 색은파나 고증파와는 크게 다르다는 것을 알 수 있다. 기본적으로 서로 다른 홍학 관념에 기초하여 서로 반박하면서 절대 양보하지 않는 그들의 모습은 그야말로 볼만했다. 각자의 출발점에서 보자면 홍학 삼파는 저마다 자신들이 옳다고 생각하는 분야가 있었고 앞에서 말한 바와 같이 모두 상당한 근거자료가 있기도 했다. 서로의 견해는 『홍루몽』을 과연 문학작품으로 보느냐 아니면 역사 저작으로 보느냐라는 지점에서 서로 엇갈렸다. 이론적으로는 어느 파든 『홍루몽』이 소설이지 역사는 아니라는 점을 인정했지만 실질적인 처리 방식에서는 결코 그렇지 못했다. 그렇지 않다면 "최소한 경사 어디에 대관원이 있는가"라는 문제를 고증파가 제기하지는 않았을 것이다.

위펑보는 1922년에 쓴 「홍루몽의 위치 문제紅樓夢的地點問題」에서 자신의 생각을 분명히 드러냈다. "『홍루몽』에 나오는 여러 곳은 확실히 존재하는 곳이고 대관원도 결코 현실과 동떨어진 신기루가 아니다. 이러한 가정에는 두 가지 근거가 있다. 첫째, 『홍루몽』은 '흔적을 근거로 종적을 찾는' 책이고 모든 이치로 볼 때 허구인 게 없다. 둘째, 작품 속의 영국부와 영寧국부, 대관원 등이 아주 조리 있게 잘 묘사되어 있어 상상의 산물로 보여지지 않는다. 게다가 이러한 부귀한 환경에는 응당 이렇게 규모가 큰 저택과 원림이 있어야 한다. 『홍루몽』에 나오는 곳이 실제 존재한다는 것을 인정해야 할 뿐 아니라 한 걸음 더 나아가 '도대체 어디에 있는 곳인가'를 고증해내야 한다."[19] 그러나 고증의 결과, 고증가들은 문제를 해결하기는커녕 도리어 더 어려운 난관에 봉착하게 되었다. 위펑보는 글의 말미에서 낙담한 나머지 다음과 같은 말을 남겼다.

한참을 얘기했는데 처한 상황은 말하기 전과 여전히 달라진 게 없다. 우리는 도대체 『홍루몽』이 남쪽에 있는지 아니면 북쪽에 있는지 왜 알 수 없단 말인가? 한참을 에둘러 왔는데 문제는 문제대로 여전히 남아 있고 우리도 여전히 우리 그대로다. 해결의 희망이 보이기는커녕 도리어 무수한 난제를 보태게 되었으니 정말이지 깊이 파고들면 파고들수록 얻는 것은 더 줄어들기만 하는구나![20]

고증파는 대관원의 위치 문제에서 막다른 골목으로 걸어 들어갔다. 비록 그 후에 새로운 설들이 계속해서 나오고 심지어 주남主南과 주북主北 양대 파를 형성하기도 했지만 고증파를 곤경에서 벗어나게 해주기는커녕 도리어 소설 비평파의 공격에 무수한 핑곗거리만 만들어주는 꼴이 되고 말았다. 1972년 홍콩의 『명보월간』에 발표된 쑹치의 「대관원을 논하다」[21]는 바로 이것을 돌파구로 삼아 소설 비평파의 홍학 관념을 더욱 공고하게 수립한 경우다. 위잉스의 『홍루몽의 두 세계』 역시 주로 대관원의 내재적인 구조를 분석하여 "대관원이 『홍루몽』의 이상세계이자 작가가 당연히 심혈을 기울여 만든 허구세계"[22]라는 것을 강조함과 동시에 "천상의 인간과 모든 경물이 다 갖추어진" 원림을 현실세계에서 찾아 헤매는 것에 반대했다.

쑹치와 위잉스의 글이 발표된 후 해외 고증파의 대표인 자오강은 일찍이 글로 의견을 교환하면서[23] 대관원은 난징직조서南京織造署의 서화원西花園이라는 주장을 펼쳤지만 방어적 성격의 공방이어서 공격성이 부족했다. 그러나 위잉스는 남의 비위를 상하지 않게 하면서도 융통성 있고 풍부한 변론으로 다음과 같이 답변했다. "나는 작가가 개별적인 인물과 사건을 자신의 생활 경험에서 소재로 취할 수 있다는 점은 인정할 수 있다. 그러나 그가 창작하는 과정에서 결국 진실한 생활소재가 '핵심'이 될까 아니면 자신이 허구화한 창조적 의도가 '핵심'이 될까? 이때 작가 자신의 소재는 당연히 본인의 창작을 위해 봉사하고 창작의 필요에 따라 구사된다. 바꾸어 말하면 『홍루몽』에서도 수많은 진실된 소재가 한바탕 허구화의 과정을 거친 후에 비로소 용도에 맞게 쓰여졌다는 것이다."[24] 또 이어서 "우리는 기껏해야 『홍루몽』이 작가의 생활 배경을 소재로 한 소설이라는 것을 인정할 수 있을 뿐이지 조설근 집안의 사적이 소설화된 것이라고 보지는 않는다. 이 구분은 표면적인 작품 내용에서도 자세히 드러나지만 실질적으로도 매우 중요하다. 왜냐하면 '주主'와 '부副'의 문제가 관련되어 있기 때문이다. 조설근의 창작세계에서 그의 구상이 '주'가 되는 부분이라면 그것이 어떤 것이든 간에 모든 구조의 소재로 쓰인 것은 모두 부차적인 범주에 속한다"[25]고 했다. 그는 또 이에 덧붙여 "고증파가 발굴한 조설근 집안의 역사는 우리가 『홍루몽』의 배경을 깊이 있게 이해하는 데 도움을 주었다는 점에서 매우 중요하다. 그러나 작가가 창작의 필요에 의해 자신이 보고 들었던 경험을 소재로 삼았을 때는 그러한 소재들에 참신한 예술적 가공이 더해진 것이므로 소재의 본래 모습은 이미 변화된 것"이라는 점을 강조했다.[26] 이 주장들은 본질을 꿰뚫고 있어 이론적으로 흠잡을 데가 없으며 『홍루몽』이 소설이라는 관점에서 보았을 때도 현저히 우세를 점했다.

곡해로 점철된 위핑보의
'자전설自傳說'

홍학의 삼대 유파가 관념과 방법론에서 맞닥뜨리게 된 마찰과 충돌은 역사가 오래되었고 근거가 분명했지만 그것을 이론적으로 체계화한 이는 거의 없었다. 위잉스의 「근대 홍학의 발전과 홍학 혁명: 하나의 학술사적 분석近代紅學的發展與紅學革命: 一個學術史的分析」「홍루몽의 두 세계」「가고 싶어도 되돌아갈 길이 없다: 홍루몽의 두 세계에 대한 재론과 자오강 형에게 드리는 답을 겸함眼前無路想回頭: 再論紅樓夢的兩個世界兼答趙岡兄」 등 세 편의 논문[27]은 홍학 관념과 방법론 간의 마찰을 고도의 이론적 수준으로 끌어올렸고 홍학 연구에 좀 더 명확한 의미를 부여했다. 그런 점에서 홍학사에 대한 학문적인 이해를 바탕으로 이론적 기초를 다진 가장 최초의 체계화된 분석이자 총결산이라고 할 만하다. 만약 차이위안페이의 『석두기색은』, 후스의 『홍루몽고증』, 왕궈웨이의 『홍루몽평론』 등 이 세 책이 홍학의 색은, 고증, 소설 비평파 등 삼대 유파의 기초를 닦았다면 위잉스의 글은 홍학 삼파를 분석한 홍학사론의 '패러다임'이 되었다.

그런데 위잉스는 위핑보와 자전설의 관계에 대해 잘못 이해하고 있는 부분이 있었다. 이는 주로 위핑보가 자전설의 대장이며 1953년 「독홍루몽수필讀紅樓夢隨筆」을 쓸 때가 되어서야 비로소 "이전에 고수하던 자전설에 대해 근본적인 회의를 하게 되었고 더 나아가 깊은 반성을 하게 된 것"[28]이라고 판단한 데서 비롯된 오류였다. 그러나 실상은 판연히 달랐다. 1925년 1월, 즉『홍루몽변』이 나오고 2년이 채 되기도 전에 위핑보는『홍루몽변』의 내용을 수정하려고 했다. 과연 무엇을 수정하려고 했던 것일까? 그것은 바로 자신이『홍루몽』을 연구할 때 '중심 개념'으로 썼던 "『홍루몽』은 작가의 자서전"이라는 구절이었다.

내가 그 작품에 대해 설명하기 어려운 다소 애매한 생각을 가지고 있었던 것은 자서전과 자서전적 문학의 차이를 판단하지 못했기 때문인 것 같다. 말하자면 역사와 역사적 소설의 차이를 구분하지 못한 것과 같다. 어린아이도 알 수 있는 분명한 차이점을 당시 나의 소홀로 인해 뒤죽박죽이 되게 하고 말았다. 『홍루몽』을 자서전적 문학 혹은 소설이라고 하는 것은 당연히 가능하지만 작가의 자서전 혹은 역사라고 해서는 안 된다. 나는 『홍루몽』이 역사가 아니라는 것을 명백히 알고 있으면서도 그것을 역사처럼 보려고 했다. 지금 돌이켜 생각해봐도 내가 왜 그랬는지 알 수 없다. 우리는 남들이 바보 같은 퍼즐놀이를 한다고 말하지만 실제 우리 자신이 하는 것도 퍼즐은 아닐지라도 결국 퍼즐과 유사하게 밑그림을 뒤바꾸어 놓은 데 불과하다. 누가 멍청하고 누가 멍청하지 않은지 그 누가 알겠는가![29]

이는 당시로서는 고증파 홍학 관념과 결별하겠다는 태도를 분명히 한 상당히 엄중한 자기반성이었다. 당연히 『홍루몽변』이 후스의 『홍루몽고증』과 다른 것은 작가의 문학적 기량을 간과하지 않은 것이고 거기다 "『홍루몽』이 비록 정말 있었던 일을 저본으로 삼았더라도 궁극적으로는 소설이기 때문에 작품을 역사로 간주한다면 바보스러움을 면치 못할 것이다"[30]라고 한 것은 조소를 피하기 위한 자기 변명임을 알 수 있다. 그러나 위핑보는 여기에 그치지 않았다. 그는 자신이 후스와 구제강의 고질적인 고증벽考證癖에 영향을 받아 자신도 모르게 수렁에 빠지게 된 것임을 인정하면서 이제부터는 차라리 문학 관념과 작품 묘사의 두 측면에서 더 깊이 있는 연구를 해보겠다는 의지를 드러냈다.

문학 관념에 대한 인식에 있어서 위핑보는 자신의 의견을 다음과 같이 피력했다. "문예의 내용—사실 여부와 관계없이—은 반드시 작가 평생의 경험에 의해 결정된다. 그와 동시에 작품이 사실에 치우쳤든 아니든 간에 작가의 인생 경험이 문학의 내용에서 중시되지는 않는다고 생각한다. 작품에서 사물은 모두 새롭게 펼쳐지며 재현이라 하더라도 한 마디로 똑같지 않다. 회상을 예로 들자면 기억하는 내용이 비록 어제의 일일지라도 그 기억은 지금 이 순간에 새롭게 생성된 것이다. 기억 속에 있는 것이 비록 원본에 가깝게 99퍼센트까지 되살아났다 하더라도 결국은 털끝만큼의 차이로 인해 가공된 것으로 간주될 수 있다. 군소리 한마디 더 보태자면 새 것은 옛것 같지 않다는 사실이다. 만약 옛것 같다면 어떻게 새 것이 있을 수 있겠는가? 어떤 것과 같게 하는 것이 문학의 지극한 원칙이라고 한다면 문학은 기껏

해야 신빙성 있는 복사본에 불과한데 거기에 창조의 이름으로 서명하고 봉인한다면 어찌 부끄럽지 않을 수 있겠는가?"[31] 그는 또 이렇게 말했다. "만약 창조가, 없는 사실을 꾸며내는 것으로 해석되지 않고 경험의 재구성으로 풀이된다고 한다면 창조적인 문예 아닌 것이 없을 것이다. 사실과 비사실을 구별하는 기준은 단지 원 경험의 윤곽을 좀 더 남겨두었느냐 아니면 적게 남겨두었느냐에 달렸을 뿐이다. 두 유형의 작품이 똑같은 경험에서 나왔더라도 경험의 재현은 아니다. 그래서 사실적 문예를 어떤 사실의 실제 그림자로 간주한다면 '털끝만큼의 실수라도 매우 심각한 오류를 초래하게 될 것'이다."[32] 이 말은 한 치의 군더더기도 용납하지 않는 분명한 말이다. 문학 창작의 일반 원리에서 보더라도 『홍루몽』은 당연히 예외일 수가 없다.

『홍루몽』의 구체적인 내용을 종합적으로 검토한 위핑보는 작가의 인생 경험이 작품에 비치더라도 복잡하게 뒤엉켜 비쳐지는 것이지 단순한 재현이 아님을 주장했다. 또한 이와 관련하여 세 가지 문제점을 제시했다. 첫째, 사람들은 보옥이 조설근이라고 하는데, 그렇다면 조설근에게 옥을 물고 태어난 기적이 일어났는가? 둘째, 사람들은 가비賈妃가 친정 나들이를 한 것이 황제의 남순南巡이라고 하는데 어떻게 황제가 비로 바뀌었는가? 가씨 집안에서는 입궁한 비가 있는데 왜 조설근의 집안에는 없는가? 셋째, 대관원은 남쪽도 아니고 북쪽도 아니며 남쪽인 것 같기도 하고 북쪽인 것 같기도 한데 도대체 대관원은 어디에 자리하고 있는가? 대체 어디라고 적시할 수 있는가? 위핑보는 이 세 가지 문제에 대해 『홍루몽변』을 쓸 때였다면 분명히 하나하나 따지고 밝혀가면서 얘기를 했겠지만 그렇게 했을 리 만무

한 1925년에는 이전의 오류를 바로잡으며 아래와 같이 수정된 답변을 내놓았다.

첫째, 작가는 작품에서 보옥에 대해 쓸 때마다 자신의 신세와 성격을 드러냈지만 이는 작품 속 인물에 자신을 넌지시 빗댄 것에 불과하다. 그러므로 조설근은 실제로 있는 사람이지만 보옥의 기적은 허구에 불과하고 조설근 본인의 역사와는 아무 관계가 없다. 다시 말하자면 작중 인물인 보옥을 구성하는 요소에는 분명히 수많은 "설근적인 것"이 들어 있지만 "비설근적인 것"도 많다. 보옥과 설근은 단지 부분적으로 섞였을 뿐이지 전체적으로 일치하지는 않는다.

둘째, 원비가 친정 나들이를 왔을 때의 겉치레와 위엄을 묘사한 것은 황제가 남순 도중에 조씨 집에 왔었다는 것을 암시해주는 힌트다. 그러나 누구를 누구로 암시하고 어느 집을 어느 집으로 암시하지는 않았기 때문에 가부에는 황제의 비가 있는데 조씨 집안에는 없다고 해서 문제가 될 것은 없으니 이는 말을 거꾸로 뒤집어도 매한가지다. 용포를 입은 황제를 봉황무늬 치마를 입은 비로 바꾼 것은 작가가 즐긴 유희 삼매경의 결과인 것을 엉터리 같은 서생이 뭘 안다고 감히 주장을 펼칠 수 있겠는가.

셋째, 작가의 본적과 관련해서는 금릉金陵에서 태어나 양저우揚州에서 자랐으며 만년은 베이징에서 보냈다. 그가 묘사한 대관원은 남북의 아름다운 풍류와 풍물을 종합하여 창조해낸 하나의 지상낙원이다. 만약 우리가 이에 대해 "도대체 그곳은 어디에 있을까"라고 바보 같은 질문을 던진다면 필시 벨벳같이 부드러운 못에 콕 찍히게 되고 말 것이다. 그러면 작가는 살포시 웃으며 이렇게 말하리라. "내 마음 속에"라고.[33]

예로 든 건 세 가지에 불과하다. 그러나 위핑보는 "하나를 예로 들어 세 가지를 반박함으로써 전체 내용을 살펴보았으니 아마도 문제가 거지반 해결되어 나를 더 이상 성가시게 하는 일은 없겠지"[34]라고 스스로를 위로했다.

고증파의 주요 홍학 관념인 자전설에 대한 비평은 위핑보 이후 1954년의 『홍루몽』 대사건 때의 격론을 비롯해 1974년 위잉스가 발표한 세 편의 논문에 이르기까지 매 회, 매 문장 어느 것 하나 1925년 위핑보 자신이 했던 비평을 넘어선 것들이 있었던가? 그럼에도 위핑보는 미진하다는 생각이 들었는지 글의 말미에 반성의 강도를 더 높였다. "『홍루몽』은 문단에서 여전히 불후의 걸작이다. 옛사람들은 이 작품을 수수께끼 풀이하듯 읽었고 우리는 고증벽으로 이 작품을 읽었으니 불쌍하고 가소롭기 그지없다. 이렇게 엄청난 값어치를 자랑하는 예술 창작은 모두를 부리고 모두에게 부림을 당하기도 하지만 작가가 국가 대사를 표현하려 했던 것도 아니고 자신의 일생을 쓰려고 했던 것도 아니다. 마치 어떤 방탕아가 당신에게 돈을 좀 빌리려고 어렵사리 입을 열었는데 되레 그에게 신세지려는 꼴이니 어찌 우습지 않은가? 우리의 우매함이 이와 다르다고 할 수 있겠는가? 문예를 업으로 하는 작가들은 천부적인 재능과 습득한 기교 및 백열같이 용솟음치는 감정으로 선험적이고 후천적인 경험들을 작품에 쏟아 부어 떡하니 참신한 형상을 빚어내곤 한다. 이른바 기적이란 이런 것이다."[35] 자전설自傳說을 검토하면서 문예 창작의 일반이론에 입각해 다시 분석하였으며 발표한 글을 통해 구구절절 자신이 생각하는 문학 창작의 경험을 두루 반영했다.

이상은 1925년 1월 위핑보가 「홍루몽변의 수정紅樓夢辨的修正」에서 밝힌 생각들이다. 5년이 지난 1930년, 그는 자오샤오푸趙苟甫의 『홍루몽토론집紅樓夢討論集』에 서문을 써주면서 자신의 입장을 재차 밝혔다. "색은을 과도하게 추구하면 미혹된다. 고증을 과도하게 추구해도 미혹되지 않을 수 없다. 『홍루몽』은 원래 순수한 사실소설이 아니며, 소설이 사실적으로 쓰이더라도 결국은 전기문학과 구분된다. 소설이라 부르면서 사실을 기록한 전기로 삼는다면 소머리를 걸어놓고 말 가슴을 파는 것과 같다. 이는 문장의 법칙에 어긋날 뿐더러 실제로 그렇게 행하기도 무척 어려우니 역시 취할 바가 못 된다. 작품에 작가의 일생이 깃들어 있지 않다고 하는 것은 아니지만 그렇다고 여기저기서 뭔가를 찾아내려고 해서는 안 되며 또 뭔가를 찾으려고 하다보면 반드시 통하지 않는 부분이 생겨나게 마련이다. 통하지 않는 부분이 생겨나면 억지로 또 통하게 하려고 집요하게 파헤치게 된다. 이것으로 서로가 색은을 비웃는다면 그야말로 오십보백보에 불과하니 미래의 후배들이 우리를 비웃지 않을까 심히 걱정된다."[36] 그는 한 걸음 더 나아가 자전설을 비판하면서 미래의 평가까지 염두에 두었으니 이는 그가 이미 자전설과 완전히 결별했다는 것을 말해주는 것이다. 그가 봤을 때 후스와 구제강이 『홍루몽』을 대하는 태도는 단지 방법과 과정에 차이가 있을 뿐 색은파와 근본적으로 다르지 않았다. 그러나 오히려 자신은 후스나 구제강 두 사람과 다르다는 점을 강조하며 이른바 "이것으로 후스와 구제강을 평가할 수는 있어도 스스로 깊이 부끄럽게 여기고 있는 자신을 그들과 같이 도매금으로 넘겨버리는 데는 즉각 동의하지 못하겠다"[37]고 했다. 말인즉슨, 만약에 누군가 자신을 자전설의 옹호자로 칭한다면 자신은 절대 찬동할 수 없다는 뜻을 밝힌 것이다.

위잉스는 1953년 위핑보가 쓴 「독홍루몽수필讀紅樓夢隨筆」을 읽고서 야 비로소 자전설에 대해 깊이 반성한 것을 알게 되었으니, 그 사실을 알게 되기까지 실제로 다소간의 시간적인 단절이 있었음을 알 수 있다. 그래서 위핑보에 대해 정확하게 파악하지 못했던 것이다. 아마도 위잉스는 위핑보가 「홍루몽변의 수정紅樓夢辨的修正」과 「홍루몽토론집서紅樓夢討論集序」 두 논문에서 논한 것을 보지 못한 것 같다. 이 때문에 위핑보야말로 마땅히 홍학 발전사에서 가장 새로운 패러다임의 자격을 갖춘 인물이 될 수 있었음에도 자전설 때문에 그 빛이 가렸다[38]고 판단한 위잉스의 말은 반드시 재검토되어야 한다. 실제로 위핑보의 고증은 텍스트에 기반한 문학 고증이었기 때문에 그가 궁극적으로 추구한 것은 소설 비평과 문학 고증의 융합이었다. "새로운 홍학 혁명이란 계승적 차원에서는 연구의 방향이 바깥으로 뻗어나가는 것에서 안으로 거두어들이는 방향으로 전환되어야 하고, 미래를 여는 차원에서는 고증작업과 문학 평론을 융합시키는 방향으로 나아가야 한다"[39]는 위잉스의 바람은 1920년대 중반에 이미 위핑보에게서 실천되고 있었던 것이다. 게다가 왕궈웨이가 연 홍학의 소설 비평은 시간적으로 고증파와 색은파에 앞섰고 중간에 단절되지도 않았으므로 위잉스가 "고증파 홍학이 일어나면서 왕궈웨이의 『홍루몽평론』은 마침내 전통이 끊어지게 되었다"라고 한 말도 역시 옳지 않다.[40] 이 점은 필자가 '소설 비평과 홍학의 흥기와 발전' 장에서 자세히 설명했으므로 여기서는 더 이상 언급하지 않겠다.

위잉스가 「근대 홍학의 발전과 홍학 혁명」에서 밝힌 토마스 쿤의 위기와 패러다임의 관념은 이론적으로 매우 정교하여 홍학 삼파의 탄생과 발전에 적용시키면 대체로 합치되는 측면이 있다. 그러나 어떤 분석에서는 합치되지 않는 점이 있어 재론의 여지가 있다. 우선, 그가 색은이나 고증과는 다른 새로운 패러다임을 수립하기 위해 보여준 태도가 지극히 소극적이었다는 점을 들 수 있다. 대체로 글을 쓰기 전까지만 해도 새로운 패러다임의 씨앗을 품고 있는듯 보였지만 그 후로 이론이나 방법론 면에서 큰 성과를 내지는 못했다. 또한 자전설에 대한 도전에 있어서도 그다지 주목을 끌지 못한 것으로 보인다. 그에 비해 앞서 소개한 위핑보의 자전설에 대한 반성과 비판은 이론적으로나 방법론 면에서 이미 상당히 자각적이다. 『홍루몽평론』에서 색은파의 여러 가지 추측을 비판했던 왕궈웨이도 자전설에 대해 명확한 태도를 보였음은 물론이다.

왕궈웨이는 『홍루몽평론』에서 항변의 여지가 없을 정도의 통속적인 어투로 반박을 가했다. "『홍루몽』이 작가 자신의 삶을 말한 것이라는 설은 작품 제1회의 '결국 내가 직접 보고 들었던 몇몇 여성만도 못하다'라는 말에서 나온 것이다. 이 말을 믿는다면 단테의 『신곡』이 하나가 아니고 짝이 하나 더 있는 것으로 볼 수 있겠다. 그러나 이른바 직접 보고 직접 들었다는 것도 방관자의 입으로 말한 것이지 등장인물이 직접 한 말이 아니다. 만약 작품의 여러 경계와 여러 인물이 등장인물이 아니기 때문에 말할 수 없다라고 한다면 『수호전』의 작가는 도둑이 분명하고 『삼국연의』의 작가는 필시 병법가임에 분명할 터이니 이 또한 말이 안 되는 소리다."[41] 루쉰도 문학 창작의 특징을 논할 때 왕궈웨이가 거론한 『수호전』과 『삼국연의』의 예를 인용한 바 있다. 게다가 왕궈웨이가 예술 이론의 관점에서 색은과 고증을 하나로 싸잡아 본 이유는 그들이 창작에 대한 정확한 인식을 모두 결여하고 있다고 보았기 때문이다. 그는 다음과 같이 자신의 생각을 피력했다.

> 내가 살고 있는 지금 이 왕조에서는 고증학이 성행하여 소설을 읽는 사람들도 고증의 눈으로 작품을 읽게 되었다. 이로부터 마침내 『홍루몽』을 평하는 사람들이 지속적으로 등장하여 이 책의 주인공이 누군지를 밝히는 데 열을 올리고 있으니 이 얼마나 이해할 수 없는 대목인가. 대저 미술(예술)이 써 내려가고자 하는 것은 개인의 특성이 아니라 인류의 보편적인 특성이다. 그러나 예술의 특성은 추상적인 것보다 구체적인 것을 중시하기 때문에 인류의 보편적인 특성을 개인의 이름 아래에 둔 것이다. 예를 들면 부묵副墨(시문詩文)의 아들이나 낙송洛誦(암송暗誦)의 손자[42]와 같이 가탁한 우언 인물들의 명칭도 역시 우리 취향에 따라 명명한 것에 지나지 않는다. 사물을 잘 관찰하는 사람은 개인적인 것에서 인류의 보편적인 특성을 찾아낼 수 있다. 지금 인류의 보편적인 특성에 관한 이야기인데도 고집스럽게 어떤 특정인물을 찾아내 실증하려 하니 인간의 지력을 어찌 이리도 과도하게 벗어나고 있는가![43]

이른바 "미술(예술)이 써 내려가고자 하는 것은 개인의 특성이 아니라"와 "인류의 보편적인 특성을 개인의 이름 아래에 두는 것이다"라는 말은 사실상 형상화 이론에 관한 것이다. 앞에서 인용한 황나이추가 후스의 자전설을 비판한 글은 이론적으로 왕궈웨이의 『홍루몽평론』과 직접적인 계승관계에 있다. 『홍루몽』의 많은 인물, 특히 고도로 개괄된 전형인물인 주인공 가보옥에게는 "인류의 보편적인 특성"이 깃들어 있음에도 도리어 생활 속의 어떤 "개인을 찾아내 실제하는 존재로 삼으려 한 것"은 고증파에서 주장하는 작가이든 아니면 색은파에서 주장하는 납란성덕이든 모두 예술 창작의 기본 원칙에 위배될 뿐 아니라 사물의 이치를 헤아리는 능력이 부족하다는 증거다. 왕궈웨이는 만약 『홍루몽』의 정신과 그에 관한 미학적, 이론적 가치를 제대로 이해했다면 주제에서 과도하게 벗어난 의론은 근본적으로 발생하지 않았을 것이라고 했다. 그는 자신이 『홍루몽평론』을 쓴 것은 바로 "그러한 의혹을 타파하기 위해서"였다고 했다.

색은파와 고증파의 홍학 관념에 대한 왕궈웨이의 비판은 철저하고 이론적으로도 명확하다. 게다가 그는 『홍루몽』이 "철두철미한 비극" "비극 중의 비극"이라는 명제에 입각하고 있어 더욱 체계적이기까지 하다. 위잉스가 제기한 바에 따라 과학사에서 새로운 패러다임을 수립한 위대한 인물이라면 반드시 두 가지 조건을 갖추어야 한다. 하나는 구체적인 연구방법에서 공전의 성과가 있어야 하고 그러한 성과가 시범적으로 작동하여 동행하는 사람들이 모두 그를 따라 앞으로 전진해나가도록 해야 한다. 다른 하나는 해당 분야의 학계에서 탁월한 업적을 세우고 그 안의 모든 문제를 해결하지는 못했어도 한편으로는 무궁한 방법론을 열어주고 다른 한편으로는 또 무수히 새로운 문제를 남겨 후대 사람들이 계속해서 연구해나가도록 함으로써 과학 연구의 새로운 전통을 형성하는 것이다.[44] 이 두 가지 요건을 왕궈웨이는 모두 갖추었고 심지어는 차이위안페이나 후스보다 더 월등했다. 그런 점에서 왕궈웨이는 홍학사에서 하나의 새로운 패러다임을 수립한 학자였음이 분명하다. 그의 패러다임은 바로 미학적이고 문학적인 관점에서 『홍루몽』을 연구한 것이니 우리가 소위 말하는 소설 비평이 그에 해당한다.

위잉스는 색은이나 고증과는 다른 새로운 홍학의 패러다임을 수립하기를 갈망하며 두 가지 핵심 사항을 제시했다. 첫째, 『홍루몽』이 한 편의 소설임을 강조함으로써 그 안에 내포된 이상적인 특성과 허구적인 특성을 특히 중시한다. 둘째, 새로운 패러다임에서는 작가의 본의는 기본적으로 소설의 내재적인 구조에 숨겨져 있다고 가정하며 특히 양자 간의 유기성을 강조한다.[45] 앞서 인용한 『홍루몽평론』의 주장을 보면 왕궈웨이의 관점과 방법론이 위잉스가 제시한 새로운 패러다임론과 전혀 다르지 않다는 것을 알 수 있다. 왕궈웨이뿐 아니라 1925년에 자전설과 결별한 위핑보나 소설 비평파의 『홍루몽』 연구자 모두가 그러했다. 다만 위잉스에 대해서는 좀 더 보충 설명이 필요하다. 이를테면 소설 비평의 측면에서 문제를 관찰하면서 『홍루몽』이 내포하는 이상적인 특성과 허구적인 특성 외에도 완전한 허구인 대관원의 사실성을 포함한 『홍루몽』의 전반적인 사실성에 대해서도 매우 중시했다. 게다가 『홍루몽』을 한 편의 사실주의 걸작으로 여기고 작중 인물에서 "인류 전체의 모습을 발견할 수 있는" 단계까지 이른 걸 보면 그가 말하는 사실성은 자전설의 사실성과는 완전히 다르다는 것을 알 수 있다. 그러나 위잉스가 그려낸 홍학의 새로운 패러다임의 특성에서 드러난 또 하나의 한계점이라고 한다면 그가 『홍루몽』의 소설로서의 이상적인 특성과 허구적인 특성은 매우 강조한 반면 정작 현실성과 사실성에 대해서는 일석의 자리를 마련해주지 않았다는 데 있다.

내가 의아하게 생각하는 것은 그처럼 신중한 사고와 명철한 판단력을 가진 위잉스가 어떻게 왕궈웨이 이래 소설 비평과 홍학의 전통을 등한히 했을까 하는 점이다. 그가 말하는 새로운 패러다임이 설마 소설 비평이 아니고 다른 것을 가리킨 것은 아니었나 하는 의구심이 들 정도다. 그런데 사실은 또 그렇지만은 않은 것 같다. 『근대 홍학의 발전과 홍학 혁명』 결미에 나오는 한 대목을 보자.

앞에서 말한 바와 같이 새로운 패러다임과 기타 학파의 홍학이 가장 크게 갈리는 부분은 바로 『홍루몽』을 한 편의 소설로 보느냐 아니면 일종의 역사 사료로 보느냐에 있다. 그래서 새로운 패러다임이 이끄는 『홍루몽』 연구는 광의의 문학 비평에 속하며 더 이상 역사학의 경계에 얽매이지 않는다. 그중에서도 고증에 가까운 작업이 있을 수 있지만 그러한 작업도 여전히 문학적 고증이지 역사적 고증은 아니다.[46]

위잉스가 언급한 홍학의 새로운 패러다임은 곧 소설 비평과 홍학을 가리키며 문학 고증의 소설 비평에 대해서도 당연히 배척하지 않았음을 알 수 있다. 따라서 그가 제시한 새로운 패러다임의 기준을 보면 왕궈웨이는 물론이고 위핑보도 합격이다. 그렇다면 도대체 무슨 이유로 위잉스가 그들을 소홀히 지나쳐버린 것일까? 위핑보가 쓴 「독홍루몽수필」의 "가경본 평어를 기록하다"라는 대목에는 "대관원은 곧 태허환경"이라는 글자가 들어 있는데, 위잉스는 글을 쓸 때 이 대목을 보지 못했다. 훗날 이에 대해 위잉스는 "생각지도 못하게 배를 통째로 삼킬 만한 대어를 놓쳤다"고 매우 깊은 유감을 표한 바 있다.[47] 그러나 어찌 되었든 결과적으로 전체 홍학사의 소설 비평 전통을 등한히 한 것이니 단순히 그물에서 벗어난 물고기의 문제 정도로만 볼 수는 없을 것이다.

다행히도 우리는 자전설이 직면한 세 가지 도전에 관한 글에서 약간의 실마리를 찾아볼 수 있다. 위잉스는 첫 번째 도전이 색은파의 부활이라고 생각했는데 이는 재론의 여지가 없다. 위잉스는 세 번째 도전을 새로운 패러다임으로 보았는데 소설 비평과 홍학의 관점도 이와 다르지 않다. 문제는 두 번째 도전, 즉 위잉스가 "봉건사회 계급투쟁론"[48]이라고 칭했던 그 부분인데 그에 대해서는 좀 더 논의가 필요하다.

나는 개인적으로 위잉스가 1954년 이후 국내 홍학의 편향성을 비판한 것에 공감하고 찬성한다. 『홍루몽』 연구를 단순히 계급투쟁이론으로 이끌어가려는 방식이나 범정치화 된 비평 등은 홍학에 사실상 백해무익할 뿐더러 새로운 시대를 맞은 지금 이 시점에서 그와 같은 낡은 관습을 사람들은 이미 버린 지 오래다. 내 말은 1954년 이후 국내의 홍학 전체를 "투쟁론"으로 개괄해서는 안 된다는 뜻이다. 리시판의 『조설근과 그의 홍루몽曹雪芹和他的紅樓夢』은 특수한 경우에 해당된다. 왜냐하면 그 책은 민족 반역자들이 날뛰던 동란의 시기 1973년에 출판되었는데, 그 당시만 하더라도 홍학은 확실히 "투쟁론"이 "정통의 지위"에 있었다. 그러나 그 이전과 이후에도 그러했다고 규정지을 수는 없을 것 같다. 1954년의 『홍루몽』 대토론과 관련한 수많은 글도 모두

"투쟁론"으로 개괄할 수 없다. 게다가 투쟁론도 본질적으로는 공식화, 개념화, 단순화된 비평에 불과한 소설 비평의 한 형식으로 궁극적으로는 변형된 소설 비평이다. 그래서 고증파를 향한 투쟁론의 도전은 응당 고증파를 향한 소설 비평의 도전을 포함하는 것이므로 사실상 세 가지 도전이 아니라 두 가지 도전, 즉 고증파를 향한 색은파와 소설 비평파의 도전이라고 할 수 있다. 이는 결국 홍학 삼파 간에 있었던 관념과 방법론상의 마찰과 충돌이라 하지 않을 수 없다.

홍학 삼파 간의
충돌과 융합

내가 토마스 쿤이 『과학혁명의 구조』에서 논한 관점을 활용한 것은 홍학 삼파 간의 마찰과 성쇠를 해석하고자 함인데, 일치되는 부분도 있지만 논의가 필요한 부분도 있다. 또한 홍학을 독립적으로 유지되는 기타 학문 분야와 서로 비교해보면 상대적으로 범위가 협소한 관계로 아무래도 홍학 삼파 간의 관계를 서로 다른 시대의 과학적 패러다임의 교체로 보기 어렵거나 혹은 쿤의 패러다임과 위기의 이론에서 제시된 현상들이 홍학 발전사에서 아직은 두드러지게 나타나지 않았다고 볼 수 있을 것 같다.

홍학 삼파 간의 관계가 간단치 않은 것은 색은파에 위기가 발생한 후 고증파가 나타났고 고증파에 위기가 발생한 후 소설 비평파가 나타났다는 데 있다. 실제 상황을 폭넓게 보면 색은도 고증이고 고증도 색은이라는 것인데 이 점은 왕궈웨이와 위핑보가 이미 지적한 바 있다. 그리고 왕궈웨이가 시작한 소설 비평파 홍학은 시간적으로 오히려 차이위안페이의 색은파나 후스의 고증파보다 앞섰다. 서로 다른 탄생 시기와 발전의 역사가 있는 삼파는 상호 간에 벌어진 공방전에서 각각의 개별적인 존재에게 영향을 미쳤다기보다는 삼파 자체에 대한 지명도를 높이고 영향력을 증대시키는 결과를 가져왔다. 후스가 당시 색은파에 공격을 감행할 때는 그 위세가 대단했지만 자신이 제기한 새로운 홍학 관념의 허점도 동시에 노출시켰다. 나중에 고증파는 또다시 자료의 위기로 인해 조설근의 가세와 일생을 해결해야 하는 어려운 과제에 직면하게 되지만 속수무책으로 일관할 수밖에 없었다. 그래서 색은파가 다시 살아난 것이다. 소설 비평파 홍학은 줄곧 이론적인 우세를 점했으므로 비교적 순항할 수 있었고 항상 작품을 벗어나지 않는 기본 원칙에 충실했기 때문에 연구자들은 『홍루몽』의 예술세계에 점점 빠져들게 되었으니 이는 상대적으로 소설 비평파 홍학이 고증파나 색은파처럼 역사적인 자료에 크게 구애받지 않는다는 것을 방증해주는 것이기도 하다. 결과적으로 홍학이 지금까지 발전해오는 과정에서 색은파는 종말을 고했고 고증파가 쇠퇴했다면 오직 소설 비평파만이 바야흐로 힘차게 약동하고 있는 추세다. 그러나 무슨 이유 때문인지 떠들썩한 고증파와 색은파의 논란이 없는 상황에선 홍학의 대대적인 흡인력과 매력도 반감되곤 했다. 고증과 색은의 활동이 잠잠해진 홍학 세상엔 그저 적막만이 감돌았다. 이는 홍학의 학문적 특성을 어떻게 보전시켜나갈 것인가와 직결된 문제란 점에서 연구가 요망되는 대목이다.

저우루창은 홍학에는 홍학만의 고유한 특성이 있어 단순히 일반적인 소설학의 방법론으로 『홍루몽』을 연구해서는 홍학이라고 부를 수 없고 더더욱 정통 홍학의 반열에 들 수 없다[49]는 점을 여러 차례 천명한 바 있다. 그러나 이렇게 홍학의 범주를 규정하는 것은 참으로 편파적이다. 그럼에도 홍학 자체의 특수성을 강조한 그의 의견에 나름대로 수긍이 가는 것은 소설 비평, 색은, 고증이 관념과 방법론상의 차이 뿐 아니라 추구하는 목표에 크게 차이가 있다는 점을 인정하기 때문이다. 역사적으로 홍학이 홍학이 될 수 있었던 근본적인 이유가 본사本事에 대한 색은파의 규명과 가세·일생에 대한 고증파의 고증에 있다는 것을 고려한다면, 그 중요성을 결코 간과해서는 안 될 것이다. 만약 소설 비평과 홍학이 최대한 색은과 고증의 긍정적인 성과를 흡수하고 방법론 면에서도 융합을 시도했다면 홍학의 특성을 좀 더 보전할 수 있지 않았을까 하는 생각이 든다.

사실, 소설 비평과 홍학이 홍학 고증의 성과를 흡수한 것은 모두가 이미 알고 있는 사실이고 심지어 조설근 가세와 일생의 정확한 고증과 판단 역시 소설 비평파가 근거로 삼은 지인논세知人論世(역사상의 인물을 이해하기 위해 그 시대 배경을 연구하다)의 전제 조건이었다. 새로운 패러다임을 제시한 위잉스는 소설 비평을 고증파의 자전설과 대립시키는 것에 반대하면서 새로운 패러다임은 색은파보다는 자전설 쪽에 더 기울었다는 사실을 부정할 수 없다고 말했다.[50] 그렇다고 해서 색은파의 관념과 방법론이 반드시 소설 비평과 대립하는 것은 아니다. 범정치화 된 소설 비평은 일찍이 색은파를 구원의 손길로 삼은 적이 있는데 당연히 비정상적인 시기의 비정상적인 상황이었다. 그러나 『홍루몽』의 사상적인 내포와 정치적인 우의를 탐색할 때 색은파가 소설 비평에 조금도 영감을 주지 않았다고는 할 수 없다. 만약 차이위안페이와 같은 색은대가들이 주는 영감이 없었다면 『홍루몽』에 객관적으

로 존재하는 반만 사상이나 위잉스가 언급한 것과 같은 한족 동질성
은 그냥 지나쳐버렸을 가능성이 높다. 게다가 상황은 거기에 그치 않
는다.

1980년 머우룬쑨牟潤孫이 쓴 「조설근의 홍루몽 창작 구상에 관해
논하다論曹雪芹撰紅樓夢的構想」에서 『홍루몽』의 가보옥은 황제를 상징하며
대관원은 청 성조가 남순할 때 들렀던 쑤저우蘇州, 양저우揚州, 강녕江寧
의 몇몇 행궁과 원림을 섞어 만든 허구라는 사실이 제기되었다.[51] 그
의 논의는 대관원에 있는 농취암, 옥황묘, 달마암 등의 세 암자를 벗
어나지 않는데 농취암에는 비구니 묘옥이 살고 옥황묘에는 열두 명의
어린 도사가 살며 달마암에는 열두 명의 어린 스님이 살고 있으니 이
는 황궁에서라야 이러한 배치가 가능하고 그렇지 않다면 황제의 남
순 때 임시로 취한 조치들일 개연성이 높다는 것을 유력한 증거로 내
세웠다. 『홍루몽』 제23회 희봉이 왕부인에게 "저 꼬마 도사와 스님들
은 다른 데로 보내지 않는 게 좋겠어요. 불시에 귀비께서 오시기라도
하면 금방이라도 불러다 쓸 수 있게요. 혹시 여기저기로 흩어지게 하
면 다시 불러다 쓰기가 힘들지 않겠어요. 제 생각 같아선 모두 우리
네 철함사에 데려다놓고 다달이 사람을 시켜 쌀이나 땔감 살 돈 몇
푼만 보내주시면 될 것 같아요. 그렇게 하면 어느 때고 필요할 때 불
러오기가 수월하지 싶은데요"[52]라고 말하는데, 머우룬쑨은 이 대목
을 증거로 삼아 "귀비께서 어찌 자주 친정 방문을 할 수 있겠는가? 겨
우 몇 년에 한 번 정도 황제가 순행할 때에나 비로소 '금방이라도 불
러다 쓸 수 있게'라는 말을 할 수 있다"[53]고 했다. 게다가 원춘 귀비
가 성친할 때 시제를 내고 시를 짓게 하거나 대관원 내 각처의 경물

에 위치하는 편액에 글을 써준 것에 대해 머우룬쑨은 역시 황제의 남
순을 모방한 것이라고 보았는데 그 이유는 순행 중에 황제는 늘 자신
이 직접 시를 짓고 대신들이 화답하게 했으며 그와 동시에 쑤저우와
양저우 등지의 사원이나 황제의 어가를 맞이한 이름난 원림에 편액
과 대련을 하사해주곤 했기 때문이라는 것이다. 작품에는 다음과 같
이 묘사되어 있다. "궁중에서 대관원의 시들을 손수 짓고 난 가원춘
은 문득 대관원의 경치가 생각났다. 자신은 이미 대관원을 둘러본 이
후라 아버지 가정이 필시 대관원을 엄중 봉쇄해놓고 사람들이 드나
들며 소란을 피우지 못하도록 일체 출입을 금지시킬 테고 또 그렇게
된다면 얼마나 황량해질까 하는 생각이 들었다. 지금 시부에 능한 집
안의 여러 자매를 대관원에 들어가 살게 한다면 적어도 가인들이 실
의에 빠지거나 아름다운 경치에 면목을 잃는 일은 없을 것이다. (…)
그리고 보옥이는 어려서부터 여러 자매 사이에서 함께 커왔으니 여느
형제들과는 다르다. 만약 함께 들여보내주지 않는다면 스스로 외톨이
가 된 기분에 침울해질 테고 그렇게 되면 할머니와 어머니께서도 걱
정하실 테니 그 애도 함께 들어가 살도록 하는 게 좋겠다. 생각을 마
친 귀비는 태감 하충에게 영국부로 내려가 대관원은 출입을 금지하거
나 폐쇄시키지 말고 보채를 비롯한 여러 자매가 들어가 살도록 하고
보옥이도 함께 들어가 공부하도록 하라는 분부를 전하게 했다."[54] 이
에 대해 머우룬쑨은 다음과 같이 덧붙였다.

이건 황제의 행궁에 일반인이 들어가는 것을 허용하지 않는다는 생각에
서 나온 설정인 듯하다. 만약 정말로 귀비가 친정을 방문한 일이 있고 귀

비의 방문을 위해 귀비의 친정이 정원을 만들고 성친을 마친 후 평소에 다른 사람들이 들어가지 못하도록 했다면 베이징에 있는 황후귀비들의 친정만 해도 여러 집이 될 테고 성친을 위해 만들었다가 비워놓은 정원은 또 얼마나 많겠는가? 오직 황제만이 출입 금지된 행궁이 있을 수 있고 황후들에게는 황제의 행궁처럼 사람의 출입이 금지된 행궁이 있을 수가 없는데 하물며 귀비야 어떠했겠는가? 대관원을 엄중 봉쇄해놓고 사람들이 드나들지 못하게 했다면 황제의 행궁을 상징하는 것이 아니고 무엇이겠는가?[55]

또 이어서 이렇게 말했다.

단순히 원춘이 친정을 방문했을 때의 갖가지 겉치레만이 황제의 남순 상황과 서로 유사한 것이 아니라 대관원 축성에 관한 것만 놓고 보더라도 어느 귀비 집안에서 자신의 딸이 친정 나들이를 한다고 그렇게 어마어마한 돈을 들여 정원을 만들 수 있겠는가? 만약 가귀비가 조씨 집안의 딸을 암시한다면 강희시대 조씨 집안은 청 성조를 대신해 강남에서 중개상으로 돈을 만졌을 때인데 벼슬이 없는 비천한 사람이 감히 친정을 방문하는 자기 딸을 위해 대관원을 짓는다면 청 성조는 용인한다손 치더라도 조씨 집안의 가산을 차압했던 청 세조야말로 이 대관원에 대해 거론했어야 마땅하지 하지 않을까? 만약 수원隨園이 대관원의 전신이라면 원춘이 친정 방문에 들인 시간이 고작 하루 정도였는데 어떻게 난징까지 갈 수 있었겠는가? 역사적인 측면에서나 이치상으로 추론해보더라도 원춘의 친정 방문은 의심의 여지 없이 황제 남순의 상징임이 틀림없다.[56]

이외에 대옥의 별호는 소상비자瀟湘妃子인데 작가가 의도적으로 그 녀를 황제의 비로 안배한 것이 아닌가? 보채의 별호는 형무군蘅蕪君인데 『습유기拾遺記』의 기재에 따르면 "황제가 연량실延凉室에서 쉬다가 이 부인이 황제에게 형무蘅蕪의 향을 주는 꿈을 꾼 후 놀라 잠에서 깨어났는데 향기가 마치 옷에 배어 있는 듯한 것이 달포가 지나도록 없어지지 않았다"[57]고 되어 있는 것을 볼 때 역시 보채를 황제의 비로 상징하려는 의도가 작가에게 있지 않았을까? '상운湘雲' 두 글자는 당나라 시인 장적張籍의 「몽비탄夢妃嘆」에 보이는데 아마도 초왕의 번희樊姬[58]를 사상운에 비견하려 했던 것 같다.

머우룬쑨은 상술한 예들을 설명하면서 다음과 같이 결론내렸다. "보옥이 사랑하고 결혼한 여자와 후처로 맞은 여자는 모두 황제의 비에 서로 비견되니 여성들과의 관계라는 측면에서 볼 때 당연히 보옥을 황제로 상징한 것으로 보는 게 조설근이 『홍루몽』을 구상할 때의 원래 의도에 부합된다. 대관원에 들어와 살게 된 인물은 모두 여성인데 보옥만이 유일한 남성이었으니 궁중의 유일한 인물인 황제가 남성이라는 것을 상징하는 것이 아니고 무엇이겠는가? 보옥 혼자만이 대관원에 들어와 살게 되었다는 사실, 그 점에서만 놓고 보더라도 이때의 대관원은 또 황제가 평소에 머무는 정원을 상징하는 것이다."[59] 친정 방문과 남순은 지연재 비어에 나와 있다. 고증파는 이에 대한 지론이 매우 확고하다. 그렇게 보자면 가보옥은 황제를 상징하고 대관원은 황제의 생활 환경을 상징하며 보채·대옥·상운은 황제의 비를 상징한다는 것인데 이게 도대체 이치에 맞는 말인가? 그저 『홍루몽』연구 중의 한 가지 설 정도로 생각해야 하지 않을까? 만약 완전히 이치에 맞아 떨어진다면 색은파가 제기한 것처럼 보옥의 목에 걸려 있는 통령보옥이 옥쇄를 상징하는 하나의 방증이 될 수 있지 않을까? 그와 동시에 우리는 대관원 내의 혐오스러운 노파들을 궁중 태감을 상징하는 것으로 추론할 수도 있지 않을까? 물론 상징에 불과하기 때문에 모든 일상적인 언어와 행동들이 역사적인 인물이나 사건과 다 맞아떨어진다는 건 아니다. 머우룬쑨은 특히 글의 말미에서 하나의 설명을 덧붙였다. "『홍루몽』은 소설이고, 소설에 나오는 각각의 인물은 단순히 한 사람을 상징하는 것이 아니라, 그 각각의 인물은 아마도 실재하는 수많은 인물의 집합체로 보인다. 가부가 흥성했을 때 보옥의 어떤 이미지는 황제를 상징했는가 하면 가부가 차압을 당하고 재난을 만났을 때의 이미지는 이후李煦나 조씨 가족 중의 어떤 구성원을 상징하기도 한다. 조설근의 붓끝에서 평소의 보옥이 모두 황제로 상징된 것은 아니고 대관원에 들어온 이후 여러 여자아이에 둘러싸여 있었을 때나 또 그녀들과의 관계 등 이 두 가지 경우에만 황제로 상징되었을 따름이다. 가귀비가 친정을 방문했을 때의 대관원은 황제의 행궁을 상징했고 가귀비가 사람을 시켜 자매들과 보옥을 대관원에 들어와 살게 하라 언명했을 때도 그러한 상징이 깃들어 있다. 가부가 가산을 차압당했을 때는 이미 일반 관리 집안의 정원을 상징할 뿐이다. 소설은 역사와 다르기 때문에 조설근은 약간의 실재하는 인물들을 취해 소설 속 인물을 만들어냈고 거기다 약간의 지역적 경물을 더보태 소설 속 배경을 돋보이게 한 것이다. 『홍루몽』이 조설근의 자서전도 아니고 사실의 기록도 아닌데 어떻게 소설 속의 모든 인물이 실재 인물과 부합되기를 바랄 수 있겠는가? 소설에서 역사를 찾아낼 수 없음은 누구나 다 아는 사실이다. 본문에서 보옥과 여성의 관계는 황제를 상징한 것이고 가원춘의 친정 방문은 황제의 남순을 상징한 것이라고 한 것은 단지 어떤 행위의 측면에서 말한 것이니 당연히 보옥과 원춘의 모든 말과 행위에서 황제의 이미지를 찾을 수 없을뿐더러 더더구나 그들의 운명이 황제와 똑같이 부합된다고도 말할 수 없다."[60] 이는 색은파와 선을 분명히 그어야 한다는 취지를 설명한 것인데, 매우 유용한 말이라고 생각된다. 왜냐하면 소설 비평도 작품에 대한 상징적 의미 탐구에 대해 회피하기보다는 오히려 정반대로 작가의 여러 가지 상징 수법과 상징적인 이미지를 정확하게 밝혀내야 하는 것이 근대소설 비평에서 빼놓을 수 없는 사항이기 때문이다. 장편소설에는 주제의 다의성과 작가의 의도를 다층적으로 표현하려는 특성이 있다. 차이위안페이는 『홍루몽』이 표현에 있어서 "여러 층의 장막"을 쳤다고 했는데 탁월한 식견이 아닐 수 없다. 물론 그는 상징이라는 개념을 쓰지는 않았다. 『홍루몽』을 상징 예술의 보고라고 한 것은 머우룬쑨이 포착한 특성인데, 관점에 따라 또 다른 형태의 상징 수법과 의미를 찾아낼 수 있을 것이다. 고증, 색은, 소설 비평은 작품의 상징성을 탐구한다는 그 지점에서 상호 보완함으로써 작품에 대한 이해를 심화시킬 수 있었다. 이처럼, 홍학 삼파의 관념과 방법론은 오랜 시간에 걸쳐 서로 부딪히고 마모되는 과정을 거치며 상당 부분 융합했을 가능성도 전혀 배제할 수는 없다.

홍학 삼파 간의 충돌에는 이론적으로 중요한 부분이 있었는데, 그것은 바로 작가의 주관적인 취지와 작품의 객관적인 의미를 어떻게 이해할 것이냐의 문제이기도 했다.

색은파와 고증파는 착안점을 작가의 주관적인 취지에 두었기 때문에 그들이 온힘을 다해 탐구한 것은『홍루몽』작가의 창작 의도와 최초의 예술 구상이었다. 소설 비평파도 작가의 주관적인 취지를 중시했으나 작품에서 벗어나 무엇인가를 찾는 것에 대해서는 찬성하지 않았다. 위잉스는 이 상황을 아주 적절하게 다음과 같이 개괄했다. "원래 문학작품에서 작가의 본의를 찾아내는 것은 매우 어려운 일이다. 심지어 때로는 작가 자신이 한 공중도 독자들을 만족스럽게 하지 못할 수 있다. 시인이 작품을 짓고 난 후 시의 원래 의미를 술회할 때도 왕왕 빠뜨리는 게 있을 수 있다. 왜냐하면 한 번 지나간 창작 당시의 경험은 다시 되돌릴 수 없고 시인 자신이나 일반 독자의 차이도 결국은 거기서 거기에 불과하기 때문이다. 19세기 영국의 대시인 엘리자베스 브라우닝Elizabeth Barrett Browning은 자신이 쓴 시에 대해 잘 이해하지 못하겠다고 했는데 충분히 있을 수 있는 일이라 여겨진다. 그렇다면 문학작품의 본의는 영원히 추구할 수 없는 것인가? 꼭 그렇지만은 않다. 작가의 본의는 대체로 작품 자체에서 찾는 게 가장 타당성이 있다."[61] 그러나 좀 더 곁들이자면 작품 자체에서 찾아낸 작가의 본의도 모두 일정하지 않다는 것이다. 장편의 작품은 비교적 긴 시간, 예컨대 수년에서 수십 년, 심지어는 평생을 요하는 게 다반사다. 시간의 추이에는 반드시 환경의 변화가 포함되곤 하는데 그로 인해 작가의 사상에도 변화가 생기게 된다. 따라서 작품의 최초 구상과 완성된 작품 사이에는 차이가 있게 마련이다. 조설근의『홍루몽』창작을 두고 "10년 동안 펼쳐 보고 다섯 차례의 첨삭 과정을 거쳤다"[62]고 하는데 그 과정에서 변화가 있을 수 있음을 미루어 짐작해볼 수 있다. 하물며 작가가 사상을 표현하는 수단인 언어가 작가의 사상을 이해하는 데 걸림돌이 되는 바에야 더 말할 나위가 없을 것이다. 문학의 이미지는 이미 작가의 구상과는 다르며 작품이 구현한 세계가 때때로 작가의 원래 생각을 잊게 만들기도 한다. 물론 인물상이 하는 말은 작품의 상황과 맞물려 규정된 인물의 성격과 일치되어야 한다. 그러나 재기 넘치는 작가가 순간적으로 흥이 일어 본래 생각했던 구상에서 벗어나 눈앞에 보이는 경물들, 그 지역의 경치와 작가의 즉흥적인 감정들을 교묘하게 작품 속에 버무려낼 수 있다는 점도 배제할 수 없다. 고증과 색은의 뚜렷한 목표 중 하나는 문학 창작에 그때그때 녹아든 부분과 전후의 변화된 상황을 하나하나 찾아내어 문학 연구의 한 여정으로 삼고자 한 데 있었으니 역시 나름대로 흥미롭다. 예를 들면 경진본 제55회의 도입부를 살펴보자. "각설하고 정월대보름은 그렇게 지나갔다. 오늘날에는 천하를 다스리는 최고의 덕목으로 효를 치는 때라 지금 궁중의 태비 한 분께서 몸이 편찮으신 관계로 각궁의 비빈은 모두 음식을 간소화하고 화장을 줄였으며 친정 나들이가 금지되었을 뿐 아니라 온갖 잔치도 모두 생략하도록 했다."[63] 제58회에는 앞의 글에 이어서 또 이런 내용이 나온다. "앞서 잠깐 얘기했던 노태비께서 승하하셨다는 소식이 전해지자 작위를 가진 부인들은 궁에 들어가 각각 작위에 따라 상복을 차려 입고 상을 치렀다. 황제 폐하도 천하에 조서를 내려 벼슬이 있는 집안에서는 일 년 동안 집안에서 주연을 베풀거나 풍악을 울리는 일을 금지하도록 했고 백성들은 석 달 동안 혼사를 치르지 못하도록 했다."[64] 위핑보는 이러한 내용이 일반 소설의 작법과 사뭇 다르며 당시 사건에 대한 기록일 가능성이 높다고 생각했다. 그래서 그는 『청사고淸史稿』를 뒤져 건륭 9년에 확실히 성이 납라씨納喇氏인 노태비 한 분이 서거한 사실이 있음을 찾아냈고 이에 따라 조설근은 힘들이지 않고 이 소재를 취해 작품에 담은 것이라고 생각했다.[65] 이외에 제11회에도 이런 내용이 나온다. "그해는 마침 11월 30일이 동지였다. 절기가 바뀌는 며칠 동안 가모, 왕부인, 희봉은 매일같이 진씨에게 사람을 보내 병의 차도 여부를 알아보게 했다."[66] 절기를 매우 명확하게 적시하고 있어 자의적으로 만들어낸 것 같지가 않다. 위평보는 『만년서萬年書』를 뒤져 옹정 원년에서 건륭 28년까지 총 41년을 조사하니 대략 조설근이 살았던 기간과 맞아떨어졌으며 건륭 11년만 "11월이 큰 달이라 29일이 병신일丙申日이고 초저녁 이각二刻 팔분八分이 동지였다."[67] 일반적인 설에 따르면 바로 11월 30일이 동지다. 이때는 바로 노태비가 서거한 그 이듬해다.[68] 이러한 고증은 조설근이 『홍루몽』을 창작한 시간을 확정하는 데 참고할 만한 가치가 있으니 소설 비평파 홍학은 구태여 이에 대해 배척할 필요는 없을 것이다.

소설 비평파 홍학이 추구한 바가 작품의 예술적 유기성이라면, 고증파와 색은파 홍학에서는 작가의 주관적인 의도를 찾고자 예술 전체를 아낌없이 잘게 나누고 부수었다. 소설 비평파 홍학은 작품 자체를 중시했는데 고증파와 색은파 홍학은 작가의 일생과 경험이 작품에 어떻게 스며들었으며 창작 환경이 작품에 어떠한 영향을 미쳤는지에 중점을 두었다. 소설 비평파 홍학은 예술적 진실에 비중을 두었는데 고증파와 색은파 홍학은 역사와 생활의 진실에 더 비중을 두었다. 고증파와 색은파 홍학이 작품의 원형에 주목했다면 소설 비평파 홍학은 새롭게 형상화된 창작으로서의 작품에 주목했다. 비평의 방법론은 홍학 삼파가 서로 달랐지만 작품을 상세히 해석하려는 목적에 있어서만큼은 상호 보완을 통해 통일성을 기할 수 있을 것이다.

제 8 장

복잡다단한
홍학의 세계

독립된 학문 분야라고 하기에는 다소 지엽적이라는 문제점을 안고 있던 홍학은 미완성본 소설 『홍루몽』을 연구 대상으로 훗날 조학^{曹學}이라는 영역을 만들어냈다. 이를 통해 조설근의 가세와 일생을 명청사 및 문화사 연구와 서로 접목시키려고 시도했지만 학술적 측면에서는 여전히 한계를 드러냈다. 그럼에도 홍학을 좋아하고 섭렵하며 홍학에 몸을 담았던 사람의 수는 줄어들기는커녕 점점 더 늘고 있으니 이는 홍학 특유의 쏠림 현상이 아닐 수 없다. 쏠림 현상 속에서도 분분한 이견으로 인해 홍학 논쟁은 지금도 여전히 계속되고 있다. 그동안 색은파, 고증파, 소설 비평파 등 세 유파 간에 끊임없이 공방전이 벌어졌다. 같은 유파 간에도 이견이 속출하여 논쟁은 그칠 날이 없었다. 홍학에 관한 어떤 사안도 지금까지 의견의 일치를 본 적이 없다. 게다가 논쟁이 붙지 않았다면 모를까 일단 붙었다 하면 평정심을 잃고 "주먹 몇 대 날리지" 않았는데도 서로 날선 대립을 하다가 결국은 얼굴을 붉히며 불쾌하게 끝장을 보는 일이 허다했다. 위핑보는 감회에 젖어 일찍이 이렇게 말한 적이 있다.

전해지는 소설도 많고 인구에 회자되는 작품도 많다. 그 중에서도 『수호전』 『삼국지』가 가장 대표적이지만 이설이 분분한 가운데 재판을 벌이듯이 논쟁을 벌이고 그것을 한데 모아 책으로 엮어내기까지 한 『홍루몽』만은 못한데 왜 그럴까? 남녀 간에 은밀히 속삭이는 이야기가 과연 장총과 대창을 능가하겠는가? 붉은 빛깔의 단향목으로 된 목판 악기를 지긋이 누르듯 두드리며 부드럽게 부르는 노랫소리가 과연 철판 악기를 두드리며 소리 높여 호방하게 부르는 노랫소리를 능가하겠는가? 그렇긴 하지만 그게 다는 아니다. 대저 책 전체의 요지를 설명하는 장에서 무게감 있게 '진가眞假'와 같은 문제를 내걸고 있으니 이는 다른 소설과 차별화되는 부분이다. 따라서 훗날 사람들이 그것에 대해 재판을 벌이듯이 논쟁을 거듭하다 이견을 내는 것도 어찌 보면 너무도 당연한 일이다.[1]

위잉스는 이런 말을 했다.

『홍루몽』이 그야말로 만나서는 안 되는 이름인 것은, 일단 만났다 하면 필전筆戰을 면할 수 없기 때문이다.[2]

리톈이李田意도 이렇게 말했다.

홍학이 정말 골칫덩어리인 것은 아무리 "끊으려 해도 끊을 수 없고 정리하려 해도 정리되지 않는 골치 아픈" 물건이기 때문이다.[3]

이 말들은 다년간에 걸쳐 홍학을 연구하고 홍학에 몸담았던 이들의 체험에서 나온 고생담으로 직접 경험해본 사람이 아니면 절대 느낄 수 없는 고충들이다. 그렇기 때문에 또 홍학은 사람들의 마음을 움직일 수 있는 학문이기도 하다. 장기간의 "논란"을 거치면서 점차 쟁점이 될 만한 사안이 형성되었고 그에 매료된 연구자들이 너나할 것 없이 홍학의 바다에 빠져들었다. 그런데 문제는 수많은 연구자가 빠져나오지 못한 채 그 안에서 허우적거리게 되었다는 사실이다. 『홍루몽곡』의 제3곡 「무상한 인생에 대한 한탄恨無常」에는 "하루속히 뒤로 물러나 몸을 빼야 하는 것을須要退步抽身무"이라는 말이 나오는데 이 말은 마치 조설근이 세인들에게 어서 『홍루몽』에서 빠져나올 출구 전략을 짜라는 말처럼 들린다. 그러나 『홍루몽』 연구자들은 꿈으로 들어가기는 쉬워도 꿈에서 빠져나오기는 참으로 어려웠다. 필자의 경우에도 『홍루몽신론』과 『홍학 30년논문선편』을 완성한 후 더는 홍학에 몸을 담지 않으리라 다짐하며 "손을 떼기로" 했었다. 그런데 그토록 다짐하고서도 내심 미련이 남았던지 안 한다고 맹세한 지 불과 얼마 되지도 않은 상황에서 또다시 『홍학』이란 책을 쓰고 말았다. 어쨌든 이 말은 여담이고 이제부터는 본론으로 들어가 독자들에게 홍학 분야에서 있었던 여러 차례의 대논쟁과 논쟁으로 파급된 쟁점들에 대해 본격적으로 소개하고자 한다.

상편
홍학 논쟁

제1차 논쟁: 후스와 차이위안페이의 공방

1921년 『홍루몽고증』에서 색은파에게 선전포고한 후스는 『석두기색은』의 저자인 차이위안페이를 겨냥하여 그의 색은은 "견강부회"에다가 "멍청한 수수께끼 놀이"이며 연구방법이나 결론도 "그야말로 이치에 닿지 않는 말들"이라고 비판했다. 비평의 칼날은 매우 날카로웠다. 그 이듬해 2월 차이위안페이는 『시사신보時事新報』에 발표한 『석두기색은』 제6판 자서에서 후스의 비판에 대해 자신의 색은은 "매우 정밀하고 진지하게 이루어졌기 때문에 임의로 견강부회한 것과는 차원이 다르다"는 점을 분명히 했다. 그는 중국 문화에서 색은의 전통을 거론하며 후스의 주장에 반박했다. "후스 선생이 말도 안 되는 수수께끼라고 하는데, 사실 알고 보면 이는 중국 문인들의 오랜 전통이므로 그쪽에서 말은 그렇게 해도 나중에는 다 알아맞힐 만한 것들이다."[4] 더 나아가 『세설신어』 『남사南史』 『품화보감品花寶鑑』 『아녀영웅전兒

女英雄傳』『유림외사』처럼 지은이가 독자들의 요구에 부응하고자 수수께끼를 바탕에 깔고 시작한 사례는 예로부터 줄곧 있어왔기 때문에 그렇게 호들갑을 떨 일도 아닌데 "멍청한 수수께끼" 운운한 것은 더욱 말이 안 된다고 했다.

차이위안페이는 후스의 자전설을 겨냥하여 이렇게 반박했다. "가령 유모 조씨가趙嬤嬤가 진씨甄氏 부중에서 어가를 네 차례 맞이했다고 말을 하고 조인도 마침 네 차례나 황제 폐하의 행차를 맞이했다고 했으니 진씨 부중이 바로 조씨 집안이라는 확증인 셈이다. 그런데 유모 조씨가 또 가씨 부중에서는 단지 한 차례의 어가만을 준비했다고 말한 걸 보면 이는 분명 진씨 부중에서 맞이한 네 차례 어가 이외의 것일 테니 어떻게 가부가 조씨 집안을 가리킨다고 할 수 있겠는가? 후스 선생은 가정이 원외랑이 된 것이 마침 원외랑 조부曹頫와 맞아떨어진다고 하며 가정은 바로 조부를 투영한 것이라고 했다. 『석두기』 제 37회에는 가정이 학정으로 부임한다는 내용과 제71회에서 가정이 황제의 명으로 귀경할 때 학정이었기 때문에 먼저 집에 들르지 못하는 내용이 나온다. 그러나 조부는 일찍이 학정을 맡은 적이 없다. 또한 가부가 조씨 집안을 투영한 것이고 이 책이 또 조설근이 직접 자신의 집안 상황에 관해 쓴 것이라면 말에도 어느 정도 분수가 있어야 할 것이다. 예컨대 제7회에서 초대焦大가 가부 사람들의 품행을 논하면서 노골적인 욕설을 뱉어내고 제66회에서 유상련柳湘蓮이 '자네 동부댁은 두 마리 석사자가 깨끗한 것을 제외하고'는 하나같이 깨끗하지 못하다고 말하는 내용이 나오는데 너무나도 직설적이다."5 실제로 작품 내용을 보면 과도하다 싶을 정도로 자기 집안의 치부를 드러내고 있어 과연 자서전이라고 가정할 때 지나친 감이 없지 않다. 차이위안페이의 이러한 반박 논리는 자전설의 약점을 정면으로 파고들었다는 점에서 상당한 설득력을 발휘했다. 그러자 이번에는 후스가 차이위안페이에게 맞설 차례가 되었다. 그는 「홍루몽고증에 대한 발문跋紅樓夢考證」이라는 제목의 글에서 보다 더 구체적인 답을 제시한다. 학계의 오해를 불러일으킬 것을 의식한 때문인지 글 말미에 "기왕에 친구와 진리는 우리 모두가 마음으로 소중하게 생각하는 바이지만 우리는 지금 어쩔 수 없이 친구보다는 진리를 더 소중하게 여기지 않을 수 없다"[6]는 아리스토텔레스의 말을 인용하기도 했다.

1926년 6월 차이위안페이는 서우핑페이의 『홍루몽본사변증紅樓夢本事辨證』 서문에서 옛일을 거론하며 서우핑페이가 후스의 자전설을 비판한 것에 동의를 표했다. 그는 "이런 고증이라고 하는 것은 본래 정론을 세우기가 쉽지 않다. 여러분이 알고 있는 것에 대한 독자들의 지속적인 탐구를 기대하면서 바야흐로 엇갈리는 주장이 많은 것은 귀하게 여기고 분별없이 남의 의견에 맞장구치는 것은 취하지 않는다"[7]라는 주장을 펼쳤다. 언사는 완곡했지만 고증파가 지존으로 자리매김하는 것에 대한 반대 입장이 분명히 담겨 있다.

당시 베이징대 총장이었던 차이위안페이와 베이징대 교수였던 후스 두 사람은 사상계와 학계의 대표적인 리더였다. 모두가 경외심을 가지고 바라보았던 그들의 논쟁은 각별한 관심을 불러일으켰으며 홍학사에도 지대한 영향을 미쳤다. 실질적으로 쟁점이 된 사안들은 홍학관과 연구방법의 차이에서 비롯된 것이어서 사실상 단기간에 어느 한쪽이 다른 한쪽을 무너뜨리기는 불가능했다. 후스와 차이위안페이

두 사람의 논쟁은 어디까지나 학술성을 엄격하게 지키려 했기 때문에 관점에 관한 한 한 치의 양보도 없었지만 끝까지 학자로서의 풍모를 잃지는 않았다.

제2차 논쟁: 『홍루몽』의 소재지 문제

위핑보는 『홍루몽변』에서 가장 먼저 소재지 문제를 들고 나왔다. 그는 작품 속 사건들이 베이징에서 일어난 것으로 기울고 있지만 작품에서 증거가 될 만한 것을 찾았을 때 남쪽 지방과 딱 맞아떨어지는 곳도 적지 않으니 성급히 단정내려서는 안 된다는 점을 강조했다. 그는 구제강에게 쓴 편지에서 "이 작품에 나오는 가옥과 수목 등을 볼 때 어떤 것은 남쪽 같기도 하고 어떤 것은 북쪽 같기도 하며, 어떤 것은 남북에 다 해당되는 것 같기도 한데 실마리를 찾을 수 없고 도통 앞뒤가 맞지 않는다"고 적었다.[8] 이렇게 보았을 때 위핑보는 문제만 제기했을 뿐 문제를 해결하지는 못했음을 알 수 있다.

1924년 4월 『홍루몽변』이 아동출판사亞東圖書館에서 출판되고 1년 뒤 류다제는 베이징 『신보부간晨報副刊』에서 검토한 글을 올리며[9] 『홍루몽』의 소재지는 산시陝西의 시안西安 지역이라고 주장했다. 그의 이러한 주장은 당시로서는 예상을 뛰어넘는 새로운 것이었다. 왜냐하면 『홍루몽』의 위치와 관련된 논쟁은 줄곧 난징과 베이징 두 설이 존재했을 뿐 산시성 시안이라는 설은 어느 누구도 제기한 적이 없었기 때문이다. 류다제가 제시한 증거는 주로 작품 속에 몇 차례 거론된 '장안長安'(시안의 옛 이름)이라는 표현에 근거한 것이었다. 예를 들면, 제17회에서 묘옥을 소개할 때 "장안에 관음보살의 명승고적이 있는데 지난해 사부를 따라 올라오게 되었다고 들었습니다"라고 한 대목과 제38회에서 보채가 게를 들고 계화나무를 감상하며 지은 시에서 "계수나무, 오동나무 그늘에 앉아 잔을 드니 장안 사람들도 침 흘리며 중양절을 기다린다네桂靄桐陰坐擧觴, 長安涎口盼重陽"라고 한 대목, 제56회에서 진보옥이 꿈속에서 "할머님이 그러시는데 서울 장안에도 보옥이라는 아이가 있다는 거야"라고 한 대목, 제15회에서 희봉이 수월암의 늙은 비구니가 부탁한 일을 "가련의 부탁이라는 명목으로 편지를 한 통 써서 밤을 틈타 장안현으로 갔다"는 대목[10] 등이 바로 그가 든 증거들이다. 그의 이러한 견해에 대해 즉각 리셴보가 반박하고 나섰다. 리셴보는『홍루몽』에서 소재지 문제는 단지 작가가 간 적이 있는 각 지역을 대표하는 것일 뿐 "난징도 아니고 베이징도 아닌 상황에서" 장안은 더더욱 해당 사항이 없다고 보았다. 왜냐하면 조설근은 산시 지역을 한 번도 간 적이 없기 때문이다. '장안' 두 글자에 대해 리셴보는 다음과 같이 설명했다. 그는 "장안 두 글자는 문인이 자주 쓰는 지명으로 이미 경사京師의 의미로 바뀐 지 오래다. 글에서 옛사람을 모방하거나 중복을 피하기 위해 매번 경사를 장안이라고 칭한 것"[11]이라고 했다.

류다제는 5월 11일자『신보부간』에 1925년 4월 20일자『맹진猛進』제8기에 게재된 리셴보의 글에 대한 답글을 올렸다.[12] 리셴보도 5월 22일자『맹진』에 「홍루몽과 그 소재지 문제에 대한 재론再論紅樓夢及其地點」이라는 제목의 글을 통해 연이어 반박했다. 류다제는 12월 1일 『신보부간』의 출판 7주년 기념 증간본에서 「홍루몽의 중요한 문제에 대한 토론과 그 예술적인 비평紅樓夢裏重要問題的討論及其藝術上的批評」을 게재하여 재차 『홍루몽』의 지역이 산시 시안이라는 점을 제기했다. 그는 또 그 글을 후스에게 보냈는데 후스는 "여러 고증자료를 근거로 볼 때 조설근은 언제 한 번이라도 산시의 장안과 관련이 있었던 적이 없다. 그가 사망할 때는 분명히 베이징에 있었다. 작품에서는 장안이라고 하지만 그건 옛사람 대부분이 경사를 장안이라고 불러왔던 관습 때문이다"[13]라는 말로 자신의 입장을 밝혔다. 그러나 류다제는 후스의 의견을 받아들이지 않고 계속 '장안설'을 고수했다. 이에 앞서 그는 또 위핑보에게도 편지를 보냈지만 위핑보도 그의 견해를 반박했다. 위핑보는 류다제가 제시한 근거가 "해저에서 달을 건져 올리는 식水中撈月"이라 "찬성할 수 없다"고 하면서 리셴보의 글을 추천하며 읽어볼 것을 권했다.[14] 이는 그가 류다제와 리셴보의 논쟁에서 리셴보의 주장을 지지한 것이라고 할 수 있다.

류다제의 '장안설'은 명백히 성립될 수 없는 주장이었다. 특히 나중에 발견된 갑술본 도입부의 범례에 "작품에 등장하는 장안은 문인들이 글을 쓸 때 예전부터 써왔던 명칭으로 일반 사람들이나 아이들이 일상적으로 중경中京이라 부른 것은 방향에 대한 흔적을 남기고 싶지 않았기 때문이다"[15]라고 되어 있다. 그러나 『홍루몽』의 소재지에 관한 논쟁은 제법 반향이 있었고 훗날까지 계속 "옛 화제"를 거론하려는 사람들이 있었기 때문에 비록 일치된 결론은 도출해내지 못했지만 홍학에 관한 사람들의 관심을 제고시키는 역할은 충분히 했다고 할 수 있다.

제3차 논쟁: 『홍루몽』속 여성들의 발은 대족인가 전족인가?

　1980년 위스콘신대학에서 열린 『홍루몽』 국제학술대회에서 「조설근의 문화적 충돌曹雪芹的文化衝突」이라는 논문을 발표한 탕더강唐德剛은 『홍루몽』 속 여성들의 발 문제에 대해 집중적으로 분석했다. 그는 조설근이 이 문제를 의도적으로 회피했지만 은연중에 그의 붓끝에서 탄생된 여성들은 전족한 발을 가지고 있는 것 같다고 보았다.[16] 이 논문은 학술대회에서 상당한 주목을 받았다. 사실, 1920년대 말에 이미 홍학계에서는 『홍루몽』에 나오는 여성들의 발이 전족인지 대족인지를 둘러싸고 격렬한 논쟁을 벌여왔기 때문에 탕더강이 제기한 관점은 이미 전에 누군가가 제기했던 것이고 제시한 예도 기본적으로 같았다. 당시에는 베이징의 『익세보益世報』가 학술대회 전반을 주관했으나 나중에는 『신민보일간新民報日刊』과 『전민주보全民主報』까지 가세하게 되었으며 1940년대까지도 계속 글이 발표되었다.

　이 논쟁은 1929년 4월 14일 『익세보』에 「홍루몽에 나오는 발에 관한 연구紅樓夢脚的研究」라는 글이 실리면서 촉발되었다. 저자 푸핑芙萍은 조설근이 여성의 아름다움에 대해 속속들이 다 표현했지만 유독 발에 대해서는 거론하지 않았기 때문에 여성들의 발이 전족을 하지 않은 원래 그대로의 발인지 전족을 한 발인지 독자들이 궁금해한다는 점을 제기했다. 그는 제49회의 임대옥과 사상운에 대한 묘사에서 한 사람은 "양가죽 장화羊皮小靴"를 신었고 한 사람은 "사슴가죽 장화鹿皮小靴"(지본脂本에는 "노루가죽"으로 나옴)를 신었다고 되어 있는 것을 예로 들며 마치 전족한 발의 느낌이 드나 그렇다고 꼭 전족한 발이라고 단정 짓기도 어렵다고 했다. 왜냐하면 자연 그대로의 발에도 이른바 "작은 신발小靴小鞋"이 들어간다거나 "칼처럼 야위고 작다瘦小如刀條"는 등의 미적 관점이 있을 수 있기 때문이다. 제36회의 희봉이 "쪽문의 문지방에 올라섰다"[17]라는 표현과 제54회에서 상운과 희봉이 폭죽을 터뜨리는 장면을 두고 혹자 중에는 대족으로 보는 이도 있을 것이다. 그러나 푸핑은 전족한 남방 여성들도 매우 활발하고 생기가 넘쳤기 때문에 "한 걸음도 내디딜 수 없는 전족 아가씨"[18]과는 똑같이 비교할 수 없다는 점에서 여전히 뭐라고 단정 짓기 어렵다고 보았다. 오직 묘옥만이 비구니였기 때문에 전족을 하지 않았을 것이다. 마찬가지로 석춘도 필시 대족이었을 것이므로 이에 근거해 볼 때 『홍루몽』에는 확실히 대족의 증거가 있는 셈이다. 그는 결국 이렇게 결론을 내렸다. 첫째, 여성의 발에 관한 한 조설근은 의도적으로 "사실을 숨기고" 얼토당토한 말을 해댔다. 그녀들은 금릉에서 왔기 때문에 당연히 전족한 발을 가졌을 테지만 "만주기인滿洲旗人"이라는 작가의 신분에 전족을 거론하기가 부적절하다고 판단되어 전족을 거론하지 않은 것이다. 둘째, 『홍루몽』에서 많은 지면을 할애하여 인물들의 분신과 진가眞假를 논하고 있는 상황에서, 발 문제와 같은 난제는 그야말로 세인들의 추측 자체가 그대로 판례가 되어 "거짓이 진짜가 될 때 그 진짜도 역시 거짓이다假作眞時眞亦假"라는 개념의 효과를 톡톡히 보았다.

장샤오샤張笑俠는 푸핑의 설명에 동의하지 않고 여러 가지 증거를 들어 『홍루몽』에 등장하는 여성들의 발이 전족하지 않은 발이라는 것을 주장했다. 그 이유는 첫째, 제23회에서 임대옥이 『서상』을 읽으면서 선 자리에서 16회까지 내리 읽어 내려간 것은 그녀가 전족을 한 여성이 아니라 자연 그대로의 발을 가진 여성임을 말해주는 것이다. 그렇지 않고서야 이런 동작을 지속할 수 없다. 둘째, 제15회에서 희봉이 손에 칼을 들고 "마구 휘두르며 원내로 달려 들어와 닭이면 닭, 개면 개, 사람이면 사람, 닥치는 대로 찔러댈 듯이"[19] 소동을 피웠는데 이렇게 날뛸 수 있는 것은 "전족한 여성"이라면 불가능하므로 희봉은 당연히 대족의 여성이었을 것이다. 셋째, 제27회에서 나비를 잡느라 "혹한 보채가 발소리를 죽여 살금살금 걷다가 어느덧 연못 한 가운데 있는 적취정까지 이르렀다"[20]는 구절도 전족이 아니라 대족이었다는 것을 말해준다. 넷째, 창극하는 여배우들에 대해 장샤오샤는 "전족한 여성들은 표현하기 어려운 배역인 것을 볼 때 내 단언컨대 전족하지 않은 대족의 여성들이었을 것"[21]이라고 주장했다.

이상의 내용을 담은 장샤오샤의 글은 「홍루몽에 나오는 발의 연구를 읽은 후에讀紅樓夢脚的硏究以後」라는 제목으로 1925년 5월 29일 『익세보』에 실렸다. 6월 29일, 30일과 7월 1일자 『익세보』에 장샤오샤의 또 다른 글 「홍루몽 속 인물들의 발에 대한 명확한 증거紅樓夢的脚有了鐵證」가 실렸다. 그는 왕멍쩡王夢曾이라는 친구가 책에서 확증을 찾았다는 것을 소개했다. 제32회에서 습인이 사상운에게 그녀를 대신해 신발을 하나 만들어달라고 하는데, 상운은 "이번 한 번만이야. 습인 것이라니까 내가 대신 해주는 거지, 다른 사람 거라면 절대 못해"라고 한다. 그러자 습인은 웃으며 "왜 또 그러세요. 아무려면 제가 감히 어떻게 아가씨한테 신발을 만들어달라고 하겠어요? 솔직히 말씀드리면 제 신발이 아니에요. 그러니까 누구 것이든 상관 말고 제 사정을 봐서 그냥 좀 해주세요." 사상운은 이에 대해 "말이야 바른 말이지, 습인이 나한테 신발을 부탁한 게 어디 한두 번인가 말야. 지금 내가 안 하겠다는 이유를 몰라서 그러는 거야?"[22]라고 말한다.

장샤오샤는 이상의 내용을 근거로 "사상운이 '습인 네 것이라면 몰라도 다른 사람 것은 절대 못해'라고 말했지만 사실 신발은 원래 보옥의 것이다. 이 말을 대비시켜보면 습인의 발과 보옥의 발은 거의 비슷하다고 할 수 있으니 당연히 대족임이 틀림없다"[23]고 추론했다. 그는 천명타오陳夢陶라고 하는 만주족 친구가 그에게 알려준 또 다른 증거를 제시했다. 제49회에 묘사된 "양가죽 장화"와 "사슴가죽 장화" 등은 대족을 가진 만주족 여성들이 착용하던 신발로 "소小"자가 들어갔다고 해서 작은 신발이라고 할 수 없다는 것이다. 뒤의 증거는 민속학적 관점에서 볼 때 대략 이치에 맞는다. 그러나 앞의 증거에서 보여준 장샤오샤의 추론은 문제가 많다. 제32회에는 이렇게 묘사되어 있다.

습인 "농담은 그만 두시구요, 아가씨한테 한 가지 부탁이 있어요."

상운 "무슨 일인데?"

습인 "신발 한 켤레를 만들어 무늬 박힌 천을 대고 꿰매야 하는데, 요 며칠 몸이 찌뿌듯해서 만들지 못하고 있어요. 아가씨가 짬이 나면 좀 만들어 주실래요?"

상운이 웃으며 "그거 참 이상도 하지. 이 집안에 솜씨 좋은 사람들이 쌔고 쌨을 텐데, 왜 하필 나한테 시키는 거야? 습인의 일거리를 누구한테 시킨들 거절할 사람이 누가 있다구."

습인이 웃으며 "왜 또 그러세요. 설마 모르시는 건 아니죠? 여기 바느질일은 다른 일손한테 맡기지 않잖아요."

사상운은 그 말을 듣고 그 신발이 보옥의 신발임을 알아챘다.

그녀는 웃으며 "그렇다면 내가 습인 대신 해주는 수밖에 없겠네."[24]

사상운이 습인에게 신발을 만들어주기로 응낙하기 전에 이미 그 신발이 보옥의 것이라는 것을 알고 있었다고 보아야 할 것이다. 상운이 응낙한 뒤 또 "습인 것이라니까 내가 대신 해주는 거지, 다른 사람거라면 절대 못해"라고 장난처럼 말했지만 그 말속에는 상운이 보옥에게 느끼는 미묘한 감정이 감춰져 있다. 습인이 이어서 그 신발이 자신의 것이 아니라고 하면서 상운에게 "왜 또 그러세요"라고 한 것은 상운의 심리를 제대로 파악하지 못한 까닭이다. 그래서 장샤오샤는 습인의 발과 보옥의 발이 거의 같다는 추론 하에 습인의 발은 당연히 대족이라고 했는데, 사실상 논리적으로 타당성이 없다. 왜냐하면 이미 보옥의 것임을 알고 시작한 것인 만큼 습인의 발과 견줄 필요가 없기 때문이다.

『익세보』에서의 논쟁은 다른 모든 홍학 논쟁과 마찬가지로 일치된 결론에 도달하지 못했다. 그래서 『홍루몽』에 나오는 여성들의 발 문제는 계속 미스터리로 남아 있다가 50년이 지난 어느 날 미국으로 이주한 탕더강이 다시 제기하게 되었던 것이다.

제4차 논쟁: 1954년의 『홍루몽』대토론[25]

1954년의 대토론은 정치적 측면과 학술적 측면이 동시에 다루어졌지만, 그중에서 학술적 측면을 중심으로 이야기하려고 한다. 작가 출판사에서 펴낸 『홍루몽문제토론집紅樓夢問題討論集』 4집에는 1954년 9월부터 1955년 6월까지 전국 각 학술지에 발표된 글 129편이 수록되어 있다. 제1집과 제2집에 수록된 글은 주로 위핑보와 후스를 겨냥한 비평문이고 제3집과 제4집의 글은 인물상과 작품의 구조 분석을 포함한 『홍루몽』의 사상과 예술을 집중적으로 다루고 있다. 학문적 측면에서 볼 때 이 대토론회는 후스와 차이위안페이 이래의 홍학에 대한 전면적인 반성과 『홍루몽』의 작품 자체에 대한 재평가라고 하는 매우 광범위한 문제를 다룬 그야말로 유례가 없는 대규모의 토론회로서 그 파급력이 어마어마했다.

많은 연구자가 『홍루몽』의 사상과 그 경향성, 조설근의 세계관과 창작방법, 작품에 반영된 인민성의 문제, 가보옥의 전형성과 시대정신 등에 대해 집중적으로 토론했다. 그 외에 유노파라는 인물을 어떻게 이해할 것인가에 대해서도 의견이 분분했다. 이처럼 대토론의 과정 속에서 작은 논쟁들도 적지 않게 다루어졌다. 물론 정치적인 영향으로 서로 다른 의견들이 충분히 개진되지 못했다는 것은 1954년 논쟁의 결정적인 한계였음이 분명하다.

제5차 논쟁: 리시판李希凡과 허치팡何其芳의 필전

리시판과 란링은 1954년 대논쟁을 촉발시킨 당사자들로 토론의 과정에서 몇 가지 관점을 제시한 바 있다. 그들은 특히 가보옥이 새로운 인물 유형이며, 『홍루몽』에서 이미 명청대 자본주의 생산관계의 맹아를 보여주고 있다는 주장을 펼쳤는데 일부 홍학가들은 그들의 의견에 반대 입장을 표했다.

허치팡은 1956년에 쓴 장문의 글 『홍루몽을 논하다論紅樓夢』에서 많은 지면을 할애하여 작품의 경제적 요소를 강조한 리시판과 란링의 새로운 관점을 비판했다. 이를 위해 그는 황종희黃宗羲, 고염무顧炎武, 왕부지王夫之, 당견唐甄, 안원顏元, 대진戴震 등 청초의 사상가들을 고찰하고 봉건성이 농후한 그들의 사상은 근본적으로 당시의 신흥시민계층을 대표할 수 없다고 주장했다. 그는 "시민설로 청초의 사상가와 『홍루몽』을 설명하는 것은 사실상 교조주의적 발상이다. 이는 유럽 역사의 부분적인 결론을 가져다 중국의 사상사와 문학사를 설명하려는 것"이라고 보았다.[26] 그는 또 이런 식의 『홍루몽』 해석은 결국 "새로운 교조주의에 낡은 견강부회를 덧보태는 것"[27]일 뿐이라고 주장했는데 비평의 어조가 상당히 날카로웠다.

리시판은 허치팡의 비판에 즉각 답변을 하지 않는 대신 허치팡이 발표한 「아큐를 논하다論阿Q」와 「시가형식 문제에 관한 논쟁關于詩歌形式問題的爭論」 두 편의 글에 문제를 제기했다. 전자에 대한 문제 제기는 1956년에, 후자에 대한 문제 제기는 1959년에 이루어졌다.[28] 따라서 리시판과 허치팡의 논쟁은 홍학 한 영역에만 그친 것은 아니었다. 1964년 허치팡은 저서 『문예 예술의 봄날文藝藝術的春天』의 서문에서 아큐의 전형성과 시가 형식의 문제에 대해 1만여 자에 달하는 지면을 할애해가며 리시판이 제기한 문제들을 조목조목 반박했다.[29] 1965년 리시판은 『신건설新建設』에 더 공격적인 글을 발표함으로써[30] 두 사람의 필전은 더욱 가열되었다. 1973년『홍루몽평론집』제3판에서 리시판은 또 후기後記와 별책附記의 지면을 통해 허치팡에 대한 관점을 총결산했다.[31] 주로 가보옥과 임대옥의 전형성과『홍루몽』의 사상적 경향을 논하는 데 주력했지만, 당시의 환경과 분위기 때문에 허치팡이 답변할 수 없게 되면서 정상적인 토론이 사실상 불가능해졌다.

원래『홍루몽』의 사상적 경향과 명청 시기 사상적 조류와의 관계, 가보옥에게서 새로운 사상적 맹아가 싹트고 있었는지 여부 등은 어디까지나 세부적인 문제이므로 연구자가 자신의 독자적인 생각을 견지할 수 있어야 하고 또 견지해야만 한다. 그러나 유감스럽게도 리시판과 허치팡의 논쟁은 학문적으로 심도 있게 다루어지지 못한 채 쌍방 간에 감정적인 골만 깊어지게 되었다.

제6차 논쟁: "반포가㼎匏斝"와 "점서교點犀䀉"

『홍루몽』제41회에서 보옥과 대옥, 보채가 농취암櫳翠庵에 가서 차를 마실 때 묘옥이 보채에게 준 잔은 '반포가㼎匏斝'였고 대옥에게 준 잔은 '점서교點犀䀉'였다. 1957년 인민문학출판사에서 출판한『홍루몽』주에는 다음과 같이 풀이되어 있다. "가斝"는 고대에 쓰던 큰 술잔이며 "반포㼎匏"는 박씨류 식물이므로 반포가는 박류 모양의 술잔이다. "교"는 고대의 그릇 명칭이며 "점서點犀"는 이상은李商隱의 시에 나오는 "서로 말없는 가운데에서도 마음이 통하네心有靈犀一點通"라는 전고에서 따온 것이다.

1961년 8월 6일 노작가 선충원沈從文은 『광명일보光明日報』에 기고한 글[21]에서 인민문학출판사판 『홍루몽』의 주석에 문제를 제기했다. 그는 명대 이래로 남쪽의 신흥 신사계층에서 조롱박이나 대오리를 엮어 만든 기물에 옻칠을 해서 다기나 술잔으로 사용하는 것이 유행했는데 정교한 것은 고대의 동이나 옥으로 된 기물을 모방하여 각종 꽃문양을 본뜨기도 했다는 점을 설명했다. 반포가는 "박씨류 열매로 술잔의 모양을 본뜬 것"[33]이지 인민문학출판사판 주석에 나와 있는 것처럼 "박씨류 열매의 형상과 유사한 술잔"[34]이라고 하는 것은 맞지 않다. 선충원이 "딱 정반대"의 상황이라고 한 것은 실질적인 측면에서 한 말이며, 이론적인 측면에서는 이 찻잔으로 작가가 묘옥의 가식과 권세와 이익 중시 경향, 위선 등을 은유하고자 했다는 점을 강조했다. 왜냐하면 속어에도 "거짓은 결국 거짓이고, 진실은 결국 진실이다"라는 의미를 담은 "거짓인가 거짓이 아닌가? 본래는 거짓인데 거짓이 아닌 모습을 하고 있으니 사실상 거짓임이 드러난다. 진실인가 진실이 아닌가? 진실인지 아닌지는 내면에서 우러나온 마음인지 아닌지를 보면 분명하게 알 수 있다"[35]라는 말이 있기 때문이다. 반포가는 "반포가斑包假"의 해음諧音인 것으로 보인다. 점서교에 대해 선충원은 송명 이래로 관료 귀족들이 앞 다투어 사치와 향락을 즐기면서 점서點犀로 술잔을 만들었는데 다리가 높고 중간에 하얀 선이 뿔의 정수리까지 뻗쳐 있다고 했다. 책에서는 이 그릇으로 묘옥의 "거짓 속내"를 상징했으며 기법상으로는 회의會意의 방식을 채택하고 있어 반포가의 해음과 서로 대비되어 흥미를 돋웠다. 그는 『홍루몽』 제41회에 나오는 이 대목에 대해 다음과 같은 설명을 덧붙였다. "핵심은 묘옥의 사람됨을 묘사하는 데 있다고 보았다. 몇몇 사건을 통해 묘옥을 총명하고 고결하며 시문을 즐기는 인물로 그리고 있지만 실제로는 그녀의 가식적이고 권력과 힘 있는 사람에게 빌붙는 위선적인 면을 드러낸 것이어서 고결하고 감성적인 성향은 대부분 표면적인 것에 불과하다. 작가는 두 가지 의도를 가지고 해옴을 썼기 때문에 말은 완약하지만 의미는 심장하다. 심지어 두 기물의 명칭도 해옴을 적용한 반포가孤匏爵와 회의의 방식을 적용한 점서교를 모두 주제와 관련짓고 있다. 그렇기 때문에 정말로 그런 기물이 있는 것도 아니지만 또 그렇다고 아무렇게나 찍다 붙여 만들어낸 것이라고도 할 수 없다."[36] 선충원은 문학의 대가이자 고대 기물의 전문가다. 그는 역사, 문물, 풍속, 수사 등 여러 측면에서『홍루몽』의 주석에 이의를 제기하거나 새로운 해석을 내놓았는데, 비단 훈고뿐 아니라 탁월한 문학적 분석으로 학계의 주목을 받았다. 그러나 묘옥의 성격을 다룬 부분에 있어서는 연구자들 사이에 다른 의견을 가진 이들도 있었다.

『광명일보』 1961년 10월 22일자에 게재된「"반포가"와 "점서교"에 대해 논하다也談"孤匏爵" 和"點犀橋"」에서 저우루창은 조설근이 묘사한 고대 기물의 명칭이 단순히 글자의 표면적 의미에 그치지 않는다는 의견을 제시한 선충원의 주장에 동의한다는 뜻을 밝혔다. 그러나 그는 묘옥을 "매사에 거짓"된 사람으로 보는 견해에 대해서는 동의하지 않았는데, 그 이유는 「홍루몽곡」에 들어 있는 「세상에 받아들여지기 어려워世難容」의 내용이 비분감으로 가득 차 있되 털끝만큼도 조소의 어조가 깃들어 있지 않은 것을 볼 때 결국은 속서가 묘옥을 망가뜨린 것이라고 했다. 그는 "내가 볼 때 보채와 대옥 두 사람이 사용한 두 찻종에 대한 특별한 묘사를 묘옥 한 사람에게만 끌어다 붙이는 것은 바람직하지 않다고 생각한다. 또 보채와 대옥 두 사람의 입장에서 봐야지 작가의 원래 의도를 저버리지 않게 된다"[37]고 했다. 보채가 반포가를 쓴 것은 그녀의 성정이 "본래는 거짓인데 거짓이 아닌 모습을 하고 있으니 사실상 거짓斑包假"임을 은연중에 암시하는 것으로 이는 작품에서 "과묵하여 말수가 적은 것에 대해 사람들은 겸손하다고 장우藏愚라고 했고, 때를 거스르지 않고 분수를 지킨다고 스스로를 수졸守拙이라고 했다"[38]는 묘사와 딱 맞아떨어진다. 그리고 저우루창은 또 "점서교"에 대해 경신본庚申本과 척서본戚序本 모두 "행서교杏犀䚳"로 되어 있고, 이를 대옥과 관련지어 생각해보면 "성혜교性蹊跷" 즉 성품이 이상하다는 것을 암시한 말이니 회의의 해석 방식을 취할 수는 없다. "행서교"는 작품에 묘사되어 있는 대옥의 "괴벽"하고 "의심 많으며" "소심하고" "마음이 무거운" 성격과 서로 부합된다. 저우루창의 주장에 따르면 또 "반포가"는 고대의 술잔이 맞으며 선충원이 주장한 조롱박으로 술잔의 모양을 본뜬 명청시대의 기물이 아니다. "교䚳"에도 "다리가 높은 그릇高足器"이라는 의미가 없다고 보았는데, 그 이유는 "사발과 유사하며 크기가 작다"[39]라고 작품에 분명하게 설명이 되어 있기 때문에 다리가 높은 사발일 리가 없다는 것이다.

저우루창의 글이 발표된 지 얼마 되지 않아 『광명일보』에는 저우루창에게 보내는 선충원의 서신[40]이 실렸는데 선충원은 여전히 반포가斑匏䚳는 명청시대의 기물이며 고대의 술잔과는 상관이 없다는 주장을 굽히지 않았다. 그는 고대의 술잔이나 술잔을 본뜬 명청시대의 조롱박 그릇은 자신이 직접 "취급했던 물건들"이어서 "그 말에 큰 착오가 없다"고 주장했다. "점서교"가 맞느냐 아니면 "행서교"가 맞느냐에 대해서는 "행서梣犀"라는 명칭에 심각하게 의문을 제기하며 "내가 알기로는 무소의 뿔에 관해 논한 여러 책에서 이러한 명칭은 보이지 않는다"[41]고 했다. 그리고 "교盉"에 대해서 그는 사실상 높은 다리가 부착된 그릇으로 판단을 했는데, 그 근거로 두 가지를 들었다. "첫째, 실제로 다리가 높은 무소뿔 술잔은 있지만 사발같이 생겼으면서 크기가 작은 무소뿔 술잔은 본 적이 없다. 무소뿔로 만든 잔의 종류라고 얘기를 했던 것이 쓸데없는 헛수고는 아니었던 것 같다. 둘째, 글자의 의미로 볼 때 다리가 높다란 구리솥을 '고족교정高足鐈鼎'이라고 하고 다리가 긴 목마를 '고교高蹻'라고 하니, '교橋' 자체에 '돌출되다'라는 뜻이 들어 있다. 그런 측면에서 역시 다리가 높다란 그릇이 맞다."

이번의 홍학 논쟁은 학술과 지식적인 성격이 매우 강했지만 훗날 지속적인 토론으로 이어지지 못한 것은 아마도 전문적인 지식이 부족했던 대다수의 사람이 두 대가의 논쟁에 감히 뛰어들 수 없었기 때문이었던 것으로 보인다.

제7차 논쟁: 조설근의 사망 연도에 관한 논쟁

조설근의 사망 연도는 고증파 홍학이 반드시 싸워서 승리를 쟁취해야 하는 고지였다. 후스는 『홍루몽고증』에서 처음으로 건륭 을유년乙酉年(1765) 사망설을 제기했으나 『홍루몽고증에 대한 발문』에서는 갑신년甲申年(1764)으로 수정했고, 그 후 갑술본이 발견되자 지연재 비어

의 "임오제석"이라는 구절을 근거로 다시 임오년壬午年(1762)으로 수정
했다. 1947년 저우루창이 조설근의 사망 연도를 계미년癸未年(1763)으
로 주장하면서부터 임오년과 계미년 두 설을 중심으로 장기간에 걸
쳐 논쟁이 벌어졌고 관련 논문만도 수십 편이 나왔다.

조설근의 사망 연도에 대한 공방전은 1962년 서거 200주년 기념일
전날 최고조에 달했다.『광명일보』와『문회보』만 하더라도 석 달여 동
안 서로 다른 관점에서 논쟁을 벌인 논문이 13편이나 될 정도로 실
로 유례가 없는 성황을 이루었다. 논문의 제목과 필자의 진용을 살펴
보면 다음과 같다.

우언위吳恩裕:「조설근의 사망 연도 문제曹雪芹的卒年問題」

저우사오량周紹良:「조설근의 사망 연도에 관하여關于曹雪芹的卒年」

천위피陳毓羆:「조설근의 사망 연도 문제에 관한 논의有關曹雪芹卒年問題的商榷」

덩윈젠鄧允建:「조설근의 사망 연도 논의曹雪芹卒年問題商兌」

우스창吳世昌:「조설근의 출생연도와 사망 연도曹雪芹的生卒年」

주난셴朱南銑:「조설근의 사망 연도 임오설에 관한 의문曹雪芹卒年壬午說質疑」

저우루창周汝昌:「조설근 사망 연도에 관한 변론 曹雪芹卒年辯」

우언위:「조설근의 임오 사망설에 관한 의문: 천위피와 덩윈젠 동지에 대

해 논하다曹雪芹卒于壬午說質疑: 談陳毓羆和鄧允建同志」

덩윈젠:「조설근의 사망 연도에 관한 재론再談曹雪芹的卒年問題」

천위피:「조설근의 사망 연도에 관한 재논의曹雪芹卒年問題再商榷」

우스창:「돈성의 조설근 애도시 전석敦誠挽曹雪芹詩箋釋」

저우루창:「조설근의 사망 연도에 관한 재담론再談曹雪芹卒年」

우언위: 「조설근의 사망 연도 고증에 관한 나의 견해考證曹雪芹卒年我見」

고증과 홍학의 대가들이 전부 나서서 영향력 있는 『광명일보』와 『문회보』에 집중적으로 글을 발표했다. 비록 모종의 결론을 이끌어내지는 못했지만 깊이 있는 토론으로 사회 각계에 홍학의 학문적 수준을 보여주었고 홍학에 대한 시각을 새로이 하는 계기가 되었다. 이에 앞서 후스와 위핑보를 주축으로 임오설이 상승세를 탔지만 1962년의 대논쟁으로 계미설이 힘을 얻게 된다. 그러나 갑신설이 다시 등장하여 "임오제석"이라 되어 있는 지연재 비어에 대해 다시 면밀한 검토를 거쳐 "임오제석"은 비어의 서명연도이며 조설근이 사망한 시점이 아니라는 사실을 확인하면서 임오와 계미 두 설은 모두 수세에 몰리게 된다.

어찌되었든 1962년에 집중적으로 다뤄졌던 조설근의 사망을 둘러싼 논란은 홍학사의 일대 사건으로 기록되었으며 홍학에 대한 뭇사람의 지대한 관심을 끄는 계기가 되었다.

제8차 논쟁: 우스창과 이토 소헤이伊藤漱平의 "당촌서문棠村序文"에 관한 논쟁

『홍루몽』 도입부의 "此開卷第一回也"라는 구절과 초기 필사본의 일부 회차 본문 앞에 들어 있는 내용이 도대체 누구의 손에서 나온 것인가 하는 문제는 줄곧 논쟁거리였다. 많은 홍학가는 이 대목이 지연재 혹은 기타 비서가批書家들이 쓴 회전총평回前總評이라고 여겼지만, 후스와 위핑보는 그렇게 생각하지 않았다. 1961년 영국 뉴턴대학 출판사에서 나온 우스창의 『홍루몽탐원紅樓夢探源』에서 우스창은 처음으로 회전총평으로 간주되어 왔던 대목들에 대해 이의를 제기하면서, 그 대목은 지연재가 보존해온 "당촌서문棠村序文"이라고 주장했다. 그 후 그는 또 「나는 어떻게 『홍루몽탐원』을 썼는가我怎樣寫紅樓夢探源」[42]라는 글에서 좀 더 진일보한 해석을 내놓았다.

우스창은 갑술본 제1회에서 열거하고 있는 서명 위에 "설근에게는 이전에 『풍월보감風月寶鑑』이라는 책이 있었는데 그것은 아우 당촌棠村의 서문이다. 지금 당촌은 이미 돌아갔지만 나는 새 것을 보며 옛 것을 떠올린다. 그래서 그것을 근거로 하게 된 것이다"[43]라는 내용의 지연재 비어를 핵심적인 근거로 삼고 있다. 연구자들은 "그래서 그것을 근거로 하게 된 것이다故仍因之"라는 대목에 대해 『홍루몽』의 서명이 변천되는 과정에서 일찍이 『풍월보감』이라는 명칭이 있었기 때문에 지금 당촌을 기념하기 위해 그 서명을 보존하게 된 것이라고 주장하고 있다. 우스창은 "새 것을 보며 옛것을 떠올린다"에서의 "새 것"은 "다섯 차례의 덧보태고 삭제하는" 과정을 거친 이후의 새로운 원고이며, "옛것"은 "이전에 『풍월보감』이라는 책이 있었다"는 것을 가리킨다고 했다. "그것을 근거로 했다"는 것은 당촌이 옛 원고에 쓴 서문을 말한다는 것이다. 그의 해석에는 정말 남다른 점이 있었지만 지지하는 사람은 거의 없었다. 일본의 『홍루몽』 번역가 이토 소헤이伊藤漱平는 1962년에 제8호 『도쿄지나학보東京支那學報』에 「홍루몽 제1회 도입부의 작자에 관한 의문關于紅樓夢第一回開頭部分的作者的疑問」을 게재했는데 매회 정문 앞에 붙어 있는 말들은 지연재가 쓴 회전총평이지 "당촌서문"이 아니라는 점을 강조하며 우스창의 견해에 이의를 제기했다. 이에 대해 우스창은 1964년 『도쿄지나학보東京支那學報』 제10호에 「석두기의 당촌서문에 대해 논하다: 이토 소헤이 교수에게 드리는 답변論石頭記中的棠村序文: 答伊藤漱平助敎授」이라는 제목의 글을 발표하여 한 치의 항변도 용납하지 않는 날카로운 어조로 이토의 견해를 조목조목 반박하며 자신의 견해를 견지해나갔다. 이토 소헤이는 글에서 회를 따라 총평을 고찰하는 방법으로 우스창의 당촌서문설이 성립될 수 없음을 증명했는데, 우스창은 이에 대해 "가장 논리에 닿지 않는 논점"으로 절대 용납할 수 없음을 분명히 했다. 그는 "나와 이토 선생은 평생 서로 간에 아무런 은혜나 원한도 없는 사이인데 왜 이런 방식으로 맞서려고 하는지 정말 이해가 안 된다"[44]고 했다.

1964년 『도쿄지나학보』 제10호에는 우스창의 답글과 함께 이토 소헤이의 재반박 글인 「홍루몽 제1회 도입부의 작자에 관한 질의 및 수정보완: 우스창 씨의 반박에 드리는 답변關于紅樓夢第一回開頭部分的作者的疑問訂補: 兼答吳世昌氏的反駁」이 나란히 게재되었다. 서로 다른 두 국가의 홍학가들이 벌인 공방전은 국내외 학계의 주목을 받았지만 끝내 해결을 보지는 못했다.

제9차 논쟁: 『폐예재집고廢藝齋集稿』의 진위

『폐예재집고廢藝齋集稿』는 조설근의 실전된 책이다. 1973년 우언위가 『문물』 제2기에 「조설근의 유실된 저서와 그의 전기자료에 관한 발견

曹雪芹佚著及其傳記材料的發現」이라는 제목으로 그에 관한 장편의 소개 글을 게재한 바 있는데 일찍이 홍학계에 일대 센세이션을 불러일으켰다. 우언위에 따르면 실전된 그 책은 모두 8책으로 구성되어 있다고 한다.

제1책, 금석에 관한 내용

제2책, 제목은 『남요북연고공지南鷂北鳶考工志』로 자수, 칠, 회화, 연놀이 등에 관한 전문적인 내용

제3책, 편직공예에 관한 내용

제4책, 옻칠공예에 관한 내용

제5책, 짜깁기에 관한 내용

제6책, 날염과 염색에 관한 내용

제7책, 조각이나 죽제그릇과 부채살에 관한 내용

제8책, 요리에 관한 내용

원고는 항전 시기 한 일본 상인 가네다金田 씨가 청나라 황족으로부터 구입하여 베이징의 베이화미술학원北華美術學院의 일본인 교사 다카미 가주高見嘉十에게 빌려준 것이었다. 자료를 필사하여 보관하고 있다가 우언위에게 자료를 제공한 쿵샹쩌孔祥澤는 바로 다카미 씨의 학생이다. 현재 보존되어 있는 부분은 『폐예재집고』 중에서 『남요북연고공지南鷂北鳶考工志』에 들어 있는 채색된 연 그림 영사본과 자수를 놓은 연 위의 가결歌訣, 『남요북연고공지』의 자서自序, 동방달董邦達이 써준 서언과 조설근의 「자제화석自題畫石」 시 한 수와 돈민의 글 「병호무재기성瓶湖懋齋記盛」 한 편 등이다.[45] 조설근은 자서에서 그가 『남요북연고공지』를 쓴 것은 "현재 불구자라 일을 할 수 없는 처지임에도 어디 하소연할 곳 없는 사람들을 위해서"[46]라는 점을 밝혔다. 동방달의 서에도

"조설근은 불구로 일을 할 수 없는 처지에 놓였음에도 어디 한군데 하소연할 곳 없는 가난한 사람들을 불쌍히 여겼다"[47]라는 대목이 있는데, 만약 그러하다면 『홍루몽』 작가의 사상을 미루어 짐작해볼 수 있을 것이다. 돈민의 「병호무재기성」에도 조설근이 말년에 하층의 노동자들과 접한 상황들이 기록되어 있다. 만약 이러한 자료들이 신뢰할 수 있는 것들이라면 조설근의 사상을 연구하고, 『홍루몽』의 창작을 이해하는 데 더없이 귀중한 자료임에 분명하다.

홍학계의 많은 이가 우언위의 소개 글을 보고 믿을 만하다고 여겼으며 『폐예재집고』 가운데 발견되지 않은 부분들을 다시 찾게 되기를 바랐다. 일본의 신문매체에서는 실마리가 될 만한 관련 자료들을 찾는 일에 도움이 될 만한 기사를 보도하기도 했다. 그러나 역시 많은 연구자가 의문을 품었다. 1973년 5월 천위피와 류스더는 우언위의 발견에 대해 몇 가지 의문점을 제기했다. 그들은 낱말의 운용과 조구, 문장 풍격으로 볼 때 "조설근의 서曹序"와 "동방달의 서董序" "돈민의 기술敦記" 세 편 모두 한 사람의 손에서 나온 것 같아 조설근, 동방달, 돈민이 각각 직접 쓴 글이 아닐 것이라고 주장했다. 조설근의 「자제화석」 시와 관련해서는 부죽천富竹泉의 「고반실시초高樊室詩草」에서 그 시를 찾았는데, 우언위에게 『폐예재집고』에 관한 실마리를 제공해주었던 쿵샹쩌가 바로 부죽천의 외손자였다.[48]

천위피와 류스더가 이의를 제기한 내용이 담긴 유인물이 홍학계에서 읽혀지고 있을 때 후원빈胡文彬과 저우레이周雷는 「조설근의 유실된 저서 폐예재집고에 관한 석의曹雪芹佚著廢藝齋集稿析疑」[49]에서 천위피, 류스더 두 사람이 제기했던 이른바 부모상을 당해 근신하는 문제를 비롯 문자, 물가, 시풍, 날씨 문제 등에 관한 의문점을 자세히 분석하여 설명하면서, 새로운 자료는 믿을 만하고 다른 증거는 불충분한 상황에서 새로운 자료를 부정하는 것에 반대 입장을 표했다. 나중에 천위피와 류스더는 「조설근의 유실된 저서 변의曹雪芹佚著辨僞」란 제목으로 1979년 『중화문사논총中華文史論叢』 제1집에 정식으로 문제를 제기하는 글을 발표했다. 그로부터 얼마 되지 않아 우언위의 답글이 「폐예재 집고의 진위에 대해 논하다: 천위피·류스더 두 동지에게 드리는 답을 겸함論廢藝齋集稿的眞僞: 兼答陳毓罷·劉世德兩同志」이라는 제목으로 『중화문사논총中華文史論叢』 제4집에 실렸다. 우언위의 글에서는 천·류 두 사람 글의 의문점을 세밀하게 분석하고 해석한 것 말고도 말미에 "마지막으로 꼭 해야 할 말"이라며 자신의 심정을 다음과 같이 덧붙였다.

솔직히 나는 내 감정을 진정시키려고 무진 애를 쓰면서 겨우 천위피와 류스더 두 사람의 글을 끝까지 읽어 내려갈 수 있었다. 글에 변론의 범위를 뛰어넘는 용어가 난무하고 감정적인 요소가 다분한 데다 자신감은 또 어찌나 넘쳐흐르던지! 나는 원래 담담하게 그들에게 답변하려고 했지만 사실 너무 힘들다.

오늘 이후 나와 천위피와 류스더 두 사람, 그리고 토론을 진행하고 있는 분 모두가 이 문제를 함께 극복한다는 목표 아래, 토론 양측이 좌우의 두 날개를 펄럭이며 어려운 문제를 향해 진공해 들어간다는 각오로 바라볼 수 있기를 희망한다. 목표를 공략하고 문제를 해결해야 비로소 승리다.[50]

이 글은 『중화문사논총』에 실리기 전인 1979년 6월에 썼는데, 그는 같은 해 12월 2일에 갑자기 사망했다. 나중에 신문이나 잡지에 일본학자 이토 소헤이의 장편찰기[51]를 비롯한 『폐예재집고』의 진위에 관한 글이 몇 편 발표되기도 했지만 우언위는 더 이상 답변할 수 없게 되었다.

냉정히 말해 『폐예재집고』가 거짓임을 증명하든 진실이라고 믿든 그 모든 논거가 불충분하다. 오늘날 이 문제를 더 이상 제기하는 사람이 없는 것은 아무래도 제시할 증거자료가 부족하기 때문이 아닐까 싶다.

제10차 논쟁: 조설근의 초상화 문제

조설근의 초상은 전후로 두 폭이 발견되었는데 모두 진위 문제에 휩싸였다. 하나는 두루마리로 된 왕강王岡의 「독좌유황도獨坐幽篁圖」로 초상화 뒤편에 건륭 시기 유명인사인 황팔자皇八子·전대흔錢大昕·예승관倪承寬·나목제례那穆齊禮·전재錢載·관보觀保·채이대蔡以臺·사용謝墉 등의 제영題詠이 붙어 있다. 그중 한 사람이 "설금雪琴"이라고 서명한 것을 제외하고 나머지 서명이 모두 "설근雪芹"으로 되어 있는 것을 근거로 조설근의 초상화로 여겨져 왔다. 저우루창은 『홍루몽신증』에서 소장자 리쭈한李祖韓이 1923년 상하이의 골동품상에게 이 그림을 구입했고 1928년 예궁춰葉恭綽가 이 그림에 제발을 달았다는 것을 소개했다. 1950년대 이후 이 초상화는 더 이상 사람들의 눈에 띄지 않았고 소장자의 누이동생인 리추쥔李秋君의 모사본 사진만이 전해진다. 현재 리쭈한과 그의 누이동생 리추쥔은 각각 1964년과 1971년에 이미 유명을 달리했고 초상화도 누구 손에 넘어갔는지 알 수 없다.

우언위, 우스창, 주난셴과 같은 홍학가들은 왕강의 초상화 주인공이 분명 조설근일 것이라고 확신했으나 저우루창의 경우엔 처음에는 인정하다가 나중에는 의심을 품게 되었다. 1961년 후스는 홍콩의 『해외논단』 제2권 제1기에 「소위 조설근 초상화의 미스터리에 관해所謂曹雪芹小像之謎」라는 글을 발표하여 초상화의 주인공이 조설근이 아니라 저장성 출신의 한림원 소속 관리일 것이라고 주장했다. 그가 이러한 생각을 품게 된 것은 1929년 상하이에서 이 초상화를 직접 보고 소장자인 리쭈한과 이야기를 나누면서부터다. 우스창과 우언위는 후스의 글을 반박했고[52] 쌍방 간에 격렬한 논쟁이 붙었다. 1980년 이씨 가족들은 서화 속에서 발견된 세 쪽짜리 제발題跋을 보내주었는데 초상화의 윗부분이 잘려나가 있었고 황팔자皇八子 영선永璇[53], 관보觀保, 사용謝墉, 진조륜陳兆侖 네 사람의 제시題詩가 들어 있었다. 진조륜의 제시에는 "진로학장형進老學長兄"이라는 서명이 있는데 반해 다른 세 사람의 서명은 없는 상황이어서 당연히 "설금"이나 "설근" 등의 글자도 들어 있을 리 없었다. 이는 전에 서명이 들어 있다고 전해지던 설과 다른 것이어서 초상화의 주인공이 조설근이라는 설에 더욱 의구심을 가지게 되는 결과를 가져왔다. 그렇다면 이 네 사람의 제시는 무슨 이유로 잘렸는가? 그리고 그것을 자른 이는 누구인가? 초상화와 그 나머지 제시는 지금 어디에 있는 것인가? 초상화의 주인공이 조설근이 아니라면 도대체 그 주인공은 누구인가? 여전히 이 문제는 미궁에 빠져 있다.

육후신陸厚信이 그린 다른 초상화는 허난성 박물관의 판덴쥔范殿鈞이 1963년 초 상추商丘의 하오신포郝心佛 수중에서 위안화 5원을 주고 구입한 것인데 지금도 그곳에 보관되어 있다. 이 초상화에 가장 먼저 주목한 인물은 상하이 문화국의 팡항方行이다. 그는 초상화를 왕스징王士菁에게 보내 저우루창에게 전달해서 보여줄 것을 부탁했는데, 때는 1963년 하반기였다. 8월 17일 초상화를 소개하는 저우루창의 소개 글이 「조설근에 관한 중요한 발견關于曹雪芹的重要發現」이라는 제목으로 『톈진만보天津晚報』에 실렸다. 그는 이 글에서 초상화가 "가짜가 아닐 뿐 아니라 설근이라는 이름을 가진 또 다른 사람의 초상화도 아닌 만큼 매우 믿을 만하며 가치도 높다"[54]고 주장했다. 9월 14일 류스더는 『톈진만보』에 저우루창의 글에 반대하는 글을 올려[55] 육후신이 그린 초상화의 주인공은 유한兪瀚이며 자는 초강楚江이므로 조설근이 아니라고 했다. 그가 근거로 삼은 것은 『윤문단공시집尹文端公詩集』 권9에서 초상화와 마주한 서화첩에 실린 윤계선의 제시 「유초강의 초상화에 적은 시題兪楚江照」였다. 윤계선의 시는 절구 두 수다.

> 만 리 저편 강가에는 휑한 기운 서려 있고
> 아득히 멀리로는 하얀 문의 구름나무가 바라다 보이네
> 누가 그림에 시를 적는 나그네처럼 풍류를 즐기며
> 청산을 마주하고 앉아 육조를 생각할거나
> 오래도록 강성에 머무르니 이별도 어렵지만
> 가을바람을 믿고 말안장 손질하네

지난날을 추억할 수 있게

새 그림을 제대로 한번 빌려다 봐야지

萬里江天氣寥沉, 白門雲樹望中遙.

風流誰似題詩客, 坐對靑山想六朝.

久住江城別亦難, 秋風送我整歸鞍.

他時光景如相憶, 好把新圖一借看.

이 시 밑에 "망산 윤계선望山尹繼善"이라는 서명이 들어 있다. 초상화
는 양쪽이 절반으로 나뉘어 있는데, 왼쪽은 윤계선의 시이고, 오른쪽
은 초상화다. 왼쪽 상단에는 5행의 제기題記가 들어 있다.

설근 선생의 큰 재주가 강물처럼 흘러내리고 뛰어난 문채는 구름 날개처
럼 솟아오른다. 윤공 망산은 당시에 양강을 감찰하면서 집안끼리 대대로
이어온 친밀함으로 막부의 막료를 물색했다. 공문서 보는 시간에 짬을
내 술을 마시고 서로 주거니 받거니 시를 읊조렸는데 낭랑하면서도 의미
가 깊었다. 나는 개인적으로 진심을 다해 흠모하며 어디서든 작은 크기
의 개인 초상화를 만들어 고아한 유가의 풍류를 묘사함으로써 지난 일
들을 이와 같이 기록했다. 운간의 고지식한 서생 육후신 씀.[56]

제기 아래에 "고지식한 서생良生 육후신인陸厚信印"이라고 되어 있는
부분이 더 있다. 논쟁은 마침내 조설근의 윤계선 막부 진입 여부, 유
초강에게 "설근"이라는 호가 있었는지 여부, 윤계선과의 관계 여부, 윤
계선의 시 해석에 관한 문제, 초상화와 조설근 생김새의 유사성 여부

등을 둘러싸고 뜨겁게 전개되었다.

저우루창은 1963년 9월 21일 『톈진만보』에 실린 류스더의 「조설근의 초상화에 관해 다시 논하다再談曹雪芹小像」에 답을 했다. 1964년 4월 5일에는 홍콩 『대공보』에 「설근의 초상화에 관한 변雪芹小像辨」이라는 글을 올리기도 했다. 류스더가 제기한 윤계선의 시와 육후신의 그림에서 나타난 모순점을 겨냥하여 저우루창은 시와 그림은 원래 한 작품이 아니라 각각 완성된 것이라고 주장했다. 그는 시에 묘사된 "운수雲樹"와 "청산靑山"은 물론이려니와 제시에 서명이 들어 있지 않은 것까지 모두 "윤계선의 시가 결코 육후신의 그림에 제를 달기 위해 책에 삽입된 것이 아님을 분명히 말해주는 것이어서 양자는 사실상 아무런 연관성이 없다는 점"[57]을 증명했다. 따라서 초상화의 주인은 조설근이라는 사실에 대해 의구심을 품을 필요가 없다고 했다. 1973년 저우루창은 『문물』에 「홍루몽과 조설근 관련 문물서록 일속紅樓夢及曹雪芹有關文物敍錄一束」[58]을 발표할 때 이 초상화를 거론하면서 처음으로 육후신의 초상화와 윤계선 제시의 사진을 간행한 바 있다. 그러나 정작 대규모의 논쟁은 1978년 이후에 시작되었다.

1978년 『문물』 제5기에 문물 감정 전문가 스수칭史樹青의 글[59]이 실렸는데 "이 서화첩은 도입부에 윤계선의 제기를 제외하고 나머지는 모두 위작이다. 위작 시점은 1920년대에서 1940년대 '신홍학파'가 득세했던 시기"[60]라고 주장하며 육후신의 초상화를 전면 부정했다. 이렇게 해서 논쟁은 삽시간에 달아올랐다. 저우루창은 1978년 5월 28일과 6월 25일 홍콩 『신만보新晚報』에 글을 올려 자신의 주장을 고수하며 스수칭의 고증을 반박했다. 스수칭이 위작이라고 판단한 근거는 두 가지였다. 첫째, 윤계선의 시는 건륭 30년 을유년에 지어졌는데, 이 때 조설근은 이미 사망했기 때문에 초상화와 『홍루몽』 작가와는 아무 관련이 없다. 둘째, 윤계선의 시제는 반절지의 후반부에 적혀 있는데, 앞면은 이른바 서화 제발에서 자주 볼 수 있는 "삼가 비움敬空" 즉 겸양의 의미로 공백을 둔 부분이기 때문에 위작을 하기 좋은 조건이다. 이에 대해 저우루창은 윤계선의 작품집은 윤계선 본인이 만든 것이므로 간혹 기년에는 오차가 있을 수 있다. 그러나 윤계선의 시는 기왕에 유초강에게 적어준 것이어서 공백을 남겨두지 않았을 것이다. 왜냐하면 윤계선은 유초강의 최고 상관이었기 때문이다. 저우루창은 "반 장의 지면을 남겨 그를 예우한다면─그 정도의 지면을 남겨 누구를 예우한단 말인가?─윤씨 본인이 바로 재상과 총독인데, 남기려면 '성상聖上'인 건륭제를 위해 남겼으면 모를까? 그렇지 않다면 다른 어떤 해석이 가능한가?"[61]라며 다시 의문을 제기했다.

1979년 4월 2일에서 4일까지 메이제梅節는 「조설근의 초상화 고신曹雪芹畫像考信」이라는 제목의 글을 『문회보』에 올려 1960년대 이후 육후신의 초상화를 둘러싸고 벌어진 진위 논쟁을 소개하면서 초상화가 비록 가짜는 아니지만 그렇다고 조설근의 것도 아니라는 점과 육후신이 그린 초상화를 왕강이 그린 초상화와 관련지어볼 때 두 초상화의 주인공 모두 강남江南과 장시江西를 총괄하는 양강兩江 총독 윤계선 밑에서 막료를 지냈던 유한兪瀚 즉 유초강兪楚江이라고 주장했다. 그리고 1979년 『학술월간學術月刊』 제2기에 게재한 천위피와 류스더의 글 「조설근 초상화의 진위 문제에 대해 논하다論曹雪芹畫像眞僞問題」에서는 유한과 관련된 많은 자료를 공개했다. 육후신 그림에 기재된 "큰 재주가

강물처럼 흘러내리고 뛰어난 문채는 구름 날개처럼 솟아오른다洪才河
瀉, 逸藻雲翔"란 말이 전혀 과장이 아님을 증명했다. 5월 31일에는 메이제
의 글을 반박하는 주장에 반대하는 쑹머우창宋謀瑒의 글이 홍콩『문
회보』에 발표되었는데, 초상의 주인공이 유초강이 아닌 이유는 유한
이 "장신에 샤프한 두상인데다 잘생기고 위엄이 있는長身銳頭, 玉立峨峨"
체구여서 초상화의 인물과 맞아떨어지지 않기 때문이라고 했다. 동시
에 『산시대학학보山西大學學報』에 장편의 변론을 발표하여[62] 자신의 관점
을 체계적으로 설명했다. 9월 7일 메이제는 홍콩『문회보』에 「조설근
에게 함부로 줄을 대지 말라: 쑹머우창 선생의 질의에 답하며不要給曹雪
芹隨便拉關係: 答宋謀瑒先生的質疑」라는 제목의 글을 통해 답변했다. 천위피와
류스더는 「조설근 초상화의 변위보설曹雪芹畫像辨僞補說」[63]을 지어 메이제
와 쑹머우창의 논쟁에 가세했다. 이 시기에 스수칭이 『홍루몽연구집
간紅樓夢研究集刊』 제5집에 「육후신이 그린 조설근 선생 초상화에 대한
재론再論陸厚信繪雪芹先生小照」[64]이라는 글을 발표하면서 자신이 2년간 『홍
루몽』 연구자들의 글을 열독함과 동시에 관련 자료를 좀 더 수집해
보다 진전된 연구결과를 선보이게 되었으며 "자신의 기존 관점에 대
해 여전히 확신하고 있음"을 나타냈다. 왜냐하면 저우루창이 「조설근
초상화에 대한 새로운 의론曹雪芹小像之新議論」에서 육후신이 그린 초상
은 "한 권의 서화첩으로, 모두 여러 장으로 되어 있기 때문에" "서화
첩 한 장"이 아니라고 밝혔지만, 1963년 베이징에서 원본을 본 한 인
사가 자신에게 "모두 여덟 장으로 되어 있는 건 틀림이 없다. 매 장마
다 시화가 들어 있다. 다른 사람의 초상은 같은 모양이 아니라 앉아
있거나 서 있는 모습이고 자태도 각기 다르다"고 했기 때문이다. 스

수칭은 글에서 초상화를 소장하고 있는 허난성 박물관의 우즈위안武志遠, 자오신라이趙新來가 초상화는 "단지 한 장이며 결코 한 권이 아니다"라는 점을 편지로 알려온 것을 증거로 저우루창이 "원본을 본 적도 없으면서 근거 없는 말을 지어내고 있다"고 주장했다. 우즈위안, 자오신라이 두 사람은 1963년 초상을 구입할 당시의 영수증을 필사하여 스수칭에게 주었는데, 초상화는 허난성 상추 보아이博愛 15가 7호에 사는 하오신포에게 구입했으며, 취급자는 판뎬쥔이며, "청대 조설근 초상 한 장, 가격 5위안정"이라고 기록되어 있었다. 이에 따라 스수칭은 "서화첩의 반은 거짓이고 반은 진실"[65]이라는 결론을 내렸다.

육후신이 그린 초상을 둘러싼 논쟁이 절정에 달했을 때 왕강이 그린 초상화에 대해서도 토론이 계속되고 있었다. 1980년 출판된 『홍루몽연구집간』 제5집에는 스수칭의 「재론再論」뿐 아니라 덩사오지鄧紹基가 왕강의 초상화에 대해 논한 「조설근 초상화의 일부 제영시에 관하여關于"曹雪芹小像"的部分題詠詩」도 발표되었다. 같은 해 『문학유산』 제2기에는 천위피와 류스더의 「새로 발견된 "조설근 초상화"의 제사에 관해 논하다談新發現的"曹雪芹小像"題詞」가 실렸다. 그들은 다방면에 걸쳐 지속적으로 왕강이 그린 초상화의 주인공이 조설근이 아니라 유한일 것이라는 점을 논증했다. 이어서 쑹머우창은 또 『문학유산』 1981년 제1기에 이의를 제기하는 글을 발표했는데[66] 왕강이 그린 초상화의 주인공이 유한일 리가 없는 것은 "처지가 다르고 생애가 유사하지 않으며, 연령이 부합되지 않고 모습이 맞아떨어지지 않기 때문"[67]이라는 점을 들어 날카롭게 맞섰다. 동시에 황팔자皇八子 영선永璇 등 네 사람의 제시가 모두 왕강이 그린 「유황도幽篁圖」에 적은 것이 맞는지에 대해 의문을 표시했다. 그리고 육후신이 그린 초상화는 스수칭이 자신이 쓴 글에서 허난성 박물관의 관련 자료를 공개함에 따라 토론자들은 다시금 원본 서화첩의 특성과 발견 과정에 관심을 기울이게 되었고 홍학가들은 실물을 검증하러 속속 정저우鄭州로 향했다. 펑치융은 육후신의 초상화를 본 이후, 초상의 "두상 주위의 윤곽선에 물로 비벼 주름진 흔적이 있어" 흡사 "겉모습이 바뀐 듯한" 점을 발견하고는 원래 유초강을 그렸을 때의 "장신에 샤프한 두상長身銳頭"을 조설근의 "뚱뚱한 몸매에 머리가 크고 피부색이 검은身胖頭廣而色黑" 모습으로 바꿀 목적이었던 것으로 추정했다.[68] 쑹머우창은 당사자들과 관련된 원인을 끝까지 규명하고자 세 차례에 걸쳐 허난으로 내려갔으며 허난성 박물관에서만도 여러 차례 조사를 거쳤다.

이때는 벌써 1982년에 접어들어 전국 규모의 『홍루몽』 토론회가 상하이에서 막 거행되던 때라 대회 준비위원회의 요청에 따라 허난성 박물관 부관장 한사오스韓紹詩가 초상화를 들고 참석했고, 10월 23일 오후에는 육후신이 그린 초상화의 주인공은 유초강이며 그림 위에 5행으로 쓰인 제기는 물건을 판 하오신포가 주빙즈朱聘之, 류룬우陸潤吾 등과 짜고 위조했다는 그들의 조사 결과를 발표했다. 그 이튿날 상하이의 각 신문은 이 내용을 주요 기사로 다루며 20여 년간의 미스터리가 마침내 실체를 드러내게 되었다고 일제히 보도했다. 그러나 저우루창과 쑹머우창은 여전히 이의를 품었고 결론을 믿을 수 없다고 주장했다. 상하이 박물관의 문물 감정 전문가가 행한 초상화 검증에서도 윤계선의 시가 육후신의 그림, 제기와 일체인 것 같으며 먹과 인쇄의 빛깔이 현저하게 다르지 않다고 보았다. 황상黃裳은 『인민일보』에 발표한 「조설근의 두상曹雪芹的頭像」에서 비슷한 관점을 보여줬다. 이에 따라 쑹머우창은 또 한 차례 허난성 상추商丘로 가서 그림을 판 사람을 직접 조사하고 그 결과를 글로 발표했는데, 저우루창의 「정화는 소재를 가리려 해도 가리기 어렵다: 설근 초상화 사건의 초보적 해부精華欲掩料 應難: "雪芹小照"公案初剖」와 함께 1983년 『상하이사원학보上海師院學報』 제1기에 게재했다. 그림을 판 하오신포는 「조설근 초상화의 미스터리를 벗기다揭開"曹雪芹畫像"之謎」에서 직접 위조한 과정을 진술했다. 그는 "雪芹先生洪才河瀉"로 시작되는 5행의 제기는 주빙즈가 붙인 것이고 원래 1책 30여 쪽으로 이루어진 초상화의 내용은 모두 유한이 직접 지은 근체시의 율시와 절구이며, 초상화와 윤계선尹繼善의 시는 끝에서 두 번째 쪽에 있었고 마지막에 장붕이 육후신의 그림에 7언 절구 4수를 적어 넣은 것이라고 했다. 위조 과정에 연관되었던 청더칭程德卿도 「조설근 초상화의 미스터리적 경과를 벗기다揭開"曹雪芹畫像"之謎的經過」라는 글을 남겼다. 이러한 관련 자료들은 1983년 2월 28일 베이징에서 열린 '조설근 초상화 조사보고회'에서 모두 공개되었다.

청더칭의 글은 1983년 1월 9일 쑹머우창에게 보내는 공개서한의 형식으로 『허난일보』에 발표되었다. 이에 대해 쑹머우창이 발표한 「조설근 초상화 논쟁의 전전후후: 청더칭 동지에게 보내는 답을 겸하여 "曹雪芹畫像"爭鳴的前前後後: 兼答程德卿同志」 「설근의 초상화 사건과 관련된 시 네 수有關"雪芹小照"公案的四首詩」 등 두 편의 글은 나중에 장쑤성 홍학회江蘇省紅學會가 펴낸 『홍루몽연구자료紅樓夢研究資料』 제2집에 실렸다. 저우루창의 「설근의 초상화 감정 기실雪芹小照鑑定記實」과 쉬방다徐邦達의 「도홍영의悼紅影議」 두 편이 이 시기에 홍콩 『문회보』에 실렸다. 쑹머우창은 초상화 뒤편에 달렸다는 장붕의 시에 의구심을 가지면서 그림을 판 사람이 말을 얼버무리고 모순되는 점이 많으며 청더칭은 제3자가 아니라고 생각했다. 청더칭은 또 『중원문물中原文物』에 「위조된 조설근 초상화의 재변석僞"曹雪芹小照"的再辨析」이라는 글을 실어 쑹머우창의 문제 제기에 답했다. 문장의 내용과 어조 등 많은 부분이 이미 학술 논쟁의 범주를 벗어나 있었다.

바로 이때 육후신의 인장에 관한 논란이 불거졌다. 쉬궁스徐恭時는 1983년 10월 난징에서 개최된 『홍루몽』 토론회에서 자신과 궈뤄위郭若愚가 실물을 보았는데 5행의 제기 아래 "육후신인陸厚信印"이라는 글자는 사실은 "육후배인陸厚培印"이라는 사실을 발견했다고 주장했다. 당시 육후신의 초상화가 한창 난징에서 전시되고 있었는데, 그것을 직접 본 몇몇 사람도 "신信"자가 "배倍" 혹은 "배培"와 유사하다고 했다. 위작에 참여했던 육윤오陸潤吾 숙부의 이름이 바로 육후배陸厚培였다. 만약 이와 같다면 후제발설後題跋說은 응당 조금도 의심할 바가 못된다. 그러나 누군가 『고새문편古璽文編』을 가져다 "신信"자의 옛날 표기 방식에서 우측 변을 "부咅"로 즐겨 썼다는 점을 밝혀냈다. 훗날 궈뤄위 등은 다시 글을 통해 제기題記의 다른 편 소인인 "간생艮生"의 "간艮"자만이 "배培"자와 관련이 있을 뿐 "신信"과는 서로 아무 상관이 없다는 점을 밝혔다. 쑹머우창도 후제발설을 인정해야 한다고 느꼈다. 그러나 그는 "후제발설을 인정하는 것은 초상화의 모델이 조설근이 아니고 반드시 유한이라는 것과는 다르다"[69]는 점을 분명히 했다. 그는 이어서 장장 20여 년을 끌었던 해묵은 사안이 비록 아직까지 해결을 보지는 못했지만 앞으로 또 어떤 결과가 도출될 것인지 기다려보자고 강조했다.

제11차 논쟁: 산실된 조설근의 시

조설근이 시를 잘 썼고 시의 풍격이 이하李賀와 흡사했다는 것은 돈
민과 돈성, 장의천張宜泉의 시에서 드러난 사실로 미루어 볼 때 신빙성
이 있다고 생각한다. 지연재 비어에서도 『홍루몽』의 작가가 시를 전하
고 싶어했음을 밝힌 바 있다. 그러나 『홍루몽』에 들어 있는 시를 제외
하고 완전한 형태의 조설근 시는 전해지지 않고 있다. 돈성의 『비파행
전기琵琶行傳奇』의 제발에 들어 있는 "사부 백거이의 시적 영혼이 감응
한다면 필시 기쁜 마음으로 자신의 가기인 소만과 번소를 무대에 오
르게 했을 것이네白傳詩靈應喜甚, 定教蠻素鬼排場" 두 구절에 대해 돈성이 "신
기하여 읊조릴 만하다新奇歌頌"고 절찬한 것이 그의 시에 대한 전부다.
이 시의 나머지 여섯 구절이 어떤 내용인지 알 길이 없는 상황에서
홍학 애호가들은 그저 안타까움을 토로할 수밖에 없었다.

그러나 1973년을 전후하여 조설근의 「제비파행전기題琵琶行傳奇」의
산실되었던 시들이 세상에 깜짝 등장하여 『홍루몽』 연구자들은 서로
앞 다투어 읽어보기에 바빴다. 1974년 상하이인민출판사에서 편집한
『홍루몽연구자료紅樓夢研究資料』에 일찍이 게재된 바 있는데 모두 여덟
구로 되어 있다. "타구가 깨지니 기세가 격앙되는데 달 밝은 강가에
억새풀과 단풍이 화당을 가득 채우네. 화장한 배우의 모습이 생동감
있으니 맑은 술로야 어찌 아득한 내 마음을 제어할 수 있겠는가? 서

쪽 초헌에서 고판을 두드리니 마음의 웅지 아직도 가득한데 북포의 비파곡 소리는 끊이지 않는구나. 사부 백거이의 시적 영혼이 감응한다면 필시 기쁜 마음으로 자신의 가기인 소만과 번소를 무대에 오르게 했을 것이네唾壺崩剝慨當慷, 月荻江楓滿畫堂. 紅粉眞堪傳栩栩, 淥樽那斯感茫茫. 西軒鼓板心猶壯, 北浦琵琶韻未荒. 白傅詩靈應喜甚, 定敎蠻素[70]鬼排場." 그로부터 얼마 지나지 않아 우스창과 쉬궁스 두 사람의 상세한 주석, 논증, 비평이 곁들여진 「새로 발견된 조설근의 일시新發現的曹雪芹佚詩」가 1974년 9월 난징사범학원출판사의 『문교자료간보文敎資料簡報』에 실렸으며, 1975년 『하얼빈사범학원학보哈爾濱師範學院學報』 제1기에 전재되었다. 우스창과 쉬궁스는 "사상성과 예술성, 운율과 기교 등 여러 측면에서 고찰한 결과 이 시는 조설근의 원작이 맞다. 이를 의심할 만한 요소가 없다"고 썼다. "설근의 이 시는 고도의 사상성과 예술성이 조화를 이룬 우수한 범례"라고 극찬하며, 이 시를 통해 "달리 전해지는 조설근의 시(만약 더 있다고 한다면)를 평가하는 척도로 삼을 수 있을 것"이라고 했다.[71] 이렇게 해서 이른바 산실된 것으로 알려졌던 조설근의 시가 전국적으로 알려지게 되었다.

그러나 이와 동시에 조설근의 원작이 아니라 "당시 누군가 지어 넣은 것 같다"는 소문이 돌기도 했다. 1976년 4월 저우루창의 『홍루몽신증』 증보판에는 이 시가 실렸다. 저우루창은 "누군가 지어 넣은 것 같다고 한 것은 진실과는 거리가 멀기에, 이곳에 부록으로 넣어 다소나마 상상의 여지를 제공하고자 한다"[72]는 부연 설명을 곁들였다. 이어서 1977년 『난징사범학원학보南京師範學院學報』 제4기에는 일시佚詩의 진실성을 강하게 부정하는 천팡陳方의 「조설근의 일시 변위曹雪芹佚詩辨

僞」라는 글이 실렸다. 우스창은 이에 격분하여 재차 장장 2만여 자에 달하는 「조설근 일시의 내원과 진위曹雪芹佚詩的來源與眞僞」라는 제목의 글을 1978년 발행된 『쉬저우사범학원학보徐州師範學院學報』에 게재했다. 이때 그는 시의 "내력"과 관련된 자료들을 공개하고 경전의 어구를 인용하여 시가 "거짓"이 아님을 확증했다. 특히 누군가 "지어 넣은" 사람으로 저우루창을 지목한 것에 대해 저우 선생은 절대 그런 시를 "지어 넣었을 리" 없다고 강력하게 반박했다. 그는 이러한 상황이 『진서晉書』의 고사를 상기시킨다고까지 했다. 내용인즉슨 완적阮籍의 조카 완첨阮瞻은 귀신을 믿지 않았는데, 어느 날 손님이 찾아와 완첨과 귀신에 대해 공방을 벌이다 완첨을 이길 수 없게 되자 안색을 바꾸고는 "내가 바로 귀신이오"[73]라고 했다는 이야기다.

한창 조설근의 일시를 둘러싼 공방이 결론을 맺지 못한 상황에서 1979년 홍콩의 월간 『칠십년대七十年代』 제6기에 메이제의 글이 발표되었는데, 그는 단도직입적으로 일시는 거짓이고, 더 나아가 일대 사기 사건이며 "홍학계의 '워터게이트'"[74]로 칭할 만하다고 했다. 마침내 우스창은 또 1979년 『칠십년대』 제9기에 「조설근 일시를 논하고, "가짜"라는 잘못된 논설에 대해 변별하다論曹雪芹佚詩, 辟辨"僞"謬論」라는 제목으로 답글을 발표했는데 여전히 강고하게 일시가 거짓이 아님을 주장했다. 메이제의 글에는 다음과 같은 의미심장한 대목이 들어 있다. "사인방이 축출되고 난 후 원래 있었던 인민문학출판사의 한 편집인이 이 시는 거짓이라고 폭로하면서 그 시의 작자는 저우루창 본인일 것이라는 암시를 한 바 있다. 우스창은 이 시의 내력이 의심스럽다는 것을 알면서도 앞다투어 글을 발표함으로써 많은 사람을 호도했다."

⁷⁵ 우스창은 이에 대해 "메이제의 행위는 이미 학문적 토론의 범주를 벗어나 법적으로 비방의 수준에 이르렀다"며 "달리 법적으로 조치를 취할 권한의 여지를 남겨두겠다"⁷⁶고 주장했다. 1979년 11월 16일 메이제는 또 홍콩의 『광각경廣角鏡』에 「조설근 "일시"의 진상에 관해: 우스창 선생의 "척변위류론"에 대한 답변을 겸하다關于曹雪芹"佚詩"的眞相: 兼答吳世昌先生的"斥辨僞謬論"」를 게재했다. 이즈음 논쟁은 이미 최고조에 달했다. 구제강, 위핑보와 같은 두 홍학 원로들도 논쟁에 휘말렸으니 이는 우스창이 글의 말미에 구제강과 위핑보 두 사람이 자신에게 보낸 편지를 올리게 된 데 따른 것이었다.⁷⁷

조설근의 일시를 가장 먼저 본 우언위는 『조설근일저천탐曹雪芹佚著淺探』의 "쇄기瑣記"에서 일시의 내력과 전파 과정에 대해 다음과 같이 소개한 바 있다.

조설근이 돈성의 『비파기전기』에 써준 시에 대해, 돈성은 『초료암필주鷦鷯庵筆麈』에서 "신기하여 읊조릴 만하다"라고 했지만 애석하게도 시를 모두 인용하지는 않았다. (…) 시의 전모가 이미 공개되고 사림에서 서로 앞 다투어 전하여 읊조리니 거의 모든 『홍루몽』 자료서에 실리고 주해가 달렸으며 글에 대한 고증과 해석도 곁들여졌다. 최근에는 앞의 여섯 구가 위작이라고 하는 이들이 있는가 하면 조설근의 작품이라고 하는 이들도 있어 눈과 귀가 자못 혼란스럽다. 나는 일찍이 "전체 시"를 가장 먼저 본 사람으로서 내가 알고 있는 바를 독자들에게 알려주고자 한다. 1971년 겨울, 나는 안후이성 쑤이시雎溪의 쓰푸진四鋪鎭에서 저우루창이 "전체 시"라고 보내온 편지를 받았는데, 편지에는 다음과 같이 적혀 있었다. "이 시가 어디서 왔는지 분명하지 않아 신빙성 여부는 알 수 없습니다."(1971년 12월 26일 베이징에서 보낸 편지) 저우루창의 편지를 받은 후 나는 다시 이 시의 출처를 우편으로 문의했는데 저우루창은 1972년 1월 14일 보낸 답신에서 다음과 같이 알려왔다. "……그 내력에 대해 말하자면 누군가 보내준 것인데 원래 한 장에 쓰인 것을 두서도 없이 남을 통해 보내왔습니다. 제가 집에 없었던 관계로 따로 남긴 말은 없었습니다. 저는 줄곧 마음이 갑갑해 그 사람을 찾기 위해 수소문했습니다. 사실이 이러한즉 원시를 이미 본 이상 저는 절대 그 '출처'를 신기로운 보배처럼 따질 생각은 없으니 부디 믿어주시기 바랍니다. 이는 멀리서 보내와 공개한 납석필蠟石筆로 그린 산의 사진과 같으면서도 다른 일이니 앞뒤로 광채가 납니다.(우언위 생각: 원래는 '暎'으로 되어 있음. 이하 생략)" 이 두 통의 편지에 근거해 보면 저우루창은 비록 이 시를 손에 넣었으나 어디서 왔는지를 알고 있지 못하다. 1972년 봄, 나는 완베이에서 상하이 지역을 거쳐 항저우로 갔다가 항저우에서 베이징으로 돌아오면서 저우루창과 얘기를 나눈 적이 있는데 저우루창은 여전히 시를 보내온 사람이 누구인지 알지 못한다고 했다. 상하이에서 인쇄되어 전체 시가 거의 공개된 후에야 비로소 저우루창이 일찍이 사람들에게 이 시는 당대의 사람이 지어 넣은 것이라고 말했다는 것을 전해 듣게 되었다. 그즈음 『홍루몽』에 관해 논하는 대다수의 사람이 이미 수상쩍게 여기고 있을 때였다. 당대 사람이 지은 것이라면 반드시 누가 지은 것인지 알 터인데 왜 그 사람이 누구인지 밝히지 않는가? 또한 개중에는 앞의 여섯 구는 저우루창의 손에서 나왔다고 여기는 사람들도 있었다. 이 문제에 관심을 가진 다른 친구들 중에는 내가 저우루창과 친하다는 것을 알고 수시로 와서 물었고, 외지에 사는 잘 모르는 사람들도 편지를 보내 물어왔다. 마침내 다시 저우루창에게 편지를 보냈다. 저우루창은 보내온 답신에서 다음과 같이 밝혔다. "칠언율시의 앞 여섯 구는 확실히 당대 사람의 작품입니다. 필사된 이 시는 그해 두 사람에게만 보내진 것입니다. 그중 한 사람은 가형 즉 제 형님입니다. 형님은 시를 보고 매우 놀라워하셨습니다. 나중에 탐문하여 당대 사람이 시험 삼아 지었다는 것을 알게 되었습니다. 그 사람은 원래 위작할 의사가 없었습니다. 그러나 조설근의 시를 너무 사랑하고 시의 일부분이 빠진 것이 안타까운 나머지 시험 삼아 써보고 어느 정도 수준까지 지어낼 수 있는지를 보고 싶었던 것뿐입니다. 시의 필치는 괜찮으나 내용은 매우 공허하여 실제와 맞아떨어지지 않으니 허점투성이입니다.(조설근의 시라면 반드시 이렇지 않을 것입니다. 이하 생략)" 이 편지의 뉘앙스를 보면 앞의 여섯 구가 저우루창이 쓴 것이라는 설이 근거가 전혀 없는 것은 아닌 것 같다. 그가 편지에서 "그 사람은 원래 위작을 할 의사가 없었습니다" "조설근의 시를 너무 사랑하고" "시의 일부분이 빠진 것이 안타까운 나머지 시험 삼아 써보고"라고 한 대목은 위작한 사람의 자술이 아닌가 여겨지게 하기에 충분했다. 그러나 최근에 저우루창은 신판『홍루몽신증』 750쪽에 "전체" 시를 삽입했다. 저우루창의 후기에 따르면 "설근이 남긴 시가 유실됨에 따라 겨우 단구 14자만 남아 있다." 이 같은 애매모호한 말은 "지어낸 사람"이 누구인지 잘 판단이 서게 하지 않는다. 그러나 내가 가장 이해할 수 없었던 것은 만약 저우루창 자신이 지은 것이라면 어떻게 저우루창이 쓴 1973년『문물』 제2기의 「홍루몽과 조설근 관련 유물 서록 일속紅樓夢及曹雪芹有關文物敍錄一束」의 제요 초고(이 글은 내가 대신『문물』에 약속을 잡아주었기 때문에 제요에 관한 초고는 모두 내 손을 거쳐 『문물』에 전해졌다)에 전체 시를 해석한 절이 들어 있을 수 있는가? 그래서 나는 그때 이렇게 생각했다. 이 여섯 구는 당연히 그가 지어낸 것이 아닐 것이다. 비록 나중에 저우루창이 다시 편지를 보내와 시를 해석한 절을 취소한다고 했지만(그 글의 제요는 『문물』 편집부에서 보지 못한 부분이다), 만약 조설근이 지은 것이 아니라 저우루창 자신이 지은 것이라면 제요의 초고에 시를 해석한 대목이 들어 있어서는 안 된다. 나는 저우루창이 『홍루몽』과 조설근에 대해 고증을 해왔고 진위를 분별하고 문제가 될 만한 점들을 분석하느라 여념이 없다고는 하지만 어쩜 이렇게 말을 애매모호하게 하여 세상 사람들의 의혹을 사는가라는 생각을 하게 되었다. 지금 이 시점에 이르기까지 말 한 마디 하는 데 그렇게 인색해서야 대중의 의혹을 어떻게 풀어줄 수 있겠는가?[78]

최초로 일시를 보았던 우언위조차 어찌된 영문인지 종잡을 수 없는 상황에 빠져들게 된다. 그러나 그는 일시의 내력을 자세히 소개함과 동시에 오직 저우루창만이 시에 관한 정확한 상황을 알고 있을 것이라고 설명하면서 저우루창 본인이 나서서 의문을 풀어주기를 기대했다.

1979년 저우루창은 마침내 직접 나서서 입장을 표명했다. 그는 일시의 앞 여섯 구는 1970년 겨울 후베이 간샤오干校에서 수도로 돌아왔을 때 자신이 "시험 삼아 지어 붙였을" 뿐 아니라 "지어 붙인" 게 도합 세 수나 된다는 사실을 고백했다. 누군가 "진짜로 오인했다"고 하자 그는 "이 세 수는 '진짜'일 수가 없다" "첫째 이유는 내용이 공허하여 실제와 맞아떨어지지 않고" "둘째는 시의 풍격이 맞지 않기 때문이다"" 나는 조설근이 아니어서 어떻게 쓰더라도 조설근 같은 시는 쓸 수 없다. 진위 구분의 근거가 여기에 있으니 기타 사항은 세세히 논할 필요가 없다"[79]고 했다. 홍학계에서 의견이 분분했던 조설근의 일시 사건은 어처구니없긴 했지만 여하튼 그렇게라도 종결됨에 따라 사람들은 그제야 모두 한숨을 돌릴 수 있게 되었다.

제12차 논쟁: 조설근의 저작권

후스가 1921년 『홍루몽고증』을 발표한 이후로 조설근이 『홍루몽』 전80회의 작자라는 설이 대다수 『홍루몽』 연구자에게 받아들여짐에 따라 고증파 홍학은 바야흐로 조학으로 발전할 수 있게 된다. 단지 이 견을 가진 몇몇 색은파 학자는 조설근이 단지 첨삭과 수정을 한 인물일 뿐이며 그보다는 유민사상遺民思想을 가진 인물이 원작자일 것이라고 주장했다. 타이완의 판충구이와 『홍루몽원리』의 저자인 두스제가 이 같은 주장을 했지만 논리적 취약성으로 인해 반대하는 사람이 많아 집중적인 토론으로 이어지지는 못했다. 1979년 다이부판이 「홍루몽 작자의 미스터리를 벗기다揭開紅樓夢作者之謎」라는 제목의 논문을 시리즈로 발표하자 마치 "홍학의 호수"에 큰 돌을 던진 것처럼 홍학계에 큰 파장을 불러일으켰으며 마침내 이를 계기로 조설근의 저작권 논쟁에 관한 전쟁이 그 서막을 올리게 된다.

장장 4만여 자에 달하는 다이부판의 글이 『북방논총北方論叢』 1979년 제1기에 게재되었는데, 주된 논점은 조설근이 『홍루몽』을 "독

자적으로 창작"하거나 혹은 "창작"한 작가가 아니라 "석형石兄"이 쓴
『풍월보감』의 기존 원고 위에 공력을 발휘하고 새롭게 재단하여 책으
로 만들어낸 인물이라는 것이다. 결론적으로 말하면 조설근은 단지
소설의 "개작자"일 뿐이라는 것이다. 그는 『홍루몽』의 창작 과정이 두
단계로 구분된다고 보았다.

> 우선 "석형石兄"으로 불리거나 "석두石頭"를 자칭했던 작가가 이미 "여기에
> 다 엮어놓은" "자서전" 성격의 소설을 훗날 "정승情僧"으로 이름을 바꾼
> 공공도인이 베껴다 세상에 전하면서 "『석두기』가 『정승록』으로 바뀌게
> 된다." 이와 동시에 『홍루몽』『풍월보감』 등과 같은 다른 서명으로 표제
> 가 되기도 했다. 두 번째 단계에 이르러서야 조설근은 석형의 기존 원고
> 위에 "십 년간 펼쳐 보고 다섯 차례의 첨삭을 하여" 『금릉십이채』로 개
> 작하니 그것이 오늘날 우리가 말하는 『홍루몽』이다.[80]

『홍루몽』의 창작 과정에 대한 이러한 인식이 새롭지 않은 것은 색
은파의 학자들이 이미 그렇게 보았을 뿐 아니라 고증파나 소설 비평
파도 『홍루몽』에 앞서 『풍월보감』이 있었다는 사실을 부정하지 않았
기 때문이다. 다른 점이 있다면 절대다수의 연구자가 지연재 비어의
명문에 근거하여 『풍월보감』의 작가도 조설근이라는 점을 인정했지
만 오직 다이부판만은 "기존 원고"가 다른 "석형"의 손에서 나왔다고
주장했다는 점일 것이다.

"석형"은 누구인가? 다이부판은 「홍루몽 작자의 미스터리를 벗기
다」 시리즈의 두 번째 논문인 「석형과 조설근石兄和曹雪芹」[81]에서 조인의

친동생 조전曹荃의 둘째 아들 죽촌竹村이라는 답변을 내놓았다. 물론 그의 대답에는 미해결 상태로 남겨둔다는 느낌이 들도록 "석형"(죽촌)을 거론할 때 "지극히 …할 가능성極可能" "응당 … 있을 것이다應有個" "아마도可能是" "배척하지 않는다不排斥" "표현할 기미가 있다有迹象表明" "가상할 수 있다可以設想" "추정컨대估計" 등과 같은 모호한 어투를 쓰고 있지만 논증에 대해서는 자못 자신감이 있었다. 그래서 그는 "눈앞의 자료를 놓고 볼 때 이렇게밖에 판단할 수 없다"고 주장한 것이다. 그의 이러한 논리 설정은 필연적으로 학계의 논쟁을 불러일으킬 수밖에 없었다. 조설근이 단지 소설의 "개작자"임을 증명하고자 열거한 "내적 증거"와 "외적 증거"들에 대해 비판자들은 각기 다른 해석을 내놓음으로써 서로 간의 견해차를 더욱 벌려놓았다. 그래서 다이부판의 글이 발표된 후 『북방논총』 『홍루몽학간』 『홍루몽연구집간』 『문예연구文藝研究』 등의 학술지에 약 30편에 달하는 글이 장진츠張錦池, 우스창, 왕멍바이王孟白, 장비보張碧波, 쩌우진셴鄒進先, 천시중陳熙中, 허우중이侯忠義, 저우사오량周紹良, 덩쑤이푸鄧遂夫, 차이이장蔡義江, 자라가扎拉嘎, 쑹머우창, 쉐루이성薛瑞生, 메이제 등에 의해 일제히 발표됨으로써 조설근의 저작권에 관한 논쟁은 순식간에 달아올랐다.

다이부판이 말한 외적 증거는 주로 지연재 비어, 혹은 그가 말한 대로 "의심의 빌미를 제공하는 많은 지연재 비어"다. 경진본 제13회 회말에는 "다섯 가지 사건이 끝나지 않은 것을 보고 나니 나는 목이 메어 대성통곡하지 않을 수 없었다! 30년 전에 책을 지었던 사람은 어디에 있는가?"[82]라는 붉은색으로 된 미비尾批가 달려 있다. 다이부판은 이 비어가 기홀수가 건륭 임오년(1762)에 단 비어라고 말하면서, 위로 30년을 거슬러 올라가면 옹정 임자년(1732)이니, 조설근이 건륭 을미년(1715)에 태어난 것을 토대로 추정하면 임자년에 그는 겨우 17세 밖에 안되었는데 어떻게 자칭 "반생을 헛되이 보낸 죄"를 담은 소설을 썼다고 할 수 있는가? 이처럼 다이부판은 이 비어에 대해 사람들과 확연히 다르게 해석했다. 예컨대 그가 인용문에서 강조 부호를 달아 명시한 것은 『홍루몽』이 건륭 임오년의 "30년 전"에 지어졌다고 보는 내용이다. 차이이장, 장진츠, 쑹머우창, 덩쑤이푸 등은 모두 그의 이러한 해석에 동의하지 않았으며[83] 이 비어는 기홀수가 가부의 "다섯 가지 폐단"으로부터 그들 옛 집안의 몰락 이유를 연상해낸 것이어서 "30년 전에는 왜 이러한 저자를 만나지 못했는가?"라는 의미를 담고 있다는 것이다. 만약 다른 비어의 "30년 전의 일을 30년 이후에 책에서 보게 되었다"[84]는 내용과 대조해보면 그 의미가 더욱 명확해지기 때문에 근본적으로 조설근이 『홍루몽』을 지은 시점과는 아무 관련이 없다는 것이다. 다이부판이 외적인 증거로 삼은 또 다른 비어들에 대해서도 대다수의 홍학계 인사는 이견을 보였다. 특히 갑술본 제1회의 가우촌이 쓴 중추시中秋詩 옆에 달린 지연재 비어에 "나는 설근이 이 책을 지으면서 그 안에 시를 전하려는 뜻도 지니고 있었다고 생각한다"[85]는 대목이 있는데 조설근이 『홍루몽』을 지었다는 명확한 증거로 받아들여지고 있다. 그러나 다이부판은 이 비어에 다음과 같은 교주와 보충 설명을 덧붙였다.

나는 설근이 이 책에 시사를 지어 넣은 것도 ('시사'란 단어가 빠진 것으로 보임) 역시 시를 전하려는 뜻이었다고 생각한다.[86]

이 지연재 비어에서 "위爲"는 틀린 글자일 것으로 추정된다. 우언위는 초서草書 "유有"자의 오기일 것으로 보았으니 나름대로 일리가 있다. 또한 그 구절을 "余謂雪芹撰此書中, 亦爲傳詩之意"로 읽을 수 있다는 것도 또 다른 하나의 설이 될 수 있겠다. 그렇지만 유독 다이부판의 보주補注만은 받아들이기 어렵다. 차이이장은 「지평에서 말하는 홍루몽의 작자는 조설근脂評說紅樓夢作者是曹雪芹」이라는 제목의 글에서 다음과 같이 말했다. "다이부판의 주장은 부득이한 상황에서 나온 것으로 보이지만 지연재 비어를 교정한 것은 아무래도 성립될 수 없는 논리다. 하마터면 수만여 자에 달하는 그의 고증으로 갑술본의 백지 위에 붉은 글씨로 '설근이 이 책을 짓다雪芹撰此書'라고 되어 있는 이 다섯 글자가 단번에 말살될 뻔했다."[87]

다이부판이 열거한 일련의 내적 증거들은 바로 "많은 오어 어휘" "장차 가부를 난징에서 베이징으로 옮긴 설근雪芹將賈府從南京'搬家'到北京" "시간 순서의 역류時序倒流"와 "큰 보옥大寶玉과 작은 보옥小寶玉"들로 『홍루몽』 연구자들 사이에서 큰 논쟁을 불러일으켰다. 많은 홍학가는 다이부판이 열거한 예들, 이른바 작품 속에서 통일되지 않고 모순이 되는 대목들은 과거에 이미 다 거론된 것들이며, 문학 창작의 과정에서 당연히 일어날 수 있는 정상적인 현상들로 받아들이기 때문에 그것을 가져다 『홍루몽』이 서로 다른 사람 손에서 나왔다는 사실을 증명하고, 더 나아가 조설근은 단지 다른 사람이 쓴 원고를 개작한 사람이라는 점을 증명하는 근거로 삼기에는 부적합하다는 점을 지적했다. 우스창은 "『홍루몽』의 인물 간 대화에서 순수하게 북방 언어만 나오는 게 아니고 오어吳語도 나온다. 이는 본래 내가 인물 대화를 다룬 논문에서 제기한 바 있는 내용이다. (…) 그러나 만약 어떤 작품에서 동시에 두 가지 방언이 나오는 사실을 가지고 이 책은 두 사람이 쓴 것이라고 주장한다면 그것이야말로 비과학적이다"[88]라고 했다. 다이부판은 예로 든 20가지의 오어 어휘와 6가지 쑤저우 말의 해음으로 인해 『홍루몽』의 오어 어휘가 "충분히 다양하고 풍부하다"고 설명했다. 그러나 우스창은 "『홍루몽』을 통틀어서 전80회에 60~70만 자가 쓰였는데, 이 2~3자로 된 100여 개에 달하는 오어 어휘가 전체에서 차지하는 비중은 고작 1만 분의 3 정도이기 때문에 실제로는 미미한 수치다. 설사 책 전체에서 절반이 오어이고 나머지 절반이 베이징어라고 하더라도 역시 한 사람이 두 가지 방언으로 작품을 쓴 것이라고 할 수 있다"[89]라고 했다. 우스창도 일찍이 『홍루몽』이 한 사람 손에서 나온 것이 아니라는 전제하에 그 전신인 『풍월보감』에 이미 다른 작가가 있었다는 것과, 그 바탕 위에 조설근이 첨삭·가공하여 책을 완성했다는 것을 주장한 바 있다. 그런 점에서 다이부판의 견해와 유사하고, 더더구나 다이부판보다 앞서 그러한 주장을 펼쳐 보였지만 그는 여전히 다이부판의 예증이 자신의 관점을 입증하지 못했다고 판단했다. 천시중, 허우중이는 다이부판이 자신의 글에서 제시한 20가지 오어 어휘에 대해 자세히 분석하여 그중 대부분의 오어가 오어 지방 사람이 아니더라도 쓸 수 있고 심지어 대량으로 쓰이기까지 했다는 사실을 발견하고 그러한 오어들이 '본고장'의 오어가 아님을 밝혔다.[90]

위치, 시간의 순서, 보옥의 나이와 관련된 문제에서도 유사한 상황이 발견되고 앞뒤가 맞지 않는 부분이 실제로 많이 존재한다. 그러나 다이부판이 말한 것과 같은 이른바 "순서가 도치되거나" 책 속에 "큰 보옥"과 "작은 보옥"이 있는지 여부에 대해서는 사람마다 생각이 달랐다. 필자는 「진가경의 죽음과 조설근의 저작권秦可卿之死與曹雪芹的著作權」에서 『홍루몽』의 원문을 반복하여 대조함으로써 작품에서 드러난 각종 시간적인 실마리들을 찾아 다이부판이 추론한 보옥의 나이에 오류가 있음을 밝혀보고자 했다. 내가 내린 결론은 다음과 같다. "다이부판 동지는 「홍루몽 작자의 미스터리를 벗기다」에서 '시간 순서의 역류'와 보옥의 나이 문제를 조설근의 저작권을 부정하는 두 가지 주요한 '내적 증거'로 삼았다. 나는 이상의 검토 과정을 통해 『홍루몽』의 시간, 절기, 기후가 기본적으로 일관성이 있고 회차에 따라 이어지고 있는 점을 볼 때 다소 앞뒤가 뒤바뀐 부분이 있다손 치더라도 전체적인 시간 서사에는 영향을 미치지 않기 때문에 '시간 순서의 역류'라는 결론을 내릴 수 없으며, 더더구나 '위대한 작가가 시간 개념도 없다'는 것이 상상이 되지 않는다. 보옥의 나이도 전체적으로 앞뒤가 맞기 때문에 무슨 '큰 보옥이니 작은 보옥이니 하는' 것은 있을 수가 없다."[91]

장비포와 쩌우진셴은 "석형"이 조전曹荃의 차남인 조죽촌曹竹村이라고 한 다이부판의 주장에 대해 가장 강력하게 반박한 인물들이다.[92] 다이부판의 주장은 주로 조인의 「사충헌시思仲軒詩」 소서小序의 "사충은 두충이며 속칭으로는 면아라고 하는데 먹을 수 있다. 그 나무는 자궁을 좋게 해주고 아래 부위를 이롭게 해주는데 서헌의 남쪽으로 보내 사물에 기탁해 비흥을 구사하니 대저 죽촌에게 나의 아우 균석을 애도해달라는 바람을 기탁한 것이다思仲, 杜仲也, 俗呼爲楒芽, 可食. 其木美陰而益下, 在使院西軒之南. 托物比興, 蓋有望于竹村, 而悲吾弟筠石焉爾"라고 되어 있는 대목을 근거로 하고 있다. 조인의 『연정시초』에 나오는 죽촌은 둘인데, 다른 한 사람은 왕죽촌王竹村으로 이 죽촌과 서로 혼동되지 않도록 성과 이름이 붙어 있다. 장비포와 쩌우진셴은 「사충헌시」에 서명되어 있지 않은 왕 씨 성의 죽촌은 사실상 이후라는 주장을 펼쳤다. 왜냐하면 장운장張 雲章의 『벽촌문집朴村文集』 권11의 「어서수죽청풍도기御書修竹淸風圖記」에 이 후가 쑤저우직조로 있을 때 "대나무를 심어 숲을 이루고 몇 칸의 집 을 지었는데, 잡촌의 빈집에 때때로 사람들이 왕래하니 마침내 스스 로를 죽촌이라고 불렀다于郊外種竹成林, 結屋數盈, 雜村虛間, 時一往游, 遂自號竹村"라 는 기록이 있다. 이후는 조인의 손위 처남으로 두 사람은 정치적으로 같은 노선을 걷고 있었다. 그래서 죽은 아우 조전을 애도하는 시의 "탁물비흥托物比興"에서 남의 형제간의 우애를 손위 처남에게 아주 조 리 정연하게 기탁했던 것이다. 다이부판이 인용하여 방증 자료로 삼 은 주이존의 『조통정 인의 사충헌 시집題曹通政寅思仲軒詩卷』에 대해 장비 포와 쩌우진셴이 포조鮑照와 이릉李陵을 조인과 비교한 것을 고증해낸 것은 이릉의 「소무에게 주는 시與蘇武詩」에 "오로지 여기에 술잔을 가 득 채운 술이 있으니 이로써 그대와 끈끈한 정을 맺기로 하세獨有盈觴 酒, 與子結綢繆" "노력하여 밝은 덕을 드높이며 백발이 되어서도 꼭 만나 기를 기약하세努力崇明德, 皓首以爲期"란 구절과 「사충헌시思仲軒詩」의 "죽촌 에게 기대를 거네有望于竹村" 구절 간에 정감적으로 유사한 부분이 있 기 때문이다. 그들은 다이부판 주장의 허점을 이렇게 지적했다. "다이 부판의 논리에 따르면 '죽촌'은 조인의 조카다. 주이존이 이릉의 '고조 古調'로 조인의 「사충헌시」를 칭송한 것은 바로 친구간의 우정을 담은 이릉의 시로 숙질간의 정을 기탁한 조인의 시에 비견한 것이니 그야 말로 적절하지 않은 칭송이다. 당대의 유명한 시인이자 학자였던 주이

존이라면 더더욱 상상할 수 없는 일"[93]이라고 주장했다. 조인의 「사충헌시」에 대한 다이부판의 해석이 설득력이 부족한 것은 장비포와 저우진셴처럼 타당성 있는 논리를 제시하지 못하고 억지스런 점이 있기 때문이다. 이른바 "석형"을 조인을 계승한 조전의 차남이라고 보는 주장은 증거가 박약하여 입증이 어렵다. 이는 다이부판이 내세운 주장들에 누락되거나 모순된 부분이 많고 오류투성이라는 점을 보여주는 예증이다. 그도 그럴 것이 그의 글이 나오자마자 한바탕 홍학 논쟁을 불러일으켰다.

어찌되었든 조설근의 저작권에 관한 다이부판의 글들은 학술적으로 대수롭지 않게 치부될 수 없는 것들이다. 오히려 그 반대로 고증파의 홍학에서 고증을 마치지 못했거나 증거가 불명확한 문제들을 공론화했을 뿐 아니라 한 걸음 더 나아가 『홍루몽』의 창작 과정이 여전히 풀리지 않는 수수께끼라는 사실을 일깨워주었다. 그의 추측은 나름대로 설득력이 있었지만 아쉽게도 증거가 부족한 것이 한이었다. 유감스럽게도 다이부판은 홍학 관련 글들을 시리즈로 발표한 지 얼마 되지 않아 심장병으로 유명을 달리하게 된다. 때문에 그가 다른 학자들과 토론을 펼치는 모습을 볼 기회를 영영 놓치게 되었고 답변을 들어볼 기회는 더더욱 기대할 수 없게 되었다. 설에 의하면, 다이부판은 자신의 주장을 반박하는 글이 대충 다 나왔다 싶으면 장문의 글을 써서 답변을 할 계획이었다고 하니 그의 죽음으로 그 뜻을 이루지 못하게 되었음은 물론이고 사람들도 그가 어떤 새로운 주장을 펼쳤을지 영영 알 수 없게 되었다.

제13차 논쟁: 홍학 30년의 평가 문제

이것은 필자인 내가 불러일으킨 논쟁이다. 1979년 『중국사회과학中國社會科學』의 청탁을 받고 『홍학 30년紅學三十年』[94]이라는 제목으로 1949년 이후 『홍루몽』의 연구 상황을 회고하는 논문을 쓰게 되었는데, 훗날 이 논문은 1980년 『문예연구文藝硏究』 제3기에 실렸다. 이 글에는 1954년의 『홍루몽』 대토론, 1950~1960년대의 『홍루몽』 연구 성과, 1970년대 중반에 불어 닥친 "홍학 붐", 색은파 구홍학과 후스를 중심으로 하는 고증파 신홍학에 대한 역사적인 평가가 담겨 있는데, 학문적으로 드러난 규칙성들을 총결산함으로써 신시기 이후 『홍루몽』 연구가 어떤 방식으로 문제를 돌파해나갔는지를 분석했다.

나는 이 글을 쓰기 위해 많은 자료를 섭렵했다. 백화제방출판사百花齊放出版社의 『홍학 30년 논문 선편紅學三十年論文選編』[95]이라는 두꺼운 책 세 권이 바로 내가 당시에 읽었던 자료들의 결과물이다. 그러나 글이 발표되자 찬성을 표하거나 이견을 제시하는 이들로 홍학계 일각에서 논쟁이 일기 시작했다. 1980년 여름 하얼빈에서 열린 『홍루몽』 전국 토론회에서 이 글을 발표했는데 역시나 서로 다른 여러 가지 반응을 접할 수 있었다. 그로부터 얼마 되지 않아 1981년 『문학 평론』 제1기에 딩전하이丁振海의 토론 글이 실렸고 곧이어 잡지 제3기에 두 편의 글이 더 실렸다. 한 편은 푸지푸傅繼馥가 쓴 것이고 다른 한 편은 왕즈량王志良, 팡옌시方延曦의 서명이 들어 있는 글이다. 그 외에 내가 딩전하이에게 답변한 글도 게재되었다. 논쟁은 이렇게 시작되었다. 그러나 토론을 개시한 『문학평론』에는 정작 토론하는 글이 지속적으로 발표되지 않았고 1981년 제6기에 겨우 "투고논문종합"이라는 제목의 발췌 편집한 글만 실렸을 뿐이다. 도리어 『홍루몽학간』에 『문학평론』에서 발췌 편집되지 못한 탈락 원고들이 수록되면서 1982년 제1집에 특별히 선별된 글 두 편이 게재되었으니 그것이 바로 장춘수張春樹와 저우샤오톈周笑添의 글이다. 이렇게 해서 논쟁은 더욱 가열되었지만 토론을 계속 이어가기 어렵게 되자 1983년의 『홍루몽학간』 제3집에서 푸지푸가 쓴 반대 비평을 다시 게재한 것 이외에 더 이상 서로 다른 관점을 가진 이들의 논쟁은 중단되게 된다. 쌍방 간의 논점과 논쟁 과정에서의 시비곡직에 대해서는 더 이상 소개하지 않기로 한다. 다행히도 『문학평론』과 『홍루몽학간』은 더 이상 찾아보기 어려운 학술지가 아닐뿐더러 글들이 모두 게재된 상태인 만큼 독자들은 언제라도 다시 찾아볼 수 있다.

필자는 린이러林亦樂가 홍콩 『명보월간』에 논쟁 관련 연속 보도를 하면서[96] 경향성을 띤 논평을 한 것에 주목하고 있다. 이에 대해 나는 딱히 할 말이 없다. 그러나 만약 내게 지금 누군가 그때의 논쟁을 어떻게 생각하느냐고 묻는다면, "홍학 30년에 대한 회고라니. 왜 하필내가 그 짓을 했을까"라고 하면서 애초에 그런 글은 쓰지 말았어야 했다고 할 것이다.

제14차 논쟁: 무엇이 홍학인가?

홍학 논쟁에서 '무엇이 홍학인가'라는 뜻밖의 제목이 등장한다면 좀 황당할 것이다. 사실, 어떤 분야든 해당 분야의 대상과 범위, 특성을 어떻게 이해할 것인가 하는 문제는 존재하게 마련이고 그 부분에 있어서는 홍학도 예외가 아니다. 저우루창은 홍학의 학문적 특성에 가장 주의를 기울였고 여러 해에 걸쳐 자신의 견해를 지속적으로 발표하면서 많은 연구자가 이 문제에 대해 흥미를 가질 수 있게 했다.

1982년 저우루창은 『허베이사범대학학보』에 발표한 글에서 홍학의 범주에 대해 다음과 같이 정의를 내렸다.

> 홍학은 분명 『홍루몽』에 관한 학문이지만 『홍루몽』을 연구하는 학문이라고 해서 모두 홍학이라고 할 수는 없다고 생각한다. 왜 그러한가? 내 말은 홍학은 그 본연의 특성이 있어 일반적인 소설을 연구하는 방식이나 방법, 시각, 태도로 『홍루몽』을 연구할 수 없다는 의미다. 만약 『홍루몽』 연구를 『삼국연의』『수호전』『서유기』『요재지이』『유림외사』를 연구하는 방식과 똑같이 한다면 홍학이라는 학문 분야는 존재할 이유가 없다. 예를 들어 어떤 인물의 특성이 어떠하며, 작가가 어떻게 이 인물의 언어와 이미지를 창조해냈는지에 관한 것은 모두 일반적인 소설학 연구의 범주다. 그것도 당연히 매우 필요한 부분이다. 그러나 내가 보기에는 그러한 것은 결코 홍학의 범주가 아니다. 홍학 연구는 반드시 그 본연의 특별한 의미를 지니고 있어야 한다. 만약 내 의견이 과도하게 황당한 것이 아니라면 여러분이 접한 상당량의 『홍루몽』 관련 글은 결코 홍학의 범주에 속하지 않고 일반적인 소설학의 범주에 속하는 것들이다.[97]

이외에 량구이즈梁歸智의 『석두기탐일石頭記探逸』에 써준 서언과 「홍학의 예술, 예술의 홍학紅學的藝術·藝術的紅學」「홍학변의紅學辨義」 등의 글[98]에서도 저우루창은 유사한 견해를 밝힌 바 있다. 그는 조학曹學, 판본학版本學, 탐일학探逸學, 지학脂學이야말로 홍학 연구의 기본 대상이자 주된 범주임을 정면으로 주장했다. 그가 홍학을 고증파 홍학과 동일시하고 그 두 분야를 하나로 결합시킴에 따라 당연히 홍학의 범위는 제약받을 수밖에 없게 되었고 논쟁도 불가피해졌음은 재론의 여지가 없다.

가장 먼저 저우루창에게 반론을 펼친 인물은 잉비청으로 1984년 『문예보』 제3기에 게재한 「역시 무엇이 '홍학'인가에 대해 논하다也談什麼是紅學」에서 저우루창의 주장을 체계적으로 비판했다. 그는 "홍학은 그 자체의 특수성이 있지만 그것 때문에 『홍루몽』 본연의 사상과 예술에 관한 연구를 부정해서는 안 된다. 만약 홍학의 전당에 '조학' '판본학' '탐일학' '지학'만이 들어갈 수 있다고 하더라도 뭐가 대수인가? 우리는 홍학의 바깥에서 또 하나의 학문 분야를 따로 설립하여 『홍루몽』 소설학이라고 하면 된다. 그러나 『홍루몽』 텍스트를 연구하는 소설학이 일반적인 연구라는 이유로 홍학에서 배제한다는 것은 이치상으로 맞지 않는다. 『홍루몽』 본연의 연구는 오히려 홍학의 가장 중요한 부분이 되었으면 되었지 홍학 연구 바깥으로 밀려나서는 안 된다. 뿐만 아니라 저우루창 선생이 제기한 네 분야의 연구도 당연히 『홍루몽』 본연의 연구에서 벗어나서는 안 될 것"[99]이라고 했다. 그는 또 "『홍루몽』 본연의 연구가 홍학의 바깥으로 밀려나고, 게다가 내부적인 '분업'으로 더욱 세분화되고 숲처럼 울창한 전문성을 갖춘 『홍루몽』의 자체 연구를 도외시함으로써 한쪽에 치우친 논리로 서로가 고립되는 행태를 보인다면 과연 어떤 성과를 거둘 수 있겠는가!"[100]라는 주장을 펼쳤다. 그러나 저우루창은 즉각 1984년 『문예보』 제6기에 「"홍학"과 "홍루몽 연구"의 양호한 관계"紅學"與"紅樓夢研究"的良好關係」라는 제목으로 반박 글을 올렸다.

저우루창은 잉비청이 비판한 다른 연구는 "도외시"하고 "한쪽에 치우친 논리로 서로가 고립되는 행태"를 보인다고 한 것은 "완전히 사실과 다르다"라고 주장했다. 그는 자신의 목적이 홍학을 일반화시키지 않으려는 데 있기 때문에 "홍학"과 "홍루몽(작품) 연구" 두 분야처럼 서로 관련이 있으면서도 구분이 되는 명칭과 개념을 제시한 것이라고 했다. 만약 이러한 구분을 하지 않는다면 홍학을 일반화시켜 "그 명칭은 존재하되 실질은 폐기되어 홍학은 결국 없어지게 된다"[101]는 것이다. 그는 한 걸음 더 나아가 홍학의 정의를 다음과 같이 내렸다. "이른바 '홍학'이란 『홍루몽』 자체의 특수한 상황에서 나온 특수한 '학문'이다. 홍학의 연구 대상과 목표는 전적으로 다른 소설과 차별화되는, 『홍루몽』이라는 소설을 읽을 때 맞닥뜨리게 되는 특수상황을 이해하고 해결하기 위해 시도되는 특수한 학문이라는 점에서 결코 일반 소설과 구분되지 않거나 혹은 성격이 완전히 같은 것으로 간주되어서는 안 된다."[102]

『문예보』는 저우루창의 글을 게재함과 동시에 편집자 주를 다음과 같이 곁들였다. "본지의 올해 제3기에 발표된 잉비청의 「역시 무엇이 '홍학'인가에 대해 논하다」는 저우루창의 '홍학' 개념에 대한 설명과 당시 『홍루몽』 연구에 존재하는 문제에 의견을 제시한 것이다. 저우루창은 답변을 보내왔고 나중에 기고하여 독자들의 이해를 도모했다. 『홍루몽』 연구를 둘러싼 기본 관점과 방법 등에 관한 논쟁은 이미 오랜 시간을 끌어왔다. 새로운 상황에서 다시 새로운 문제가 불거졌다. 우리는 고전문학 연구자들이 마르크스주의 이론의 지도하에 『홍루몽』 연구를 더욱 건강한 학문의 길로 나아가게 하고 새로운 수준에 도달할 수 있게 되기를 희망한다."[103] 이는 편집자의 관점과 성향이 매우 생생하게 드러난 말이 아닐 수 없다.

이어서 1984년 『문예보』 제8기에 「내가 본 홍학我看紅學」이라는 제목으로 자오치핑趙齊平의 글이 실렸는데 저우루창의 관점을 더욱 반박하는 내용이었다. 서두부터 다음과 같이 서술되어 있다. "글자 그대로 『홍루몽』을 연구하는 학문인 홍학이 은허에서 출토된 갑골복사를 연구하는 학문인 갑골학과 둔황의 역사와 문물을 연구하는 학문인 둔황학에 비견되는 것은 은허에서 출토된 갑골복사를 연구하는 학문이 반드시 갑골학이 아니라거나 둔황의 역사와 문물을 연구하는 학문이 반드시 둔황학이 아니라고 할 수 없는 것과 같은 상황으로 볼 수 있기 때문이다. 그런데도 갑골학 및 둔황학과 더불어 '3대 현학顯學'으로 인정받는 홍학에 『홍루몽』을 연구하는 학문이라고 해서 다 홍학은 아니라는' 문제가 불거져 나와 인위적으로 '홍학'과 '『홍루몽』 연구'를 각각의 영역으로 구분하게 된 것이다."[104] 자오치핑은 모름지기 『홍루몽』과 관련된 문제를 연구하는 것이면 모두 홍학에 속하기 때문에 이것은 홍학의 "전당"에 들어가고 저것은 홍학의 "전당"에 못 들어가는 것은 있을 수 없다고 보았다. 소설 연구의 일반적인 방법과 태도로 『홍루몽』을 연구하는 것을 가지고 홍학을 일반화시킨다는 논리를 펼치는 것은 불필요한 기우이므로 동의할 수 없다는 것이다. 반대로, 그는 작품의 자체 연구에 중점을 두지 않고 "끊임없이 내선 작전에서 외선 작전으로 전환하거나 혹은 포위권을 확대하는 것"은 도리어 "홍학이 어디로 가야할지"와 관련하여 우려할 만한 문제라고 보았다.

『문예보』는 자오치핑의 글을 게재한 이후 무심코 이 문제에 대해 토론을 전개해나갔지만 저우루창은 더 이상 글을 발표하지 않았다. 때문에 이번 논쟁도 당연히 해결을 보지 못한 채 끝나버렸다. 그러나 무엇이 홍학인지에 대해서는 저우루창이든 다른 사람들이든 한결같이 자신의 견해를 포기하지 않았다.

제15차 논쟁: 판충구이潘重規와 쉬푸관徐復觀의 필전

홍학 논쟁은 보편성을 띠고 있어 홍학이 있는 곳이면 그곳이 어디든 논쟁이 늘 따라다녔다. 1966년 판충구이는 홍콩 중문대학 신아서원新亞書院 중문과에서 "홍루몽연구"라는 선택과목을 개설하여 홍루몽 연구팀紅樓夢研究小組을 만들었으며 그 이듬해에 『홍루몽연구전간紅樓夢研究專刊』을 출판했다. 당시 홍학계에서 이 일은 일대 큰 사건이었고, 홍콩과 타이완을 비롯한 해외 학계의 주목을 받기도 했다. 1971년 판충구이는 『홍루몽의 발단紅樓夢的發端』이라는 글을 『홍루몽연구전간』 제9집과 같은 해에 출판된 『신아서원 학술 연간新亞書院學術年刊』 제13권에 발표했다. 갑술본 서두의 범례를 분석함으로써 『홍루몽』의 원작자가 조설근이 아닌 "석두가 기록한 것"이므로 "석두가 바로 작자"이며 조설근은 단지 "열 번 읽고 다섯 차례 첨삭을 가하여 목록을 만들고 장회를 나눈"[105] 각색자에 불과하다는 자신의 관점을 거듭 개진했다.

『홍루몽』의 원작자가 따로 있다는 설은 홍학사에서 새로운 주장이 아닌지라 그의 주장도 옛 학설을 다시 반복한 것에 불과했다. 그러나 갑술본의 범례, 저본의 연대, 지연재 평어에 대해 새로운 해석을 내놓은 판충구이의 글은 발표되기가 무섭게 쉬푸관의 비판에 직면하게 된다.

쉬푸관은 1971년 11월 『명보월간』 72기에 왕스루王世祿라는 서명으로 「판충구이 선생의 '홍루몽의 발단' 글로부터 학문 연구 태도를 논하다由潘重規先生'紅樓夢的發端'略論學問的研究態度」라는 글을 게재했다. 판충구이가 제기한 관점에 동의하지 않았을 뿐 아니라 그의 연구 태도와 방법론에 깊은 의구심을 품고 있었던 쉬푸관은 글에서 다음과 같이 자신의 생각을 밝혔다. "『홍루몽』에 관해서는 아직 풀어야 할 문제가 많으므로 연구자는 다양한 관점에서 특수한 견해를 밝힐 수 있다. 결론은 각기 다르더라도 연구의 태도와 도출되는 결론은 객관적이고 엄정해야 한다. 특히 연구 태도의 성실성 여부는 자료의 수집과 정리, 해석에 결정적인 영향을 미친다. 연구자에게 성실한 태도를 요구하는 것은 연구 작업이 학문적 궤도에서 정상적으로 진행되어야 한다는 것을 보증하는 최소한의 요구 사항이기 때문이다. 나는 판충구이 선생의 글을 읽은 이후 가장 먼저 이런 생각이 들었다"[106] 그는 이어서 판충구이가 단장취의의 방식으로 자료를 인용하고 자신과 상반되는 자료들은 없앰으로써 자신의 주장을 뒷받침할 근거로 삼고 있다고 비판하면서 각을 세웠다. 만약 "자료에 대한 단장취의가 우연히 한 번 일어난 일이라면 일시적인 소홀이거나 자료에 대한 이해 정도와 관련이 있는 문제이므로 태도가 불성실한 것으로 선뜻 간주할 수는 없다. 그러나 만약 대량으로 단장취의가 이루어지고 문장을 곡해하는 일이 발생한다면 이는 분명 불성실한 태도다. 만약 한 걸음 더 나아가 자신의 의견과 상반된다는 이유로 중요한 자료를 말살시키고 도리어 고집할 만한 가치도 없는 자신의 주장을 왜곡하여 억지로 끌어다 붙여 자신이 제시한 결론에 대한 증거로 삼는다면 이것이야말로 기만이고 진실되지 못하다는 증거다"[107]라고 했다. 글의 결미에서는 더욱 야유조로 "판 선생은 홍콩 중문대학 중문과의 걸출한 인물이다. 그러나 뜻밖에도 『홍루몽』 연구팀의 책임자로서 이런 글을 썼으니 '아무리 재난을 당해 여기저기 떠돌아다니는 신세가 되었더라도 학문을 논하는 대학에서는 절대 이렇게 대충대충 무책임한 행동을 해서는 안 된다'는 누군가의 탄식이 전혀 이상하게 들리지 않을 정도다."[108]

쉬푸관의 글은 홍콩 학계에서 큰 화제가 되었으며 곧이어 왕스루가 쉬푸관의 가명이라는 사실도 알려진다. 이에 대해 판충구이는 직접 답변하지 않고 『홍루몽』 연구팀의 왕리잉汪立穎을 통해 「수수께끼 풀이 단계에 머물러 있는 건 과연 "누구"일까?"誰"停留在猜謎的階段」라는 제목하에 "「판충구이 선생의 '홍루몽의 발단' 글로부터 학문 연구 태도를 논하다」라는 글을 쓴 저자由"潘重規先生'紅樓夢的發端'略論學問的研究態度"一文的作者"라는 부제의 글을 1972년 『명보월간』 제74기에 발표했다. 서두에서부터 강한 어조로 밀고 나갔다. "『명보월간』 제72기에 실린 왕스루 군의 글을 읽고 우리 중문대학 신아서원 『홍루몽』 연구팀의 동학들은 모두 놀라지 않을 수 없었다. 왜냐하면 글쓴이는 연구 태도의 중요성을 애써 강조하고 있지만 그가 『홍루몽』 연구팀의 지도 교수인 판충구이 선생님을 비판하면서는 유독 사실에 근거하고 있지 않다는 점이다. 동시에『홍루몽』연구팀도 폄하하고 있어 연구팀의 구성원으로서 당연히 책임을 통감하며 답변에 나서게 된 것이다."[109] "수수께끼 풀이식 단계에 머물러 있다"는 주장에 대해 왕리잉은『홍루몽』연구팀이 구성된 이후에 이룬 성과를 제시했다. 또한 후스가 1956년 창치핑臧啓芳에게 보낸 편지에서 판충구이의 홍학 관념이 쉬푸관이 말한 것만 못하다고 했다는 사실을 거론하며『홍루몽신해紅樓夢新解』의 출간 이후 "판 선생님이 후스에게 욕을 먹었다"는 주장을 폈다. 당연히 갑술본의 연대 문제에 대해서도 논했다. 쉬푸관은 우스창과 자오강의 관점에 동의하여 갑술본이 시간상으로 뒤에 나온 것이라고 여기고 있었다. 그러나 왕리잉은 판충구이의 주장을 지지하여 갑술본이 가장 이르다는 입장을 고수했다. 그래서 앞에 붙어 있는「범례」는 조설근과 지연재 이전의 석두 혹은 이름을 숨긴 명사의 손에서 나왔다고 한 것이다. 왕리잉은 쉬푸관의 글이 "자신을 기만하고 남을 기만하는 무분별한 언사"와 "불분명한 관점"으로 가득 차 있다고 말하는 등 다분히 감정적으로 대처했다.

쉬푸관은 즉각「중문대학 홍루몽 연구팀 왕리잉 여사에게 삼가 답을 올립니다敬答中文大學紅樓夢硏究小組汪立潁女士」라는 제목으로 왕리잉의 비판에 화답하는 글을 1972년『명보월간』제76기에 기고하여 조목조목 왕리잉의 지적을 반박하면서 감정적으로 더 격한 반응을 나타냈다. 게다가 글로 인한 논쟁 이외의 활동, 예컨대 판충구이와 커피를 마시기로 한 자리에『홍루몽』연구팀의 구성원인 왕리잉과 장펑蔣鳳을 초대해 물만두를 먹은 일 등을 거론하면서 논쟁은 어느덧 학문의 범주를 벗어나기 시작했다. 급기야 장펑도 그에 대한 답변 차원에서「나의 스승과 진리吾師與眞理」라는 제목의 글을 『명보월간』 제77기에 발표하기에 이른다. 마침내 자오강과 저우처쭝이 나서서 수습할 수밖에 없는 상황이 되고 『홍루몽』을 연구하는 기본자세에 대한 담론으로까지 이어졌다.

자오강은 「홍학 토론에 관한 나의 몇 가지 견해紅學討論的幾點我見」에서 "최근 몇 달 동안 『홍루몽』 토론에 작은 붐이 일었던 것 같다. 개인적으로 이를 반가운 현상으로 보는 것은 진리란 논쟁을 하면 할수록 더 분명해진다고 생각하기 때문이다. 그렇지만 논쟁의 과정에서 몇 가지 유념해야 할 점이 있다."110 그는 이와 관련하여 네 가지 유념해야 할 사항을 들었다.

첫째, 욕하는 말은 절대 삼가야 한다. 둘째, 학문적 토론에서는 가명을 쓸 필요가 없다. 셋째, 예컨대 『홍루몽』의 특성과 같이 수준 있는 문제에 대해서는 억지로 시비 판단의 기준을 정할 필요가 없다. 넷째, 현재의 자료에 국한되지 말고 새로운 자료를 발굴하려는 노력을 기울여야 한다.

저우처쭝은 「홍루몽 연구의 기본 태도에 관해 논하다論紅樓夢研究的基本態度」에서 『홍루몽』 연구의 역사를 되짚어보면서 많은 홍학가가 이면 증거로 완곡하게 비판하는 것을 싫어하고 "자책"식의 논쟁을 제창하며 "그 자리에서 즉각적으로 자신을 공격할 것"을 요구하는 것에 대해 "이러한 필전筆戰이야말로 논쟁을 퇴화시키지 않고 이러한 공방이야말로 학문적 논쟁으로 간주할 수 있다"고 보았다.

자오강과 저우처쭝의 글은 모두 『명보월간』 제77기에 발표되었기 때문에 반 년 동안 지속된 이 논쟁은 기본적으로 『명보월간』에서 진행되었다고 할 수 있다. 주목할 점은 판충구이는 시종일관 직접 나서지 않고 있다가, 1974년 천빙량陳炳良의 비평에 답변할 때[111] 비로소 해묵은 현안을 들고 나왔다. 판충구이는 쉬푸관의 글이 "어떤 새로운 문제도 제시하지 못했다"고 비판했다. 또한 "왕스루(쉬푸관의 가명)의 글은 내게 연구 태도가 성실해야 하고 자료를 인용할 때 정확해야 한다는 지적을 했음에도 정작 자신은 우쭐대며 '우언위의 『고패소기考稗小記』를 근거로 돈성은 건륭 56년 신해 1월 16일 축시에 죽었다. 정위원이 『홍루몽』을 간행했을 때 돈성은 죽은 지 이미 10개월이 다 되어 간다'라고 했다. 우언위의 책을 찾아보니 돈성은 건륭 56년 신해 11월 16일 축시에 사망했다고 되어 있다. 왕스루는 대체 어떤 비본秘本을 근거로 했는지 궁금하다. 이처럼 입에서 나오는 대로 글을 쓴다면 논쟁은 사실상 낭비일 뿐이다"[112]라고 맹렬하게 비난했다. 이렇게 보니 판충구이의 말도 역시 일리가 있는 하나의 답변이 될 수 있겠다. 하물며 그는 타이완 문사철출판사文史哲出版社가 1974년 9월에 『홍학 60년紅學六十年』을 출판할 때 쉬푸관의 글 두 편과 왕리잉, 장펑, 자오강, 저우처쭝의 글을 자신의 책 뒷부분에 부록으로 달았으니[113] 이 역시 논쟁의 또 다른 한 방법이 아닐 수 없겠다.

제16차 논쟁: 『홍루몽』의 두 세계에 대한
자오강과 위잉스의 토론

1960년대 말과 1970년대 초 홍콩에서는 홍학에 대한 관심이 고조되면서 논쟁이 잇달아 터져 나왔다. 1973년 가을, 중국 사상사 분야의 저명한 학자 위잉스는 홍콩 중문대학의 학술세미나에서 "『홍루몽』의 두 세계"를 주제로 강연하고 「근대 홍학의 발전과 홍학 혁명」 「홍루몽의 두 세계」 등 논문 두 편을 1974년 『홍콩중문대학학보』 제2기에 게재하고 『명보월간』과 『유사월간幼獅月刊』에도 나누어 게재한다.[114]

위잉스의 글이 발표되자 자오강은 1976년 『명보월간』 6월호에 「거짓이 진짜가 될 때 그 진짜도 역시 거짓이다: 홍루몽의 두 세계假作眞時眞亦假: 紅樓夢的兩個世界」라는 글을 기고했다. 자오강은 우선 위잉스의 두 세계론을 겨냥하여 진가眞假 두 부분의 주종관계가 문제의 관건이라는 주장을 폈다. 그는 위잉스가 비판한 자전설이 구이론이라고 칭하면서 구이론에서는 작품에서 진眞에 해당하는 부분을 주主로, 가假에 해당하는 부분을 종從으로 판단했다고 했다. 이른바 진에 해당하는 부분은 조설근이 창작할 때 자기 집안의 실제 역사를 많이 취한 것을 가리키며, 가에 해당하는 부분은 작품 속의 허구를 가리킨다. 그런데 위잉스의 신이론에서는 가에 해당하는 부분을 주로, 진에 해당하는 부분을 종으로 삼았기 때문에 "연구방법과 과정의 차이를 야기시킬 수밖에 없다"고 보았다. 그래서 자오강은 조설근 집안에 대한 고증이 사실은 "종을 버리고 주를 공략하며, 가를 버리고 진을 보존하는 환원 작업"이라는 점에서 그 의미를 낮게 평가할 수 없으며 위잉스가 주장하는 "반세기 이래의 홍학은 사실상 조학曹學이다"[115]라는 관점에도 동의할 수 없다고 했다. 그는 "이렇게 하면서 어느 것이 득이고 어느 것이 실인지 지금으로서는 결론을 내리기가 다소 이른 감이 없지 않다. 이는 기본적인 가설이 어떻게 설정되었는지를 봐야 한다. 만약 빵이 밀가루로 만들어진 것이라면 밀가루에 대한 연구는 유용하다. 만약 공기로 만들어지는 것이라면 밀가루에 대한 연구는 잘못된 것이다. 『홍루몽』 연구에서 가장 중요한 기본 가설은 바로 조설근의 창작 동기와 작품의 전체적인 취지다. 그가 결국 묘사하고자 했던 것은 흥망성쇠의 변화였는가 아니면 이상세계였는가? 그것을 알고 나서야 비로소 연구 방식의 득실을 따져볼 수 있다."[116] 자오강은 구이론을 "성쇠론"이라 불렀고 위잉스의 신이론을 "이상세계론"이라 불렀다.

자신의 관점을 증명하기 위해 자오강은 작품의 스토리와 구조에 착안하여 위잉스가 제시한 전체 작품의 요지에 대한 관점에 따라 가산 몰수에 관한 대목은 불필요하다는 주장을 제기했다. 왜냐하면 대관원이라고 하는 이상세계의 환멸에서 소녀들, 단명, 출가 등에 관해 묘사한 것만으로도 소기의 성과를 거둘 수 있기 때문이다. 그러나 작가가 가산 몰수를 다룬 것은 "성쇠론"의 기본 가설이 전체 서사와 딱 맞아떨어진다는 것을 보여주지만 "이상세계론"으로 보았을 때 가산 몰수에 관한 대목은 사족의 혐의를 피할 길 없다. 그리고 지연재 비어 중 두 글자로 된 "피눈물血淚"이라는 평어에 대해 자오강은 단지 자신의 가족사에 관한 사실을 소설화시키는 과정에서 끼워 넣은 것이고, 쓰다보니 감회가 남달라 10년이라는 세월 동안 힘들게 작업하게 된 것이라고 했다. 그렇지 않고, 만약 허구적이고 환상적인 세계를 주로 묘사했다면 10년이라는 긴 시간을 들여 창작할 필요 없이 아마도 충야오瓊瑤가 소설을 쓰듯이 1년이면 뚝딱 완성할 수 있었을 것이다. 자오강은 위잉스의 신이론이 결점투성이라고 여기고 장차 보완되기를 희망했고 또한 문장의 결미 부분에 "설근은 '거짓이 진짜가 될 때 그 진짜도 역시 거짓이라는假作眞時眞亦假' 심리적인 기능을 깊이 인식하고 있던 터라 우리는 어쩌면 꼼짝없이 설근이 쳐놓은 올가미에 걸려든 건지도 모른다. 어느 것이 진이고 어느 것이 가인지, 어느 것이 주이고 어느 것이 종인지 아직 명확하지 않은 단계에서 조설근의 신상 배경을 연구하는 것은 여전히 그 자체로 효용성이 존재한다"[117]고 덧붙였다.

위잉스는 1977년 『명보월간』 2월호에서 5월호까지 「되돌아갈 길이 보이지 않다: 홍루몽의 두 세계에 대한 재논의 겸 자오강에 대한 답변眼前無路想回頭: 再論紅樓夢的兩個世界兼答趙岡兄」이라는 제목으로 글을 연이어 실었다. 장장 4만 자에 달하는 이 글에서 두 세계에 대해 더욱 심도 있는 설명을 덧붙였다.

위잉스는 자오강이 제기한 진가眞假와 주종主從의 문제를 회피하지 않은 가운데 "작가가 개별적인 인물과 사건 등에서 자신의 경험을 취할 수 있다는 점을 인정하지만 창작 과정에서 그가 과연 실제로 경험한 일들을 '주'로 삼을 것인지 아니면 허구를 '주'로 삼을 것인지 하는 문제에 직면했을 때는 의심할 바 없이 그가 경험했던 일들을 창작을 위해 봉사하게 한다는 것, 즉 자신의 경험을 창의적인 필요를 위해 쓴다는 것이다. 바꾸어 말하면, 무수한 진실된 소재들이 『홍루몽』 안에서 한바탕 허구화 과정을 거치면서 유용하게 쓰였다"는 점을 문학 창작의 관점에서 피력했다. 또한 "그런 가운데 우리는 아주 재미있는 현상을 보게 된다. 진가와 주종에 대해 말하자면 조설근이 경험한 현실세계와 그가 창조해낸 예술세계가 공교롭게도 전도되고 있다는 점이다. 현실세계에서의 '진'이 예술세계 속에서 '가'로 전환되었다. 그리고 현실세계의 시선으로 보았을 때 이른바 '가'(허구)가 예술 세계 속에서 가장 진실된 부분이 되었다. 이것은 바로 자오강이 인용한 구절 '거짓이 진짜가 될 때 그 진짜도 역시 거짓이다假作眞時眞亦假'의 주된 의미다. 『홍루몽』의 이러저러한 요인들이 역사적 고증에 대한 사람들의 강렬한 흥미를 유발시킨 계기가 되었다는 점을 다 이해할 수 있을뿐더러 상당히 필요한 부분이라고 생각되기도 한다. 그렇다고 해서 조설근이 자기 집안의 흥망성쇠에 관한 실록을 보존하기 위해 『홍루몽』을 썼다고는 할 수 없다. 문학적인 유토피아는 때때로 몸을 맡길 은신처로 역사적인 배경이 필요한 만큼 조씨 집안의 흥망성쇠 역시 『홍루몽』의 스토리에 시간적인 구조를 제공해준 데 불과하다."

위잉스와 자오강이 근거로 삼은 홍학 관념은 서로 다른 방향을 향하고 있음을 알 수 있다. 그래서 위잉스는 자오강이 주장하는 "환원"의 방식이란 "자신의 뼈와 살을 발라내어 스스로 죽는"[118] 결과를 가져오는 것이므로 근본적으로 말이 안 되고 결국 천착부회穿鑿附會에 흐르게 될 뿐이라고 강력하게 반박했다. 그는 "수많은 학자가 50~60년에 걸친 긴 시간 동안 홍학 고증에 공력을 들여왔기 때문에 이미 고궁의 문서들과 강희·옹정·건륭 삼대의 문집(특히 만주족의 작품)들을 거의 샅샅이 훑어본 상태다. 그러나 마음을 가다듬고 짐작컨대 이른바 '환원' 작업이 도대체 몇 퍼센트나 달성되었는가?" 위잉스는 자오강의 "밀가루"와 "공기"의 비유를 겨냥하여 다음과 같이 말했다.

나는 자오강이 "밀가루"와 "공기" 두 가지를 가지고 비유한 것에 대해 몹시 불편하게 생각한다. 예술의 창조적 구상을 배척하여 공기에 빗대 모욕

한 것은 그다지 합당해 보이지 않는다. "두 세계론"에 관한 나의 관점을 밝히자면, 나는 결코 빵 속에 밀가루가 들어 있다는 것을 부정하지 않았다. 나는 단지 빵과 밀가루 사이에 등호가 성립되지 않는다는 것을 강조하고자 했을 뿐이다. 그리고 더욱 중요하게 생각하는 것은 우리가 조설근이 창조한 것이 대체 어떤 빵일까 혹은 빵이 아니면 만두 혹은 기타 식품이 아닌가 하는 점이다. 빵 속에 밀가루를 함유하고 있다는 점에 대해서 나는 결코 자오강이나 다른 홍학 고증가들과 서로 적대적인 위치에 있어야 한다고 생각하지 않는다. 그러나 자오강은 누구라도 『홍루몽』이 "조씨 집안의 실제 사적"이라는 전제를 받아들이지 않는다면 『홍루몽』에 "조씨 집안의 실제 사적이 포함되어 있다"는 사실을 전부 부정해야 한다고 고집을 부리는 것 같다. 정말 미안하지만 내 생각은 바꿀 수가 없다.[119]

자오강이 제기한 가산 몰수에 관한 이야기와 대관원의 이상세계의 환멸과 관련된 문제, 정방情榜의 이름 배열 순서에 관해 위잉스는 하나하나 답변하면서 이전의 글보다 더 깊이 있게 설명했다. 그의 수준 높은 토론은 다루어야 할 내용보다 학자의 의협심이 훨씬 더 앞섰던 홍학 논쟁들과는 확연히 대조를 이루었다. 자오강도 글의 서두에서부터 친구를 위해 최선을 다하는 반대자로서 상대방의 관점과 이론을 검토했다. 비록 관점이 달랐음에도 자오강의 성실하고 진지한 태도에 감사의 뜻을 전한 위잉스는 학자로서의 풍모를 잃지 않음으로써 서로 간의 논쟁을 더욱 빛나게 해주었다.

제17차 논쟁: 탕더강唐德剛과 샤즈칭夏志淸 간의 홍루 분쟁

　　해외에서의 홍학 논쟁이 정점에 달한 것은 1986년 발생한 탕더강과 샤즈칭 간의 『홍루몽』 분쟁에서부터다. 미국 『중보中報』는 같은 해 10월의 특종 기사에서 「국내외를 뒤흔든 홍루몽 논쟁의 풍파震動海內外的紅樓夢論戰風波」라는 눈에 띄는 제목으로 논쟁을 자세히 소개했다. 그 내용은 다음과 같다. "수개월 동안 해외의 중국 학계에서는 크지도 작지도 않은 딱 적당한 정도의 '홍루' 논쟁이 촉발되었는데, 싸움이 붙은 당사자들인 탕더강과 샤즈칭 두 교수 모두 명망 있는 선비이자 저작이 풍성한 학자들이었던 까닭에 학계는 물론이고 독자들에게도 비상한 관심을 불러일으켰다."[120]

　　논쟁은 탕더강이 1986년 하얼빈에서 열린 국제 『홍루몽』 학술대회에 참가하면서 썼던 논문인 「해외에서 읽은 홍루海外讀紅樓」에서 비롯되었으며, 이 논문은 타이베이에서 출간되는 『중국시보·인간부간中國時報·人間副刊』과 『전기문학傳記文學』 잡지에 실렸다. 글의 요지는 「조설근의 문화 충돌曹雪芹的文化衝突」에서 밝힌 바 있는 논점을 계속 진전시키면서 여성의 발에 대해 논했던 것을 근간으로 작중 인물의 복장, 그중에서도 보옥의 옷차림에 대해 자세히 분석했으며 문화 충돌은 만주족과 한족에 국한되지 않고 고금의 시간적인 차이에서도 비롯된다는 점을 설명했다. 이를 통해 "사회과학적 연구방법"의 필요성을 도출하면서 희곡 및 소설의 발전에서 사회경제적 "수요와 공급의 법칙"이 중요한 작용을 한다는 점을 강조했는데 이 점은 동서양을 막론하고 모두 그러하다. 그렇지 않다면, 예컨대 "덮어놓고 글로 글을 논하다보면 나무에 올라 물고기를 구하는 격이 되고 말 것이다." 결론적으로, 탕더강은 우리 나라의 백화소설이 명청 이래로 발전을 거듭한 것은 사회경제적 발전 이 가져온 필연적인 결과라고 보았다. 즉 "듣는 소설"에서 "보는 소설" 로의 전환이라는 것도 말하자면 남송 이후부터 시작된 마을의 도시화 가 가져온 변화라는 것이다. 게다가 『홍루몽』은 이러한 변화 과정에서 탄생한 하나의 정형화된 작품이자 현대적인 문학성을 띤 중국 소설의 대작으로 "높은 격조를 갖추고 있어 동시대의 서양 소설이나 현대의 다른 어떤 서양 소설에도 뒤처지지 않는다"고 보았다.

탕더강은 『홍루몽』과 『홍루몽』 탄생의 사회적 배경에 대해 이러한 평가를 내렸기 때문에 어떤 중국 백화소설이든 그 가치를 낮게 평가 하는 것을 불만스럽게 여길 수밖에 없었다. 그래서 글에서 샤즈칭을 언급하면서 "서양 책을 숙독한 내 친구 샤즈칭 교수는 중국 백화소설 의 예술성이 낮다는 것을 부끄럽게 여겨 만이蠻夷로서 화하華夏를 변화 시키고자 했으며, 저우쭤런周作人·위핑보·후스의 말과 비유를 두루 인 용하며 서양 소설에 나타나는 태도의 엄숙함과 기교의 우월성을 칭 송했다." 덧붙여 또 이렇게 말했다.

즈칭은 자신의 의견을 더욱 개진하며 이렇게 말한 바 있다. "우리가 그것 (중국 백화소설을 가리킴)을 서양 소설과 비교하는 것 말고 중국 소설에 완벽하게 공정한 평가를 내릴 방법은 없다. (…) 모든 비서양의 고전소설 은 중국 소설과의 상호 비교하에 언급할 가치조차 없다. (…) 비천한 구 술자의 입에서 나온 중국의 백화소설이 현대의 고품격 취향에 영합할 수 있을 것이라고 기대해서는 안 된다……." 이러한 논조는 사실―수많은 책을 섭렵하고 서양 학문에 깊은 조예가 있었던 샤즈칭이었으므로 논점을 밝히는 데 있어서도 당시의 경박한 젊은이들보다 깊이가 있고 말에도 상당한 논리성을 갖추고 있었던 것에 불과하다―5·4운동 전후, 우리 나라의 전통 문명이 서양화되는 과도기에 좌우익을 막론하고 일반 청년 유학생이 모두 서양 학문에 경도되어 자신감을 잃은 채 지나치게 자신을 비하했던 그런 문화적 심리의 연속으로 볼 수 있다. 그러니 사회경제적인 변화에 따라 우리 나라의 "듣는 소설"도 『홍루몽』과 같이 "보는 소설"로 바뀌게 되었고 점차 독창적인 중국 풍격을 창조해내기에 이르렀다는 것을 믿지 않으려 한다. 게다가 외국을 숭배하고 서양적인 것으로 변해야 성과가 있다는 태도를 덮어놓고 굳게 믿는 것도 또 한 가지 이유다.

즈칭 형제가 해외의 문학 비평계에서 두각을 나타내고 있을 때 대륙에서는 한창 "후스 비판胡適批判" "후펑 비판胡風批判" "우파 비판右派批判" "사대 정화(정치·사상·조직·경제 정화)"를 통해 문화대혁명이 단호하고도 신속하게 진행되던 시기였고 결과적으로 "극좌"의 풍조가 형성되면서 많은 사람이 희생되었다. 해외에서도 자극을 받아 변화가 일었으니 후스 숭배, 자본주의 추구, 서양 숭배와 극우를 통해 국내와는 정반대의 상황으로 전개되었다. 이러한 해외의 바람을 빌미로 극우의 "문체"를 정비했는데 공교롭게도 대륙의 극좌적인 교조주의와 엎치락뒤치락하면서 근 100년 동안 중국 문학 비평사에 "양극화"의 국면을 조성했다.

이러한 양극화의 단계에서 샤씨 형제(지안濟安, 즈칭志清)는 서양의 관점으로 중국 소설을 연구하고 해외에서 강연하며 수많은 문하생을 두었다. 게다가 중국어와 영어의 문장 구사력은 최고 수준을 자랑했다. 그들은 "외부적인 힘을 빌려 높은 지위까지 갈 수 있었다." 형이 가고 동생이 따르는 것이 흡사 바다 위의 산봉우리처럼 위엄이 있다. 출간된 두 권의 책이 마침내 하나의 준칙으로 자리잡으면서 해외의 극우 서양 숭배 언론과 대륙의 극좌 프롤레타리아 교조주의가 대적했으니 변변치 못한 나도 당시에는 "한 사람이 한 나라와 대적하는" 상황을 보며 친구 즈칭의 호탕한 기백에 스스로 자부심을 느낄 정도였다.

그런데 이 "양극화" 상황에 비감이 드는 까닭은 쌍방이 모두 전통을 부정하고 앞다투어 수입품을 취하면서 서로 욕설을 퍼붓고 한 치의 양보도 하지 않았다는 사실 때문이다. 더욱 슬펐던 것은 서로가 상대방의 논점과 히든카드에 대해 처음부터 아는 바가 없으면서도 하찮게 여긴 나머지 교류할 생각은커녕 어떻게든 서로를 저지할 궁리만 했다는 사실이다. 그 때문에 어쩌다 논쟁할 일이 생기면 자신에 대해서는 잘 알지만 남에 대해서는 제대로 알지 못해 마치 신 신고 발바닥 긁는 것처럼 겉돌기가 가소롭기 그지없다.

우리는 심심풀이로 책 읽기를 좋아하는데, 산꼭대기에 앉아 호랑이가 서로 으르렁거리며 싸우는 걸 보는 것처럼 구경꾼이 판세를 더 잘 읽는 법이다. 오늘날 국내의 극좌파는 모두 사라졌다! 해외의 극우파도 무엇을 선택해서 어떻게 공부를 발전시켜야 할지 스스로 깨달아야 한다![121]

비평의 칼날이 『홍루몽』에 대한 관점뿐 아니라 학술 사상과 사회 풍조를 포함한 정치 전반을 향하고 있다. 그러나 탕더강은 매번 "유희적으로 글"을 써서 비평은 날카로웠을지 모르지만 진중함은 결여되었다. 이에 샤즈칭이 모종의 반대 입장을 표명했을 것임은 너무도 자명한 일이다. 샤즈칭의 글은 「친구에게 충고하는 글: 탕더강의 글 '해외에서 읽은 홍루'에 대한 반박謙友篇: 駁唐德剛'海外讀紅樓'」이라는 제목으로『연합보聯合報』와『전기문학傳記文學』, 미국의『세계일보世界日報』에 나란히 실렸다. 모두 9절로 구성된 이 글은 각각 '극우파의 범죄 증거極右派的罪證' '성을 바꿔 고아가 된 디킨스狄更斯改姓成孤兒' '대담하고 거칠게 읽은 도론膽大心粗讀導論' '역문의 삭제로 달라진 원래 의미刪削譯文改原意·아무 논리도 갖추지 않은 악의적인 비교 추론惡意類比, 毫無道理·어젯밤 꿈속에 등장한 수많은 발多少脚, 昨晚夢魂中' '소설을 평가하고 판단하는 일의 난해성評斷小說非易事' '임대옥과 메이란팡林黛玉與梅蘭芳' '샤즈칭을 비판한 정치적 의도批夏之政治用意'등의 제목으로 소개되었다. 마지막 글에 다음과 같은 내용이 담겨 있다.

탕더강은 당시에 사학을 주로 연구하고 있었기 때문에 근본적으로 문학비평가라고 볼 수 없다. 국내외 전문가의 입장에서 볼 때「해외에서 읽은 홍루」는 세심하게 증거를 찾지도 않고 대담하게 남을 비방할 뿐 논리적으로도 말이 통하지 않아 나는 가능하면 상대하지 않으려 했다. 그러나 반박 글을 쓰지 않을 수 없었던 것은 대부분의 독자가 전문가가 아니고 홍학에 대한 지식도 일천한 상황에서『전기문학』에 발표된 탕더강의 글에 일반 독자들이 기만당할 가능성이 많다고 판단되었기 때문이다. 이것은 탕더강이 유일하게 거둔 승리라고 생각한다. 나는 더 중요한 일들을 뒤로 미뤄둔 채 그의 무료한 도전을 상대해주느라 많은 시간을 허비했다. 그러나 나는 탕더강을 위해 글을 썼고 그가 마음을 가다듬고 내 글을 숙독하여 뭔가 깨우침을 얻고 잘못을 반성하며 사람됨과 학문, 글쓰기에 있어서 발전된 모습을 보여주기를 희망한다. 그런데 내가 친구의 잘못을 바로잡고자 힘들여 쓴 1만8000자에 달하는 글이 고작 국내외 학자들의 술자리나 식사자리의 농담거리로 전락한다면 참으로 애석하기 그지없을 것이다.[122]

마지막 글의 전체적인 내용을 살펴볼 때 그 언사의 날카로움이 탕더강을 압도했다. 당연히 탕더강이 비평한 대목에 대해 일일이 설명과 해명을 곁들였으며 많은 지면을 할애하여 탕더강이 인용한 내용과 부족한 지식을 지적하면서 자신은 결코 『홍루몽』을 낮게 평가하지 않았다는 점과 오히려 탕더강이 무턱대고 『홍루몽』의 전족과 변발을 연구한 것이야말로 사실상 큰 의미가 없다는 점을 증명해 보여주었다. 행간마다 다음과 같은 기조가 넘쳐흘렀다. "자네가 나에 대해 '서양을 숭배하고' '서구화'되었다고 비판하지만 자네야말로 보수적이고 혁신을 원하지 않으니 짐작컨대 '봉건유로封建遺老'의 혐의를 받지 않을까 싶네! 이외에도 평소 우리 사이에 있었던 세세한 일들까지 거론하며 '언외의 의미'까지 세상 사람들에게 공개하려는 것은 당연히 서로의 감정을 상하게 하는 일일세."

탕더강도 이에 질세라 더욱 격한 어조로 샤즈칭의 글에 답하는 글을 발표했다. 글의 제목은 「홍루몽이 남긴 것: 샤즈칭 '대자보'에 대한 답변紅樓夢遺禍: 對夏志淸'大字報'的答復」으로 『중국시보中國時報』의 부록편인 『인간人間』에 게재되었다. 글의 소제목은 '샤 교수의 '대자보'夏敎授的大字報' '자기 비난과 자기 칭찬自罵和自捧' '광기는 바로잡아져야 한다瘋氣要改改' '학문은 오히려 논해도 무방하다學問倒不妨談談' '지나친 '서양 숭배'로 중국 작가들을 얕잡아보다以'崇洋過當'觀點貶抑中國作家' '학계에서 고식적으로 매국노를 키운 결과學界姑息養奸的結果' '서구 숭배의 관점으로 자기를 비하하는 심리적 행태崇洋自卑的心態' '문학 전통에 대한 이율배반론對'文學傳統'的違心之論' '사회과학에서의 상식社會科學上的常識' '거시적인 관점으로 논한 '좌익작가'從宏觀論'左翼作家' '거시적인 관점에서의 '우익'과 '극우'宏觀下之'右翼'與'極右'' '데이비드 코퍼필드'에 대해 논하다也談'塊肉餘生錄'' '학문으로 칠 수 없는 '할리우드'영화好萊塢'電影算不得學問' '홍학회의 자격 문제紅學會議的資格問題' '홍학회의 성질과 의의紅學會的性質和意義' '임낭자를 위한 외침爲林娘喊話' '매랑을 위해 티끌을 제거하다爲梅郎除垢' '사람에게는 반드시 양지가 있어야 한다做人總應有點良知' 등 모두 18개 부분으로 구성되었는데 그 의미와 경향성이 분명하게 드러났다. 글의 내용과 관련이 없는 내용도 적지 않았으니 그야말로 두 학자는 서로에게 필력을 겨누며 온 힘을 쏟았다. 홍학이 이미 세계적인 학문의 반열에 오른 이상 홍학 논쟁도 그와 더불어 자연스럽게 세계화의 반열에 올랐다. 탕더강과 샤즈칭의 분쟁은 당시의 홍학 논쟁을 정점에 이르게 했고 국내외 학계에도 비상한 관심을 불러일으켰음은 더 말할 나위가 없다.

1986년 10월 18일자 『중국시보』에서는 이 논쟁이 가라앉게 되었다는 소식을 다음과 같이 전했다. "국내외를 떠들썩하게 했던 탕더강과 샤즈칭의 논쟁은 이미 며칠 전에 일단락을 고했다. 소식통에 의하면, 10일 저녁 뉴욕문예협회의 한 연회에서 탕더강과 샤즈칭 두 사람은 이미 악수하고 화해함으로써 이전의 나쁜 감정을 씻었다고 한다. 탕더강과 샤즈칭은 원래 10년간의 교분이 있던 친구 사이로 그날 여러 사람이 보는 앞에서 서로 포옹하고 여러 장의 사진을 함께 찍으면서 그간의 '좋은 감정과 나쁜 감정들을 웃음으로 단박에 날려버리는'

풍모를 보여주었다. 그날 저녁 만찬은 원래 『전기문학』의 류사오탕劉紹唐 선생과 중국 대륙에서 온 샤오첸蕭乾 부부를 환영하기 위해 마련된 자리였지만, 마침 탕더강이 뉴욕문예협회 회장이고 게다가 샤즈칭 선생이 샤오첸 부부를 모셔오는 역할을 담당하면서 친구들이 그들 사이를 오가며 사전에 조율했고, 이에 두 사람은 마침내 예전의 교우관계를 회복하게 된다.”[123] 그러나 홍학이 촉발시킨 중국 고전문학과 중국 문화에 대한 평가 문제에 있어서 두 사람의 홍학관은 “화해”가 불가능해 보였고, 설사 두 사람 사이에서는 아닐지라도 그와 관련된 논쟁은 계속될 것이라는 예감이 들었다.

중편
홍학 현안

현안 하나: 보채와 대옥의 우열론

논쟁에서 의견이 분분하여 결론이 나지 않은 채로 시간이 경과하면 현안으로 발전하기도 한다. 앞에서 서술한 17차례의 논쟁은 17가지 현안이라고 해도 무방하다. 물론 홍학사에서의 논쟁이 17차례에만 그쳤던 것은 아니며 나는 그중에서 중요한 것만을 선별하여 서술했을 뿐이다. 아래의 내용은 홍학 애호가들이 특히 관심을 가졌던 현안들이다.

홍학에서 가장 중요한 현안은 보채와 대옥의 우열 문제다. 이것이야말로 영원히 정리될 수 없는 문제다. 일찍이 청나라 말기에 "노련하게 솜씨를 발휘하며" 보채와 대옥에 대해 서로 다른 관점을 담은 기록들이 존재했다. 오늘날에도 사람마다 생각이 다 다르고 각자의 취향에 따라 보는 시각이 다 다르다. "보채 옹호파擁釵派"와 "대옥 옹호파擁黛派"는 모두 작품 내에서 입론의 근거를 찾을 수 있을 것 같다. 보채의 원만함과 융통성, 대옥의 고독함과 도도함, 보채의 관대함과 공평함, 대옥의 날카로움과 신랄함, 보채의 분수를 지키는 모습, 대옥의 안하무인의 모습, 보채의 숨김과 대옥의 드러냄, 보채의 휘어짐과 대옥의 직솔함, 보채의 차가움과 대옥의 따뜻함 등 이러한 성격적인 차이는 독자의 취향에 따라 다르게 받아들여졌다. 용모와 행동거지에서 보이는 보채의 풍만함과 대옥의 창백함, 보채의 건강함과 대옥의 병약함, 보채의 진중함과 대옥의 하늘거림 등도 독자들이 어느 한쪽으로 치우치게 하기에 충분했다. 더더욱 인간관계에 있어서는 위아래 사람들이 모두 이구동성으로 보채를 칭찬하는 데 반해 대옥에 대해서는 입으로도 말하지 않고 마음속으로도 드러내지 않는 경향이 있었으니 이 역시 많은 독자가 취사선택하는 데 중요한 근거가 되었다. 왜냐하면 중국인들은 사람을 볼 때 줄곧 "인상을 따지는" 전통이 있기 때문이다. 심지어 더 깊이 들어가면 이것에만 국한되지 않는다. 대옥의 날카로움은 겉으로 드러난 모습일 뿐이고 마음은 오히려 진실되고 순수하며 약간 어리숙하기까지 하다. 보채의 관대함과 공평함 뒤에는 교활함이 숨어 있다. 말을 날카롭게 하기로 보자면 대옥이 확실히 그런데, 보채라고 또 남에게 기꺼이 양보만 했을까? 작품에는 인간관계의 거리와 친밀도가 잘 묘사되어 있다. 예컨대 가모가 보채를 칭찬한 데는 아마도 인정적인 면이 고려되었을 것이라고 볼 수 있다. 왜냐하면 종법사회에서 고종사촌이 이종사촌보다 더 가까운 까닭에 가장 웃어른인 가모가 가족들 앞에서 가까운 대옥을 칭찬하기가 어려웠을 것이기 때문이다. 게다가 작가가 불꽃같은 필법으로 좌우를 순조롭게 돌아보면서 일부러 보채와 대옥을 서로 경합시켜 중재할 수 없게 하고는 보채에 대해 칭찬하면서 비난을 곁들이고 대옥에 대해서도 헐뜯으면서 칭찬을 곁들임으로써 우열을 논하기 어렵게 만들었다. 재능을 논하자면 제37회에서 백해당을 읊조리는 대목에서 대옥이 2등을 하자 이환은 "색다른 풍류를 논하자면 이 시가 딱입니다만, 함축성과 중후함을 논한다면 결국 형무군에게 양보하셔야겠습니다"[124]라고 품평했는데 이것을 보더라도 우열을 논하기 어려운 것 같다. 그리고 제38회에서 "임소상은 국화시로 장원을 했습니다"[125]라고 했으니 대옥은 또 분명 보채의 위에 있다. 그러나 같은 회에서 설보채가 "꽃게를 노래하며 세상 사람들을 풍자한 것諷和螃蟹詠"을 사람들이 "꽃게 먹는 것을 노래한 절창食螃蟹絕唱"으로 찬양하니 두 사람은 또 한 차례 각각 절반씩 나눠 가진 셈이다. 용모를 논할 때는 당연히 대옥이 더 예뻤는데, 이는 『홍루몽』의 작중 인물이나 독자들도 대체로 그렇게 보았다. 그러나 제63회의 "아리따운 아가씨들의 밤잔치群芳開夜宴"에서는 굳이 보채를 "아리따운 아가씨 중 으뜸艷冠群芳"이라고 불렀다. 이것만 놓고 보더라도 『홍루몽』의 독자와 연구자 모두가 보채와 대옥을 평가하기가 보통 어려운 일이 아니었음을 절감할 수 있을 것 같다.

보채와 대옥의 성격과 용모에 대한 서로 다른 평가와 우열 구분의 난해성뿐 아니라 보채가 사람을 대하는 태도, 특히 대옥과의 관계에서 음험함을 감추고 있었는지 여부에 대해서도 연구자들 간에 의론이 분분했다. 평자의 도덕규범에 따라 관점이 달라지기 때문에 설사 동일한 척도를 사용했다 하더라도 서로 다른 결론이 나올 수 있다. 보채와 대옥 중에 누가 더 우월하고 누가 더 열등한가? 누가 높고 누가 낮은가? 사람들은 『홍루몽』이 세상에 나온 그 순간부터 줄곧 두 사람의 우열을 구분하기 어렵다고 느껴왔다. 구분하기 어려운데 부득불 구분을 해야 하니 논쟁은 불가피해졌고, 그로 인해 "보채 옹호擁 薛"와 "대옥 옹호擁林" 두 파가 생겨난 것이다. 아무래도 좀처럼 결판이 나지 않을 것 같다. 『홍루몽』의 독자가 존재하는 한 이 현안은 언제까지고 의론이 분분한 상태로 남아 있게 될 것이다.

현안 둘: 『홍루몽』후40회의 평가 문제

정위원과 고악이 "추가로 보탠" 『홍루몽』후40회를 과연 어떻게 평가해야 할 것인가? 이 역시 『홍루몽』연구의 또 다른 현안 가운데 하나다.

『홍루몽』전80회는 조설근이 완성했고 후40회는 다른 사람이 이어지은 것이라는 사실을 분명히 밝힌 것은 고증과 홍학의 큰 공적이 아닐 수 없다. 속서의 작가가 고악高鶚이라는 후스의 주장은 증거가 불충분하여 아직까지도 설이 분분하다. 누가 속작자인지가 하나의 문제라면 그 속작을 어떻게 평가할 것인가는 또 다른 차원의 문제다. 후40회를 누가 썼든 간에 줄거리의 구성에서 전80회와 연결이 잘 되는지 혹은 사상적인 측면에서 일맥상통하는지 그리고 예술적으로도 일체가 되는지 등의 문제가 존재한다. 바로 이러한 문제에 대해 연구자들은 모두 팔을 걷어붙이고 전면에 나섰다. 고증파에서는 정위원과 고악이 추가로 보탠 것을 강도 짓으로 규정하고 "개 꼬리에 담비 꼬리를 이어 붙인狗尾續貂"꼴이라고 비판하며 "위조된 속작" 내지 "위조된 후

40회"로 폄하했다. 또한 속서는 조설근의 원작에 대한 모독이므로 절대 용납할 수 없으며 반드시 단칼에 베어버려야 속이 시원하다고까지 했다. 소설 비평가 홍학가들은 문학 감상의 시각에서 대체로 고증파가 보여준 것과 같은 격렬한 태도는 드러내지 않았고 『홍루몽』이 세상에 널리 전파되는 데는 보작補作이 그런대로 괜찮았기 때문에 가능한 일이었다고 판단해서인지 정위원과 고악 두 사람에게도 사실상 공이 있음을 인정했다. 색은파의 시선은 온통 작품의 정치와 역사적 측면에 집중되었는데, 조설근 이전에 다른 작가가 있었다고 단정하면서도 후40회의 진위에 대해서는 그다지 중요하게 생각하지 않았다. 심지어 전80회와 후40회 모두 한 사람의 손에서 나온 것이라는 주장이 제기되기도 했다. 루쉰은 후40회에 대하여 비교적 공정한 평가를 내렸다. 그는 "후40회가 초고 분량의 절반에도 못 미치지만 연이어 터진 큰 사건들과 줄줄이 이어진 몰락과 죽음은 이른바 '먹이가 다 떨어지자 새들이 날아가고 빈터만 덩그러니 남게 된食盡鳥飛, 獨存白地'상황과 자못 부합되고, 끝이 났는데 또다시 일어난다는 것은" "속서가 비록 슬프기는 해도 가씨 집안의 '자손들이 일제히 꽃을 피워' 집안이 부흥한다는 것이니 정말 아무것도 남지 않은 황량한 공터가 되는 상황과는 크게 다르다"[126]고 생각했다. 그러나 이러한 평가는 후스의 관점을 받아들여 후40회는 고악이 이어지은 것이라는 가정을 전제로 한 것이어서 만약 이러한 전제가 흔들릴 경우 평가도 바뀔 수밖에 없다.

　『홍루몽』후40회에 대한 평가가 일치되지 않는 이유는 전80회와 비교했을 때 분명히 예술적인 풍격에서 현저하게 일치되지 않는 부분이 있기 때문이다. 그러나 보다 주된 원인은 역시 사료의 부족으로 연구자들이 속서에 대해 강력한 증거를 제시할 수 없다는 데에 있었다. 오늘날까지도 연구자들 중에는 전80회와 후40회가 두 사람 손에서 나왔다는 사실에 동의하지 않는 이들이 있다. 개중에 후40회는 다른 사람 손에서 나온 속작이라는 것을 인정하는 이들이 있지만 그들조차 조설근의 유고가 그 안에 섞여 들어갔을 가능성을 배제하려 들지 않았다. 게다가 이런 논리는 대부분 추측성이 많고 실증력이 부족하기 때문에 어느 누구도 납득시키기 어려웠고, 오직 현안으로 남아 홍학가들의 반복적인 논쟁만을 불러일으킬 뿐이었다.

정위원과 고악의 속작에 불만을 가진 이들 중에는 따로 부뚜막을 차려놓고 새로 속서를 지은 이들도 있지만 조설근의 원작과 동떨어진 것은 물론이고 후40회와도 거리가 먼 실망스런 결과만을 안겨다주었다. 반대로 최근에 출판된『홍루몽』새 교열본의 경우 어떤 판본을 근거로 했는지에 상관없이 하나같이 정위원과 고악 속작을 감히 잘라내지 못하고 부록을 덧붙이는 방식으로라도 전80회와 후40회를 함께 출판하고 있다. 누구의 손에서 나온 것인지 알 수 없는『홍루몽』후40회는 그야말로 잘라버리려니 잘리지 않고 존치시키자니 난감하고 버리자니 아까운 홍학가들의 애물단지가 되어 여타의 홍학 쟁점들보다 더 애를 먹이는 현안이 되고 말았다.

현안 셋:『홍루몽』에는 반만 사상이 있는가?

색은파들이 생각하는『홍루몽』의 반만 사상反滿思想은 일반적인 반만 사상이 아니라 전체 작품의 기본적인 출발점과 귀착점이 반청복명反淸復明에 있다고 본 것이다. 고증파는 색은파를 비판하면서도 절대 『홍루몽』의 반만 사상에 대해서는 공격하지 않았는데, 홍학의 고증 분야에서 공헌한 많은 홍학가도 이 점을 부정하지 않고 있다. 앞서 말한 바와 같이 위잉스도 조설근에게 한족 동질감이 있다고 보았다. 그러나 적지 않은 『홍루몽』 연구자들은 조설근의 조상이 일찌감치 만주족의 호적을 취득한 상태에서 "만주족을 수행하며 중국 땅에 들어와" 큰 공적을 세웠기 때문에 반만 정서가 있을 리 없다고 반대 입장을 표명했다. 그러나 이렇게 보면 『홍루몽』 제63회에서 방관이 화장을 고친 대목에 대한 정확한 설명이 불가능해진다.

제63회에서는 방관이 화장을 고친 것 말고도 방관의 이름을 "웅노雄奴"로 개명했다가 뭔가 부족하다고 생각한 보옥이 "야율웅노耶律雄奴"로 고쳐 부른다. 보옥은 "웅노 두 글자의 음은 흉노와도 서로 통하는데 모두 대융大戎의 성명이다. 게다가 이 두 종류의 사람들은 요순시대부터 중국의 우환이었고 진당晉唐을 비롯한 여러 왕조에 걸쳐 심각한 해를 입혔다"고 했다. 『홍루몽』이 나온 명청대의 구체적인 배경을 종합하면 보옥의 말에 또 다른 설명이 있을 수 있을까? 작가는 매우 의도적으로 민족적 입장을 투영하여 자신이 그리는 인물을 자유자재로 움직였다. 더욱 절묘한 것은 이어지는 방관의 반문이다.

그렇다면 도련님께서도 충효를 다 하시려면 궁술과 기마술을 익히고 무예를 닦으신 후 출정하시어 모반하는 자들을 잡아오셔야지요. 어찌 저희만 가지고 입방아를 찧고 신나게 장난을 치면서 공덕을 논하신대요?[127]

이것은 분명 보옥이 작가의 입장이 되도록 역할을 전환시켜 방관 즉 독자의 반론을 받아들이게 한 것이다. "입방아를 찧고" "신나게 장난을 치면서" 등의 말은 작가를 가리키는 것이 아니고 무엇이겠는 가? 설마 한편으론 "신나게 장난을 치면서" 다른 한편으론 자신의 책을 거듭 칭찬하기 위해 "윤리와 관련되는 곳이면 어디든 찬양하고 한없이 애틋해한 것"은 아니지 않겠는가? 따라서 제63회의 묘사는 작가가 반만 사상을 표현한 특별한 필법이라고 할 수 있겠다.

이 말이 신빙성이 있다면 색은파 홍학의 일부 특정 관점에 대해서도 새롭게 봐야 한다. 필자는 최근에 「호료가주好了歌注」에는 청나라를 풍자하고 명나라를 애도하는 의미가 담겨 있고 「궤획사姽嫿词」에는 명청 시기 산둥성 칭저우青州의 최후 전투를 그린 것이라는 내용을 담은 글 「도홍사제悼紅四題」[128]를 읽은 적이 있는데 사료를 운용하여 구체적인 분석을 하고 있어 일설로 참고할 만하다는 생각이 든다. 결론적으로, 『홍루몽』에 반청 사상이 있는지 여부는 홍학의 절대적인 주제로서 매우 중요하며 역대 연구자들의 이목을 집중시켰던 홍학의 현안으로서 『홍루몽』의 사상적 경향과 특성에 대한 연구를 더욱 심화시켰다.

현안 넷: 64회와 67회의 진위 문제

『홍루몽』의 초기 필사본인 경진본庚辰本에는 64회와 67회가 빠져 있어 80회 가운데 78회만이 있다. 기묘본己卯本에는 1회에서 20회, 31회에서 40회, 61회에서 70회까지만 들어 있고 64회와 67회는 필사되어 있다. 갑술본, 서서본舒序本, 정장본鄭藏本 계통의 잔본의 경우 64회와 67회가 애초에 있었는지 여부를 알 수 없다. 초기의 다른 필사본에는 모두 두 회가 들어 있다. 그래서 정위원과 고악이 120회본의 머리말에서 "이 책은 전해진 지 이미 오래되어 방간선본坊間繡本과 여러 사람이 소장한 비밀 원고들 간에 길이가 들쭉날쭉하고 앞뒤가 뒤죽박죽이다. 67회의 경우 여기는 있는데 저기는 없고, 제목은 같은데 글은 다르니 가짜를 골라낼 수 없다"[129]라고 밝힌 바 있다. 때문에 전해져 내려온 64회와 67회 두 회의 진위 문제는 조설근의 원작 여부와 관련이 되면서 홍학의 고증 대상이 되었다.

기묘본 64회의 회목은 "조용한 숙녀는 슬픔에 젖어 오미음을 읊고 방탕한 사내는 정에 겨워 구룡패를 남겼네幽淑女悲題五美吟, 浪蕩子情遺九龍珮"라고 되어 있다. 67회의 회목은 "토산품 선물을 보고 대옥은 고향 생각에 잠기고 희봉은 은밀한 사건에 대해 전해 듣고 소동을 심문하네見土儀顰卿思故里, 聞祕事鳳姐訊家童"라고 되어 있다. 회말에는 짤막한 소주小注가 달려 있다. 『석두기』 67회가 끝나고 건륭연간 필사본에 의거하여 무유암武裕庵이 베껴 넣었다"石頭記』六十七回終, 按乾隆年."이 두 회는 위로는 63회를 잇고 아래로는 68회와 69회를 연결시켜 모두 7회분 이상의 길이로 중간의 65회와 66회 두 회에 걸쳐 "홍루몽의 두 우씨" 이야기를 적어 넣었다. 만약 64회와 67회 두 회를 빼면 "홍루몽의 두 우씨" 이야기는 시간적으로 연결이 되지만 64회와 67회를 끼워 넣으면 경위가 흐트러진다. 그래서 어떤 연구자는 두 회에는 장애물이 되는 이야기들이 있다고 생각했다. 특히 67회는 서사가 느슨하고 조리가 없는데, 이를테면 습인이 축씨 할멈과 조목조목 따져 얘기하고, 보채가 앵아를 시켜 희봉에게 선물을 전하라고 명하는 대목이 나오는데 다소 어색하다는 느낌을 준다. 저우쉬량周熙良은 이를 근거로 67회가 위작이라는 결론을 내렸다.[130]

이와 반대되는 의견을 가진 사람들은 척서본戚序本, 몽각주인서본夢覺主人序本 64회의 지연재 평어에 나오는 "「오미음五美吟」과 후「십독음十獨吟」이 대조된다"라는 구절에 대해 비어를 가한 사람이 작품의 원고를 이미 다 보았음을 의미하는 것으로 판단했다. 징장본靖藏本 67회 앞에도 "마지막 회에서 '손을 놓다'는 것은 바로 이미 깨달았다는 것이다. 이는 비록 미련이 있어도 미혹을 타파했다는 뜻이다. 구태여 삭발할 필요가 있었는가? 청경봉에서 전생의 인연을 증명했음에도 여전히 사은의 꿈속에서 벗어나지 못한다. 게다가 앞에서 이끌어낸 것이 (상련湘蓮)삼저三姐의 이야기다"[131]라는 내용의 평어가 달려 있는데 역시 전체적인 작품의 맥락으로 볼 때 이 두 회가 위작일 수 없다고 본다. 경진본, 기묘본에서만 유독 이 두 회가 빠진 것은 전파 과정에서 유실된 결과이며 나중에 이 두 회를 찾게 되면서 다른 판본들도 온전해졌고 기묘본도 후일 보강하여 제 모습을 찾게 된 것이라고 생각한다.[132] 이와는 달리 64회와 67회에 시간적으로 전후의 스토리와 제대로 연결되지 않는 모순이 야기된 것은 "홍루의 두 우씨" 이야기를 보강하기 위해 작가가 몇 차례에 걸친 첨삭 과정에서 68회와 69회를 덧붙였다가 언젠가 64회와 67회를 한 차례 빼고 스토리를 전개시키는 방식으로 바꾸게 되면서 기묘본과 경진본에 그 두 회가 빠지게 된 것이라고 보는 연구자들도 있었다.

물론 앞에 소개한 견해들은 분석과 추측일 뿐 초기 필사본인 기묘본과 경진본에 두 회가 빠진 직접적인 이유는 제시하지 못했다. 따라서 『홍루몽』 64회와 67회 두 회가 조설근이 만들어낸 현안인지에 대해서는 아직까지 밝혀내지 못하고 있다.

현안 다섯: 갑술본 「범례」의 출처

『홍루몽』의 초기 필사본 중에는 유독 갑술본甲戌本의 서두에만 모두 5조목에 710자로 구성된 「범례」가 들어 있다. 내용은 『홍루몽』의 서로 다른 서명의 유래를 포함하여 작품 안에 제왕의 소재지인 경도를 언급할 때 사용한 특수 명칭을 거론하면서 『홍루몽』의 핵심은 "규중생활에 대해 심혈을 기울여" 묘사한 데 있으므로 작품에서 정사를 거론하지 않았다는 점을 밝혔고, 제1회의 회목을 설명하면서는 작가의 말을 인용하여 책을 짓게 된 동기를 밝혔다. 그 외에 칠언율시 한 수가 붙어 있다. "덧없는 인생은 분망함으로 고통스럽고 화려한 연회는 결국엔 끝나기 마련이라. 천 가지 슬픔과 기쁨이 아득한 환몽 같으니 고금의 꿈은 모두 황당하여라. 터무니없는 말에 아녀자의 소매를 적시는 눈물 흔적은 더욱 깊어지고 정 깊은 사람의 한은 더욱 길어만 가네. 글자 하나하나가 모두 피로 아로새겨졌으니 10년의 노고가 예사롭지 않네.[133]

「범례」의 체례는 통일성이 없고 내용에서도 모순되는 부분이 있는데, 다섯째 조목은 제1회에 대한 해설적 성격의 내용으로 기타 지평본에서도 보인다. 단지 필사의 스타일만 달랐을 뿐 내용에는 여전히 오차가 있었다. 그래서인지 「범례」는 한 사람의 손에서 나온 것 같지가 않다. 어떤 연구자는 지연재가 「범례」를 썼다가 나중에 첫 번째 조목에서 네 번째 조목까지를 빼면서 나머지 다섯 번째 조목만이 경진본, 몽고본, 척서본의 제1회 회전총평으로 자리 잡게 된 것이라고 보기도 했다. 이게 가능하려면 갑술본이 가장 빠른 필사본이라는 분명한 가정이 필요하다. 판충구이는 갑술본이 가장 이른 필사본이며 더나아가 「범례」는 조설근이나 지연재 이전의 인물이 쓴 것이라고 추정했다. 그러나 많은 고증파 홍학가는 판충구이의 설에 동의하지 않았고 오히려 갑술본이 가장 늦은 필사본이고, 또 그렇기 때문에 상업적인 성격의 「범례」가 존재하게 된 것이므로 아무래도 서적상의 모작模作일 것이라는 의문을 품었다. 물론 개중에는 「범례」가 조설근 본인이 쓴 것이라고 보는 이들도 있었다. 「범례」에 대해 후스, 위핑보, 우스창, 판충구이, 펑치융, 자오강, 저우처쭝 등은 모두 그에 대한 의견을 제시하거나 글을 발표했다.

그러나 「범례」를 과연 누가 썼는지에 대해서는 아직까지 결론을 내지 못했으며, 심도 있는 연구가 필요한 홍학의 현안이 되어 있는 상황이다. 이 현안은 갑술본 저본의 연대 문제까지 건드리고 있어 『홍루몽』 초기 필사본의 판본 체계를 분명히 하는 데 크게 도움이 되었다.

현안 여섯: 『홍루몽』의 판본 체계

현재 이미 발견된 지평본脂評本 계열의 필사본은 갑술본, 경진본, 기묘본, 몽고본夢稿本, 서원위서본舒元煒序本, 척료생서본戚蓼生序本, 몽각주인서본夢覺主人序本, 정전둬鄭振鐸 소장본, 몽고왕부본蒙古王府本, 난징도서관 소장의 척서본戚序本, 상트페테르부르크 소장 필사본, 징잉쿤靖應鹍 소장 필사본 등 모두 12종류가 있다. 불행하게도 '분실된' 징장본을 제외하고 지난해에 중화서국에서 영인본으로 출판된 상트페테르부르크 소장본까지 합쳐 다른 필사본들은 대부분 이미 영인본으로 출판되었다.

그러나 이 12종의 필사본에 관한 많은 논문이 발표되고 저작이 출판되었음에도 이러한 판본 체계를 명쾌하게 규명해내지 못해 충분한 연구가 이루어졌다고 볼 수 없다. 『홍루몽』의 판본 문제는 지금까지 저마다 의견이 달라 정설이 확립되지 못했다. 어쩌다 한 가지 설이 대두되면 즉시 비판에 직면하고 비판한 사람 스스로도 자신의 설을 끝까지 고수하지 못했다. 특히 판본의 변천과 『홍루몽』의 창작 과정에 관해서는 모두가 인정하는 설을 지금껏 찾지 못했다. 더더구나 지연재 평어의 서로 다른 판본에 관한 진일보한 비교 연구도 여전히 연구자 모두의 몫으로 남겨져 있다. 판본의 선후관계는 그야말로 수수께끼다. 많은 연구자가 정해년丁亥年이라는 평어가 위에 있기 때문에 당연히 건륭 19년 갑술년의 판본일 리가 없다는 점을 들어 갑술본에 대한 명칭도 타당하지 못하다는 것을 지적한 바 있음에도 여전히 후스를 비롯한 많은 연구자가 갑술본은 "국내의 가장 오래된 홍루몽 필사본"이라는 점을 확고하게 믿고 있다. 기묘본과 경진본의 관계에 대한 서로 다른 관점을 가지고 있던 펑치융과 잉비청은 상하이고적출판사에서 각각 저서 한 권씩을 출판함으로써 자신들의 입장을 분명히 했다. 이외에 척서본에 대해서도 가장 빠른 판본이라거나 가장 늦은 판본이라는 서로 상반된 설이 존재한다.

요컨대 『홍루몽』의 판본 체계는 홍학 전문가들에게도 역시 수수께
끼다. 그래서 끝나지 않는 논쟁은 현안이 되어 계속 연구를 이끌어내
는 지렛대 역할을 담당하고 있다.

현안 일곱: 조설근의 본적

조설근의 본적은 연구자들 사이에 평룬설豐潤說과 랴오양설遼陽說 등
두 설이 있다. 평룬설은 저우루창이 강력하게 주장했는데 이에 대한
아주 상세한 고찰이 『홍루몽신증』 증보수정판 제3장에 수록되어 있
으며 「평룬조씨세계표豐潤曹氏世系表」를 부록으로 첨부하고 있다. 저우루
창에 앞서 리셴보李玄伯는 1931년에 『고궁주간故宮周刊』에 「조설근 가세
에 대한 새로운 고찰」을 발표하여 조씨 집안의 원적은 허베이 평룬이
라고 밝힌 바 있다.[134] 근거로 삼은 자료인 우동尤侗의 「송자시고서松茨
詩稿序」에는 "조씨네 아들 여헌荔軒은 서로 나이 차이에 구애 없이 교류
해오고 있었는데 그의 시는 처량하고 침울함으로 일가를 이루었다.
지금 그의 형 충곡沖谷은 오문을 자유롭게 돌아다녔는데, 그 과정에
서 그가 지은 「송자시松茨詩」를 받아 읽어보니 격조가 남달랐다. 확실
히 형제의 재주가 뛰어났으니 모두 업하鄴下의 뒷심이다. 나는 이미 충
곡과 교류하고 있었기 때문에 그가 평룬 사람이라는 것을 안다"[135]고
되어 있다. 충곡은 바로 조함曹鈖인데, 6제 22수로 이루어진 충곡과 그
의 둘째 형 조분曹鈗의 시를 언급한 조인의 『연정시초』에서 "묘각卯角"

"골육骨肉" "백씨伯氏" "중씨仲氏" "야우상夜雨床" 등의 단어와 전고가 구사되고 있는 것을 본 저우루창은 "형제 항렬 간에 쓰는 말이 아닐 수 없다"고 판단했다. 특히 『연정시초』 권2에 들어 있는 「송자의 네 형은 멀리 서지를 건너 두소릉의 "애달프도다 즐기며 노니는 자리, 어딜 가나 젊을 때는 아니어라" 10글자를 운으로 삼아 오늘 느낀 바로 옛일을 슬퍼하며 열 수를 짓노라松芃四兄, 遠過西池, 用少陵"可惜歡娛地, 都非少壯時"十字爲韻, 感今悲昔, 成詩十首」 시의 세 번째 작품에 들어 있는 "골육의 은혜를 공손히 받아 필묵의 즐거움을 영원히 바치노라恭承骨肉惠, 永奉筆墨歡" 구절은 염약거閻若璩의 「증조자유贈曹子猷」 시주詩注에도 인용되었으니 "본래 다른 해설이 있는데 우리가 잘못 오인하여 형제로 지칭한 것일 리 없다." 그래서 저우루창은 조인과 조함은 절대 "같은 성을 가진 사람이 한 가족처럼 지낸 것"이 아니라 "혈육"관계의 형제지간이라고 단언했다. 그렇다면 조함은 충곡이고 사실상 평룬 사람이니 조인도 당연히 평룬 말고는 달리 본적이 있을 수 없다.[137]

그러나 문제는 바로 거기에 있다. 펑치융 선생은 조씨 집안의 원적을 규명하기 위해 명청대 『평룬현지』를 비롯한 조씨 집안의 가계에 관련된 많은 자료를 섭렵한 후 조함의 부친 조정망曹鼎望이 감수한 평룬 조씨 종보에 조설근 조부에 관한 대목이 한 토막도 들어 있지 않다는 것을 발견한다. 펑치융은 그에 대해 다음과 같이 썼다.

조인의 시집에 근거해 보면 조정망의 둘째 아들 조분曹鈖과 셋째 아들 조함이 모두 조인과 교류가 깊었고 조인의 시집에는 그들의 시가 여러 수 남겨져 있다. 그 시들을 보면 그들은 아주 어렸을 때부터 함께 한 사이임에 분명하다. 이것은 여섯째 평룬조씨 종보를 "감수"한 조정망의 두 아들 모두 조인과 친한 사이였음을 말해주는 것이다. 따라서 조정망이 조진언曹振彦, 조새曹璽, 조인 일가에 대해 분명히 잘 알고 있었을 것이다. 그런데 그렇듯 평룬조씨 종보의 감수자인 조정망이 조진언, 조새, 조인 일가에 대해 긴밀한 관계인 이상 조인 일가가 분명 평룬조씨에서 랴오둥遼東 톄링鐵嶺으로 갈라져 나갔고, 조새와 조인의 동북 원적이 분명 톄링이며, 조인과 조충곡·빈급賓及 등이 분명 한 조상에서 갈래지어 나온 자손임을 안다면 조정망이 감수할 때 왜 눈앞에 있는 같은 갈래의 혈족 형제들을 종보宗譜에 넣지 않고 배제시켰는가라는 의문이 생긴다.[138]

정말 일리가 있는 문제 제기가 아닐 수 없다. 게다가 이외에도 청 강희 31년 조정망이 편찬에 참여했던 『평룬현지』에는 조인에 대한 언급이 한 마디도 없다. 심지어 양저우揚州 의진 사람儀眞人 조의曹儀조차 이전에 평룬의 백伯에 봉해졌다는 이유 하나만으로 이 현지縣志에 들어가 있는데 말이다. 원적 평룬과 관련하여 숭정 2년 산해관을 통관한 조방曹邦의 일족도 현지에 들어 있다. 그래서 펑치융은 다시 질문을 던졌다. "양저우의 조의가 현지에 들어 있고, 평룬에서 갈래지어 나간 조방도 현지에 들어 있는 이상 현임 내무부 강녕직조의 조인과 그의 일가의 원적이 만약 '평룬'이라면 왜 현지에 포함시키지 않았는 가? 그의 명성과 지위가 자격에 미치지 못해서인가?"[139] 이 역시 일리가 있는 질문이다. 그래서 펑치융은 조설근의 원적이 평룬이 아니고, 이들의 갈래가 명나라 영락제 이후 평룬에서 산해관을 통관한 조단광曹端廣의 후손이 아니기 때문에 이에 대해 달리 설명이 필요치 않은

것이라고 했다.[140]

평치융은『오경당중수조씨종보五慶堂重修曹氏宗譜』를 근거로 조설근 조상의 원적은 랴오둥의 랴오양과 선양審陽이며 시조는 종보에서 넷째 갈래에 속하는 조준曹俊이라고 판단했다. 그러나 "조준이라는 인물의 원적이 어디인지는 미해결로 남아 있는 문제"[141]라고 했다. 그래서 저우루창은 평치융의 연구가 랴오양이 조씨 집안의 원적이라는 것을 밝히는 데 핵심이 있는 것이 아니라 "랴오양의 조씨가 과연 토착민인가 아니면 이민자인가를 밝혀내는 데 있다는 것은 모두가 주지하고 있는 사실"이라고 주장했다.[142] 그렇게 본다면 조설근 조상의 원적에 관한 현안도 아직 최종적인 결론을 얻지 못한 것으로 보인다. 게다가 홍학가들 중에는『랴오둥조씨종보遼東曹氏宗譜』의 진위 문제에 대해 여전히 다른 의견을 가진 이들이 존재한다. 특히 종보의 4대에서 8대까지 "계보가 빠지고 기록이 없다가" 9대에 가서야 조석원曹錫遠의 이름이 올라 있는 이른바 "5대가 공백"인 상황에 대해 단기간 내에 납득할 만한 설명을 내놓기는 사실상 어렵고 도리어 문제의 심각성을 더욱 증폭시켰을 뿐이다.

현안 여덟: 조씨 가문의 기적旗籍 문제

조설근 조상의 원적은 분명 홍학의 현안 중 하나로, 그가 속한 기적 문제에 대해서도 오랜 기간 논쟁이 끊이지 않았다. 후스가『홍루몽고증』에서 조설근은 "한군정백기인漢軍正白旗人"이라고 하면서 근거 자료도 충분하다고 한 것은 청대의 조정에서 간행한 많은 서적, 예컨대 『사고제요四庫提要』 『청사열전淸史列傳』 『청사고淸史稿』와 『설교시화雪橋詩話』 『팔기문경八旗文經』 『팔기화록八旗畵錄』과 같은 개인 저술에서 하나같이 그렇게 말하고 있기 때문이었다.

그러나 문제는 거기서부터 시작되었다. 저우루창은 "한군漢軍 두 글 자는 실제로 잘못된 것"이라고 말했다. 그는 조씨 집안은 한인 항복 자들로 편성한 군대인 한군이 아니라 "만주기인"이므로 "조인과 조설 근을 더 이상 한인과 같이 봐서는 안 된다"고 주장했다. 『홍루몽신증 紅樓夢新證』의 '출신 원적籍貫出身'장에는 이렇게 서술되어 있다.

우리는 분명히 해야 할 것이 있다. 첫째, 조씨 집안의 선대는 한족일지라 도 "한족 항복자들로 편성된 한군기漢軍旗"와는 달리 만주팔기에 예속되 어 있었다. 둘째, 무릇 『씨족통보氏族通譜』에 실린 사람들은 모두 "이전에 만주팔기에 편입되어 역사가 오래된 자들이다." 셋째, 조씨 집안은 비록 평민 출신이지만 역사가 오래되었고 대대로 고관을 역임하여 사실상 "명 문 귀족"이 되었다. 넷째, 조세선으로부터 6대인 조설근에 이르러 바야흐 로 쇠락해지나 조설근 붓끝에서 나온 그 집안 상황을 살펴보면 음식과 의복, 예의와 가법 등이 대체로 만주 습속을 반영한 것이어서 절대 한족 이 사칭할 수 있는 내용이 아니다. 종합해보면 청나라가 개국한 지 100년 이 지난 시점에서 조설근은 몸에 "한"의 피가 흐른다는 사실을 제외하고 는 거의 모든 면에서 만주팔기인이 되어 있었다. 그의 뇌리에서 "망국"이 니 "명나라를 그리워하는" 마음이니 하는 것은 한마디로 웃기는 말이다. 대대로 만주팔기에 속한 집안에서 태어나고 자랐지만 중도에 쇠락한 처지로 전락해 산촌에서 책을 짓게 된 조설근이 오히려 다른 집안이나 혹은 조정의 "장부들을 정리하고 기록하기 위해" 기이한 수수께끼를 대량으로 만들어 이전 왕조의 여러 명사들을 투영시켰다고 보는 "명주明珠"니 "순치順治"니 하는 설들은 그가 당시에 처한 상황과 심경을 놓고 볼 때, 역시 상당히 납득하기 어려운 대목이다.[143]

저우루창은 조설근의 만주팔기 족보에 관한 논술에서 마치 이 현안은 연구자들이 죄를 뒤집어쏠 것이 아니라 조설근과 『홍루몽』의 사상적 특성을 이해하는 것과 밀접한 관련이 있음을 나타내고자 한 것 같다. 그의 관점은 명확하다. 조씨 집안은 "만주팔기에 예속되어 있었고" "이미 거의 모든 면에서 만주팔기인이 되어 있었다"는 사실이다. 그러나 일부 연구자 중에는 저우루창의 설을 부정하는 이들이 있었다. 예를 들면 평치융의 경우 조씨 집안이 원래 후금에 귀순한 명나라 군관이었으나 천명天命·천총天聰 시기에 한인 항복자들로 편성된 만주군대에 속했다가 다시 훗날 만주 정백기에 편입되었다고 보았다.[144] 리화李華는 조씨 집안은 응당 정백기 만주滿洲 니칸尼堪(漢人)이며 건륭 이후 "내무부內務府 포의布衣에 속했다가 뽑혀서" 정백기 한군으로 옮겨지게 되었을 가능성이 있다고 보았다.[145] 이외에 주난셴은 조씨 집안은 내무부 만주팔기 분파 내의 한족 성씨를 가진 집안으로 만주족에 동화된 한인[146]이라는 등의 견해를 피력했다. 서로의 의견이 상당이 다르다는 것을 알 수 있다. 이렇게 서로 다른 의견이 속출하게 된 데는 청 입관 전의 팔기 제도의 복잡한 상황과도 밀접한 관련이 있다. 그러나 사학계에서는 오히려 이에 대해 혼란을 가중시킴으로써 정확한 판단을 어렵게 했다. "만주기滿洲旗" "한군기漢軍旗" "포의기인布衣旗人" "만주기인滿洲旗人" "포의한인布衣漢人" "포의만주인布衣滿洲人" "내무부한성인內務府漢姓人"과 "내만주內滿洲" "내한군內漢軍" 등으로 구분하다보면 정말 간단치 않다. 조씨 집안은 도대체 한인인가 아니면 만주족인가? 원적에 대한 연구든 만주적滿洲籍에 대한 연구든 궁극적으로는 모두 다 이 문제를 규명하려는 데 있다.

1982년 『홍루몽학간』에 발표된 장수차이張書才의 「조설근의 기적 고변曹雪芹旗籍考辨」은 주목할 만한 글이다. 장수차이는 많은 사료를 고증하고 분석한 후 다음과 같은 결론을 내렸다. "조씨 집안은 선대가 한인일 뿐 아니라 만주기에 편입되어 황실의 가노가 된 후에도 여전히 포의한군좌령布衣漢軍佐領의 아래에 편입되어 정백기포의한군기적正白旗布衣漢軍旗籍에 속해 있었기 때문에 일반적으로 내무부 한군기인內務府漢軍旗人, 약칭 내한군內漢軍으로 불렸다."[147] 그는 조씨 집안의 이러한 신분은 이른바 "내부세복內部世僕" "포의하천布衣下賤"인 만주족 사회의 하층계급으로 황실의 제재를 받았을 뿐 아니라 평민 만주족에 의해 천대를 받았다. 다른 한편으로 그들은 원래 한인이지 절대 만주족이 아니어서 만주족, 몽골족, 한족 등 세 부류의 만주인 중에서도 지위가 가장 낮았다. 그들은 팔기 한군에 비해 만주화가 더 강하게 진행되었지만 순치, 강희 이후에는 한족 문화 전통을 회복하고 발전시키는 추세가 더욱 뚜렷해졌다. 그래서 청나라가 개국하고 100년이 지난 후의 조설근은 그의 조상들보다 덜 만주화되었으며 오히려 반대되는 양상을 보여주었다는 것이다. 저우루창과 견해차가 크게 벌어진 장수차이의 견해는 조설근의 만주 기적 문제를 더 큰 논란 속으로 빠져들게 했다.

현안 아홉: 징장본靖藏本 의 "유실"

징잉쿤 소장 필사본 『홍루몽』은 현재 이미 알려진 대로 12종의 지평본 계통의 필사본 중 하나다. 그러나 유일하게 세상에 공개되지 않은 필사본이기도 하다. 1959년 여름 난징의 마오궈야오毛國瑤는 징잉쿤의 집에서 이 책을 보고 척서본과 대조한 결과 척서본에는 없는 무려 150조에 달하는 평어가 있다는 것을 발견했다. 그중 어떤 평어는 다른 판본에는 없는 것이어서 중요한 의미를 지닌다. 제18회 묵필墨筆 미비尾批에 다음과 같은 내용이 들어 있다. "손책孫策이 천하를 삼분했을 때 군대는 500명에 불과했다. 항적項籍은 강동의 자제들을 이끌고 기병을 삼으니 사람은 8000명에 불과했다. 마침내 산천을 가르고 천하를 분할했다. 어떻게 백만의 의병이라고 하면서 하루아침에 전쟁에 패해 난을 일으킨 사람들에게 마치 초목이 베이듯 무자비하게 살육을 당하는가? 양쯔강과 화이수이강은 강기슭의 버팀목을 잃었고 군영의 보루는 울타리의 견고함이 부족했다. 조세를 가혹하게 거두어들인 자는 합종하여 우호 관계를 맺고 농기구를 든 농민들은 시세의 이로움에 편승했다. 설마 양쯔강 이남의 왕기가 이미 300년으로 끝난 것은 아니겠지? 이를 통해 천하가 병탄되면 결국에 가서는 진왕秦王 자영子嬰이 지도軹道 옆에서 항복했던 재앙을 면치 못하고, 수레바퀴와 문자가 하나로 통일되어도 결국에 가서는 진晉의 회제懷帝와 민제愍帝 두 군주가 겪은 평양平陽에서의 화를 면치 못하게 됨을 알 수 있도다. 오호라! 산악이 무너지니 국가 위망의 액운을 겪었고, 세월이 교체되니 필연적으로 고향을 등지는 슬픔을 당하는구나. 하늘의 뜻으

로 이루어진 인간사는 참으로 가슴 아프고 비참하도다!"는[148] 내용
이 들어 있다. 이어서 다시 "명문가의 몰락은 반드시 이렇게까지 빨리
진행되지는 않는다. 특히 자손이 불초하여 불량배를 끌어들이는 것
은 창업의 지난함을 몰라서다. 응당 '순식간의 영화요 잠시간의 환락'
임을 알아야 하며 이는 '타는 불에 기름을 붓고 생화로 비단을 짜는
것'과 다를 바 없으니 어찌 오래 지속될 수 있겠는가! 무자년戊子年 음
력 4월, 유자산집庾子山集을 읽고 몇 자 여기에 남기니 후세 자손들이
이를 소홀히 해서는 안 될 것이다."[149] 평어의 서명 연도는 무자년戊子
年으로 건륭 33년(1768)이며 조설근이 사망한 갑신년甲申年과는 4년밖
에 차이가 나지 않은 것을 볼 때 필시 기홀수 등에게서 나왔을 것이
다. 정말이지 위잉스가 분석한 것처럼 이 평어는 왕조의 흥망성쇠에
대한 감개를 드러내고 있고 심지어 "명대의 종말과도 연관 지을 수 있
어" 그 가치는 짐작하고도 남는다. 또 제22회의 미비에 "앞의 평어는
아는 사람이 아주 드물다. 몇 년이 못가 근계芹溪, 지연脂硯, 행재杏齋 등
이 모두 저 세상으로 떠났다. 정해년 여름인 지금은 이 폐물만이 살
아 있으니 어찌 애통하지 않겠는가!"[150] 정해년 여름의 평어에서 자신
을 "폐물"이라고 부른 것은 당연히 기홀수의 어투다. 지연재가 자신보
다 먼저 세상을 떴다고 한 것으로 보아 지연재와 기홀수는 당연히 한
사람일 수 없다. 이는 지연재와 기홀수가 두 사람인가 아니면 한 사람
인가 하는 문제에 대한 실증적인 증거가 되었다.

이상의 내용을 통해 징장본의 중요성을 엿볼 수 있다. 마오궈야오
의 회상에 따르면, 이 판본은 10권의 대형 하드커버로 구성되어 있
고 매 4회마다 남색지로 된 겉표지에 "명원당明遠堂"과 "졸생장서拙生藏

書"라는 전서체로 된 도장이 찍혀 있었다고 한다. 1964년에 자신이 일찍이 본 적이 있는 150조에 달하는 평어를 위핑보, 저우루창, 우언위, 우스창 등 홍학가들에게 보냈는데,[151] 훗날 저우루창은 홍콩의 『문회보』와 『문물』지에 투고하여 소개한 바 있고[152] 1974년 9월에는 난징사범학원에서 발간한 『문교자료간보文教資料簡報』에 정식으로 게재했다. 그러나 징장본 원본은 마오궈야오를 제외하고 어떤 홍학가도 직접 볼 기회를 얻지는 못했다. 설에 따르면 "유실되었다"고 하는데, 앞서 1964년에 징잉쿤의 집에서도 이 소장본을 찾지 못했다고 한다.

이와 관련하여 "석규서옥 『석두기』권일夕葵書屋 『石頭記』卷一"의 평어 문제가 아직 더 남아 있다. 역시 마오궈야오가 위핑보에게 필사하여 보내준 것인데 징잉쿤이 『원중랑집袁中郎集』에서 찾아낸 낙장이라고 한다. 내용을 살펴보면 다음과 같다.

석규서옥石葵書屋 『석두기』권일

이것은 첫 번째 표제시다. 쓰라린 눈물이 담긴 사연을 아는 사람이 눈물로 이 책을 썼다. 임오년 제석. 설근은 눈물이 다해 죽음에 이르렀고 항상 설근을 애통해했던 나도 눈물이 거의 말라가고 있다. 매번 청경봉을 찾아 석형에게 묻고 싶은데 왜 나두화상은 만나지지 않는 것인가. 비통하도다. 오늘 이후로 조물주께서 지연재와 조설근을 하나씩 더 만들어 이 세상에 내놓으신다면 이 책으로서는 다행일 터이니 우리 두 사람도 구천에서 크게 기뻐하며 흡족해 마지않을 것이다. 갑신 팔월 눈물로 쓴 글.[153]

이 평어에서 서명연도는 "갑신 팔월"로 되어 있는데 갑술본에는 "갑오 팔일"로 되어 있어 분명 징장본이 맞다고 보여지며 조설근의 사망 연도에 대한 고증에서도 시간을 잘못 기록했는지 여부에 관한 문제는 발생했을 리가 없다. 그러나 "석규서옥 『석두기』"가 징장본인지 아닌지에 대해서는 또 하나의 의문이 추가되었다. 사람들은 이미 "유실된" 징장본이 "잃어버린 길을 되찾아" 다시 소장인의 손에 돌아오고 대중에게도 공개되어 홍학 연구에 도움이 되기를 진심으로 바라고 있다.

하편
홍학의 미스터리와
홍학의 "옭매듭"

하나: 풀리지 않는 네 가지 미스터리

『홍루몽』을 연구하는 동안 이상에서 언급한 17차례의 논쟁과 아홉 가지 현안 외에도 풀리지 않는 네 가지 미스터리가 더 있다.

첫 번째 미스터리는 원춘元春의 판사判詞다. 『홍루몽』 제5회에서 가보옥이 꿈속에 태허환경에 가서 본 원춘의 판사는 다음과 같다. "20여 년 동안 시비를 가려가며 키워낸 활짝 핀 석류꽃이 궁 안을 비추이네. 삼춘은 초봄의 경관과 다투지만 범과 토끼가 상봉해도 죽고 나면 한바탕 꿈인 것을."[154] 둘째와 셋째 구절은 풀이가 어렵지 않으나 첫 번째와 네 번째 구절에서 "20여 년 동안二十年來"이 가리키는 것이 무엇인지 알 수 없다. 어떠한 "시비是非"를 "분별"했다는 것인가? "호토상봉虎兔相逢"은 간지 기년의 의미를 암시하는 것 같은데, 그렇다면 작가는 어느 해와 어느 해가 "서로 만났다"는 것을 말하려 한 것인가? 정말이지 어디서부터 해석해야 할지 모르겠다. 속서에서 원비가 사망한 날은 갑인년甲寅年 12월 19일인데, 주에는 그해 12월 18일 입춘立春이라고 상세히 밝히고 있어 "이미 인년寅年 묘월卯月에 접어들었다." 견강부회가 지나쳐 설득력을 잃었다. "범虎"은 궁정을 상징하고 "토끼兎"는 원춘을 상징한다고 보는 연구자들의 견해도 나름대로 일리가 있어 보이나 작가의 의도가 무엇인지는 결국 밝혀내지 못했다. 경진본庚辰本 제14회의 평어 "유柳의 반을 자르면 묘卯이고 표彪의 반을 자르면 호虎이며 인寅은 우寅다柳折卯字, 彪折虎字, 寅字寅焉" 구절을 근거로 "토끼兎"는 유씨 성을 가진 사람, 즉 유상련이라고 생각하는 이들도 있었다. 또 "유화榴花"가 "유화柳花"와 해음을 이룬다고 보는 설[155]도 있었으니 더더욱 억측에 가까운 말이라 하겠다. 필자는 일찍이 "호토상봉"이 강희와 옹정의 정권 교체를 암시한다고 추정한 바 있다. 왜냐하면 강희는 61년 11월 13일에 서거했기 때문에 간지로 보면 임인壬寅, 즉 호랑이해다. 옹정은 같은 해 11월 20일에 즉위했는데 이미 계묘癸卯, 즉 토끼해에 접어들었을 시기다. 바로 옹정이 황위를 계승하면서 조씨 집안은 위험한 상황에 놓이고 머지않아 가산 몰수까지 당한다. 이는 조설근에게 한바탕 꿈과 다를 바 없었기 때문에 판사에서 "한바탕 꿈인 것을大夢歸"이라고 한 것이다. 물론 이것도 추측에 불과할 뿐 타당성 있는 견해는 아니다. 게다가 "20여 년 동안二十年來"은 결코 무용한 필법이 아니다. 예를 들면 지연재 비어의 "손가락을 꼽아 20년을 세다屈指二十年矣"라는 말과 대비시켜보면 더더욱 모종의 속뜻이 담겨 있음을 알 수 있다. 그렇다면 원춘의 이 판사를 도대체 어떻게 풀이해야 할까? 볼수록 그야말로 오리무중이다.

두 번째로 풀리지 않는 미스터리는 「홍루몽곡」 중에서 「좋은 일도 언젠가는 끝나게 마련好事終으로 그중 두 구절, 즉 "부업父業을 타락시킨 것은 가경으로부터 시작되었고 집안이 몰락한 것은 영寧국부에서 시작되었다箕裘頹墮皆從敬, 家事消亡首罪寧"가 바로 그것이다. 곡 자체는 진가경에 대해 이야기하고 있다. 그래서 첫 번째 구절은 "봄은 가고 대들보엔 향의 재만 남았네畫梁春盡落香塵"라고 되어 있다. 문제는 왜 "집안이 몰락한 것은 영寧국부에서 시작되었다"라고 말했는가다. 물론 가씨 집안의 몰락은 영寧국부의 자제들 때문이었던 것으로 풀이할 수 있지만 그것이 책의 스토리 전개와 완전히 맞아떨어지는가? "가사소망家事消亡"이 네 글자가 조설근이 살았던 옹정, 건륭 시기에 어떠한 비중을 차지하는지 반드시 살펴보아야 한다. 어찌 작가 임의로 이와 같은 말을 썼겠는가? 그렇기 때문에 영寧국부의 사적은 쑤저우직조 이후李煦 일가를 투영한 것이라고 주장하는 싱가포르 학자 피수민皮述民 같은 이도 있었다.[156] 심지어 가오양高陽은 『홍루몽단紅樓夢斷』 제1부 「말릉춘秣陵春」에서 이후가 며느리를 핍박하여 목을 매달도록 한 것이라는 직설적인 주장을 펼치기도 했는데, 이 역시 영寧국부의 일들을 이씨 집안의 일로 여겼기 때문이다. 이러한 관점은 여러 측면에서 보았을 때 사실상 믿기 어렵다. 그러나 모두 "집안이 몰락한 것은 영寧국부에서 시작되었다"라는 예사롭지 않은 의미에 주목했다는 사실이다. 이는 홍학에서 풀리지 않는 하나의 미스터리임에 분명하다.

세 번째 풀리지 않는 미스터리는 『홍루몽』의 서명과 관련된 것이다. 제1회의 "이야기의 유래는 이미 밝혔으니出則既明"라는 말처럼 이미 앞서 이야기가 생겨나게 된 배경을 소개하고 네 가지 서명을 밝혔는데 서명마다 구체적인 인물과 관련이 있다. 이를테면 본래 『석두기』

였던 것이 공공도인空空道人이 나서 『정승록情僧錄』으로 바꾸었고, 동로東魯 공매계孔梅溪는 『풍월보감』이라는 이름을 붙였으며 조설근은 첨삭의 과정을 거친 후 『금릉십이채金陵十二釵』란 제목을 달았다. 자신이 쓴 『홍루몽』을 조설근은 오히려 "『금릉십이채』로 제목을 단 것이니" 이는 어찌된 일인가? 공공도인은 누구인가? 동로 공매계는 또 누구인가? 사람들의 이름과 서명 간에는 어떠한 상관관계가 있는가? 『홍루몽』을 연구하는 사람이라면 어느 누구라도 이에 대해 하나하나 규명하고 싶다는 생각을 해보았을 것이다. 그러나 이 분야는 발표한 논문은 많지만 공통된 인식에 도달하기엔 아직 갈 길이 요원하다. 이들 서명의 유래는 아직까지도 뚜렷하게 해결되지 못한 상태다.

네 번째 풀리지 않는 미스터리는 명의明義의 「제홍루몽題紅樓夢」 절구 20수인데, 마치 80회 이후의 『홍루몽』의 스토리를 언급하고 있는 것 같다. 명의는 자가 아재我齋로 만주 양황기鑲黃旗 부찰씨富察氏 부항傅恒의 둘째 형인 부청傅淸의 아들이며 대략 건륭 초년에 태어나 조설근이 사망했을 때는 그의 나이가 20세쯤 되었을 것이므로 조씨 집안과는 모종의 관계가 있었을 것이다.[157] 저우루창의 고증에 따르면, 「제홍루몽」은 건륭 35년에서 건륭 46년 사이에 지어져 위로는 조설근이 사망한 시기와 5~6년에서 15~16년의 시간차가 발생하고, 아래로는 정위원과 고악이 120회본을 간행한 시기와 10~20년 이상의 시간차가 발생한다. 그래서 시에 만약 80회 이후의 스토리를 언급하고 있다면 특히 주목할 만한 일이다.

연구자들이 흥미를 느낄만한 명의의 제홍시題紅詩 가운데 제17수에서 제20수에 해당하는 뒤의 마지막 4수를 각각 소개하면 다음과 같다.

비단옷 입은 귀공자는 난초의 새싹으로 자라고
곱게 단장한 미녀는 16세가 아직 되지 않았네
젊은이끼리 함께 동침하는 것도 무방하건만
꿈속의 혼령은 여러 겹 휘장을 드리웠네

상심하여 장화사 한 수를 읊조리는데
예언같이 될 줄이야 자신도 몰랐으리
어찌해야 향기로운 혼을 소생시켜
고질병을 고치고 혼인의 연을 이어갈거나

춘몽처럼 모였다가 연기처럼 사라지니
금옥양연일랑은 묻지 마시게
석두가 청경봉 아래로 돌아가면 영기가 없어지니
말을 할 수 있다 해도 결국은 아무 소용이 없다네

풍성한 요리에 봄이 머지 않았건만
왕손은 비쩍 말라 뼈가 치솟았네
예쁘게 화장하고 어디로 돌아갈거나
그 옛날 석숭이 부끄럽구나

錦衣公子茁蘭芽, 紅粉佳人未破瓜.

少小不妨同室榻, 夢魂多個帳兒紗.

傷心一首葬花詞, 似讖成眞自不知.

安得返魂香一縷, 起卿沉痼續紅絲.

莫問金姻與玉緣, 聚如春夢散如煙.
石歸山下無靈氣, 總使能言亦枉然.

饌玉炊金未幾春, 王孫瘦損骨嶙峋.
青蛾紅粉歸何處, 慚愧當年石季倫.

일반적으로 이상의 시 네 수에는 80회 이후의 스토리를 담고 있다고 보았다. 예를 들면 저우루창은 "제18수에서 대옥이 「장화사葬花詞」를 읊은 뒤에 '예언같이 될 줄이야'라는 것을 알고 있는 것은 명의가 조설근이 쓰려고 했던 대옥의 병사病死 대목을 이미 보았다는 것을 의미하는 것이라고 여겼다. 명의는 혼향이 되돌아와 대옥으로 하여금 '고질병'에서 부활하여 이미 끊어진 인연의 실을 잇게 하려 했고 대옥이 죽기 전에 인연의 실이 반드시 이어져 있었던 것도 이미 분명히 밝히고 있어 정위원본 속서와는 다른 부분이다."[158] 제17수에 대해, 저우루창과 저우유창周祐昌은 반복해서 "서로 반박하며" 한결같이 대옥에 대해 쓴 것이 아니라 보채에 대해 쓴 것이며 80회 이후에 비록 보옥과 결혼하지만 실제로는 서로 배필이 되지 못해 시에서 "곱게 단장한 미녀는 16세가 아직 되지 않았네"라고 쓴 것이라고 주장했다. 말하자면 같은 침대에 있으면서도 몽혼으로 서로 격절되니 이것이 바로 "꿈속의 혼령은 여러 겹 휘장을 드리웠네"의 본의라는 것이다.[159] 물론 개중에는 대옥에 대해 쓴 것이라고 주장하는 이들도 있고 청문에 대해 쓴 것이라고 주장하는 이들도 있었다.[160] 그러나 저우씨 형제는 "곱게 단장한 미녀"란 말은 어린 소녀들에게 쓰는 말이 아니라 "규중의 어린 신부"를 가리키기 때문에 역시 보채의 시의에 부합된다고 주장했다.

주단원朱淡文은 「홍루몽을 읊조린 후에 쓴 편지吟紅後箋: 명의의 제홍루몽시 찰기를 읽다吟紅後箋: 讀明義題紅樓夢詩札記」에서 저우루창의 관점을 전폭적으로 지지하면서 "전체적으로 볼 때 연시가 나타내는 원작 후반부의 내용이 아주 구체적이지는 않더라도 대체적인 윤곽은 드러났다. 명의의 연시를 통해 작품 후반부의 스토리를 살펴볼 때 보채가 먼저 보옥에게 시집을 갔고 대옥이 그로 인해 상심한 나머지 죽음에 이르게 된 것으로 보인다. 곧이어 가부가 정치적인 이유로 가산 몰수를 당하게 되자 보옥은 실의에 빠지고 아리따운 여인들도 영락하게 되었으며 보채는 강요에 못 이겨 개가하면서 금옥의 인연은 완전히 깨지게 된다는 내용이다. '그 옛날 석숭이 부끄럽구나'라는 구절이 연시가 끝나는 대목에 이르러 비로소 읊어진 것을 볼 때 작품의 원래 원고에서는 클라이맥스에 해당하는 대목이 가부가 가산 몰수를 당한 사건이라고 할 수 있다. 대옥의 병사와 보채, 보옥의 결혼은 모두 가부가 가산 몰수를 당하기 전에 일어났고 금옥의 결혼은 더더욱 대옥의 병사 이전에 일어난 것으로 보인다"는 입장을 밝혔다.[161] 우스창의 관점은 더욱 분명했다. 그는 명의가 본 『홍루몽』 초고가 스토리의 흐름과 안배에서 오늘날의 판본과 큰 차이가 있다고 보았다.[162] 이러한 추론이 틀리지 않다면 정위원과 고악의 속서에 앞서 이미 "완전한 작품"이 존재했다는 것이지만 이는 후대 사람들이 개탄하는 이른바 "번개처럼 나타났다 구름처럼 사라져 진상을 알 수 없게 된 상황만도 못한 것은 물론이고, 전80회의 내용은 오늘날 우리가 보고 있는 것과 대체로 같으면서도 크게 차이가 났을 것이다. 연시에는 왕희봉에 대한 언급은 물론이고, 사상운에 대해서도 단 한마디 언급이 없는데 이 역시 매우 의아하게 생각되는 대목이다. 그렇다면 이들 "초고" 내지 "예전 원고"는 훗날 어디로 간 것인가? 명의는 연시의 소서에서 "그 책은 전해지지 않는다"고 했는데, 누가 "전하지 않은 것인가?" 조설근이 전하고 싶지 않았던 것인가 아니면 전해지는 과정에서 "유실"된 것인가? 스토리상의 차이는 훗날 사람들이 잘못 고친 데서 비롯된 것인가 아니면 조설근 자신이 개작한 데서 비롯된 것인가? 앞서 말한 바대로 연구자들 중에는 연시의 마지막 네 수는 전80회의 내용을 벗어나지 않는다고 보는 이들도 있다. 그렇다면 명의의 시 20수는 도대체 어떻게 해석해야 하는가? 이는 확실히 홍학의 미스터리 중 하나임에 분명하다.

둘: 풀리지 않는 세 가지 매듭

홍학 연구에는 세 가지 풀리지 않는 매듭이 있다. 하나는 지연재가 누구인가이고, 두 번째는 조설근은 누구의 자식인가이며 세 번째는 속서의 작자는 누구인가이다.

지연재는 조설근과 『홍루몽』의 의의, 가치, 중요성을 연구하면서 홍학에 몸을 담고 있는 사람이라면 누구나 다 숙지하고 있는 인물이다.

그의 이름은 갑술본에 직접 쓰여 있고, 초기의 필사본에는 하나같이 『지연재중평석두기脂硯齋重評石頭記』라는 제목이 달려 있다. 조설근이 쓰고 지연재는 평을 하고 거기다 평어에 평어를 더해 네 차례나 평어를 달았다. 갑술본과 징장본의 제1회 평어에는 그와 조설근을 함께 거론하면서 "일근일지芹—脂"와 "일지일근脂—芹"으로 칭하기도 했다. 그러나 지연재는 누구인가? 삼촌이든 숙부든, 조부든 당촌이든, 조설근 본인이든 사상운이든 모두 추측에 불과했고 게다가 증거가 불충분한 추측이어서 연구자들의 의견이 일치되지 않았고 더구나 어느 주장이든 그 자체에 실증적인 기반이 없었다. 기홀수 역시 그러했다. 왜냐하면 지연재가 귀속을 찾지 못하자 기홀수도 응당 고찰할 방법이 없어졌고 결국 그 두 평자는 함께 묶이게 된 것이다. 조설근이 누구의 아들인가 하는 문제는 조부曹頫의 아들이라고 한 후스의 주장 이후 한동안 대다수 연구자가 그의 의견을 따랐으나 나중에는 동요가 일었다. 그것은 바로 후스가 이 주장에 대한 신뢰할 만한 증거 자료 없이 '기왕에 조인의 직조 자리를 이어받은 조과가 단명하여 세상을 떠나고 조부가 그 자리를 물려받았으니 당연히 조설근이 조부의 아들이다'라는 식으로 논리를 펼치며 추론했기 때문이다. 조설근이 조과의 유복자라는 설은 연구자들 사이에서 상당히 유행했지만 마찬가지로 실증성이 결여되어 있었다. 게다가 모순 하나를 해결하려면 반드시 조천우曹天祐와 조설근이 한 사람이라는 사실을 증명해야 했다. 조설근의 이름 조점曹霑이 조천우와 이름에서 합치되는 부분이 없지 않다고 주장하기 위해 왕리치王利器는 다음과 같은 논리를 폈다. 『시경』 「소아小雅」 「북산지십北山之什」 「신남산信南山」의 "하늘에 온통 구름이 끼더니 눈비가 펄펄 내리네. 보슬비를 더하니 이미 넉넉하고 충분하며 이미 젖고도 남아 우리의 백곡을 자라게 하도다. (…) 증손이 하늘의 복을 받아 장수를 누리리로다上天同雲, 雨雪雰雰, 益之以霢霂, 旣優旣渥, 旣霑旣足, 生我百谷 (…) 曾孫壽考, 受天之祜"구절은 두 사람이 "의미를 같은 데서 취했다義取相應"는 것을 보여준다는 것이다. 그러나 『시경』의 대부분 판본에는 이 시에 나오는 "우祜"자가 "호祜"자로 되어 있다. 정현전鄭玄箋에도 "고는 복이다祜, 福也"라고 되어 있다. "명감본明監本" "모본毛本" "민본閩本"에서만 "호"를 "우"로 잘못 기재하고 있을 뿐이다. 따라서 (왕리치의 주장을 뒷받침하기 위해서는)조씨 집안에서는 "우"라고 되어 있는 『시경』의 판본만을 보았다는 것을 증명해 보여주어야 하니 그야말로 보통 문제가 아니다. 게다가 『오경당조씨종보五慶堂曹氏宗譜』에는 조천우가 15세손에 올라 있고 "과의 아들은 관직이 주동이었다顆子, 官州同"163라고 상세히 주를 달아 놓았다. 만약 조설근 즉 조천우가 "주동"의 벼슬에 있었다면 구태여 "온 집안이 죽으로 연명해야 할 이유가 있었을까?" 이렇게 보았을 때 분명 이 설에도 모순점이 많다는 것을 알 수 있다.

결론적으로 조설근이 누구의 아들인가 하는 의문은 근본적으로 해결할 수 없는 문제가 되었다. 속서의 작자도 사정은 마찬가지다. 원래는 고악이라고 생각했다가 나중에 몽고본夢稿本이 세상에 모습을 드러내자 고악 속서설은 무너지고 말았다. 사실상, 정위원과 고악은 120회본 『홍루몽』의 서언에서 자신들은 수집하여 "희미해서 정리할 수 없는" 후40회를 기초로 하여 "장점을 취하고 단점을 보완하면서 전체를 베끼고 다시금 각본으로 새겼다"164고 아주 분명하게 밝힌 바 있기 때문에 우리는 이것을 거짓으로 간주할 이유가 없다. 장문도張問

陶의 『선산시초船山詩草』 권16 「동갑 고난야 악에게 보낸 시贈高蘭墅鶚同年」의 제목에 달린 주에 "전기 『홍루몽』 80회 이후는 모두 난야蘭墅가 보충한 것"[165]이라고 되어 있다. 다시 말하면 "보補"만 했을 뿐이라는 것은 보하여 모양새를 갖추게 했다는 의미임을 알 수 있다. 이른바 고악이 『홍루몽』 후40회를 속작했다는 것은 사실상 근거가 많지 않다. 그러나 도대체 누가 지은 것일까? 현재로선 아직 모른다거나 이 문제를 해결하기 위한 조건이 아직 갖추어지지 않았다고 깨끗하게 인정할 수밖에 없다.

그래서 나는 이것들이 풀리지 않는 세 가지 매듭이라고 말하는 것이다. 이미 알고 있는 자료를 놓고 볼 때 어떤 관점에서 입론을 하든 혹은 소재에 대해 어떻게 분석하든 지연재가 누구이고 조설근은 누구의 아들이며 속서의 작자는 누구인지에 대해서는 명확한 해답을 제시할 수가 없다. 새로운 자료가 발견되지 않는다면 이 세 가지 풀리지 않는 매듭은 더 꽁꽁 묶여 아무도 풀어낼 엄두를 내지 못할 것이다. 『홍루몽』의 "맛"을 "알아내는" 것은 물론 쉬운 일이 아니다. 작가는 이미 그 "맛을 알아낼" 사람이 없다고 탄식한 바 있다. 홍학의 미스터리를 풀고 홍학의 매듭을 푸는 것은 "촉도지난蜀道之難"에 버금갈 정도로 어려운 일이다. 그런데 이것이야말로 홍학이 뿜어내는 매력의 원천이 아닐까?

제 9 장

홍학에 던지는
실없는 한마디

상편:
먹을 것이 떨어진 새는
숲으로 날아든다

나는 이 책 제2장에서 『홍루몽』 연구가 이미 당대를 대표하는 저명한 학문이 되었다는 것을 소개하면서 『홍루몽』 관련 전문 학술지 『홍루몽학간』에 대해 언급한 적이 있다. 1979년 창간 당시 내가 직접 참여했던 그 잡지는 50집(2019년 현재 189집—옮긴이)이 발간된 상태다. 창간할 때만 하더라도 전혀 예상치 못한 결과다. 처음에는 그저 이런 학술지가 하나라도 있었으면 좋겠다는 바람을 가졌을 뿐이다. 그러던 중 어찌어찌해서 각 분야의 성원에 힘입어 창간을 하게 되었고 얼마나 갈 수 있을지 전혀 기대할 수 없는 상황에서 다만 5년이라도 지속될 수 있다면 더 바랄 게 없겠다고 생각했었다. 그런데 이렇게 오랜 기간 살아남아 『홍루몽』 연구 분야의 대표 학술지로 자리매김하게 될 줄 누가 알았겠는가? 게다가 그간의 추이를 보니 앞으로도 계속 출간될 수 있겠다는 확신이 든다.

이는 모두 『홍루몽학간』 편집부와 편집위원들, 전 세계에서 투고해준 필자와 독자들 덕이 아닐 수 없다. 그러나 무엇보다 필자들의 투고

및 독자들의 관심과 열독 이 세 가지 요소가 모두 함께 어우러졌기에 비로소 학술지로 간행될 수 있었다. 『홍루몽학간』은 백화문예출판사에서 간행되었는데 첫 호는 8만5000부를 찍었다. 나중에 다소 줄어들긴 했으나 여러 해 동안 1만 부 안팎을 유지했다. 최근까지 고정적으로 받아보는 정기구독자의 수는 7000명에 달하고 있다. 순수 학술지가 오랜 기간 이렇게 많은 독자를 보유하고 있다는 것은 실로 기적 같은 일이다. 여기서도 『홍루몽』 매력의 단면을 엿볼 수 있다. 당시 창간사에서 이렇게 썼던 기억이 난다. "본 간행물을 창간한 목적은 『홍루몽』의 전문 연구자 혹은 아마추어 연구자 모두에게 연구의 장을 마련해주고 상호 간에 학문적 교류를 통해 절차탁마함으로써 『홍루몽』 연구의 수준을 전반적으로 향상시키자는 데 있다." 여러 해가 흐르는 동안 50집이 발행되었고 1200여만 자에 달하는 홍학 관련 글들이 발표되었음을 볼 때 창간사에 언급했던 목표는 얼추 달성되었다고 보아도 될 것 같다. 창간사에서 "창조적인 학문 연구를 제창하고 실사구시가 민주적인 학풍임을 제창하며, 서로 다른 학파 간의 논쟁을 제창한다" 그리고 "허튼소리를 반대하고 질박하고 생동감 있는 학풍을 제창한다"[1]라는 말도 썼는데 이렇듯 당시 상황에 부합되는 학문적 지향성은 학술지에 그대로 반영되었다. 1980년대 전반 홍학의 발전에 있어서 실로 『홍루몽학간』이 그 견인차 역할을 했다는 사실은 재론의 여지가 없다.

그러나 1980년대 이후, 특히 최근 2년 동안 홍학의 열기는 어느새 식어가고 있다. 대륙은 물론이고 타이완, 홍콩에 이어 해외 홍학의 열기도 크게 잦아들었다. 원인은 여러 가지가 있다. 첫 번째 이유로 우선, 홍학의 학문적 특성을 예로 들 수 있다. 홍학이 홍학이 되고 학계의 관심을 불러일으킬 수 있었던 데는 색은파와 고증파 양대 분파의 공이 적지 않았다. 그런데 색은파든 고증파든 객관적인 자료의 제약으로 인해 어느 단계에 이르자 극단적인 한계 상황에 도달하게 되었다. 아무리 재주 있는 부인이라 하더라도 쌀이 없으면 밥을 해낼 수 없듯이 말이다. 『홍루몽』 자체가 쌀이라고 한다면 어느 요리사라도 밥을 지을 수 있다. 홍학의 소설 비평은 이렇게 전개되었다. 『홍루몽』만 존재한다면 소설 비평의 밥 짓기는 중단되지 않는다. 그러나 색은과 고증은 그렇지 않다. 그네들은 작품의 바깥에서 밥 지을 쌀을 찾았기 때문에 한계에 부딪힌 것이다. 그렇다고 아무 쌀을 사다 솥에 안친다고 될 일도 아니다. 임시변통으로 살 수 없는 재료를 사다가 『홍루몽』 연구라고 하는 솥에 안친다고 해서 먹을 수 있는 밥이 나온다는 보장은 없다. 우리는 근 백 년 동안 수많은 색은파와 고증파가 홍학밥을 짓는 것을 봐왔지만 그저 볼 수만 있었을 뿐 목구멍으로 삼켜 주린 배를 채울 수는 없었다. 그러나 홍학 색은파와 고증파가 존재하지 않는 상태에서 소설 비평파가 유일하게 홍학계를 독점했다면 "홍루의 잔치"는 열렸을지 몰라도 그 잔치에 왕림해줄 손님은 상대적으로 크게 줄었을 것이다.

차이위안페이는 『홍루몽』을 명나라의 멸망을 애도하고 청나라의 실정을 폭로한 강희제 시대의 정치소설로서, 특히 청나라에서 버슬했던 문인들에 대한 애석한 마음을 기탁했다고 보았다. 그의 논리가 반드시 정확하다고는 볼 수 없지만 깊은 성찰의 기회를 준 것만은 분명하다. 작중 스토리를 자세히 살펴보면 실제로 반만 사상이 드러난 대

목이 있다. 이는 차이위안페이가 보여준 연구의 방향성에 주목할 만한
점이 있다는 것을 말해준다. 후스는 『홍루몽』은 조설근 집안의 역사
로서 가정은 조부이고 가보옥은 조설근이라고 하면서 고증의 방법으
로만 『홍루몽』을 연구해야지 색은이란 것은 말할 필요도 없이 멍청한
수수께끼 놀이라고 비판했다. 그의 논리가 다소 편파적이긴 했어도 조
씨 집안에 대한 상당한 자료를 발굴하고 지연재 비어가 들어 있는 건
륭 필사본을 근거로 『홍루몽』의 본문을 탐구했기 때문에 절묘하게 일
치되는 점이 없지는 않았다. 그런 측면에서 볼 때 홍학 고증파가 제시
한 홍학의 연구 방향성을 너무 경시해서는 안 될 것이다. 홍학의 세
분파 모두 작품에서 저마다 독자적인 세계를 열어 보여주었다. 문학적
인 세상을 보여준 소설 비평파는 의외로 인문학계의 보편적인 관심을
불러일으키지는 못했다. 색은과 고증이 보여준 세상은 문헌적이고 역
사적이며 정치적인 요소를 두루 포함하고 있어 방법론적인 측면에서
는 오히려 더 보편적으로 받아들여졌다. 따라서 철학, 사학, 사회학, 정
치학, 문헌학 등 각 인문사회과학 분야의 학자는 모두 홍학에서 한껏
솜씨를 발휘하고 싶어했다. 바로 이런 점에서 나는 일찍이 홍학은 초
학문적인 특성을 갖추고 있으며 그와 동시에 홍학이라는 이 작은 분
야가 20세기 이래로 어떻게 그리 많은 국내 최고의 문사철 분야 학자
를 연구에 끌어들이게 되었는지에 대해 언급한 바 있다.

　위핑보는 이렇게 말한 바 있다. "홍학이라는 별칭이 실질적인 의미
를 담게 된 것은 이 책의 성격과 관련이 있다. 처음 유행했을 때만 하
더라도 글로 표현된 것들을 살펴보건대 학문으로 볼 수 없는 분분한
담론에 불과했다. 청말 민초에 와서 왕궈웨이, 차이위안페이, 후스 세

사람이 학자의 신분으로 『홍루몽』에 관한 대담론을 펼치면서 줄곧 소도小道와 볼만한 이야깃거리 정도에 불과하던 소설이 마침내 대아지당에 오르게 된다."[2] 또 이렇게 말했다. "사적에 관하여 탐색하고 고증하는 것이 마땅한 것인즉, 설령 그것을 학문으로 칭한다 하더라도 분에 넘치지 않는다. 이른바 이것이 실질적인 의미를 담고 있는 말이다."[3] 위펑보의 이 말은 「색은과 자전설 한평索隱與自傳說閑評」이라는 글에 들어 있다. 1978년에 작성한 초고를 1986년에 개정한 이 글은 사상이 응집된 만년의 글로서 짧지만 상당한 무게감이 있다. 우리는 여기서 색은과 고증이 홍학이 되고 더 나아가 홍학의 진정한 의미를 획득해가는 과정에서 담당했던 특별한 역할에 대한 그의 평가를 엿볼 수 있다. 이 두 홍학 분파 자체를 어떻게 평가할 것인가는 또 다른 차원의 문제다.

오늘날 홍학은 왕궈웨이, 차이위안페이, 후스 등이 학자의 신분으로 『홍루몽』에 대한 담론을 펼친 이래 이미 백 년이 지났다. 마치 진가경이 왕희봉의 꿈에 나타나 "우리 집안이 번성한 지 이미 백 년이 되어갑니다"라고 한 말과 비견된다. 홍학의 위상은 일찍이 번창했고 여러 차례 학계의 중심으로 주목받았으며 심지어 전국적인 파란을 불러일으키기도 했다. 그러나 현재 홍학의 양대 분파 가운데 이미 종말을 고한 색은파의 주장들은 쇠퇴해질 대로 쇠퇴해져 풀 수 없는 미스터리들만 눈덩이처럼 불어난 상태다. 이젠 이리저리 굴려봐도 더 이상 풀 수 없는 옭매듭이 되고 말았다. 조설근은 누구의 아들인가? 알 수가 없다. 후스는 조옹이라고 말했지만 증거가 없다. 우리가 아니라고 주장해도 그에 대한 증거 또한 없다. 그저 성인의 유훈을 엄수할 뿐 안다고는 말하지 못한다. 지연재는 누구인가? 그도 역시 누군지 모른다. 『홍루몽』 후40회는 누가 쓴 것인가? 이 역시 알 수가 없다. 그리고 이 세 가지 문제는 고증과 홍학이 선결해야 할 매우 중요한 과제들이다. 해결해야 할 최소한의 과제도 해결하지 못한다면 연구자들은 힘이 빠질 수밖에 없다. 색은의 출발점은 대략 『홍루몽』에 국가를 생각하는 마음이 담겨 있다고 보는 것으로부터이니 거창하고 숙연해서 존경의 마음이 절로 우러난다. 그러나 구체적으로 파고들어갔어도 거둔 수확은 미미하기 그지없다. 설왕설래해봤자 결국은 모든 사람이 다 아는 몇 가지 사실에서 벗어나지 못했다. 혹시라도 누군가 새로운 설을 제기해서 파고들어가면 결국에 가서는 이전 사람들이 말했던 케케묵은 설들이다. 오늘에 이르기까지 색은이든 고증이든 앞으로 나아가 진전된 결과를 도출해낸다는 것은 이미 더 이상 어렵게 되었다. 물론 새로운 자료가 발견되는 것을 배제할 수는 없다. 그러나 새로운 자료가 발견되기 전까지는 홍학이 처한 난국을 타개하기 어려워 보인다. 이미 발견된 자료에 대해 상당한 연구가 진행된 둔황학의 경우도 역시 앞으로 나아가기가 힘든 상황이긴 매한가지다. 게다가 한대의 죽간과 목간이 대량으로 세상에 모습을 드러내면서 어느새 간독簡牘이라고 하는 새로운 학문[4]이 소리 없이 흥기하고 있었다.

량치차오는 학술 사조의 변천을 계몽기, 전성기, 탈피기, 쇠퇴기 네 단계로 구분하고 불가의 태어남生, 머묾住, 다름異, 소멸滅로 나눠 그 상相을 비교했다. 그는 계몽기를 "옛 사조에 처음으로 반동을 일으킨 시기"로 보았는데 "이 시기의 중요 인물들은 모든 정력을 파괴에 소모한 나머지 건설을 생각할 겨를이 없다. 그렇다고 건설할 겨를이 없었다는 것이 방치해버린다는 뜻은 아니다. 마치 사가들이 말하는 국가 건설의 틀처럼 이 시기에 이미 건설의 주된 정신은 배태되어 있다. 모름지기 체계는 확립되지 못했고 연구방법도 한창 시험 중에 있었던 관계로 취사선택을 하지 못할 뿐이다. 그래서 이 시기의 저작들에는 항상 잡스럽고 숙련되지 못한 여러 가지가 한데 뒤섞여 있다. 그러나 혼란스럽고 조잡한 가운데서도 왠지 모를 원기 왕성한 징후가 보이는"[5] 이 상황을 홍학에 대비시켜보면 20세기 초에 후스가 차이위안페이로 대표되는 색은파 홍학을 향해 선전포고했던 상황을 방불케 한다. 그런 점에서 당시의 홍학을 계몽기의 홍학으로 볼 수 있다.

전성기에 이른 학술 사조의 특징을 량치차오는 다음과 같이 개괄했다. "파괴 작업이 이미 종말을 고하고 옛 사조는 수그러들어 상대방의 낯빛과 위엄 있는 행동에 저항할 수 없는 상황에서 더더욱 공격과 방어에 에너지를 소모할 필요가 없다. 게다가 전 단계에서 분위기가 조성되고 배양된 결과 사상적인 내용이 나날이 충실해지고 연구방법도 나날이 정밀해지니 학파의 심오한 이치가 순서대로 수립되고 장점을 계승 발전시키니 '종묘의 아름다움과 백관의 풍요로움'이 찬란하게 빛나는 것 같다. 일세를 대표하는 재주 있는 선비들이 이를 애호하고 숭상하며 서로 담금질하며 정진한다. 어리석은 자들은 들리지도 않는 목소리로 부화뇌동하며 함께 편승하지 못한 것을 부끄럽게 생각한다."[6] 이 상황을 홍학의 전성기에 대비시켜보면 완벽하게 맞아떨어진다. 이 시기에 이른바 "재주 있는 선비들은" 모두 홍학에 몸담기를 원했으며 "이를 숭상했던 것이다!"

량치차오의 논리에 따르면 탈피기에 접어든 학술 사조의 특징은 다음과 같다. "경계와 영토는 이미 전 단계의 인사들이 이미 거의 다 개척했지만 학자들의 총명함과 재능을 쓰지 않을 수 없으니 마지못해 지엽적인 문제를 취하여 좁고 깊게 연구하거나 혹은 그 방법을 취하여 다른 분야에 응용하거나 해서 마침내 그 학파 속에 또 작은 학파가 생겨난다. 그 시대적 환경도 필시 이전과 달라진 점이 있다. 나중에 나온 학파는 진취적인 기운이 강해서 환경에 쉽게 순응했으므로 간혹 속국이 번영하여 강성 대국이 되는 결과를 가져오기도 한다. 신흥 세력이 기존의 정통파와 대치하는 형국으로 간혹 재빠르게 그 자리를 빼앗기도 한다."[7] 저우루창, 우언위, 우스창 등 이른바 고증파 고수들의 드높은 기세와 그들이 더욱 세분화시켜놓은 1950년대와 1960년대 상반기의 홍학만 보더라도 그들 세 사람에게 가세 고증, 작자 고증, 판본 고증 등 각기 편중된 부분이 있었을 뿐 아니라 근학芹學, 지학脂學, 탐일학探佚學 등 "학파 중의 작은 학파"도 출현했으니 이른바 홍학이 탈피기에 접어들었음을 알 수 있다.

쇠퇴기에 대한 량치차오의 생각은 다음과 같다. "대체로 하나의 학파가 전성기를 맞고 나면 사회 일각에서는 그 스러져가는 세력의 끝자락에 붙으려는 사람들이 늘어나면서 진부한 것을 그대로 따르려하니 자연히 식상해진다. 그 시기 이 학파의 요체는 이미 선배 학자들이 남김없이 다 밝혀놓았으니 그것을 이어받으려는 사람들은 단지 지엽적인 부분만을 취하여 궤변을 늘어놓는 데 불과하다. 게다가 지류로 갈가리 찢어져 밀치고 떼밀며 쫓아가니 더더욱 한계가 속출한다. 상황은 이미 변해서 사회가 다른 방향을 요구하는데도 여전히 전성기 때의 권위로 군림하려드니 조금이라도 생각이 있는 사람이라면 기꺼이 받아들이기가 꺼려질 수밖에 없다. 그리고 걸출한 인물들이 새로운 것을 창조하려고 하면 반드시 먼저 옛것을 부숴버려야 한다는 생각에 이전의 것을 파괴의 대상으로 삼는다. 그래서 다음 사조인 계몽기에 들어서면 이 사조는 결국 종말을 고하게 된다."[8] 홍학도 쇠퇴기에 접어들었다고 하는데 실제로도 그렇다고 생각한다. 앞에서 말한 바와 같이 사실상 홍학의 "요체"는 선배 학자들이 거의 다 "밝혀놓았다"고 할 수 있으니 다시 그것을 뛰어넘기란 말처럼 쉬운 일이 아니다.

이것은 비단 나의 비관적인 생각에 그치지 않고 학문의 발전 맥락으로 보더라도 늘 있어왔던 현상이다. 흥성하면 쇠퇴가 따르고 열기가 있으면 차가움이 뒤따른다. 흥성하기만 하고 쇠퇴하지 않으며 뜨겁기만 하고 차가워지지 않는 것이 세상에 있었던가? 『홍루몽학간』 하나만 놓고 보더라도 고문이었던 마오둔茅盾과 왕쿤룬 두 선생이 이미 작고했고 편집위원 가운데에도 창간 이후 구제강, 우언위, 우스창, 다이부판 등 네 분의 홍학 대가가 세상을 떠났다. 1979년 5월 20일 쓰촨 호텔에서 거행됐던 제1회 편집위원 확대회의에서 재경 홍학가들이 처음으로 한자리에 모였다. 마오둔은 지팡이를 짚은 채 나타났고, 왕쿤룬은 회의 자리에서 시를 읊조리기도 했지만 이제 다시는 그런 성황을 볼 수 없을 것이다. 심지어 학문적 성격을 고집해온 홍학 논쟁들, 예컨대 후스가 차이위안페이에게 "멍청한 수수께끼 놀음"을 한다고 비아냥거리면서 "친구와 진리는 우리 모두가 마음으로 소중하게 생각하는 바이지만 우리는 지금 어쩔 수 없이 친구보다는 진리를 더 소중하게 여기지 않을 수 없다"고 천명한 일이라든지, 우스창이 저우루창과 조설근의 "일시佚詩"로 논쟁을 벌이면서 『진서』의 완첨이 신을 믿지 않았다는 일화에서 손님이 완첨을 이기지 못하자 결국 "내가 바로 귀신이오"라고 했던 고사를 인용한 것이라든지, 위잉스와 자오강이 "빵"과 "밀가루"의 관계에 대해 토론한 것과 쉬푸관이 판충구이와 홍학을 논하는 과정에서 있었던 물만두에 관한 에피소드에 이르기까지, 이른바 홍학사에서 속속 출현했던 쟁점 사안 모두에 대해서도 더 이상 이전과 같은 성황을 맞이하기는 어렵게 되었다. 이처럼 사람들의 관심을 불러일으키고 입 속에 있던 밥알을 내뿜을 만큼 흥미를 유발시킬 만한 글들이 앞으로의 홍학가들에게서는 나오기 어렵게 되었다는 것이다. 다른 한편으로는 현재 나이가 젊고 건재한 『홍루몽』 연구자 태반이 이미 홍학을 더 이상 연구하지 않고 문학사나 문화사 혹은 학술사로 연구의 방향을 틀었다는 점이다. 량치차오가 학술의 쇠퇴기에 대해 말한 것처럼 사회의 수요에 따라 "다른 방향으로 전환"되는 양상을 보여주었다. 『홍루몽』에 나오는 말을 빗대어 말한다면 홍학 연구의 추세를 "먹이가 떨어지자 수풀로 날아드는 새들好一似食盡鳥投林"의 상황으로 볼 수 있는데 실제 상황과도 흡사하다고 하겠다. 조설근의 위대함은 『홍루몽』의 구도와 영·영寧 두 집안의 미래를 다양한 방식으로 그리면서 많은 암시와 복선을 활용한 데 있는데, 뜻하지 않게 이러한 암시와 복선들이 홍학의 운명과도 맞아떨어졌다. 물론 더 이상 『홍루몽』을 연구하는 사람이 없을 것이라고 말하는 것은 아니다. 세월이 얼마나 흘러가든 연구는 여전히 계속될 것이고 사람들은 여전히 마음속에 저마다 자기만의 가보옥과 임대옥을 추구할 것이다. 우수한 고전문학의 명저로서 『홍루몽』의 매력 또한 영원할 것이다. 이와 더불어 소설 비평파 홍학이 좀 더 발전할 것이다. 그리하여 새로운 소설 비평 관점과 방법론으로 『홍루몽』을 해석하는 데 큰 힘을 발휘할 것이다. 20세기 초부터 시작해 근 백 년 동안 떠들썩하게 세상을 뒤흔들었던 색은과 고증은 홍학의 양대 지주이자 대표적인 학술 사조로서 중요한 역할을 담당했지만 예전의 위상을 회복하며 다시 부흥하기는 어려울 것 같다. 왜냐하면 량치차오가 말했듯이 학술 사조의 쇠퇴기는 불가에서 말하는 "멸상滅相"에 해당하기 때문이다.

나는 이 글을 쓰면서 도입부에 홍학의 성쇠는 홍학의 학문적 특성과 관련이 있다는 것을 가장 첫 번째 문제로 제기한 바 있다. 이제 바야흐로 두 번째 문제인 현학顯學과 속학俗學의 문제에 대해 얘기하고자 한다.

홍학이 당대를 대표하는 현학이라는 점에 대해서는 당연히 이의가 없다. 그러나 하나의 학문이 일단 현학이 되면 또 쉽게 속학이 될 소지가 많다. 쳰중수도 이렇게 말했다. "대저 학문이란 황량한 강가에 있는 촌로의 집에 두세 사람의 소박한 마음을 가진 사람들이 모여 역량을 키우는 것에 대해 논의하는 일인 만큼 도시로 나온 현학은 반드시 속학이 되기 마련이다."[9] 진실로 이 말을 홍학이 입증해주고 있다. 홍학의 발전사를 보면 점점 더 통속화의 길을 향해 가고 있다. 이렇게 된 게 꼭 나쁜 것만은 아니지만 문제는 계속해서 이런 방향으로 나아가고 있다는 데 있다. 만약 어떤 특정 학문에 대해 누구나 논할 수 있다고 하여 시간과 장소를 가리지 않고 입만 열었다 하면 그 학문을 언급한다면 그 학문의 저변이 확장되었다고 할 수 있을지는 모르나 전문성과 학술적 가치는 상대적으로 줄어들 수밖에 없다. 하물며 홍학의 경우 태생적으로 불확정성의 일면을 가지고 있는 데다 내용이 천 갈래 만 갈래로 갈라져 있으니 애정과 인간관계의 갈등을 속으로 파고들다보면 결과적으로 『홍루몽』 연구를 용속화시킬 수 있다. 통속화와 용속화는 단지 종이 한 장 차이다. 특정 학문을 중시한 나머지 온 힘을 다해 선전하게 되면 그 학문으로서는 특별한 영광이 아닐 수 없다. 그러나 선전이 지나치면 특별했던 영광이 일순간 유별난 치욕으로 변질될 수 있으니 우러러 받들려다 오히려 비루해지기 십상이다. 홍학의 운명이 그러하다고 보는 것은 과도하게 부여잡고 있다가 도리어 해치는 결과를 가져왔기 때문이다. 량치차오는 어느 "하나의 학파가 전성기를 맞고 나면 사회 일각에서는 그 스러져가는 세력의 끝자락에 붙으려는 사람들이 늘어나면서 진부한 것을 그대로 따르려 하니 자연히 식상해진다." 여기서 "식상해진다"는 말은 현학이 사실상 속학이 되었다는 것을 말한다. 홍학이 "진절머리가 나는" 지경에 이르렀는지 이르지 않았는지는 똑똑한 홍학가라면 자신이 가장 잘 알 것이니 내가 구태여 나서서 단언을 내릴 필요는 없을 것 같다.

그리고 『홍루몽』을 연출한 텔레비전 드라마나 영화의 등장은 『홍루몽』의 저변 확대에 크게 이바지했다. 독서 능력이 없는 사람들에게 『홍루몽』을 감상할 기회를 부여해주었으니 공덕이 무량하다. 그러나 학문적 측면에서는 역기능이 없을 수 없다. 왜냐하면 인류 예술의 걸작이 어떠한 표현 방식을 통해 자신을 완성시킬 것인가 하는 것은 예술가 본인의 선택이기도 하지만 그와 동시에 역사의 선택이자 예술적 생명력의 선택이기도 하기 때문이다. 이러한 특정한 형식은 변해서는 안 되는 일면을 가지고 있다. 예를 들면 '시'라고 하는 장르를 벗어나서 이백과 두보가 존재할 수 있었겠는가? 셰익스피어가 희곡이라는 장르를 선택하지 않았다면 그 존재가 우리에게 어떤 의미를 가질 수 있겠는가? 조설근이 장편소설로『홍루몽』을 썼다는 것은 이 자체만으로도 다른 형식의『홍루몽』이 절대로 조설근의『홍루몽』을 뛰어넘을 수 없다는 것을 의미한다. 이것만 놓고 보더라도 소설『홍루몽』은 다른 형식으로 중역이 불가능한 특징이 있다. 다른 예술 형식으로 형상화되는 것은 물론이고 내용과 형식을 그대로 둔 채 다른 외국어로 번역되는 경우에도 역시 조설근의『홍루몽』이 지니고 있는 본래 맛을 그대로 살리기는 어렵다. 하물며『홍루몽』의 문자적 이미지가 시각적 이미지로 바뀐다면 양자 간의 차이에서 비롯된 얼마나 많은 미학적 장애 요소가 생겨날지 알 수 없는 노릇이다. 첸중수 선생은 번역과 원저작의 관계에 대해 이렇게 말했다. "잘못된 번역은 원작의 성과를 앗아간다. 졸렬하고 알아보기 힘든 번역은 은연중에 작가를 대신해 독자를 거부하는 결과를 초래한다. 그리하여 독자들이 번역을 읽어 내려가지 못하는 것은 물론이고 원작에 대해서도 보고 싶은 생각이 싹 가시게 한다. 이런 번역은 중개자 역할을 하는 게 아니라 이간질을 하는 셈이 된다. 더 나아가 독자가 원 작가와의 직접적인 관계를 형성할 수 있는 가능성을 아예 배제시킴으로써 독자가 흥미를 잃고 원작의 명예도 훼손되는 결과를 가져온다."[10] 다른 형태의 역서로서 존재하는 텔레비전 연속극이나 영화는 당연히 이런 상황에 해당된다고 보지는 않지만 어떤 장단점, 어떤 순기능과 역기능이 있는지에 대해서는 좀 더 탐구해볼 가치가 있을 것 같다.

『홍루몽학간』50집에서 나는 이런 말을 했으니 홍학에다 대고 잠꼬대 같은 소리를 한 것이나 진배없다. 만약 독자들이 이 말을 "이상한 조짐으로 슬픈 소리가 들리네"[11]란 의미로 받아들인다면 이는 사전에 미처 생각지 못한 결과다. 마치 『홍루몽학간』이 창간되고 12년 (2019년 현재 40주년─옮긴이)이나 지속될 수 있을 것이라고 당초 어느 누구도 생각지 못했던 것과 마찬가지로 말이다. 국제홍학회가 이미 두 차례 열렸으니 이는 "사태군이 대관원에서 두 차례 열렸던 연회 상황史太君兩宴大觀園"과 비슷하다. 만약 세 번째로 열린다면 그야말로 "금원앙이 연회에서 세 번 아패령을 내리는金鴛鴦三宣牙牌令" 상황처럼 필시 성대한 모임이 될 것이다.

하편:

이 야터우(오리대가리)는
저 야터우(시녀)가 아니니[12]

    위의 글 「홍학에 던지는 실없는 한마디」를 쓰고 난 후 얼마 되지 않아 나는 상하이에서 열린 해협 양안의 홍루 문화 간담회에 참가하게 되었다. 해협 저편에서는 30여 명이 참가했는데 그중에는 『홍루몽』과 기타 중국 고전소설, 중국 문학을 연구하는 전문가들이 적지 않았다. 그들 중 일부는 "홍루몽 문화 여행" 명목으로 상하이에서의 일정이 끝난 후 북상하여 항저우와 쑤저우를 돌아보고 다시 난징, 양저우를 거쳐 연경(베이징)까지 가는 동안 조설근의 발자취를 따라 명승지를 탐방했다. 상하이에서도 학문적 토론이 주가 되기보다는 칭푸青浦의 대관원을 돌아보고 홍루 문물 전람을 참관한다든지 그 외에 『홍루몽』을 주제로 한 문예 연출과 홍루연을 감상하는 것으로 주요 활동이 채워졌다. 타이완의 "홍루몽 문화 여행" 인솔자인 캉라이신康來新 교수는 이 같은 홍루 문화 활동에 참가함으로써 그동안 고수하던 학문적 관점에 변화가 생기지 않았느냐고 내게 물어왔다. 나는 그 질문에, 변화가 생겼다고는 할 수 없지만 확실히 『홍루몽』에 대한 다양한 해석 방식이 존재할 수 있을 것 같다는 생각이 들었다고 했다. "홍루 문화 여행" 활동은 적어도 『홍루몽』을 이해하는 새로운 해석 방식으로서 고전소설 『홍루몽』의 보급과 전파에 도움이 될 만하다. 이러한 활동을 거친 후 『홍루몽』을 다시 읽는다면 느낌이 분명 달라질 것이다.

그런 의미에서 나는 두 가지 『홍루몽』과 두 종류의 홍학이 있다고 생각한다. 하나의 『홍루몽』은 청 중엽의 사회생활이 반영된 이른바 18세기에 속한 『홍루몽』이다. 다른 하나의 『홍루몽』은 서로 다른 시대의 독자들이 보고 느끼는 이른바 오늘과 내일에 속한 『홍루몽』이다. 후자는 독자들의 적극적인 참여로 늘 새롭다. 두 종류의 홍학 가운데 한 가지는 『홍루몽』 텍스트와 작가의 가세 및 생애, 판본의 변천사를 연구하는 홍학이다. 다른 한 가지 홍학은 『홍루몽』 텍스트와 작가의 세계에서 벗어나 『홍루몽』에 묘사되어 있는 내용을 중국의 전통문화 현상 전반으로 인식하여 연원과 영향의 측면에 특히 중점을 두어 진행하는 연구다. 예를 들면 홍루 건축, 홍루 복식, 홍루 다예, 홍루 연회와 『홍루몽』을 소재로 한 희곡, 영화, 회화, 서법, 전각, 조각, 도자기, 직물, 자수 등이 바로 그것인데 이미 생활과 창작을 구성하는 요소가 된 지금 더 이상 인정하고 안 하고의 문제가 아니라 이것들을 어떻게 평가하고 어떻게 받아들여야 할지에 대해 생각해야 할 때가 되었다고 본다. 대관원만 놓고 보더라도 오늘날 베이징 난차이위안南菜園 부근의 대관원, 허베이 정딩正定의 대관원에 이어 상하이 칭푸의 대관원 등 세 곳이나 된다. 정딩의 대관원은 아직 가보지 못해 구체적인 상황을 알지 못한다. 베이징과 상하이에 있는 대관원의 건축은 자못 특색이 있어 대외에 개방한 이후로 관람객들의 방문이 끊이지 않고 있다. 『홍루몽』 속의 대관원은 원래 조설근이 창조해낸 공간이다. 모름지기 강남 지방의 정원과 북방의 황실 정원을 토대로 재가공해 만들어낸 것이기 때문에 결코 현실에 존재하는 어떤 특정 지역의 화원을 그대로 책 속에 옮겨놓은 것이 아니다. 따라서 연구자들이 수원隨園을 얘기하든 공왕부恭王府를 얘기하든 모두 가설에 불과하며, 그러한 주장 모두가 각주구검刻舟求劍의 폐단을 면키 어렵다. 그러나 오늘날 실재하지 않는 대관원을 우리 현실 속에 세 군데나 복제해냈고 대중도 이에 대해 인정하기에 이르렀으니 『홍루몽』의 영향 연구에 대한 보완이자 재창조라고 하지 않을 수 없다.

『홍루몽』에서 가부의 귀족생활을 구성하는 음식들은 물질적인 향유로서보다는 하나의 예술로 볼 수 있다. 이에 대해 나는 이렇게 말했었다. "『홍루몽』의 레시피에 따라 조리해보고 심지어 식당을 열어 가씨 집안의 음식으로 고객을 불러모으려 한 홍학가 겸 사업가가 적지 않았지만 그중 성공한 사람은 거의 찾아볼 수 없다. 그 이유는 어디에 있을까? 아마도 『홍루몽』에 나오는 음식의 감상적인 가치가 실용적인 가치를 상회하기 때문일 것이다."[13] 1986년에 이 말을 하고 얼마 되지 않아 "홍루연"이 각 지역에서 경쟁적으로 시작되었다. 이번 상하이 홍루 문화 간담회에서의 한 일정에도 상하이 양저우호텔에서의 성대한 홍루연이 있었다. 유노파가 머리를 내저으며 혀를 빼문 채 부처님을 외치며 "닭을 열 마리나 들여서 만든 것이라니"라고 외쳤던 가지오가리 요리는 정작 상 위에 오르지 못했지만 비둘기 알 요리는 오히려 연석의 분위기를 돋우어주기에 충분했다. 『홍루몽』을 숙독한 회의 참가 대표들은 모두 유노파보다 똑똑해서인지는 모르겠지만 비둘기 알을 집어 들지 못하는 사람이 거의 없었고 젓가락으로 집다가 "미끄러져 바닥으로 떨어뜨리는" 사고는 더더욱 일어나지 않았다. 물론 유노파의 해프닝은 희봉과 원앙이 연출한 것이고 "대부인의 기분을 좋게 하기 위한 비위 맞추기"였지만 말이다. 비둘기 알을 떨어뜨린 사건은 배우에게 주어진 "규정된 동작"일 뿐이니 과거의 작품 속 등장인물과 오늘날의 독자 중에서 누가 더 바보이고 누가 더 똑똑한지를 가르는 기준으로 삼기는 마뜩지 않은 것 같다. "홍루연"의 또 다른 요리 즉, "진주 품은 대합"이란 의미의 "노방회주老蚌懷珠"는 몇 년 전 알려진 『폐예재집고』에서 언급된 돈민의 「병호무재기성」의 잔문에 분명하게 나온다. 『집고』의 진위 여부는 확실히 단정할 수 없으나 거기서 언급된 "강남 지방의 좋은 음식 맛"이 200년 이후의 연석에서 재현되었으니 참으로 홍루 문화의 영향이 깊다는 것을 알 수 있다. 이외에 "눈밑에 깔린 미나리"란 뜻의 "설저근훈雪底芹薰" "영·영寧 두 집안의 어여쁜 용"이란 뜻의 "영영교룡寧榮姣龍" "사오싱주를 뒤집어쓴 오리"란 뜻의 "남주투압南酒套鴨" "미인 눈썹 모양의 바삭한 과자"란 뜻의 "분대미수紛黛眉酥" "원앙찐만두"란 뜻의 "원앙소매鴛鴦燒賣" 같은 것들은 매 음식마다 출전이 있는 것은 아니지만 그 색·향·미를 품평해보면 당연히 화이양 요리淮揚菜 계열임에 분명하다. 대관원에는 남과 북의 특색이 다 깃들어 있는데 "홍루연"에서 강남 요리 일색인 것을 보면 『홍루몽』 독자들이 사물을 눈으로 보고 맛을 입으로 느끼면서 각자 취하는 바가 있었음을 말해준다. 오늘의 『홍루몽』이라는 것을 증명하려면 독자가 해석하는 취향에 따라야 한다. 새로운 시대의 독자들이 참여하지 않는다면 고전작품의 생명은 새롭게 논할 수 없다.

그러나 홍루 문화 연구는 또 다른 하나의 문제이기도 하다. 『홍루몽』은 중국 고전소설의 전범이 되는 작품이고 전통문화의 결정체다. 『홍루몽』의 문화적 의미를 깊이 있게 탐구하면 당연히 홍학 발전의 명제에 상응하는 의미를 가지게 되므로 이미 적지 않은 연구자가 상당한 노력을 기울여왔다. 단지 위에서 언급한 홍루 원림건축, 홍루 음식을 포함한 홍루 문화에서 오늘날의 사람들이 중시한 것은 학문적인 연구보다는 각종 방법을 동원해 직접 시연해보는 것이었다. 조설근이 생활을 예술로 변모시켰다면 홍루몽 문화 활동은 예술을 다시 생활로 환원시켰다. 생활로 환원시키려는 이 같은 노력은 점점 더 확대되는 추세다. 타이완 텔레비전 방송국의 기자 한 사람이 20세기 말을 살고 있는 사람들에게 18세기의 문화를 대대적으로 전파하는 것에 역기능이 없느냐고 물어왔다. 상하이 간담회 이후 나는 몇몇 친구와 저장성 핑후平湖에 가서 강연을 했는데 이때도 사범학교의 한 학생이 『홍루몽』의 문화가 오늘날의 생활 준칙이 될 수 있는지에 대해 비슷한 질문을 했었다. 나는 당연히 『홍루몽』의 문화적인 내용은 오늘날의 생활 준칙이 될 수 없겠다고 말하면서, 만약 그렇게 된다면 우습지 않겠냐고 했다. 그러나 『홍루몽』에서 묘사하고 있는 수많은 문화 현상, 예컨대 글을 모르는 시녀들조차 사람을 대하고 사물을 다룰 때 의외로 분별력 있는 모습을 보여준다든지 가보옥이 연애의 대상을 고를 때 외모도 중시했지만 서로 의기가 투합하고 생각이 맞는 사람을 더욱 중시했다는 점 등은 오늘날에도 시사해주는 바가 크다. 제40회 희봉과 원앙이 유노파를 골려먹는 활극에서 대옥은 웃다가 옆구리가 결릴 정도가 되었고, 사상운의 입에서는 밥알이 튀어나왔으며(혹은 찻물), 보옥은 어느새 가모의 품에 안겨들었고, 석춘은 유모를 불러 배를 살살 만져달라고 하기에 이른다. 작품을 읽다가 이런 대목에 이르면 독자들도 너무 웃기고 재미있어 뒤로 넘어가기 십상이다. 이런 한바탕의 웃음 퍼레이드 뒤에 갑자기 분위기가 급전직하하면서 무거운 결말로 끝이 나게 된다는 걸 독자들은 미처 상상하지 못한다. 희봉이 유노파에게 변명을 했던 대목이 바로 그런 경우에 속한다. "할머니 오해하지 마세요. 아까는 일부러 웃기느라 그랬어요." 원앙은 한층 더 자신을 낮추며 잘못을 빈다. "할머니 화내지 마세요. 제가 잘못한 일에 대해선 용서를 빌겠어요."[14] 희봉이나 원앙의 지위로 볼 때 뜻밖에도 촌노파에게 사과를 했다는 건 보통 일이 아니다. 심지어 유노파가 스스로 보여준 활극의 양보다 더 무겁게 사과를 했으니 사실상 인격적 존엄에 대한 긍정적인 보완이 아닐 수 없다. 이 에피소드에 담긴 문화적 의미는 시공을 초월해 오래도록 회자될 만하다.

타이완 텔레비전 방송 기자가 제기한 것은 복잡한 문제라 한두 마디로 분명한 입장을 표명하기가 어렵다. 왜냐하면 이는 청나라의 문화 정책과 문화에 대한 종합적인 생각과 관련이 있고 『홍루몽』의 사상적인 경향성과도 관련되어 있기 때문이다. 청나라는 중국 봉건사회의 마지막 왕조로서 중국 영내로 들어온 후 순치, 강희, 옹정, 건륭, 가경, 도광, 함풍, 동치, 광서, 선통 등 10명의 황제를 거치면서 안정기, 전성기, 쇠락기, 멸망기를 맞이했다. 전성기에는 영토의 판도, 종합적인 국력이 세계 제일이었다. 그러나 문화적으로는 어느 시기에 속하건 족히 소국의 정신 상태를 드러내 보여주었다. 다른 건 그렇다 치더라도 이른바 문자옥이 가장 심했던 "강희와 건륭의 성세"에 갈 곳 없는 학자들은 핍박당하는 신세가 되어 종이더미 아래를 기다시피 하며 겨우 입에 풀칠을 하지 않았던가? 학문의 발전은 항상 학문이 아닌 다른 요소에 의존했으니 아무튼 이것이 학술사가 보여준 법칙이라 하겠다. 후대의 연구자들은 때때로 학문적 성과를 보기 어려울 때가 있는데 의외로 이러한 성과를 거두게 된 역사적 배경을 간과하곤 한다. 『사고전서』와 기타 대형 유서를 포함한 편찬 사업은 한편으로는 의심할 바 없는 체계적인 문화 건설이라는 측면에서 그 공덕이 항구적이다. 그러나 다른 한편으로는 사상적 통치를 강화한다는 허울 좋은 명분으로 인재를 농락하고 통제하였으며 『사고전서』를 편찬하는 과정에서 옛 서적에 첨삭을 가해 2400여 종의 뛰어난 가치를 훼손시켰다. 기윤紀昀과 육석웅陸錫熊 등이 윤색한 『사고전서총목제요四庫全書總目提要』는 목록이 정렬되어 있고 소개가 간명하여 사람들에게 각 분야의 고대 전적을 읽는 데 도움이 되었다. 그러나 관리들이 쓴 소서小序와 평어評語는 고대 저작과 후대 독자들 간에 장벽을 쌓는 결과를 가져왔다. 그래서 나는 청대 문화가 중국 전통문화의 왜곡이라고 생각한다. 당나라 문화의 광대한 스케일뿐 아니라 송나라 문화의 심오함이나 자유를 찾아볼 수 없다. 명나라처럼 공전의 발전을 이룩한 도시문화도 보이지 않는다. 복식과 헤어스타일을 놓고 보더라도 청대는 당, 송, 명의 옷차림과 비교해볼 때 미와 추가 분명하게 드러난다. 일본은 중국 문화의 영향을 받았는데 주로 당송 시기에 전파된 것이다. 만약 홍루 문화가 청대 문화에만 국한된다면 타이완 텔레비전 기자의 질문에 어렵지 않게 대답할 수 있었을 것이다. 말하자면 오늘날의 사람들에게 홍루 문화가 부정적인 영향을 미치느냐 미치지 않느냐를 고민할 게 아니라 이 홍루 문화를 널리 전파해야 하느냐 말아야 하느냐를 고민해야 할 것이라고 말이다.

『홍루몽』의 문화적 내포는 사실 그렇게 간단치가 않다. 비록 묘사하고 있는 것은 18세기 중엽의 사회이지만 오랜 기간 축적되어온 문화적 요소들이 그 안에 삼투되어 있으니 청나라 한 시대에만 국한된 것은 아니다. 그래서 작가와 독자에게 중화 문화전통의 상징으로 인식되는 것이다. 전통시대의 문자로 쓰여진 작품 가운데『홍루몽』처럼 이렇게 풍부한 문화적 용량을 가진 책은 일찍이 없었다. 우리는『홍루몽』에서 중국 문화 전체를 거의 다 조망해볼 수 있다. 특히 우리 민족의 모든 인문 의식과 인문 전통이 그 안에 녹아들어 있다고 해도 과언이 아니다. 다시 말하면『홍루몽』은 하나의 문화 현상으로서『홍루몽』이 드러내 보여주는 문화 정신은 많은 부분에서 전체 중화민족의 역사 문화로 칭할 수 있는 대목이다. 이러한 내용은 당연히 오늘날은 물론이고 미래 세대에도 전파할 수 있는 것들이다. 하물며 위잉스 선생이 "한족 동질감"[15]이 있다고 보았듯이 조설근의 사상에는 반만 정서가 잔존해 있었다. 그래서 역대의 관제를 두루 쓰게 된 것일 뿐 아니라 만주족 복장도 아니고 한족 복장도 아닌 상황이 연출된 것이고, 더 나아가 아가씨와 시녀의 발이 전족한 발인지 아니면 전족하지 않은 발인지 홍학가들도 변별해내기가 어려운 지경에 이르게 된 것이고[16] 그렇게밖에 할 수 없었던 작가의 심적인 고뇌가 얼마나 컸을지 가늠할 수 있거니와 당시의 역사 환경에서 만주족과 한족의 문화가 얼마나 힘들게 충돌하고 있는지에 대해서도 짐작해볼 수 있었다.

그러나 당시에 "홍루 문화"를 제창하고 현실에서 극력 실현해보고자 노력했던 사람들은 실용 문화와 세속 문화에 치중하여 혹자 중에는 "응용 홍학"이라는 개념을 제기한 사람도 더러 생겨났다. 앞에서 이미 두 가지 『홍루몽』과 두 종류의 홍학에 관해 언급한 바 있다. 그렇다면 이른바 "응용 홍학"이란 어디에 속한다고 할 수 있을까? 『홍루몽』이 반영하고 있는 문화 현상에 대한 연구는 앞서 말한 바와 같이 홍학의 명제 안에 반드시 들어 있으므로 응용이니 비응용이니 하는 문제는 더 이상 존재하지 않는다. 그러나 『홍루몽』 복식전, 홍루연, 『홍루몽』 술, 『홍루몽』 다예 등은 응용의 맛이 느껴진다. 다만 이것들은 학문 연구로서의 홍학이 아니라 홍루 문화를 응용하여 고전을 현대인의 생활에 스며들게 한 것이다. 『홍루몽』 80회 이후에 후30회 혹은 후40회가 나왔고 120회 이후로는 또 속서들이 등장했다. 홍학 연구에는 홍학과 조학의 구분이 있고 조학은 또 조설근을 연구하는 근학斤學과 지연재를 연구하는 지학脂學으로 나뉜다. 역사적으로 색은파 홍학, 고증파 홍학, 소설 비평파 홍학은 홍학의 3대 학파다. 오늘날 홍학이 퇴조하자 "홍루 문화"가 등장했고, 그 뒤를 따라 "응용 홍학"이라는 분야가 새로 생겨났다. "예악이 붕괴되자 민간에서 무너진 예악을 찾는다禮失, 求諸野"는 옛말과 딱 맞아떨어지는 상황이 아닐 수 없다. 그러나 이렇게 발전해가는 모습이 과연 조설근과 그의 명저인 『홍루몽』에 행운일까 아니면 불행일까? 이는 홍학의 융성을 보여주는 것일까 아니면 홍학의 퇴락을 보여주는 것일까?

아마도 어쩌면 나는 백거이의 시 「상양궁의 백발머리上陽白髮人」[17]에 나오는 그 궁녀처럼 정원貞元 · 원화元和 연간이 되었는데도 "품이 넓은 옷으로" 유행이 바뀐 줄도 모른 채 천보天寶 연간에 유행하던 "신발 끝이 뾰족하고 품이 좁은 옷"을 아직도 껴입고 있는지도 모르겠다. 그러나 적어도 학문 연구는 패션 전시와는 달라야 하고 학자들도 자신의 생각과 방식을 수시로 바꿔서는 안 된다고 생각한다. 만약 "응용 홍학"도 구태여 홍학이라고 주장한다면 『홍루몽』에 나오는 이 구절을 인용해볼 수 있겠다. "이 야터우(오리대가리)는 저 야터우(시녀)가 아니니 이 야터우에선 계화기름 두 냥이 부족하네." 내가 말하고자 하는 것은 결국 "응용 홍학"에 학술성이 결여되어 있다는 점이다.

제10장

백 년 홍학으로
색은을 말하다

이 책의 초판이 나왔을 때 나는 이런 말을 했다. "모든 것을 학술적 측면에서 바라보고 백가의 말을 내치지 않으면서 홍학의 역사와 그 과정에서 드러난 현상들을 거침없이 재검토하여 맥락을 구분하고 장단점을 평론하니 시야가 확 트이는 것 같다. 외골수에 가까운 색은파의 고지식함, 자기 함정에 빠진 고증파의 우매함, 자기 탄식과 자기 칭송으로 가득 찬 소설 비평파가 이상하게 여겨지기는커녕 오히려 그들이 처한 상황이 다 납득이 된다." 그런데 오늘 다시 살펴보니 다소 미안한 감이 든다. 필자는 홍학 삼파에 대해 비교적 객관적인 입장을 고수해왔지만 글을 쓰는 과정에서 어쩔 수 없이 한쪽으로 기울 수밖에 없었다. 내가 색은파 홍학에 대해 더 많이 비판했던 것이 혹시라도 그들을 공감하고 이해하려는 마음이 부족했던 때문이 아니었을까 하는 생각이 든다.

차이위안페이의
『석두기색은』 재검토

실제로 후스 때부터 색은파 홍학에 대한 면밀한 검토가 부족했다. 후스는 『석두기색은』을 "멍청한 수수께끼 놀음"이라고 비난했다. 학문적 입장에서 나는 차이위안페이의 학생이었던 후스 입장에 섰었다. 이제 비로소 차이위안페이가 어떤 분이었는지를 다시 생각해보며 과연 그가 아무 근거 없이 "수수께끼 놀음"에 빠질 인물이었던가 되묻게 된다. 설사 "수수께끼 놀음"이었다 하더라도 그렇게 "멍청하게" "끼워 맞추기"를 시도했을까? "『석두기』는 청 강희제 때의 정치소설이다. 작가는 민족주의의 관점을 견지하며 작품 안에 명나라의 멸망을 애도하고 청나라의 실정을 비판했으며 특히 한족 명사들이 청나라에 출사한 것을 애통해하는 마음을 담고 있다." 이 얼마나 거창한 판단인가. 작품에 이런 의미가 전혀 담겨 있지 않은데 차이위안페이가 과연 근거도 없는 망언을 할 수 있었을까? 최소한 『홍루몽』에 반만 사상이 담겨 있는 것은 많은 연구자가 이미 인정하고 있는 바다. 앞에서 이미 거론한 바 있기 때문에 여기서는 다시 언급하지 않겠다. 제42회

"형무군은 의기투합하는 말로 의혹을 풀어주고衡蕉君蘭言解疑癖"에는 보채가 대옥의 손을 끌어다 의자에 앉히고 대옥이 『서상기』와 『모란정』의 구절을 인용해 주령에 대답했던 것에 대해 훈계하는 장면이 나온다. "대옥 동생은 나를 어떤 사람으로 봤는지는 모르지만 나도 한 장난 하는 사람이야. 예닐곱 살 적엔 아주 말썽꾸러기였어. 우리 집도 학문을 중시하는 집안이어서 할아버지께서도 장서를 애지중지하셨더랬지. 하지만 전에 식구가 많았을 때 형제자매들이 한데 모여 있으면 경서 같은 책은 다들 보고 싶어하지 않았어. 형제들 가운데는 시를 좋아하는 이도 있었고 사를 좋아하는 사람도 있었지. 이런 『서상기』나 『비파기』『원인백종元人百種』 같은 것도 다 있었고. 이런 책들을 우리 몰래 빼다 읽곤 했는데 그걸 눈치 챈 우리도 그 책들을 몰래 빼다가 몰래몰래 읽었지. 나중에 어른들이 알게 돼 얻어맞거나 욕을 먹기도 하고 책이 불태워지고 나서야 그것들을 손에서 뗄 수 있었지. 그러니 우리 여자애들은 차라리 글을 모르는 게 나아."[1] 사실 여기까지만 봐도 보채의 마음을 분명히 드러낸 것이니 더 이상 쓸데없는 말을 구구절절 늘어놓을 필요는 없다. 그런데 어찌된 일인지 작가는 미진하다고 생각한 듯 남들에 대한 훈계를 계속 이어가게 했다. "남자들이라도 책을 깨치는 바가 있으면 몰라도 그렇지 못할 바에는 차라리 처음부터 배우지 않는 게 나아. 하물며 동생이나 나 같은 사람이야 말할 나위가 없지. 시를 짓는다 글을 쓴다 해도 본디 우리가 해야 할 본분이 아니고 게다가 남자라 해도 마찬가지고."[2] 이처럼 논제를 "여자애들"에서 "남자들"까지로 확장시켜가다보니 어느덧 내용은 독서에서 벗어나 "시를 쓰고 글을 짓는" 분야로까지 확대되었다.

문제는 여기에 그치지 않고 좀 더 난해한 영역으로 넘어갔다는 것이다. 보채는 또 이렇게 말한다. "남자들이 책을 읽고 명리를 깨우쳐 나라를 돕고 백성을 다스린다면 좋겠지만 오늘날 그렇게 하는 사람을 듣지 못했으니 책을 읽어서 더 나빠진 경우라고 할 수 있지."[3] 이 말은 보채가 대옥에게 조언하는 수준을 벗어났을 뿐더러 작품 인물의 언어로 말할 수 있는 단계에서도 벗어났다. 즉 인물이 말하는 게 아니라 작가가 말하고 있는 것이다. 작가의 입장에서 "책을 읽고 명리를 깨우쳐 나라를 돕고 백성을 다스리는" "남자들"을 "오늘날" 보지 못한 것은 물론이고 들어보지도 못했다는 것이다. 그가 보고들은 것이라곤 모두 "책을 읽어서 더 나빠진" "남자들"이다. 그런데 이런 단정 자체가 상당히 과도하다. "온유돈후"를 표방하는 『홍루몽』의 풍격에도 위배된다. 그렇다면 대체 무슨 이유로 작가가 이렇게도 신랄하게 "독서인"을 비판하고 나선 것일까. 당시의 시대 배경에서 "독서인"의 어떤 소양이 『홍루몽』의 작가인 조설근에게 용납되지 못했기에 "공부를 할수록 더 나빠진다"라는 말을 쏟아낸 것일까?

불현듯 차이위안페이가 『석두기색은』에서 했던 말이 생각난다. "특히 한족 명사들이 청나라에 출사한 것을 애통해하는 마음을 담고 있다." 고염무顧炎武도 이렇게 말했다. "사대부들이 부끄러움을 모르는 것이 곧 국가의 부끄러움이다." 그 뒤에 또 이런 말을 덧붙였다. "『안씨가훈』을 잠시 읽다보니 이런 내용이 들어 있다. 제나라 때 한 사대부가 '제게 하나 있는 아들 녀석이 올해 벌써 열일곱 살이 되는데 서소書疏에 자못 통달하기에 선비족의 말과 비파 타는 것을 가르쳤더니 점점 더 잘하게 되었습니다. 이런 재주로 공경公卿을 모셨더니 총애하지 않는 사람이 없었습니다'라고 하는 말을 듣고 나(안지추)는 고개를 숙인 채 아무 대답도 할 수 없었다. '다르도다, 이것이 남들이 자식을 가르치는 방법이구나. 만약 이런 방법으로 경상卿相이 된다 한들 너희들이 그렇게 하는 걸 원치 않는다.' 아아! 어쩔 수 없이 난세에 출사했던 안지추는 이 말을 하면서 「소완小宛」의 시에 담긴 시인의 마음을 담아내고자 했으니 자신의 뜻을 굽혀 세상에 영합한 자들은 어찌 부끄럽지 않을 수 있겠는가!"[4] 고염무가 통한스럽게 생각한 것이 바로 그런 "세상에 영합하는" 독서인이었으니 조설근의 마음과 같다고 하겠다. 이와 같이 차이위안페이의 『석두기색은』은 그의 학생이었던 후스가 "멍청한 수수께끼 놀이"만도 못하다고 내쳤던 것처럼 무조건 내치기보다는 어느 정도는 그 속뜻을 음미해봐야 하지 않을까?

비단 여기에 그치지 않는다. 『홍루몽』은 과거제도에 대해 비판적이다. 이 대목에 대한 묘사와 언설이 상당히 많은 것은 독자와 연구자들이 누구보다 더 잘 아는 바다. 그러나 나는 가끔씩 부정적인 부분은 차치하고라도 어쩜 그렇게도 준열하고 단호하며 일반적인 격식을 뛰어넘는 용어를 쓸 수 있었을까 하는 생각을 하게 되곤 한다. 가보옥은 관직에 나가려고 열심히 과거시험을 공부하는 독서인들을 "국가의 녹을 축내는 도적들國賊祿鬼"이라고 했으니 이 얼마나 혹독한 비판인가? 게다가 그런 짓을 일삼는 자들을 지칭하는 "녹두祿蠹"라는 새로운 말까지 만들어내지 않았던가. 이는 분명히 일반적인 부정을 넘어서는 다분히 주관적인 감정이 들어간 욕설과 진배없으며 뼛속을 찌르는 예리한 비판으로 볼 수 있을 것이다. 때문에 작가가 단지 1000여 년 동안 지속되어온 전통사회의 과거제도에 대한 불만을 터트리기 위해 그렇게 한 것인지 의문이 생기지 않을 수 없다. 그것 말고 다른 이유가 있었던 건 아닐까? 나는 『홍루몽』의 작가가 거지반 추상적인 상황을 구체적인 내용으로 형상화시켰다고 보지는 않는다. 『홍루몽』에서는 특히 "청나라에 출사"했던 "명사"들이 "세상에 아첨하여" 영달을 추구하도록 함으로써 지식인들을 자신들의 세력권 안에 묶어두려 했던 기미정책을 겨냥한 대목이 가장 전형성 있게 묘사되어 있다. 구체적인 상황에 대한 서사가 아니고서야 어떻게 "녹귀祿鬼"라는 비판을 할 것이며 "녹두"라고 하는 말에 이미 충분히 비판을 담아내고도 어떻게 또다시 "매국노國賊"라고까지 지칭할 수 있겠는가? 이는 그들이 전통사회의 도덕과 법을 아주 심각하게 파괴하는 상황에 이르렀음을 비판한 것으로 해석해도 전혀 무리가 따르지 않을 정도다. 게다가 "국적國賊"의 "국"은 명나라와 청나라를 경계 짓고 있지 않은가? "작품에서 명나라의 멸망을 애도하고 청나라의 실정을 비판했으며 특히 한족 명사들이 청나라에 출사한 것을 애통해 하는 마음을 담고 있다"는 차이위안페이의 주장을 어떻게 받아들여야 할지에 대해 몇 가지 정보를 귀띔하는 것으로 갈음하고자 한다.

"비천한 아녀자의 굴종지도妾婦之道"에 대한
조설근의 반감

필자는 최근에 천인커의 책을 읽으면서 '의령지학義寧之學'의 특색에 대해 깊이 이해할 수 있게 되었다. 그의 만년 저작인 『유여시별전』은 "고전"이 때때로 "오늘날의 정서"와도 맞닿아 있음을 상기시켜주었다. 그는 유여시의 "독립적인 정신과 자유로운 사상"을 표창함으로써 명청 교체기에 절조를 지키지 못했던 지식인은 물론이고 오늘날의 기개 없는 지식인에 대해서도 풍자했다. "남자를 여자로 바꾸니 그 자태는 새롭건만 배우(극단)들의 정화는 그지없이 낡았네." "연지와 분을 어찌나 두껍게 발랐는지 노친네가 아리따운 여인이 되려는 짝일세"[5]와 같은 시구절에서 천인커는 "비천한 여자들이나 행하는 굴종지도"를 몸소 행하는 지식인의 모습을 가장 혐오했음을 알 수 있다.

『홍루몽』의 작가는 "첩"을 좋게 생각하지 않았던 것 같다. 작품에 등장하는 첩들 모두가 덕행과 언동에서 크게 문제가 있었다. 가장 대표적인 인물이 조이랑인데 작중 인물에 대한 일반적인 비평, 폄훼, 견책에 그치지 않고 감정적인 혐오감을 넘어 생리적인 혐오감마저 드러내고 있다. 조설근은 인물을 묘사할 때 그 어떤 부정적인 인물에 대해서도 단순화시켜 묘사하지 않고 진실되고 돈후하게 묘사했다. 왕희봉은 아주 악랄했지만 그녀의 총명함과 능력은 매력적인 부분이기도 했다. 설반의 저속함과 용렬함(치사 사건)은 누구나 다 아는 사실이다. 그러나 그에게는 의로우면서 어수룩한 면도 있었다. 오직 조이랑만은 이런 점이 전혀 고려되지 않았다. 『홍루몽』에서 그 어떤 인물도 그녀처럼 혹독하게 묘사된 인물은 없다. 우리는 줄곧 작가가 왜 그렇게 묘사했는지 알 수 없었다. 아마도 구태여 해석하자면 그가 첩을 혐오했고 첩을 그냥 보아 넘길 수 없었기 때문이 아닐까 정도였다. 그래서 한결같이 첩의 지위를 갈망했던 화습인에게 호감을 표시하지 않고 상대적으로 죽기 살기로 첩실 되기를 원치 않았던 원앙에 대해서는 의외로 그 정신을 높이 샀던 것이다.

제46회의 "원앙녀는 절대 원앙녀가 되기를 거절하다鴛鴦女誓絕鴛鴦偶"에서 첩이 되느냐 마느냐의 문제가 불거지면서 한바탕 큰 파장이 일었을 때 가모, 가사, 형부인, 왕부인, 희봉, 보옥, 습인, 평아 등 가부의 상하 여러 사람이 모두 사건에 연루되었다. 게다가 가부의 사람들이 이 사건에서 보여준 각각의 태도와 입장에 관계없이 거절 의사를 나타낸 원앙의 단호한 몇 마디 말은 자못 예상을 뛰어넘는 것이었다. 가부의 중간 어른에 속하는 가사가 "집안의 가장 어른" 수하의 "시녀"를 첩으로 들어앉히려 한 것은 당시 사회 분위기로 보았을 때 그리 특별한 일도 아니다. 그의 정실부인인 형부인은 "현처"라는 명분으로 직접 나서 남편에게 첩을 대주려고 하다 뜻대로 되지 않자 다시 원앙의 올케가 나서도록 부추겼으니 그야말로 코미디가 따로 없다.

원앙의 올케는 히죽거리며 이렇게 말했다. "나를 따라 저쪽으로 와 봐, 굉장한 얘기가 있다고." 이 소리를 들은 원앙이 "혹시 마님이 하신 얘기 아녜요?"라고 응수하자 올케는 반색을 한다. "아가씨는 이미 알고 있었다는 거야? 이리 와봐요. 자세히 들려줄 테니. 정말 대단한 경사라고요." 원앙은 그 말을 듣고 벌떡 일어나 올케의 얼굴에다 사정없이 침을 뱉고는 이렇게 말한다. "아 정말이지 꺼져버려요! 뭐가 굉장한 얘기好話라는 거예요? 송 휘종의 매나 조자앙의 말처럼 몽땅 굉장한 그림好畫이라도 된다면 모를까! 무슨 경사요? 수두로 물집이 잡혀 고생하는데도 이제 꽉 들어찬 고름만 터지면 딱지가 앉고 나을 거니까 경사라 이거죠? 나 원 참! 어이가 없어서. 어쩐지 매번 남의 집 딸이 첩으로 들어가는 걸 부러워하더라니. 온 집안이 딸년 하나 믿고 온갖 거드름을 피우는 꼴이니 온 집안이 남의 첩질하는 꼴이 아니고 뭐예요. 그런 게 눈에 팍 익었으니 나를 이렇게 불구덩이로 밀어넣으려는 거지. 내가 체면을 세우면 당신네들은 밖에서 거드름이나 피우고 처남 어르신 노릇이나 하면서 날뛸 게 뻔해. 그러다 내게 힘이 없어지면 자라처럼 목을 움츠리고선 내가 죽든 말든 거들떠도 보지 않을 게 분명해."[6]

이 얼마나 통쾌한 말인가? 그런데 "남의 집 딸이 첩으로 들어가는 걸 부러워하더라니"라는 이 말의 향배를 살펴보면 신경질적인 말이긴 하지만 결코 사리에 어긋나지는 않는다. 그러나 "온 집안이 남의 첩질하는 꼴이 아니고 뭐예요"라는 말은 트집에 가까운 말이다. 전통사회가 줄곧 "가"와 "국"이 하나 되는 특성을 보여주었음을 연상할 때 독자들도 "작자가 도대체 누구를 욕하려는 건가?" 하는 생각을 떨쳐 버릴 수 없을 것이다. 더욱 이상한 것은 원앙이 가모 앞에서 절대 다시는 시집가지 않겠다는 맹서를 하면서 "해와 달이 목구멍을 비추고 있는 한"이란 말을 언급한 것을 볼 때 이는 분명 명나라의 "명"자를 암시하고 있는 것처럼 보이지 않겠는가? 그리고 가모는 이 일에 대해 책망하며 이렇게 말한다. "그러고 보니 너희는 서로 짜고 나만 속이고 있었던 게냐! 겉으로는 효성을 다하는 체하고 뒤로는 나를 속여먹을 작정이었구나. 좋은 물건이 있으면 달려와서 빼앗아 가고 좋은 사람이 있어도 달려와서 데려 가버렸지."[7] 좋은 물건도 빼앗아 가고 좋은 사람도 데려간다는 것은 바로 당시 남하했던 청나라 군대가 보여준 전형적인 행태였다. 그렇게 보니 『홍루몽』에는 명청대의 역사에서 일어났던 일들이 적지 않게 스며들어 있다. 내 개인적으로는 『홍루몽』을 연구할 때 반드시 작품 속의 스토리나 명청 사적을 연관지어야 한다고 주장하지는 않지만 만약 누군가 그런 주장을 하는 사람이 있다면 학문적 동반자로서 편견 없이 그를 존중해줘야 하지 않겠는가 하는 생각이 들기도 한다.

『유여시별전』과
『홍루몽』

천인커는 옛사람의 학설에 대해 "반드시 공감하는 마음으로 이해하는" 태도를 가져야 한다고 주장했다. 그는 이렇게 말했다. "반드시 정신적으로 명상하면서 학설을 내세운 고인들과 같은 경계에서 왜 그들이 그와 같은 고심어린 지론을 견지할 수밖에 없었는지에 대해 공감의 마음을 가져야 비로소 그 학설의 시비득실을 비평할 수 있게 되고 빈틈이 보이거나 실제에 부합되지 않는 주장을 더 이상 펼치지 않게 된다."[8] 『유여시별전』에는 천인커의 이러한 학문적 정신이 가장 잘 드러나 있다. 전겸익 등 남명의 중신으로서 청나라에 투항했던 인물들의 행동을 용납할 수 없었던 그였지만 청나라 초기 지식인들이 처한 특수한 환경에 대해 깊이 있게 이해하고 공감하려 했다. 그래서 그는 "청나라 군대가 건주建州(遼朝)에 들어온 이후 명문세가의 자제들이 만약 과거에 응시를 하지 않을 경우 이는 곧 청나라에 저항한다는 의미로 받아들여져 가족이나 자신에게 치명적인 위험 요소로 작용했을 것이다"라고 하는가 하면 "이러한 점을 고려할 때 청나라 초기의 사인

들이 결코 녹록지 않은 처지에 놓여 있었음을 알 수 있다. 후대에 와
서 당시의 이러한 상황을 헤아리지 않고 지나치게 신랄한 비판을 퍼
붓는다면 이는 공평타당하지 못하다"[9]고까지 했다. 이를 통해 볼 때
『홍루몽』의 작가가 과거에 급제한 사람들에 대해 그토록 통렬하게 비
판을 가한 것은 사소한 일로 치부해버릴 수 없는 모종의 정치적인 태
도나 민족적인 관념이 그 안에 착종되어 나타난 것이라고 보지 않을
수 없을 것 같다.

작가는 또 제4회의 이환의 등장을 소개하는 대목에서 이환의 아
버지 이수중李守中이 "여자에게는 재주가 없는 게 덕이다女子無才便是德"
라는 신조를 가진 사람임을 특별히 언급한 바 있다. 『홍루몽회심록紅
樓夢會心錄』의 저자인 뤼치샹呂啓祥 교수의 말에 따르면 이 말은 장대張岱
의 「공제기부인문公祭祁夫人文」에 나왔다고 하는데 원전에는 "남자에게
는 덕이 있는 게 재주요, 여자에게는 재주가 없는 게 덕이다"[10]라고
되어 있다. 장대 역시 명청 교체기에 높은 절개를 보여준 문학가로 통
치자들에 대한 불만을 나타내기 위해 일찍이 "머리를 풀어헤치고 산
에 들어가"직접 논밭을 일구며 생계를 꾸려나갔다. 그가 남녀의 "덕
德"과 "재才"에 대해 의론을 가한 것은 이유 없이 나온 게 아니라 당시
의 "현재적 정서"와 관련되어 있다. 조설근이 이 전고를 인용한 것은
생략한 앞 구절에 무게를 두고 남자가 가져야 할 "덕"의 중요성을 부
각시키려는 데 그 목적이 있다고 생각된다. 명청 교체기 "갑신지변甲申
之變"에 이어 "을유지변乙酉之變"이 일어나 남하한 청나라 군대가 약탈
을 일삼으며 파죽지세로 쳐들어왔지만 명나라는 완강히 저항한다. 많
은 지역의 관리와 장군이 스스로 목숨을 끊을지언정(온 가족이 자살

한 집안도 있었다고 함) 적에게 투항하지 않겠다는 자세로 끝까지 결사항전을 벌였다. 남도南都가 함락된 후 뜻있는 선비들은 온갖 방법을 동원하여 반청 운동을 했다. 천인커의 말마따나 "청나라 군대가 건주로 들어온 이후 명나라의 충신열사들 가운데는 스스로 목숨을 끊어 순국한 이들이 많았다. 심지어 북리의 이름난 미인이나 남곡의 재주 있는 미녀들 중에도 한마음으로 바다 밖의 구름을 걱정하고 (연평왕延平王 정성공鄭成功을 가리키며, 이 작위는 남명의 영력제永曆帝가 하사했음―옮긴이) 눈으로는 달 속의 나무를 끝까지 주시하면서(영력제를 가리킴) 진나라를 멸망시키고 초나라를 되찾는 고토회복의 일에 동참함으로써 내부 사정을 숙지하고 있던 이들이 있었다."[11]

나는 일찍이 주周나라 말기, 명明나라 말기, 청淸나라 말기는 중국 학술사의 역사적 전환점이 된 시기이며 민족정신이 살아나고 확장되던 시기라고 했었다. 그중에서도 특히 명말 청초에 촉발된 문화적 충격은 더욱 비장하고 장렬했다. 그러나 문자옥이 이어지던 옹정과 건륭 시기인 청 중엽에는 화하민족의 이러한 문화 정신이 사실상 거의 마모된 시기였다. 『홍루몽』의 위대한 점은 바로 삼엄한 문자옥이 횡행하던 그 시대에 그만의 독특한 문학적 내공으로 청초의 사상적 흐름에 묵직하게 호응했다는 데 있다.

그러므로 색은파 홍학이 『홍루몽』에서 찾아내고자 했던 것들을 결코 가볍게 봐서는 안 된다. 천인커는 『유여시별전』을 지으면서 전기의 주인공인 하동군이라고 하는 기이한 여인을 칭송하는 데 그치지 않고 진원원陳圓圓, 동소완董小宛, 이향군李香君, 변옥경卞玉京, 고미루顧眉樓, 황개령黃皆令, 임천소林天素, 왕수미王修薇, 양원숙楊宛叔, 구백문寇白門 등을 포함한 이른바 "고독의 여한을 엿볼 수 있는窺見其孤懷遺恨" 남국의 이름난 여인들에 대해서 어떤 이는 상세하게 또 어떤 이는 간략하게 서술하면서 빠지는 사람 없이 한 사람 한 사람 돌아가며 두루 논했다. 그녀들은 웬만한 "당시의 사대부"들보다 더 높은 절조를 보여주었다. 『홍루몽』은 사상적 측면에서 여성이 남성보다 우월하다는 인식을 보여주었다. "문무백관이 우글거려도 나라가 제대로 돌아가지 않으니 똑부러진 아녀자 한둘이 집안을 다스려나가는 것만도 못하네." "문무백관이 통치강령을 세웠는데도 어이하여 규중 아가씨 임사랑만도 못하더냐." [12] 이 구절들은 여성이 남성에게 뒤지지 않는다는 사상적 경향성을 아주 강렬하게 표출하고 있다. 청초에 유행하던 "오늘날의 의관이 여식에게 부끄럽다今日衣冠愧女兒"는 논리와 연계지어 누군가 이런 주장을 펼칠 수도 있을 것이다. "조설근이 강희 말년에 태어나 직접 가산 몰수 사건을 목도하였으니 아무래도 명청 교체기에 촉발된 사상적 충돌에서 모종의 역사적 관련성을 찾을 수 있지 않을까"라고 말이다. 그런데도 우리가 색은파에 대해 "명청한 수수께끼 놀음"으로만 일축해버린다면 이는 오늘날의 학문적 자유나 민주적인 풍토에 위배된다고 생각한다.

『유여시별전』의 제3장 결미부에는 주목할 만한 대목이 나온다. "나인커는 일찍이 시사와 서화에 능했던 하동군과 그 동시대의 미인들이 남녀의 정과 사우師友의 우의로 오월당사吳越黨社와 교류했던 일을 기록하고 전하며 과거와 오늘을 논한 바 있다. 그 이유는 그들 모두가 천부적으로 자질이 뛰어난데다 겸허하게 학문에 정진했기 때문이다. 아무래도 폐쇄된 규방이 아니라 예법의 구속을 받지 않고 자유롭게 명사들과 교류하며 상호 간에 영향을 주고받을 수 있었기에 그렇게 할 수 있었다고 볼 수 있다."[13] 천인커가 기술한 이 상황은 마침 『홍루몽』 중 대관원의 여성들과 비견된다. 천인커는 여기서 『홍루몽』을 끌어다 인용하는 대신 동시대의 다른 소설 『요재지이』를 인용했다. 그는 이렇게 말했다. "청초에 치천淄川 포유선蒲留仙 송령松齡의 『요재지이』에 등장하는 여우녀들은 거의 다 고운 얼굴에 청담에 능했고 방탄하게 풍류를 즐기던 여성들이다. 당시 사회 환경의 제약에 불만을 가지고 있던 제로齊魯의 문사 유선은 마침내 상상력을 발휘하여 영괴들에 의탁해 마음속 이상으로 삼을 만한 여성들을 그려냈다. 사실 명대 오월 지역의 명망 있는 문사들 입장에서 볼 때 이 여우녀들이야말로 진실된 사람들이었다. 게다가 고향 사람들이라 유희의 문장에 우의를 담을 필요없이 오매불망 그녀들을 갈망하면 되었다. 하동군과 같은 인물은 낭송과 해학에 능하고 종잡을 수 없는 움직임으로 더더욱 유선이 묘사한 이야기 속 인물을 방불케 한다. 우습다고 할지 모르지만 이를 통해 300년 전 남북의 사회적 풍조가 얼마나 차이가 나는지를 엿볼 수 있다."[14] 『요재지이』의 작가가 마음에 둔 사람이 바로 명대 남부 지역 재녀들의 성향과 딱 부합되었던 것이다. 그렇다면 그녀들의 생애 사적은 왜 『홍루몽』의 방식으로 재현되지 못한 것일까?

천인커의 고증에 따르면 유여시는 전목재錢牧齋와 결혼한 이후 3년 안팎으로 줄곧 병중에 있었다고 한다. 그 원인을 살펴보니 정신적으로나 육체적으로 모두 문제가 있었다. 과도한 음주와 옛 연인인 진자룡陳子龍에 대한 미련 등이 발병의 원인이 되었을 가능성이 높다. 전목재의 시에 들어 있는 이른바 "가벼운 병에 가벼운 오한이 들어 술을 금한 날薄病輕寒禁酒天 "가벼운 병에도 술에 취한 듯薄病如中酒"과 같은 구절이 바로 그 증거다. 천인커는 이에 대해 "지금 생각해도 가슴이 아프다. 청대 조설근은 왕실보王實甫의 '경국지색의 미모'와 '근심이 많으면 병도 잦아진다'는 장생과 앵앵의 이야기를 버무려 마음속에 꿈꾸던 임대옥이란 인물을 만들어냈다. 그런데 생각지도 않게 옹정제와 건륭제 시기보다 백 년 앞선 시점에 이렇듯 하동군과 같이 이상적인 인물이 오월 땅에 실존했었다니 참으로 놀랍다. 정말이지 탕옥명蕩玉茗이 그려냈던 유춘경柳春卿의 꿈속 미인과 두여낭杜麗娘의 꿈속 서생이 훗날 남안도원南安道院의 소저가 되고 광주학궁廣州學宮의 수재가 되었던 것처럼 말이다. 뜻밖에도 노자의 '빈 곳은 채워진다'라는 말이 그리스의 철학자 플라톤의 이데아에 관한 학설과 더불어 상호 증명이 되고 있으니 신기하지 않은가!"[15] 천인커의 이 말은 그가 우리에게 들려주는 소설 해석 이론과 다를 바 없다. 그의 논리대로라면 『홍루몽』에서 그리고 있는 내용은 확실히 "옹정제나 건륭제 시기보다 백 년 앞선 오월 땅"에서 있었던 인물들의 이야기에서 모종의 영감을 받은 것이라고도 할 수 있을 터이니 이른바 "빈 곳은 채워진다"라는 말은 바로 그런 의미라고 하겠다.

후기

이 책 『논쟁 극장』은 『홍학』의 증보판이다. 『홍학』은 내가 연구의 방향을 문학에서 학술사로 전환하고자 했던 과도기에 쓰인 저작이다. 그래서 나는 『홍루몽』 연구를 하나의 분야로 생각하고 그것의 독립된 분야로서의 의미와 형성 및 발전 과정을 탐구했다. 실제로 학술사의 관점에 입각해 전형성을 갖춘 현대적인 학문 분야로 『홍루몽』을 분석한 것이다.

『홍루몽』 제5회에서 가보옥이 태허환경을 몽유할 때 경환선고는 영국공과 영寧국공 두 조상님이 부탁한 말을 이렇게 들려준 바 있다. "우리 집안은 나라가 선 이래 세상에서 널리 공명을 떨치고 대대로 부귀를 누려오길 모름지기 백 년이나 되었지만 이제는 가운이 다하여 만회할 수 없는 지경에 이르렀소."[1] 이 말은 『홍루몽』에서 그려지고 있는 가부의 흥망성쇠가 1644년 청나라 군대가 중국에 들어온(순치 원년) 시기부터 1744년 건륭 9년경을 전후로 100년의 역사가 경과한 시기까지를 배경으로 하고 있다는 사실이다. 그리고 1744년은 바로 조설근이 『홍루몽』을 쓰기 시작한 시기이기도 하다. 그는 분명 이 100년이라는 역사의 순환으로서의 시간 개념 속에서 얻은 모종의 "암시"를 통해 창작의 영감을 얻었을 것이다. 그래서 제13회에서 진가경이 꿈을 빌려 왕희봉에게 당부했던 말도 이러한 의미를 담고 있다고 볼 수 있다. "우리 가문도 지금까지는 100년 가까이 크나큰 권세를 누려왔지만 언제고 '즐거움이 지나치면 슬픔이 찾아들고' '나무가 넘어지면 원숭이들이 뿔뿔이 흩어진다'는 속담처럼 될지 누가 알겠어요. 그렇게 된다면 학문으로 이름을 떨치던 이 가문도 빛 좋은 허울만 남게 되지 않겠어요?"[2] 이는 분명 작가가 소설의 가장 핵심을 요약한 말이라고 할 수 있다. 만청 시기 쉬자오웨이는 「유희보관잡영遊戱報館雜詠」에서 다음과 같은 말을 했다. "소설은 황당함으로 잠 귀신을 몰아내기에 제격인데 『황차장록黃車掌錄』에는 소설과 관련된 것들을 잔뜩 끌어모아놓았다네. 신학문은 논하지 않고 홍학을 논하는데 누추한 방구석에 틀어박혀 많은 것을 고찰하고 연구한 이 그 누구던가?" 시 뒤에는 다음과 같은 소주小注가 달려 있다. "도시에 사는 선비들이 『석두기』에 대해 즐겨 논했는데, 이것을 일컬어 '홍학'이라고 불렀다. 청말에 정치 및 경제 체제 개혁운동의 새로운 바람이 불자 홍학을 논하던 사람들이 경제를 논하기 시작했다. 캉유웨이와 량치차오의 유신이 실패하자 이번에는 경제를 논하던 사람들이 다시 홍학을 논하게 되었다. 무술년의 신문과 잡지에서 이런 사실을 기술하니 한바탕 웃음거리가 되었다." 이렇게 보았을 때 홍학이 막 생겨날 즈음에 "새로운 정치"와는 서로 모순되고 잘 맞아떨어지지 않았을 것이니 어찌 동일한 시간과 공간 속에서 함께 번영할 수 있었겠는가? 캉유웨이와 량치차

오의 유신이 실패했을 때는 바야흐로 무술년, 즉 청 광서 24년(1898)
이었다. 그로부터 오늘에 이르기까지 또 100년의 시간이 고스란히 흘
러갔다. 이 100년 동안의 홍학은 과연 또 어떠했을까? 『홍루몽』의 독
자이자 애호가 혹은 연구자로서 우리는 이 100년의 시간 동안 어떠
한 영감과 암시를 받았을까?

왕궈웨이는 이렇게 탄식했다. "순식간에 사라져버린 100년의 세월
인데 하룻밤 시간으로 그 누구를 탓할 수 있으랴百年頓盡追懷裏, 一夜難爲怨
別人." 천인커도 같은 감회를 내비쳤다. "저 멀리 자욱한 안개로 가로막
힌 장안이여, 100년 세월에 찌그러진 바둑판 뒤엎을 자 그 누구던가
遙望長安花霧隔, 百年誰覆爛柯棋." 모름지기 학술 사조의 교체와 변화는 사물
이 나아가는 정상적인 흐름의 과정이다. 성할 때가 있으면 쇠할 때가
있게 마련이다. 량치차오는 학술 사조를 계몽기, 전성기, 탈피기, 쇠퇴
기로 나누고 불가의 "변화하는 상流轉相"의 태어남生, 머묾住, 다름異, 소
멸滅의 네 단계로 개괄한 바 있다. 홍학은 이러한 변화의 시기와 단계
를 모두 거쳤다.

이 책은 원래 허베이교육출판사에서 출판되었으나 이번에는 중국
편역출판사에서 내게 되었다. 이에 취젠원曲建文 선생에게 감사를 드림
과 동시에 해외에 널리 알려진 출판가 왕예민王業民 형에게도 깊은 감
사와 함께 경의를 표하고자 한다.

2005년 4월 15일 개정

참고문헌

1. 판본

『脂硯齋重評石頭記(庚辰本)』, 人民文學出版社, 1975년 影印本
『脂硯齋重評石頭記(甲戌本)』, 人民文學出版社, 1975년 影印本
『戚蓼生序本石頭記(戚序本)』, 人民文學出版社, 1975년 影印本
『乾隆抄本百二十回紅樓夢稿(夢稿本)』, 上海古籍出版社, 1963년 影印本
『增評加注全圖紅樓夢』, 王希廉·張新之·姚燮 評, 1925년 上海石印本
『紅樓夢八十回校本』, 俞平伯 校訂, 人民文學出版社, 1958년판
『紅樓夢新校本』, 中國藝術硏究院紅樓夢硏究所校注, 人民文學出版社, 1982년판

2. 문헌자료

『關于江寧織造曹家檔案史料』, 故宮博物院 明淸檔案部 編, 中華書局, 1975년판
『李煦奏折』, 故宮博物院 明淸檔案部 編, 中華書局, 1976년판
『楝亭集』, 曹寅 撰, 上海古籍出版社, 1978년 淸人別集叢刊本
『四松堂集』, 愛新覺羅·敦誠 撰, 上海古籍出版社, 1984년판
『懋齋詩鈔』, 愛新覺羅·敦敏 撰, 上海古籍出版社, 1984년판
『春柳堂詩稿』, 張宜泉 撰, 上海古籍出版社, 1984년판
『高蘭墅集』, 高鶚 撰, 上海古籍出版社, 1984년판
『綠烟瑣窗集』, 富察明義 撰, 上海古籍出版社, 1984년판
『棗窓閑筆』, 愛新覺羅·裕瑞 撰, 上海古籍出版社, 1984년판

『古典文學硏究資料匯編·紅樓夢卷』, 一粟 編, 中華書局, 1963년판

『紅樓夢書錄』, 一粟 編, 上海古籍出版社, 1981년판

『脂硯齋紅樓夢輯評』, 兪平伯 輯, 中華書局, 1960년판

『新編石頭記脂硯齋評語輯校』, 陳慶浩 編, 中國友誼出版公司, 1987년판

『王伯沆紅樓夢批語匯錄』, 江蘇古籍出版社, 1985년판

『新譯紅樓夢回批』, 哈斯寶 評批, 內蒙古人民出版社, 1979년판

『紅樓夢硏究參考資料選集』, 第1~4集, 人民文學出版社, 1973년~1978년판

『紅樓夢問題討論集』, 第1冊~第4冊, 作家出版社, 1955년판

『紅學三十年論文選編』, 上·中·下 三卷, 劉夢溪 選編, 百花文藝出版社, 1982년~1984년판

『臺灣紅學論文選』, 胡文彬·周雷 編, 百花文藝出版社, 1981년판

『香港紅學論文選』, 胡文彬·周雷 編, 百花文藝出版社, 1982년판

『海外紅學論集』, 胡文彬·周雷 編, 上海古籍出版社, 1982년판

『紅樓夢索引』, 潘銘燊 編, 香港龍門書店 1983년판

『首屆國際紅樓夢硏討會論文集』, 周策縱 編, 香港中文大學出版社, 1983년판

『紅學世界』, 胡文彬·周雷 編, 北京出版社, 1984년판

3. 고증파 논저

『紅樓夢考證』, 胡適 著, 『胡適文存』, 卷3에 실림; 1980년 上海書店에서 발간한 『中國章
　　回小說考證』本

『胡適紅樓夢硏究論述全編』, 上海古籍出版社, 1988년판

『紅樓夢辨』, 兪平伯 著, 亞東圖書館, 1923년판

『紅樓夢硏究』, 兪平伯 著, 上海棠棣出版社, 1952년판

『紅樓夢新證』, 周汝昌 著, 上海棠棣出版社, 1953년판, 百花文藝出版社, 1984년 재판

『曹雪芹小傳』, 周汝昌 著, 人民文學出版社, 1964년 초판, 百花文藝出版社, 1984년 재판

『獻芹集』, 周汝昌 著, 山西人民出版社, 1985년판

『曹雪芹叢考』, 吳恩裕 著, 上海古籍出版社, 1980년판

『曹雪芹佚著淺探』, 吳恩裕 著, 天津人民出版社, 1979년판

『曹雪芹的故事』, 吳恩裕 著, 香港中華書局, 1978년판

『紅樓夢探源外編』, 吳世昌 著, 上海古籍出版社, 1980년판

『曹雪芹家世新考』, 馮其庸 著, 上海古籍出版社, 1980년판, 文化藝術出版社, 1997년 증보판

『論庚辰本』, 馮其庸 著, 上海文藝出版社, 1978년판

『耐雪堂集』, 王利器 著, 中國社會科學出版社, 1986년판

『紅樓夢硏究論集』, 周紹良 著, 山西人民出版社, 1983년판

『紅樓夢版本小考』, 魏紹昌 著, 中國社會科學出版社, 1982년판

『曹雪芹江南家世考』, 吳新雷·黃進德 著, 福建人民出版社, 1983년판
『紅樓夢論叢』, 陳毓羆·劉世德·鄧紹基 著, 上海古籍出版社, 1979년판
『紅樓識小錄』, 鄧雲鄉 著, 山西人民出版社, 1984년판
『紅樓風俗譚』, 鄧雲鄉 著, 中華書局, 1987년판
『紅樓夢著作權論爭集』, 北方論叢編輯部 編, 山西人民出版社, 1985년판
『大觀園』, 顧平旦 編, 文化藝術出版社, 1981년판
『論紅樓夢佚稿』, 蔡義江 著, 浙江古籍出版社, 1989년판
『紅學評議·外篇』, 戴不凡 著, 文化藝術出版社, 1991년판
『紅樓夢硏究』, 朱淡文 著, 臺灣貫雅文化公司, 1991년판
『恭王府與紅樓夢』, 周汝昌 著, 北京燕山出版社, 1992년판
『紅樓夢論源』, 朱淡文 著, 江蘇古籍出版社, 1992년판
『曹學敍論』, 馮其庸 著, 光明日報出版社, 1992년판
『石頭記探逸(增補版)』, 梁歸智 著, 山西敎育出版社, 1992년판
『紅樓夢新探』, 趙岡·陳鍾毅 著, 香港文藝書屋, 1970년판
『紅樓夢論集』, 趙岡 著, 臺北志文出版社版
『紅樓一家言』, 高陽 著, 臺北聯經出版事業公司, 1977년판
『紅樓夢版本硏究』, 王三慶 著, 臺北石門圖書公司, 1981년판
『高陽說曹雪芹』, 臺北聯經出版事業公司, 1983년판
『蘇州李家與紅樓夢』, 皮述民 著, 臺灣新文豐出版公司, 1996년판

4. 색은파 논저

『石頭記索隱』, 蔡元培 著, 上海商務印書館, 1917년 鉛印本
『紅樓夢索隱』, 王夢阮·沈瓶庵 著, 中華書局, 1916년판
『紅樓夢釋眞』, 鄧狂言 著, 上海民權出版社, 1919년판
『紅樓夢抉微』, 闞鐸 著, 天津大公報, 1925년판
『紅樓夢本事辨證』, 壽鵬飛 著, 商務印書館, 1927년 文藝叢刻乙集本
『紅樓夢眞諦』, 景梅九 著, 西京出版社, 1934년판
『紅樓夢新解』, 潘重規 著, 新加坡 靑年書局, 1959년판
『紅樓夢新辨』, 潘重規 著, 臺北文史哲出版社, 1974년판
『紅學六十年』, 潘重規 著, 臺北文史哲出版社, 1974년판
『紅樓猜夢』, 趙同 著, 臺北三三書坊, 1980년판
『紅樓夢原理』, 杜世傑 著, 비매품, 臺北 出版
『紅樓夢謎』, 李知其 著, 비매품, 香港 出版
『紅樓夢考釋』, 杜世傑 著, 臺灣, 1989년 10월 저자가 직접 출판함.

『紅樓夢謎(二續)』, 李知其 著, 香港, 1990년 3월 저자가 직접 출판함.
『紅樓夢影射雍正纂位論』, 邱世亮 著, 臺灣學生書局, 1991년판
『紅學論集』, 潘重規 著, 臺灣三民書局, 1992년판
『紅樓夢引』, 王以安 著, 臺灣新陸書局, 1993년판
『紅樓夢血淚史』, 潘重規 著, 臺灣東大圖書公司, 1996년판

5. 소설 비평파 논저

『紅樓夢評論』, 王國維 著, 『王國維遺書』제5책, 『靜安文集』40~62쪽, 上海古籍書店,
　　1983년 影印版
『紅樓夢硏究』, 李辰冬 著, 正中書局, 1945년판
『紅樓夢人物論』, 王崑崙 著, 國際文化服務社, 1948년 초판, 1983년 三聯書店 재판
『紅樓夢評論集』, 李希凡·藍翎 著, 作家出版社, 1957년판
『紅樓夢的思想與人物』, 劉大傑 著, 上海古典文學出版社, 1956년판
『論紅樓夢』, 何其芳 著, 人民文學出版社, 1958년판
『紅樓夢論稿』, 蔣和森 著, 人民文學出版社, 1958년 초판, 1981년 재판
『漫說紅樓』, 張畢來 著, 人民文學出版社, 1978년판
『紅樓夢槪說』, 蔣和森 著, 上海古籍出版社, 1979년판
『論鳳姐』, 王朝聞 著, 百花文藝出版社, 1980년판
『紅樓夢藝術論』, 徐遲 著, 上海文藝出版社, 1980년판
『紅樓夢問題評論集』, 郭豫適 著, 上海古籍出版社, 1981년판
『紅樓夢新論』, 劉夢溪 著, 中國社會科學出版社, 1982년판
『說夢錄』, 舒蕪 著, 上海古籍出版社, 1982년판
『紅樓十二論』, 張錦池 著, 百花文藝出版社, 1982년판
『紅樓夢的語言藝術』, 周中明 著, 漓江出版社, 1982년판
『紅樓夢與金甁梅』, 孫遜·陳詔 著, 寧夏人民出版社, 1982년판
『紅學叢譚』, 胡文彬·周雷 著, 山西人民出版社, 1983년판
『賈府書聲』, 張畢來 著, 上海文藝出版社, 1983년판
『紅樓夢十講』, 邢治平 著, 中州書畫社, 1983년판
『論曹雪芹的美學思想』, 蘇鴻昌 著, 重慶出版社, 1984년판
『紅樓夢與戲曲比較硏究』, 徐扶明 著, 上海古籍出版社, 1984년판
『紅樓夢修辭藝術』, 林興仁 著, 福建敎育出版社, 1984년판
『一層樓·泣紅亭與紅樓夢』, 扎拉嘎 著, 內蒙古人民出版社, 1984년판
『紅樓夢藝術探』, 王昌定 著, 浙江文藝出版社, 1985년판
『紅樓夢縱橫談』, 林冠夫 著, 廣西人民出版社, 1985년판

『談紅樓夢』, 張畢來 著, 知識出版社, 1985년판

『紅樓夢談藝錄』, 陳詔 著, 寧夏人民出版社, 1985년판

『釵黛合一新論』, 吳曉南 著, 廣東人民出版社, 1985년판

『紅樓夢人物衝突論』, 王志武 著, 陝西人民出版社, 1985년판

『紅樓夢的背景與人物』, 朱眉叔 著, 遼寧大學出版社, 1986년판

『紅樓夢藝術技巧論』, 傅憎享 著, 春風文藝出版社, 1986년판

『紅樓采珠』, 薛瑞生 著, 百花文藝出版社, 1986년판

『紅樓夢新評』, 白盾 著, 上海文藝出版社, 1986년판

『紅樓藝境探奇』, 姜耕玉 著, 重慶出版社, 1986년판

『石頭記交響曲』, 胡風 著, 湖南文藝出版社, 1986년판

『語言藝術皇冠上的明珠』, 林興仁 著, 內蒙古敎育出版社, 1986년판

『紅樓夢新探』, 曾揚華 著, 廣東人民出版社, 1987년판

『紅樓夢人物辨析』, 吳穎 著, 廣東人民出版社, 1987년판

『紅學論稿』, 鄧遂夫 著, 重慶出版社, 1987년판

『紅樓夢藝術管探』, 杜景華 著, 中州古籍出版社, 1987년판

『紅樓夢人物塑造的辯證藝術』, 周書文 著, 江西人民出版社, 1987년판

『紅樓夢開卷錄』, 呂啓祥 著, 陝西人民出版社, 1987년판

주

한국어판 서문

1 수금체瘦金體는 송 휘종 조길趙佶이 창시한 독창적인 서법체다. 수금체는 운필이 가볍고 민첩하며 자획이 가늘고 길게 이어지면서 생겨나는 날렵함이 주된 특색이다.―옮긴이

2 투모러土默熱는 『홍루몽』 연구 분야에서 이른바 투모러 홍학土默熱紅學이라는 새로운 학설을 수립한 인물이다. 그의 홍학은 기존의 전통 홍학이나 주류 홍학과 차별화되는 독특한 주장으로 일가를 이루었다. 따라서 그의 홍학은 색은파나 고증파와 다르며 평점이나 탐일파探逸派와도 대별된다. 그의 홍학은 역사 분석과 문학 분석에 입각하여 『홍루몽』에 대해 새로운 주장을 펼쳤다. 투모러 홍학의 핵심은 다음과 같다. 첫째, 『홍루몽』의 저자는 순치제와 강희제 때의 대문인 '홍승洪昇'이다. 따라서 작품에서 다루고 있는 내용은 송대부터 세 명의 재상을 배출하고 명대에 다섯 명의 상서를 배출한 홍승 집안사람들에 관한 이야기다. 둘째, 『홍루몽』에 등장하는 금릉십이채의 원형은 '초원시사蕉園詩社'의 열두 구성원이다. 그들 모두 항저우의 이황전이 돌보던 사대가문의 딸들이며 홍승과 내외종사촌간이다. 홍승과 나이가 비슷하고 어렸을 때부터 같이 자랐다. 셋째, 대관원은 홍승과 '초원시사'의 자매들이 함께 살았던 곳이다. 넷째, '원비성친'은 강희의 남순을 투영한 것으로 어가를 맞이한 인물은 조설근의 조부인 조인이 아니라 강희제 때의 권신인 고사기高士奇다. 지역도 난징이 아니라 항저우에 있는 홍승 집 인근에 있는 "서계산장西溪山莊"이다. 다섯째, 대황산 무계애 청경봉은 베이징의 동교에 있는 반산盤山이다. 기타 주장은 생략한다.―옮긴이

제서

1 『홍루몽』제1회: "滿紙荒唐言, 一把辛酸淚. 都云作者癡, 誰解其中味."
2 조설근은 위진남북조 완적阮籍의 삶과 행동양태를 흠모하여 자신의 호를 완적을 꿈 꾼다는 의미에서 '몽완夢阮'이라 지었다.─옮긴이

제1장

1 두보杜甫의 「추흥秋興」 8수 중 제4수에 들어 있는 구절임.─옮긴이
2 『천인커시집陳寅恪詩集』(淸華大學出版社, 1993), 126~127, 107쪽
3 『홍루몽』제6회: "按榮府中一宅人九合算起來, 人口雖不多, 從上至下也有三四百丁, 雖事 不多, 一天也有一二十件, 竟如亂麻一般, 幷無個頭緒可作綱領."
4 『타이옌문록초편·설림하太炎文錄初編·說林下』(『장타이옌전집章太炎全集』 제4책, 上海 人民出版社, 1985, 119쪽)
5 량치차오梁啓超는 『청대학술개론淸代學術槪論』에서 "진정한 학자의 자세는 응당 모 두 학문을 위하여 학문을 연마하는 것이다"라고 늘 언급하곤 했다.(『梁啓超論淸學史 二種』, 復旦大學出版社, 1985, 40쪽)
6 졸고, 『문화적 사명과 중국 현대 학술 전통文化托命與中國現代學術傳統』(『中國文化』 제 6기, 北京三聯書店, 香港中華書局, 臺北風雲時代出版社가 공동으로 출판)
7 「한서예문지漢書藝文志」: "小說家著錄「虞初圖說」九百四十三篇." 原注: "虞初, 河南人, 武帝 時以方士侍郎, 號黃車使者." 황차황車는 원래 황차사자황車使者의 약칭으로 나중에는 소설을 엮어내는 사람을 황차사자라고 불렀다.─옮긴이
8 원래 『우승일기雨僧日記』에 게재되었다가 『천인커시집』 7쪽에 수록됨. 창작 연대는 "1919년 3월"이라고 서명되어 있다. 원시의 제4구 뒷부분에 다음과 같이 주가 달려 있다. "虞初號黃車使者."
9 "胡先生所謂爲笨謎者, 正是中國文人習慣."
10 "朋友和眞理旣然都是我們心愛的東西, 我們就不得不愛眞理過于朋友了."
11 『위핑보가 논한 홍루몽兪平伯論紅樓夢』: "紅學爲評名抑含實義, 有關于此書之性質. 早歲 流行, 原不過紛紛談論, 卽偶形諸筆墨固無所謂'學'也, 及淸末民初, 王·蔡·胡三君, 俱以師儒 身分大談其『紅樓夢』, 一向視同小道或可觀之小說遂登大雅之堂矣."(上海古籍出版社, 1988, 1143쪽)
12 『사기史記』「맹자순경열전孟子荀卿列傳」: "田駢之屬皆已死, 齊襄王時, 而荀卿最爲老師."
13 "有炎炎日午而瑤琴一曲來薰風之感."
14 "的確是新星, 不是因撰之者新涉足這一領域, 而是因文章確有新意, 是以前硏究者沒有寫出, 讀者沒有想到, 或可說雪芹也沒意識到的."
15 小注: "都人士喜談石頭記, 謂之紅學. 新政風行, 談紅學者改談經濟, 康·梁事敗, 談經濟者又

改談紅學." 『고전문학연구자료회편·홍루몽권古典文學研究資料匯編·紅樓夢卷』 제2책, 中華書局, 1963, 404쪽.

16 "京事一切沉悶(新華門軍警打傷敎職員), 更無可道者, 不如劇談紅樓爲消夏神方, 因此每一執筆必突突然若有神助也." 위핑보, 『홍루몽변紅樓夢辨』 중 '구제강顧頡剛의 서'(人民文學出版社, 1973, 4쪽)

17 "古來新學問起, 都由于新發見. 孔子壁中書出, 而後有漢以來古文家之學. 有趙宋古器出, 而後有宋以來古器物·古文字之學." 왕궈웨이王國維, 『최근 20~30년 내 중국에서 새로 발굴해낸 학문最近二三十年中中國新發見之學問』(『왕궈웨이유서王國維遺書』 제5책의 『왕정안문집속편靜安文集續編』, 65쪽)

18 "一時代之學術, 必有其新材料與新問題. 取用此材料, 以硏求問題, 則爲此時代學術之新潮流. 治學之士, 得予于此潮流者, 謂之予流(借用佛教初果之名). 其未得予者, 謂之未入流. 此古今學術史之通義, 非彼閉門造車之徒所能問喩者也." 천인커, 『천위안둔황여록서陳垣敦煌餘錄序』(『금명관총고이편金明館叢稿二編』, 上海古籍出版社, 1980), 236쪽.

19 이 책의 제8장 하편 "홍학의 미스터리와 홍학의 풀리지 않는 옭매듭紅學之謎和紅學死結" 참조. 402~403쪽.

20 위핑보는 『홍루몽연구紅樓夢研究』 「자서」에서 "나는 일찍이 이 책이 중국 문단에서 연구하면 할수록 더 종잡을 수 없게 되는 악몽이라고 말했었다我想謂這書在中國文壇上是個夢魘, 你越硏究便越覺糊塗."(『위핑보가 논한 홍루몽』, 上海古籍出版社, 1988, 372쪽)

21 "紅樓夢』第五十回, 榮國府元宵開夜宴, 寶玉離席回怡紅院, 偸聽襲人·鴛鴦說話, 然後又出院回到席上. 半路寶玉要解手, 跟隨寶玉的麝月·秋紋都站住, 背過臉去, 笑着提醒寶玉: '蹲下再解小衣, 留神風吹了肚子.'"

22 "寶玉爲什麼要蹲下來解手?"

23 "北坊兒童穿滿襠褲, 站着撩衣露很大一塊肚子, 天冷吃不消, 所以北方的父母都敎小男孩蹲下來小解." 이상의 내용은 위핑보와 덩윈샹 간의 대화로 이해를 도모하기 위해 인용문 형식으로 정리했음.—옮긴이

24 『홍루몽』 제59회 "柳葉渚邊嗔鶯咤燕, 絳雲軒裏召將飛符", 『홍루몽』 제60회 "茉莉粉替去薔薇硝, 玫瑰露引來茯苓霜"

25 량치차오는 학술 사조를 논하면서 계몽기, 전성기, 탈피기, 쇠퇴기로 구분하고 불가에 나오는 '변화하는 상相住轉相'의 태어남生, 머묾住, 다름異, 소멸滅의 개념으로 그것을 개괄했다. 쇠퇴기에 대해 그는 이렇게 얘기했다. "대체로 하나의 학파가 전성기를 맞고 나면 사회 일각에서는 그 스러져가는 세력의 끝자락에 붙으려는 사람들이 늘어나면서 진부한 것을 그대로 따르려 하니 자연히 식상해진다. 그 시기 이 학파의 요체는 이미 선배 학자들이 남김없이 다 밝혀놓았으니 그것을 이어받으려는 사람들은 지엽적인 부분만을 취하여 궤변을 늘어놓는 데 불과하다. 게다가 지류로 갈가리 찢어져 밀치고 떼밀며 쫓아가니 더더욱 한계가 속출한다. 상황은 이미 변해서 사회가 다른 방향을 요구하는데도 전성기 때의 권위로 군림하려 드니 조금이라도 생각이 있는 사람이라면 기꺼이 받아들이기가 꺼려질 수밖에 없다. 그리고 걸출한 인물들이 새로

운 것을 창조하려고 하면 반드시 먼저 옛것을 부숴버려야 한다는 생각에 이전의 것을 파괴의 대상으로 삼는다. 그래서 다음 사조인 계몽기에 들어서면 이 사조는 결국 종말을 고하게 된다. 이는 쇠퇴기의 피할 수 없는 운명으로 불설의 이른바 멸상滅相에 해당한다.(『량치차오가 논한 청대학술사 2종梁啓超論淸學史二種』, 2~3쪽)

26 "희숙羲叔"은 요임금의 신하로 남방에 배정되어 천문과 역법을 관장했던 인물임.—옮긴이

27 왕궈웨이, 「문을 나서며出門」: "出門惘惘知奚適, 白日昭昭未易昏. 但解購書那計讀, 且消今日敢論句. 百年頓盡追懷裏, 一夜難爲怨別人. 我欲乘龍問羲叔, 兩般誰幻又誰眞." 인생무상에 빠진 왕궈웨이는 어디로 나아가야 할지 방향을 잃고 만다. 기쁨보다는 슬픔과 애환이 더 컸던 백 년의 시간 동안 몽환 같은 인생사에서 벗어나 해탈을 추구했다.—옮긴이

제2장

1 추피鄒弢, 「삼차려필담三借廬筆談」 권4: "奈何燒殺我寶玉!" 『고전문학연구자료회편·홍루몽권』 제2책, 388쪽.

2 『홍루몽학간』에 관한 발행 기록이 이 책 『논쟁 극장』의 저본 『홍학』이 출판되었던 1990년에 머물러 있어 2019년 현재 발행 상황에 맞추어 본문의 내용을 수정했음.—옮긴이

3 『홍루몽』 관련 학술지는 위에 소개된 『홍루몽학간』 『홍루몽연구집간』 『홍루몽연구전간』 등 세 종류가 있었지만 『홍루몽학간』만이 살아남았다. 그 외에 『홍루몽』 관련 전문학술지로는 『조설근연구曹雪芹硏究』 『홍루연구紅樓硏究』 『홍학연구紅學硏究』 『중원홍학中原紅學』 등이 있다. 『명청소설연구明淸小說硏究』 『문학평론文學評論』 『문예이론연구文藝理論硏究』 『중국현대문학연구총간中國現代文學硏究叢刊』 등은 『홍루몽』 관련 전문 학술지는 아니지만 『홍루몽』 연구논문이 게재되는 학술지이며 각 대학의 논문집인 『학보學報』에도 다수의 『홍루몽』 관련 논문이 실리고 있다. 최근에는 『외국어外國語』 『외국어교학外語敎學』 『외국어연구外語硏究』 『외국어와 외국어교학外語與外語敎學』 『외국어교학의 이론과 실천外語敎學理論與實踐』 등의 외국어 관련 전문 학술지에 『홍루몽』의 외국어 번역 관련 논문이 다수 실리고 있다.—옮긴이

4 각 지역에서 발간하는 학술지에는 위에서 소개한 구이저우성貴州省 홍루몽 연구회의 『홍루紅樓』 이외에 장쑤성江蘇省 홍루몽학회의 『홍루문원紅樓文苑』, 톈진天津 홍루몽연구회의 『홍루몽과 진고문화 연구紅樓夢與津古文化硏究』, 랴오양遼陽 홍루몽학회의 『랴오양홍학문회遼陽紅學文薈』, 허난성河南省 덩저우鄧州 홍루몽연구회의 『홍학연구紅學硏究』, 허난성 신샹新鄕의 홍루몽학회가 내는 『중원홍학中原紅學』, 허난성 난양南陽의 홍루몽 연구회가 내는 『국홍일엽掬紅一葉』 등이 있는데 대체로 부정기 간행물들이다.—옮긴이

5 　일속一粟 편, 『고전문학연구자료회편·홍루몽권』 제2책(이하 『홍루몽권』이라 칭함), 354쪽.

6 　이를테면 제1회의 나두창 화상과 절름발이 도사가 영련을 두고 진사은에게 "당신은 '명은 있는데 운은 없고 부모를 힘들게 할' 요것을 가슴에 끼고 있어 뭐 하시려고你把'有命無運, 累及爹娘'之物包在懷裏作甚?"라고 하는 대목에서 지연재脂硯齋는 다음과 같은 내용의 미비尾批를 단 바 있다. "'有命無運, 累及爹娘' 이 여덟 글자는 그야말로 수많은 영웅과 충신효자, 인의지사, 시인문사들을 원통한 죽음으로 몰아넣었던 말이 아니던가? 작가는 거기에 그치지 않고 한줌 눈물을 규각에 흩뿌려 아녀자들에게 또 그런 운명을 맞게 했으니 천하의 남자들이야 더 말할 나위가 있겠는가八個字屈死多少英雄? 屈死多少孝子? 屈死多少仁人志士? 屈死多少詞客騷人? 今又被作者將此一把眼淚洒與閨閣之中, 見得裙衩尙遭逢此數, 況天子之男子乎?"지연재는 조설근의 심경을 속속들이 헤아리고 있었기 때문에 『홍루몽』에 기탁이 있다는 것을 알고 있었다. 여기서 영련을 직설적으로 표현했지만 사실은 작가 자신의 경험이 반영된 것이다.(이 대목은 원서의 2장 19쪽에 들어 있는 내용으로 독자의 이해를 돕기 위해 주로 돌렸음을 밝힌다)—옮긴이

7 　"只願他們當那醉淫飽卧之時, 或避世去愁之際, 把此一玩"『홍루몽』제1회 석두와 공공도인의 대화.

8 　"吾之經學, 系少三曲者.""吾所專攻者, 蓋紅學也."『홍루몽권』제2책, 415쪽.

9 　"光緖初, 京朝士大夫尤喜讀之, 自相矜爲紅學云."『홍루몽권』제1책, 26쪽.

10 　徐兆瑋, 「遊戲報館雜咏」: "說部荒唐遣睡魔, 黃車掌錄恣搜羅; 不談新學談紅學, 誰似蝸廬考索多." 小注: "都人士喜談『石頭記』, 謂之紅學, 新政風行, 談紅學者改談經濟, 康·梁事敗, 談經濟者又改談紅學. 戊戌報章逃之, 以爲所噱."『홍루몽권』제2책, 404쪽.

11 　영국 케임브리지대학의 케네스 뮤어Kenneth Muir가 펴낸 『셰익스피어연구』는 1948년 창간되어 1981년까지 34집이 발간되었는데 매번 하나의 독립된 연구 주제가 있었다. 추커안裘克安의 『영국에서의 셰익스피어학』(浙江人民出版社, 1983년판, 344~345쪽)에 『셰익스피어연구』 창간호가 실려 있다.

12 　『홍루몽』에 도대체 몇 명의 인물이 등장하는지 저마다 의론이 분분하다. 제련諸聯은 『홍루평몽紅樓評夢』에서: "책에 등장하는 인물은 성명이 없거나 고인을 제외하고 도합 남자가 332인, 여자가 189인으로 역시 구름처럼 많다."(『홍루몽권』, 119쪽) 교천蛟川 대모산민大某山民 가평본加評本의 「명재주인총평明齋主人總評」도 제련의 주장과 같으나 상단의 강계남姜季南의 비어에는 "남자 235인, 여자 213인"이라고 되어 있다. 요섭姚燮의 『독홍루몽강령讀紅樓夢綱領』에서는 "남자 282인, 여자 237인으로 모두 519인"이라는 통계를 내놓았다. 우신레이吳新雷의 『조설근曹雪芹』에서는 "상·하 인물을 모두 합하면 620여 명"(江蘇出版社, 1983년판, 74쪽)이라는 주장을 펴기도 했다. 또 홍콩 중문대학中文大學 판밍선潘銘燊이 펴낸 『홍루몽색인紅樓夢索引』(龍門書店, 1983년 5월 초판)에서는 컴퓨터 통계로 전체 120회에 493명이 등장한다는 것을 밝혀냈다. 허진제何錦階와 싱쑹언邢頌恩이 펴낸 『120회 홍루몽 인명 색인百二十回紅樓夢

人名索引』(香港集賢社, 1984)에서는 "본사 인물이 실제로 720명 나오는데 그중 남자가 421명, 여자가 294명"이라고 했다. 삼가 참고하기 바란다.

13 왕곤汪堃의 『기와잔췌奇蝸殘贅』에서 말하기를 "『홍루몽』은 건륭 연간 이후 점차 해내에 두루 퍼져나가 거의 집집마다 한 권씩 구비해두게 되었다." 『홍루몽권』 제2책, 381쪽.

14 첸중수, 『관추편管錐編』 제4책: "詞章中一書而得爲'學', 堪非經之有'易學'·'詩學'等或 『說文解字』之蔚成'許學'者, 惟'選學'與'紅學'耳. 寥落千載, 儼坐儼立, 莫參焉. '千家注杜', '五百家注韓·柳·蘇', 未聞標立'杜學'·'韓學'等名目, 考據言'鄭學', 義理言'朱學'之類, 乃謂鄭玄·朱熹輩著作學說之全, 非謂一書也."(中華書局, 1979, 1401쪽)

15 제22회에는 보옥이 『남화경南華經』에 나오는 "山木自寇" 구절을 떠올리는 대목이 나오는데, 그 말은 『장자莊子』「내편·인간세內篇·人間世」에 나온다. 원문은 다음과 같다. "山木自寇也, 膏火自煎也. 桂可食, 故伐之; 漆可用, 故割之." 같은 회에 나오는 "巧者勞而智者憂" 구절 역시 『장자』「잡편·열어구雜篇·列禦寇」 편에 나오는 말이다. 제21회에서 인용한 "故絶聖棄知, 大盜乃止; 擿玉毁珠, 小盜不起; 焚符破璽, 而民樸鄙; 掊斗折衡, 而民不爭; 殫殘天下之聖法, 而民始可與論議" 구절도 『장자』「외편·거협外篇·胠篋」 편에 나오는 말이다.

16 『장자』「잡편·열어구」 편.

17 『홍루몽』 제42회: "世上的話, 到了鳳丫頭嘴裏也就盡了. 幸而鳳丫頭不認得字, 不大通, 不過一槪是市俗取笑. 惟有顰兒這促狹嘴, 她用『春秋』的法子, 將市井的粗話撮其要, 刪其繁, 再加潤色比方出來, 一句是一句."

18 『홍루몽』 제32회: "原來林黛玉知道史湘雲在這裏, 寶玉又趕來, 一定說麒麟的原故. 因此心下忖度着, 近日寶玉弄來的外傳野史, 多半才子佳人都因小巧玩物上撮合, 或有鴛鴦, 或有鳳凰, 或玉環金珮, 或鮫帕鸞縧, 皆由小物而遂終身. 今忽見寶玉亦有麒麟, 便恐借此生隙, 同史湘雲也做出那些風流佳事來. 因而悄悄走來, 見機行事, 以察二人之意. 不想剛走來, 正聽見史湘雲說經濟一事, 寶玉又說: '林妹妹不說這樣混帳話, 若說這話, 我也和他生分了.' 林黛玉聽了這話, 不覺又喜又驚, 又悲又嘆. 所喜者, 果然自己眼力不錯, 素日認他是個知己, 果然是個知己. 所驚者, 他在人前一片私心, 稱揚于我, 其親熱厚密, 竟不避嫌疑. 所嘆者, 你旣是我之知己, 自然我亦可爲你之知己矣. 旣你我爲知己, 則又何必有金玉之論哉! 旣有金玉之論, 亦該你我有之, 則又何必來一寶釵哉! 所悲者, 父母早逝, 雖有銘心刻骨之言, 無人爲我主張. 況近日每覺神思恍惚, 病已漸成, 醫者更云: '氣弱血虧, 恐致勞怯之症.' 你我雖爲知己, 但恐自不能久待; 你縱爲我知己, 奈我薄命何! 想到此間, 不禁滾下淚來."

19 『홍루몽』 제29회: "我這老冤家是那世裏的孽障, 偏生遇見了這麼兩個不省事的小冤家, 沒有一天不叫我操心."

20 『홍루몽』 제30회: "倒像黃鷹抓住了鷂子的脚, 兩個都扣了環了, 那裏還要人去說合."

21 "부형청죄負荊請罪"는 사마천의 『사기』「염파인상여열전廉頗藺相如列傳」에 나오는 말이다. 화씨지벽和氏之璧을 완벽하게 조나라로 되돌아오게 한 공을 인정받은 인상여는 조 혜문왕의 총애를 받는다. 장군인 염파는 자신이 힘들게 무공을 세운 것과 달

리 인상여가 단지 세치 혀로 높은 벼슬을 하게 된 것을 못마땅하게 생각하고 인상여를 만나 따지려고 한다. 그러나 인상여는 염파를 계속 피함으로써 염파의 오해를 불러일으킨다. 나중에 인상여가 자신을 피한 것이 둘이 마주쳤을 때 생길 분란을 피하기 위함이었다는 것을 알고 사죄하는 의미에서 웃통을 벗고 가시나무를 등에 진 채 인상여를 찾아가 자신의 잘못을 빌었다고 한다. "부형청죄"는 이 상황을 묘사한 말이다.―옮긴이

22 『홍루몽』 제30회: "林黛玉聽見寶玉奚落寶釵, 心中着實得意, 才要搭言也趁勢兒取個笑, 不想靚兒因找扇子, 寶釵又發了兩句話, 他便改口說道: '寶姐姐, 你聽了兩齣十麽戲?' 寶釵因見林黛玉面上有得意之態, 一定是聽了寶玉方才奚落之言, 逐了他的心願, 忽又見問他這話, 便笑道: '我看的是李逵罵宋江, 後來又賠不是.' 寶玉便笑道: '姐姐通今博古, 色色都知道, 怎麽連一齣戲的名字也不知道, 就說了這麽一串子, 這叫「負荊請罪」!' 寶釵笑道: '原來叫做「負荊請罪」, 你們通今博古, 才知道'負荊請罪', 我不知道什麽是'負荊請罪'!' 一句話還末說完, 寶玉·林黛玉二人心裏有病, 聽了這話早把臉羞紅了. 鳳姐于這些上雖不通達, 但只見他三人形景, 便知其意, 便也笑着問人道: '你們大暑天, 誰還吃生薑呢?' 衆人不解其意, 便說道: '沒有吃生薑.' 鳳姐故意用手摸着腮, 詫異道: '旣沒人吃生薑, 怎麽這麽辣辣的?' 寶玉·黛玉二人聽見這話, 越發不好過了. 寶釵再要說話, 見寶玉十分討愧, 形景改變, 也就不好再說, 只得一笑收住."

23 작품의 서술자와 작중 인물간의 관계는 내러티브 이론에서 중점적으로 다루는 문제다. 프랑스의 츠베탄 토도로프는 후방에서의 관찰, 동시규관찰同時規觀察, 외부로부터의 관찰 등 세 가지 서사형태가 있다고 보았다.(츠베탄 토도로프, 주이朱毅 역, 「말의 서사敍事作爲話語」, 『외국문학보도外國文學報導』 1984년 제4기 참조)

24 미국 코넬대학의 K. Wong 박사가 지은 『홍루몽의 서사예술紅樓夢的敍述藝術』(리딩 신黎登鑫 역, 臺北成文出版社, 1977 참조)

25 "乾隆以後, 許鄭之學大明, 治宋學者已甚. 說經皆主實證, 不空談義理, 是爲專門漢學." 피시루이皮錫瑞, 『경학역사經學歷史』, 中華書局, 1959, 341쪽.

26 "由聲音文字, 以求訓詁由訓詁以尋義理, 實事求是, 不偏主一家." 전대흔錢大昕, 『잠연당문집潛硏堂文集』 권39의 「혜선생동전惠先生棟傳」

27 "余之說經, 推明古訓, 實事求是而已, 非敢立異也." 완원阮元, 「연경실집자서揅經室集自序」(中華書局교점본『연경실집揅經室集』 권수, 1993, 상책)

28 「여시중명론학서與是仲明論學書(계유癸酉)」: "淹博難, 識斷難, 精審難." 『대진집戴震集』, 湯志鈞校點, 上海古籍出版社, 1980, 184쪽.

29 "證之古而靡不條貫, 合諸道而不留餘議, 巨細皆究, 本末兼察." 「여요효렴희전서與姚孝廉姬傳書(을해乙亥)」, 위의 책, 185쪽.

30 『검론檢論』 권4: "依于傳聞以擬其是, 擇于衆說以裁其優, 出于空言以定其論, 據以孤證以信其通." 위의 책, 185쪽.

31 "近世爲樸學者, 其善三: 明徵定保, 遠于欺詐; 先難後得, 遠于徼幸; 習勞思善, 遠于媮惰. 故其學不應世尙, 多悁悁寡尤之士也." 『장타이옌전집』 3, 481쪽.

32 셰궈전謝國楨, 『명말 청초의 학풍明末淸初의 學風』, 人民出版社, 1982, 41쪽.

33 셰궈전, 위의 책, 41쪽.

34 "徵實太多, 發揮太少, 有如桑蠶食葉而不能抽絲."『여왕룡장서與汪龍莊書』(『장씨유서章氏遺書』권9, 文物出版社, 1985, 82쪽)

35 단옥재段玉裁의『대동원선생연보戴東原先生年譜』에서 피력한 바에 근거해 보면 대동원은 "천하에는 의리의 근원, 조사의 근원, 문장의 근원이 있는데 나는 세 가지에 대해 거의 근원을 파악했다"라고 했다. 나중에 또 "의리가 곧 조사와 문장 두 가지의 근원"이라고 했다. 이러한 변화는 대동원의 학술사상이 의리, 조사, 문장 세 가지를 두루 중시하면서 특히 의리 부분을 부각시키고 있음을 보여주는 것이다.(『대진집』부록 3, 中華書局, 1985, 486쪽)

36 "一, 審名實; 二, 重佐證; 三, 戒妄牽; 四, 守凡例; 五, 斷情感; 六, 汰華辭."『타이옌문록초편·문록太炎文錄初編·文錄』권1,「설림 하說林下」

37 "我們只須根據可靠的版本與可靠的材料, 考定這書的著者究竟是誰, 著者的事迹家世, 著書的年代, 這書曾有何種不同的本子, 這些本子的來歷如何, 這些問題乃是『紅樓夢』考證的正當範圍." 후스胡適,『중국장회소설고증中國章回小說考證』, 上海書店, 1980, 189~190쪽.

38 차이위안페이蔡元培,『석두기색은石頭記索隱』(1916년『소설월보小說月報』제7권, 제1~6기에 게재, 1917년 9월 商務印書館에서 연인본鉛印本으로 간행)

39 판충구이潘重規는『홍학 60년紅學六十年』에서 이렇게 말했다. "나는 민국 6년 차이위안페이가『석두기색은』을 출판하면서 후스와의 논쟁을 불러 일으켰다고 생각한다. 후스가 쓴『홍루몽고증』은 확실히 청대의 유학자들이 경학을 연구하는 방법과 매우 유사했다. 게다가 논쟁이 전개된 이후 전 세계 학인들의 관심을 불러 일으켰다. 이로 인해 지속적으로 새로운 자료를 찾고 새로운 문제를 발굴하며 찬란한 홍학의 시대를 만들어 나가게 된 것이다. 그래서 나는 진정한 홍학은 응당 차이위안페이와 후스 두 선생의 논쟁으로부터 시작되었다고 생각한다." 내가 생각하기에도 판충구이의 말이 옳다.(판충구이,『홍학 60년』, 臺北文史哲出版社, 1974)

40 "紅學顯然是關于『紅樓夢』的學問, 然而我說研究『紅樓夢』的學問却不一定都是紅學. 爲什麼這樣說呢? 我的意思是, 紅學有它自身的獨特性, 不能只用一般研究小說的方式·方法·眼光·態度來研究『紅樓夢』如果研究『紅樓夢』同研究『三國演義』『水滸傳』『西遊記』以及『聊齋志异』等小說全然一樣, 那就無須紅學這門學問了. 比如說, 某個人物性格如何, 作家是如何寫這個人物的, 語言怎樣, 形象怎樣, 等等, 這都是一般小說學研究的範圍. 這當然也是非常必要的. 可是, 在我看來, 這些幷不是紅學研究的範圍. 紅學研究應該有它自己的特定的意義. 如果我的這種提法幷不十分荒唐的話, 那麼大家所接觸到的相當一部分關于『紅樓夢』的文章幷不屬于紅學的範圍, 而是一般小說學的範圍." 저우루창周汝昌,『무엇이 홍학인가什麼是紅學』(『河北師範大學學報』1982, 제3기)

41 "在古典小說名著中, 只有『紅樓夢』産生了專學, 卽'紅學'. 比方研究『三國演義』『水滸』『西游記』等書的, 難道是少? 可是皆無專學之稱, 或雖有專學而無專名; 或規模·範圍·深度廣度, 皆遠近不能與紅學相比. 這是何故? 僅僅從這一點, 就該想到: 紅學之産生幷不斷發展, 定然

有不同于其他古典長篇小說之學的特殊原因."

42 　두에인 슐츠Duane Schultz, 양리닝楊立能 외 역, 『현대 심리학의 역사現代心理學史』, 人民教育出版社 , 1981, 2쪽.

43 　『홍루몽권』제1책, 149쪽(시사가부詩詞歌賦: 시사와 가부, 제예척독制藝尺牘: 팔고문과 서간, 원서회곡爱書戲曲: 사법문서와 희곡, 대련편액對聯匾額: 대련과 편액, 주령등미酒令燈 謎: 술자리의 흥을 돋우기 위한 벌주놀이와 초롱에 수수께끼의 문답을 써넣는 놀이, 설서소 화說書笑話: 강담과 우스개 이야기, 금기서화琴棋書畫: 비파·바둑과 서화, 신복성상臣卜星 相: 점과 점성 관상, 장작구조匠作構造: 설계와 구조, 재종화과栽種花果: 꽃과 과일의 재배, 축양금어畜養禽魚: 새와 물고기의 사육, 침치팽조針黹烹調: 바느질과 요리, 방정음사方正陰 邪: 방정함과 음란함, 정음완선貞淫頑善: 정절 음탕과 완고 선량, 절렬호협節烈豪俠: 곧은 절 개와 호쾌 의협, 강강나약剛強懦弱: 굳셈과 나약, 전대여장前代女將: 전시대의 여장군, 외양 시녀外洋詩女: 시 짓는 외국여인, 선불귀괴仙佛鬼怪: 선불과 도깨비, 이승여도尼僧女道: 비 구니와 여도사, 창기우령娼妓優伶: 기생과 배우, 힐노호복黠奴豪僕: 영악한 종과 횡포한 하 인, 도적사마盜賊邪魔: 도적과 악마, 취한무뢰醉漢無賴: 술취한 남자와 무뢰한, 번화연연繁 華筵宴: 화려하고 성대한 술자리, 사종선음奢縱宣淫: 사치하고 방종함과 노골적인 음란한 행 태, 조수탐렴操守貪廉: 몸가짐의 탐욕스러움과 청렴함, 궁위의제宮闈儀制: 궁궐의 의전, 경 조성쇠慶吊盛衰: 경사와 흉사 및 흥망성쇠, 판옥정구判獄靖寇: 소송 판결과 도적의 평정, 풍 경설단諷經設壇: 경전음송과 제단설치, 무역찬영貿易鑽營: 무역과 권세있는 자들이 결탁하 여 사리를 추구함, 수종요절壽終夭折: 천수를 누린 죽음과 요절, 폭병망고暴病亡故: 급병 과 사망, 단장약오丹牀藥誤: 단약으로 인한 죽음과 약의 오용, 자경피살自剄被殺: 자결과 피 살, 투하도정投河跳井~강에 뛰어들거나 우물에 몸을 던져 자살하는 죽음, 현량수핍懸梁受 逼: 대들보에 목을 매달거나 핍박으로 인한 죽음, 탄금복독吞金服毒: 금을 삼키거나 독약을 먹고 죽는 죽음, 당계탈정撞階脫精: 섬돌에 부딪혀 죽는 죽음과 정액을 소진하여 죽는 죽 음.—옮긴이)

44 　"太史公紀三十世家, 曹雪芹只紀一世家.""然曹雪芹紀一世家, 能包括百千世家."『홍루몽권』 제1책, 102쪽.

45 　『홍루몽』제44회: "每人跟前罷一張高几, 各人愛吃的東西一兩樣, 再一個什錦攢心盒子 (…) 攢盒式樣, 亦隨几之式樣, 每人一把烏銀洋鏨自斟壺, 一個十錦珐瑯杯."

46 　한대 정현鄭玄의 집에서 부리던 시녀들은 시를 지을 수 있는 문학적 소양이 있었다 고 한다. 여기서는 가부의 시녀들도 정현 집안의 시녀들과 마찬가지로 교양을 갖춘 시녀들이라는 것을 뜻한다.—옮긴이

47 　'이야기話'와 '그림畫'이 같은 발음인 것을 활용한 쌍관어 수법.—옮긴이

48 　『홍루몽』제38회: "我喜歡他這樣, 況且他又不是那不知高低的孩子."

49 　『홍루몽』제25회: "有些疼, 還不妨事. 明兒老太太問, 就說是我自己燙的罷了."

50 　『홍루몽』제66회: "你既深知, 又來問我做什麼?"

51 　"紋章本天成, 妙手偶得之"은 陸游의 시「문장文章」에서 취한 두 구절이다. 전체 내용 은 다음과 같다. "文章本天成, 妙手偶得之. 粹然無疵瑕, 豈復須人爲. 君看古彝器, 巧拙

兩無施. 漢最近先秦, 固已殊淳漓. 胡部何爲者, 豪竹雜哀絲. 后夔不復作, 千載誰與期?"——옮긴이

52 『홍루몽』제23회: "正欲回房, 剛走到梨香院墻脚邊, 只聽墻内笛韻悠揚, 歌聲婉轉, 林黛玉便知是那十二個女孩子演習戲文呢. 只因林黛玉素習不大喜看戲文, 便不留心, 只管往前走. 偶然兩句吹到耳内, 明明白白, 一字不落, 唱道是: '原來妊紫嫣紅開遍, 似這般都付與斷井頹垣'. 林黛玉聽了, 倒也十分感慨纏綿, 便止住步側耳細聽. 又聽唱道是: '良辰美景奈何天, 賞心樂事誰家院.' 聽了這兩句, 不覺點頭自嘆, 心下自思道: '原來戲上也有好文章. 可惜世人只知看戲, 未必能領略這其中的趣味.' 想畢, 又後悔不該胡想, 耽誤了聽曲子, 又側耳時, 只聽唱道: '則爲你如花美眷, 似水流年……' 林黛玉聽了這兩句, 不覺心動神搖. 又聽道: '你在幽閨自憐' 等句, 亦發如醉如癡, 站立不住, 便一蹲身坐在一塊山子石上, 細嚼'如花美眷, 似水流年' 八個字的滋味. 忽又想起前日見古人詩中有'水流花謝兩無情'之句, 再又有詞中有'流水落花春去也, 天上人間'之句, 又兼方才所見『西游記』中'花落水流紅, 閑愁萬種'之句, 都一時想起來, 湊聚在一處, 仔細忖度, 不覺心痛神癡, 眼中落淚."

53 "文學之事, 其内足以攄己, 而外足以感人者, 意與境二者而已. 上焉者意與境渾, 其次或以境勝, 或以意勝. 苟缺其一, 不足以言文學." 이 말은 판즈허우樊志厚의 「인간사을고서人間詞乙稿序」(人民文學出版社, 1960)에 나오는데 자오완리趙萬里의 말에 의거하자면 서문은 실제로 왕궈웨이 본인이 쓴 것이라고 한다. 「인간사화부조人間詞話附錄」와 쉬댜오푸徐調孚의 「중인후기重印後記」 256, 261쪽 참조.

54 "元劇最佳之處, 不在其思想結構, 而在其文章. 其文章之妙, 亦一言以蔽之曰: '有意境而已矣.' 何以謂之有意境? 曰: '寫情則沁人心脾, 寫景則在人耳目, 述事則如其口出'是也." 왕궈웨이, 『송원희곡고宋元戲曲考』와 『왕궈웨이유서王國維遺書』 제15책, 74쪽.

55 『홍루몽』제26회: "順着脚一徑來到一個院門前, 只見鳳尾森森, 龍吟細細. 舉目望門上一看, 只見匾上寫着'瀟湘館'三字. 寶玉信步走入, 只見湘帘垂地, 悄無人聲. 走至窗前, 覺得一縷幽香從碧紗窗中暗暗透出. 寶玉便將臉貼在紗窗上, 往裏看時, 耳内忽聽得細細地長嘆了一聲道: '每日家情思睡昏昏.' 寶玉聽了, 不覺心内癢將起來, 再看時, 只見黛玉在床上伸懶腰."

56 『홍루몽』제35회: "一進院門, 只見滿地下竹影參差, 苔痕濃淡, 不覺又想起『西廂記』中所云'幽僻處可有人行, 點蒼苔白露泠泠'二句來, 因暗暗的嘆道: '雙文, 雙文, 誠爲命薄人矣. 然你雖命薄, 尚有孀母弱弟; 今日林黛玉之命薄, 一并連孀母弱弟俱無. 古人云: 佳人命薄, 然我又非佳人, 何命薄勝于雙文哉!'一面想, 一面只管走, 不防架上的鸚哥見林黛玉來了, 嘎的一聲撲了下來, 倒嚇了一跳, 因說道: '作死的, 又扇了我一頭灰.' 那鸚哥仍飛上架去, 便叫: '雪雁, 快掀帘子, 姑娘來了.' 黛玉便止住步, 以手扣架道: '添了食水不曾?' 那鸚哥便長嘆一聲, 竟大似林黛玉素日吁嗟音韻, 接着念道: '儂今葬花人笑癡, 他年葬儂知是誰? 試看春盡花漸落, 便是紅顔老死時. 一朝春盡紅顔老, 花落人亡兩不知.' 黛玉·紫鵑聽了都笑起來. 紫鵑笑道: '這都是素日姑娘念的, 難爲他怎麼記了.' 黛玉便令將架摘下來, 另掛在月洞窗外的鈎上, 于是盡了屋子, 滿屋内陰陰翠潤, 幾簟生涼. 黛玉無可釋悶, 便隔着紗窗調逗鸚哥作戲, 又將素日所喜的詩詞也教與他念."

57 주승작朱承爵, 『존여당시화存餘堂詩話』: "作詩之妙, 全在意境融徹, 出聲音之外, 乃得

眞味."

58 『홍루몽』제25회 甲戌·庚辰·戚序 夾批: "余所謂此書之妙皆從詩詞句中泛出者, 皆系此等筆墨也." ―옮긴이

59 『홍루몽』제29회: "這件東西, 好像我看見誰家的孩子也帶着這麼一個的."

60 『홍루몽』제29회: "史大妹妹有一個, 比這個小些."

61 『홍루몽』제29회: "他這麼往我們家去住着, 我也沒看見."

62 『홍루몽』제29회: "寶姐姐有心, 不管什麼他都記得."

63 『홍루몽』제29회: "他在別的上心還有限, 惟有這些人帶的東西上越發留心!"

64 『홍루몽』제29회: "這個東西倒好玩, 我替你留着, 到了家穿上你帶."

65 『홍루몽』제29회: "我不希罕."

66 『홍루몽』제29회: "你果然不希罕, 我少不得就拿着."

67 비간比干은 상왕商王 문정文丁의 아들로 주왕紂王의 작은아버지였다. 어려서부터 총명하고 지혜로웠고 훗날 관직은 승상丞相에 해당하는 소사少師를 역임했으며 평생 충군애국했다. 당시 주왕이 무도하고 정사를 제대로 돌보지 않자 3일 동안 궁문을 나서지 않고 직간을 한다. 주왕은 그를 뼈에 사무치게 증오하며 "성인의 가슴에는 7개의 구멍이 있다던데" 하며 비간의 심장을 도려냈다. 여기서는 대옥의 총명함과 지혜로움을 그에 빗댄 것이다. ―옮긴이

68 『홍루몽』제3회: "兩彎似蹙非蹙罥烟眉, 一雙似喜非喜含情目. 態生兩靨之愁, 嬌襲一身之病. 淚光點點, 嬌喘微微. 閑靜時如姣花照水, 行動處似弱柳扶風, 心較比干多一竅, 病如西子勝三分."

69 『홍루몽』제74회: "若論這些丫頭們, 共總比起來, 都沒晴雯生得好."

70 『홍루몽』제74회: "我的意思這些丫頭的模樣·爽利·言談·針線多不及他."

71 『홍루몽』제21회: "一把青絲拖于枕畔, 被只齊胸, 一彎雪白的膀子撂于被外, 又帶着兩個金鐲子."

72 『홍루몽』제49회: "穿着賈母與他的一件貂鼠腦袋面子大毛黑灰鼠裏子裏外發燒大褂子, 頭上帶着一頂挖雲鵝黃片金裏大紅猩猩氈昭君套, 又圍着大貂鼠風領."

73 『홍루몽』제49회: "裏頭穿着一件半新的靠色三鑲領袖秋香色盤金五色繡龍窄褃小袖掩衿銀鼠短襖, 裏面短短的一件水紅裝緞狐肷褶子, 腰裏緊緊束着一條蝴蝶結子花樣五色宮絛, 脚下也穿着麀皮小靴, 越見得蜂腰猿背, 鶴勢螂形."

74 『홍루몽』제62회: "湘雲卧于山石僻處一個石凳上, 業經香夢沉酣, 四面芍藥花飛了一身, 滿頭臉臉衣襟上皆是紅香散亂, 手中的扇子在地下, 也半被落花埋了, 一群蜂蝶鬧嚷嚷的圍着他, 又用鮫帕包了一包芍藥花瓣枕着."

75 魯迅,「吶喊自序」: "有誰從小康人家而墜入困頓的麼, 我以爲在這途路中, 大槪可以看見世人的眞面目."

76 『홍루몽』제1회: "金滿箱, 銀滿箱, 展眼乞丐人皆謗."

77 사마천司馬遷,「보임안서報任安書」: "文王拘而演『周易』; 仲尼厄而作『春秋』; 屈原放逐, 乃賦『離騷』; 左丘失明, 厥有『國語』; 孫子臏足, 『兵法』修列; 不韋遷蜀, 世傳『呂覽』; 韓非囚秦,

「說難」「孤憤」『詩三百』篇, 大抵聖賢發憤之所爲作也.”

78　사마천, 「보임안서」: “此人皆意有所鬱結, 不得通其道, 故述往事, 思來者. 乃如左丘無目, 孫子斷足, 終不可用, 退而論書策以舒其憤, 思垂空文以自見.”

79　마르크스, 「도언導言」: “資産階級社會是歷史上最發達的和最複雜的生産組織. 因此, 那些表現它的各種關係的範疇以及對于它的結構的理解, 同時也能使我們透視一切已經覆滅的社會形式的結構和生産關係. 資産階級社會借這些社會形式的殘片和因素建立起來, 其中一部分是還未克服的遺物, 繼續在這裏存留着, 一部分原來只是徵兆的東西, 發展到具有充分意義, 等等. 人體解剖對于猴體解剖是一把鑰匙. 低等動物身上表露的高等動物的徵兆, 反而只有在高等動物本身已被認識之後才能理解. 因此 資産階級經濟爲古代經濟等等提供了鑰匙.” 『마르크스 엥겔스 전집馬克思恩格斯全集』제12권, 725~726쪽.

제3장

1　“胡適可以說是紅學史上一個新'典範'的建立者. 這個新'典範', 簡單地說, 便是以『紅樓夢』爲曹雪芹的自敍傳. 而其具體解決難題的途徑則是從考證曹雪芹的身世來說明『紅樓夢』的主題和情節. 胡適的自傳說的新'典範'支配了『紅樓夢』研究達半個世紀之久, 而且餘波至今未息. 這個新紅學的傳統至周汝昌的『紅樓夢新證』(1953)的出版已登峯造極. 在『新證』裏, 我們很淸楚地看到周汝昌把歷史上的曹家和『紅樓夢』小說中的賈家完全地等同起來了. 其中'人物考'和'雪芹生卒與紅樓年表'兩章尤其具體地說明了新紅學的最後趨向. 換句話說, 考證派紅學實質上已蛻變爲曹學了.” 위잉스余英時의 『홍루몽의 두 세계紅樓夢的兩個世界』(臺北聯經出版事業公司, 1981) 8쪽, 16쪽 참조. 「근대 홍학의 발전과 홍학혁명近代紅學的發展與紅學革命」은 『香港中文大學學報』1974년 제2기에 처음 실렸지만 집필을 의뢰한 시점은 그보다 더 일렀다고 볼 수 있다. 그 이전에 조학曹學이라는 말이 홍학 잡지에 나온 적이 없는 것으로 볼 때 조학이라는 말은 사실상 위잉스 선생이 처음으로 창안한 것이나 다름없다.

2　“本來材料是任何學問的必要條件, 無人能加以忽視. 但相對于研究題旨而言, 材料的價値幷不是平等的. 其間有主客·輕重之別. 就考證派紅學而論, 對材料的處理就常常有反客爲主或輕重倒置的情況. 試看『紅樓夢新證』中'史料編年'一章, 功力不可謂不深, 搜羅也不可謂不富, 可是到底有幾條資料直接涉及了『紅樓夢』旨趣的本身呢? 這正是我所謂曹學代替了紅學的顯例.” 위잉스, 위의 글.

3　자오강趙岡, 「거짓이 진실이 될 때 진실도 거짓: 홍루몽의 두 세계假作眞時眞亦假: 紅樓夢」的兩個世界」: “英時兄說半個世紀以來的'紅學'其實是'曹學', 是硏究曹雪芹和他的家世的學問. 他幷且認爲這樣做所付的代價很大, 最大的代價是一便是模糊了『紅樓夢』中兩個世界的界限. '盛衰論'的紅學家是想弄得'眞事存, 假語隱', 這種舍假攻主, 去假存眞的還原工作, 不可避免要使這兩個世界的界限在短期內變得模糊一點. 但這樣做是得是失, 現在下結論還略嫌太早一點. 這要看基本假設如何而定. 如果麵包是麵粉做的, 硏究麵粉是有用的; 如果麵

包是空氣做的, 硏究麵粉當然是錯了."(홍콩『明報月刊』, 1976년 6월호)

4   펑치융馮其庸,「현재 홍루몽 연구의 몇 가지 문제에 관하여關于當前紅樓夢硏究中的幾個問題」:"紅學的內容旣如此廣泛, 我們就不可能要求一個'紅學'硏究者去硏究'紅學'的一切, 而應該向專門化的方向發展. 比如說, 有的硏究者有興趣硏究曹雪芹本身, 有的硏究者有興趣硏究『紅樓夢』本身, 有的硏究者又喜歡硏究『紅樓夢』的版本, 有的硏究者又喜歡硏究曹家上世的歷史, 如此等等. 對于硏究中的這種各人的愛好和專長, 應該盡量各盡所好, 揚長避短, 而不要强人所難, 不要指責他爲什麼老愛硏究這個而不愛硏究那個. 我們可以評論硏究者的成果, 指出他的得失, 却無權規定他只能硏究什麼, 不能硏究什麼."(『몽변집夢邊集』, 陝西人民出版社, 1982, 40~50쪽 참조)

5   "我認爲世界上學問之大, 無奇不有,『紅樓夢』本身包羅萬象, 它所涉及的面實在廣泛了.『紅樓夢』所描寫的任何一個側面, 都可以使你花費很大的正曆去硏究它, 所以我們切不可抱狹隘的實用主義觀點來對待科學硏究事業. 偉大的曹雪芹曾經說過:'閨閣中歷歷有人, 萬不可因我之不肖, 自護己短, 一幷使其泯滅也.' 我覺得硏究者也歷歷有人, 決不可因爲我們自己的局限, 而有意無意地去限制別人的硏究, 一幷使其泯滅." 펑치융, 위의 책, 40~50쪽 참조.

6   "我們不能斷定今後永遠也不會出現有關『紅樓夢』和曹雪芹的任何新材料了, 只要有新的材料出現, 我們就要鑑別它的眞僞, 這就離不開考證." 펑치융, 위의 책, 51쪽~52쪽, 47쪽 참조.

7   "我個人認爲硏究曹雪芹而成爲一門專門學問, 幷得到列于世界學術之林, 這是我們偉大祖國的光榮, 也是曹雪芹的光榮, 我們不應該用諷刺鄙視的眼光來對待'曹學'這兩個字, 不承認它是一門眞正的學問." 펑치융, 위의 책, 51쪽~52쪽, 47쪽 참조.

8   하이중海炯,『제1회 국제 홍루몽 학술대회 종합首屆國際紅樓夢硏討會情況綜述』(『홍학문총·내가 읽는 홍루몽紅學文叢·我讀紅樓夢』, 天津人民出版社, 1982, 373~374쪽 참조)

9   "曹學這名詞也許是因爲我說的, 但是我幷不是反對曹學, 我很尊重曹學. 不過, 我個人覺得考證應受材料的限制, 今天我們所能發掘到的有關曹家的家世, 至少關于曹雪芹本身的, 還是很有限." 후원빈·저우레이胡文彬·周雷編,『홍학세계紅學世界』, 北京人民出版社, 1984, 50쪽.

10 "『紅樓夢』小說本名『石頭記』, 作者相傳不一, 究未知出自何人, 惟書內記雪芹曹先生刪改數過.』『홍루몽권』제1책, 31쪽.

11 "『紅樓夢』一書, 不知誰氏所作." 위의 책, 45쪽.

12 "『紅樓夢』一書, 不知作自何人, 或曰曹雪芹之手筆也, 姑弗深考." 위의 책, 53쪽.

13 서청西淸,「화엽술문樺葉述聞」:"不盡知也" 위의 책, 13쪽.

14 "康熙間, 曹楝亭爲江寧織造, 每出, 用八騶, 必携書一本, 觀玩不輟. 人問:'公何好學?'曰:'非也. 我非地方官, 而百姓見我必起立, 我心不安, 故借此遮目耳.' 素與江寧太守陳鵬年不相中, 及陳獲罪, 乃密疏薦薦, 人以此重之. 其子雪芹撰『紅樓夢』一部, 備記風月繁華之盛." 원매袁枚, 수원시화隨園詩話』(상)권2, 숙감교점본礻坎校點本, 人民文學出版社, 1960, 42쪽.

15 도광 4년(1824) 간본『수원시화』에는 "그 아들 조설근이『홍무몽』을 지었는데 풍류의 성대함을 자세히 묘사했다"라는 구절 뒤에 "그 안에 대관원이란 곳이 나오는데 바로 우리 수원이다"라는 구절이 나온다(『홍루몽권』제1책, 13쪽)

16 "聞前輩姻戚有與之交好者. 其人身胖頭廣而色黑, 善談吐, 風雅游戲, 觸境生春. 聞其奇談娓娓然, 令人終日不倦, 是以其書絶妙盡致." 위의 책, 14쪽.

17 위의 책, 15쪽.

18 후스, 『중국장회소설고증中國章回小說考證』(上海書店, 1980년 복인본), 219쪽.

19 후스, 『홍루몽고증』 원문에서 여섯째 문제로 열거하면서, "『홍루몽』은 실재하는 사실을 숨긴 자서전이고 책 안의 진가 두 보옥은 바로 조설근 자신의 화신"이라는 점을 거론한 것이라고 여겼으니 이미 『홍루몽』에 대한 입장을 드러낸 것이다. 주로 앞에서 거론한 다섯 가지가 조설근의 처지와 경력에 관련된다.

20 후스, 「홍루몽고증에 대한 발문跋紅樓夢考證」(『중국장회소설고증』, 上海書店, 296~298쪽)

21 "前數月, 伊子殤, 因感傷成疾."

22 「그리운 조설근에게寄懷曹雪芹」 시에 들어 있는 "揚州舊夢久已覺" 구절 아래에 다음과 같은 협주가 달려 있다. "雪芹曾隨其先祖寅織造之任."(『사송당집四松堂集』 권1, 上海古籍出版社, 1884)

23 『上元縣志·曹璽傳』: "寅, 字子淸, 號荔軒, 四歲能辨四聲, 長, 偕弟子猷講性命之學, 尤工于詩, 伯仲相濟美."

24 고경성顧景星, 「연정시초楝亭詩鈔」序(『연정집楝亭集』 권수, 上海古籍出版社의 청인별집총간본淸人別集叢刊本에 들어 있음)

25 『기헌류징耆獻類徵』 권164, 「진붕년전陳鵬年傳」

26 원매, 『수원시화』(상) 권2, 숙감교점본, 42쪽.

27 "子淸官侍從時, 與輦下諸公爲長短句, 興會飆擧, 如飛仙之俯塵世, 不以循聲琢句爲工, 所刻『楝亭詞鈔』僅存百一."(『설교시화雪橋詩話』 3집 권4, 20쪽(저우루창, 『홍루몽신증紅樓夢新證』 상, 487쪽 참조)

28 "淸深老成, 鋒穎芒角, 篇必有法, 語必有源" 고경성과 두창杜蒼이 『연정시초』에 쓴 서와 『연정집』 권수에 나오는 말(『연정집』, 上海古籍出版社, 1978)

29 "以詩爲性命·肌膚" 위의 책과 같음.

30 조인이 곤극昆劇으로 창작한 극본. 당시 공연되다가 곧 맥이 끊겼다. 오늘날 볼 수 있는 『속비파』 극본은 국가도서관에 보관되어 있는 잔초본殘抄本으로 강희 원년의 필사본이다.—옮긴이

31 "故爲遮飾" 유정기劉廷璣, 『재원잡지在園雜誌』 3, 21쪽(저우루창, 『홍루몽신증』 상, 人民文學出版社, 1976)

32 "夫此一節, 亦孟德篤念故友, 憐才尙義豪擧, 銀臺(指曹寅一筆者注)表而出之, 實寓勸懲微旨, 雖惡如阿瞞, 而一善猶足改頭換面, 人胡不勉而爲善哉." 위의 책과 같음.

33 "千古是非確定? 人情顚倒堪嗟. 琵琶不是這琵琶, 到底有關風化."

34 "我像他這麼大的時節, 他爺爺有一班小戲, 偏有一個彈琴的湊了來, 即如『西廂記』的'聽琴', 『玉簪記』的'琴挑', 『續琵琶』的'胡笳十八拍', 竟成了眞的了, 比這個更如何?"

35 李文藻, 『南澗文集』 상권, 「琉璃廠書肆記」

36 장학성章學誠, 『병진찰기丙辰札記』(『홍루몽연구참고자료선집紅樓夢研究參考資料選輯』 제1집, 人民文學出版社, 1973, 13쪽)

37 조인曹寅은 자가 자청子淸인데 여헌荔軒이라는 호 외에 연정棟亭이라는 호가 있었으며, 관직은 통정사사통정사通政使司通政使에 이르렀던바 이렇게 칭한 것임.

38 류창룽劉長榮, 『현엽과 조인의 관계 탐고玄燁和曹寅關係的探考』(『홍루몽학간』 1981년 제2기 참고)

39 "管理織造事棟亭曹公, 主持風雅, 四方之士多歸之." "及公轄鹽務于兩淮, 金陵之士從而渡江者十八九." 정정조程廷祚, 『청계문집淸溪文集』 권12.

40 『강녕직조 조씨 집안 당안 사료에 관하여關于江寧織造曹家檔案史料』(中華書局, 1975) 49쪽 참조.

41 위의 책, 78쪽 참조.

42 위의 책, 23쪽 참조.

43 위의 책, 98쪽 참조.

44 "曹寅在織造任上, 該地之人都說他名聲好, 且自督撫以至百姓, 也都奏請以其子補缺." 위의 책, 105쪽.

45 위의 책, 101쪽 참조.

46 『강녕부지江寧府志』 권17, 「조새전曹璽傳」: "讀書洞徹古今, 負經濟才, 兼藝能, 射必貫札." (『조설근가세신고曹雪芹家世新考』, 上海古籍出版社, 1980, 315~316쪽)

47 "康熙二年, 特簡督理江寧織造. 江寧局務重大, 黼黻朝祭之章出焉. 是蘇杭特爲繁劇, 往例收絲則憑行僧, 顏料則取鋪戶, 至工匠缺則僉送, 在城機戶有幇貼之累. 衆奸叢巧, 莫可端倪. 公大爲厘剔: 買絲則必于所出地平價以市; 應用物料, 官自和買, 市無追胥, 列肆案堵; 創立儲養幼匠法, 訓練程作, 遇缺卽遞以補; 不僉民戶, 而又朝夕循拊胼食. 上下有經, 賞責以時, 故工樂且奮, 天府之供, 不戒而辦. 歲比稔, 公捐俸以賑, 倡導協濟, 全活無算, 郡人立生祠碑頌焉." 위의 책, 315~316쪽.

48 위의 책, 315~316쪽.

49 망복蟒服: 망포蟒袍라고도 하며 명청 시대에 대신들이 입던 예복으로 황금색 이무기를 수놓은 복장.―옮긴이

50 "是朕藎臣, 能爲朕惠此一方人者也." 웅사리熊賜履, 『경의당집經義堂集』 권4, 「조공숭사명환서曹公崇祀名宦序」(저우루창, 『홍루몽신증』 상, 303쪽 참조)

51 후스, 『중국장회소설고증』, 210~211쪽.

52 저우루창, 『홍루몽신증』 구판舊版 115~131쪽 혹은 신판新版 111~140쪽.

53 저우루창, 「조설근가세생평총화曹雪芹家世生平叢話」 제2절 「'將軍後'和'遼陽一籍'」이 1962년 1월 30일자 『光明日報』에 실림.

54 "曹世選這時正是一位二十多歲的好小伙子, 逐爲金兵俘虜." 위의 주와 같음.

55 "奴才包衣下賤, 自問何人, 敢擅具折奏." 『강녕직조 조씨 집안 당안 사료에 관하여』, 103쪽.

56 펑치융, 『조설근가세신고曹雪芹家世新考』 1, 3, 5장, 上海古籍出版社, 1980.

57 자오강·천중이趙岡·陳鍾毅, 『홍루몽신탐紅樓夢新探』 상, 1~7쪽, 香港文藝書屋文藝書屋, 1980년판. 『오경당조씨종보五慶堂曹氏宗譜』의 시조인 조양신曹良臣은 원말 주원장朱元璋이 기의했을 때의 명장으로 자오강은 해당 『종보』를 근거로 조양신을 조설근의 시조라고 판단했다. 평치용은 고증 과정을 통하여 조양신에게는 외동아들인 조태曹泰만 있다는 것을 확정했고 『종보』에 나와 있는 대로 조양신에게 태泰, 의義, 준俊 등 세 아들이 있었다는 사실은 근거가 확실치 않아 조준曹俊과 조양신은 관계가 없는 것으로 판단했기 때문에 조설근의 시조는 조양신이 아니라 조준이라고 주장했다.

58 "到底信哪個譜? 在這裏又是我和他(指『紅樓夢新探』作者趙岡─引者注)看法各異. 拙見認爲, 遼東『五慶堂譜』編次曹錫遠于智之系下, 當中隔斷五世, 關係不淸, 驟然突接, 我還不能無疑. 而豐潤譜却就是曹寅屢次親口稱爲'骨肉'的'冲谷四兄'家. 相信誰呢? 我寧願相信曹寅在康熙年親口所說的話, 而不敢輕信同治年增修『五慶堂譜』的那種五世空白的'接續法'." 저우루창, 『홍루몽신증』 상, 人民文學出版社, 1976, 138~139쪽.

59 "曹顒系朕眼看自幼長成, 此子甚可惜, 朕所使用之包衣子嗣中, 尙無一人如他者. 看起來生長的也魁梧, 拿起筆來也能寫作, 是個文武全才之人. 他在織造上很謹愼, 朕對他曾寄予很大的希望." 『강녕직조 조씨 집안 당안 사료에 관하여』, 125쪽.

60 "找到能奉養曹顒之母如同生母之人才好" 위의 책, 125쪽.

61 강희 57년 조부曹頫가 안부를 여쭙기 위해 올린 상소문 위에 달린 주비朱批에 다음과 같은 말이 쓰여 있다. "짐은 평안하다. 네가 비록 무지한 아이지만 소관이 작지 않으니 네 아버지가 오랫동안 힘써왔던 공에 힘입어 특별히 은혜를 내리노라. 비록 지방의 일과는 상관이 없지만 크고 작은 일들을 경험할 수 있을 것이니 네 아버지가 세밀하게 올린 상주문에 의거하여 시시비비를 통찰할 수 있겠다. 농담으로라도 좋으니 상전을 웃게 하는 것이 좋겠다.

62 "曹寅·李煦用銀之處甚多, 朕知其中情由." 『강녕직조 조씨 집안 당안 사료에 관하여』, 136쪽.

63 위의 책, 118쪽~119쪽과 144~145쪽.

64 위의 책, 156~157쪽.

65 "只要心口相應, 若果能如此, 大造化人了!" 위의 책, 158쪽.

66 "此篇奏表, 文擬甚有趣, 簡而備, 誠而切, 是個大通家作的." 위의 책, 161쪽.

67 "人參在南省售賣, 價錢爲何如此賤? 早年售價如何? 著問內行府總管." 위의 책, 162쪽.

68 "人參在京時人皆爭購, 南省價貴, 且系彼等取去後陸續售出者, 理應比此地多得價銀. 看來反而比此地少者, 顯有隱瞞情形." 위의 책, 163쪽.

69 "蝗蝻聞得還有, 地方官爲甚麼不下力撲滅? 二麥雖收, 秋禾更要緊. 據實奏, 凡事有一點欺隱作用, 是你自己尋罪, 不與朕相干." 위의 책, 164쪽.

70 위의 책, 165쪽.

71 "你是奉旨交與怡親王子傳奏你的事的, 諸事聽王子敎導而行. 你若自己不爲非, 諸事王子照看得你來; 你若作不法, 憑誰不能與你作福. 不要亂跑門路, 瞎費心思力量買禍受. 除怡王之外, 竟

可不用再求一人托累自己. 爲甚麼不揀省事有益的做, 做費事有害的事? 因你們向來混帳風俗慣了, 恐人指稱朕意撞你, 若不懂不解, 錯會朕意, 故特諭你, 若有人恐嚇詐你, 不妨你就求問怡親王, 況王子甚疼憐你, 所以朕將你交于王子. 主意要拿定. 少亂一點, 壞朕名聲, 朕就要重重處分, 王子也救你不下了." 위의 책, 165쪽.

72 "此議甚好, 應依議." 위의 책, 171~172쪽.

73 위의 책, 174~175쪽과 177쪽.

74 "曹頫現在此地, 著將曹頫所交綢緞內輕薄者, 完全加細挑出交伊織賠. 倘內務管總管及庫上官員徇情, 不可細查出, 仍將輕薄綢緞存庫, 若經朕查出後, 則將內務府總管及庫上官員決不輕輕放過也." 위의 책, 174~177쪽.

75 "朕穿的石靑褂落色, 此緞系何處織造? 是何官員·太監挑選? 庫內許多緞匹, 如何挑選落色緞匹做褂? 現在庫內所有緞匹, 若皆落色, 卽是織造官員織得不好, 倘庫內緞匹有不落色者, 便是挑選緞匹人等, 有人挑選落色緞匹, 陷害織造官員, 亦未可定. 將此父與內務府總管等嚴查." 위의 책, 181쪽.

76 위의 책, 182쪽.

77 위의 책, 180쪽.

78 "朕屢降諭旨, 不許欽差官員·人役騷擾驛遞, 今三處織造差人進京, 俱于勘合之外, 多加夫馬, 苟索繁費, 苦累驛站, 甚屬可惡!" 위의 책, 182~183쪽.

79 "今于雍正七年五月初七日, 准總管內務府咨稱: 原任江寧織造·員外郎曹頫, 系包衣佐領下人, 准正白旗滿洲都統咨查到府, 查曹頫因騷擾驛站獲罪, 現今枷號." 『역사당안歷史檔案』, 1983년 제1기.

80 "曹頫審案未結" 『강녕직조 조씨 집안 당안 사료에 관하여』, 184쪽.

81 "江寧織造曹頫, 行爲不端, 織造款項虧空甚多, 朕屢次施恩寬限, 令其賠補, 伊倘感激朕成全之恩, 理應盡心效力; 然伊不但不感恩圖報, 反而將家中財物暗移他處, 企圖隱蔽, 有違朕恩, 甚屬可惡." 위의 책, 185쪽.

82 저우루창, 『홍루몽신증』 하, 583쪽.

83 8황자 윤사允禩와 9황자 윤당允禟은 옹정과 사이가 좋지 않았다.—옮긴이

84 저우루창, 『홍루몽신증』 하, 621~624쪽. 원래는 해서海西 여진오납부女眞烏拉府의 오납성烏拉城을 가리킨다. 지린시 서북에 있는 우라가烏拉街에 있으며 동북방으로 구릉이 있고 서남으로 쑹화강松花江에 면해 있다. 누르하치가 오납부를 점령한 후 타생오납부打牲烏拉府를 세운다. 청 순치 연간 타성오납부는 내무부內務府에 편입된다.—옮긴이

85 저우루창, 위의 책, 611쪽.

86 저우루창, 위의 책, 617쪽.

87 "訪得曹頫年少無才, 遇事畏縮, 織造事務交與管家丁漢臣料理. 臣在京見過數次, 人亦平常." "原不成器, 豈止平常而已!"「옹정주비유지雍正朱批諭旨」(『홍루몽신증』 하, 613쪽에서 재인용)

88 "雍正對曹家之久懷忌心矣!" 『홍루몽신증』 하, 613쪽.

89 "此外可能還有其他牽連" 자오강·천중이, 『홍루몽신탐』 상, 香港文藝書屋, 1970.

90 "曹頫之罷官被抄, 獲罪重心, 已不再是虧空." 위의 책, 33~34쪽.

91 우신레이·황진더吳新雷·黃進德, 『조설근강남가세고曹雪芹江南家世考』, 福建人民出版社, 1983, 159~188쪽.

92 "夫此等侵帑殃民之人, 若不明正國法, 終于無所畏懼. 今化悔三年, 不爲不久, 倘仍然侵蝕, 恣意妄爲, 不惟國法難有, 情理亦斷斷不容. 自雍正四年以後, 凡遇虧空, 其實系侵欺者, 實行正法無赦." 『상유내각上諭內閣』, 옹정 3년 2월, 15쪽.

93 "上年已令九卿酌定條例, 向後倘有侵欺虧空之員, 則按所定之例治罪, 有應正法者卽照例正法. 其搜査宦囊家産幷追寄于寄放宗族親黨之處不必行矣. 自此諭下之日, 俱著停止." 『상유내각』, 옹정 5년 정월, 15쪽.

94 『고궁주간故宮周刊』 제84기, 隋赫德奏折.

95 『홍루몽연구집간』 제2집, 上海古籍出版社, 1985.

96 "深知朕心, 實爲可嘉." 『강녕직조 조씨 집안 당안 사료에 관하여』, 183쪽.

97 "訪得曹頫" 「옹정주비유지雍正朱批諭旨」(『홍루몽신증』 하, 613쪽)

98 『강녕직조 조씨 집안 당안 사료에 관하여』, 74~76쪽.

99 강희 61년(1722)에서 옹정 6년(1728)까지 대략 7년 동안 일어났던 이른바 아기나阿其那, 색사흑塞思黑, 연갱요年羹堯, 융과다隆科多와 관련된 대형 사건을 말한다. 윤정胤禎이 적자를 몰아내고 옹정제로 즉위하자 다른 황자들이 가만있지 않는다. 자신을 황제로 인정하지 않고 지속적으로 압박해 들어오자 위협을 느낀 옹정제는 여러 황자 가운데 특히 힘을 합해 자신에게 반기를 든 윤사胤禩와 윤당胤禟을 주요 제거 대상으로 삼는다. 옹정제는 그들의 이름을 각각 개와 돼지라는 뜻의 아기나와 색사흑으로 바꾸어 부른다. 옹정제는 개명으로 그들에게 치욕감을 안겨주었고 이름이 강제로 개명된 그 해에 둘 다 요절한다.(소석蕭奭의 『영헌록永憲錄』, 中華書局, 1997년 참조) 연갱요(1679~1726)는 한군감황기인漢軍鑲黃旗人이며 노복장단금을 무너뜨리는 등 혁혁한 공을 세웠으나 방만하고 건방진 태도로 옹정제의 눈 밖에 난다. 비를 뽑을 때 연갱요가 뽑는다는 의미의 '연선年選'설이 나돌면서 미운 털이 박혔고 마침내 죽음에 이른다. 융과다(??~1728)는 만주감황기인滿洲鑲黃旗人이다. 강희와 옹정 교체기인 1727년에 융과다는 제정러시아와 변경 문제를 담판 짓는 자리에서 성공을 거두어 총애를 받았으나 사적으로 결탁하여 이익을 추구한다는 죄목으로 가산을 몰수당하고 급기야 1728년 감옥에서 목숨을 잃는다.─옮긴이

100) "總管內務府等衙門總管內務府事務和碩莊親王允祿等謹題爲遵旨議罪事. 據山東巡撫塞楞額疏稱: 切惟驛遞之設, 原以供應過往差使而應付夫馬, 俱以勘合爲憑. 設有額外多索以及違例應付者, 均干嚴例. 然亦有歷年相沿, 彼此因循, 雖明知爲違例而究莫可如何者, 不得不爲我皇上陳之. 臣前以公出, 路過長淸·泰安等驛, 就近査看夫馬, 得知運送龍衣差使, 各驛多有賠累. 及詢其賠累之由, 蓋緣管運各官俱于勘合之外, 多用馬十餘匹至二十餘匹不等, 且有轎大·杠夫數十名, 更有程儀驛價銀兩以及家人·前站·厨子·管馬各人役銀兩, 公館中伙飯食·草料等費. 每一起經過管驛州縣, 所費不下四五十金. 在州縣各官, 則以爲御用段匹, 惟恐少有遲誤, 勉照舊例應付, 莫敢理論; 在管運各官, 則以爲相沿已久, 罔念地方苦累, 仍照舊例收受, 視爲固然. 臣思御用匹匹, 自應敬謹運送, 不可少有貽誤. 但于勘合之外, 亦不可濫用夫馬, 且程儀驛價尤爲無稽. 臣查訪旣確, 若不據實奏聞, 殊負我皇上愛惜物力培養驛站之聖心. 伏祈皇上敕下織造各官, 嗣後不得于勘合之外多索夫馬, 亦不得于廩給口糧之外多索程儀驛價. 倘勘合內所開夫馬不敷應用, 寧可于勘合內議加, 不得于勘合外多用, 庶管驛州縣不致有無益之花銷, 而驛馬驛夫亦不致有分外之苦累矣. 謹將應付過三起差使用過夫馬銀錢數目另單呈覽, 爲此謹奏. 雍正五年十一月二十四日題, 十二月初四日奉旨: 朕屢降諭旨, 不許欽差官員人役騷擾驛遞. 今三處織造差人進京, 俱于勘合之外多加夫馬, 苛索繁費, 苦累驛站, 甚屬可惡. 塞楞額毫不瞻徇, 據實參奏, 深知朕心, 實爲可嘉. 若大臣等皆能如此, 則衆人咸知儆惕, 孰敢背公營私. 塞楞額着議敍具奏. 織造人員旣在山東如此需索, 其他經過地方自必造此應付, 該督撫等何以不據實奏聞? 着該部一一察議具奏. 織造差人現在京師, 着內務府·吏部將塞楞額所參各項嚴審審定擬具奏. 欽此. 再, 查洵撫塞楞額蘇州應付三路送緞人員馬匹銀錢數目單內開: 一起杭州織造府筆帖式德文, 管運龍衣進京, 勘合內塡用馱馬十匹·騎馬二匹. 每站除照勘合應付, 外加馬十三匹不等. 每州縣送程儀·驛價二十兩·二十四兩不等, 家人·前站·管馬·廚子等共銀九兩·十三兩不等. 俱交承差李姓經手. 公館中伙飯食·草料共錢十餘千·二十餘千不等. 一起江寧織造府李賴, 督運龍衣進京, 勘合內塡用馱馬十四匹·騎馬二匹. 每站除照勘合應付, 外加馬二十三匹五匹不等, 又轎夫十二名·杠夫五十七名. 每州縣送程儀·驛價二十四兩·三十二兩不等, 家人·前站·管馬·廚子等共銀十兩·十四兩不等. 俱交方姓經手. 公館中伙飯食·草料共錢二十餘千·三十餘千不等. 等語. 卽審詢由旱路送緞匹之江寧織造員外郎曹賴·杭州織造筆帖式德文·蘇州織造烏林人痲色: '你們解送緞匹于沿途州縣支取馬匹等物, 理應照勘合內數目支取, 乃不遵循定例, 于勘合外任意加用沿途各站馬匹杠夫驛價銀兩草料等物, 是怎麼說.' 據曹賴供: '從前御用緞匹俱由水運, 後恐緞匹潮濕, 改爲陸運驛馬馱送, 恐馬驚逸, 途間有失, 于是地方官會同三處織造官員定議, 將運送緞匹于本織造處雇驛運送, 而沿途州縣的量協助驛價·盤纏. 歷行已久, 妄爲例當應付, 是以加用夫馬, 收受程儀, 食其所具飯食, 用其所備草料, 俱各是實. 我受皇恩, 身爲職官, 不遵定例, 多取驛馬銀兩等物, 就是我的死罪, 有何辯處'等語. 筆帖式德文·烏林人痲色同供: '我二人俱新赴任所, 去年初經陸運緞匹, 以爲例當應付, 冒昧收受, 聽其預備. 這就是我們死期到了, 又有何辯處'等語. 訊問曹賴家人方三·德文令人馮有金·痲色承差李姓家人祁住等, 巡撫塞楞額奏稱: '沿途·驛站所給銀兩俱系你們經手, 每站給過若干, 共得過銀若干?' 據同供: '沿途驛站所給銀兩俱系我們經手是實, 所給數目多少不等, 俱有眼目可查'等語. 隨將眼目查看, 內開曹賴收過銀三百六十七兩二錢, 德文收過銀五百十八兩三錢二分, 痲色收過銀五百零四兩二錢. 該臣等會議得: 山東巡撫塞楞額奏稱, 運送緞匹員外郎曹賴等, 于勘合外加用沿途州縣各站馬匹·驛價·程儀·杠夫·飯食·草料等物一案, 審據曹賴供稱: '從前御用緞匹俱由水運, 後恐潮濕, 改爲陸運驛馬馱送, 又恐馬或驚逸, 途間有失, 是以地方官會同三處織造官員正議, 將運送緞匹于本織造處雇驛運送, 沿途州縣的量協助驛價·盤纏. 歷行已久, 妄爲例當應付, 是以多支馬匹, 收受程儀, 食其所具飯食, 用其所備草料, 俱各是實. 我受皇恩, 身爲職官, 不遵定例, 冒取驛馬銀兩等項, 就是我的死罪, 有何辯處'等語. 筆帖式德文, 烏林人痲色同供: '我二人新赴任所, 去年初經陸運緞匹,

以爲例當應付, 冒昧收受, 聽其預備. 就是我們死期道了, 又有何辯處.'等因. 俱已承認. 隨將沿途索取銀兩眼目該賞: 曹頫收過銀三百六十七兩二錢, 德文收過銀五百十八兩三錢二分, 胒色收過銀五百零四兩二錢. 查定例'馳驛官員索詐財物者革職'等語. 但曹頫等俱系織造人員, 身受皇上重恩, 理宜謹愼事體, 敬守法律, 乃幷不遵例, 而運送緞匹沿途騷擾驛站, 索取銀錢等物, 殊屬可惡. 應將員外郎曹頫革職, 筆帖式德文 · 庫使胒色革退, 筆帖式 · 庫使均枷號兩個月, 鞭責一百, 發遣烏喇, 充當打牲壯丁. 其曹頫前站家人方三 · 胒色家人祁住 · 德文舍人馮有金, 雖聽從曹頫等指令, 而借前站爲端, 騷擾驛途, 索取銀錢, 亦屬可惡. 應將方三 · 祁住鞭責一百 · 馮有金各枷號兩個月, 方三 · 祁住鞭責一百, 馮有金責四十板. 其曹頫沿途索取銀兩, 雖有眼目, 不便據以爲實. 應將現在眼目銀兩照數嚴追令交廣儲司外, 行文直隷 · 山東 · 江南 · 浙江巡撫, 如此項銀兩于伊等記眼目有多取之處, 將實收數目查明, 到日仍着落伊等賠還可也. 臣等未敢擅便, 謹題請旨."『홍루몽학간』 1987년 제1집 참조.

101 『강녕직조 조씨 집안 당안 사료에 관하여』, 187쪽과 132쪽 참조.

102 위의 책, 187쪽과 132쪽 참조.

103 『역사당안歷史檔案』, 1983년 제1기.

104 『맹자』「만장 하萬章下」: "頌其詩, 讀其書, 不知其人, 可乎? 是以論其世也, 是尙友也."

제4장

1 후스, 『중국장회소설고증』: "我覺得我們做『紅樓夢』的考證, 只能在這兩個問題上着手, 只能運用我們力所能搜集的材料, 參考互證, 然後抽出一些比較的最近情理的結論. 這是考證學的方法."上海書店, 1980년 복인본, 232쪽.

2 "單指那些可以考定作者, 時代, 版本等等的證據"후스, 위의 책, 305쪽.

3 후스, 『후스문존胡適文存』 3집 권5(『홍루몽연구참고자료선집』 제1집, 57~81쪽)

4 후스, 『후스논학근저胡適論學近著』 제1집 권3(『홍루몽연구참고자료선집』 제1집, 82~91쪽)

5 『홍루몽연구참고자료선집』 제1집, 92~115쪽.

6 "卽是曹雪芹自己"위의 책, 85쪽.

7 "是海內最古的『石頭記』抄本"위의 책, 57, 102~109쪽.

8 1927년 후스가 구매한 갑술본『석두기』는 1961년에 비로소 영인되어 유포되기 시작했으니 후스의 수중에서 34년 동안이나 감추어져 있었던 셈이다. 원래 쉬싱수徐星署가 소장하던 경진본庚辰本 역시 후스가 가장 먼저 봤다.

9 위핑보兪平伯의 『홍루몽변紅樓夢辨』은 1922년 초여름에 완성되었으니 후스가 발표한 『홍루몽고증』과는 시간적으로 반년의 격차가 있을 뿐이다. 아동도서관亞東圖書館에서 출판한 『홍루몽변』은 1923년 4월에 출판된 후스의 『홍루몽고증』과도 시간적인 격차가 크지 않다.

10 위핑보, 『홍루몽변』, 人民文學出版社, 1973, 3쪽.

11 『홍루몽변紅樓夢辨』 하권은 부록으로 삼은 네 편으로 다음과 같다. 「독홍루몽잡기 선수讀紅樓夢雜記 選粹」 「당육여와 임대옥唐六如與林黛玉」 「'홍루부몽'을 기술하다記'紅樓復夢'」 「찰기십칙札記十則」

12 『홍루몽연구紅樓夢硏究』는 1952년 상하이 당체출판사棠棣出版社에서 나왔는데 『홍루몽변紅樓夢辨』中卷의 「홍루몽연표紅樓夢年表」와 下卷의 부록 네 편을 빼고 「전 80회 홍루몽 원고 잔본의 상황前八十回紅樓夢原稿殘缺的情形」 「'이홍원에서 아가씨들이 야연을 베풀다'는 내용에 관한 도설'壽怡紅群芳開夜宴'圖說」 「홍루몽정명紅樓夢正名」 「홍루몽 제1회의 교감 자료들紅樓夢第一回校勘的一些材料」 이외에 「홍루몽지본 (갑술)·척본·정을본의 비교紅樓夢脂本(甲戌)戚本程乙本文字上的一點比較」 「독홍루몽수필 이칙讀紅樓夢隨筆二則」 등 부록 두 편을 보충해 넣었다.

13 톈진『민국일보民國日報』 "도서圖書"(제71기, 1947년 12월 5일자)에 게재.

14 저우루창의 글이 발표된 후 1948년 2월 20일 『민국일보』에서 후스의 「후스즈 선생이 저우군 루창에게 보낸 편지胡適之先生致周君汝昌函」를 간행하여 조설근이 계미년癸未年 제석除夕에 사망했다는 주장에 동의를 표했다. 1961년 「발건륭갑술지연재중평(석두기)영인본跋乾隆甲戌脂硯齋重評(石頭記)影印本」에서 후스는 또다시 이 설을 뒤집었다.

15 "以我們今日所知, 有關曹家歷史而足以幫助我們了解『紅樓夢』的史料, 不僅超過那篇『考證』不知多少倍, 抑且發現其中有許多不可饒恕的錯誤." 『홍루몽신증』, 上海棠棣出版社, 1953, 27쪽.

16 「조설근가세생평총화」를 1962년 1월 30일부터 9월 25일까지 『光明日報』에 게재함.

17 『조설근소전曹雪芹小傳』은 1964년 人民文學出版社에서 출판된 『조설근』의 기초 위에 첨삭과 수정을 가해 완성했으며 1980년 4월 天津百花文藝出版社에서 출판되었다.

18 "芹學" 「曹雪芹·後記」, 百花文藝出版社, 1980, 245쪽.

19 저우루창은 『홍루몽신증』과 『홍루몽소전曹雪芹小傳』에서 강희 말년 황자들이 찬탈 과정을 거쳐 옹정이 황제로 즉위한 후 정적을 주살했다는 사실을 상세히 서술했다. 그는 조씨 가문의 몰락과 이것이 직접적으로 관련이 있다고 보았으며 심지어는 조씨 가문의 사건이라고까지 주장하기도 했다. 그는 "강·옹·건 삼대 교체기의 정치적인 변이사항이 관건이다"(『조설근소전』, 236쪽)라고 하였으니 이는 저우루창의 일관된 홍학 관점이라 하겠다.

20 섭섭葉燮은 자가 동초桐初이고 또 다른 자가 성기星期이며, 호가 이휴已畦다. 장쑤 쿤산昆山 출신으로 진사에 급제하여 일찍이 보지현寶知縣을 역임했는데 강직한 성품에 순무에게 밉보여 탄핵되었다. 만년에 쑤저우 형산橫山에 머물렀는데 집안의 작은 정원을 "독립창망처獨立蒼茫處"라고 불렀다. 그는 두준杜濬의 사위다. 두준·두개杜岕·주요휼周蓼恤·황주성黃周星 이 네 사람을 "호광사강湖廣四强"이라 불렀는데 모두 명나라의 유민으로서 세상에 용납되지 않음을 분개했으며 바르고 곧은 성품으로 강남에서 명성을 떨쳤다. 조인이 처음 강동으로 가서 쑤저우에서 봉직할 때 섭섭·여회餘懷·매내梅鼐·우동尤侗·고사기高士奇·왕홍서王鴻緖 등 명사들과 교분을 쌓았다.

섭섭은 일찍이 조인을 위해 『연정기楝亭記』를 짓고 널리 자료를 인용해 입증했으며 군신들과 의론을 하면서 조인의 칭찬을 받았다.(『已畦文集一』 권5)—옮긴이

21 계찰季札(기원전 576~기원전 484)은 성이 희姬이고 이름이 찰札이다. 주대의 오吳나라 사람으로 오왕 수몽壽夢의 넷째 아들이다. 공자의 스승이자 공자가 가장 존경했던 성인인데 "남계북공南季北孔"이라는 말이 있을 정도로 남방을 대표하는 유학자다. 아버지 수몽은 그에게 왕위를 물려주고자 했으나 극구 사양하여 형에게 왕위가 돌아간다. 계찰은 재능이 뛰어난 문예평론가였다. 기원전 544년 명을 받들어 북방의 제후들과 교류를 했는데 노나라에서 주나라의 경전음악과 시가, 무용을 감상하고 그 자리에서 당시 사회의 정치적 배경과 결부시켜 일일이 정밀하게 분석과 평론을 했다. '육대지악六代之樂'이란 황제 때의 운문雲門, 요 임금 때의 대함大咸, 순임금 때의 대소大韶, 하 우임금 때의 대하大夏, 은 탕왕 때의 대호大濩, 주 무왕 때의 대무大武를 말한다.—옮긴이

22 옹구雍丘는 지금의 허난성 치杞 지역으로 옛날에는 "옹구성雍丘城"이라 불렸다. 조식曹植은 마지막 생애 12년 동안 두 차례 옹구에 봉해져 6년 동안 옹구에 살았던 인연으로 '옹구왕雍丘王'이라는 별호까지 얻게 된다.—옮긴이

23 도간陶侃은 명장名將으로 동진東晉 건립 과정에서 불안한 정국을 안정시키는 데 큰 공을 세웠다. 한미한 집안 출신으로서 서진西晉의 혼란한 상황 속에서 문벌정치의 높은 벽을 뚫고 동진의 형주자사荊州刺史가 되었다. 도간운벽陶侃運甓은 그가 매일 아침 벽돌 100개를 집 밖으로 옮겼다가 다시 집안으로 옮기는 동작을 통해 몸이 둔해지는 것을 막았다고 한 데서 유래한 고사다.—옮긴이

24 혜계醯鷄는 『장자』 「전자방田子方」 편에 나온다. 혜계는 초단지안에 사는 눈엣놀이 멸몽蠛蠓이라는 벌레. 항아리의 뚜껑이 닫혀 있어 하늘을 보지 못하다가 일단 뚜껑이 열리면 그제서야 하늘을 볼 수 있다. 견문이 좁은 사람을 이르는 말로 쓰인다.—옮긴이

25 『삼국지』에 나오는 장간蔣干은 주유周瑜를 조조에게 항복시키려 했으나 주유는 겉으로만 따르는 체하며 도리어 장간을 적의 첩자로 적을 제압하는 '반간계'에 빠지게 했다.—옮긴이

26 "曹寅等人當時之實際政見何若, 頗可全面研究." 『홍루몽신증』 상, 313쪽.

27 "與荔軒別五年, 同學者以南北為修涂, 以出處為戶限, 每搔首自; '荔軒何為哉?' 旣而讀陳思 「仙人篇」, 咏閶闔, 羨潛光, 乃知陳思之心卽荔軒之心, 未嘗不爽然自失焉!" 조인, 『연정집』 권수, 上海古籍出版社, 1978.

28 "不遇王喬死卽休, 吾山何必樹松楸. 黃初實下千秋淚, 却望林淄作首丘." 小注: "子建聞曹丕 受禪, 大哭. 見魏志." 『연정집』 하, 362쪽.

29 "論者又云, 禪代事起, 子建發憤怨泣, 使其嗣爵, 必終身臣漢, 則王之心其周文王乎? 余將登 箕山而問許由焉." 장푸張溥, 『한위육조백삼가집제사주漢魏六朝百三家集題辭注』, 人民 文學出版社, 1960, 71쪽.

30 "杜老微詞閃爍地所謂'陳思'的'君子'的那'之心', 就是這個'臣漢'之心了." 저우루창, 「조설근

가세생평총화」 5(『光明日報』 1962년 6월 2일)

31 진사왕陳思王 조식이 '한에 복종하는 마음臣漢之心'이 있었다는 사실에 관해서는 정안丁晏이 『진사왕연보서陳思王年譜序』에서 이미 언급한 바 있다. "진사왕이 입지를 세우지 못한 것은 위나라의 불행이고 한나라의 불행이기도 하다. 진사왕은 분명 한을 잊어본 적이 없다. 위왕이 한 헌제를 압박하여 왕위를 선양받자 장사를 지내며 슬피 곡을 했는데 그는 「정시情詩」에서 '떠돌이는 서리黍離를 한탄하고 행자는 식미式微를 부르네'라고 읊었고, 「응씨에게 보내는 시送應氏詩」에서는 '낙양이 이토록 적막한 것은 궁실이 다 불탔기 때문이네'라고 읊었다. 고궁에서 느끼는 서리의 감회는 더 고통스러웠다. 「정의와 왕찬에게 지어 보낸 시贈丁儀王粲詩」에서는 '황제의 보좌가 천자의 은혜를 떨치니 사해에 교전이 없어졌네'라고 읊었는데, 그 아버지를 칭하여 '황제의 보좌'라 했으니 정의롭고 늠름하기 그지없다. 충성스러운 복종에 있어, 진사왕만이 신하의 절개를 지킬 수 있었으니 만약 그가 왕위를 계승했다면 어찌 한을 찬탈하는 일이 일어났겠는가!"(『삼조자료회편三曹資料匯編』, 人民文學出版社, 1980, 223쪽.

32 『홍루몽신증』 8장의 "문물잡고文物雜考"에서는 조설근의 초상화, 지연재 장연藏硯, "이홍怡紅" 석인장石印章과 조설근의 필산筆山; 9장의 "지연재비脂硯齋批"에서는 지비개황脂批槪況, 지연脂硯은 누구인가, 저작권, 고악高鶚의 속서 등을 논한 4절과 보설 3편이 들어 있다.

33 『홍루몽신증』 하, 856~868쪽

34 저우루창, 『무엇이 홍학인가』(『河北師範大學學報』, 1982년 제3기)

35 리셴보李玄伯, 『홍루몽의 소재지 문제紅樓夢的地點問題』, 베이징『맹진猛進』 제8기 (1925년 4월 24일)에 게재.

36 리셴보, 「조설근가세신고曹雪芹家世新考」, 『고궁주간故宮周刊』 제84기와 제85기 (1931년 5월 18일, 23일)

37 팡하오方豪, 「홍루몽신고紅樓夢新考」, 『설문월간說文月刊』 제4권 합간본(1944년 5월 판)에 게재. 『홍루몽연구참고자료선집』 제3집 299~332쪽에도 실려 있음.

38 "『紅樓夢』之作必在乾隆前也." 팡하오, 위의 글.

39 쩡츠량曾次亮, 「홍루몽 졸년 문제에 관한 토론紅樓夢卒年問題的商討」, 『光明日報』 1954년 4월 26일자.

40 왕리치王利器, 「고악의 일부 자료에 관하여關于高鶚的一些材料」, 『文學研究』 1957년 제1기.

41 『홍루몽서록紅樓夢書錄』은 원래 古典文學出版社에서 출판되었는데 1963년 수정 보완을 거쳐 中華書局에서 다시 출판되었으며, 일속의 편저로 서명되어 있는 『홍루몽권』은 『고전문학연구회편』 가운데 하나로 1, 2권 두 책으로 나뉘어 있으며 1963년 中華書局에서 출판되었고 편자의 서명도 일속으로 되어 있다.

42 「조설근의 생애曹雪芹的生平」는 1954년 8월 12일에서 31일까지, 9월 1일에서 30일까지, 10월 4일과 5일 홍콩『大公報』에 연재되었는데 총 24편, 5만여 자에 달해 간명한 조설근 전기라고 해도 손색이 없다.

43   우언위吳恩裕,『조설근에 관한 여덟 가지 자료有關曹雪芹八種』에 관한 내용은 다음 과 같다. 1. 사송당집외시집四松堂集外詩輯 2. 사송당집외시집발四松堂集外詩輯跋 3. 무재시초고본고懋齋詩鈔稿本考 4. 초요암필주수고고鷦鷯庵筆塵手稿考 5. 영충의 연 분실집저고잔본永忠的 延芬室集底稿殘本 6. 명의明義와 그의『녹연쇄창집綠烟瑣窗集』 시선詩選 7. 돈민·돈성과 조설근敦敏·敦誠與曹雪芹 8. 고패소기考稗小記(中華書局, 1958년 출판).『조설근에 관한 열 가지 자료有關曹雪芹十種』는 원래『조설근에 관한 여 덟 가지 자료』에서 첫째를 부록으로 옮기고 "홍루몽지연재비어천탐이칙紅樓夢脂硯齋 批語淺探二則" "조설근졸년고변존고삼편曹雪芹卒年考辨存稿三篇" "조설근에 관한 전 설을 기록하다記關于曹雪芹的傳說" 3종을 첨가하여 만들어졌다.(中華書局, 1963)

44   위의 주와 같음.

45   우언위,『조설근총고曹雪芹叢考』, 上海古籍出版社, 1980.

46   우익종학右翼宗學은 황족 자제들을 교육하기 위해 설립된 관방의 학당이다. 당대에 는 "소학小學"이라 칭해졌고 송대에 이르러 비로소 "종학"이란 명칭을 쓰게 되었다. 명 대의 종학은 종실에서 약관의 나이가 되기 전의 세자, 장자, 적장자 이외의 아들들을 비롯해 장군, 중위 등 관직에 있는 벼슬아치들의 자제가 입학하여 교육을 받는 곳이 되었다. 청대의 종학은 종인부宗人府 관할 하에 종실 자제들만 입학이 가능했다.— 옮긴이

47   두보杜甫,「丹靑引贈將軍覇」참조 — 옮긴이

48   돈성敦誠,「그리운 조설근에게寄懷雪芹」,『사송당집四松堂集』권1.

49   저우루창,『홍루몽신증』, 1953, 428~429쪽. 1976년 증보판에서는 이미 이전의 주장 을 고쳐 우언위의 견해가 "사실에 가깝다"고 주장했다.

50   이돈二敦의 시문에서 "當時虎門數晨夕" 구절 외에 "호문虎門"이란 단어는 다섯 차례 보인다. 첫째는 돈민의「黃去非先生以四川縣令內昇比部主事進京相晤感成長句」에 나오는 "虎門絳帳遙回首, 深愧傳經負鄭玄" 구 ; 둘째는 돈민의「吊宅三卜孝廉」에 나오는 "昔年同 虎門, 聯吟共結社" 구 ; 셋째는 돈성의「先妣瓜爾佳氏太夫人行述」에 나오는 "乙亥宗學歲 試, 欽命射策, 誠隨伯兄, 試于虎門" 구 ; 넷째는 돈성의「寄子明兄」에 나오는 "松堂草稿, 崇山已序之矣. 尙留簡瑞, 待兄一言, 幸卽揮付. 曜仙舊所, 希爲轉致, 異日同在虎門一書, 何 如?" 구 ; 다섯째는 돈성의「壽伯兄子明先生」에 나오는 "先生少壯時, 虎門曾翺翔. 文章擢 巍第, 筆墨叨恩光" 구 등에서다.

51   우언위,『조설근에 관한 여덟 가지 자료』, 中華書局, 1963, 13~19쪽.

52   자오강은 "호문虎門"이란 단어는 때로 종학宗學을 가리키기도 하고 때로는 고시考試 를 가리키기도 한다고 보았다. 돈성의 시 중에 "當時虎門數晨夕"의 "호문虎門"은 설근 과 함께 한 건륭 병자년丙子年(1756)의 순천향시順天鄕試이니 역시 하나의 설로 받 아들일 만하다.(자오강의『홍루몽신탐』상, 44~66쪽 참조) 또 가오양高陽은 또 다음 과 같은 주장을 펼쳤다. 그의 의견에 의하면 조설근은 부공副貢(명청 시대 향시에 합 격했으나 거인擧人의 인원수에 제한이 있어 거인의 자격을 얻지 못한 사람)으로 정황기正 黃旗 의학義學에 재직했는데, 그 학교와 우익종학이 모두 석호 골목에 있었고 거리

가 가까워 돈씨 형제와 교류를 하게 되었다는 것이다.(『首屆國際紅樓夢硏討會論文集』 133~140쪽에 실려 있는 가오양의 「조설근이 부공으로 정황기의 교학을 담당하면서 맺게 된 돈씨 형제와의 교류에 관한 고찰曹雪芹以副貢任敎正黃旗因得與敦氏兄弟締交考」 참조)

53 돈성,「세모에 직접 오십 운의 시를 지어 동학들에게 보내다歲暮自述五十韻寄同學諸子」(『四松堂詩鈔』)

54 우스창吳世昌,『홍루몽탐원紅樓夢探源』 영문판 *On The Chamber Dream*, 牛津出版社, 1961년판;『홍루몽탐원 외편紅樓夢探援外編』, 上海古籍出版社, 1980년판.

55 우스창,『홍루몽탐원외편』, 80~200쪽 참조.

56 우스창, 위의 책, 96~97쪽.

57 우스창,『홍루몽탐원』 영문판, 137쪽.

58 우스창,『홍루몽탐원외편』, 16~17쪽.

59 『홍루몽』 갑술본 제1회 비어: "雪芹舊有『風月寶鑑』之書, 乃其弟棠村序也. 今棠村已逝, 余睹新懷舊, 故仍因之."

60 우스창,『홍루몽탐원외편』, 10~12쪽, 182~187쪽.

61 우언위의 「曹雪芹的卒年問題」; 저우사오량周紹良의 「關于曹雪芹的卒年」; 천위피陳毓羆의 「有關曹雪芹卒年的商榷」; 덩윈젠鄧允建의 「曹雪芹卒年問題商兌」; 우스창의 「曹雪芹的生卒年」; 주난셴朱南銑의 「曹雪芹卒年壬午說質疑」; 저우루창의 「曹雪芹卒年辨」; 우언위의 「曹雪芹卒于壬午說質疑—答陳毓羆和鄧允建同志」; 덩윈젠의 「再談曹雪芹的卒年問題」; 천위피의 「曹雪芹卒年問題再商榷」; 우스창의 「敦誠挽曹雪芹詩箋釋」; 저우루창의 「再談曹雪芹卒年」; 우언위의 「考證曹雪芹卒年我見」 등 총 30편으로 1962년 3월 10일에서 7월 8일까지 『光明日報』와 『文滙報』에 실린 글들이다.

62 후스,「홍루몽 고증의 새로운 자료들考證紅樓夢的新材料」(『홍루몽연구참고자료선집』 제1집, 人民文學出版社, 1973, 60쪽)

63 두형杜蘅은 자가 기암寄庵이고 즉묵인卽墨人이다. 명말 타향에서 벼슬살이를 하다 순치연간에 난징 옛집으로 돌아간 후 가산을 다 나누어주고 자신의 저작을 태운 후 스스로 말했다. "새하얗게 늙고 몸소 창상을 겪고 나니 다시는 명리에 대한 생각이 없다." 마침내 산둥성의 라오산老山산에 깊이 들어가 은거하고 다시는 번화한 곳에 나오지 않았다.—옮긴이

64 자오강·천중이趙岡·陳鍾毅,『홍루몽신탐』 상, 香港文藝書屋, 1970, 83쪽 참조.

65 자오강·천중이, 위의 책, 78~93쪽 참조.

66 "新材料的發見是具有高度偶然性的, 而且不可避免地有其極限. 一旦新材料不復出現, 則整個研究工作勢必陷于停頓." 위잉스余英時,『홍루몽의 두 세계紅樓夢的兩個世界』, 16쪽.

67 1973년 우언위는 『문물文物』 제2기에 「조설근의 전해지지 않은 책과 전기자료의 발견曹雪芹的佚著和傳記材料的發現」이라는 글을 발표하여 새롭게 발견된 『폐예재집고廢藝齋集稿』 결본에 조설근의 「남요북연고공지南鷂北鳶考工志」의 자서, 동방달董邦達의 서문, 돈민敦敏의 「병호무재기성瓶湖懋齋記盛」, 설근의 자제화석시自題畫石詩 등이 포함되어 있다는 것을 공개했다. 1977년에는 또 베이징에서 조설근의 필적과 방경도

망시芳卿悼亡詩가 들어 있는 책궤가 발견되었다. 또한 향산정백기香山正白旗 38호 가옥의 제벽시문題壁詩文 등은 매우 중요한 "발견"이라고 할 수 있을 것이다. 그러나 그 진위 여부에 대해서는 홍학계에서도 아직 견해가 일치되지 않아 지금껏 미해결 상태로 남아 있다.

68 "我們因受環境及時間所限, 無法按自己設想的線索去發掘原始材料. 書中所用者都是第二手材料, 早經別人反復討論了很久. 我們不過是把這些材料重新整理一番." 자오강·천중이, 『홍루몽신탐』 상, 1쪽.

69 자오강·천중이, 위의 책, 62쪽.

70 자오강·천중이, 위의 책, 161~172쪽.

71 자오강·천중이, 위의 책, 173~177쪽.

72 자오강·천중이, 위의 책, 198쪽.

73 자오강·천중이, 위의 책, 123쪽.

74 자오강·천중이, 위의 책, 325~326쪽.

75 평치융馮其庸, 『조설근가세신고曹雪芹家世新考』, 13~39쪽.

76 평치융, 위의 책, 315~322쪽.

77 평치융, 위의 책, 315~322쪽.

78 "如是則景星與寅確屬舅甥無疑. 然寅母姓孫氏, 且遼沈旗人, 如何能與蘄州明逸民人士聯姻? 實不易解." 저우루창, 『홍루몽신증』 상, 299쪽.

79 "他們之間的'舅甥契誼', 已無疑問, 這是因爲不但曹寅親口稱顧老爲'舅氏', 就是顧老做詩做文給曹寅, 所用的典故, 如'老我形骸牒, 多君珠玉如'如'李白贈高五詩, 謂其價重明月, 聲動天門, 卽以贈吾子淸'等話, 也正都是舅甥的故事. 這事就奇了! 我至今鬧不淸蘄州顧氏和大淸滿洲曹氏, 是什麼時候·什麼緣由而結成姻親的?" 저우루창, 「조설근가세생평총화」 6, 『光明日報』 1962년 8월 18일자.

80 "誠盼海內博雅, 告以原委, 借用此段滿·漢·朝·野勢不相幷的兩種家族間聯姻的掌故, 所關或亦匪淺也." 저우루창, 위의 글.

81 "南中名士, 無不交往, 盛有所遺, 或爲之刻集, 唯稱顧景星舅氏, 爲不可解." 『청시기사초편淸詩紀事初編』 권6, 上海古籍出版社, 1984, 632쪽 참조.

82 「청인별집총간淸人別集叢刊」(『연정집棟亭集』 하, 上海古籍出版社, 1978, 651~652쪽)

83 "曹寅生母之至遲在康熙十八年已經亡故. 孫氏決非曹寅生母, 因爲當時她好好活着, 正在江寧做他的一品夫人."

84 주단원朱淡文, 「조인소고曹寅小考」: "我們推測, 事情可能是這樣發展的: 曹璽一死, 康熙有意讓曹寅繼任, 故先命其'協理江寧織造'. 但這一任命不會受到孫氏和曹宣的歡迎. 當年十一月, 康熙南巡至江寧, '親臨其署, 撫慰諸孤', 孫氏當有見駕機會. 她可以向皇帝提出請求. 曹寅是'講性命之學'的理學家, 最重忠孝友于, 就奏請康熙更改旨意, 讓'愛弟'曹宣承繼父職. 但曹宣年輕缺乏經驗, 難以當此重任, 未獲康熙批准. 爲了照顧孫氏保姆的感情, 康熙命資歷較深的馬桑格任江寧織造暫爲過渡. 據『歷朝八旗雜擋』, 桑格十二月初三昇江寧織造, 似爲康熙根據曹家情況當場做出的決定. 康熙心中自有成算, 先安排曹寅回內務府任職, 曹宣'爲朝廷管

冊府', 使兄弟倆各得其所. 若千年後再將曹寅外放織造, 就與庶子襲職無關了, 孫氏和曹宣也無話可說. 曹寅忠孝友一箭三雕, 豈不妙哉."

85 『조식집교주曹植集校注』, 人民文學出版社, 1984, 315~315쪽, 404쪽.

86 『조식집교주』, 404쪽.

87 메이팅슈梅挺秀의 「조설근졸년신고曹雪芹卒年新考」가 발표되고 『홍루몽학간』 1981년 제2기에는 쉬궁스徐恭時의 「문학의 별이 떨어진 해는 언제인가: 조설근졸년신탐文星殞落是何年: 曹雪芹卒年新探」이 게재되었는데 메이팅슈의 지비脂批에 대한 분석에 찬동을 표하고 "임오제석壬午祭席" 비어의 서명 연도와 관련하여 대대적인 보충과 논증을 펼침으로써 사망 연도에 관한 새로운 설에 더욱 힘을 보태주었고 조설근이 갑신년 중춘仲春 2월 18일 춘분 절기에 사망했다는 것을 구체적으로 추론했다.

88 우언위·펑치융, 「기묘본 "석두기" 중 유실된 부분의 발견과 그 의의己卯本「石頭記」散失部分的發現及其意義」(1979년 3월 24일자 『光明日報』)

89 펑치융, 『경진본을 논하다論庚辰本』, 上海文藝出版社, 1978.

90 쑹치宋淇, 「"냉월장화혼"을 논하다論"冷月葬花魂"」(홍콩 『明報月刊』 1969년 제40기)

91 "原本評注過多, 未免旁雜, 反擾正文, 刪去以俟觀者凝思入妙."

92 "是語甚對, 余幼時所聞之語合符, 哀哉傷哉!"

93 "至脂硯齋甲戌抄閱再評仍用『石頭記』"

94 "前批知者聊聊. 不數年, 芹溪·脂硯·杏齋諸子, 皆相繼別去. 今丁亥夏, 只剩朽物一枚, 寧不痛殺."

95 자오강은 기홀수畸笏叟가 조부曹頫이며 제1회 도입부에 제시된 서명에 관한 대목에서 언급된 오옥봉吳玉峯이기도 하다고 보았다.(『홍루몽신탐』, 173~177쪽 참조) 다이부판戴不凡의 「기홀수가 조부임을 논하다畸笏叟卽曹頫辨」에서도 이 설을 주장하고 있다.(『홍학30년논문선편紅學三十年論文選編』 하, 百花文藝出版社, 1984, 290~331쪽 참조)

96 "研究『石頭記』版本, 是爲了恢復作品的文字, 或者說'文本'; 而研究八十回以後的情節, 則是爲了顯示原著整體精神面貌的基本輪廓和脈絡. 而研究脂硯齋, 對三方面都有極大的必要性." 저우루창, 『석두기탐일·서石頭記探佚·序』, 山西人民出版社, 1983.

97 위펑보, 『지연재홍루몽집평脂硯齋紅樓夢輯評』, 上海文藝聯合出版社, 1954 초판, 1960년 수정. 이후 中華書局에서 재판됨. 천칭하오陳慶浩, 『신편석두기지연재평어집교新編石頭記脂硯齋評語輯校』, 臺北聯經出版事業公司, 1979.

98 『홍루몽』 제2회: "外面的架子雖未甚倒, 內囊却也盡上來了."

99 량치차오, 『청대학술개론』: "境界國土, 爲前期人土開闢殆盡, 然學者之聰明才力, 終不能無所用也, 只能取局部問題, 爲窄而深的研究, 或取其研究方法應用之于別方面, 于是派中小派出焉. 而其時之環境, 必有以異乎前. 晩出之派, 進取氣較盛, 易與環境順應, 故往往以附庸蔚爲大國. 則新衍之別派與舊傳之正統派成對峙之形勢, 或且駸駸乎奪其席."(『梁啓超論淸學史二種』, 復旦大學出版社, 1985, 2~3쪽)

100 "其時此派中精要之義, 則先輩已溶發無餘, 承其流者, 不過捃摭末節以弄詭辯. 且支派分裂, 排軋隨之, 益自暴露其缺點. 環境旣已變易, 社會需要別轉一方向, 而猶欲以全盛期之權威臨

之, 則稍有志者必不樂受, 而豪傑之士, 欲創新必先摧舊, 遂以彼爲破壞之目標. 于是入于第二思潮之啓蒙期, 而此思潮遂告終焉."량치차오, 위의 책, 2~3쪽.

101 "有關紅學考證, 因歷年來有關文物資料的發現不多, 而且其中有許多是贋品僞作, 所以困難重重, 除了再有新資料發現, 能做的事已經很少."위핑보, 『내가 읽은 홍루몽我讀紅樓夢』, 天津人民出版社, 1982, 375쪽.

102 "考證正是游山的嚮導, 地理風物志, 是游人所必備的東西."위핑보, 『홍루몽변紅樓夢辨』, 人民文學出版社, 1973, 213쪽.

103 "做一個掃地的人, 使來游者的眼, 不給灰塵蒙住了."위핑보, 위의 책, 213쪽.

104 "在爲了給進一步的更進一步的更重要的工作提供一些較爲便利的條件上, 在爲了給那一工作打下一個比較結實的基礎上, 材料和考證才有它們的功用和價值."저우루창, 『홍루몽신증』, 人民文學出版社, 1976, 1쪽.

105 "從事『紅樓夢』考證工作的人始終了解, 他們是在爲其他的研究工作整理材料, 做一些鋪路工作. 路不會永無止境的鋪下去, 路鋪好了自然會通車. 考證工作有了可靠的結論, 其他方面的研究工作就可以利用這些成果."자오강, 『제1회 홍루몽 국제학술대회 논문집首屆國際紅樓夢硏討會論文集』의 머리말(香港中文大學出版社, 1983)

제5장

1 『홍루몽』 제1회 도입부: "作者自云: '曾歷過一番夢幻之後, 故將眞事隱去, 而借通靈之說, 撰此『石頭記』一書也. 故曰甄士隱云云.' 但書中所記何事何人? 自又云: '今風塵碌碌, 一事無成, 忽念及當日所有之女子, 一一細考較去, 覺其行止見識, 皆出于我之上. 何我堂堂須眉, 誠不若彼裙釵哉? 實愧則有餘, 悔又無益之大無可如何之日也! 當此, 則自欲將已往所賴天恩祖德, 錦衣紈袴之時, 饒甘饜肥之日, 背父兄敎育之恩, 負師友規訓之德, 以致今日一技無成, 半生潦倒之罪, 編述一集, 以告天下人. 我之罪固不免, 然閨閣中本自歷歷有人, 萬不可因我之不肖, 自護己短, 一幷使其泯滅也. 雖今日之茅椽蓬牖, 瓦竈繩牀, 其晨夕風露, 階柳庭花, 亦未有妨我之襟懷筆墨者. 雖我未學, 下筆無文, 又何妨用假語村言, 敷演出一段故事來, 亦可使閨閣昭傳, 復可閱世之目, 破人愁悶, 不亦宜乎?' 故曰賈雨村云云."

2 이자명李慈銘, 『월만당일기보越縵堂日記補』(『홍루몽권』 제2책, 373쪽 참조)

3 정역靖逆은 강희제가 내린 봉후역이며 양장후襄壯候는 강희 23년 장용張勇에게 내린 시호다. ―옮긴이

4 주춘周春, 『열홍루몽수필閱紅樓夢隨筆』: "相傳此書爲納蘭太傅而作. 余細觀之, 乃知非納蘭太傅, 而序金陵張侯家事也. 憶少時見『爵帙便覽』, 江寧有一等侯張謙, 上元縣人. 癸亥·甲子間, 余讀書家塾, 聽父老談張侯事, 雖不能盡記, 約略與此書相符, 然猶不敢臆斷. 再證以『曝書亭集』·『池北偶談』·『江南通志』·『隨園詩話』·『張侯行述』諸書, 遂決其無疑義矣. 案靖逆襄壯侯勇長子恪定侯雲翼, 幼子寧國府知府雲翼, 此寧國·榮國之名所由起也. 襄壯祖籍遼左, 父通, 流寓漢中之洋縣, 旣貴, 遷于長安, 恪定開闢之間, 復移家金陵, 遂占籍焉. 其曰代善

者, 卽恪定之子宗仁也, 由孝廉官中翰, 襲侯十年, 結客好施, 廢家資百萬而卒. 其曰史太君者, 卽宗仁妻高氏也, 建昌太守琦女, 能詩, 有『紅雪軒集』. 宗仁在時, 預埋三十萬于後園, 交其子謙, 方得襲爵. 其曰林如海者, 卽曹雪芹之父棟亭也. 棟亭名演, 字子淸, 號荔軒, 滿洲人, 官江寧織造, 四任巡鹽. 曹則何以痩詞曰林? 蓋曹本作曹, 與林幷爲雙木. 作者于張字曰挂弓, 顯而易見; 于林字曰雙木, 隱而難知也. 嗟呼! 賈假甄眞, 鏡花水月, 本不必求其人以實之, 但此書以雙玉爲關鍵, 若不溯二姓之源流, 又焉知作者之命意乎? 故特詳書之, 庶使將來閱『紅樓夢』者有所考信云."(『홍루몽권』, 66~67쪽)

5 　탁자법拆字法은 문자나 글귀를 편, 방, 관, 각 따위로 분해하여 의미를 해석하는 분석법으로 그 뜻에 따라 일의 길흉을 점치기도 함─옮긴이

6 　진강기陳康祺, 『연하향좌록燕下鄕脞錄』 권5: "小說『紅樓夢』一書, 卽記故明珠家事. 金釵十二, 皆納蘭侍御所奉爲上客者也. 寶釵影高澹人, 妙玉卽影姜西溟先生. 妙爲少女, 姜亦夫人之美稱, 如玉如英, 義可通假. 妙玉以看經入園, 猶先生以借觀藏書, 就館相府. 以妙玉之孤潔而橫罹盜窟, 幷被以喪身失節之名, 以先生之貞廉而痩死圍扉, 幷加以嗜利受賕之謗, 作者蓋深痛之也."(『홍루몽권』, 386~387쪽)

7 　"容若, 原名成德, 大學士明珠之子, 世所傳『紅樓夢』賈寶玉, 蓋卽其人也. 『紅樓夢』所云, 乃其髫齡時事."(『홍루몽권』, 363쪽)

8 　갑술본甲戌本 『석두기石頭記』 제3회 묵필미비墨筆尾批: "予聞之故老云, 賈政指明珠而言, 雨村指高江村, 蓋江村未遇時, 因明珠之僕以進身, 旋膺奇福, 擢顯秩, 及納蘭勢敗, 反推井而下石焉. 玩此光景, 則寶玉之爲容若無疑."

9 　양공진梁恭辰, 『북동원필록北東園筆錄』 권4(『홍루몽권』, 366쪽 참조)

10 　"曹雪芹『紅樓夢』, 高廟末年, 和珅以呈上, 然不知所指. 高廟閱而然之, 曰: '此蓋爲明珠家事也.'"(『홍루몽권』, 378쪽 참조)

11 　"按之事迹, 皆不相合."(『홍루몽권』, 374쪽 참조)

12 　"裘馬翩翩濁世姿, 納蘭情事半傳疑."(『홍루몽권』, 403쪽 참조)

13 　"擧人類全體之性質置諸個人之名字之下" "對人類之全體, 而必規規焉求個人以實之"(왕궈웨이, 『홍루몽평론紅樓夢評論』 제5장 「여론餘論」)

14 　위의 주와 같음.

15 　"『紅樓』一書, 寫美人寫實名士, 特化雄爲雌."(『홍루몽권』, 324~325쪽 참조)

16 　후스, 『홍루몽고증』: "錢先生說的納蘭成德的夫人卽是黛玉, 似乎更不能成立. 成德原配盧氏, 爲兩廣總督覺羅祖之女, 續配官氏, 生二女一子. 盧氏早死, 故『飮水詞』中有幾首悼亡的詞. 錢先生引他的悼亡詞來附會黛玉, 其實這種悼亡的詩詞, 在中國舊文學裏, 何止幾千首? 況且大致都是千篇一律的東西. 若幾首悼亡詞可以附會林黛玉, 林黛玉眞要成 '人盡可夫' 了."(『홍루몽연구참고자료선집』 제1집, 人民文學出版社, 1973, 9쪽)

17 　"前淸康熙帝爲右文之主, 一時渡江名士輻輳輦下, 或以經述著, 或以文才顯, 或以理學稱, 其遺聞軼事往往散見于各家記載. 使按圖而索驥焉, 號金釵之列, 上中下三冊多至三十六人, 亦不難一一得其形似, 第恐失之附會, 不若厥疑, 以存其眞之得也."(『홍루몽권』, 324쪽 참조)

18 　서우펑페이壽鵬飛, 『홍루몽본사변증紅樓夢本事辨證』, 商務印書館 文藝叢刻乙集本,

19 "玉溪藥轉之什, 曠世未得解人; 漁洋「秋柳」之詞, 當代已多聚訟. 大抵文人感事, 隱語爲多; 君子憂詩, 變風將作. 是以子長良史, 寄情于「貨殖」「游俠」之中; 莊生寓言, 見義于「秋水」「南華」." 왕명환·선평안王夢阮·沈瓶庵, 『홍루몽색은紅樓夢索隱』, 上海中華書局, 1916. 이 책은 10권으로 출판되었고 앞부분에 서序와 예언例言, 「홍루몽색은제요紅樓夢索隱提要」가 있고 기타 색은들은 관련 있는 각 회 차마다 나뉘어 들어가 있다. 뒷부분에는 왕명환과 선평안의 책에 대한 견해를 인용하고 있는데 주석이 번잡해질 것을 피해 일일이 달지는 않았다.

20 왕명환·선평안, 『홍루몽색은』: "大抵此書, 改作在乾嘉之盛時, 所紀篇章, 多順·康之逸事. 特以二三女子, 親見親聞; 兩代盛衰, 可歌可泣; 江山敝屣, 其事爲古今未有之奇談; 閨閤風塵, 其人亦兩間難得之尤物. 聽其淹沒, 則忍俊不禁, 振筆直書, 則立言未敢. 于是托之演義, 雜以閑情, 假寶黛以況其人, 因榮寧以書其事."

21 "是書流行幾二百年, 而評本無一佳構. 下走不敏, 却于是書融會有年, 因敢逐節加評, 以見書中無一妄發之語, 無一架空之事, 卽偶爾閑情點綴, 亦自關合映帶, 點晴伏脈, 與尋常小說演義者不同. 以注經之法注紅樓, 敢云後來居上."(왕명환·선평안, 위의 책)

22 동악씨董鄂氏(1639~1660)는 순치제의 비빈으로 세칭 동악비로 불리었다. 만주정백기인滿洲正白旗人. 내대신 악석의 딸로서 순치 13년(1656) 입궁하여 순치제의 총애를 받다 현비賢妃로 봉해졌고 한 달여 만에 황귀비로 봉해졌다. 순치 17년(1660) 8월 19일에 승건궁承乾宮에서 병으로 사망한다. 향년 22세의 꽃다운 나이였다. 사후 황후로 봉해졌고 청효릉에 합장되었다. 황제의 시호를 따르지 않고 중국 최초로 독자적인 시호를 받은 황후다. 그녀의 시호는 효헌장화지덕선인온혜단경황후孝獻莊和至德宣仁溫惠端敬皇后다.—옮긴이

23 모양冒襄(1611~1693)은 자가 벽강辟疆이고, 호가 소민巢民이다. 명말 민초의 문학가. 장장 4000자로 완성된 「영매암억어影梅庵憶語」에는 동소완董小琬과의 애절한 사랑 이야기가 담겨 있다.—옮긴이

24 주계朱桂는 명 태조의 13째 아들로 홍무 11년(1378)에 예왕豫王으로 봉해졌다 홍무 25년(1392) 대왕代王으로 다시 봉해진다.—옮긴이

25 왕명환·선평안: "然則書中果記何人何事乎? 請試言之. 蓋嘗聞之京師故老云, 是書全爲淸世祖與董鄂妃而作, 兼及當時諸名姣女子也, 相傳世祖臨宇十八年, 實未崩殂, 因所眷董鄂妃卒, 悼傷過甚, 遁迹五臺不返, 卒以成佛. 當時諱言其事, 故爲發喪, 世傳世祖臨終罪己詔書, 實卽駕臨五臺諸臣勸歸不返時所作, 語語罪己, 其懺悔之意深矣. 五臺有淸涼寺, 帝卽卓錫其間, 吳梅村祭酒所爲淸涼山贊佛詩四章, 卽專爲世祖而發. 廉親王允禩世子著『日下舊見』, 載世祖七節一首, 末句云: '我本西方一衲子, 黃袍換却紫裝裟.' 近人『淸宮詞』內有'淸涼山下六龍來'之句, 蓋咏此事. 又一說世祖出家在天泰山, 爲京西三山之一, 都人有'山前鬼王, 山後魔王'之諺, 魔王謂卽世祖, 衆口一詞, 流傳不禁. 剃度時做詩數章, 傳本不同, 有'來時鶻突去時迷, 空在人間走一回.' 又'百年事業三更夢, 萬里江山一局棋'等句; 又'我本西方一佛子, 緣何流落帝王家', 與『日下舊見』中所載小異, 均爲世祖出家之證. 康熙之世, 聖祖屢幸五臺, 幷奉太皇

太后而行, 皆有所爲. 且至今京師諺語, 謂人虛誕曰孝陵, 孝陵者, 世祖之空陵也. 漁洋咏鼎湖
原云: '多事橋陵一杯土, 伴他鴻案在人間', 卽指此乎? 又茂陵懷古一首, 亦對世祖而發, 故有
'緱氏仙何往, 瑤池信不回'之句, 父老相傳, 言之鑿鑿, 雖不見于諸家載記, 而傳者孔多, 決非虛
妄. 情僧之說, 有由來矣. 至于董妃, 突以漢人冒滿姓(淸時漢人冒滿姓, 多于本姓下加一格字,
或一佳字, 似此者甚多, 不勝枚擧). 因漢人無入選之例, 故僞稱內大臣鄂碩女, 姓董鄂氏. 若妃
之爲滿人也者, 實則人人皆知爲秦淮名妓董小宛也. 小宛侍如皐辟疆毛公子襄九年, 雅相愛
重, 適大兵下江南, 辟疆擧室避兵于浙之鹽官, 小宛艶名夙熾, 爲豫王所聞, 意在必得, 辟疆幾
頻于危, 小宛知不免, 乃以計全辟疆使歸, 身隨王北行. 後經世祖納之宮中, 寵之專房, 廢后立
后時, 本在妃, 皇太后以妃出身賤, 持不可, 諸王亦尼之, 逐不得爲后, 封貴妃, 頒恩赦, 曠典
也. 妃不得志, 乃怏怏死, 世祖痛妃切, 至落發爲僧, 去之五臺不返. 誠千古未有之奇事, 史不
敢書, 此『紅樓夢』一書所由作也."(『홍루몽색은』 제1책, 6~7쪽)

26 명썬孟森,『심사총간心史叢刊』(外一種), 岳麓出版社, 1986, 168~194쪽.

27 명썬, 위의 책, 186~188쪽에서 진기년陳其年 · 오국차吳國次 · 공지록龔芝麓 등의 시문
    을 인용.

28 "以太后爲樞紐, 而四輔臣之將順寄親, 敷衍滿族, 與宗親滿族之自爭利益, 皆在此遺詔中決
    之. 故知王熙之撰詔, 大半爲太后輔臣之指, 不言溫樹, 情勢宜然." 전한前漢의 어사대부 공
    광孔光에게서 나온 전고로서 말을 조심하고 신중하게 관직을 수행하는 것에 대한 찬
    사의 말로 쓰인다. 일찍이 공광은 성제 때 박사와 상서령의 직책을 10여 년 간 맡아
    수행한 바 있다. 당시 중서성中書省은 온실성溫室省으로도 불렸는데 공광이 공무를
    도와주던 관청이기도 했다. 공광은 매번 공무를 마치고 집에 돌아와서는 가족과 허
    심탄회하고 즐겁게 이야기를 나누었지만 조정에 관한 일은 절대 말하지 않았다고 한
    다. 한번은 누군가로부터 "온실성에는 어떤 나무들이 있습니까?"란 질문을 받았지만
    마치 못 들은 것처럼 넌지시 화제를 다른 곳으로 돌렸다고 한다. 공광이 온실성에 어
    떤 나무가 있는지조차 말을 하지 않은 것을 보고 많은 이는 그를 말과 행동이 신중
    한 사람으로 여기게 되었다. 한말 왕망이 권력을 찬탈하고 신나라를 세웠을 때도 공
    광은 예의 그런 자세로 자신의 목숨을 보전한다.—옮긴이

29 "克盡哀痛, 逐爾薨逝" 명썬, 위의 책, 247~278쪽.

30 "如世祖臨宇十八年, 寶玉便十九歲出家; 世祖自肇祖以來爲第七代, 寶玉便言'一子成佛, 七
    祖昇天', 又恰中第七名擧人; 世祖諡章, 寶玉便諡文妙, 文 · 章兩字可暗射也."(왕명환 · 선핑안,
    『홍루몽색은』)

31 "寶玉不讀書而文彩甚茂, 是聖人天稟聰明處; 世祖優于文學, 與寶玉正同. 寶玉一生, 兒女情
    深, 不喜談家國正事, 大有不重江山重美人之意. 處處爲情僧張本."(왕명환 · 선핑안,『홍루몽
    색은』)

32 샤오이산蕭一山,『청대통사淸代通史』상, 353~354쪽

33 "小宛名白, 故黛玉名黛, 粉白黛綠之意也. 小宛字宛, 每去玉旁, 專書宛, 故黛玉命名, 特去宛
    旁, 專名玉, 平分各牟之意也. 且小宛蘇人, 黛玉亦蘇人. 小宛在如皐, 黛玉亦在揚州. 小宛來
    自鹽官, 黛玉來自巡鹽御史之署, 巡鹽御史卽爲鹽官, 二字謎語趣甚(書中用謎語者甚多). 小宛

入宮, 年已二十有七, 黛玉入京, 年只十三餘, 恰得小宛之半. 老少相形, 抑亦謔矣. 不特此也, 小宛愛梅, 故黛玉愛竹; 小宛善曲, 故黛玉善琴; 小宛善病, 故黛玉亦善病; 小宛癖月, 故黛玉亦癖月; 小宛善裁種, 故黛玉愛葬花; 小宛能烹調, 故黛玉善裁剪; 小宛能飮不飮, 故黛玉最不能飮; 小宛愛聞異香, 故黛玉雅愛焚香; 小宛熟讀楚詞, 故黛玉好似樂府; 小宛愛義山集, 故黛玉熟玉溪詩; 小宛有盦艷集之編, 故黛玉有五美吟之作; 小宛行動不離書史, 故黛玉臥室有若書房. 且小宛游金山時, 人以爲江妃踏波而上, 故黛玉號瀟湘妃子, 瀟湘妃子之義, 實從江妃二字得來, 不然閨人斷無以妃自名名人者, 蓋有本也. 況小宛實爲貴妃, 故黛玉不但有妃子之稱, 且現妃子之服. 又小宛著西洋裰紅衫, 人驚絶艷, 故瀟湘窗幀, 獨言茜紗, 有意關合處也."
(왕명환·선평안,『홍루몽색은』)

34 졸저,『홍루몽신론紅樓夢新論』, 중국사회과학출판사, 1982, 307쪽. 저우루창의『홍루몽신증』제6장 "홍루기력紅樓紀歷"에도 고증이 나와 있으니 참고하기 바람.

35 『홍루몽』제37회: "探春因笑道: '你別忙中使巧話來罵人, 我已替你想了個極當的美號了.' 又向衆人道: '當日娥皇女英洒淚在竹上成斑, 古今斑竹又名湘妃竹. 如今他住的是瀟湘館, 他又愛哭, 將來他想林姐夫, 那些竹子也是要變成斑竹的. 以後叫他作瀟湘妃子就完了, 大家聽說, 都拍手叫妙. 林黛玉低了頭方不言語.'

36 마오둔茅盾, 「조설근에 관하여關于曹雪芹」: "王·沈二氏之索隱除卷首有提要外, 每回有總評, 行間有夾注, 廣證博引, 而穿鑿附會, 愈出愈奇. 然而最不能自圓其說者, 爲一人兼影二人乃至三人."(졸고,『홍학30년논문선편紅學三十年論文選編』상, 백화문예출판사, 1983, 556쪽)

37 "情僧隨從, 大抵皆刑餘之閹宦, 斷無此事. 若文學侍從, 雖在內廷, 而規制極嚴, 似又不能與宮人幽會. 作者寫此一段, 當非無謂, 旣特意標寫其名, 蓋意當卽在此. 按此上回, 董妃喪父南行, 意或挈其妹童年同返. 先寓于外, 情僧入殼後, 乃納之宮中. 此事卽書于寶玉往襲人家之前, 大約是以僮婢偸情代喩情僧外幸之事. 其夢如錦, 其名爲錦, 因明明隱藏一年字, 錦固有萬年錦也."(왕명환·선평안,『홍루몽색은』)

38 양홍梁鴻에 대해 이야기하려면 반드시 그의 아내 맹광孟光을 언급하지 않을 수 없다. 맹광은 못생긴 추녀였지만 마음이 착했고 돌절구를 들어 올릴 정도로 힘이 셌다. 서른 살이 되었을 때 돼지 치는 양홍에게 시집을 갔다. 왕망 정권 치하에서 권력자들의 유혹을 피해 산에 숨어 들어가 있던 2년 동안 양홍은 땅을 갈고 맹광은 베를 짜며 생활했다고 한다. 맹광은 매일 무명치마에 가시나무 비녀를 꽂고서 남편을 극진히 섬겼으며, 밥상을 눈썹 높이까지 들어 올려 남편에게 공손히 식사를 권했다. 맹광의 고사에서 허술한 옷차림을 가리켜 형채포군荊釵布裙이라 하고, 부인이 예절을 다해 남편을 섬기는 것을 거안제미擧案齊眉라고 한다.─옮긴이

39 "此一層常屢思不得其解. 以意淫之人, 愚絶美之色, 承相愛之雅, 叼共眷之榮, 自當怡然受之, 惕然惟恐失之. 寶哥方留神察看時, 安能不覺? 然忽爾出用情之深, 求用物之貴, 此在常人所不肯出, 況屬情種, 當必無之事也. 而作者特書此擧何意? 蓋嘗思之重思之. 寶哥蓋正以用情之深, 留心之細, 見妙玉之忘情造次, 故詰一語, 詞若有憾, 以代妙玉在釵黛前掩蓋也. 寶哥常日來此, 用此杯者, 必不止一次, 當已早領其意, 故妙玉一切性氣, 均能體之細而知之深. 今當

釵黛之前, 二人之心細, 遇妙之矯矯不群, 必先寶玉而留神察看. 若見其率與寶玉共壺, 設若含
酸微笑, 則妙公無地自容矣. 寶玉處處留心, 知妙玉之獨厚于己, 欲爲掩蓋, 故反以尊客之禮
自居, 若以不得平等爲憾者. 當時四人之意均微會矣. 一則平兩美之酸, 一則掩妙人之率; 既掩
妙人之率, 可見兩美之尊. 面面俱到, 百節全靈, 寶可眞天下第一有情人, 亦第一有心人, 更是
第一慧捷機變人, 吾儕自笑莽漢矣. 觀後文之舍盡不收, 更可見此時之孟光, 若遽接接梁鴻之案.
釵黛尖刻, 斷無不退有後言者. 寶玉愛玉, 爲之彌縫者甚微, 且措詞雅善, 中其竅要, 妙亦解人,
故不以爲忤, 而應聲立撤, 平時不言之親愛, 一掃而空. 讀『紅樓』至此, 眞胸中三日作轆轤轉.
不知世間善男信女, 能識此者有幾? 用情能至此而又僅止于此者又有幾? 吾不禁謂寶妙皆天
人也."(왕명란 · 선평안, 『홍루몽색은』)

40 왕명환과 선평안의 『홍루몽색은』이 上海中華書局에서 거듭 13쇄를 찍어낸 것을 볼
   때 당시 그들의 영향력이 대단했다는 것을 알 수 있다.

41 궁평청龔鵬程이 『석두기색은』에 쓴 "도독導讀"을 참고하기 바람(臺北金楓出版社, 1987)

42 차이위안페이蔡元培, 『석두기색은石頭記索隱』: "『石頭記』者, 淸康熙朝政治小說也. 作者
   持民族主義甚摯. 書中本事在吊明之亡, 揭淸之失, 而尤于漢族名仕淸者寓痛惜之意. 當時旣
   慮觸文網, 又欲別開生面, 特于本書以上加以數層障幕, 使讀者有橫看成嶺側成峯之狀況."

43 "最表面一層, 談家政而斥風懷, 尊婦德而薄文藝. 其與寶釵也, 幾爲完人, 而寫黛玉 · 妙玉, 則
   乖癡不近人情, 是學究所喜也, 故有王雪香評本. 進一層, 則純乎言情之作, 爲文士所喜, 故普
   通評本多着眼于此點. 再進一層, 則佁情之中善用曲筆, 如寶玉中覺, 在秦氏房中布種種疑陣,
   寶釵金鎖爲籠絡寶玉之作用, 而終未道破, 又于書中主要人物設種種影子以暢寫之, 如晴雯 ·
   小紅均爲黛玉影子, 襲人爲寶釵影子是也. 此種曲筆, 唯太平閑人評本能盡揭之."(차이위안페
   이, 『석두기색은』)

44 진강기陳康祺, 『낭잠기문초필이필삼필郎潛紀聞初筆二筆三筆』 하, 中華書局, 1984,
   404쪽.

45 "『紅樓夢』爲政治小說, 全書所記皆康 · 雍年間滿漢之接構, 此意近人多能明. 按之本書, 寶玉
   所云: '男人是土做的, 女人是水做的,' 便可見也. 蓋漢字之偏旁爲水, 故知書中之女人皆指漢
   人, 而明季及國初人多稱滿人爲達達, 達(指繁寫的達一筆者)之起筆爲土, 故知書中男人皆指
   滿人. 由此分析, 全書皆迎刃而解, 如土委地矣."(『홍루몽권』, 412쪽 참조)

46 차이위안페이, 『석두기색은』 제6판 자서(『홍루몽연구참고자료선집』 제3집, 34쪽)

47 "他費了那麼大氣力, 到底只做了'國'字和'柱'字的一小部分; 還有這兩個字的其餘部分和那最
   重要的'余'字, 都不曾做到'謎面'裏去. 這樣的謎, 可不是笨謎嗎?"(『홍루몽연구참고자료선집』
   제1집, 제6쪽 참고)

48 "『石頭記』凡百二十回, 而余之索隱尙不過數十則; 有下落者記之, 未有者姑闕之, 此正余之審
   愼也." 위의 책, 37쪽

49 덩광옌鄧狂言, 『홍루몽석진紅樓夢釋眞』: "必曰第一回者, 卽所謂開宗明義, 卽所謂此是人
   間第一日, 當言人間第一事者也. 開宗明義第一事者何事? 孝也, 宗族也. 便是宣布全書發生
   之源頭, 而因以盡其尾者也."

50 순치제의 황후는 몽골 친왕親王 오극선吳克善의 딸로 도르곤 섭정 때 약혼이 결정되

어 순치 8년 8월에 혼례가 치러졌으나 순치 10년 8월에 실덕하여 폐위된다.(샤오이산, 『청대통사』 상, 367쪽 참조)

51 "此回寫寶釵似病非病情狀, 卽在順治與廢后定婚三年不協期同. 周瑞家的忙笑道: '噯喲! 這樣說來, 就得三年工夫.' 已經揭開道破. 寶釵說: '只好再等罷了.' '再'字中卽覬覦后位·覬覦廢后之意. 何等細密明確! 周瑞家的又笑說: '阿彌陀佛, 眞眞巧死了人! 等十年都未必這樣巧的.' 廢后, 非常事, 詔旨所謂'遺議後世, 朕所深悉', 而諸臣所謂'屢諫'者也, 又兼伏出家一筆, 巧極! 況后卽被廢, 繼之者又有別人覬覦, 如何不病? 藥品要雨·露·霜·雪, 自是求爲后意思. 黃柏, 亦喩其苦心, 且以柏舟伏後日守寡."(덩광옌, 『홍루몽석진』)

52 『홍루몽』 제16회: "什麽臭男人拿過的, 我不要."

53 『홍루몽』 제3회: "汝父年將半百, 再無續室之意, 且汝多病, 年又極小, 上無親母敎養, 下無姊妹兄弟扶持, 今依傍外祖母及舅氏姊妹去, 正好減我顧盼之憂."

54 명나라의 항장으로 청나라가 건국될 때 큰 공이 있었던 오삼계吳三桂, 경정충耿精忠, 상가희尙可喜가 각각 번왕에 봉해졌는데 이를 삼번三藩이라고 함.—옮긴이

55 "元春之取義最遠, 亦最曲. 作者旣取賈府爲帝室, 則帝室之上如何着筆? 乃從女媧化出一元妃, 卽天女發祥之義也, 謂稱天以臨之. 而又取義于天數, 稱無道之天, 以臨之也. 書中兼言明事, 而時以元妃指熹宗. 張侯定策立崇禎, 其意亦可通, 然實則以指崇禎, 言帝死而國亡, 乃生出迎春·探春·惜春三妹, 爲前後三藩寫也. 三桂特重出, 以其事迹太多故. 迎春爲二木頭, 福王昏愚之象, 而又對寫一孫家, 以董妃表示之也. 探春寫唐王, 才也, 而又兼表以鄭成功. 惜春寫桂王, 出家後出走雲南, 兼表一李定國之堅貞, 蒙難死猛臘也. 故三春與寶玉平等. 迎春表三桂, 亦愚之也, 兼表一吳應熊. 探春表耿氏也, 海疆之鄭氏交涉也. 惜春表尙氏可喜之爲于所幽, 亦出家象也. 其在曹氏心中, 則迎春表准部降王達瓦齊之尙主也, 探春表蒙古超勇親王額附策凌也, 惜春表和種子紳額殷德之尙主者也. 大都書中如此等之布置, 確有定義, 而因事出入者, 不在此例."(덩광옌, 『홍루몽석진』)

56 "此回正寫三桂與李自成之交涉, 而幷及松山之敗者也. 蓋松山之役, 其父吳襄潰走, 三桂當在行間. 寧遠之功, 未必證實, 圓圓一至, 遲遲出部, 比之調情允矣. (…) 然其勢不振, 經闖兵痛擊之後, 父死家亡, 愛妾屬人, 末路窮途, 鋌而走險. 所謂一打便倒, 再打·三打者, 意卽指此. 喊'好兄弟', 便是三桂稱闖軍爲賊之意; 繼之以'好哥哥', 便是三桂稱闖軍好狠之意; 然而曰'好老爺', 直是頓首稱臣于賊矣. 肮髒東西吃了又吐出了, 是稱臣之後又改圖降淸. 吐出來又叫他吃, 是降淸又復叛淸. 賈珍'命賈蓉帶小厮們尋踪問迹的'情況, 便是多爾袞得三桂借兵之書, 許卽進兵, 遂統帥入關之代名詞. ; '龍王爺', 順治也; '招駙馬', 其子應熊尙主也; '碰到龍椅上去', 封王也, 稱帝也. 皆肮髒東西也, 字字不空."(덩광옌, 『홍루몽석진』)

57 『홍루몽』 제47회: "薛大叔天天調情, 今兒調到葦子坑裏來了. 必定是龍王也愛上你風流, 要你招駙馬去, 你就碰到龍犄角上了."

58 "書中初遇鳳姐一段文字, 卽私見上官祕訣, 巧笑乞憐之態度夜. 其再見鳳姐云云, 不是見一個愛一個, 卽輸情上官, 誓爲走狗, 絕不變心之說詞. 而上官之籠絡欺哄之者, 亦與鳳姐所說全無以異. 凡長官之私人, 隨時進見, 無不可以作如是觀者也. 發下宏願大誓, 甘爲私人, 夫亦無所不用其極. 儼然長官之威嚴, 而忽得一顰一笑, 安得不作以下如此醜語. 而長官之迹尤工巧, 則

曰: '汝比某某還好, 某某不知近日如何辦事, 糊塗.' 下官之得此佳(嘉)獎, 如奉綸音, 自可不言而喻. 長官又復操縱之, 而暮夜之苟且進矣. 長官又懼其太易也, 而使之不得遽有好處. 窮形盡相, 直是吊膀子情形, 醜惡極矣. 此等做法, 尙不可以令妻孥見, 何況父兄. 撒謊欺人, 亦是當然必有之事, 苟其父兄有善教者, 或者不至于此. 打之云者, 悲官僚派之無教也. 上了一個當, 還不醒悟, 又復極力鉆尋門路, 唯恐其不得一當. 上官亦不正言責之, 彼亦更作輸心輸肝之議論, 以求得將來之特別際遇. 上官若云: '此差缺我不要與汝, 而汝于某某事件有不到之處, 或云另有別方面情形, 後日有機會再說.' 所謂令其自投羅網者, 卽此是也. 一旦聽了那裏有好消息, 便又去亂鉆狗洞. 見了上司之親信人, 便以爲望見顔色, 好事便可以卽刻到手. 此書中所謂不管皀白等語情形, 恰恰合式. 夫此等時間, 長官非絶對的不欲以好處與之也, 心中縱極力鄙薄其爲人, 然看在銀子分上, 在干日小股勤分上, 亦當極力提拔. 而無如旁觀者起而攻之, 朝廷又不得不爲緣飾耳目之計, 使人査之. 此卽硾二奶奶告到太太跟前之說也. 査辦之結果, 長官不得不自救, 査辦者以其地位之較高, 交情之甚密, 則人不得不爲援手, 救大不救小. 而小官之昔日銀子與交情, 乃轉以爲今日丟官送命之地位. 而幷不需拿, 出錢來運動, 求免求輕, 而其得輕免與否, 尙在不可知之數. 丟了一身醜酲, 一身債務, 是官場中最苦情狀. 丟了一條狗命, 眞眞不値. 前淸官場, 何一不是此等做法. 賈瑞之失足落荊, 糞穢淋頭; 鳳姐之假撇淸, 終背盟; 賈蓉·賈薔之一切做作, 件件神肖. 及至後來, 則長官之對于自己本身問題, 有大不得已之苦衷, 不得不參加以謝其責, 不得不置之死地以滅其口. 賈瑞之死, 劉佳琦之終不得好結果, 其明鑑也.'(덩광옌,『홍루몽석진』)

59 서우펑페이壽鵬飛,「홍루몽본사변증紅樓夢本事辨證」: "余所草『石頭記索隱』, 雖注重于金陵十二釵所影之本人, 而于當時大事, 亦認爲記中有特別影寫之例. 如董妃逝而世祖出家, 卽黛玉死而寶玉爲僧之本事. 允礽被喇嘛用術魘魔卽叔嫂逢魘魔之本事. 亦嘗分條擧出, 惟不以全書爲專演此兩事中之一而已. 王夢阮·沈瓶庵二君所著之『紅樓夢索隱』, 以全書爲演董妃與世祖事, 已出版十五年矣. 同鄕壽鼎林先生新著『紅樓夢本事變症』, 則以此書爲專演淸世宗與諸兄弟爭立之事, 雖與余所見不盡同, 然言之成理, 持之有故. 此類考據, 本不易卽有定論, 各尊所聞, 以待讀者之繼續硏求, 方以多岐爲貴, 不取苟同也. 先生不贊成胡適之君以此書爲曹雪芹自述生平之說, 余所贊同. 以增刪五次之曹雪芹非曹霑, 而卽著『四焉齋集』之曹一士, 尤爲創聞, 甚有繼續硏討之價値. 因慫恿付印, 以公同好. 十五年六月三十日蔡元培."(常務印書館 文藝叢刻乙集本, 1927, 2쪽)

60 천두슈陳獨秀,「홍루몽신서紅樓夢新序」(『紅樓夢』권수, 上海亞東圖書館, 1921년 초판)

61 서우펑페이, 위의 책, 2쪽.

62 "董鄂妃是否卽爲小宛, 世祖與董鄂妃事是否卽爲『紅樓夢』書中影事, 尙屬疑問, 卽使截然兩事, 然如此艶情, 出帝王家, 亦足使小說家有合幷附會之機會." 서우펑페이, 위의 책, 14쪽.

63 이 설은 칸둬闞鐸의 『홍루몽결미紅樓夢抉微』에서 제기되었다. 1925년 天津大公報館에서 출판되었고 선장본線裝本 1권으로 되어 있다.

64 "若『石頭』一記, 止爲曹雪芹自述生平而作, 則此書眞不値一噱矣." 서우펑페이, 위의 책, 19쪽.

65 "然與其謂爲政治小說, 毋寧謂爲歷史小說, 與其謂爲歷史小說, 不如徑謂爲康熙季年宮闈祕

史之爲確也. 蓋是書所隱括者, 明爲康熙諸皇子爭諸事"서우핑페이, 위의 책, 26쪽

66 "林·薛二人之爭寶玉, 當是康熙末允禩諸人奪嫡事. 寶玉非人, 寓言玉璽耳, 著者故明言爲一塊頑石矣."(『홍루몽권』제2책, 421쪽 참조)

67 서우핑페이, 위의 책, 37~44쪽 참조.

68 "林者二木, 二木云者, 木爲十八之合, 兩個十八爲三十六, 康熙三十六子, 恰合二木之數. 而理王爲三十六子中之一也. 黛玉者, 乃代理二字之分合也: 分黛字之黑字與玉字合, 而去其四點, 則爲代理二字, 明云以此代理親王也.""胤礽于康熙十四年立爲皇太子, 故黛玉到賈府時, 假定爲年十四也."(줄저, 『홍루몽신론』, 307쪽 참조)

69 "『紅樓夢』實才子書也, 初不知作者誰何, 或言是康熙年京師某府西賓常州某孝廉手筆"(『홍루몽권』, 349쪽 참조)

70 "『紅樓夢』爲思想而作, 紅字影朱, 恐人不知, 特于外國女子詩中標'昨夜朱樓夢'一句以明之. 悼紅軒卽悼朱軒, 寶玉愛紅·愛胭脂, 皆愛朱之謂, 言玉璽終戀朱明也. 且寶玉以極文雅之人, 而賭起咒·發起誓來, 却效『西遊記』豬八戒聲口, 亦作者弄狡獪之處. 再說木石兩字, 則因坊間所傳'推背圖', 以樹上挂曲尺影朱明, 今于木字添石字首, 兩筆恰成朱字, 惟恐人不察, 故又名本書曰'石頭記', 言取石字頭, 以配木以成朱, 其心思可謂入微矣. 又林黛玉代表明, 薛寶釵代表滿, 兩人姓氏由高靑邱'梅花詩'中'雪滿山中高士臥, 月明林下美人來'兩句取得. 雪(薛)下著滿字, 林上著明字, 昭然可現(今蔡氏索隱亦引此聯, 以爲影高士奇, 可謂知其一, 不知其二). 至『風月寶鑑』影淸風明月, 作者于明淸之間誠有隱痛. 晴雯之時, 實正指淸明兩間人, 幷寓情文相生之意. 又書中秦太虛及賈字, 皆言僞淸耳. 應本此意, 將『紅樓夢』另詳注一番."(징메이주景梅九, 『홍루몽진체紅樓夢眞諦』, 西京出版社, 1934)

71 『홍루몽』신교본新校本, 상책 68쪽의 교기校記 참고.

72 징메이주는 『홍루몽』이 조일사曹一士의 작품이라는 것을 증명하기 위해 작품에서 한 가지 증거를 찾아냈으니, 그것은 바로 가정이 언젠가 "유사위능惟士爲能"이란 제목으로 낸 문제다. 이에 대해 징메이주는 "내가 보기에 유사惟士는 일사一士를 가리키고, 그 일사가 본 작품을 지을 수 있었다는 것을 말한 것이니 이는 선생 스스로 말한 대목이다"라는 의견을 개진했다. 이를 통해 색은가들의 상상력이 얼마나 풍부한지 짐작할 수 있으니 삼가 기록하여 한바탕 크게 웃어보고자 한다.

73 덩쾅옌은 『홍루몽석진』에서 제98회에 가한 한 색은에 대해 이렇게 말했다. "요즘 누군가 홍루를 언정의 작품이라고 하지만 사실은 고상하고 순결하며 지조 있는 애정의 표준이라고 할 수는 없다. 또 혹자는 홍루의 언정은 어리석은 남녀에 대해서만 묘사하고 있다고 했는데, 이는 홍루의 표면적인 내용을 참으로 잘 이해한 말이다. 대저 고상하고 순결하며 지조 있는 애정을 어떻게 쉽게 말할 수 있겠는가? 고시에 나오는 이른바 '당신이 내게 주신 아름다운 진주를 눈물과 함께 돌려드립니다. 처녀 때 당신을 만나지 못한 것이 한스럽습니다還君明珠雙淚垂, 恨不相逢未嫁時'(당대 시인 장적張籍의 「절부음節婦吟」중에서) 정도의 수준에도 미치지 못한다. 『요재지이聊齋志異』중의 교녀喬女 정도라면 모를까? 그러한즉 홍루를 언정의 작품으로 보는 것은 확실히 지어낸 말이며 실제로는 다른 기탁이 들어 있으나 반드시 여성들 중에 그런 사람이 있는 건

아니다. 『홍루』의 바탕은 민족적인 정치역사소설인데 어찌 그런 뜻이 들어 있겠는가?"

74 "乃不意邇來强寇侵凌, 禍迫亡國, 種族隱痛, 突激心潮. 回誦'滿紙荒唐言, 一把辛酸淚. 都云
作者癡, 誰解其中味', 以及'說到辛酸處, 荒唐愈可悲. 由來同一夢, 休笑世人癡'兩絶句, 頗覺
原著者亡國恨難堪, 而一腔紅淚傾出雙眸矣. 蓋荒者, 亡也, 唐者, 中國也, 卽亡國之謂. 人
世之辛酸, 莫甚于亡國. '夢裏不知身是客, 一晌貪歡', 似不覺亡國之可悲. 及至喚醒癡夢, 始
知大好河山, 與我長別, 則'剪不斷, 理不亂, 是離愁, 別是一般滋味在心頭'矣. 嘻! 此非黛玉
葬花時節時之癡想·之悲情歟? '儂今葬花人笑癡, 他年葬儂知是誰'. 亡國之人, 眞不知身死
何所. 瓜分耶? 共管耶? 印度耶? 安南耶? 高麗耶? 波蘭耶? '我有宮室, 他人是保; 我有車馬,
他人是愉'. 人爲刀俎, 我爲魚肉; 人爲鞭笞, 我爲畜類. '前日戲言身後事, 今朝都到眼前來'. 昔
者唯我獨尊, 今則奇人籬下矣. 平素心比天高, 一旦身爲下賤矣. 將如金寡婦之忍辱乎? 抑如
劉老老之諂事耶? 將如林四娘之殉義乎? 抑如花襲人之惜死耶? 將如柳湘蓮之肆志乎? 抑如
包勇·焦大之屈身耶? 將如尤三姐之烈性乎? 抑如尤二姐之柔情耶? 將如邢岫烟之沈默乎?
抑如晴雯之暴露耶? 將如林黛玉之孤高乎? 抑如薛寶釵之圓滑耶? 將如薛寶琴之和順乎? 抑
如夏金桂之乖背耶? 將如史湘雲之豪爽乎? 抑如香菱之癡呆耶? 吁嗟乎, 今後之同胞, 何拒何
容, 何去何從, 或死或生, 或辱或榮, 其所以自擇自處之分位, 均在紅樓一夢中."(징메이주, 위의
책)

75 "有一部分眞實性"『홍루몽연구참고자료선집』 제3집, 300쪽 참조.

76 판충구이潘重規, 『홍루몽신해紅樓夢新解』: "漢族之士用隱語寫隱痛隱事的隱書."(싱가포
르靑年書局, 1959, 1쪽) 뒤에서 이 책을 인용할 때는 일일이 표기하지 않음.

77 판충구이, 「홍루몽의 발단紅樓夢的發端」(『홍루몽신변紅樓夢新辨』, 臺北文史哲出版社,
1974, 72~94쪽)

78 두스제杜世傑는 『홍루몽원리紅樓夢原理』의 "예언例言"에서 이 책이 자신의 저서인
『홍루몽비금도옥고실紅樓夢悲金悼玉考實』의 기초 위에 첨삭을 거쳐 만들어졌다고
밝힌 바 있는데, 필자는 『홍루몽비금도옥고실』을 직접 보지는 못했다.

79 "紅學上幷無專名詞, 故不受時間空間之限制. 創始人的設計, 是要由淸初寫到淸末, 所以創造
了賈蘭(假鸞)·鋤藥(虐)·薛蝌(雪苛)·甄寶玉·甄友忠(有中)·邢岫烟(興靑歷)·馮紫(逢子)英
等名詞. 在紅學上這幾個重要人物, 始終沒有發生大作用, 就是沒有人把『紅樓』續到淸末, 若
寫淸末的僞朝, 那王夫人·衡蕪君正是演慈安·慈禧·隆裕等角色. 賈璜(皇)由王夫人收養卽
可演光緖, 賈蘭可演宣統, 若讓假鸞又可況袁世凱, 賈赦·賈政分況攝政王載澧等世, 頑惡的一
面由賈赦扮演, 僞善的一面由賈政扮演; 榮祿由賴大·賴升扮演, 戴澧謀廢光緖招拳匪入北
京, 是僞朝之患, 由賈環扮演, 李鴻章由賈芸(假耘)扮演, 拳匪之亂由賈薔(假墻)·醉金剛扮
演; 八國聯軍之禍可創何三之弟省何八, 結合海洋大盜搶賈府報仇爲影射. 淸帝退位應修改第
九十二回, 按九十二是馮紫英賣母珠·漢宮春曉(圍屏)·鮫綃幛·金自鳴鐘, 賈政因母珠聚小
珠而參出聚散之理, 賈府因無錢而未買. 修改之法, 可寫甄府復興, 唱戲慶祝, 賈政去祝賀, 再
由馮紫英出面賣上述四樣貨品, 甄家買了母珠與鮫綃幛, 賈府買漢宮春曉與自鳴鐘, 賈政將漢
宮春曉送甄家爲賀, 另外由賈政點一出『南柯夢』, 甄友忠點一出『紅逼宮』, 卽可把忠實射出, 幷
且完成了大夢歸的本意. 若把焙茗歸王夫人使用, 卽可況李蓮英, 再爲賈璜選一侍女況珍妃,

即可寫慈禧與光緒之關係."(두스제,『홍루몽원리』)

80 상, 하 두 편으로 구성된 리즈치李知其의『홍루몽 수수께끼紅樓夢謎』는 1984년 12월에 상편이 출판되었고 1985년 9월에 하편이 출판되었는데 모두 비매품이다.

81 "有雷霆萬鈞之力" 리즈치, 위의 책(하), 412쪽.

82 "前所未見的夢謎小說, 到處隱藏了大·中·小的謎語不計其數." 리즈치, 위의 책(상), 5~6쪽.

83 "七大恨" 리즈치, 위의 책(하), 414~415쪽.

84 "寫得這樣恐怖不情, 有什麼用呢? 除非讓我們猜謎, 否則就很難看成果有其事. 晴雯況南明忠臣, 她的死, 自然引致南明的滅亡. 蔥管的蔥譜崧, 指的是福王朱由崧; 管的形狀與聿鍵, 但到底蔥不等于崧, 管也不等于聿, 所以用蔥管一般來形容他們. 指甲況子民與甲兵, 她裙下的四個鐲銀就是四個鎭幕, 指的是名義上歸史可法節制的黃得功·高傑·劉澤淸·劉良佐四鎭將軍, 這兒具體的借史可法等人來代表整個南明的兵力." 리즈치, 위의 책(하), 422~423쪽.

85 "點出了一個擱字圈去了手勞剩閣, 以暗寫史閣部. 而把手用力圈回, 擱在口邊狠命一咬, 又似畫一個篆體的史字, 不然的話, 晴雯那同已變得骨瘦如柴的手, 除下銀鐲何用那麼費力?" 리즈치, 위의 책(하), 423쪽.

86 "我個人深惡痛絶新紅學, 已到嫉惡如仇的地步, 只因爲也曾翻閱一些煞有介事的考證文字; 到頭來始知是浪費精神, 無辜受騙, 忿然于白話文人的霸道, 才覺得有道義要站起來指斥他們的胡鬧, 好提醒後世年輕人不宜陷足于什麼作者·版本; 脂批等虛假科學的泥淖, 誤了正事." 리즈치, 위의 책(하), 453~454쪽.

87 "『紅樓夢』是一本夢謎小說, 作者向專制滿帝的朝廷做出訕笑, 時或摻入毀謗的情節, 試問如何會寫下眞姓名來招禍的呢? 他旣存心隱去姓名, 後人豈易考證出來? 況且通部小說人物的命名道故弄玄虛, 借文字的形·音·義來托意, 怎麼會單獨寫上自己一個人的眞姓名呢? 可知第一回及第一百二十回所出現的曹雪芹并非作者的姓名, 只不過也和其他文字一樣藏有謎語." 리즈치, 위의 책(하), 443~448쪽.

88 "曹雪芹旣在書中多次被稱爲先生, 可知是一個說書人了, 否則爲什麼要自稱先生?" 리즈치, 위의 책(하), 443~448쪽.

89 리즈치, 위의 책(상), 47~48쪽.

90 자오퉁趙同,『홍루시몽紅樓夢』:"『紅樓夢』最初有個原稿, 此稿的作者乃是曹頫. 此人, 乃曹雪芹之父也. 曹頫繼承他的祖父曹璽·伯父曹寅和堂兄曹顒之後, 擔任曹氏第四任的江寧織造, 不幸此一'世襲'的職務, 由于後臺老板康熙皇帝去世, 已被雍正皇帝一棍子打垮, 于雍正六年初被抄了家, 此後移居北京, 下落不詳, 大槪不外是過窮日子吧! 曹頫上一代一直受康熙帝的寵信, 和皇帝家往來親密, 本是個富豪之家. 曹頫從小就巴結上了當時的太子允礽, 自以爲這一寶押下去, 將來必定會飛黃騰達, 強爺勝祖. 沒想到皇太子沒福, 被康熙帝廢掉了, 太子一廢, 其他皇子們大肆活動, 暗中爭奪起來, 最後被雍正搶到了帝位; 曹頫當初那一寶押錯了地方, 害得他不但沒有昇官發財, 還把'世襲'的江寧織造搞砸了. 想來自然懊惱之至, 而且也覺得非常對不起祖宗. 抄家之後, 一口怨氣, 無處發泄, 悶得發慌, 便想起寫小說的念頭. 要把當初諸皇子們奪嫡時的糾紛始末記載下來, 也順便想罵一罵抄他家的雍正帝. 可是妓事體大, 不能

大明大白的直書其事, 于是他設法把這本小說編成一個大謎語, 取名『石頭記』他用他家當初織造府的花園當布景, 讓他自己家族的親屬們當演員, 串演一出奪嫡的戲文; 不過爲了遮人耳目, 所以把事物都縮小了, 看上去像是小娃兒們在玩家家酒. 別小看了小孩子們的家家酒, 模仿起大人行動, 也一樣有板有眼, 又像眞的, 又像假的; 就這樣, 曹頫把當年諸皇子的事跡, 夾帶混和在曹氏日常生活裏, 煮了一鍋糊塗粥, 都倒在家家酒裏了. 他在這本『石頭記』裏, 曾把他幼時親見康熙第六次南巡時曹寅接駕的事, 寫成元妃省親, 然後一路寫來. 他的一位最親近的親人, 用脂硯爲筆名, 在抄好的稿本上加寫批語. 寫作工作, 前後花了十多年時間; 起初還很順利, 但到後來, 漸漸地便感到困難了, 主要是他用來辦家家酒的兩味主料—— 皇室糾紛史和自己家族史一常常混合不勻, 顧此失彼, 本想寫得令人眞假莫辨, 但後來漸漸辦不到了; 尤其是寫到皇太子二次被廢, 假扮的雍正皇帝快要露出猙獰面目以後, 許多情節不好安排; 勉強寫來, 又怕泄露機關; 想一想身家性命交關, 冒險不得, 終於決定忍痛犧牲, 把後半段的文字毀去, 打算重寫, 結果沒有成功, 曹頫便去世了. 脂硯悲痛之餘, 決定完成他的遺志, 便把這本『石頭記』原稿文給了曹頫之子雪芹; 這時候是乾隆十四年左右, 雪芹年近而立, 詩文根底不弱; 接下任務後與脂硯商量, 認爲原稿仍嫌太顯眼, 必須整理修改; 于是雪芹便開始了披閱增刪的工作, 脂硯則繼續爲改文謄抄和作批. 但爲了某種原因, 一次改完, 又重新再改, 一連改了五次, 脂硯也批了五次; 所以這本書原來的全名便叫作『脂硯齋重評石頭記』全部內容被曹雪芹分成八十回, 但仍沒有後文. 到了乾隆二十四年, 脂硯老病不能執筆, 便委託另一至親畸笏主批; 畸笏與雪芹繼續工作了三年, 寫了一些續文, 可惜這些續文都是片斷故事, 沒有連接起來, 而曹雪芹却死了; 這些續文也就都散失了. 其後畸笏又把這沒有結尾的八十回加了幾次批, 并改名爲『紅樓夢』, 公開抄傳, 立卽風靡了許多讀者; 到現在還有不少當時的手抄本留下來. 曹雪芹花了許多氣力, 總得討回一點代價, 于是趁着修改的當兒, 在書上加了一筆說, '……後因曹雪芹在悼紅軒中披閱十載, 增刪五次, 纂成目錄, 分出章回……'把自己的功勞表揚一番. 但他到底是個老實人, 說的都是老實話, 并沒有誇張, 更沒有說這書是他的創作; 可是後人偏偏不肯讓他做老實人, 硬要說他是作者, 這也是無可奈何的事. 這八十回的小說, 問世之初, 只是大家傳抄, 沒有刊印. 到後來于乾隆五十六年, 有一位叫程偉元的書商把書刻印出來時, 忽然變成一百二十回了; 這後四十回不知是誰起的稿, 只知道是由高鶚'補'齊的, 不過狗尾到底不能續貂, 這後四十回的文筆, 顯然和前八十回有異, 易續文的內容, 更是與曹頫的原意差了十萬八千里了."(臺北三三書房, 1980, 15~18쪽)

91 다이부판戴不凡, 「홍루몽 작자의 수수께끼를 열다揭開紅樓夢作者之謎」(『北方論叢』 1979년 제1기에 실림)

92 "影射和取材是兩回事, 不能混爲一談." 자오퉁, 위의 책, 18쪽

93 1950년대 이후 타이완과 홍콩에서 출판된 홍학 색은파의 저작들은 필자가 소개한 몇 권의 책에 그치지 않는다. 타이완대학 류광딩劉廣定 교수가 추스량邱世亮의 『홍루몽영사용정찬위론紅樓夢影事雍正篡位論』과 왕이안王以安의 『홍루몽효紅樓夢曉』『홍루몽인紅樓夢引』 등 세 권을 보내왔다. 『홍루몽영사용정찬위론』의 주요 골자는 다음과 같다. "보채는 옹정제를 투영했고 보옥은 강희제를 투영했다. 『홍루몽』 전체 작품을 보건대 핵심은 보채와 대옥이 보옥을 두고 싸움을 벌이고 있지만 보옥을 대표하

는 통령보옥은 여러 측면에서 볼 때 실질적으로는 황제의 옥새이자 중국의 국새다. '受命于天, 旣壽永昌'은 이렇게 보았을 때 보채와 대옥의 다툼은 사실상 황제 자리를 두고 싸우는 것이다."(추스량邱世亮,『홍루몽영사옹정찬위론紅樓夢影事雍正篡位論』 자서, 臺北學生書局, 1991, 2쪽) 핵심적인 논지는 여전히 색은파의 옛 학설을 그대로 답습하고 있다는 점이다.『홍루몽효』는 명청 교체기와 양한滿漢 두 시기의 정치적인 문제를 다루고 있는데 투영하는 인물이 더 많아졌다. 예를 들면 가진과 우씨는 복왕福王을, 우이저는 영력제永曆帝를, 우삼저는 융무제隆武帝를, 가련은 다탁多鐸을, 원춘은 현엽玄燁을, 가용과 진가경은 숭정崇禎을 각각 투영하는 것으로 보았다. 그리고 가보옥은 순치, 도르곤, 모벽강, 현엽 등 네 사람을 투영하고 있다고 보았다. 한 사람이 여러 사람을 투영한다고 보는 것은 색은파 홍학의 논리적 파탄이 아닐 수 없으니『홍루몽효』의 저자도 예외가 될 수 없다.『홍루몽』의 원제인『석두기』에 대해서도 "사투기事偸記"로 풀고 있으니 읽다보면 실소를 금할 수 없을 정도다.『홍루몽효』는 1986년에 초판이 되었는데 동일한 저자가 6년 후에 내놓은『홍루몽인』은 한 걸음 더 나아가 이렇게 쓰고 있다. "사투기는 무엇인가? 그것은 바로 태후가 신분이 낮은 집에 시집을 간 일, 순치제가 출가한 일, 강희제가 고모를 비로 맞아들인 일, 옹정이 적장자의 지위를 찬탈한 일 등 당시 소문이 널리 퍼졌지만 궁실에서는 숨기려 한 궁중 비사들이 있는데 이것이야말로 작자가 언급한 '쓰라린 눈물'의 실제 의미라는 것이다." 그러나『홍루몽인』에서는 명청대 역사를 상세히 인증하고 있을 뿐 아니라『홍루몽』제6회에 단독으로 평전을 쓰면서『시경』의「칠월七月」을 인용하여 유노파가 "말라죽은 낙타가 말보다 더 크다"라고 한 말은 "망한 명나라가 금을 이긴다"는 것을 말하는데, 그 이유는「목란사」의 "願得明駝千里足" 구절 안에 "明"자가 들어가 있고『주역』의「설괘說卦」에 "건乾은 말이고 금이다"라고 되어 있어 증명이 되기 때문이다.(왕이안王以安,『홍루몽인』, 臺北新陸書局, 181쪽) 그러나 이는 하등의 근거가 없는 주장들이다. 이에 보주補注를 달아 책을 내어준 류광딩 교수에게 감사의 마음을 표한다.

94 "隱也者, 文外之重旨者也; 秀也者, 篇中獨撥者也. 隱以復意委工, 秀以卓絶爲巧, 斯乃舊章之懿績, 才情之嘉會也. 夫隱之爲體, 義生文外, 祕響傍通, 伏采潛發, 譬爻象之變互體, 川瀆之韞珠玉也."(『문심조룡文心雕龍』「은수隱秀」 편)— 옮긴이

95 "隱者, 隱也. 遁辭以隱意, 譎譬以指事也."(『문심조룡』「은수」 편)— 옮긴이

96 『홍루몽연구참고자료선집』 제3집, 37쪽 참조.

97 『금병매金甁梅』의 영사影事 문제에 관해서는 원중도袁中道의『유거시록游居柿錄』과 심덕부沈德符의『만력야획편萬曆野獲編』에 모두 기록되어 있다. 쿵링징孔另境이 엮은 『중국소설사료中國小說史料』(古典文學出版社, 1957) 81~83쪽에서 참고가 가능하다.

98 『홍루몽권』 제1책, 326쪽.

제6장

1 『홍루몽』己卯本·庚辰本 제19회 脂硯齋批語: "按此書中寫一寶玉, 其寶玉之爲人, 是我輩
于書中見而知有此人, 實未目曾親睹者. 又寫寶玉之發言, 每每令人不解, 寶玉之生性, 件件令
人可笑. 不獨于世上親見這樣的人不曾? 卽閱今古所有之小說傳奇中, 亦未見這樣的文字. 于
釅兒處更爲甚, 其刻畫不解之中實可解, 可解之中又說不出理路. 合目思之, 却如眞見一寶玉,
眞問此言者, 移之第二人萬不可, 亦不成文字矣. 余閱『石頭記』中至奇至妙志文, 全在寶玉·釅
兒至癡至呆刻畫不解之語中, 其詩詞雅謎酒奇衣奇食奇文等類, 固他書中未能, 然在此書中
評之, 猶爲二着."

2 장신지張新之의『묘복헌평석두기자기妙復軒評石頭記自記』에는 명동병명東屛이 장신
지에게 보내온 편지가 들어 있고, 그 안에 "『홍루몽』 비점가는 최근 들어 수십가를
넘는다"라는 내용이 들어 있으니 이게 바로 그 증거다. 이는 도광道光연간의 집계에
불과해 청말에는 당연히 더 많았을 것이다.(일속一粟 편저, 『홍루몽서록紅樓夢書錄』,
37~74쪽 참조)

3 왕희렴 평점본王希廉評本의 서전총평書前總評에는 "『홍루몽』은 비록 가부의 흥망성
쇠를 얘기하고 있지만 사실은 보옥, 대옥, 보채 이 세 사람에 대해 쓴 것이다. 만약 가
씨와 설씨 두 집안으로 논한다면 가부가 주체가 되고 설씨 집안은 객체가 된다. 만약
영寧국부와 영국부를 놓고 본다면 영국부가 주체가 되고 영寧국부는 객체가 된다.
만약 영국부 한 집안만 놓고 본다면 보옥, 대옥, 보채 이 세 사람이 주체가 되고 나머
지는 모두 객체가 된다. 보옥, 대옥, 보채 이 세 사람을 놓고 본다면 보옥이 주체가 되
고 대옥과 보채는 객체가 된다. 대옥과 보채 두 사람을 놓고 본다면 대옥이 주체 중
의 주체이고 보채는 주체 중의 객체다"라고 되어 있다. 작중 인물의 주체와 객체의 자
리매기기는 대체로 오류가 없어 독자들이 작품을 이해하는 데 도움을 준다.

4 왕희렴 평점본은 『홍루몽』에서 모순되는 부분을 19곳, 요섭姚燮 평점본은 「규의糾疑」
라는 장을 마련하여 21곳을 지적했으니 두 사람 다 "억지로 결점을 찾아내거나" "선
배를 함부로 비판한 것"이 아니라 "작품을 가지고 따져 물음으로써" 독자들이 대충대
충 읽어 내려가서는 안 된다는 것을 보여준 것이다.

5 왕보항王伯沆의 이름은 왕세王瀣이고 난징 사람이다. 1871년 출생했고 1944년 사망
했다. 그가 평점한 『홍루몽』은 현재 江蘇古籍出版社에서 출판한 『왕보항홍루몽비어회
록王伯沆紅樓夢批語匯錄』 상·하(1985년 1월)를 참고할 수 있다.

6 합사보哈斯寶,『신역홍루몽회비新譯紅樓夢回批』:"是因忠臣義士身受仁主恩澤, 唯遇奸逆
當道一, 讒佞奪位, 上不能事主盡忠, 下不能濟民行義, 無奈之餘寫下這部書."(內蒙古出版社,
1979, 22쪽)

7 "這部書寫寶釵·襲人, 全用暗中抨擊之法. 粗略看去, 她們都像極好忠實的人, 仔細想來却是
惡極殘極. 這同當今一些深奸細詐之徒, 嘴上說好話, 見人和顏悅色, 但行爲特別險惡而又不
被覺察, 是一樣的. 作者對此深惡痛絕, 特地以寶釵·襲人爲例寫出, 指斥爲婦人之擧. 文章中
的襃貶不在話多, 有時僅有一兩字就可以交代淸楚. 薛寶釵是在林黛玉之後來的, 見寶·黛二

742 | 논쟁 극장

人情意深厚, 便千方百計僭奪寶·黛之盟. 上對賈母·王夫人諂諛備至, 下對僕婦丫鬟籠絡討好. 因爲妒嫉寶玉對黛玉的愛情, 她費盡心機, 故意要賞鑑那塊玉, 笑臉看着婢女, 讓婢女說出同自己金鎖上的話是一對兒. 寫這等情節, 令人不覺出她的奸詐狡猾, 回目上也只寫'巧合'二字, 就這樣卻淋漓盡致地揭出了她是何等奸狡. 如不仔細讀, 人又怎能得知. 有人說, 薛寶釵的心地行爲如此, 總該是冤枉的. 我說, 如果那樣, 寶釵之來是等待宮選的, 這時爲何一字不提此事? 憑寶釵這等才德容貌, 難道還不能入選麼? 這是何人搗鬼? 讀者爲何不察?"합사보, 위의 책, 37쪽.

8 "全書那許多人寫起來都容易, 唯獨寶釵寫起來最難. 因而讀此書, 看那許多人的故事都容易, 唯獨看寶釵的故事最難. 大體上, 寫那許多人都用直筆, 好的眞好, 壞的眞壞. 只有寶釵, 不是那樣的. 乍看全好, 再看就好壞參半, 又看看好處不及壞惡多, 反復看去, 全是壞, 壓根兒沒有什麼好. 一再反復, 看出她全壞, 一無好處, 這不容易. 但我又說, 看出全好的寶釵全壞還算容易, 把全壞的寶釵寫得全好便最難. 讀她的話語, 看她行徑, 眞是句句步步都像個極明智極賢淑的人, 却終究逃不脫被人指爲最好最詐的人, 這又因什麼? 史臣執法, 『綱目』臧否全在筆墨之外, 便是如此."합사보, 위의 책, 129쪽.

9 『홍루몽』 제45회 "又不老, 又不少, 成什麼, 也不是個常法?"―옮긴이

10 "不明內情的人以爲本回裏釵黛已經和好, 豈知在這一回裏釵黛已經走到裂痕難逢的地步. 何以見得? 若沒有本回釵黛和好, 黛猶往日之黛, 釵猶往日之釵. 黛若是往日之黛, 寶釵的狡計就無從施起; 釵若是往日之釵, 在黛玉面前便施展不開狠毒騙術. 讀了這回就應知道, 黛玉之衰已經很快, 而寶釵之興更爲加速了. 此又何以見得? 若不是釵黛和好, 寶釵怎能在黛玉面前說: '又不老, 又不少, 成什麼, 也不是個常法?' 黛玉之病加重是因何故? 她的心漸漸死去又因何故? 寶釵這幾句話便是投向黛玉的一把穿心斷腸的匕首. 後文第二十七回中又用了一把利劍, 可憐黛玉便經不住了. 所以我說到本回已是裂痕難縫, 請高名之事鑑察."합사보, 위의 책, 71~72쪽.

11 졸저, 『홍루몽신론』, 109~117쪽.

12 "道光二十七年孟秋朔日撰起"합사보, 위의 책, 21쪽.

13 "評點·批改側重成章之詞句, 而忽略造藝之本原, 常以'小結裹'爲務." 첸중수, 『관추편』 제4책, 1215쪽.

14 왕궈웨이, 「홍루몽평론」: "若夫作者之姓名與作書之年月, 其爲讀此書者所當知, 似更比主人公之姓名爲尤要. 顧無一人爲之考證者, 此則大不可解者也."

15 왕궈웨이, 위의 글: "『紅樓夢』自足爲我國美術上之惟一大著述, 則其作者之姓名與其著書之年月固當爲惟一考證之題目."

16 왕궈웨이, 위의 글: "美術之所寫者, 非個人之性質, 而人類全體之性質也. 惟美術之特質貴具體而不貴抽象, 于是擧人類全體之性質置諸個人之名字之下, 比諸副墨之子, 洛誦之孫, 亦隨吾人之所好, 名之而已. 善于觀物者, 能就個人之事實, 而發現人類全體之性質. 今對人類之全體, 而必規規焉求個人以實之, 人之知力相越, 豈不遠哉."

17 "生活之本質何? 欲而已矣. 欲之爲性無厭, 而其原生于不足. 不足之狀態, 苦痛是也. 旣償一欲, 則此欲以終. 然欲之被償者一, 而不償者什百, 一欲旣終, 他欲隨之, 故究竟之慰藉終不可

得也. 卽使吾人之欲悉償, 而更無所欲之對象, 倦厭之情卽起而乘之, 于是吾人自己之生活, 若負之而不勝其重. 故人生者, 如鐘表之擺, 實往復于苦痛與厭倦之間者也, 夫倦厭固可視爲苦痛之一種. 有能除去此二者, 吾人謂之曰快樂. 然當其求快樂也, 吾人于固有之苦痛外, 又不得不加以努力, 而努力亦苦痛之一也. 且快樂之後, 其感苦痛也彌深. 故苦痛而無回復之快樂者自有之矣, 未有快樂而不先之或繼之以苦痛者也. 又此苦痛與世界之文化俱增, 而不由之而減. 何則? 文化愈進, 其知識彌廣, 其所欲彌多, 又其感苦痛亦彌甚故也. 然則人生之所欲旣無以逾于生活, 而生活之性質于又不外乎苦痛, 故欲與生活與苦痛, 三者一而已矣."쇼펜하우어叔本華, 스충바이石沖白 역, 『의지와 표상으로서의 세계作爲意志和表象的世界』(세계학술명저총서, 商務印書館, 1982), 425~433쪽 참조.

18 "任何別人的生活, 如果是整個的一般的去看, 幷且只注重一些最重要的輪廓, 那當然總是一個悲劇; 但是細察個別情況則又有喜劇的性質. 這是因爲一日之間的營營苟苟和辛苦勞頓, 一刻之間不停的別扭淘氣, 一周之間的願望和憂懼, 每小時的岔子, 借助于經常準備着戲弄人的偶然巧合, 那就是一些喜劇鏡頭. 可是那些從未實現的願望, 虛擲了的掙扎, 爲命運毫不容情的踐踏了的希望, 整個一輩子那些倒楣的錯誤, 加上愈益增高的痛苦和最後的死亡, 就經常演出了悲劇. 這樣, 命運就好像是在我們一生的痛苦之上還要加以嘲笑似的; 我們的生命已必然含有悲劇的一切創痛, 可是我們同時還不能以悲劇人物的尊嚴自許, 而不得不在生活的廣泛細中不可避免地成爲一些委瑣的喜劇角色."쇼펜하우어, 스충바이 역, 위의 책, 441~442쪽

19 쇼펜하우어, 스충바이 역, 위의 책, 296쪽.

20 "讀叔本華之書而大好之"『왕궈웨이유서王國維遺書』제5책(『징안문집靜安文集』자서, 上海古籍出版社, 1983)

21 왕궈웨이, 「홍루몽평론」: "妓有一物焉, 使吾人超然于利害之外, 而忘物與我之關係, 此時也, 吾人之心無希望, 無恐怖, 非復欲之我, 而但知之我也. 此猶積隱彌月, 而旭日杲杲也; 猶覆舟大海之中, 浮沉上下, 而飄著于故鄕之海岸也; 猶陣雲慘淡, 而揷翅之天使賚平和之福音而來資也; 猶魚之脫于罷網, 鳥之自樊籠出, 而游于山林江海也. 然物之能使吾人超然于利害之外者, 必其物之于吾人無利害之關係而後可, 易言以明之, 必其物非實物而後可. 然則非美術何足以當之乎?"

22 왕궈웨이, 위의 글: "美術之爲物, 欲者不觀, 觀者不欲, 而藝術之美所以優于自然之美者, 全存于使人忘物我之關係也."

23 "吾人于是得一絶大著作曰『紅樓夢』"왕궈웨이, 위의 글.

24 "以生活爲爐, 苦痛爲炭, 而鑄其解脫之鼎."왕궈웨이, 위의 글.

25 "其解脫之行程, 精進之歷史."왕궈웨이, 위의 글.

26 "存于人之根底者爲獨深, 而其希救濟也爲尤切."왕궈웨이, 위의 글.

27 "作者一一搜拾而發揮之, 我輩之讀此書者宜如何表滿足感謝之意哉!"왕궈웨이, 위의 글.

28 쇼펜하우어는 『의지와 표상으로서의 세계』에서 다음과 같이 말했다. "자살이란 의지의 부정에서 아직 멀리 떨어져 있으며, 그것은 일종의 강력한 긍정 의지의 현상이다. 원래 의지의 부정의 본질은 고통에 대한 극도의 원한과 증오에 있지 않고 생활의 즐

거움에 대한 극도의 원한과 증오에 있다. 자살자는 생명을 원하면서도 자신의 머리 위에 놓인 삶의 조건에 대한 불만만을 드러낸 것일 뿐이다."(쇼펜하우어, 스충바이 역, 위의 책, 546쪽)

29 "苟生活之欲存乎, 則雖出世而無與于解脫; 苟無此欲, 則自殺亦未始非解脫之一者也." 왕궈웨이, 위의 글.

30 "是如何的幸福" 쇼펜하우어, 스충바이 역, 위의 책, 535쪽.

31 "觀察之精銳與議論之犀利"『왕궈웨이유서』제5책,『징안문집靜安文集』자서.

32 쇼펜하우어의 말에 따르면, 우리가 접근하는 세계는 표상의 세계일 뿐 세계의 진정한 본질은 살기 위한 맹목적인 의지에 달렸다. 인간의 행동은 모두 의지의 소산이다. 쇼펜하우어는 이 의지를 부정적인 개념으로 보았다. 그는 이 의지를 욕구와 충동, 탐욕 등의 총체적인 응집으로 보았다. 인간의 고통의 근저에는 맹목적인 의지가 자리한다. 인간이 고통스럽지 않기 위해서는 의지를 부정하고 초월해야 한다는 것이다. 욕구와 충동, 탐욕을 채웠을 때 오는 잠시의 기쁨과 뒤이어 찾아오는 고통 대신에 아예 욕구와 충동, 탐욕을 부정하고 고통을 받아들임으로써 근원적인 평화로움을 찾아야 한다고 했다.─옮긴이

33 "然事不厭其求詳, 姑以生平可疑者商榷焉. 夫由叔氏之哲學說, 則一切人類及萬物之根本一也, 故光叔氏拒絕意志之說, 非一切人類及萬物各拒絕其生活之意志, 則一人之意志亦不可得而拒絕. 何則? 生活之意志之存于我者, 不過其一最小部分, 而其大部分之存于一切人類及萬物者, 皆與我之意志同. 而此物我之差別, 僅由于吾人知力之形式, 故離此知力之形式, 而反其根本而觀之, 則一切人類及萬物之意志, 皆我之意志也. 然則拒絕吾一人之意志, 而妹妹自悅曰解脫, 是何異決蹄踰之水而注之溝壑, 而曰天下皆得平土而居之者哉? 佛之言曰: '若不盡度衆生, 誓不成佛.' 其言猶若有能之而不欲之意, 然自吾人觀之, 此豈徒能之而不欲哉? 將毋欲之而不能也. 故如叔本華之言一人之解脫, 而未言世界之解脫, 實與其意志同一之說不能兩立者也."(왕궈웨이,「홍루몽평론」)

34 "平生苦憶挐盧放, 東過蓬萊浴海濤. 何處雲中聞犬吠, 至今湖畔尙鳥號. 人間地獄眞無間, 死後泥洹枉自豪. 終古衆生無度日, 世尊只合老塵囂." 샤오아이蕭艾,『왕궈웨이시사전교王國維詩詞箋校』(湖南人民出版社, 1984), 27쪽.

35 "去夏所作『紅樓夢評論』, 其立論雖全在叔氏之立脚地, 然于第四章內已提出絶大之疑問. 旋悟叔氏之說牛出于其主觀之氣質, 而無關于客觀之知識, 此意于『叔本華及尼采』一文中始暢發之."『왕궈웨이유서』제5책,『징안문집』자서.

36 "可愛者不可信" 위의 책, 자서2.

37 "始于悲者終于歡, 始于離者終于合, 始于困者終于亨."(왕궈웨이,「홍루몽평론」)

38 "可怕的錯誤或聞所未聞的意外事故, 也不用惡毒已到可能的極限的人物; 而只需要在道德上平平常常的人們, 把他們安排在經常發生的情況下, 使他們處于相互對立的地位, 他們爲這種地位所迫明明知道, 明明看到却互爲對方制造災禍, 同時還不能說單是那一方面不對." 쇼펜하우어, 스충바이 역, 앞의 책, 352쪽 참조.

39 위의 책, 352쪽 참조.

40 "但在第三種, 則見此非常之勢力, 足以破壞人生之福祉者, 無時而不可墜于吾前, 且此等慘酷之行, 不但時時可受諸己, 而或可以加諸人. 躬丁其酷, 而無不平之可鳴, 此可謂天下之至慘也. 若『紅樓夢』, 則正第三種之悲劇也."

41 위핑보, 『홍루몽변』, 4쪽과 9쪽.

42 "孟眞每以文學的眼光來批判他, 時有妙論, 我遂能深一層了解這書的意義·價值" 위핑보, 위의 책, 4쪽과 9쪽.

43 "我和平伯都沒找着歷史上的材料, 所以專在『紅樓夢』的本文上用力." 위핑보, 위의 책, 3쪽.

44 "我在未說正文之前, 先提出我的標準是什麼? 高作四十回書旣是一種小說, 就得受兩種約束:(1)所敍述的, 有情理嗎?(2)所敍述的, 能深切的感動我們嗎? 如兩個答案都是否定的, 這當然, 批評的斷語也在否定這一方面了." 위핑보, 위의 책, 39쪽.

45 "從文學的眼光來讀『紅樓夢』" 위핑보, 위의 책, 92쪽.

46 "位置是不很高的" 위핑보, 위의 책, 92쪽.

47 "與中國式的閑書相似, 不得入于近代文學之林." 위핑보, 위의 책, 92쪽.

48 "以我的偏好, 覺得『紅樓夢』作者第一本領, 是善寫人情." 위핑보, 위의 책, 94쪽과 98쪽.

49 "『紅樓夢』所表現的人格, 其弱點較為顯露. 作者對于十二釵, 一半是他的戀人, 但他却愛而知其惡的. 所以如秦氏的淫亂, 鳳姐的權詐, 探春的涼薄, 迎春的柔懦, 妙玉的矯情, 皆不諱言之. 卽釵黛是他的眞意中人了, 但釵則寫其城府深嚴, 黛則寫其口尖量小, 其實都不能算全才. 全才原是理想中有的, 作者是面鏡子如何會照得出全才呢? 這正是作者極老實處, 却也是極聰明處." 위핑보, 위의 책, 94쪽과 98쪽.

50 "『紅樓夢』是一部極嚴重的悲劇, 書雖沒有做完, 但這是無可疑的. 不但寧·榮兩府之由盛而衰, 十二釵之由榮而悴, 能使讀者爲之愴然雪涕而已. 若細完寶玉的身世際遇, 『紅樓夢』可以說是一部問題小說, 試想以如此之天才, 後來竟弄到潦倒半生, 一無成就, 責任應該誰去負呢? 天才原是可遇不可求的, 卽偶然有了亦被環境壓迫毀滅, 到窮愁落魄, 結果還或者出了家. 這類的酷虐, 有心的人們怎能忍受不嘆氣呢?" 위핑보, 위의 책, 94쪽과 98쪽.

51 "我們的民衆向來以團圓爲美的, 悲劇因此不能發達, 無論哪種戲劇小說, 莫不以大團圓爲全篇精彩之處, 否則就將討讀者的厭, 束之高閣了." 위핑보, 위의 책, 96, 100~102쪽.

52 "怨而不怒的書" 위핑보, 위의 책, 96, 100~102쪽.

53 "纏綿悱惻的文風恰與之相反, 初看時覺是淡淡的, 沒有什麼絶倫超群的地方, 再看幾遍漸漸有些意思了, 越看得熟, 便所得的趣味亦愈深永. 所謂百讀不厭的文章, 大都有眞摯的感情, 深隱地含蓄着, 非與作者有同心的人不能知其妙處所在." 위핑보, 위의 책, 96, 100~102쪽.

54 "此書的好處, 以我看來, 在細而不纖, 巧而不碎, 膩而不粘, 流而不滑, 平淡而不覺其乏味, 蕩佚而不覺其過火. 說得簡單一點, '恰到好處', 說得 figurative 一點, 是'穠不短纖不長'. 此 "紅樓夢"所以能流傳久遠, 雅俗共賞, 且使讀者反復玩閱百讀不厭; 眞所謂文藝界的尤物, 不托飛馳之勢, 而自致于千里之外的. 古人所謂'桃李不言, 下自成蹊', 實至則名歸, 決不容其間有所假借. 我們看了『紅樓夢』, 便知這話的不虛了." 위핑보, 위의 책, 3쪽, 210쪽.

55 "凡書都不能續" 위핑보, 위의 책, 3쪽, 210쪽.

56 "凡好的文章, 都有個性流露, 越是好的, 所表現的個性越是活潑潑地. 因爲如此, 所以文章本難續, 好的文章更難續. 爲什麼難續呢? 作者有他的個性, 續書人也有他的個性, 萬萬不能融洽的. 不能融治的思想·情感和文學的手段, 却要勉强去合作一部出, 當然是個'四不像'. 故就作者論, 不但反對任何人來續他的著作, 卽是他自己, 如環境心境改變了, 也不能勉强寫完不了的文章. 這是從事文藝的應具的誠實. 至就續者論, 他最好的方法, 是抛棄這個妄想; 若是不能如此, 便會陷于不可解決的困難. 文章貴有個性, 續他人的文章, 却最忌的是有個性. 因爲如果表現了你的個性, 便不能算是續; 如一定要續作, 當然須要尊重作者的個性, 時時去代他立言. 但果然如此, 阻抑自己的才性所長, 而俯仰隨人, 不特行文時如囚犯一樣未免太苦, 且卽使勉强成文, 也只是'尸居餘氣'罷了."

57 "凡書都不能續, 不但『紅樓夢』不能續; 凡續書的人都失敗, 不但高鶚諸人失敗而已." 위핑보, 위의 책, 3쪽, 210쪽.

58 "本文上用力."

59 "考證雖是近于科學的·歷史的, 但并無妨于文藝底領略, 且豈但無妨, 更可以引讀者做深一層的領略." 위핑보, 위의 책, 212~213쪽.

60 "我們可以一方做『紅樓夢』的分析工夫, 但一方仍可以綜合地去賞鑑·陶醉; 不能說因爲有了考證, 便妨害人們的鑑賞." 위핑보, 위의 책, 212~213쪽.

61 "考證和賞鑑是兩方面的觀察, 無沖突的可能." 위핑보, 위의 책, 212~213쪽.

62 "考證正是游山的向導, 地理風土志, 是游人所必備的東西" "要蕩瑕滌穢, 要使讀者得恢復賞鑑的能力, 認識那一種作品的廬山眞面." 위핑보, 위의 책, 212~213쪽.

63 "小說只是小說, 文學只是文學, 旣不當誤認做一部歷史, 亦不當誤認做一篇科學的論文. 對于文藝, 除掉賞鑑以外, 不妨做一種硏究; 但這硏究, 不當成爲歷史的或科學的, 只是趣味的硏究. 歷史的或科學的硏究方法, 卽使精當極了, 但所硏究的對象旣非歷史或科學, 則豈非有點驢唇不對馬嘴的毛病. 我不說那些方法不可參用到趣味的硏究上去; 我亦不是說趣味的硏究另有一種妙法, 可以傳人. 我說欣賞文藝時附帶一點硏究, 亦只是逢場作戱而已, 若拿了一把解剖刀來切割, 恐怕割來割去了無所得. 這不怪你的手術欠佳, 或你的寶刀欠快, 只是'割鷄焉用牛刀'耳." 『홍루몽연구참고자료선집』 제2집, 8~9쪽.

64 "趣味的硏究旣沒有特殊的妙法, 則何以區別于其他? 我說, 這種硏究其對象和方法都不是固定的. 如果你把硏究釋爲求得固定的知識, 則它或本不成爲硏究, 卽說是在那邊閒着玩亦可. 我只自己覺得——毫無理由的直覺——這種硏究大可存在. 我們平心靜氣地仔仔細細地觀察一件事, 希望能夠恰到好處(face the fact as it is), 不把復綜的密緻看做疏刺刺的幾條, 不把渾圓的體看做平薄的片. 我們篤信自己觀察的是, 但同時了解和承認他們應有他們的是處. 人各完成其所是, 而不妨碍他人的. 這或是一般硏究的方法所共有, 但我以爲在今日此地, 實有重新提示一番的必要. 做趣味的硏究者, 能謹守這些陳言更能不貴鹵莽的獲得而向縝密的尋求; 我以爲卽獨標一幟, 不爲過誇." 위의 책, 9쪽.

65 "『紅樓夢』在文壇上, 至今一部不可磨滅的傑構. 昔人以猜謎法讀它, 我們以考據癖氣讀它, 都覺得可憐而可笑." 위의 책, 9쪽.

66 "不要把圓渾的體看做平薄的片."

67 「홍루몽간론紅樓夢簡論」(『신건설新建設』, 1954년 3월호 수록), 「독홍루몽수필讀紅樓夢

隨筆」.(홍콩『大公報』1954년 1월 1일~4월 23일 연재)

68 지신季新,「홍루몽신평紅樓夢新評」.(『홍루몽권』제1책, 301~319쪽)

69 "若一夫多妻之制, 直視女子如飮食之物. 八大八小, 十二圍碟, 樣樣不同, 各有適口充腸之美, 下箸旣頻, 又欲辨其味, 大嚼之後, 便已棄其餘, 直不視爲人類, 又何愛情之有?" 지신, 위의 글.

70 "推而極之, 則婚姻之制度亦爲愛情之障碍. 蓋多妻之制, 以女子爲飮食物, 固是私心; 一妻之制, 以女子爲珍寶, 亦是私心. 西人斥多妻者之言曰: '汝有鑽石如此, 將以之嵌戒指乎? 抑將捶爲無數之碎顆乎?' 此以喩愛情之宜專也. 殊不知視婦女爲珍寶之心, 皎然如見, 此不可爲諱者也. 中國之俗, 結婚不得自由. 西國之俗, 結婚自由矣, 以離婚不得自由…… 誠以婚姻者以愛情爲結合, 愛情旣渝, 爲婚姻自然當離也. 於是社會學者, 倡爲廢去婚姻制度之說…… 以余論之, 男女相合之事約可分爲四期. 草昧之世, 榛榛狂狂, 男女雜媾, 無所謂夫婦, 此一期也. 定以法制, 以防淫縱, 然野蠻故態, 仍未盡去, 于是有一夫多妻之制, 又有一妻多夫之制, 此爲二期也. 一夫一妻, 著于法律, 至于情夫情婦奸妓等事, 只能以道德相規, 不能以法律相繩, 此第三期也. 爲離爲合, 純任愛情, 此第四期也. 以理言之, 自以第四期爲最宜; 然必俟其男女道德皆已臻于純美, 又知以衛生爲念, 然後可行, 否則將復返于榛狂之世矣. 法制者, 道德之最低級, 使不肖者岐而及之者也. 因世界多不肖之人, 不得已設有法律以制之, 使不肖不絕迹于世, 則法制終不可廢, 故今日爲計, 仍以一夫一妻制最爲合宜." 지신, 위의 글.

71 "自重其愛情, 尤當知重他人之愛情." 지신, 위의 글.

72 『홍루몽권』 제2책, 600~620쪽 참조.

73 페이즈佩之,「홍루몽신평紅樓夢新評」,『홍루몽연구참고자료선집』 제3집, 15~29쪽 참조.

74 "重新給他一個價値." 페이즈, 위의 글.

75 "把社會生活, 一齊映照出來, 令觀者徹底感悟." 페이즈, 위의 글.

76 "極好的寫實派小說, 別的小說, 都趕他不上." 페이즈, 위의 글.

77 "中國小說裏, 善于描寫人物的, 莫過于『水滸傳』而『紅樓夢』一書, 描寫人物之能力, 實在不在『水滸傳』之下. 黛玉有黛玉的品性言語, 寶釵有寶釵的品性言語, 決不會誤會的. 『水滸傳』描寫一百零八個強盜, 各人有各人的事業. 各人的品性, 便從他的事業裏描擬出來, 顯露出來. 而『紅樓夢』所描寫的, 無非是家常瑣碎的事情, 要從家常瑣碎的事情裏, 顯露出各人的品性, 却不容易." 페이즈, 위의 글.

78 페이즈, 위의 글: "書中描寫各人的性格, 尤以模擬感情爲最擅長. 寶玉·黛玉諸人, 俱是富于感情的人. 書中曲折寫出, 沒有絲毫格格不入的地方. 本來感情一物, 不比他種, 是不可以用言語摹擬的, 用文字更是不易. 作者却能將至難的地方, 一齊傳達出來. 現在讀的人, 都覺得寶黛諸人的感情, 牢牢印在腦海之中, 不易磨滅. 作者的魔力, 不可謂不大了. 西洋小說裏面, 描寫人物極工, 若把『紅樓夢』裏人物, 兩相比較, 『紅樓夢』也不在它們之下."

79 우미吳宓,「홍루몽신담紅樓夢新談」,『홍루몽연구참고자료선집』 제3집, 1~14쪽 참조.

80 "凡小說之傑構, 必具六長." 우미, 위의 글.

81 "處處合拍, 且尙覺佳勝." 우미, 위의 글.

82 타오메이濤每, 『청화문예淸華文藝』 제1권 제2기.

83 『신보 7주년 기념 증간晨報七周年紀念增刊』 1925년 12월 1일 출판.

84 "至于說到『紅樓夢』的價值, 可是在中國的小說中實在是不可多得的. 其要點在敢于如實描寫, 幷無諱飾, 和從前的小說敍好人完全是好, 壞人完全是壞人, 大不相同, 所以其中所敍的人物, 都是眞的人物. 總之自有『紅樓夢』出來以後, 傳統的思想和寫法都打破了. --它那文章的旖旎和纏綿, 都是還在其次的事. 但是反對者却很多, 以爲將給靑年以不好的影響. 這就因爲中國人看小說, 不能用賞鑑的態度去欣賞它, 却自己鑽入書中, 硬去充一個其中的脚色. 所以靑年看『紅樓夢』, 便以寶玉·黛玉自居; 而年老人看去, 又多占據了賈政管束寶玉的身分, 滿心是利害的打算, 別的什麼也看不見了."『루쉰전집魯迅全集』 제8권(인민문학출판사, 1957), 350쪽.

85 머우쭝싼牟宗三,「홍루몽 비극의 형성紅樓夢悲劇之演成」:"『紅樓夢』之所以爲悲劇, 也就是這第三種人的怪僻性格之不被人了解與同情使然."(『홍루몽연구참고자료선집』 제3집, 196쪽)

86 "『紅樓夢』裏邊, 沒有大凶大惡的角色, 也沒有投機騎墻的灰色人…… 悲劇之演成, 旣然不是善惡之攻伐, 然則是由于什麼? 曰這是性格之不同, 思想之不同, 人性見地之不同, 在爲人工說, 都是好人, 都是可愛, 都有可原諒可同情之處, 惟所愛各有不同. 而各人性格與思想又各互不了解, 各人站在個人的立場上說話, 不能反躬, 不能設身處地, 遂至情有未通, 而欲亦未逐. 悲劇就在這未通未逐上各人飮泣以終. 這是最悲慘的結局. 在當事人, 固然不能無所恨, 然在旁觀者看來, 他們又何所恨? 希臘悲劇正與此同. 國王因國法而處之于死地, 公主因其情人而犯罪而自殺, 其妹因其爲兄長而犯罪而自殺. 發于情, 盡于義, 求仁而得仁, 又何所怨? 是謂眞正之悲劇."(위의 책, 196~197쪽)

87 "他(指寶玉)這種思想性格是不易被人了解的, 然而他的行爲却令人可愛. 大觀園的女孩子, 幾乎無人不愛他. 與他思想性格不同的薛寶釵也是愛之彌深. 黛玉更不用說了, 而且能了解他的, 如他同性格的, 也惟有一林黛玉. 所謂同, 只是同其怪癖, 同其聰明靈秀, 至于怪僻的內容, 聰明靈秀的所在, 自是各有不同. 最大的原因就是男女的地位不同, 因爲男女地位的不同, 所以林黛玉的怪癖更不被人理解, 被人同情. 在寶玉成了人人皆愛的對象, 然而在黛玉却成了寶玉一人的對象, 旁人是不大喜歡她的. 她的性格, 前後一切的評論, 都不外是: 多愁善感, 尖酸刻薄, 心細, 小脾氣. 所以賈母便不喜歡她, 結果也未把她配給寶玉. 然而惟獨寶玉却是敬重她, 愛慕她, 把她看得儼若仙子一般, 五體投地地倒在她的脚下. 至于寶釵雖然也令他愛慕, 却未到黛玉那種程度, 那就是因爲性格的不同. 寶釵的性格是, 品格端方, 容貌美麗, 却又行爲豁達, 隨分從時, 不比黛玉孤高自許, 目無下塵, 故深得下人之心, 而且有涵養, 通人情, 道中庸而極高明. 這種人最容易被了解被同情, 所以上上下下無不愛她. 她活脫是一個女中的聖人, 站在治家處世的立場上, 如何不令人喜歡? 如何不是個難得的主婦? 所以賈母一眼看中了她. 她專門做聖人, 而寶玉却專門做異端, 爲人的路向上, 先已格格不相入了."

88 "藝術化了的怪物."

89 "有惡而可恕, 啞巴吃黃連, 有苦說不出, 此大可悲, 第一幕悲劇是也; 欲恕而無所施其恕, 其狠冷之情遠勝于可恕, 相對垂淚, 各自無言, 天地黯淡, 草木動容, 此天下之至悲也, 第二幕悲劇是也."

90 "新的社會階層不滿于封建教條之束縛, 而要建立自身的新文化, 這就是對封建制度做鬪爭的新知識群之意識形態. 其特長就是人們自我之醒覺與發見, 強調人類性去反抗封建的傳統, 對抗中世紀禮敎的人生觀, 把人性從禮敎中解放出來, 于是有新型人性之新理論的建立, 便形成了淸初的啓蒙思潮. 當時南方學者顧炎武·黃宗羲已提倡致用精神, 北方學者顔元·李琳主張實踐主義, 都是這種思潮的最初表現." 위의 책, 357쪽 참조.

91 "在這樣的矛盾之下, 作家們乃不能成爲自由的創造者, 而不能不服從封建的特定的規律. 旣依據封建特權者所制定的規律來指導一切生活, 故作者雖激情地創造出男主人公賈寶玉的形象, 而又不能任他的意志自由發展. 他銜了五彩晶瑩的一塊玉出生, 象徵它一生的生命, 而又常常爲了它生氣, 幾次要抛棄它·砸碎它. 後來它竟丟了, 寶玉也就失去靈性, 任人播弄了."

92 "在十八世紀上期--雍正末年間, 吳敬梓所著『儒林外史』, 只能暴露着舊社會的醜惡, 尙未能憧憬到未來. 由十八世紀到末期—乾隆三十年到五十年間, 曹氏高氏所著的『紅樓夢』, 隱約地看到了新的理想, 而又爲舊勢力所阻碍, 終不能和它結合. 這是由于當時市民層本身太軟弱了, 他們雖滿懷着靑春的理想, 却不敢想封建勢力正式挑戰, 只好把熱情寄託在眞假難分的夢想裏, 遂以幻夢預定出人們的行爲, 而演着重要的角色, 這仍是新舊社會嬗變其中知識者意識的表現, 也就是全書的基調所在了." 위의 책, 373쪽 참조.

93 "四大家族, 皆聯絡有親, 一損俱損, 一榮俱榮; 他們旣是皇親國戚, 又是大地主兼高利貸者, 同時又以官僚身分經營商業." 위의 책, 363쪽 참조.

94 제5장 「홍루몽의 예술적인 가치紅樓夢在藝術上的價値」는 1934년 11월 26일과 12월 3일 『국문주보國聞周報』에 실렸다. 제3장과 제4장 『홍루몽』의 세계와 중요 인물 분석은 각각 1935년의 『북평신보北平晨報』의 "북신학원北晨學園" 774~777기, 814~816기에 실렸다. 제2장은 「조설근의 생애와 그 철학曹雪芹的生平及其哲學」을 제목으로 1937년 상하이에서 출판된 『광명光明』 제3권 제3호에 실렸다.

95 리천둥李辰冬, 『홍루몽연구紅樓夢研究』: "文學是藝術, 無論用什麽主義或眼光來研究文學, 末了, 必得探討它的藝術價値, 有這種藝術價値, 決定它在文學中的地位."(正中書局, 1945, 84쪽)

96 "寫李嬤嬤的可厭, 趙姨娘的無識, 夏金桂的凶潑, 晴雯的尖刻, 賈政的道學, 賈環的下賤, 賈赦的尷尬, 薛蟠的任性, 迎春的懦弱, 妙玉之孤高, 襲人之佞巧, 幷非讓讀者卑視這些人, 以這些人爲戒; 他所以寫湘雲的天眞, 賈母的慈愛, 寶釵的貞靜, 黛玉的多情, 熙鳳的才干, 探春的敏慧, 李紈的賢淑, 賈蘭的好學, 也幷非讓讀者贊揚這些人, 以這些人爲模範. 他只是平心靜氣, 以客觀的態度, 給每個人物一種性格, 僅此而已. 平心靜氣, 客觀態度, 唯善于移情的人, 才能如此, 且因爲他善于移情緣故, 最易捉住人物的靈魂, 所以『紅樓夢』裏許多幾段或幾句話, 就創造了一位不朽的人物." 위의 책, 91-92쪽 참조.

97 리천둥, 위의 책, 90~91쪽 참조.

98 리천둥, 위의 책, 103~104쪽.

99 리천둥, 위의 책, 106쪽.

100 리천둥, 위의 책, 102쪽.

101 리천둥, 위의 책, 111쪽.

102 "中國整個文化的精神, 都集于曹家, 而曹家的靈魂, 又集于曹雪芹一人. 因此, 由曹雪芹一人, 可以看出中華民族整個的靈魂. 如果要說, 但丁是意大利精神的代表, 莎士比亞是英格蘭的代表, 賽爾望蒂(卽賽萬提斯—引者注)是西班牙的代表, 歌德是德意志的代表, 那末, 曹雪芹就是中國靈魂的具體化." 필자가 인용한 이 대목은 단편논문을 발표했을 때의 내용이다.(『홍루몽연구참고자료선집』 제3집, 149쪽)

103 졸고, 「홍루몽인물론을 읽고讀紅樓夢人物論」(『홍루몽학간』 1984년 제3집)

104 "『紅樓夢人物論』的可貴之處, 就在于作者不落考證派紅學和索隱派紅學的窠臼, 摒棄了流行一時的古典文學硏究方法, 主要從作品本身出發, 通過解剖人物形象, 來闡發『紅樓夢』的思想意義和藝術價値. 淸末民初的硏究『紅樓夢』的思想意義和藝術價値. 淸末民初的硏究『紅樓夢』的諸家中, 重視人物形象分析的不在少數, 如涂瀛的『紅樓夢論贊』, 很大篇幅都是論贊的『紅樓夢』人物; 西園主人的『紅樓夢論辨』, 也有人物論部分. 至于各種題紅詩, 如煥明的『金陵十二釵詠』·姜祺的『紅樓夢詩』·周澍的『紅樓新詠』·黃金臺的『紅樓夢雜詠』·王墀的『紅樓夢圖詠』和朱瓣香的『讀紅樓夢詩』等, 更主要是品評人物, 抒發感慨還在其次. 但這些都是片斷的論述和偶拾瑣記式的看法, 原不如王崑崙同志的『紅樓夢人物論』系統. 李辰冬的『紅樓夢硏究』和『紅樓夢人物論』寫作時間相近, 設有『紅樓夢』重要人物的分析專章, 不乏有價値的見解, 但也不能和『紅樓夢人物論』相比. 就對『紅樓夢』人物形象分析的透辟和具有系統性來說, 王崑崙同志的『紅樓夢人物論』, 在解放前出版的紅學著作中, 堪稱首屈一指, 1948年國際文化服務社出版的『紅樓夢人物論』, 由十九篇文章組成, 重點論述的人物有襲人·晴雯·秦可卿·李紈·妙玉·惜春·紫鵑·芳官·探春·平兒·小紅·鴛鴦·司棋·尤三姐·王夫人·邢夫人·尤氏·趙姨娘·賈母·劉姥姥·王熙鳳·賈政·賈敬·賈赦·賈珍·賈璉·賈芸·賈環·門子·焦大·茗烟·柳五兒母女·齡官·傻大姐·史湘雲·薛寶釵·林黛玉·賈寶玉等三十八人, 『紅樓夢』的主要人物形象都包括在內了. 而且由于作者運用了先進的思想作爲硏究人物的指導, 重視『紅樓夢』中被統治者和統治者兩類不同人物的思想分野, 對逆歷史潮流而動的統治者形象, 不僅進行分析和評論, 也在進行揭露和鞭撻, 對代表新生力量的人物形象則一往情深的加以贊頌, 因此使『王熙鳳人物論』成爲一部具有鮮明思想政治傾向的論著. 其中『賈府的老爺少爺們』·『王熙鳳論』等篇裏的痛快淋漓的剖析, 旣是在論述『紅樓夢』這部古典小說裏的人物, 也是指斥橫行于當時的反動勢力. 『紅樓夢人物論』主要是從政治的·歷史的·思想的和道德的角度, 來分析和評述『紅樓夢』裏的人物, 從美學的角度加以評析則顯得不夠. 這是本書的缺點, 也是本書的特點. 1962年王崑崙同志重新改寫『紅樓夢人物論』時, 對特點有所發揚, 對缺點有所是正." 졸고, 「홍루몽인물론을 읽고」(『홍루몽학간』1984년 제3집)

105 "考證的方法只能在一定的範圍內活動, 辨別時代的先後及眞僞. 兪平伯先生却越出了這個範圍, 用它代替了文藝批評的原則, 其結果, 就是在反現實主義和形式主義的泥潭中愈陷愈深." 리시판李希凡·란링藍翎, 「"홍루몽 간론" 및 기타 등등에 관하여關于"紅樓夢簡論"及其他」(『홍루몽문제토론집』제1집, 作家出版社, 1955, 67쪽)

106 리시판·란링, 『홍루몽평론집紅樓夢評論集』(작가출판사, 1957년 1월 초판, 1963년 재판, 1973년 3판)

107 "社會的人的悲劇, 而不只是個人的悲劇." 리시판·란링, 위의 책, 125~127쪽.

108 리시판·란링, 위의 책, 141쪽.

109 리시판·란링, 위의 책, 3~4쪽.

110 류다제劉大傑, 『홍루몽의 사상과 인물紅樓夢的思想與人物』(上海古籍出版社, 1956), 7~10쪽.

111 "賈寶玉生活在那個前呼後擁花團禽繡的大觀園裏, 他始終是孤獨的·寂寞的·苦痛的, 他時時在尋求自由, 想飛到園子外邊的天地裏去, 在兩百年前, 他找不着道路, 找不着方向, 他感到的只是窒息和空虛, 他有時到佛經裏去求安慰, 有時又到莊子裏去求解脫, 那一些舊時代的殘骸和虛無的陰影, 畢竟不能醫治這位靑年的苦悶. 賈政罵他的兒子爲逆子, 不錯, 寶玉的思想自然是沒有完全越過舊時代的範疇, 但在賈家·在賈政的眼裏, 他確是一個逆子. 在他的行爲和思想中, 確實隱伏着一股封建社會反叛的精神的潛流. 他反對代表封建秩序封建道德的父親, 他輕視那些霸道荒淫的哥哥嫂嫂, 他看不起科擧功名, 他說做八股文是祿囊, 是庸俗無恥, 他反對父母包辦的婚姻, 他同情那些天眞爛漫的少女. 這位在大觀園裏橫衝直撞的靑年騎士, 唯一的知己就是林黛玉. 因此, 他全心全意地想奪取林黛玉的愛情, 作爲追求生活的自由和個性解放的道路. 他雖說把那塊挂在頸上的實際是封建婚姻的象徵的寶玉, 幾次摔到地上, 想用力去砸碎它, 然而是砸不碎, 大家包圍他防護他, 結果那塊玉仍然是套在他的頸子上. 在『紅樓夢』裏, 賈寶玉對于他的封建家庭, 確是打過幾次衝鋒, 結果是無法戰勝那惡劣的苦痛·絕望的過程中, 走上了逃避的出家的道路. 他用了這條道路, 對于封建社會的富貴功名倫理觀念和其他的一切, 作了消極的否定." 류다제, 위의 책, 22쪽.

112 "林黛玉這一悲劇典型, 是中國古典文學裏出現的最優秀的婦女典型. 在中國幾千年來的封建社會裏, 在封建社會古典文學裏, 我們看見了許多苦痛的優良的婦女形象, 但是在他們的身上, 總令人感到缺少這一點或那一點什麽東西. 『紅樓夢』的作者, 以精巧無比的藝術魅力, 選擇·比較·槪括·綜合過去婦女們的各種特徵, 精心結構地創造出來這個完整的新型的典型環境中的典型性格. 她有高度的文學天才, 淸醒的哲學頭腦, 高尙的情操, 眞摯的熱情, 她鄙視封建文化的庸俗, 她詛呪八股功名的虛僞, 她不諂不驕不下, 不貪圖浮龜, 她用生命來爭取她的理想, 不屈服不投降, 不同流合汚, 爲了堅持自己完整的人格與幸福的愛情, 她鬪爭到最後一分鍾. 在她的頭腦裏, 我們看見了劉蘭芝·李淸照·朱淑貞·崔鶯鶯·杜麗娘各種靈魂各種智慧或多或少地點點滴滴的交流. 在這種意義上, 這一典型形象, 是長期封建社會婦女們的才華與苦痛的總結." 류다제, 위의 책, 35~36쪽.

113 "『紅樓夢』的讀者, 有誰不同情尤三姐的悲劇命運? 有誰不爲她的光輝形象反抗精神而感泣的呢? 黛玉的死令人恨, 晴雯的死令人悲, 鴛鴦的死令人嘆息; 尤三姐的死, 是一股壯烈的情流, 電一般地通過你全部的神經, 一面是令人感到深切的苦痛, 同時又使你體會到一種愉快的顚慄. 正如一線生命的火花, 爆炸開來, 衝破黑暗的夜空, 閃耀着動人的光彩." 류다제, 위의 책, 78쪽 참조.

114 "尤三姐這樣年輕, 這樣嬌嫩; 但是她勇敢·她果斷, 眞如身經百戰的武士, 在金鳴鼓震的沙場上, 衝鋒陷陣, 進退自如, 手執寒光四射的鴛鴦劍, 時時在注視周圍的環境和自己的命運, 一旦被黑暗的勢力緊緊包圍, 眞的無路可退的時候, 她毫不遲疑地拔出劍來, 刺破自己的喉頭,

752 ｜ 논쟁 극장

讓喉管中流出來的鮮血, 向世人證明她的肉體‧靈魂有如氷淸玉潔一般的乾淨和純眞. 她要在破滅中求完整, 黑暗中求光明, 在無情的社會中求得情. 在封建社會中, 爲求得愛情的眞實, 爲求得婦女品質的完美, 她付出了這樣高的代價." 류다제, 위의 책, 83~85쪽.

115 척본戚本 제65회의 회목回目은 "膏粱子懼內偸娶妾, 淫奔女改行自擇夫"라고 되어 있다. 정위원程偉元과 고악高鶚의 판본 제65회의 회목은 "賈二舍偸娶尤二姐, 尤三姐思嫁柳二郞"이라고 되어 있다.

116 "是建築在農民力量的基礎上, 是建築在農民的生活思想的基礎上." 류다제, 위의 책, 18쪽.

117 허치팡何其芳, 『홍루몽을 논하다論紅樓夢』: "我們少年時候, 我們還沒有讀這部巨著的時候, 就很可能聽到某些年紀較大的人談論它. 他們常常談論得那樣熱烈. 我們不能不吃驚了, 他們對它裏面的人物和情節是那樣熟悉, 而且有時爆發了激烈的爭辯, 就如同在談論他們的鄰居或親戚, 如同爲什麼和他們自己有密切關係的事情而爭辯一樣. 後來我們自己讀到了它. 也許我們在十四歲或十五歲. 盡管我們還不能理解它所蘊含的豐富的深刻的意義, 這個悲劇仍然十分吸引我們, 裏面那些不幸的人物仍然激起了我們的深深的同情. 而且, 我們的幼小的心靈好像從它受過了一次洗禮. 我們開始知道在異性之間可以有一種純潔的癡心的感情, 而這種感情比我們周圍所常見的那些男女之間的粗鄙的關係顯得格外柯貴‧格外動人. 時間過去了二十年或三十年, 我們經歷了複雜的多變化的人生. 我們不但經歷了愛情的痛苦和歡樂, 而且受到了革命的烈火的鍛鍊, 我們重又來讀這部巨著, 它仍然是這樣吸引我們――或許應該說更加吸引我們. 我們好像回復到少年時候. 我們好像從裏面呼吸到靑年的氣息. 那些我們過去還不能理解的人物和生活, 已不再是一片茫然無途徑尋的樹林了. 這部巨著在我們面前展開了許多大幅的封建社會的生活的圖畫, 那樣色彩眩目, 又那樣明晰. 那樣衆多的人物的面貌和靈魂, 那樣多方面的封建社會的制度和風習, 都栩栩如生地再現在我們眼前. 我們讀了一遍又一遍. 我們每次都感到它像生活本身一樣新鮮和豐富, 每次都可以發現一些以前沒有覺察到有意義的內容."(人民文學出版社, 1958, 61~62쪽)

118 "能獲得不同年齡與經歷了不同生活的廣大的讀者群的衷心愛好; 它能夠豐富和提高我們的精神生活; 它能吸引我們反復去閱讀, 不僅因它的藝術的魅力像永不凋謝的花一樣, 而且因爲它蘊藏的意義是那樣豐富‧那樣深刻, 需要我們去做多次的探討, 然後可以比較明了了." 허치팡, 위의 책, 61~62쪽.

119 "中國封建社會發展到它的末期, 它的黑暗和腐敗日益顯露, 必然要激起廣大的人民以及一部分封建統治階級內部分化出來的知識分子的不滿和反對, 而長期存在的民主性的思想傳統和現實主義的文學傳統, 包括最初是從市民社會生長起來的白話小說的傳統, 也必然要在這樣社會條件下發展, 而且這種發展必然要在文學上得到新的傑出的表現." 허치팡, 위의 책, 159~160쪽.

120 허치팡, 위의 책, 161쪽.

121 "如果我們在她身上看到了虛僞, 那也主要是由於封建主義本身的虛僞." 허치팡, 위의 책, 99쪽.

122 장허썬蔣和森, 『홍루몽논고紅樓夢論稿』: "對于『紅樓夢』這樣一部充滿詩意的作品, 我覺得也不能待以氷潔的感情或數學式的智力. 眞正明智的哲學頭腦, 應是熱烈感情的昇華. 大哲

學家·大理論家都是感情豐富的人, 只不過採取邏輯思維的表現形式. 因此, 對于『紅樓夢』這部偉大的祖國文學遺産, 我們不僅要用先進的思想來認識它, 還要用熱烈的感情來擁抱它."(人民文學出版社, 1981, 364쪽)

123 "我們民族文化的珍貴遺産, 特別是優秀的中國古典詩歌, 把風神靈秀的林黛玉塑造得更加美麗了. 這就使得她的一言一動·多愁善感之中, 發散着一種美人香草的韻味和淸氣逼人的風格. 當她翱翔在那種詩情蕩漾的生活中時, 我們就會看到, 好像有誰把她從生活中的灰暗·瑣屑·煩擾裏拯救出來, 而變得襟懷灑落·鮮活流動起來." 장허썬, 위의 책, 61쪽.

124 "林黛玉是生活在一個比朱麗葉還要落後·還要昏暗的時代裏. 這個時代已經在中國歷史上停滯了幾千年, 而且還要延續很長的時候. 一直到五四時代, 林黛玉的悲劇, 幾乎還是原封不動地在祖國的大地上重演. 林黛玉的墳墓與子君的墳墓之間, 雖然在年代上有一個多世紀的間隔, 但在社會發展的里程上却只有幾步路的距離. 林黛玉沒有衝出大觀園, 而子君走出了專制家庭, 并且說過: '我是我自己的, 他們誰也沒有干涉我的權利!' 但是, 子君多走了的這幾步路, 以及所說的這幾句話, 是用了多少的鮮血和多少的歷史篇幅才提供出來的啊!--而且, 子君仍然沒有跳出那一黑暗社會的掌心, 最後還是陷于毀滅. 從這裏不難看到, 林黛玉的反抗聲音, 是需要透過多麽沉重的社會壓力才能發出的聲音! 是的, 這個聲音, 在今天聽來不免顯得低沉, 顯得柔弱, 這一方面是由于這個少女始終沒有脫去金閨小姐的階級本姓, 同時又是由于在她的身上堆積着太厚的歷史岩層. 不過, 從林黛玉的聲音裏, 我們終于可以聽出: '中國女性, 并不如厭世家小說的那樣無法可施, 在不遠的將來, 便要看見輝煌的曙色的.' 讓我們爲林黛玉燃起熱烈的同情! 讓我們爲林黛玉鳴起心裏的音樂! 讓我們通過林黛玉懂得祖國的過去, 更懂得祖國的今天和將來!" 장허썬, 위의 책, 92~93쪽.

125 졸고, 『홍학30년논문선편紅學三十年論文選編』 상·중·하(百花文藝出版社, 1983~1984) 참고. 하권에 수록되어 있는 「홍학 30년」에서 이에 대해 구체적으로 다루고 있으므로 역시 참고할 만함.

126 『홍루몽』 제1회: "偏値近年水旱不收, 鼠盜蜂起, 無非搶田守地, 鼠竊狗偸, 民不安生, 因此官兵剿捕, 難以安身."

127 샤즈칭夏志淸, 「홍루몽 속의 사랑과 연민紅樓夢裏的愛與憐憫」: "陷于粗鄙熱情泥沼中的人(賈雨村是一例外, 他在寓言設計中的重要性使他有權利最後得到道家的智慧)並不企圖解脫自己, 而那些人, 他們愛情如有達于成熟機會便能嚴肅地同適世理想挑戰且可代表着另一種實踐(作者的同情使我們能這樣希望), 而他們被摧毀, 以便給道家道德留出地位來." 후원빈·저우레이胡文彬·周雷 編, 『해외홍학논집海外紅學論集』(上海古籍出版社, 1982), 129쪽.

128 "同一般的理解正相反, 賈寶玉不是一位偉大的情人, 在小說中他的功能主要的也不是做爲一爲情人. 雖然太虛幻境的警幻仙姑很早就事先提出警告, 指出性的危機, 但他以後的行爲, 雖然是反正統的, 很明顯地並未染上淫欲的痕迹. 誠然在十幾歲時他便同襲人有了性的關係, 但是那位死後仍使他念念不忘的爽朗美麗的女孩--晴雯--在死時還悔恨她那些在未曾表明的感情中虛度的年月. 假如源氏處于寶玉的地位, 他會不僅調戲他自己做的大觀園中那些美麗女孩子, 而且會貪求賈府中所有美麗婦人和丫頭們. 寶玉面對一個女孩時的典型感情

是崇愛和憐憫—崇拜她表現的神聖之美和理解力, 悲憫的是不久她必定被迫屈從于一種婚姻狀態和不可免的(如果她能活着)享受貪婪·嫉妒和毒惡之樂, 這種神聖之美不久卽完全失落, 在他的思想中罕有淫欲." 위의 책, 129~130쪽.

129 "兩個人都處于一個被剝奪的世界, 在這個世界裏憐憫的愛被判定或被懷疑爲白癡(描述這位中國英雄的重要的字是呆和癡). 兩個人都發現這個世界的痛苦是不堪負荷的, 結果就忍受着陣陣發作的精神錯亂和麻木無情. 兩個人都是同兩個女人有關係的, 而都未能滿足他們的期望. 米希金公爵作爲一個白癡的結束, 因爲納斯塔西亞死後, 他發見在一個貪婪與淫欲的世界裏基督之愛是不會有效的; 當賈寶玉最後從其呆癡中脫穎而出時, 他已認識了愛情的破産, 但很典型地他棄絕世界以擔負起一個隱者的無感情." 위의 책, 134쪽.

130 쑹치宋淇, 「대관원을 논하다論人觀園」: "作者利用大觀園來遷就他創造的企圖, 包括他的理想, 並襯托主要人物的性格, 配合故事主線和主題的發展, 而不是用大觀園來記錄作者曾見到過的園林." 구핑단顧平旦, 編, 『대관원大觀園』(文化藝術出版社, 1981), 222쪽.

131 "很多讀者對賈家抄家一事發生興趣, 認爲這是賈家一敗塗地或賈家中落·大觀園悲慘下場的根源. 其實, 抄家只是一個外來因素, 猶如地震·天災·水災等一樣, 帶來極大的不幸, 雖然令人惋惜, 但並不能産生深刻的悲劇感. 『紅樓夢』的悲劇感, 與其說來自抄家, 不如說來自大觀園理想的幻滅, 後者才是基本的, 前者只不過是雪上加霜而已." 위의 책, 234쪽.

132 후원빈·저우레이胡文彬·周雷 編, 『해외홍학논집』, 130쪽.

133 쑹치는 나중에 다시 「최고의 정원을 아우르는 이홍원을 논하다論怡紅院總一園之首」를 1980년 홍콩『중보월간中報月刊』제6기에 발표하면서 대관원 비극에서 이홍원의 역할에 대한 진일보한 주장을 펼치고 있어 「대관원을 논하다」의 속편에 해당한다고 볼 수 있다.

134 "原則上曹雪芹在人觀園中是只寫情而不寫淫的, 而且他把外面世界的淫穢渲染得特別淋漓盡致, 便正是爲了和院內淨化的情感生活做一個鮮明的對照." 위잉스, 『홍루몽의 두 세계』, 57쪽 참조.

135 "作者處處要告訴我們, 『紅樓夢』中乾淨的理想世界是建築在最骯髒的現實世界的基礎之上, 他要我們不要忘記, 最乾淨的其實也是在骯髒的裏面出來的, 而且, 如果全書完成了或完整地保全了下來, 我們一定還會知道, 最乾淨的最後仍舊要回到最骯髒的地方去的, '欲潔何曾潔, 云空未必空'這兩句詩不但是妙玉的歸宿, 同時也是整個大觀園的歸宿. 妙玉不是大觀園中最有潔癖的人嗎? 曹雪芹一方面創造了一個理想世界, 在主觀企求上, 他是要這個世界長駐人間. 而另一方面, 他又無情地寫出了一個與此對比的現實世界. 而現實世界的一切力量則不斷地在摧毀這個理想世界, 直到它完全毀滅為止. 『紅樓夢』的兩個世界不但有着密不可分的關係, 並且這種關係是動態的, 卽採取一種確定的方向的. 當這動態關係發展到它的盡頭, 『紅樓夢』的悲劇意識也就昇進到最高點了." 위의 책, 50~51쪽 참조.

136 해당 호에 실린 글을 종합하면 다음과 같다: 1. 쉬샤오링徐小玲의 「보옥의 깨달음을 통해 본 홍루몽의 출세정신從寶玉的覺悟看紅樓夢的出世精神」, 2. 뤼정후이呂正惠의 「진사은과 가우촌甄士隱與賈雨村」, 3. 황메이쉬黃美序의 「홍루몽의 세계성 신화紅樓夢的世界性神話」, 4. 황완화黃挽華의 「종법사회의 기형적인 모습: 탐춘 모녀의 갈등宗

法社會的畸形面: 談探春母女的衝突」, 5. 캉라이신康來新의 「연인 한 쌍의 감정적인 대비: 영관과 가장一雙感情事件的對比: 齡官與賈薔」, 6. 캉라이신康來新의 「성근 가지에 비친 그림자와 그윽한 향기: 향릉의 기품에 대한 품평疏影暗香: 香菱氣韻的品評」, 7. 천슈팡陳秀芳의 「조씨 붓끝에서 굴욕을 당한 여성曹氏筆下受屈辱的女性」, 8. 우훙이吳宏一의 「홍루몽의 비극정신紅樓夢的悲劇精神」, 9. 옌만리嚴曼麗의 「홍루 두 우씨녀의 비극적 정취紅樓二尤的悲劇情味」, 10. 커칭밍柯慶明의 「홍루몽의 희극성을 논하다論紅樓夢的喜劇意義」, 11. 퉁위안팡童元方의 「홍루몽의 어릿광대를 논하다論紅樓夢中的丑角」, 12. 옌둥양嚴冬陽의 「홍루몽의 반봉건 의식 문제紅樓夢的半封建意識問題」, 13. 난하이南海의 「"인상화랑" 작품에 대한 재평가: 왕원싱 선생을 방문하여 홍루몽에 대해 이야기를 나누다一部"人像畫廊"作品的再評價: 訪王文興先生談紅樓夢」, 14. 고양高陽의 「홍루몽 신탐 질의紅樓夢新探質疑」 마지막 한 편을 제외하고 나머지는 모두가 소설 비평의 관점에서 분석한 논문이다.

137 후원빈·저우레이 편, 『타이완홍학논문선臺灣紅學論文選』(百花文藝出版社, 1981), 369쪽.

138 메이위안梅苑, 『홍루몽의 중요 여성紅樓夢的重要女性』(臺北商務印書館, 1967); 뤄더잔羅德湛, 『홍루몽의 문학적 가치紅樓夢的文學價值』(臺北東大圖書公司, 1979). 뤄더잔의 책에서는 "순수하게 소설 창작의 관념에 따라 『홍루몽』의 가치를 평가했다."

139 저우처쭝周策縱: "我們這次會議一共宣讀了幾十篇論文, 其中只有極小的一部分是屬于傳統紅學考證的範疇, 絕大多數都是從文學·哲學·宗敎·心理各方面來分析." 『제1회 국제 홍루몽 학술대회 논문집首屆國際紅樓夢硏討會論文集』(香港中文大學出版社, 1983), 5쪽 참조.

140   장허썬: "那些通過生氣淋漓的藝術形象所體現出來的豐富含意, 好像世界上只有一種文字形式才能表達, 那就是『紅樓夢』本身." 『홍루몽논고』, 358쪽.

141 『문학평론文學評論』 1962년 제6기에 실린 양장楊絳의 글은 『홍학30년논문선편』 중권의 727~735쪽에서도 열람이 가능하다.

142   저우처쭝, 『제1회 국제 홍루몽 학술대회 논문집』, 237~252쪽 참조.

제7장

1   "人物外別有人物, 事實外別有事實, 評論于書外者也." 『홍루몽권』, 197쪽 참조.

2   "賈政卽是曹寅" "賈寶玉卽是曹雪芹" 『홍루몽연구참고자료선집』 제1집, 24쪽 참조.

3   위평보, 『홍루몽변』, 104~105쪽.

4   "胡君雖知以此律人, 其自身之考證, 顧仍未能出此種謎學範圍……其以不相干的零碎史事來附會『紅樓夢』的情節, 與上三派如出一轍, 所不同者, 三派以淸世祖·董鄂妃等, 胤礽·朱竹坨等, 及納蘭成德等相附會, 而胡君以曹雪芹·曹家·李家等相附會里." 황나이추黃乃秋의 「후스의 홍루몽고증을 평하다評胡適紅樓夢考證」는 『학형學衡』 1925년 제38기에 수록되

어 있다.(『홍루몽연구참고자료선집』 제3집, 42쪽 참조)

5 “『紅樓』一書之所敍述, 殆斷不能以實際人生相繩. 長安·賈府云云, 寶·黛等云云, 悉因小說貴具體·不尙抽象之故, 不得不有此假托. 外冠雖似一地一家與數人之十數年之事, 實則正著者憑其觀察, 憑其理解, 憑其理想, 選擇人生之精髓, 提煉人生之英華, 歸納其永久普遍之特性, 組成系統, 運用其心思才力, 渲染其間, 乃克造成此幻境, 以表其所欲表現之人生眞理于此一串賡續之想像事物者也. 其中固不無本諸作者當年之情事與其自身之經歷, 然旣經剪裁與渲染, 成此幻境, 宗旨又惟在表現人生之眞理, 其自體要無存在之可言, 則充其量亦不過若卽若離而已……其于書中之情節, 惟當認定爲作者本其觀察理解所假設之幻境, 用以表現其見地者, 謂爲作者之所創造可也, 謂爲作者之所理想可也, 若必斤斤焉求一時一地一家與數人以實之, 是在作者方就一時一地一家與數人之假設, 表現其所選擇所歸納所改善之人生永久全體之眞理, 而我乃倒行逆旅, 人之智力相越, 有如此哉!” 『홍루몽연구참고자료선집』 제3집, 50~51쪽 참조.

6 저우루창의 「조설근가세생평총화」 제7절 “노품어추鷺品魚秋”와 우언위의 『조설근 이야기曹雪芹的故事』 소서小序 참조.

7 “漢族認同感” 위잉스, 「홍루몽의 작자와 사상 문제에 관하여關于紅樓夢的作者和思想問題」(『홍루몽의 두 세계』, 192~197쪽)

8 “我現在只想用這開首幾句說明一個問題, 卽曹雪芹已十分明確地意識到他自己本是漢人. 而他又生値淸代文字獄最深刻的時代, 眼看到許多漢族文士慘遭壓迫的情形, 內心未嘗不會引起一些激動. 這種激動自然不會達到‘反滿復明’的程度, 但偶爾對滿淸朝廷加以譏刺則完全是可能的. 曹雪芹因家恨而逐漸發展出一種‘民族的認同感’, 在我看來, 是很順理成章的心理過程.” 위잉스, 『홍루몽의 두 세계』, 192~193쪽.

9 지도軹道는 현재 산시陝西성 시안西安 동북에 있는 정자를 가리킨다. 『사기』 「진시황본기秦始皇本紀」에 나오며 훗날 “지도”는 나라가 망해 투항하는 것을 가리키는 말로 쓰이게 된다.—옮긴이

10 징장본靖藏本 『석두기』 제18회 비어: “孫策以天下爲三分, 衆才一旅; 項籍用江東之子弟, 人唯八千. 遂乃分裂山河, 宰割天下. 豈有百萬義師, 一朝卷甲, 芟荑斬伐, 如草木焉. 江淮無崖岸之阻, 亭壁無藩籬之固, 頭會箕斂者, 合從締交, 鋤耰棘矜者, 因利乘便. 將非江表王氣, 終於三百年乎. 是知并呑六合, 不免轍(軹)道之災; 混一車書, 無救平陽之禍. 嗚呼, 山岳崩頹, 旣履危亡之運; 春秋迭代, 不免去故之悲. 天意人事, 可以凄愴傷心者矣! 大族之敗, 必不致于如此之速; 特以子孫不肖, 招接匪類, 不知創業之艱難. 當知瞬息榮華, 暫時歡樂, 無異于烈火烹油, 鮮花著錦, 豈得久乎? 戊子孟夏, 讀虞〔庾〕子山文集, 因將數語系此, 後世子孫, 其毋慢忽之.”

11 “批者引庾子山「哀江南賦序」, 序有‘將非江表王氣, 終于三百年乎’之語, 並深致其感慨, 應該是指朝代興亡而言的, 如所測不誤, 則這段批語就很可能暗示明亡和淸興.” 위잉스, 『홍루몽의 두 세계』, 195쪽.

12 『홍루몽』 제16회: “好勢派, 獨他家接駕四次.”

13 『홍루몽』 제13회: “樹倒猢猻散”

14 "曹雪芹不知觀察和思索了多少實在的賈寶玉·林黛玉·薛寶釵·王熙鳳·賈政·賈母·襲人·薛蟠, 以及一切其他的人物, 然後才産生他想像的人物, 所以你現在想指出那一位是實在的誰, 眞是有點做夢, 徒勞無益."『홍루몽연구참고자료선집』제3집, 269쪽.

15 "再放大一些說, 『紅樓夢』寫的處處是曹雪芹自己家庭的事, 像胡先生所考的, 連賈府的宗系都是曹雪芹照自己的宗系排的, 這話我們不敢斷定對否, 因爲屬於考證的範圍, 然而創作家的慣例而論, 他們的著作絶不是實際事物的抄寫, 要說曹雪芹是以他的家庭爲根據則可, 要說賈府就是他自己的家庭那就有語病."위의 책, 270~271쪽.

16 『홍루몽』제42회:"照樣兒往紙上一畫, 是不能討好的"

17 『홍루몽』제43회:"看紙的地步遠近, 該多該少, 分主分賓, 該添的要添, 該減的該減, 該藏的該藏, 該露的該露"

18 "繪畫是這樣, 寫小說也是這樣, 老實地抄寫眞實, 絶不會討好的. 所以我們能以考證的, 僅系眞人物與理想人物性格的關係, 絶不是一步一趨絲毫不錯的照眞的抄寫. 以前考證『紅樓夢』的影射法, 固屬可笑, 卽胡適之先生也不免此病. 他考出了曹雪芹死後還留一位飄流的新婦, 于是就以爲不知是薛寶釵呢, 還是史湘雲? 如果這樣說法, 歌德自殺後才能寫『維特』, 因爲維特的煩惱就是他的煩惱, 可是維特因煩惱而自殺了."『홍루몽연구참고자료선집』제3집, 270~271쪽.

19 "就是『紅樓夢』所敍述的各處, 確有地的存在, 大觀園也絶不是空中樓閣. 這個家庭所根據的有兩點:(1)『紅樓夢』是部'按迹尋踪'的書, 無虛構一切之理. (2)看書中敍述寧·榮兩府及大觀園秩序井井, 不像是由想像構成的. 而且這種富貴的環境, 應當有這樣一所大的宅第·園林. 旣承認『紅樓夢』確有地的存在, 就當進一步去考訂'究竟在哪裏'的問題."위핑보, 『홍루몽변』, 111쪽.

20 "所以說了半天, 還和沒有說以前, 所處的地位是一樣的. 我們究竟不知道『紅樓夢』是在南或是在北. 繞了半天的彎, 問題還是問題, 我們還是我們, 非但沒有解決的希望, 反而添了無數的荆棘, 眞所謂所求愈深所得愈寡了!"위의 책, 120쪽.

21 쑹치, 「대관원을 논하다」(홍콩『明報月刊』1972년 9월호)

22 "大觀園是『紅樓夢』中的理想世界, 自然也是作者苦心經營的虛構世界."후원빈·저우레이편, 『해외홍학논집』, 31~55쪽 참조.

23 자오강, 「"거짓이 진실이 될 때 진실도 거짓": 홍루몽의 두 세계"假作眞時眞亦假": 紅樓夢的兩個世界」(홍콩『明報月刊』1976년 6월호)

24 "我可以承認作者在個別人物和事件方面曾經取材於他的生活經驗, 但是當他在寫作的過程中, 他究竟是以眞實的生活材爲'主'呢? 還是以他自己虛構的創造意圖爲'主'呢? 毫無可疑的, 這是他的材料必須爲他的創意服務, 是爲創意的需要所驅遣. 換句話說, 許多眞實的材料在『紅樓夢』中都經歷了一番虛構化然後才能派得上用場."

25 "我們最多仍只能肯定『紅樓夢』是大量地取材於作者生活背景的小說, 而不能說它是曹家眞實事迹的小說化. 這一分別在字面上看來很細微, 但實質上則極其緊要, 因爲這裏確實涉及了主從的問題. 在曹雪芹的創作世界裏, 他的藝術構想才是主, 而一切建造的材料, 無論其來源如何, 都是處在從屬的地位."

26 "考證派所發掘出來的曹家歷史當然極爲重要, 它大大加深了我們對於『紅樓夢』的背景的認識, 然而作者在根據創作上的需要而運用其見聞閱歷爲原料之際, 已賦予這些原料以斬新的藝術內涵, 因而在本質上改變了它們的本來面目." 위잉스, 「'되돌아갈 길이 보이지 않다': 홍루몽의 두 세계에 대한 재론과 자오강 형에게 드리는 답을 겸함眼前無路想回頭': 再論紅樓夢的兩個世界兼答趙岡兄」(홍콩 『明報月刊』 1977년 2~5월호 연재; 『해외홍학논집』, 上海古籍出版社, 1982, 78~80쪽 참조)

27 위잉스, 『홍루몽의 두 세계』, 1~143쪽 참조.

28 "以前持之甚堅的自傳說發生了根本的懷疑幷加以深切的反省" 위의 책, 18쪽.

29 "我在那本書裏有一點難辨解的糊塗, 似乎不曾確定自敍傳與自敍傳的文學的區別; 換句話說, 無異不分析歷史與歷史的小說的界線. 這種顯而易見, 可喻孩提的差別相, 而我在當時, 竟以忽略而攪混了. 本來說『紅樓夢』是自敍傳的文學或小說則可, 說就是作者的自敍傳或小說則不可. 我一面雖明知『紅樓夢』非信史, 而一面偏要當它作信史似的看. 這個理由, 在今日的我追想, 眞覺得索解無從. 我們說人家猜笨謎; 但我們自己做的卽非謎, 亦類乎謎, 不過換個底面罷了. 至于誰笨誰不笨, 有誰知道呢!" 위핑보, 「홍루몽변의 수정紅樓夢辨的修正」(『홍루몽연구참고자료선집』 제2집, 4~5쪽 참조)

30 "『紅樓夢』雖是以眞事爲藍本, 但究竟是部小說, 我們却當它一部信史看, 不免有一傻氣"

31 "文藝的內涵——無論事實與否——必被決定于作者生平的經驗; 同時, 我又以爲這個必非作者生平經驗的重視, 無論其作風是否偏于事實. 事物全是新的, 重視很不像一句話. 比如懷憶, 所憶的雖在昨日, 而憶却爲今利那的新生. 憶中所有的, 卽使逼近原本, 活現到了九分九; 但究竟差此一釐, 被認爲冒牌. 再講一句鑿方眼的贅語, 不似舊者爲新; 若果似舊, 何新之有? 以似某某爲封, 豈不羞死?" 위의 책, 5~7쪽.

32 "若創造不釋爲無中生有, 而釋爲經驗的重構, 則一切文藝皆爲創造的. 寫實的與非寫實的區別, 只是一個把原經驗的輪廓保留得略多, 一個少些. 就根本上觀察, 兩項作品旣同出于經驗裏, 又同經驗的重視, 所以視寫實的文藝爲某事實的眞影子, 那就'失之毫釐, 謬以千里'了." 위의 책, 5~7쪽.

33 "(1)書中每寫到寶玉, 作者每把自己的身世性格映現出來, 但却爲借此影射自己; 故雪芹雖實有其人, 而寶玉之奇迹只是虛構, 無涉于雪芹的本身歷史. 再申說一句, 就是書中人寶玉, 固然其構成分子中有許多'雪芹的', 但亦有許多'非雪芹的'. 寶玉和雪芹只是一部分的錯綜, 非全體的符合. (2)描寫元妃歸省時的排揚氣派, 是從南巡駐蹕曹府中得來的提示. 但旣沒有把某影射某, 某家影射某家; 故賈家的有妃子, 無碍于曹家的沒有, 倒言之亦然. 至于把穿龍袍的皇帝換上一個穿鳳裙的妃子, 這是作者的游戲三昧, 腐儒何可得議之. (3)作者旅籍, 生于金陵, 長曾到揚州, 終老于北京. 他寫大觀園是綜合南北的芳韶風物, 創造出這麼一個極樂園. 若我們做此愚問, '究竟他在哪裏呢?' 則必要碰到一個軟如天鵝絨的釘子, 作者微哂道: '在我方寸.'" 위의 책, 8~9쪽 참조.

34 "擧一以三反, 則泛覽全書, 殆大半已迎刃而解, 不煩我的繞舌了." 위의 책, 8~9쪽 참조.

35 위의 책, 8~9쪽 참조.

36 "索隱而求之過深, 惑矣; 考證而求之過深, 亦未始不惑. 『紅樓夢』原非純粹之寫實小說, 小說

縱寫實, 終與傳奇文學有別. 以小說爲名, 作傳記其實, 懸牛頭, 市馬脯, 旣違文例, 事又甚難, 且亦無所取也. 吾非謂書中無作者之生平寓焉, 然不當處處以此求之, 處處以此求之必不通, 不通而勉強求某通, 則鑿矣. 以之笑索隱, 則五十步與百步耳, 吾正恐來者之笑吾輩也." 위의 책, 16쪽 참조

37 "以此評胡·顧二君或可, 若僕則深自慙汗, 未感輕諾也." 위의 책, 15쪽 참조.

38 위잉스, 『홍루몽의 두 세계』, 17쪽 참조.

39 "新的紅學革命不但在繼往的一方面使硏究的方向由外馳轉爲內斂, 而且在開來的一方面更可以使考證工作和文學評論合流." 위의 책, 28쪽 참조.

40 "考證派紅學旣興, 王國維的『評論』遂成絶響" 위의 책, 29쪽 참조.

41 왕궈웨이, 「홍루몽평론」 제5장 여론餘論: "至謂『紅樓夢』一書爲作者自道其生平者, 其說本于此書第一回'竟不如我親見親聞的幾個女子'一語. 信如此說, 則唐旦『天國喜劇』, 可謂無獨有偶者矣. 然所謂親見親聞者, 亦可自旁觀者之口言之, 未必躬爲劇中之人物. 如謂書中種種經界·種種人物, 非局中人不能道, 則是『水滸傳』之作者必爲大盜, 『三國演義』之作者必爲兵家, 此又大不然之說也."

42 "남백자규 말하길: 당신은 대체 어디서 그러한 것을 들었소? 여우는 대답하길: 그것을 부묵의 아들에게서 들었소. 부묵의 아들은 그것을 낙송의 손자에게서 들었고, 낙송의 손자는 그것을 첨명에게서 들었으며, 첨명은 그것을 섭허에게서 들었고, 섭허는 그것을 수역에게서 들었으며, 수역은 그것을 오구에게서 들었고, 오구는 그것을 현명에게서 들었으며, 현명은 그것을 삼료에게서 들었고, 삼료는 그것을 의시에게서 들었소南伯子葵曰: 子惡乎聞之? 曰: 聞諸副墨之子, 副墨之子聞諸洛誦之孫, 洛誦之孫聞之瞻明, 瞻明聞之聶許, 聶許聞之需役, 需役聞之於謳, 於謳聞之玄冥, 玄冥聞之參寥, 參寥聞之疑始. " 『장자』 「대종사」에 나오는 구절로 도의 연원을 나타내는 철학적 개념을 부묵副墨 이하 9인의 이름으로 의인화해서 보여주었다. 예를 들면 부묵은 시문 내지 문자를 뜻하고 낙송洛誦은 암송을 뜻하는데 그 자체가 도는 아니지만 도를 전하는 데 도움을 주는 방편들이라는 것이다.—옮긴이

43 "自我朝考證之學盛行, 而讀小說者亦以考證之眼讀之, 于是評『紅樓夢』者, 紛然索此書中之主人公之爲誰, 此又甚不可解者也. 夫美術之所寫者, 非個人之性質, 而人類全體之性質也. 惟美術之特質, 貴其體而不貴抽象, 于是擧人類全體之性質置諸個人之名字之下. 譬諸副墨之子, 洛誦之孫, 亦隨吾人之所好, 名之而已. 善于觀物者, 能就個人之事實, 而發見人類全體之性質. 今對人類之全體, 而必規規焉求個人以實之, 人之知力相越, 豈不遠哉!"

44 위잉스, 『홍루몽의 두 세계』, 5, 15쪽 참조.

45 위의 책, 5쪽과 15쪽 참조.

46 "前面已說過, 新典範與其他幾派紅學最大的分岐之一便在于它把『紅樓夢』看作一部小說, 而不是一種歷史文件. 所以在新典範引導之下的『紅樓夢』研究是屬于廣義的文學批評的範圍, 而不復與史學的界限所囿. 其中縱有近似考證式的工作, 但這類工作仍是文學的考證, 而非歷史的考證." 위의 책, 28~29쪽 참조.

47 "記嘉慶本子評語" "大觀園卽太虛幻境" "居然漏掉了這條呑舟之魚" 위의 책, 62쪽의 주11.

48 위의 책, 11쪽.

49 저우루창, 『헌근집獻芹集』(山西人民出版社, 1985), 187~188쪽, 225~231쪽 참조.

50 『해외홍학논집』, 27쪽 참조.

51 머우룬쑨牟潤孫, 「조설근의 홍루몽 구상에 관해 논하다論曹雪芹撰紅樓夢的構想」(후원빈·저우레이胡文彬·周雷 編, 『홍콩홍학논문선』(百花文藝出版社, 1982, 56~75쪽 참조).

52 『홍루몽』 제23회: "這些小和尚道士萬不可打發到別處去, 一時娘娘出來就要承應. 倘或散了伙, 若用時, 可是又費事. 依我的主意, 不如將他們竟送到咱們家廟鐵檻寺去, 月間不過派一個人拿幾兩銀子去買柴米就完了. 說聲用, 走走叫來, 一點不費事."

53 머우룬쑨, 위의 글: "貴妃豈能常常省親, 只有隔幾年皇帝就南下巡幸, 才可以說'出來就要承應.'"

54 『홍루몽』 제23회: "賈元春在宮中自編大觀園題詠之後, 忽想起那大觀園中景致, 自己幸過之後, 賈政必定敬謹封鎖, 不敢使人進去騷擾, 豈不寥落. 家中現有幾個能詩會賦的姊妹, 何不命他門進去居住, 也不使佳人落魄, 花柳無顏. 又想到寶玉自幼在姊妹叢中長大, 不比別的兄弟, 若不命他進去, 只怕他冷清了, 一時不大暢快, 未免賈母·王夫人愁慮, 須得命他進園居住方妙. 想畢, 遂命太監夏忠到榮國府, 下一道諭, 命寶釵等只管在園中居住, 不可禁約封鎖. 命寶玉仍隨着盡去讀書."

55 머우룬쑨, 위의 글: "這似乎是由皇帝的行宮不准人民入內想出來的, 如果眞有貴妃省親的事, 貴妃娘家如果都要造一座園子, 供貴妃省親, 而省親之後平時再不許別人進去, 在北京的皇后貴妃娘家有多少, 要造多少園子空閑起來? 只有皇帝的行宮可以禁止別人入內, 皇后都不能與皇帝那樣有不許別人進去的行宮, 何況貴妃? 大觀園要敬謹封鎖, 不是象徵皇帝行宮是什麼?"

56 머우룬쑨, 위의 글: "不光元春省親種種排場與皇帝南巡相類似, 卽以建造大觀園來說, 哪一個貴妃家有力能花若干萬兩的錢, 爲女兒省親, 造那麼大·那麼講究的花園? 如果賈貴妃是影射曹家之女, 康熙時代曹家正在替淸聖祖在江南經手弄錢, 他又是包衣下賤之人, 敢爲自己女兒回娘家造個大觀園, 縱使淸聖祖能容忍, 淸世宗抄曹頫家的時候, 這座大觀園爲什麼不見提起? 若說大觀園是隨園前身, 元春省親只花了一天的工夫, 她如何能去南京? 從歷史來看, 從情理推測, 元春省親是皇帝南巡象徵, 應是毫無疑問的事."

57 『拾遺記』: "帝息於延凉室, 夢李夫人授帝衡蕪之香, 帝驚起, 香氣猶着衣枕, 歷月不歇."

58 번희樊姬는 초 장왕楚莊王의 왕후다. 장왕이 사냥을 즐겨 수렵에 빠지자 국사를 그르칠 것을 우려한 번희는 사냥하는 걸 절제해야 한다고 간언한다. 그러나 장왕이 듣지 않자 번희는 일체의 모든 고기를 입에 대지 않음으로써 장왕에게 무언의 시위를 한다. 그것을 본 장왕은 마침내 감화되어 사냥을 삼가고 정사를 돌보게 되었다고 한다.―옮긴이

59 "寶玉所愛的所娶的與續娶的女子都是皇帝妃子相比擬, 從與女人關係這一點上說, 以寶玉象徵皇帝, 應當是符合曹雪芹寫『紅樓夢』構想的原意. 入住大觀園的都是女人, 此外只有寶玉一個男人, 豈不正是宮中只有皇帝一個人是男人的象徵? 旣是寶玉一個人入住大觀園, 從這一點上說, 此時大觀園又是象徵皇帝平日居住的園子."

60 "『紅樓夢』是小說, 小說中每個人物不能只是象徵一個人, 每一個小說人物, 可能是許多實在人物形象的集合體. 在賈府興盛時, 寶玉某些形象是象徵皇帝, 到賈府被抄, 寶玉遭難, 其形象就是李煦或曹頫家族中某些成員的象徵. 卽在平時, 曹雪芹筆下的寶玉, 也并非時時象徵皇帝, 只是從住進大觀園, 一群女孩子圍繞着他, 和他與女人的關係, 這兩項故事上說他象徵皇帝而已. 大觀園在賈貴妃省親時象徵皇帝行宮, 賈貴妃傳諭令人住進大觀園也有此象徵. 及至賈家被抄, 則象徵普通官員的園林爾已. 小說不同歷史, 曹雪芹汲取若干實有的人物形象塑造成小說中的人物, 更汲取若干地方的景色, 渲染成小說中的景色, 『紅樓夢』不是曹雪芹自傳, 也不是實事紀錄, 豈能要求每個小說中人物與實在人物完全符合. 不能在小說中尋求歷史, 是人人知道的事. 本文說寶玉與女人關係象徵皇帝, 賈元春省親象徵皇帝南巡, 旣指明只是從某一些行爲上說, 則當然不能從寶玉·元春所有一切行爲與語言上去找皇帝的形象, 更不能說他們的遭遇與皇帝完全符合."

61 "本來在文學作品中追尋作者本意是一個極爲困難的問題. 有時甚至作者自己的供證也未必能使讀者滿意. 詩人事後追述詩的原意往往也不免有失. 因爲創作時的經驗早已一去不返, 詩人本人與一般讀者之間的區別也不過百步與五十步而已. 傳說十九世紀英國大詩人勃朗寧就承認不懂自己所寫的詩, 不是沒有道理的. 那末, 文學作品的本意是不是永遠無法推求了呢? 是又不然. 作者的本意大體仍可從作品本身中去尋找, 這是最可靠的根據." 위잉스, 『홍루몽의 두 세계』, 23~24쪽.

62 "披閱十載, 增刪五次"

63 『홍루몽』 제55회: "且說元宵已過, 只因當今以孝治天下, 目今宮中有一位太妃欠安, 故各嬪妃皆爲之減膳謝妝, 不獨不能省親, 亦將宴樂俱免."

64 『홍루몽』 제58회: "誰知上回所表現的那位老太妃已薨, 凡誥命等皆入朝隨班, 按爵守制. 敕諭天下, 凡有爵之家一年內不得筵宴音樂, 庶民皆三月不得婚嫁."

65 위핑보, 「홍루몽의 저작 연대紅樓夢的著作年代」(『홍루몽연구참고자료선집』 제2집, 21~23쪽)

66 『홍루몽』 제11회: "這年正是十一月三十日冬至, 到交節的那幾日, 賈母·王夫人·鳳姐兒日日差人去看秦氏."

67 "十一月大, 二十九日丙申, 夜子初二刻八分冬至" (『홍루몽연구참고자료선집』 제2집, 21~23쪽)

제8장

1 "夫流傳之短書夥矣, 其膾炙人口者亦多, 如『水滸』·如『三國』, 其尤著者也, 然皆不如『紅樓』之異說紛紜, 可聚訟而如獄, 可滙合而成書者, 何耶? 喁喁兒女語果勝于長槍大戟耶? 紅牙低按果勝于鐵板高歌耶? 是則是矣, 而猶未盡也. 蓋其開宗明義之章儼然懸一問題焉, 此與其他小說差有分別, 則後人從而討論之, 以至于爭執而聚訟之, 宜也." 위핑보, 「홍루몽토론집서紅樓夢討論集序」(『홍루몽연구참고자료선집』 제2집, 15쪽)

2 "『紅樓夢』簡直是一個碰不得的題目, 要一碰到它就不可避免地要惹出筆墨官司." 위잉스,
   『홍루몽의 두 세계』, 71쪽.

3 "紅學這東西很麻煩的, 我想來想去是'剪不斷, 理還亂', 是紅學." 후원빈·저우레이 편, 『홍
   학세계紅學世界』, 北京出版社, 1984, 29쪽 참조.

4 "審愼之至, 與隨意附會者不同" "胡先生所謂爲笨謎者, 正是中國文人習慣, 在彼輩方謂如此
   而後値得猜也."

5 "若以趙嬤嬤有甄家接駕四次之說, 而曹寅的亦四次接駕, 爲甄家卽曹家之確證, 則趙嬤嬤又
   說賈府只預備接駕一次, 明在甄家四次以外, 安得謂賈府亦指曹家乎? 胡先生以賈政爲員外
   郎, 適與員外郎曹頫相應, 謂賈政卽影曹頫. 然『石頭記』第三十七回, 有賈政任學差之說, 第
   七十一回有賈政回京復命, 因是學差, 故不敢先到家中云云, 曹頫固未聞曾放學差也. 且使賈
   府果爲曹家影子, 而此書又爲雪芹自寫其家庭之狀況, 則措詞當有分寸. 今觀第七十回焦大
   之謾罵, 第六十六回柳湘蓮道: '你們東府裏, 除了那兩個石頭獅子乾淨罷了.' 似太不留餘地."
   차이위안페이, 「석두기색은 제6판 자서: 후스즈 선생의 "홍루몽 고증"에 대한 토론石
   頭記索隱第六版自序: 對于胡適之先生"紅樓夢考證"之商榷」(『홍루몽연구참고자료선집』 제
   3집, 38쪽)

6 "朋友和眞理旣然都是我們心愛的東西, 我們就不得不愛眞理過于愛朋友了." 『홍루몽연구참
   고자료선집』 제1집, 48쪽 참조.

7 "此類考據, 本不易卽有定論, 各尊所聞以待讀者之繼續硏求, 方以多岐爲貴, 不取苟同也." 서
   우펑페이壽鵬飛, 『홍루몽본사변증紅樓夢本事辨證』, 上海商務印書館文藝叢刻乙集本,
   1927.

8 "從本書中房屋樹木等等看來, 也或南或北, 可南可北, 毫無線索, 自相矛盾." 위핑보, 『홍루
   몽변』, 116쪽 참조.

9 류다제劉大傑, 「홍루몽의 소재지 문제紅樓夢的地點問題」(『신보晨報』 "예림순간藝林旬
   刊" 제2호, 1925년 4월 20일)

10 『홍루몽』 제17회: "因聽說長安都中, 有觀音勝迹, 去年隨了師父上來"; 제38회: "桂靄桐陰
   坐擧觴, 長安涎口盼重陽"; 제56회: "我聽見老太太說, 長安都中也有個寶玉"; 제15회: "假托
   賈璉所囑, 修書一封, 連夜往長安縣來"

11 "長安兩字常爲文人所用, 已變成京師之意. 文章內或欲模古或避重複, 每稱京師曰長安." 리
   셴보李玄伯, 「홍루몽의 소재지 문제紅樓夢的地點問題」(『맹진猛進』 제8기, 1925년 4월
   20일)

12 류다제, 「홍루몽의 소재지 문제를 다시 논하다再說紅樓夢的地點問題」(『晨報副刊』 제
   104호, 1925년 5월 11일)

13 "據種種的考證, 曹雪芹永遠沒有和陝西長安發生過關係. 他死的時候, 確實在北京. 書中雖
   說長安, 因古人多稱京師爲長安的緣故." 류다제, 「홍루몽의 중요 문제에 대한 토론 및 그
   예술에 관한 비평紅樓夢裏重要問題的討論及其藝術上的批評」 "부기附記"(『晨報七周年
   紀念增刊』 1925년 12월 1일) 참조.

14 「통신이칙通信二則」이라고 이름 붙여진 류다제와 위핑보의 편지글(『晨報副刊』 제

116호, 1925년 5월 26일) 참조.

15 "書中凡寫長安, 在文人筆墨之間, 則從古之稱, 凡愚夫婦兒女子家常口角, 則曰中京, 是不欲着迹于方向也."

16 저우처쭝,『제1회 국제 홍루몽 학술대회 논문집』, 151쪽.

17 『홍루몽』제36회: "跐着那角門的門檻子"

18 『홍루몽』제54회: "一步邁不開的小脚娘"

19 『홍루몽』제25회: "砍進園來, 見鷄殺鷄, 見狗殺狗, 見人就要殺人."

20 『홍루몽』제27회: "倒引的寶釵蹋手躡脚的, 一直跟到池中的滴翠亭上"

21 "我敢武斷她們絕對是大脚不是小脚, 因爲她們的角色是小脚不好扮的."

22 『홍루몽』제32회: "只是一件, 你的我才做, 別人的我可不能.""又來了, 我是個什麼, 就煩你做鞋了. 實告訴你, 可不是的, 你別管是誰的, 橫竪我領情就是了.""論理, 你的東西也不知煩我做了多少了, 今兒我倒不做了的原故, 你必定也知道."

23 장샤오사張笑俠: "旣然史湘雲說你的我才做, 別人的我不能, 鞋本來是寶玉的, 由此處兩下對照, 可見襲人的脚與寶玉的脚差不多, 當然是大脚無疑了."

24 『홍루몽』제32회: "襲人道: '且別說頑話, 正有一件事還要求你呢.' 史湘雲便問什麼事, 襲人道: '有一雙鞋, 攆了墊心子. 我這兩日身上不好, 不得做, 你可有工夫替我做做?' 史湘雲笑道: '這又奇了, 你家放着這些巧人不算, 還有什麼針線上的, 裁剪上的, 怎麼叫我做起來? 你的活計叫誰做, 誰好意思不做呢.' 襲人笑道: '你又糊塗了. 你難道不知道, 我們這屋裏的針線, 是不要那些針線上的人做的.' 史湘雲聽了, 便知是寶玉的鞋了, 因笑道: '旣這麼說, 我就替你做了罷.'"

25 홍학 논쟁은 줄곧 학술적인 측면에서 전개되었으나 1954년의 홍루몽 대토론은 양상을 달리했다. 학술적인 측면을 벗어나 국가의 정치 현실과 문화 전반에 영향을 끼쳤다. 당시 논쟁을 촉발시켰던 리시판李希凡과 란링藍翎 두 인물이 「'홍루몽 간론'과 기타에 관하여關于'紅樓夢簡論'及其他」와 「'홍루몽 연구'를 평하다評'紅樓夢硏究'」 등 두 편의 글을 처음 발표할 때만 하더라도 학술성을 띠고 있었지만 마오쩌둥毛澤東이 개입하면서 논쟁의 성격은 완전히 뒤바뀌었다. 비판의 화살은 여지없이 중국 학계를 거의 30년간 지배해온 후스와 그의 사상을 겨냥하고 있었다. 1954년의 홍학 대토론은 그해에 그치지 않고 그 후로도 오래 지속되면서 복잡다단하게 전개되었다. 이를테면 『홍루몽』 연구 비판은 『문예보』 사건과 후스의 사상 비판, 후펑胡風 사건, 딩링丁玲과 천치사陳企霞 사건 등을 촉발시켰으며 그에 이어 숙반운동肅反運動을 불러왔다. 특히 그 과정에서 엄청난 피해와 고초를 겪은 인물로 위핑보가 있다. 후스는 자신을 청산하기 위한 목적으로 위핑보를 걸고 넘어갔다는 것을 당시에 이미 감지하고 있었다.─옮긴이

26 "用市民說來解釋淸初的思想家和『紅樓夢』, 其實也是一種敎條主義的表現. 這是搬運關于歐洲的歷史的某些結論來解釋中國的思想史和文學史." 허치팡,『홍루몽을 논하다』, 158쪽.

27 "老的牽强附會再加上新的敎條主義." 위의 책, 163쪽.

28 허치팡의 「아큐를 논하다論阿Q」는 1956년 9월 『인민일보』에 실렸고, 리시판의 「전

형신론질의典型新論質疑」는 1956년 12월호『신항新港』에 발표되었다. 허치팡의「시가 형식 문제의 논쟁에 관하여關于詩歌形式問題的爭論」는 『문학평론文學評論』 1959년 제1기에 실렸고, 리시판의「비평을 할 때는 반드시 정확한 태도를 가져야 한다對待批 評應當有正確的態度」는 『시간詩刊』 1959년 4월호에 실렸다.

29 허치팡, 『문학예술의 봄文學藝術的春天』, 작가출판사, 1964, 10~33쪽 참조.

30 리시판, 「아큐·전형성·공통성과 기타 등등에 관하여關于阿Q·典型·共性及其他」(『新建設』 1965년 제2기)

31 리시판·란링, 『홍루몽평론집』 제3판, 人民文學出版社, 1973.

32 선충원沈從文, 「"반포가"와 "점서교": 『홍루몽』 주석에 관한 다소간의 논쟁"匏匏斝"和 "點犀盉": 關于『紅樓夢』注釋一點商榷」(『光明日報』 1961년 8월 6일자)

33 "用匏瓟仿作斝形"

34 "這個斝類杯近似瓜類形狀"

35 "假不假? 班包假. 眞不眞? 肉挨心."

36 "重點主要在寫妙玉爲人, 通過一些事件, 見出聰敏·好潔·喜風雅, 然而其實是有些做作·勢利·虛假, 因之淸潔風雅多是表面上的. 作者筆意雙關, 言約而意深. 甚至于兩件器物取名, 也不離開這個主題, 前者是諧音, 後者却是會意. 也可說幷非眞有其物, 可又幷不是胡亂湊和."

37 "我以爲, 特筆寫出給釵·黛二人使用的這兩隻怪杯, 其寓意似乎不好全都推之于妙玉自己一人, 還應該從釵·黛二人身上着眼, 才不失作者原意."

38 "罕言寡語, 人謂藏愚, 安分隨時, 自云守拙."

39 "那一隻形似鉢而小"

40 선충원, 「"행서교" 질의"杏犀盉"質疑」(『光明日報』 1961년 11월 12일자) 이 책『논쟁 극장』에는 이 주가 빠져 있어 저본인 『紅學』에서 취했음.—옮긴이

41 "就我所知, 談犀角事諸書, 實均無此名色."

42 우스창, 『홍루몽탐원외편』, 10~12쪽

43 "雪芹舊有『風月寶鑑』之書, 乃其弟棠村序也. 今棠村已逝, 余睹新懷舊, 故仍因之."

44 "我和伊藤素昧平生, 彼此無恩無怨, 眞不知道他以何以要這樣和我過不去." 위의 책, 201~217쪽.

45 우언위, 『조설근일저천탐曹雪芹佚著淺探』, 天津人民出版社, 1979, 239~278쪽.

46 "爲今之有廢疾而無告者"

47 "曹子雪芹憫廢疾無告之窮民"

48 천위피·류스더, 『조설근일저변위曹雪芹佚著辨僞』(『홍루몽논총』, 上海古籍出版社, 1979, 64~114쪽)

49 『文物』 1974년 제7기.

50 "老實說, 我得很努力壓抑自己的感情才能讀完陳·劉的文章. 文中超乎辯論範圍的用語是那樣多, 意氣那樣重, 自信那樣强! 我本想心平氣和地回答他們, 但是做起來很困難. 今後, 希望我自己和陳·劉兩位, 以及所有進行學術討論的同志們, 都應該以所討論的問題爲共同"攻克"的目標, 把討論的兩方看成從左右兩翼向難題進攻的力量. 攻下了目標, 解決了問題, 才是勝

利." 우언위, 『조설근일저천탐』, 372~373쪽.

51 이토 소헤이伊藤漱平, 『홍루몽 만년의 "일저"에 대해 논하다: "폐예재집고" 등의 진위 문제를 둘러싼 찰기論紅樓夢晚年的"佚著": 圍繞"廢藝齋集稿"等眞僞問題的札記」(『홍루몽 연구집간』 제7집에 번역문 게재, 上海古籍出版社, 1981)

52 우스창, 「'왕강이 그린 조설근 초상화'에 대해 논하다論王岡繪曹雪芹小像」(홍콩 『大公報』 1963년 4월 19~22일자); 우언위, 「結合文獻和傳說來看曹雪芹」(『圖書館』 1963년 제3기)

53 애신각라 영선愛新覺羅 永璇(1746~1832)은 건륭제의 여덟째아들로 생모는 淑嘉皇貴妃 金氏다. 자호는 和碩儀愼親王이며 87세를 일기로 사망한 청대의 최장수 황자다.──옮긴이

54 "非常可靠, 旣不是贗品, 也不是另外一個名叫雪芹的人的畫像, 價値極高."

55 류스더劉世德(서명署名 시생유時生蘂), 「'조설근' 초상화의 미스터리曹"雪芹"畫像之謎」(『天津晚報』 1963년 9월 14일자)

56 "雪芹先生洪才河泄, 逸藻雲翔. 尹公望山, 時督兩江, 以通家之誼, 羅致幕府. 案牘之暇, 詩酒虞和, 鏗鏘雋永. 余私忱欽慕, 爰作小照, 繪其風流儒雅之致, 以志雪鴻之迹云爾. 雲間艮生陸厚信幷識."

57 저우루창, 「설근초상변雪芹小像辨」: "尹詩幷非爲題陸畫而入冊者甚明, 二者實各不相涉." (홍콩 『大公報』 1964년 4월 5일자)

58 저우루창, 「홍루몽과 조설근 관련 문물 서록 일속紅樓夢及曹雪芹有關文物敍錄一束」 (『文物』 1973년 제2기)

59 스수칭史樹靑, 「조설근과 영충의 초상화 변석曹雪芹和永忠小照辨析」(『문물』 1978년 제5기)

60 "這一個冊頁除尹繼善的題詩以外, 其他皆有意僞作. 僞作時間約在本世紀二十年代到四十年代'新紅學派'盛行時期"

61 "留半張紙以待他人──留待誰呢? 尹氏本人就是宰輔封疆, 要留, 恐怕就只好留給'聖上'乾隆了? 不然, 怎麼講呢?" 저우루창, 「조설근 초상의 신의론曹雪芹小像之新議論」(홍콩 『新晚報』 1978년 5월 26일, 6월 25일자)

62 쑹머우창宋謀瑒, 「육후신의 "설근 선생 초상"변陸厚信"雪芹先生小照"辨」(『山西大學學報』 1979년 제4기)

63 『홍루몽연구집간』 제3집, 上海古籍出版社, 1980.

64 스수칭, 「'육후신이 그린 설근 선생 초상화'를 다시 논하다再論陸厚信繪雪芹先生小照」(『홍루몽연구집간』 제5집, 上海古籍出版社, 1980)

65 "一開冊頁, 半僞半眞."

66 쑹머우창, 「'조설근 초상화'의 모델은 유한이 아니라는 변"曹雪芹小像"像主非兪瀚辨」 (『文學遺産』 1981년 제1기)

67 "因爲身世不同, 生平不類, 年齡不合, 相貌不符"

68 펑치융, 「몽변집서夢邊集序」(『藝譚』 1981년 제4기)

69 "承認後題跋說不等于畫像就一定是兪瀚易不是曹雪芹."

70 '백전白傳'이라고 한 것은 백거이가 만년에 태자의 소부少傅를 맡은 적이 있어 생긴 별칭이라고 함. '만소蠻素'는 백거이의 두 가기歌妓였던 소만小蠻과 번소樊素를 말함. ─ 옮긴이

71 "從這詩的思想性·藝術性, 以及韻律·技巧等種種方面可以考察的結果, 因爲這詩雪芹原作, 絶無可疑." 저우루창,『홍루몽신증』하, 750쪽 참조.

72 "有擬補之者, 去眞遠矣, 附錄于此, 聊資想像." 우스창,『홍루몽탐원외편』, 328~333쪽 참조.

73 "卽僕便是鬼!" 위의 책, 336~361쪽 참조.

74 "紅學界的'水門事件'" 메이제梅節,「조설근 일시의 진위문제曹雪芹佚詩的眞僞問題」(홍콩『70年代』1979년 제6기)

75 "四人幇揪出後, 原人民文學出版社一編輯却揭露此詩是假古董, 暗示作者就是周汝昌本人. 吳世昌明知此詩來源可疑, 却搶先發表, 乃蒙騙群衆."

76 "梅節的行爲已越出學術討論的範圍, 成爲一個法律上的誹謗問題." "保留另行處分之權"

77 구제강顧頡剛은 1979년 7월 18일 우스창에게 보낸 편지에서 "설근의 율시「제비파행전기題琵琶行傳奇」에 대해서는 형의 글이 절대 정확하다고 생각하며 역시 이러한 취지를 가지고 짧은 글을 지었으니 지금 살펴봐주시기를 바랍니다"라고 했다. 위핑보의 편지는 1979년 3월14일에 쓰여졌는데, 그는 우스창에게 "문헌을 중시하는 싱가포르의 저우잉난周穎南이라는 분이 저를 통해 구제강 선생님께 글자를 써달라는 부탁을 해왔습니다. 보내온 글을 보니 느닷없이 이 칠언율시였습니다. 발어跋語에 조설근의 유작이며 만년에 그것을 얻게 된 것이 다행이라고 분명히 되어 있습니다"라는 사실을 알려주었다. 자기 자신의 생각은 명확히 드러나지 않고, 그저 "진짜를 알아보는 것이 거짓을 가려내는 것보다 어려우니, 매우 믿을 만합니다"라고만 했는데 의미가 매우 완곡하다. 우스창,『홍루몽탐원외편』, 371~372쪽 참조.

78 "曹雪芹題敦誠之『琵琶行傳奇』一折詩, 敦誠於其『鷦鷯庵筆塵』中謂爲'新奇可誦', 惜敦誠未引全詩, (…) '全詩旣出, 士林竟相傳誦,『紅樓夢』資料書, 幾無不翻印·注解· 且復爲文考釋. 近日頗有謂前六句爲僞補者, 又有謂爲確系曹作者, 一時視聽頗亂. 余以曾先睹此'全詩'爲快, 故僅就所知, 以告讀者. 1971年冬, 余在皖北濉溪之五鋪鎭, 得周汝昌同志函示全詩, 幷云: '此詩來歷欠明, 可靠與否, 俱不可知.'(1971年12月26日出北京所寄函)得周函後, 余又函詢該詩之所自來, 汝昌于1972年1月14日復函云: '(上略)至其來源, 系人投贈, 原錄一紙, 無頭無尾, 轉托人送到. 弟不在寓, 亦未留他語. 使弟一直悶悶, 設法探訪奇人. 事實如此, 原詩已奉目, 弟絶無珍祕'來路'之意, 當宿見信. 此與蠟石筆山照片之遠投頒惠, 同爲異事, 可爲前後輝英(裕案: 原卽作'暎', 下略).' 據此兩函, 則汝昌雖獲此詩, 因不知其來源也. 1972年春, 余自皖去滬轉杭, 由杭返京後, 與汝昌相晤時, 仍謂不知投詩者爲誰氏. 殆上海印布該'全'詩後, 余始聞人言, 汝昌曾告人, 謂該詩系時人所補. 斯時也, 談『紅樓夢』者多以爲異; 益以旣知爲時人所補, 必知其爲何人, 何不明言其人也? 又頗有人認爲, 前六句卽出汝昌之手. 他友之關心此問題者, 知余與汝昌相善, 時來相問, 亦有外地不識之同志, 投書見詢. 遂再度致函汝昌. 得復云: '(上略)場韻七律, 前六句確系時人之作, 此詩當年唯寫與二人, 一爲家兄, 一卽兄也. 家兄

주 | 767

一見, 亦甚驚奇. 後設法探詢, 知爲時人試補. 其人原非作僞之意; 不過因苦愛芹詩, 恨不得其全, 聊復自試, 看能補到何種水平耳. 其詩筆尙可, 但內容甚空泛, 此其破綻矣.(芹眞詩必不如此!)(下略)'觀此書詞氣, 則前六句爲汝昌所補之說, 似非無據. 蓋其所云: '其人原非作僞之意'·'苦愛芹詩'·'恨不得其全, 聊復自試'諸語, 已足使人疑爲補者自解之詞. 然近見彼于新版『紅樓夢新證』七五0頁已刊入'全'詩; 據汝昌之附記所云: '按雪芹遺詩零落, 僅存斷句十四字. 有擬補之者, 去眞遠矣, 附錄于此, 聊資想像.' 則又幷非自承. 似此迷離惝恍之言, 實令人難于判斷此'擬補之者'之爲誰. 然余所最不解者則爲: 倘系汝昌自補, 何以1973年汝昌刊行『文物』第二期『紅樓夢及曹雪芹有關文物敍錄一束』一文之提綱初稿(該文系余代『文物』所約, 提綱初稿均先交余處, 後轉『文物』中, 竟有解釋該'全詩'一節? 以故余彼時認爲: 此六句詩當然非彼所補. 雖其後汝昌又函余將該節取消(該文提綱『文物』編輯部未看到), 倘非出自曹氏而系彼自己所補, 卽提綱初稿亦不應寫入也. 余意汝昌考證『紅』·曹, 歷有年所, 辨僞析疑之不暇, 詎可含糊其詞, 以滋世人之惑! 時至今日, 何靳一言, 以釋衆疑?" 우언위, 『조설근일저천탐』, 232~234쪽.

79 저우루창, 「조설근의 문필을 가탁"할 수 있을까?"曹雪芹的手筆"能"假託嗎?」(『헌근집獻芹集』, 山西人民出版社, 1985, 428~430쪽)

80 "先是那個被稱爲'石兄'·自稱爲'石頭'的作者業已'編集在此'的一部'自敍'性質的小說, 由後來易名爲'情僧'的空空道人抄錄回來問世傳奇, 他'改『石頭記』爲『情僧錄』; 同時又被人題以'紅樓夢'·'風月寶鑑'等等不同書名. 到了第二階段才是曹雪芹在石兄舊稿基礎上'披閱十載, 增刪五次', 改寫成『金陵十二釵』, 卽今天我們所說的『紅樓夢』"

81 다이부판戴不凡, 「석형과 조설근: "홍루몽 작자의 미스터리를 들춰내다"의 제2편石兄和曹雪芹:"揭開紅樓夢作者之謎"第二篇」(『北方論叢』1979년 제3기)

82 "讀五件事未完, 余不禁失聲大哭! 三十年前作書人在何處耶?"

83 『북방논총』 편집부, 『홍루몽저작권논쟁집紅樓夢著作權論爭集』(山西人民文學出版社, 1985), 279~281, 156~159, 334~335, 257~258쪽 참조.

84 "三十年前事, 見書于三十年後."

85 "余謂雪芹撰此書, 中亦爲傳詩之意."

86 "余謂雪芹撰此書中(當湄: 詩詞)亦爲傳詩之意."

87 "戴文對這幾條脂評的校改, 雖然不能成立, 看來也出于不得已. 否則, 甲戌本上白紙紅字寫着'雪芹撰此書', 僅此五字, 就足以將他數萬字的考證一筆勾銷." 위의 책, 277쪽 참조.

88 "『紅樓夢』裏人物對話不純粹是北京方言, 也有吳語, 這本來是我在一篇論及人物對話的文中指出來的…… 但如果要用一本書中同時出現兩種方言這一事實, 來證明此書爲二人所著, 則是不科學的." 우스창, 「석두기의 옛 원고 문제論石頭記的舊稿問題」(『홍루몽저작권논쟁집』, 109쪽 참조)

89 "就『紅樓夢』全書而論, 則前八十回卽有六七十萬字, 這些每條二三字的近百條吳語詞滙在全書中比例, 只占千分之零點三, 實在微不足道. 但卽使全書有一半吳語, 一半京音, 也可能仍是一人而通兩種方言者所寫." 『홍루몽저작권논쟁집』, 113~114쪽.

90 천시중·허우중이陳熙中·侯忠義, 「함부로 부정되어서는 안 될 조설근의 저작권: 홍

루몽 중 "오어 어휘" 문제에 대해 다이부판 동지와 의견을 교환하다曹雪芹的著作權 不容輕易否定: 就紅樓夢中的"吳語詞滙"問題與戴不凡同志商榷(『홍루몽저작권논쟁집』, 224~239쪽) 원래 이 글은『홍루몽학간』1979년 제1기에 실린 바 있음.

91 "戴不凡同志在「揭開紅樓夢作者之謎」一文中, 把"時序倒流"和寶玉年齡問題作爲否定曹雪芹 著作權的兩大'內證', 我們通過上面的勾稽爬梳可以看出, 『紅樓夢』中的時間·節令·氣候基本 上是前後貫通·回次相繼的, 雖有一些顚倒矛盾之處, 但不影響敍事的總體時間性, 不能得出 '時序倒流'的結論, 更不能說"這位偉大作家連時間觀念也沒有, 賈寶玉的年齡, 前後基本上也 是一致的, 不存在什麼'大寶玉和小寶玉'."(졸저, 『홍루몽신론』, 302~311쪽; 『홍루몽저작권논 쟁집』, 311~320쪽)

92 장비보·쩌우진셴張碧波·鄒進先, 「홍루몽의 옛 원고를 석형이 썼다는 설에 대한 반박 紅樓夢舊稿爲石兄所作說駁議」(『北方論叢』1979년 제5기)

93 "如果按照戴不凡同志的說法, '竹村'爲曹寅之侄, 朱彝尊以李陵的'古調'稱頌曹寅'思仲軒詩', 就是以抒寫朋友之誼的李詩以擬寄托叔侄之情的曹詩, 那就是不倫不類的頌揚了. 這對一代 著名詩人學者的朱彝尊來說, 是不可想像的."

94 졸저, 『홍루몽신론』, 375~416쪽 참조.

95 졸편, 『홍학삼십년논문선편紅學三十年論文選編』3권, 百花文藝出版社, 1983년 ~1984년 출판.

96 린이러林亦樂의 "특고特稿"(홍콩『明報』, 1982년 2월 10일, 17일, 8월 1일자 기고 글)

97 저우루창, 『무엇이 홍학인가』: "紅學顯然是關於『紅樓夢』的學問, 然而我說硏究『紅樓夢』 的學問却不一定都是紅學. 爲什麼這樣說呢? 我的意思是, 紅學有它自身的獨特性, 不能用一 般硏究小說的方式·方法·眼光·態度來硏究『紅樓夢』如果硏究『紅樓夢』同硏究『三國演義』 『水滸傳』『西遊記』以及『聊齋志異』等小說全然一樣, 那就無須紅學這門學問了. 比如說, 某個 人物性格如何, 作家是如何寫這個人的, 語言怎樣, 形象怎樣, 等等, 這都是一般小說硏究的範 圍. 這當然也是非常必要的. 可是, 在我看來, 這些并不是紅學硏究的範圍. 紅學硏究應該有 它自己的特定的意義. 如果我的這種提法并不十分荒唐的話, 那麼大家所接觸到的相當一部 分關於『紅樓夢』的文章并不屬於紅學的範圍, 而是一般的小說學的範圍."(『河北師範大學學 報』, 1982년 제3기)

98 저우루창, 『헌근집』(山西人民出版社, 1985), 187, 217, 225~226쪽 참조.

99 "紅學有它的特殊性, 但是, 不能以此來否定對『紅樓夢』本身的思想藝術的硏究. 如果紅學的 殿堂, 只允許'曹學'·'版本學'·'探佚學'·'脂學'進去, 那也可以, 我們就在紅學之外, 另立一門 學問, 叫『紅樓夢』小說學亦無不可, 但是說『紅樓夢』小說學硏究只是一般性硏究, 并用這個名 義, 把『紅樓夢』本身的硏究開除出紅學, 道理上是講不通的. 『紅樓夢』本身的硏究不僅不應該 排除在紅學硏究之外, 相反, 它應該是紅學的最主要的內容, 而且周先生提出的四個方面的硏 究也不能脫離『紅樓夢』本身的硏究."

100 "把『紅樓夢』本身的硏究排除在紅學之外, 而排除了『紅樓夢』本身硏究的'紅學'內部的分工, 又 搞得愈來愈細, 專學林入, 這樣一種拘于一隅, 彼此孤立的做法, 會取得怎樣的成效!"

101 "取消紅學——存其名而廢其實"

102 "所謂'紅學'者, 是産生于『紅樓夢』本身的特殊情況的一種特殊的'學'; 它的研究對象和目標, 是專門來試行解決讀『紅樓夢』這部與衆各別的小說時所遇到的特殊困難的一門特殊學問, 并不是與一般小說學無所區別·或性質全然一樣的."

103 "本刊今年第3期發表應必誠同志的文章「也談什麼是紅學」, 對周汝昌同志有關紅學這一概念的解釋以及當前『紅樓夢』研究中存在的問題提出了意見. 周汝昌同志寄來了答辯文章, 現發表于後, 供讀者參考. 圍繞有關『紅樓夢』研究的基本觀點·方法等問題的爭論, 已持續了很久; 在新情況下, 又産生了新問題. 我們希望, 古典文學研究工作者能在馬克思主義理論指導下, 把『紅樓夢』研究推進到更加健康的科學道路上去, 從而達到一個新的水平.『文藝報』, 1984년 제6기, 62쪽.

104 "紅學, 順名思義應該是研究『紅樓夢』的學問, 好比甲骨學是研究殷墟甲骨卜辭的學問, 敦煌學是研究敦煌歷史文物的學問一樣, 不會有人提出研究殷墟甲骨卜辭的學問'不一定'是甲骨學, 研究敦煌歷史文物的學問'不一定'是敦煌學, 盡管甲骨學·敦煌學要相應地研究與殷墟甲骨卜辭·敦煌歷史文物直接或間接有關的若干問題. 然而被認定與甲骨學·敦煌學鼎立爲'三大顯學'的紅學, 偏偏存在着'研究『紅樓夢』的學問却又不一定都是紅學'的問題, 人爲地劃分了'紅學'與『紅樓夢』研究'的各自領域."

105 "披閱十載, 增删五次, 纂成目錄, 分出章回."

106 "關于『紅樓夢』, 尚有許多解決的問題, 研究者可以從各個角度發揮特異的見解. 結論盡管各有不同, 但研究的態度及導向結論的方法, 不能不要求客觀而嚴謹. 尤其是研究態度的誠實不誠實, 對資料的搜集·整理·解釋, 有決定性的作用. 要求研究者抱着一個誠實的態度, 這是保證研究工作在學術的軌道上, 正常進行的起碼的要求. 我讀完潘先生的大文以後, 最先引起我這樣的感想."

107 "對材料的斷章取義, 如果是偶一爲之, 這可能是一時的疏忽, 或關係于對材料的了解程度, 不能遽然認定這是由于態度的不誠實. 但若大量的斷章取義, 大量的曲解文意, 這便是態度的不誠實. 假使更進一步, 抹煞重要的與自己的預定意見相反的材料, 而只在并不足以支持自己的預定意見, 却用附會歪曲的方法强爲自己的預定結論作證明, 這便是欺瞞, 便是不誠實."

108 "潘先生在香港中文大學的中文系中, 應當是一位佼佼者. 但居然以紅樓夢研究小組領導者的地位, 寫出這樣的文章, 難怪有人發出'喪亂流離之中, 人懷苟且之志, 在大學裏千萬不可輕言學術'的嘆息."

109 "讀完『明報月刊』第七十二期王世祿君的大文以後, 我們中文大學新亞書院『紅樓夢』研究小組的同學都深覺訝異, 因爲作者極力言研究態度之重要, 可是他批評香港中文大學新亞書院『紅樓夢』研究小組導師潘重規先生, 却偏偏不根據事實, 同時也誣蔑了『紅樓夢』研究小組, 筆者作爲小組一分子, 自然有責任來一解答."

110 "最近幾個月似乎來了一股討論『紅樓夢』的小熱潮. 我個人認爲這是可喜的現象, 眞理是愈辯愈明, 不過我也覺得在討論時有幾點應該注意之處."

111 천빙량陳炳良, 「근년의 홍학 술평近年的紅學述評」(홍콩『中華月報』, 1974년 1월호)

112 "'王文'教訓我研究態度要誠實, 引用材料要正確, 他却沾沾自喜地告訴我說: '據吳恩裕的「考稗小記」, 敦誠死于乾隆五十六年辛亥一月十六日丑時, 程偉元刊行『紅樓夢』時, 敦誠已經死掉

約十個月了.' 我查吳著, 敦誠是辛于乾隆五十六年辛亥十一月十六日丑時, 不知王文根據何種 祕本. 像這種'信口開河'的寫作, 辯論實在是一種浪費." 판충구이, 『근년의 홍학 술평 검토 近年的紅學述評商榷』(『中華月報』, 1974년 3월호)

113 판충구이, 『홍학60년紅學六十年』(臺北文士哲出版社, 1974), 158~228쪽 참조

114 홍콩 『明報月刊』 1976년 6월호에 「근대 홍학의 발전과 홍학 혁명近代紅學的發展與紅 學革命」을 게재하고, 타이베이 『幼獅月刊』 1976년 제42권 제4기에 「홍루몽의 두 세계 紅樓夢的兩個世界」를 게재했다.

115 "半世紀以來的紅學其實是曹學"

116 "這樣做是得是失, 現在下結論還略太早一點. 這要看基本假設如何而定. 如果麵包是麵粉做 的, 研究麵粉是有用的, 如果麵包是空氣做的, 研究麵粉當然是錯了. 在『紅樓夢』研究上, 這個 最重要的基本假設就是曹雪芹的創作動機和全書主旨. 他究竟是要描寫盛衰之變呢, 還是要 描寫理想世界呢? 然後我們才能判斷研究方式的得失."

117 "雪芹深知'假作眞時眞亦假'的心理作用, 我們會不會不知不覺地走進了雪芹預設的圈套呢? 在執眞執假‧孰主孰從尙無法十分肯定的階段中, 研究雪芹的身世背景尙有其功用."

118 "剔骨肉, 還父母" 『봉신연의』에 나오는 나타哪吒는 이정李靖의 아들인데 7세에 용왕의 부하와 아들을 죽인 죄로 용왕이 자신의 부모를 몰아세우자 스스로 죄를 받고자 자 신의 살과 뼈를 발라내어 죽음을 택한다.―옮긴이

119 "趙岡只用了'麵粉'和'空氣'兩個比喩, 這頗使我不安. 把藝術創造的構想輕蔑地斥之爲空氣, 至少是不十分恰當的. 從我的'兩個世界論'的觀點說, 我幷沒有否認麵包裏面包含着麵粉. 我 只是要強調, 麵包和麵粉之間決不能劃等號; 而更重要地, 我們要研究曹雪芹所製造的, 究竟 是哪一種麵包, 或者更不是麵包而是饅頭或其他食品? 就麵包中含有麵粉這一點言, 我幷不 覺得我必須和趙岡兄或其他紅學考證家處在敵對的地位. 但趙岡兄似乎堅持一點, 卽任何人 如果不接受『紅樓夢』是'寫曹家眞實事迹'的前提, 就同時必須全面否認『紅樓夢』中'含有曹家 眞實事迹'的論斷. 抱歉得很, 這個彎子我的腦筋無論如何也轉不過來."

120 「해내외를 진동시킨 홍루몽 논쟁의 풍파震動海內外的紅樓夢論戰風波」(미국 『中報』, 1986년 10월 20일자 특종 기사)

121 "志淸幷更進而申之, 認爲'除非我們把它(按指中國白話小說)與西洋小說相比, 我們將無法給 予中國小說完全公正的評斷. (…) 一切非西洋傳統的小說, 在中國的相形之下都微不足道. (…) 我們不應指望中國的白話小說, 以卑微的口述出身, 能迎合現代高格調的口味. (…)', 此一 論調, 實值'五四'前後, 我國傳統文明轉入西化的'過渡時代', 一般靑年留學生, 不論左右, 均 沉迷西學, 失去自信‧妄自菲薄的文化心態之延續――只是志淸讀書萬箱, 西學較爲成熟, 立 論亦較當年浮薄少年, 更爲精湛, 其言亦甚辯而已. 然其基本上不相信, 由於社會經濟之變動, 我國之'聽'的小說亦可向'看'的小說'方向發展, 如『紅樓』者, 自可獨創其中國風格; 而只一味 堅信, 非崇洋西化不爲功之態度則一也. 志淸昆仲在海外批評界之崛起, 正値大陸上由'批胡 (適)'‧'反胡(風)'‧'反右'‧'四淸', 而'文化大革命', 雷歷風行之時, 結果'極左'成風, 人頭滾滾; 海 外受激成變, 遂反其道而行之――由崇胡(適)‧走資‧崇洋而極右, 乘此海風而治極右'時文', 適足與大陸上極左之敎條相詰頏, 因形成近百年來, 中國文學批評史上'兩極分化'之局. 在此兩極分化之階段, 夏氏昆仲(濟安·志淸), 以西洋觀點治中國小說, 講學海外, 桃李滿門; 加以中英文字之掌握均屬上乘. '好風憑借力, 送我上靑雲.' 兄經弟及, 儼然海上山頭' 兩本書出, 竟成圭臬, 以海外極右崇洋之言論, 與陸戮極左普羅之敎條相對抗, 亦是'以一人而敵一國', 不才亦時爲吾友志淸之豪氣而自豪焉. 此一'兩極分化'之可悲者, 則爲雙方均否定傳統, 爭取舶來而互相抵毁, 兩不相讓. 可悲之至者, 則爲彼此均對對方之論點與底牌, 初無所知, 亦不屑一顧, 只是死不交通, 以爲抵制. 因此偶有辯難, 均知己而不知彼, 隔靴搔癢, 淺薄可笑. 吾人好讀閑書, 隔山看虎鬪, 旁觀者淸; 如今海內'極左'者, 俱往矣! 海外之'極右'者, 亦應自知何擇何從學習進步也!"

122 "唐德剛當年專治史學, 根本算不上是文學評論家. 對海內外內行來說, 『海外讀紅樓』此文立論如此不通, 但見大膽罵人, 而無細心求證, 我盡可置之不理. 但文章旣在『傳記文學』上發表了, 大牛讀者幷非內行, 對紅學所知亦極淺, 可能爲德剛所蒙蔽, 不得不寫篇答辯. 這, 我想, 是唐德剛唯一的勝利. 我放下更重要的工作, 去對付他無聊的挑戰, 浪費了不少時間. 文章是爲唐德剛寫的, 我希望他好好靜下心來多讀幾遍, 以求有所覺悟, 有所悔改, 在做人·治學·寫文章各方面自求長進. 否則我辛辛苦苦寫了一萬八千字的諫友篇, 僅爲海內外讀者們制造了一個酒後飯餘的笑談資料, 實在太可惜了."

123 양쩌楊澤, 「홍학풍파紅樓風波」(『중국시보中國時報』 1986년 10월 18일 제8판에 딸린 부간 副刊 『인간人間』에 실림.

124 『홍루몽』 제37회: "若論風流別致, 自是這首; 若論含蓄渾厚, 終讓衡稿."

125 『홍루몽』 제38회: "林瀟湘魁奪菊花詩"

126 "後四十回雖數量止初本之半, 而大故迭起, 破敗死亡相繼, 與所謂'食盡鳥飛, 獨存白地'者頗符, 惟結束又稍振""是乃續書雖亦悲涼, 而賈氏終于'蘭桂齊芳', 家業復起, 殊不類茫茫白地, 眞成乾淨者矣."

127 "旣這樣着, 你該去操習弓馬, 學些武藝, 挺身出去拿幾個反叛來, 豈不盡忠效力了, 何必借我們, 你鼓脣搖舌的, 自己開心作戱, 却說是稱功頌德呢!"

128 1988년에 이미 간행된 『홍루몽학간』 제4기에 실려 있으니 참고하기 바람.

129 "是書沿傳旣久, 坊間繕本及諸家所藏秘稿, 繁簡岐出, 前後錯見. 卽如第六十七回, 此有彼無, 題同文異, 燕石莫辨."

130 저우쉬량周煦良, 「홍루몽 제67회는 위작紅樓夢第六十七回是僞作」(『文滙報』 1961년 9월 9일자), 『홍학30년논문선편』 하, 203~210쪽 참조.

131 "末回'撒手', 乃是已語; 此雖眷念, 却破謎關. 是何必削髮? 靑埂峯證了前緣, 仍不出士隱夢中; 而前引卽(湘蓮)三姐."

132 쑹하오칭宋浩慶, 「홍루몽 제64·67회에 관한 변紅樓夢第六十四·六十七回辨」(『홍루몽학간』 1979년 제1기)

133 "浮生着甚苦奔忙, 盛席華筵終散場. 悲喜千般同幻渺, 古今一夢眞荒唐. 漫言紅袖啼痕重, 更有情癡抱恨長. 字字看來皆是血, 十年辛苦不尋常."

134 리센보, 「조설근가세신고」(『故宮周刊』 제84기, 1931년 5월 16일 출판)

135 "曹子荔軒, 與余爲忘年交, 其詩蒼涼沈鬱, 自成一家. 今致乃兄冲谷薄游吳門, 得讀其「松茨詩」, 則又體氣高妙, 有異人者. 信乎兄弟擅長, 皆鄴下之後勁也. 余旣交冲谷, 知爲豐潤人."

136 두보杜甫,「애달픔可惜」:"花飛有底急, 老去願春遲. 可惜歡娛地, 都非少壯時. 寬心應是酒, 遣興莫過詩. 此意陶潛解, 吾生後汝期"에서 취한 두 구절. —옮긴이

137 저우루창,『홍루몽신증』(증보수정판), 111~121쪽 참조.

138 "據曹寅的詩集裏可以得知曹鼎望的第二子曹釴及第三子曹鈴, 都是與曹寅有很深的交往的, 曹寅的詩集裏留有涉及他們的詩多首. 從這些詩句看, 他們是很小的時候就在一起的. 這就是說第六次重修豐潤曹譜的'監修'曹鼎望的兩個兒子都是曹寅的至交, 因此曹鼎望對曹振彦·曹璽·曹寅一家是必然很了解的. 這裏就産生了這樣一個問題, 旣然豐潤曹氏宗譜的監修者曹鼎望對曹振彦·曹璽·曹寅這一家關係很密切, 如果曹寅一家確是豐潤曹鈜出到遼東鐵嶺去的, 曹璽·曹寅的東北籍貫確是鐵嶺, 曹寅與曹冲谷·賓及等確是同一始祖分支下來的, 那末曹鼎望監修此譜時爲什麽把這一支放在眼前的同宗兄弟不編修入譜而要排除在這個譜外呢?"평치융,『조설근가세신고』, 171~172쪽.

139 "旣然揚州的曹儀可以編入縣志, 旣然有豐潤分出去的曹邦也可以編入縣志, 那麽, 現任內務府江寧織造的曹寅以及他的一家, 如果說他的祖籍確是'豐潤'的話, 爲什麽不能編入縣志呢? 難道他的聲望·地位還不夠格嗎?"

140 위의 책, 183쪽.

141 "曹俊其人究竟原籍何處, 則是懸而未決的問題."위의 책, 189쪽.

142 "遼陽的曹氏到底是土着還是移民"저우루창,『홍루몽신증』, 119쪽.

143 "我們須切實明瞭: 一. 曹家先世雖是漢族人, 但不同'漢軍旗人', 而是隸屬于滿洲旗. 二.『氏族通譜』的, 都是'從前入于滿洲旗內, 歷年久遠者'. 三. 曹家雖系包衣出身, 但歷史悠久, 世爲顯宦, 實際已變爲'簪纓望族'. 四. 從曹世選六傳到雪芹, 方見衰落, 但看雪芹筆下反映的那種家庭, 飮食衣着, 禮敎家法, 多系滿俗, 斷非漢人可以冒充. 綜合看看, 淸朝開國後百年的曹雪芹, 除了血液裏還有'漢外', 已是百分之百的滿洲旗人, 不但'亡國'思明的想法, 放到他頭上, 令人感覺滑稽; 卽是'明珠''順治'等說法, 在一個積世滿洲旗家裏生長起來的曹雪芹, 中經變落, 山村著書, 却專爲別人家或宮廷裏'記帳', 造作無數的奇妙謎語去影射前朝的一般名士, ——以他彼時的處境與心情而論, 亦是萬難講通的."위의 책, 129쪽.

144 평치융,『오경당중수요동조씨종보고략五慶堂重修遼東曹氏宗譜考略』(『홍학30년논문선편』상, 202~204쪽 참조)

145 『홍루몽학간』1980년 제1기, 232쪽.

146 위의 책, 282쪽.

147 "曹家不僅先世是漢人, 而且在被虜入旗幷報轉成爲皇室家奴之後, 仍然被編在包衣漢軍佐領之下, 屬于正白旗包衣漢軍旗籍, 一般稱爲內務府漢軍旗人, 簡稱內漢軍."『홍루몽학간』1982년 제3기, 287~310쪽.

148 제7장 주10) 참조.

149 제7장 주10) 참조.

150 『홍루몽』제22회 脂硯齋 尾批:"前批知者聊(寥)聊(寥). 不數年, 芹溪·脂硯·杏齋諸子皆相繼別去. 今丁亥夏只剩朽物一枚, 寧不痛殺!"

151 마오궈야오毛國瑤, 「징잉쿤 소장 필사본 홍루몽 발견의 경과靖應鵾藏鈔本紅樓夢發現的經過」(『홍루몽연구집간』제12집, 상하이고적출판사, 1985)

152 저우루창, 「홍루몽과 조설근 관련 문물서록 일속紅樓夢及曹雪芹有關文物敍錄一束」(『文物』1973년 제2기) 참조.

153 "夕葵書屋『石頭記』卷一. 此是第一首標題詩, 能解者方有辛酸之淚, 哭成此書. 壬午除夕, 芹爲淚盡而逝, 余常哭芹, 淚亦待盡. 每思覓青埂峯, 再問石兄, 奈不遇癩頭和尙何, 悵悵. 今而後願造化主再出一脂一芹, 是書有幸, 余二人亦大快逐心于九泉矣. 甲申八月淚筆"

154 "二十年來辨是非, 榴花開處照宮闈; 三春爭及初春景, 虎兎相逢大夢歸."

155 양광한楊光漢, 「가원춘의 죽음을 논하다論賈元春之死」(『社會科學輯刊』1980년 제3기)

156 피수민皮述民, 「'말썽의 발단은 영녕국부에서 시작되었다'에 대한 풀이: 조설근이 쑤저우 이씨 집안의 소재를 처리하는 원칙에 대해 아울러 논함釋"造釁開端實在寧": 兼論曹雪芹處理蘇州李家素材的原則」(『哈爾濱國際紅樓夢硏討會論文選』, 227~241쪽 참조.

157 저우루창, 『홍루몽신증』 하, 1071쪽.

158 위의 책, 1073~1074쪽.

159 위의 책, 915~916쪽.

160 양광한, 「명의의 제홍루몽 절구明義的題紅樓夢絶句」(『홍루몽연구집간』제8집)

161 주단원朱淡文, 「홍루몽을 읊조린 후에 쓴 편지吟紅後箋」: "從總體來看, 組詩所反映的舊稿後半部內容雖不很具體, 但大致輪廓却已顯現. 透過明義組詩探視後半部的情節, 似寶釵先嫁寶玉, 黛玉因之抑鬱夭亡. 不久賈府因政治原因被抄沒, 寶玉落魄, 群芳飄零, 寶釵被迫改嫁, 金玉因緣徹底離散. '慚愧當年石季倫'至組詩結束方才詠及, 可見舊稿以賈府被抄爲最後高潮, 黛玉病逝及二寶成婚均在賈府抄沒之前, 金玉結褵更在黛玉病逝之前."(『홍루몽학간』1986년 제1집)

162 우스창, 「명의가 본 홍루몽 초고에 대해 논하다論明義所見紅樓夢初稿」(『홍루몽학간』1980년 제1집)

163 "관주동官州同"은 청대 지방관의 명칭이다. "州的長官是知州, 又有佐貳官州同·州判."—옮긴이

164 "澶漫不可收拾" "截長補短, 抄成全部, 復爲鐫板."

165 "傳奇『紅樓夢』八十回以後俱蘭墅所補."

제9장

1 『홍루몽학간』 창간사: "創辦本刊的目的, 就是爲專業的和餘業的『紅樓夢』硏究者提供一個園地, 通過彼此交流, 互相切磋, 共同探討, 提高『紅樓夢』硏究的學術水平.(…) 提倡創造性的科學硏究, 提倡實事求是的民主學風, 提倡不同學派觀點互相爭鳴" "反對說空話, 提倡樸實·生動的文風"

2 『위핑보가 논한 홍루몽兪平伯論紅樓夢』: "紅學之爲譚名抑含實義, 有關于此書性質之認

識. 早歲流行, 原不過紛紛談論, 卽偶形諸筆墨固無所謂學也. 及淸末民初, 王·蔡·胡三君, 俱以師儒之身分, 大談其『紅樓夢』, 一向視同小道或可觀之小說遂登大雅之堂矣."(上海古籍出版社, 1988, 1143쪽)

3 "旣關于史迹, 探之索之考辨之也宜, 卽稱之爲學亦無忝焉. 所謂中含實義是也."『위핑보가 논한 홍루몽』, 1143쪽.

4 간독학簡牘學은 간독의 역사, 제도 및 관련 그림과 글을 연구하는 학문으로 역사학, 고문헌학, 언어문자학, 문물보존과학 등을 아우르는 새로운 학문이다. 종이의 발명과 보급이 보편화되기 전에 중국에서는 오랜 기간 죽목竹木이 주요 서사자료가 되었던 간독의 시대가 있었다. 나무나 대나무의 한 조각을 '간簡'이라 하고 비교적 넓은 나무나 대나무에 몇 줄의 글자를 쓸 수 있는 경우를 '독牘'이라고 한다.—옮긴이

5 량치차오, 「梁啓超論淸學史二種」朱維錚 校注: "此期之重要人物, 其精力皆用于破壞, 而建設蓋有所未遑. 所謂未遑者, 非擱置之謂, 其建設之主要精神, 在此期間必已孕育, 如史家所謂開國規模者然. 雖然其條理未確立, 其硏究方法正在間錯試驗中棄取未定, 故此期之著作, 恒駁而不純, 但在淸亂粗糙之中, 自有一種元氣淋漓之象."『청대학술개론』, 上海復旦大學出版社, 1985, 2~3쪽 참조. 아래에서 인용한 임공 선생의 말은 이와 같아 다시 주를 달지 않음.

6 "破壞事業已告終, 舊思潮屛息伏燼, 不復能抗頹行, 更無須攻擊防衛以糜精力. 而經前期醖釀培灌之結果, 思想內容日以充實, 硏究方法亦日以精密, 門戶堂奧次第建樹, 繼長增高, '宗廟之美, 百官之富'粲然矣. 一世才智之上, 以此爲好尙, 相與淬歷精進; 闒冗者猶希聲附和, 以不獲厠于其臨爲恥."위의 책, 2~3쪽 참조.

7 "境界國土, 爲前期人士開闢殆盡, 然學者之聰明才力, 終不能無所用也, 只能取局部問題, 爲窄而深之硏究, 或取其硏究方法應用之于別方面, 于是派中小派出焉. 而其時之環境必有以異乎前. 晚出之派, 進取氣較盛, 易與環境順應, 故往往以附庸蔚爲大國. 則新衍之別派與舊傳之正統派成對峙之形勢, 或且駸駸乎奪其席."위의 책, 2~3쪽 참조. 제4장 주99)와 동일.

8 "凡一學派全盛之後, 社會中希附末光者日衆, 陳陳相因, 固已可厭. 其時此派中精要之義, 則先輩已濬發無餘, 承其流者, 不過捃摭末節以弄詭辯. 且支派分裂, 排軋隨之, 益自暴露其缺點. 環境旣已變易, 社會需要別轉一方向, 而猶欲以全盛期之權威臨之, 則稍有志者必不樂受, 而豪傑之士, 欲創別新必先摧陷, 遂以彼爲破壞之目標. 于是入于第二思潮之啓蒙期, 而此思潮遂告終焉."위의 책, 2~3쪽 참조.

9 "大抵學問是荒江野老屋中二三素心人商量培養之事, 朝市之顯學必成俗學."『첸중수연구錢鍾書硏究』제1집(文化藝術出版社, 1989)에 들어 있는 「편위필담編委筆談」의 정차오쭝鄭朝宗의 글 1쪽에서 인용함.

10 첸중수, 『린수의 번역林紓의 飜譯』: "壞飜譯會發生一種消滅原作的功效. 拙劣晦澁的譯文無形中替作者拒絶讀者; 他對譯本看不下去, 就連原作也不想看了. 這類飜譯不是居間, 而是離間, 摧毀了讀者進一步和原作者直接聯系的可能性, 掃盡讀者的興趣, 同時也破壞原作的名譽."(『七綴集』, 上海古籍出版社, 1985, 69쪽)

11 제75회 회목의 한 구절 "開夜宴異兆發悲音"—옮긴이

12 상운이 제62회에서 주령을 빨리 하라는 주변 사람의 성화에 못 이겨 먹다 남은 오리 대가리를 젓가락으로 집어 들며 내뱉은 주령 구절 "這鴨頭不是那丫頭, 頭上那討桂花油"—옮긴이

13 이 책 제2장 제4절의 "『홍루몽』과 민족문화전통" 참조.

14 『홍루몽』 제40회: "你可別多心, 才剛不過大家取樂兒." "姥姥別惱, 我給你老人家賠個不是."

15 위잉스의 두 글 「홍루몽의 작자와 사상문제에 관하여關于紅樓夢的作者和思想問題」와 「조설근의 "한족동질감"보론曹雪芹的"漢族認同感"補論」은 『홍루몽의 두 세계』, 183~210쪽에 수록되어 있다.

16 탕더강의 「조설근의 문화 충돌曹雪芹的文化衝突」은 『제1회 국제 홍루몽 연토회 논문집首屆國際紅樓夢硏討會論文集』(香港中文大學出版社, 1983, 151~162쪽)에 들어 있다.

17 「상양백발인上陽白髮人」이란 시는 당대 시인 백거이의 작품이다. 그는 이 시에서 상양궁에 40여 년 갇혀 지내면서 어느덧 검은 머리 백발이 되어버린 궁녀의 참담한 삶을 통해 어두운 정치현실을 풍자했다.—옮긴이

제10장

1 『홍루몽』 제42회: "你當我是誰, 我也是個淘氣的. 從小七八歲上也夠個人纏的. 我們家也算是個讀書人家, 祖父手裏也愛藏書. 先時人口多, 姊妹諸兄都在一處, 都怕看正經書. 諸兄們也有愛詩的, 也有愛詞的, 諸如這些『西廂』『琵琶』以及『元人百種』, 無所不有, 他們是偸背着我們看, 我們却也偸背着他們看. 後來大人知道了, 打的打, 罵的罵, 燒的燒, 才丢開了. 所以咱們女孩兒家不認得字的倒好."

2 『홍루몽』 제42회: "男人們讀書不明理, 尙且不如不讀書的好, 何況你我. 就連作詩寫字等事, 原不是你我分內之事, 究竟也不是男人分內之事."

3 『홍루몽』 제42회: "男人們讀書明理, 輔國治民, 這便好了. 只是如今幷不見有這樣的人, 讀了書倒更壞了."

4 고염무顧炎武, 『일지록日知錄』 권13 「廉恥」: "尤于漢族名士仕淸者寓痛惜之意" "士大夫之無恥, 是謂國恥." "頃讀『顔氏家訓』有云: '齊朝一士夫嘗謂吾曰: 我有一兒, 年已十七, 頗曉書疏, 敎其鮮卑語及彈琵琶, 稍欲通解. 以此服侍公卿, 無不寵愛. 吾時俯而不答. 異哉, 此人之敎子也. 若由此業自致卿相, 亦不願汝曹爲之.' 嗟乎! 之推于不得已而仕于亂世, 猶爲此言, 尙有「小宛」詩人之意, 彼閹然媚于世者, 能無愧哉!"(花山文藝出版社 집석본集釋本, 602~603쪽, 1990)

5 『천인커시집陳寅恪詩集』: "改男造女態全新, 鞠部精華舊絶倫" "塗脂抹粉厚幾許, 欲改衰翁成姹女"(淸華大學出版社, 1993, 75쪽)

6 『홍루몽』 제46회: "他嫂子笑道: '你跟我來, 到邢裏我告訴你, 橫竪有好話兒.' 鴛鴦道: '可是大太太和你說的那話?' 他嫂子笑道: '姑娘旣知道, 還奈何我! 快來, 我細細地告訴你, 可是天

大的喜事.' 鴛鴦聽說, 立起身來, 照他嫂子臉上死勁啐了一口, 指着他罵道: '你快夾着×嘴離
了這裏, 好多着呢! 什麽'好話'! 宋徽宗的鷹, 趙子昂的馬, 都是好畫兒. 什麽'喜事'! 狀元痘兒
灌的漿又滿是喜事. 怪道成日家羨慕人家女兒做了小老婆, 一子都着他橫行霸道的, 一家
子都成了小老婆了! 看的眼熱了, 也把我送到火坑裏去. 我若得臉呢, 你們在外面橫行霸道, 自
己就封自己是舅爺了. 我要不得臉敗了時, 你們把王八脖子一縮, 生死由我.'

7   『홍루몽』 제46회: "你們原來都是哄我的! 外頭孝敬, 暗地裏盤算我. 有好東西也來要, 有好
   人也要."

8   "必神游冥想, 與立說之古人, 處於同一境界, 而對于其持論所以不得不如是之苦心孤詣, 表一
   種之同情, 始能批評其學說之是非眞僞失, 而無隔閡膚廓之論." 천인커, 『펑유란의 「중국철
   학사 상책」 심사보고서馮友蘭「中國哲學史上冊」審査報告』(『금명관총고이편金明館叢稿二
   編』, 上海古籍出版社, 1980, 247쪽.

9   "蓋建州入關之初, 凡世家子弟著聲庠序之人, 若不應鄕擧, 卽爲反淸之一種表示, 累及家族,
   或致身命之危險." "關于此點, 足見淸初士人處境之不易. 後世未解當日情勢, 往往作過酷
   之批評, 殊非公允之論也." 천인커, 『유여시별전柳如是別傳』하, 上海古籍出版社, 1980,
   1118~1119쪽.

10 "丈夫有德便是才, 女子無才便是德."

11 "建州入關, 明之忠臣烈士, 殺身殉國者多矣. 甚至北里名媛, 南曲文娃, 亦有心懸海外之雲(指
   延平王), 目斷月中之樹(指永曆帝), 預聞復楚亡秦之事者." 위의 책, 1119~1120쪽.

12 『홍루몽』 제13회: "金紫萬千誰治國, 裙釵一二可齊家." 『홍루몽』 제78회: "何事文武立朝
   網, 不及閨中林四娘."

13 "寅恪嘗謂河東君及其同時名姝, 多善吟詠, 工書畫, 與吳越黨社勝流交游, 以男女之情兼師友
   之誼, 記載流傳, 今古樂道. 推原其故, 雖由于諸人天資明慧, 虛心向學所使然. 但亦因其非閨
   房之團處, 無禮法之拘牽, 遂得從容與一時名士往來, 受其影響, 有以致之也." 『유여시별전』
   상, 75쪽.

14 "淸初淄川蒲留仙松齡聊齋志異所記諸狐女, 大都妍質淸言, 風流放誕, 蓋留仙以齊魯之文士,
   不滿其社會環境之限制, 遂發遐思, 聊托靈怪以寫其理想中之女性耳. 實則自明季吳越勝流觀
   之, 此輩狐女, 乃眞實之人, 且爲籬壁間物, 不待寓意遊戲之文, 于夢寐中以求之也. 若河東君
   者, 工吟善謔, 往來飄忽, 尤與留仙所述之物語髣髴近似, 雖可發笑, 然亦足藉此窺見三百年
   前南北社會風氣岐異之點矣." 위의 책, 75쪽.

15 "今日思之, 抑可傷矣. 淸代曹雪芹糅合王實甫'多愁多病身'及'傾國傾城貌', 形容張崔兩方之
   詞, 成爲一理想中之林黛玉. 殊不知雍乾百年之前, 吳越一隅之地, 實有besar此理想而具體化之
   河東君. 眞如湯玉茗所寫柳春卿夢中之美人, 杜麗娘夢中之書生, 後來果成爲南安道院之小
   姐, 廣州學宮之秀才. 居然中國老聃所謂'虛者實之'者, 可與希臘柏拉圖意識形態之學說, 互相
   證發, 豈不異哉!" 『유여시별전』중, 572~573쪽.

후기

1 『홍루몽』 제5회: "吾家自國朝定鼎以來, 功名奕世, 富貴流傳, 雖歷百年, 奈運終數盡, 不可挽回."

2 『홍루몽』 제13회: "如今我們家赫赫功名, 已將百載, 一日倘或樂極生悲, 若應了那句'樹倒猢猻散'的俗語, 豈不虛稱了一世的詩書舊族了."

『홍루몽』의 판본

『홍루몽』의 작가로 알려지고 있는 조설근曹雪芹은 1744년 즈음에 집필을 시작하여 다섯 차례의 수정과 보완을 거쳐 10년 만에 작품을 완성했다고 전해진다. 생전에 그가 남긴 작품은 80회본 미완성본이었으며, 원고가 완성되기 전부터 『석두기石頭記』란 제목으로 소수의 지인들을 중심으로 읽히기 시작했다고 한다. 점차 입소문을 타고 퍼지면서 독자들의 엄청난 관심을 불러일으켰고 필사본의 가격도 수십 금을 호가했다. 그러나 필사본의 형태로는 독자들의 수요를 만족시키는 데 한계가 있었다. 게다가 필사본은 전파 과정에서 유실될 가능성이 많아 조설근 사후 30년이 되었을 즈음에는 원본을 찾아볼 수 없게 되었고 이야기도 온전치 못한 형태로 전해진다.

이 점에 주목하고 있던 정위원程偉元은 80회 이후의 내용을 구하기 위해 여러 해 동안 장서가들을 찾아다니고 폐지더미를 뒤지는 등 백방으로 찾아나선 끝에 마침내 20여 권을 찾아낸다. 그 후 우연한 기회에 길거리 헌책방에서 다시 10여 권을 발견하고는 거금을 들여 손에 넣는다. 전80회와 자신이 찾아낸 30여 권을 대조해본 결과 이야기가 어느 정도 꿰어질 수 있다고 생각한 정위원은 1791년(건륭 56) 친구인 고악高鶚에게 의뢰하여 작품을 완성하도록 한다. 고악은 정위원에게 받은 필사본 자료들을 상세히 교감하고 수정, 보완하여 40회를 덧붙임으로써 미완의 소설을 완정한 형태의 120회본 소설로 엮어낸다. 이렇게 해서 오늘날 널리 읽히고 있는 120회본 『홍루몽』이 탄생된다. 그 과정에서 소설의 제목도 『석두기』에서 『홍루몽』으로 바뀐 것으로 전해지고 있다.

80회본 필사본은 소수의 몇몇 지인을 중심으로 돌려보던 것이어서 전파력이 약했다. 그에 반해 120회본으로 인쇄되어 나온 활자본은 사대부는 물론이고 대갓집의 여성이나 평민, 아이들까지 작품을 입수할 수 있게 되어 그 이전과는 비교할 수 없을 정도로 작품이 널리 확산된다. 게다가 120회본은 평점본의 형태로 출판되기도 했는데 당시 독자들에게 큰 호평을 받았다.

『홍루몽』의 판본에 대해서는 아직까지 설이 분분하지만 개략적으로 다음과 같이 구분해볼 수 있을 것 같다. 하나는 80회본 필사본 계통으로 지연재脂硯齋의 비어批語가 들어 있어 "지연재 평어본脂硯齋評語本" 혹은 "지연재본"으로 불린다. 다른 하나는 정위원과 고악의 손을 거쳐 출판된 120회본 활자본 계통으로 "정위원본程偉元本"으로 불린다. "정위원본"은 다시 두 갈래로 나뉘는데 1791년에 나온 판본이 "정갑본程甲本"이고 이듬해인 1792년에 일부 내용을 수정하여 나온 판본이 "정을본程乙本"이다. 최초로 세상에 전해진 "지연재 평어본" 계통의 책들은 판본 간에 다소간의 차이와 오류를 보이기는 하지만 원작에 가깝다고

볼 수 있다. "정위원본"은 미완의 작품을 복원하여 가독성 있는 작품
으로 완성했다는 점에서 그 공이 막대하지만 작가가 아닌 다른 사람
의 손을 거쳐 개정과 보완이 이루어졌기 때문에 원작과는 사실상 거
리가 있음을 부정할 수 없다.

『홍루몽』의 전파 과정을 전체적으로 종합해보면 크게 네 단계로
정리해볼 수 있다. 첫째, "지연재본"으로 불리는 지연재의 평어가 들어
가 있는 80회 필사본 단계. 둘째, 정위원과 고악이 정리한 120회 백
문본白文本 단계. 셋째, 석판과 활판의 인쇄본으로 되어 있고 각 평점가
의 평어와 비점批點이 들어가 있는 120회 휘평본彙評本 단계. 넷째, 신중
국 건국 이후 교감을 거쳐 활판 인쇄하거나 촬영을 통한 영인본으로
정리된 120회본 단계다. 각각의 특색을 담고 있는 판본들은 『홍루몽』
을 널리 전파시켰을 뿐 아니라 자체적으로 보전하고 있는 자료적 가
치 등으로 연구의 활성화를 가져왔다. 아래에 이를 도표화하여 독자
들의 이해를 돕는다.

옮긴이 한혜경

지연재본 계열

판본 명칭 (별칭)	서명	초판본 연대	현존 회수	소장자/소장처	출판 상황
갑술본甲戌本 (지전본脂銓本)	『지연재중평 석두기脂硯齋 重評石頭記』	건륭 19년 甲戌 1754년	16회	후스胡適(원 소장자 유전복劉銓福), 현재 미국 코넬대학	1962년 중화서국中華書局에서 영인본으로 출판
서원위서본舒元煒序本 (기묘본己卯本, 지이본脂怡本)	『지연재중평 석두기脂硯齋 重評石頭記』	건륭 24년 己卯 1759년	40회	베이징도서관	1980년 상하이고적출판사 上海古籍出版社에서 영인본으로 출판
경진본庚辰本 (지경본脂京本)	『지연재중평 석두기脂硯齋 重評石頭記』	건륭 25년 庚辰 1760년	78회	베이징대학 도서관	1955년 베이징문학고적간행사 北京文學古籍刊行社에서 영인본으로 출판
몽고왕부본蒙古王府本 (지몽본脂蒙本)	『석두기 石頭記』	불명확	120회	베이징도서관	
몽고본蒙古本 (지고본脂稿本, 양장본楊藏本)	『홍루몽고 紅樓夢稿』	불명확	120회	중국사회과학원 문학연구소(원 소장자 양계진楊繼振)	1963년 중화서국에서 영인본으로 출판
척서본戚序本 (유정본有正本, 지척본脂戚本)	『석두기 石頭記』	불명확	80회	디바오셴狄葆賢	1973년 인민문학출판사 人民文學出版社에서 영인본으로 출판
몽각주인서본夢覺主人序本 (갑진본甲辰本, 지진본脂晉本)	『홍루몽 紅樓夢』	건륭 49년 甲辰 1784년	80회	베이징도서관	
남도본南圖本 (지령본脂寧本, 지남본脂南本)	『석두기 石頭記』	불명확	80회	난징도서관	
기유본己酉本 (지서본脂舒本)	『홍루몽 紅樓夢』	건륭54년 己酉 1789년	40회	우샤오링吳曉鈴	
정장본鄭藏本 (지정본脂鄭本)	『홍루몽 紅樓夢』	불명확	2회(23, 24회)	베이징도서관(원 소장자 정전둬鄭振鐸)	
징장본靖藏本 (지정본脂靖本)	『석두기 石頭記』	불명확	78회	현재 소재 불명(원 소장자 징잉쿤靖應鵾)	
상트페테르부르크본 (지아본脂亞本)	『석두기 石頭記』	불명확	78회	러시아 상트페테르부르크 동방연구소	1987년 중화서국에서 영인본으로 출판

정위원본 계열

판본 명칭	서명	출판 연대	출판처	비고
정갑본程甲本	『신전전부수상 홍루몽 新鐫全部繡像紅樓夢』	(1791년)건륭 56 신해辛亥	췌문서옥 萃文書屋	첫 번째 활자본
정을본程乙本	『신전전부수상 홍루몽 新鐫全部繡像紅樓夢』	1792년(건륭 57) 임자壬子	췌문서옥 萃文書屋	
왕평본王評本	『신평수상 홍루몽전전 新評繡像紅樓夢全傳』	1832년(도광 12) 임진壬辰	쌍청선관 雙淸仙館	왕희렴王希廉 평주, 왕희렴의 자 설향雪香, 호 호화주인護花主人
장평본張評本	『묘복헌평석두기 妙復軒評石頭記』	1881년(광서 7) 신사辛巳	와운선관 臥雲山館	장신지張新之 평주, 장신지의 호 태평한인太平閑人
요평본姚評本	『증평보도석두기 增評補圖石頭記』	광서연간	광백송재 廣百宋齋	요섭姚燮 평주, 요섭의 자 매백梅伯, 호 대모산민大某山民
왕장요합평본 王張姚合評本	『증평보상전도 금옥연 增評補像全圖金玉緣』	1884년(광서 10) 갑신甲申	동문서국 同文書局	청나라 말에서 건국 전까지 이 판본이 가장 유행
작가본作家本	『홍루몽紅樓夢』	1953년	작가출판사 作家出版社	건국 후 최초로 출판
인민문학본 人民文學本	『홍루몽紅樓夢』	1957년, 1959년, 1964년, 1972년, 1974년, 1979년…… 1982년 신교주본, 2010년……1	인민문학출판사 人民文學出版社	1982년판은 지연재본 계열의 경진본을 저본으로 하고 기타 지연재본과 정위원본을 두루 참고하여 완성한 독본

정위원본 계열의 판본은 이외에도 다수가 있음

---

1 2010년 인민문학출판사 출간 신판본 표지부터 '조설근저, 무명씨속曹雪芹著, 無名氏續'으로 표기됨. 이를 통해 '정위원·고악속서설'에 의구심을 갖는 최근 학계의 시각을 엿볼 수 있음.—옮긴이

옮긴이의 말

1.

　홍학사와 관련하여 내가 가장 먼저 접한 책은 류멍시 선생의 『홍학
紅學』이란 책이다. 그 책을 처음 봤을 때 받았던 강렬한 인상이 아직도
기억에 생생하다. 붉은색의 '紅學' 두 글자가 검은색의 표지 전면을 가
득 채웠는데 상당히 선동적으로 느껴졌다. 역시 홍학을 대표하는 책답
다는 생각이 들었다. 당시 『홍루몽』 평점으로 한창 박사논문을 쓰고
있던 때라 훗날 시간이 허락된다면 꼭 번역을 해서 우리나라 독자들
에게 소개를 해야겠다고 마음먹었다. 그 후 방학을 이용해 틈틈이 번
역 작업을 진행했고 2013년 번역의 얼개가 어느 정도 갖추어졌을 즈
음 나는 저자인 류멍시 선생을 만나기 위해 베이징으로 날아갔다. 책
을 내기 전에 꼭 한 번 저자와 만나 홍학에 관한 뒷얘기를 들어보고
싶었기 때문이다. 류멍시 선생은 자신의 책을 번역하겠다며 타국에서
날아온 뜻밖의 손님을 반갑게 맞아주었다. 이박삼일이라는 짧은 기간

이었지만 매일 한 차례씩 만나 홍학에 관한 이야기를 나눴다. 저자와의 만남 이후 번역 작업에 더욱 속도가 붙었음은 물론이다.

앞에서 밝힌 바와 같이 홍학사와 관련하여 처음 접한 책은 류멍시 선생의 『홍학』이지만 『논쟁 극장』의 저본으로 삼은 것은 『홍학』의 증보판이라고 할 수 있는 『홍루몽과 백 년 중국紅樓夢與百年中國』이다. 『홍루몽과 백 년 중국』에는 홍학과 관련된 모든 내용이 총망라되어 있다. 홍학사의 민낯이라고 해도 과언이 아닐 정도로 다른 어떤 책에서도 볼 수 없는 홍학의 실상이 가감 없이 담겨 있다. 게다가 『홍학』에는 없는 제1장의 「홍루몽과 백 년 중국」, 제9장의 「홍학에 던지는 실없는 한마디」, 제10장의 「백 년 홍학으로 색은을 말하다」 등이 추가되어 내용이 더욱 알차졌다. 홍학의 유파가 생겨나게 된 배경과 발전 과정을 전체적으로 조망하면서 홍학이 학술적으로 자리 잡게 되기까지의 발자취를 전체적으로 개괄해주고 있다. 저자가 밝힌 대로 이 책에서는 색은파, 고증파, 문학비평파 등 홍학 삼파에 이름을 올렸던 대표적인 학자와 그들의 논저를 하나하나 소개하고 각 파의 연구방법을 비교하면서 홍학이라는 학문 분야를 기술하는 데 중점을 두었기 때문에 『홍루몽』 연구와 관련된 해결되지 않은 난제에 대한 필자의 견해나 주장은 핵심 내용이 아니다. 대신 홍학에서 불거졌던 문제들을 열일곱 차례에 걸친 논쟁, 아홉 가지 공안, 네 가지 풀리지 않는 수수께끼와 세 가지 옭매듭 등으로 나누어 정리함으로써 당시에 『홍루몽』과 관련하여 과연 어떤 논쟁들이 벌어졌는지를 알고 싶어하는 독자들의 궁금증을 말끔히 해소시켜주었다.

원제인 『홍루몽과 백 년 중국』을 우리말로 알기 쉽게 푼다면 '중국의 백 년 역사와 고락을 함께해온 홍학의 역사' 정도가 될 것이다. 저자가 밝혔듯이 백 년이란 시간이 가지고 있는 역사적 무게감은 실로 묵직했다. 저자는 『홍루몽』 백 년의 역사를 각각 세 시기로 구분하여 의미를 부여했다. 가깝게는 청말 민초 이후부터 오늘에 이르기까지 백 년의 세월이고, 멀게는 1644년 청나라가 건국한 이후 조설근이 1744년 『홍루몽』을 쓰기 시작했던 시기까지 백 년의 시간이며 이는 『홍루몽』에서 그리고 있는 가씨 집안이 백 년에 걸쳐 세도를 누려온 시기이기도 하다. 마지막으로 『홍루몽』 연구사와 관련지어보면 최초의 홍학 관련 글로 손꼽히는 『홍루몽평론』이 나왔던 1904년에서 이 책의 저자 류명시 선생이 『논쟁 극장』을 썼던 2005년 무렵까지의 백 년을 뜻한다. 이 세 시기의 백 년 역사 속에 녹아든 『홍루몽』의 탄생과 전파, 학문의 형성과 발전 과정이 중국 근현대사에서 매우 중요한 의미를 갖는 것은 중국사회의 변화와 더불어 중국 현대 학문의 발전을 선도하는 동력이 되었기 때문이다.

2.

주지하다시피 오늘날 어엿한 학술적인 명칭으로 자리 잡은 '홍학'이지만 초창기에는 단순히 농담 삼아 던진 우스갯말에 불과했다.

화정의 주자미 선생은 이름이 창정인데 소설을 즐겨 읽었다. 어려서부터 읽은 설부가 800여 종에 달했는데 그중에서도 특히 『홍루몽』을 좋아한 것은 정밀한 이치와 명언이 담겨 있는 이야기에서 느낀 바가 컸기 때문이라고 한다. 당시 경학을 논하는 풍조가 유행했던 것은 세상을 속이기 위한 방편으로서였다. 혹자가 묻기를 "선생은 지금 무슨 경전을 공부하시오?" 하면 선생은 "내가 하는 경학은 삼곡三曲이 적다네"라고 답했다. 듣는 이가 무슨 뜻인지 몰라 어리둥절해하면 선생은 "다른 게 아니라 내가 요즘 몰두하고 있는 건 대저 홍학이라는 걸세"라고 답했다고 한다.

華亭朱子美先生昌鼎, 喜讀小說. 自言生平所見說部有八百餘種, 而尤以『紅樓夢』爲最篤嗜. 精理名言, 所譚極有心得. 時風尙好講經學, 爲欺飾世俗計. 或問: "先生現治何經?" 先生曰: "吾之經學, 系少三曲者." 或不解所謂. 先生曰: "無他, 吾所專攻者, 蓋'紅學'也."(均耀, 「慈竹居零墨」)

'경經' 자에서 "가로 획 하나와 구부러진 내 천 자 삼 획一橫三曲"을 빼면 영락없이 붉을 '홍紅' 자가 되니 참으로 재치 있는 답변이 아닐 수 없다. 사대부들이라면 누구나 천착하는 경학에 『홍루몽』을 비견했다는 것만으로도 당시의 『홍루몽』 열풍이 어느 정도였는지를 가늠해볼 수 있다. 이방李放의 『팔기화록八旗畫錄』 주註에도 "광서 초기 경사의 사대부들은 『홍루몽』을 즐겨 읽었고 자기네들끼리 서로 뽐내며 홍학을 운운하곤 했다光緒初, 京朝士大夫尤喜讀之, 自相矜爲紅學云"는 내용이 나온다.

우연한 에피소드에서 비롯된 '홍학'이란 말이 장차 학술적으로 어마어마한 의미를 지니게 될 것이라곤 아무도 예상하지 못했을 것이다. 그야말로 우연이 필연이 된 사건이 아닐 수 없다. 그 후 『홍루몽』에 대한 평점 등이 쏟아져 나오면서 홍학의 광대한 세계가 펼쳐진다. 최초의 평점은 80회본 필사본이 쓰일 당시 창작 과정을 지켜봤던 지연재와 기홀수 등이 가한 평점으로 사료적 가치가 뛰어나 고증파에 작가, 가세, 판본 등의 비밀을 밝히는 중요한 단서가 되었으며 훗날 『지연재중평석두기脂硯齋重評石頭記』란 제목으로 출판된다. 120회본 인쇄본에 들어간 『홍루몽』 평점에는 왕희렴王希廉, 장신지張新之, 요섭姚燮 등의 삼가三家 평점과 진기태陳其泰, 합사보哈斯寶, 왕보항王伯沆 등의 평점이 있는데 『홍루몽』의 예술성과 사상적 특색을 다각도로 밝혀주었다. 홍학이란 말이 처음 나올 때만 해도 대학자들에게 '홍학가'라는 호칭을 붙인다는 건 감히 상상도 하기 어려운 일이었다. 그러나 어느 순간 그들도 『홍루몽』을 드러내놓고 이야기하게 되었고 홍학가를 자처하는 이들도 생겨나게 된다. 당시 내로라하는 명사들 중에 『홍루몽』에 대해 관심을 가졌던 이들로 시인 원매袁枚, 경학가 학의행郝懿行, 봉강대리封疆大吏 호림익胡林翼, 명망가 이자명李慈銘, 대학자 유월兪樾, 금석학자 진강기陳康祺 등이 있다. 다만 그들의 언설은 짧은 구절이나 문장으로 전해졌을 뿐이다. 체계적인 형식을 갖추고 독자적인 견해를 담은 논문 형태의 글이 나온 건 왕궈웨이, 차이위안페이, 후스 등에 이르러서다. 이처럼 소수 몇몇 사람의 애호를 받다 사회 전반으로 파급되어 신드롬을 불러일으켰던 소설 작품이 학술의 반열에까지 오르게 된 것은 중국문학사나 중국학술사에서 유례가 없는 일이라고 하겠다.

홍학사의 흐름을 살펴보면 구홍학, 신홍학, 당대홍학 등으로 구분되는데 신홍학이 등장하면서 구홍학이라는 명칭이 생겨난 만큼 구홍학에는 상대적으로 폄훼의 의미가 담겨 있다. 구홍학에는 앞에서 소개한 평점 외에 색은, 제영題詠 등이 포함된다. 신홍학에서는 서구의 실증주의를 표방한 후스의 고증파가 대표적인 위치를 차지하지만 엄밀히 말하면 서양철학과 문예이론을 도입해 『홍루몽』을 분석한 왕궈웨이의 문학비평파도 한자리를 차지한다. 당대홍학은 신중국 건설 이후 범정치화의 시대 상황 속에서 형성된 사회역사비평파를 거쳐 개혁개방 이후 오늘에 이르기까지의 다원화된 홍학 전반을 가리킨다. 그러나 이 책에서는 구홍학, 신홍학, 당대홍학으로 구분하지 않고 근현대 시기에 홍학의 기초를 세우고 하나의 견실한 학문으로 입지를 다지는 데 혁혁한 공을 세운 차이위안페이, 후스, 왕궈웨이가 주도한 세 유파를 중심으로 논의를 전개했다. 아마도 지엽적인 것에서 벗어나 방대한 홍학사의 흐름을 일관되게 끌고 가려는 취지에 따른 것으로 보인다. 그래서 가치 판단보다는 각 유파에서 추구하는 바를 간명하면서도 명확하게 밝히는 데 주력했다.

3.

홍학 백 년사를 돌아보면 문학 연구자는 물론이고 사상가, 역사학자, 문인, 과학자 등 다양한 분야의 전문가들이 홍학과 인연을 맺고 『홍루몽』 연구의 지평을 넓혔다. 이를 계기로 홍학의 지명도와 영향력은 극대화되었다. 홍학 초기에는 왕궈웨이, 차이위안페이, 후스 등이 독립된 학문으로 기초를 다지는 데 기여하고 홍학 연구의 선도적인 역할을 했다면 당대에 이르러 저우루창, 펑치융, 리시판, 허치팡, 장허썬, 샤즈칭, 위잉스 등 다양한 분야의 전문가가 홍학의 바통을 이어받아 홍학 발전을 추동했다. 그 과정에서 마오쩌둥의 개입으로 홍학 연구가 학술의 범주를 벗어나 전 중국을 뒤흔드는 대사건으로 비화되기도 했다. 이 책에서는 아쉽게도 1954년의 홍루몽 대사건과 문화대

혁명 시기에 벌어졌던 일련의 사건이 비교적 간략히 서술되어 있는데 이는 저자가 홍학사를 가능한 학술적 범주 내에서 기술하고자 했던 본래 취지를 고수했기 때문인 것으로 보인다. 당시 학술 본연의 문제가 정치적으로 비화되고 격렬한 사상투쟁의 양상을 띠면서 사회적으로 대혼란을 야기했던 점을 감안하면 충분히 이해가 되는 대목이다. 결과적으로 이 모든 과정은 『홍루몽』의 지명도를 높였고 마침내 홍학이 현학의 반열에 오르게 되는 중요한 요인으로 작용했다.

일찍이 루쉰은 『홍루몽』에 대해 "경학가는 『주역』을 보고, 도학가는 '음'을 보며 (…) 혁명가는 '만주족 배척'을 보고 호사가는 '궁궐비사'를 볼 것"이라고 했듯이 번역을 끝낸 지금 이렇듯 다의적인 해석을 촉발시킨 요인에 대해 다시 주목하게 된다. 우선 문학작품으로서의 뛰어난 예술성과 사상성을 들 수 있을 것이다. 가히 중국 고전소설의 완결판이라고 할 만한 『홍루몽』의 방대한 스케일에 독특한 서사구도와 세련된 묘사, 그에 더해 기존의 사상을 전복시킬 만한 새로운 발상과 참신한 인물군의 출현이라는 점에서 『홍루몽』은 과연 여타의 소설을 압도한다. "가짜가 진짜가 될 때 그 진짜도 가짜요, 없는 것이 있는 것이 될 때 있는 것 또한 없음이라假作眞時眞亦假, 無爲有處有還無"라고 한 구절에서도 알 수 있듯이 허실과 몽환 구도를 통해 작품 곳곳에 숨겨져 있는 은유와 상징은 작가의 진정한 의도가 무엇인지에 대해 알고 싶게 만들었고 더 나아가 다양한 해석을 낳는 기제로 작용했다. 뿐만 아니라 귀족 가문의 일원으로서 부귀영화를 누리다 하루아침에 몰락하여 비참한 삶을 살아야 했던 작가의 불운한 삶은 비극적인 이미지를 극대화시켰다. 그가 남긴 작품이 미완의 필사본 형태로 떠돌게 되면서 판본 문제를 야기했고 창작 과정을 직접 지켜보았거나 함께 참여했던 지연재나 기흘수와 같은 지인들의 작품에 대한 훈수와 평가, 더 나아가 속서 문제 등도 『홍루몽』의 범상치 않은 내력을 부각시켜주기에 충분했다. 이 모든 것이 독자들의 호기심과 궁금증을 자아내는 요인이 되었다면 그것을 어떻게 받아들이고 어떻게 해석하느냐 하는 것은 별개의 문제라고 할 수 있을 것이다.

소설비평파 홍학이 작품을 하나의 유기체로 보고 텍스트에 기반한 연구를 진행함으로써 예술적 진실을 찾고자 했다면 색은파 홍학과 고증파 홍학은 작자의 의도를 찾으려는 목적으로 작품을 잘게 나누었고 작가의 생평과 가세가 작품에게서 어떻게 구현되었는지와 시대적 배경이 작품에 끼친 영향 등에 대해 집중함으로써 역사적 진실을 규명해내는 데 힘을 쏟았다. 소설 비평파가 형상화된 작품 그 자체를 중시했다면 색은파와 고증파는 작품이 창작되기 전의 원형에 주목한 것이다. 그런 측면에서 고증파와 색은파를 신, 구의 개념으로 구분 짓는 것에 대해 이견이 있을 수 있다. 엄밀히 말해 색은파나 고증파 모두 "본래 이야기本事"를 규명함에 있어서는 뚜렷한 차이를 찾아볼 수 없기 때문이다. 『홍루몽』을 역사 속에 실재했던 누군가의 이야기라고 보는 색은파나 작가 조설근 자신의 이야기라고 보는 고증파 모두 대상만 달랐을 뿐 넓은 의미에서는 색은의 행위라는 공통점이 있다. 이처럼 소설 텍스트에서 무엇인가를 찾아내고 줄기차게 역사와 관련지어 감상하고 해석하려는 태도는 전통시대 중국인들의 소설 관념과 학술사상에서 그 연원을 찾아볼 수 있다.

전통시대 소설사의 흐름을 살펴보면 사전전통史傳傳統과의 깊은 관련성을 언급하지 않을 수 없다. 서구에서 소설의 원류라고 할 수 있는 신화와 전설이 독자적으로 발전할 수 있었던 데 반해 중국에서는 신화와 전설이 일찌감치 역사에 편입됨으로써 소설을 독립적인 장르가 아닌 역사를 보충해주는 보조 수단 즉 보사관補史觀의 개념으로 인식했고 그러한 토대 위에서 서사문학이 뿌리를 내리고 생장·발전해왔다고 할 수 있다. 다시 말해 역사적인 시각이 중국 서사문학의 창작과 감상에 끼친 영향이 실로 지대하다. 실록 기사의 관점으로 서사문학을 이해하려는 경향뿐 아니라 소설의 서사구도에도 영향을 미쳐 마치 실재하는 역사처럼 소설이 쓰이기도 했는데 당대소설唐代小說 전기傳奇가 그 대표적인 예라고 하겠다. 오랜 기간 이어져 내려온 이러한 전통 때문인지 오늘날까지도 역사에 관한 한 중국인들은 상당히 강박적이라는 느낌을 받을 때가 많다.

또한 미언대의를 중시했던 금문학이나 고증을 중시했던 고문학과의 관련성을 들 수 있겠다. 한대 금문 경학 이래 모름지기 글을 쓰는 이는 자신의 생각을 직접적으로 얘기하지 않고 "의재언외意在言外"나 "상외지상象外之象"과 같은 기탁의 방법으로 표현한다고 보았기 때문에 작품을 감상하고 해석하는 과정에서도 이러한 인식의 범주에서 탈피하지 못하는 경향이 많았다. 작품의 배후에 숨어 있는 무엇인가를 부단히 찾아내고자 했던 색은파의 시도는 금문학파와 맥을 같이 하고 있다. 따라서 지식인의 우환의식과 문이재도文以載道 관념을 이끌어낸 청대 도광 연간의 금문학파가 색은파 홍학의 정신적 토대가 되었다면 고증파 홍학에 힘을 실어준 것은 실증을 중시했던 청대 건가학파乾嘉學派였다. 바야흐로 중국의 전통 학술을 고거지학考據之學, 의리지학義理之學, 사장지학詞章之學으로 분류할 때 시대에 따라 각각 주력 분야는 달랐지만 상호 간에 영향을 주고받으며 2000년간 중국의 학술계를 지배해왔다고 볼 수 있다. 그중에서도 특히 고증과 의리는 중국 전통 학술을 대표하는 양대 산맥이다. 색은파와 고증파의 대립은 미언대의를 밝히는 데 힘을 쏟았던 의리지학에서 고증을 궁구하는 건가학파로의 회귀를 의미한다는 점에서 근현대판 금고문 논쟁으로 볼 만하다. 이 과정에서 지연재 비어에 들어 있는 "불사지사不寫之寫" "은어미사隱語微辭" "춘추자법春秋字法" 등의 평어는 색은파나 고증파 모두에서 입론의 근거로 채택되었다. 따라서 18세기에서 20세기에 이르기까지 『홍루몽』의 주된 연구는 전통 경학의 기본 노선을 답습한 것이었다 해도 과언이 아니다. 이러한 상황을 감안하면 『홍루몽』을 문예학적으로 분석하여 가장 주목받았어야 할 왕궈웨이의 소설 비평과 홍학이 당시에 왜 주변으로 밀려날 수밖에 없었는지 이해가 가고도 남는다. 다행히 1970년대 이후 텍스트로 회귀하여 연구를 진행하는 이들이 많아졌고, 『홍루몽』의 진미를 탐구한 소설 비평과 홍학의 논문과 저서가 늘어나면서 많은 이의 공감을 불러일으켰으며 소설적 진실에 한 걸음 더 가까이 다가가는 계기가 되었다.

홍학사 관련 서적은 이미 여러 권이 나와 있는데 저자에 따라 혹은 홍학사를 바라보는 시각에 따라 다소간의 차이가 있을 것이다. 홍학은 분명 중국적인 현상이다. 과도하게 전통적인 시각을 고수하는 것도 편협하지만 서구의 시각으로만 홍학사를 재단하는 것도 그리 바람직해 보이지는 않는다. 그런 점에서 류밍시 선생의 이 책은 문화사적으로 집적된 자료를 바탕으로 홍학사의 전모를 총괄했다고 할 수 있다. 저자는 기존 홍학사와의 비교 검토를 통해 자유롭게 논지를 전개해나갔으며 중립적인 입장에서 각 유파의 지향점과 한계를 객관적으로 서술하려고 노력했다. 그러나 짚고 넘어가야 한다고 판단되는 부분에 대해서는 그냥 지나치지 않고 저자의 가치 판단을 곁들였다. 예컨대, 위잉스 선생의 「근대 홍학의 발전과 홍학 혁명」에서 나타난 모순점에 대하여 학자로서의 날카로운 식견을 보여준 것이나, 일찌감치 『홍루몽』이 "조설근의 자서전"이라는 고증파의 주장을 거둬들였음에도 과도하게 핍박을 받았던 위핑보의 입장을 이해하고 변호해주려 했던 점 등이 그에 해당하는 대표적인 대목이다. 그러나 무엇보다『홍루몽』과 관련된 소소한 이슈에서 거대 담론에 이르기까지의 모든 내용을 총망라해서 보여주고 있다는 점이 이 책의 가장 큰 미덕일 것이다.

4.

『논쟁 극장』을 번역하는 과정은 한마디로 말해『홍루몽』과 그와 관련된 논쟁의 지난한 역사와 함께하는 힘든 여정이었다. 번역을 마치고 나니 홍학에 발을 들여놓았던 수많은 학자와 고락을 함께하며 한바탕 신산한 꿈을 꾼 기분이다. 꿈을 꾸는 동안 줄곧 미로 속을 헤매고 다녔다. 뭔가 해답이 보이는 것 같다가도 다가가 거머쥐려고 하면 잡히기는커녕 순식간에 미끄러지듯 손에서 빠져나가버리곤 했다. 어떻게든 다시 또 잡아보려고 무진 애를 써보았지만 공허한 손놀림에 불과했다. 위핑보가 언젠가 "파고들수록 아리송해지는 악몽 같은 것"이라고 했던 말이 떠올랐다. 그들의 말처럼『홍루몽』을 읽고 났을 때 느꼈던 허환함은 홍학사를 돌아보고 난 지금도 여전하다. 어느 것 하나 명쾌해진 것은 없고 오히려 더 깊은 혼돈 속에 갇혀버린 느낌이다. 그런데 기이하게도 『홍루몽』에 대한 애정은 더욱 깊어졌다. 참으로 아이러니한 일이 아닐 수 없다. 왜 그토록 많은 학자가 『홍루몽』이라 불리는 소설에 빠져들게 되었는지 이제야 비로소 이해할 수 있을 것 같다.

이 책을 번역하면서 홍학사 전반을 개괄적으로 훑어볼 수 있었다는 점 외에도 홍학에 참여했던 이들 간에 있었던 이면의 에피소드들을 통해 느낀 바가 많았다. 표면적으로 적대적인 관계이면서도 실제적으로는 상호 존중과 배려로 학자적 풍모를 잃지 않았던 차이위안페이나 후스 같은 이들이 있는가 하면 장기간에 걸쳐 반목과 대립의 나날을 보낸 저우루창이나 펑치융 같은 이들도 있었고 과도한 비판으로 큰 고초를 겪어야 했던 위핑보 같은 이도 있었다. 그러나 그들은 모두 한결같이 『홍루몽』이 범상치 않은 문제적 소설이라는 점을 꿰뚫어보았으며 작품의 안과 밖에서 찾아낸 것 내지 찾고자 하는 것들을 풀어내기 위해 전력투구했다. 아마도 학술세계에서 상호 간의 대립과 충돌이 없다면 학문의 진정한 발전은 이루어내기 어려울 것이다. 그들의 모습을 통해 학자란 어떠해야 하는지에 대해 성찰해보는 시간을 가졌다.

직접 만나본 류명시 선생은 일찍이 접한 중국학자들 가운데 유독 섬세한 감성을 지닌 분이었다. 모습은 인자했고 목소리는 부드러웠지만 내면에서 우러나오는 기품과 위엄은 남들이 감히 따라잡을 수 없는 것이었다. 최근까지 중국사상에 대한 책들을 연이어 펴낸 국학대사로서 명성이 자자한 분이지만 여전히 열정적으로 집필에 몰두하고 있으며 강연을 통해 일반 대중과도 소통한다. 2013년 여름에 한 차례 베이징을 방문한 이후 지난해 가을에 다시 베이징에서 만남을 가졌다. 작가로 이름이 널리 알려진 부인 천주펀陳祖芬 여사와 함께였다. 천 여사는 류멍시 선생이 한번 집필에 몰두하기 시작하면 하루종일 물 한 모금 마시지 않는다고 했다. 옆에서 누가 뭐라고 해도 결코 듣지 않는다는 것이다. 자애로운 모습과 달리 해야 할 일에 대해서만큼은 누구보다 고집스럽게 밀고 나가는 학자로서의 풍모가 느껴졌다. 이처럼 강인한 정신력이 오늘날 그를 국학대사로서 우뚝 서게 만든 것이리라.

마침 2018년에는 자신의 학술 인생 전반을 회고한 『칠십술학七十述學』을 펴내 후학들에게 적지 않은 반향을 불러일으키기도 했다. 책 읽기를 좋아했던 시골 소년 류멍시가 굴곡의 현대사를 거치면서 마침내 학자로서 입지를 다지게 되기까지의 과정을 담담한 필체로 써내려간 책이다. 인생의 중대한 기로에 서게 되었을 때 그에게 정신적 지주가 되어준 것은 천인커와 첸중수 두 인물의 책이었다. 특히 첸중수의 『관추편管錐編』과 『담예록談藝錄』은 늘 몸에 지니고 다니면서 책이 닳도록 읽고 또 읽었다고 한다. 여기서 주목할 것은 지식 습득이나 연구 목적이 아니라 순수하게 책의 내용에 매료되어 숙독하는 과정에서 많은 깨우침을 얻게 되었다는 사실이다. 첸중수의 책이 그에게 인문과 예술의 원천이자 역경을 극복하게 해준 묘방이 되었다면 천인커의 책은 학술적인 방향 정립에 있어 길잡이가 되어주었다. 실제로 류멍시 선생의 학문적 궤적을 살펴보면 20세기 중국 학술계의 거장이라고 할 수 있는 두 인물의 사상과 치학治學 정신이 삶과 학술에 깊이 녹아들어 있음을 알 수 있다.

이제 와서 하는 얘기지만 2013년 류명시 선생을 만나고 돌아와 정작 세상의 빛을 본 건 『논쟁 극장』이 아니라 선물로 받은 『중국문화의 광자정신中國文化的狂者精神』이란 책이었다. 작지만 가치 있는 책이라고 생각하고 있던 차에 일찌감치 그 책을 눈여겨보고 있던 글항아리의 기획위원 노승현 선생과 연결이 되어 번역을 맡게 된 덕분이다. 그 책은 2015년에 『광자의 탄생: 중국 광인의 문화사』란 제목으로 출판이 되었다. 그러나 정작 『논쟁 극장』은 그로부터 다시 3년이란 시간이 흐른 지금에서야 세상의 빛을 보게 되니 사람이든 책이든 주어진 때가 있는 것이 아닌가 하는 생각이 들기도 한다.

『논쟁 극장』은 100년에 걸친 홍학사의 방대한 내용이 유파별로 정리하고 있고 홍학과 관련된 크고 작은 논쟁을 거의 전부 망라한다는 점에서 홍학의 실상을 실감나게 맛볼 수 있는 책으로 단연 으뜸이 아닐까 한다. 게다가 저자의 상세하고도 친절한 설명이 들어 있는 한국어판 서문을 통해 『홍루몽』을 잘 모르는 독자라 하더라도 어렵지 않게 『홍루몽』과 홍학을 받아들일 수 있을 것이다. 출판계의 녹록지 않은 현실에도 불구하고 인문학술서인 이 책을 내는 데 공을 들여준 글항아리 강성민 대표께 감사의 마음을 전하며 『논쟁 극장』이 우리나라 독자들에게 『홍루몽』과 홍학사 전반을 이해하는 유용한 참고자료가 되기를 바란다.

2019년 5월
옮긴이 한혜경

찾아보기

ㅊ~ㅍ

ㅎ

논쟁 극장

『홍루몽』을 둘러싼
20세기 중국 지성계의 지적 모험

초판 인쇄 2019년 6월 7일
초판 발행 2019년 6월 14일

지은이 류멍시
옮긴이 한혜경
펴낸이 강성민
편집장 이은혜
편집 박은아 곽우정 이은경 김해슬 권예은
독자 모니터링 황치영
마케팅 정민호 정현민 김도윤
홍보 김희숙 김상만 이천희

펴낸곳 (주)글항아리 | 출판등록 2009년 1월 19일 제406-2009-000002호
주소 10881 경기도 파주시 회동길 210

전자우편 bookpot@hanmail.net
전화번호 031-955-1934(편집부) 031-955-8891(마케팅)
팩스 031-955-2557

ISBN 978-89-6735-638-5 93100

이 도서의 국립중앙도서관 출판시도서목록(CIP)은 서지정보유통지원시스템 홈페이지(http://
seoji.nl.go.kr)와 국가자료공동목록시스템(http://www.nl.go.kr/kolisnet)에서 이용하실 수
있습니다. (CIP제어번호 : CIP2019019425)